Aufklärungspflichten des Schuldners im Unternehmensinsolvenzverfahren

Internationalrechtliche Studien

Beiträge zum Internationalen Privatrecht, zum Einheitsrecht und zur Rechtsvergleichung

Herausgegeben von Ulrich Magnus und Peter Mankowski

Band 78

PETER LANG

Arndt Winkelmann

Aufklärungspflichten des Schuldners im Unternehmensinsolvenzverfahren

Eine Untersuchung zur Rechtslage in Frankreich aus deutscher Sicht

PETER LANG

Bibliografische Information der Deutschen Nationalbibliothek
Die Deutsche Nationalbibliothek verzeichnet diese Publikation in der Deutschen Nationalbibliografie; detaillierte bibliografische Daten sind im Internet über http://dnb.d-nb.de abrufbar.

Zugl.: Hamburg, Univ., Diss., 2018

D 18
ISSN 0947-0395
ISBN 978-3-631-77548-6 (Print)
E-ISBN 978-3-631-77690-2 (E-PDF)
E-ISBN 978-3-631-77691-9 (EPUB)
E-ISBN 978-3-631-77692-6 (MOBI)
DOI 10.3726/b15032

Peter Lang – Berlin · Bern · Bruxelles · New York · Oxford · Warszawa · Wien

Diese Publikation wurde begutachtet.

www.peterlang.com

Meinen Eltern

Vorwort

Die vorliegende Arbeit wurde im Sommersemester 2018 von der Fakultät für Rechtswissenschaft der Universität Hamburg als Dissertation angenommen. Gesetzgebung, Rechtsprechung und Literatur sind bis April 2017 berücksichtigt.

Meinem Doktorvater, Professor Dr. *Ulrich Magnus*, danke ich herzlich für die wertvolle Unterstützung und den gewährten Freiraum. Mein herzlicher Dank gilt ihm auch für die Erstellung des Erstgutachtens und, genauso wie Professor Dr. *Peter Mankowski*, für die Aufnahme in diese Schriftenreihe. Professor Dr. *Reinhard Bork* danke ich sehr für die umgehende Erstellung des Zweitgutachtens.

Überaus dankbar bin ich meiner Frau und meiner Familie für den Rückhalt, die Förderung und ihre Geduld.

Arndt Winkelmann
Berlin, September 2018

Inhaltsübersicht

Inhaltsverzeichnis

Abkürzungen

a.A., A.A.	anderer Ansicht
ABl.	Amtsblatt
Abs.	Absatz
Actu.	Actualités
AGS	Association pour la gestion du régime de Garantie des créances des Salariés
AJ	Actualité jurisprudentielle
al.	alinéa
AN	Assemblée nationale
Anm.	Anmerkung
Art.	Artikel
art.	article
artt.	articles
BeckRS	Beck online Rechtsprechung
Begr.	Begründer
BGBl.	Bundesgesetzblatt
BGH	Bundesgerichtshof
BJE	Bulletin Joly Entreprises en difficulté
BODACC	Bulletin officiel des annonces civiles et commerciales
B.R.	Bankruptcy Reporter
Brook. J. Corp. Fin. & Com. L.	Brooklyn Journal of Corporate, Financial & Commercial Law
Bull. civ.	Bulletin des arrêts de la Cour de cassation, Chambres civiles; Bulletin civil des arrêts de la Cour de cassation
Bull. crim.	Bulletin des arrêts de la Cour de cassation rendus en matière criminelle
Bull. des lois	Bulletin des lois
Bull. liaison et inform. trib. com.	Bulletin de liaison et d'information – Tribunaux de commerce de France
BVerfG	Bundesverfassungsgericht
BVerfGE	Entscheidungen des Bundesverfassungsgerichts

bzw.	beziehungsweise
CA	cour d'appel
Cah. dr. entr.	Cahiers de droit de l'entreprise
Cass.	Cour de cassation
Cass. civ.	Cour de cassation, Section civil; Cour de cassation, Chambre civil
Cass. civ., sect. com.	Cour de cassation, Chambre civil, section commerciale et financière
Cass. com.	Cour de cassation, Chambre commerciale; Cour de cassation, Chambre commerciale et financière
Cass. crim.	Cour de cassation, Chambre criminelle
Cass. req.	Cour de cassation, Chambre des requêtes
C. civ.	Code civil
C. com.	Code de commerce
C. com. 1807	Code de commerce von 1807
C. consom.	Code de la consommation
cert.	certiorari
Ch., ch.	chapitre, chapter
chron.	chronique
Cir.	Circuit
Circ.	Circulaire
CNUDCI	Commission des Nations Unies pour le droit commercial international
COMI	Centre of main interest
comm.	commentaires
Cons. const.	Conseil constitutionnel
CPC	Code de procédure civile
C. pén.	Code pénale
C. pén. 1810	Code pénale von 1810
C. pr. pén.	Code de procédure pénale
D.	Décret; Recueil Dalloz
D. aff.	Recueil Dalloz, Cahier droit des affaires
DC	Décision concernant la conformité à la Constitution
déb.	Débats parlementaires
déc.	décision

dies.	dieselbe; dieselben
dens.	denselben
ders.	derselbe
Diss.	Dissertation
Doc.	Document
doctr.	doctrine
D. P.	Recueil périodique et critique Dalloz
Dr. pén.	Droit pénal
Dr. sociétés	Droit des sociétés
éd. C I	édition commerce et industrie
éd. G	édition générale
EG	Europäische Gemeinschaften
EGInsO	Einführungsgesetz zur Insolvenzordnung
EGMR	Europäischer Gerichtshof für Menschenrechte
EIRL	entrepreneur individuel à responsabilité limitée
EMRK	Europäische Menschenrechtskonvention
EuInsVO	Verordnung (EG) Nr. 1346/2000 des Rates vom 29. Mai 2000 über Insolvenzverfahren
EuInsVO 2015	Verordnung (EU) Nr. 2015/848 des Europäischen Parlaments und des Rates vom 20. Mai 2015 über Insolvenzverfahren (Neufassung)
EuZW	Europäische Zeitschrift für Wirtschaftsrecht
f.	folgende
F.2d	Federal Reporter, Second Series
FamFG	Gesetz über das Verfahren in Familiensachen und in den Angelegenheiten der freiwilligen Gerichtsbarkeit
Fasc.	Fascicule
Fed. R. Bankr. P.	Federal Rules of Bankruptcy Procedure
ff.	folgende
Fn.	Fußnote
frz.	französisch
FS	Festschrift

GA	Archiv für Preußisches Strafrecht herausgegeben durch Goltdammer
Gaz. Pal.	Gazette du Palais
GK	Große Kammer
GmbH	Gesellschaft mit beschränkter Haftung
Hrsg.	Herausgeber
i.d.F.	in der Fassung
IFPPC	Institut Français des Praticiens des Procédures Collectives
InsO	Insolvenzordnung
InVo	Insolvenz & Vollstreckung
IO	österreichisches Bundesgesetz über das Insolvenzverfahren (Insolvenzordnung)
I.R.	Informations Rapides
i.V.m.	in Verbindung mit
J.-Cl.	Juris-Classeur
JCP	Juris-Classeur périodique, La semaine juridique
JO	Journal Officiel de la République Française
JOAN	Journal Officiel de la République Française débats parlementaires Assemblée nationale
jur.	jurisprudence
KG	Kommanditgesellschaft
KO	Konkursordnung
KTS	Konkurs-, Treuhand- und Schiedsgerichtswesen; Zeitschrift für Insolvenzrecht
L.	Loi; partie législative
lit.	littera
liv.	livre
LK	Leipziger Kommentar
Losebl.	Loseblattwerk
LZ	Leipziger Zeitschrift für Handels-, Konkurs- und Versicherungsrecht

MEDEF	Mouvement des Entreprises de France
min. Justice	ministère de la Justice
m.N.	mit Nachweis
m. zust. Anm.	mit zustimmender Anmerkung
Motive GemeinschuldO	Motive zu dem Entwurf einer Deutschen Gemeinschuldordnung (zitiert nach Band- und Seitenzahl der Ausgabe des Verlages der Königlichen Geheimen Ober-Hofbuchdruckerei (R. v. Decker)), Berlin 1873
Motive KO	Motive zu dem Entwurf einer Konkursordnung und dem Entwurf des Einführungsgesetzes, Stenographische Berichte über die Verhandlungen des Deutschen Reichstages, 2. Legislaturperiode, II. Session 1874/75, 4. Band, Aktenstück Zu Nr. 200, S. 1363-1618
MünchKomm	Münchener Kommentar
m.w.N.	mit weiterem/n Nachweis/en
N.F.	Neue Folge
$N^{o(s)}$, $n^{o(s)}$	numéro(s)
Nr.	Nummer(n)
NZI	Neue Zeitschrift für das Recht der Insolvenz und Sanierung
obs.	observation
ÖJZ	Österreichische Juristenzeitung
östKO	österreichische Konkursordnung
OHG	Offene Handelsgesellschaft
p.	page
Pal.	Journal du Palais
pan.	panorama
para(s).	paragraph(s)
Proc. civ.	Procédure civile
Proc. pén.	Procédure pénale
pt.	part

Q	Questions écrites remises à la présidence de l'Assemblée nationale et réponses des ministres
QPC	Question prioritaire de constitutionnalité
Rec. Gaz. Pal.	Gazette du Palais, table alphabétique de cinq années et répertoire universel de la jurisprudence française
Rép. com.	Encyclopédie juridique Dalloz – Répertoire de droit commercial/Répertoire de droit commercial et des sociétés
Rép. min.	Réponses des ministres
Rép. pén.	Encyclopédie juridique Dalloz – Répertoire de droit pénal et de procédure pénale
Rev. gén. des fail.	Revue générale du droit des faillites et liquidations judiciaires
Rev. jur. com.	Revue de jurisprudence commerciale
Rev. proc. coll.	Revue des procédures collectives civiles et commerciales
Rev. Sociétés	Revue des Sociétés
Rev. Synd. Adm. jud.	Revue des syndics et administrateurs judiciaires de France
RG	Répertoire Général
RIW	Recht der Internationalen Wirtschaft
RJ com.	Revue de jurisprudence commerciale
RJDA	Revue de jurisprudence de droit des affaires
Rn.	Randnummer
Rs.	Rechtssache
Rspr.	Rechtsprechung
RTD com.	Revue trimestrielle de droit commerical et de droit économique
S.	Satz; Seite(n); Siehe; Recueil général des lois et des arrêts en matière civile, criminelle, commerciale et de droit public par J.-B. Sirey
s.	siehe
SARL	société à responsabilité limitée
Sect.	Section
SFA	procédure de sauvegarde financière accélérée

s.o.	siehe oben
somm.	sommaire
Sp.	Spalte, Spalten
s.u.	siehe unten
t.	tome
T. civ.	Tribunal civil
T. com.	Tribunal de commerce
Tgi	tribunal de grande instance
Tit.	Titre
u.a.	und andere
UNCITRAL	United Nations Commission on International Trade Law
Unterabs.	Unterabsatz
U.S.	United States Reports
U.S.C.	United States Code
v.	versus
v°	verbo
vgl.	vergleiche
Vorbem.	Vorbemerkung
WM	Zeitschrift für Wirtschafts- und Bankrecht, Wertpapiermitteilungen Teil IV
z.B.	zum Beispiel
ZHR	Zeitschrift für das Gesammte Handelsrecht
Ziff.	Ziffer
ZInsO	Zeitschrift für das gesamte Insolvenzrecht
ZIP	Zeitschrift für Wirtschaftsrecht
ZPO	Zivilprozessordnung
zust.	zustimmend
ZVglRWiss	Zeitschrift für vergleichende Rechtswissenschaft

§ 1 Einleitung

„Le failli connoît ses affaires.“[1] Die Erwartung, der Schuldner eines Unternehmensinsolvenzverfahrens kenne seine verfahrensrelevanten Verhältnisse, ist naheliegend und keineswegs neu. Weil es seine Situation ist, die Anlass zu dem Verfahren gibt, kann es in diesem entscheidend auf die Heranziehung des Schuldners zur Aufklärung der maßgeblichen Sachverhalte ankommen. Dementsprechend ist es notwendig, die schuldnerischen Aufklärungspflichten in den Unternehmensinsolvenzverfahren einer klaren Regelung zuzuführen. Im UNCITRAL Gesetzgebungsleitfaden zum Unternehmensinsolvenzrecht (UNCITRAL Legislative Guide on Insolvency Law) etwa wird dies deutlich zum Ausdruck gebracht.[2]

In der vorliegenden Arbeit soll das für den wissenschaftlichen Diskurs und die Gesetzgebung in Deutschland, Europa und der Welt so wichtige französische Recht darauf untersucht werden, wie es die Frage nach den Aufklärungspflichten des Schuldners in seinen Unternehmensinsolvenzverfahren beantwortet. Die enorme Bedeutung des französischen Unternehmensinsolvenzrechts ergibt sich schon aus seiner Rezeption in der Vergangenheit, seiner bis in die Gegenwart reichenden Ausstrahlungswirkung und seiner weiten Entwicklung. Auch seine spezielle Ausrichtung macht es interessant.[3] Wer wie die Europäische Kommission mit ihrem Entwurf einer Richtlinie zum Unternehmensinsolvenzrecht vom 22. November 2016 eine Harmonisierung in Europa[4] oder in der Welt anstrebt

---

1 *Locré*, Esprit du Code de commerce, VI (Paris 1812) 31.

2 *UNCITRAL*, Legislative Guide on Insolvency Law (New York 2005) pt. two ch. III para. 22, Rec. 110. Zu dem Leitfaden und seiner Entstehung etwa *Vallens*, D. 2004, Chron. 2420-2428; *Klauser/Pogacar*, in: *Konecny* (Hrsg.), Insolvenz Forum 2005 (Wien 2006), 179-188; *Clift*, 9 Brook. J. Corp. Fin. & Com. L. 20-47 (2014), zu seiner Beschränkung auf das Unternehmensinsolvenzrecht *UNCITRAL*, ebenda, Introduction para. 1.

3 *Medla*, Präventive Unternehmenssanierung im deutschen und im französischen Recht (2008) 73 f.; *Geiger*, Insolvenz einer GmbH nach deutschem Recht und einer Société à responsabilité limité nach französischem Recht (2009) 24-26; *Pascal Schütze*, Gesetz zum Erhalt von Unternehmen vom 26. Juli 2005 (2010) 1.

4 Proposal for a Directive of the European Parliament and the Council on preventive restructuring frameworks, second chance and measures to increase the efficiency of restructuring, insolvency and discharge procedures and amending Directive 2012/30/EU, COM(2016) 723 final und hierzu *Mock*, NZI 2016, 977-982. Inzwischen liegt auch die deutsche Fassung vor, Vorschlag für eine Richtlinie des Europäischen Parlaments und des Rates über präventive Restrukturierungsrahmen, die zweite Chance und

oder sich dem internationalen Wettbewerb der Standorte für die Durchführung von Unternehmensinsolvenzverfahren[5] stellen will, kommt an einer intensiven Auseinandersetzung mit dem französischen Recht nicht vorbei.

Aufgrund des ausgeprägten Handels- und Rechtsverkehrs zwischen Frankreich und Deutschland ist das französische Unternehmensinsolvenzrecht aber auch für den deutschen Praktiker von besonderer Relevanz.[6] Unternehmensinsolvenzen mit grenzüberschreitendem Bezug sind heute alles andere als eine Ausnahmeerscheinung.[7]

Der Ort, an dem die Person des Schuldners oder seine aufklärungspflichtigen organschaftlichen Vertreter greifbar sind, und der Sitz des Insolvenzgerichts können bei Unternehmensinsolvenzverfahren durchaus einmal über Landesgrenzen hinweg auseinanderfallen.[8] Für die abschließende Klärung der Frage, ob eine grenzüberschreitende Durchsetzung schuldnerischer Aufklärungspflichten wie etwa unter dem deutsch-österreichischen Konkursvertrag[9] zumindest innerhalb des Geltungsbereichs der EuInsVO und wenigstens *de lege ferenda* in Betracht kommt, ist zunächst einmal eine sorgfältige Bestandsaufnahme zur Regelung dieser Pflichten in den beteiligten Rechtsordnungen unabdingbar. Auch hierzu kann die vorliegende Untersuchung einen Beitrag leisten.

Bislang hat die Frage nach den Aufklärungspflichten des Schuldners in den Unternehmensinsolvenzverfahren des französischen Rechts in der

---

Maßnahmen zur Steigerung der Effizienz von Restrukturierungs-, Insolvenz- und Entschuldungsverfahren und zur Änderung der Richtlinie 2012/30/EU, COM (2016) 723/F1 – DE und hierzu *Graf-Schlicker*, ZIP 2017, Beilage zu Heft 1, 3 f.

5 Zu diesem Wettbewerb etwa *Klöhn*, KTS 2006, 259, 264 f., 269 f.; *Medla* (Fn. 3), 76; *Roedig*, Institutioneller Wettbewerb im europäischen Insolvenzrecht (2015).

6 *Zierau*, Die Stellung der Gläubiger im französischen Sanierungsverfahren (1991) 23; *Karl-Heinz Weber/Hoffmann*, Das französische Insolvenzrecht[3] (1996) 1; *Ulrich/Poertzgen/Pröm*, ZInsO 2006, 64.

7 *Rossbach*, Europäische Insolvenzverwalter in Deutschland (2006) 1 f.; *Medla* (Fn. 3), 74; *Geiger* (Fn. 3), 25.

8 Vgl. etwa EuGH 17.1.2006 – Rs. C-1/04, Slg. 2006, I-701, I-729 Rn. 29 – Susanne Staubitz-Schreiber; *In re Muy Bueno Corporation*, 257 B.R. 843 (W.D. Tex. 2001); CA Aix-en-Provence 2.2.2012, JCP 2012, éd. E, 1618, note *Delattre* = Rev. proc. coll. 2013-5, comm. 88, obs. *Martin-Serf*.

9 Art. 10 Abs. 3 Vertrag zwischen der Bundesrepublik Deutschland und der Republik Österreich auf dem Gebiet des Konkurs- und Vergleichs-(Ausgleichs-)rechts v. 25.5.1979, BGBl. 1985 II 410 und dazu *Wiesbauer*, ZIP 1982, 1285, 1292; *Arnold*, KTS 1985, 385, 409; *Leipold*, FS Institut für Rechtsvergleichung der Waseda Universität (Tokyo 1988), 787, 806.

Literatur erstaunlicherweise nicht die ihr gebührende Aufmerksamkeit erfahren. Im Schrifttum unserer linksrheinischen Nachbarn fehlt es bislang an einer die Problematik systematisch aufbereitenden Gesamtdarstellung. Soweit in der deutschen Literatur einzelne Aspekte der schuldnerischen Aufklärungspflichten in den französischen Unternehmensinsolvenzverfahren angesprochen werden, sind die Ausführungen allzu oft geprägt von Missverständnissen. Und was die Auseinandersetzung mit den historischen Grundlagen betrifft, finden sich selbst in der französischen Literatur Fehldeutungen.

Von besonderer Aktualität ist die vorliegende Untersuchung gerade auch wegen der ausgeprägten Reformfreudigkeit, die der französische Gesetzgeber auf dem Gebiet des Unternehmensinsolvenzrechts bis in die jüngste Zeit gezeigt hat.[10] Dabei hat er sich wie schon in der weiter zurückliegenden Vergangenheit nicht vor Änderungen an den rechtlichen Grundlagen zur Kernfrage nach den schuldnerischen Aufklärungspflichten gescheut. Die Frequenz der gesetzgeberischen Aktivität ist zuletzt so gesteigert worden, dass im Schrifttum die Forderung nach einem Innehalten im Interesse der Rechtssicherheit laut geworden ist.[11] Entscheidungen des Verfassungsrats (*Conseil constitutionnel*), mit denen dieser in letzter Zeit grundlegende Fragen beantwortet hat, unterstreichen die Gegenwartsbezogenheit.[12]

Im Folgenden bedarf es zunächst einer Klärung des Begriffs der schuldnerischen Aufklärungspflichten in den Unternehmensinsolvenzverfahren (§ 2). Sodann wird das französische Recht hierauf durchleuchtet (§§ 3, 4).

Der Auseinandersetzung mit den schuldnerischen Aufklärungspflichten des französischen Rechts geht eine Darstellung der Konzeption seiner Unternehmensinsolvenzverfahren voraus (§ 3). Nur vor deren Hintergrund lassen sich die Regelungen zur Heranziehung des Schuldners bei der Sachverhaltsaufklärung erklären.[13]

---

10 Zu diesem Charakteristikum der französischen Entwicklung etwa *Flessner*, KTS 2010, 127, 130.

11 *Roussel Galle*, Rev. proc. coll. 2015-6, repère 6; *ders.*, Rev. proc. coll. 2016-6, repère 6.

12 Cons. const. 7.12.2012, déc. n° 2012-286 QPC, JO n° 286 du 8 décembre 2012, p. 19279, texte n° 73; 7.3.2014, déc. n°s 2013-368 QPC, JO n° 58 du 9 mars 2014, p. 5034, texte n° 28; 2013-372 QPC, JO n° 58 du 9 mars 2014, p. 5036, texte n° 30; 6.6.2014, déc. n° 2014-399 QPC, JO n° 132 du 8 juin 2014, p. 9673, texte n° 29; 29.9.2016, déc. n° 2016-573 QPC, JO n° 229 du 1 octobre 2016, texte n° 58 und hierzu unten §§ 3 B XII, F; 4 A VIII 7, XIII 3 c).

13 Vgl. nur *Friedrich Weber*, KTS 1959, 80, 82.

Für das Verständnis der aktuellen Rechtslage in Frankreich ist es auch erforderlich, die Entwicklung bis zur Rechtslage unter dem Code de commerce von 1807 in seiner Ausgangsfassung zurückzuverfolgen. Anders erschließen sich die Besonderheiten des französischen Rechts nicht. Deswegen ist den Ausführungen zur gegenwärtigen Konzeption der Unternehmensinsolvenzverfahren (§ 3 C - H) ein Rückblick auf die hier relevanten Grundentscheidungen bis zum Inkrafttreten des napoleonischen Handelsgesetzbuchs vorangestellt (§ 3 B). Auch bei der Untersuchung zur Kernfrage nach den Aufklärungspflichten des Schuldners (§ 4) finden die historischen Ursprünge die gebotene Berücksichtigung.

§ 2 Aufklärungspflichten des Schuldners im Unternehmensinsolvenzverfahren

A. Unternehmensinsolvenzverfahren

I. Insolvenzverfahren

Genügt das Vermögen eines Unternehmensträgers nicht mehr für die Befriedigung all seiner Gläubiger, so kann hiervon eine Vielzahl von Interessen betroffen sein. Aber auch Schwierigkeiten im Vorfeld dieser Situation[14] können es bereits angezeigt erscheinen lassen, die als schutzwürdig erachteten Interessen nach Maßgabe der von der jeweiligen Rechtsordnung vorgegebenen Wertungen in einem kollektiven, die Einzelrechtsverfolgung der Gläubiger ausschließenden Verfahren geordnet zum Ausgleich zu bringen.[15] Von dem Begriff des Unternehmensinsolvenzverfahrens sollen hier solche Verfahren erfasst sein, die darauf abzielen, in einem der beiden genannten Fälle einen solchen Ausgleich herbeizuführen. Die Untersuchung beschränkt sich dabei auf solche Verfahren, die aufgrund ihrer Aufnahme in den insoweit maßgeblichen Anhang A als Insolvenzverfahren im Sinne der EuInsVO gelten.[16]

II. Unternehmen

Unberücksichtigt bleiben verbraucherspezifische Regelungen oder Verfahren. Dasselbe gilt für Besonderheiten bei bestimmten Arten von Unternehmen wie etwa Banken und Versicherungen oder Landwirten.

---

14 Vgl. § 18 InsO; C. com., art. L. 620-1, al. 1er.

15 Zu dieser Funktion eines Unternehmensinsolvenzverfahrens s. etwa *Vallens*, Mélanges Honorat (Paris 2000), 245, 246; *Ripert/Roblot/Delebecque/Germain*, Traité de droit commercial, II[17] (Paris 2004) n° 2825; *UNCITRAL* (Fn. 2), pt. one ch. I para. 1.

16 Zu dieser Maßgeblichkeit des Anhangs A zur EuInsVO s. Art. 2 lit. a EuInsVO; EuGH 22.11.2012 – Rs. C-116/11, NZI 2013, 106, 107, Rn. 32 f. – Bank Handlowy w Warszawie SA, PPHU „ADAX"/Ryszard Adamiak/Christianapol sp. z o.o.; Münchener Kommentar zur Insolvenzordnung(-*Reinhart*), IV: EuInsVO 2000, Art. 102 und 102a EGInsO, EuInsVO 2015, Länderberichte[3] (2016) Art. 1 EuInsVO Rn. 2, zur insoweit unveränderten Rechtslage unter der am 26. Juni 2017 in Kraft tretenden Neufassung der EuInsVO vom 20. Mai 2015 (EuInsVO 2015) nach Art. 2 Nr. 4 *Mankowski/Müller/Jessica Schmidt(-Jessica Schmidt)*, EuInsVO 2015 (2016) Art. 2 EuInsVO 2015 Rn. 9.

B. Aufklärungspflichten des Schuldners

I. Aufklärung

Der geordnete Ausgleich zwischen den betroffenen Interessen kann in einem Unternehmensinsolvenzverfahren nur auf der Grundlage einer angemessenen Analyse der wirtschaftlichen und rechtlichen Verhältnisse des Schuldners gelingen. Für die Gewinnung der maßgeblichen Informationen bedarf es eines effektiven Mechanismus der Sachverhaltsaufklärung.[17]

Der Schuldner hat die Entwicklung der zu analysierenden Verhältnisse durchlebt und gestaltet. Bei ihm sind daher in der Regel wesentliche Informationen verfügbar, welche ohne Rückgriff auf ihn gar nicht oder nur mit erheblichem Aufwand in das Verfahren eingeführt werden können. Seine besondere Nähe zur Gesamtheit der relevanten Umstände macht so einen Zugang zu Kenntnissen des Schuldners und bei ihm verfügbaren Informationsträgern erforderlich.[18] Untersucht werden in dieser Arbeit schuldnerische Pflichten, welche auf die aktive Verschaffung oder Erleichterung dieses Zugangs gerichtet sind.

Vom Begriff der Aufklärung ausgenommen bleiben soll dagegen das schlichte Unterlassen einer Störung derselben etwa durch eine Beschädigung, Zerstörung oder Entfernung von Informationsträgern.

II. Pflichten

Wesensmerkmal einer Pflicht ist, dass ihre Nichtbeachtung rechtlich missbilligt wird.[19] Ob eine solche Missbilligung gegeben ist, ist im Wege der Auslegung zu ermitteln. Besonders deutlich kann sie zum Ausdruck gebracht werden durch die Ermächtigung zur Verhängung von Sanktionen, die sich außerhalb des Verfahrens auswirken, oder zur Anordnung von willensbeugenden Maßnahmen.[20]

---

17 *UNCITRAL* (Fn. 2), pt. one ch. I para. 12; pt. two ch. III paras. 23-27.

18 *Guyon*, Droit des affaires, II: Entreprises en difficultés; redressement judiciaire, faillite[7] (Paris 1999) n° 1200; *UNCITRAL* (Fn. 2), pt. one ch. I para. 12; pt. two ch. III paras. 1, 3, 5, 24, Rec. 110; *Bartsch/Pollak/Buchegger*(*-Kodek*), Österreichisches Insolvenzrecht IV: §§ 96-139 östKO[4] (Wien 2006) § 99 östKO Rn. 1; *Jaeger/Henckel/Gerhardt(-Schilken)*, InsO II: §§ 56-102 InsO (2007) § 97 InsO Rn. 3.

19 *Rolf Stürner*, Die Aufklärungspflicht der Parteien im Zivilprozeß (1976) 75 f.; *Huber*, Entwicklung transnationaler Modellregeln für Zivilverfahren (2008) 319; *Rosenberg/Schwab/Gottwald*, Zivilprozessrecht[17] (2010) § 2 Rn. 14.

20 Zum Ganzen *Adloff*, Vorlagepflichten und Beweisvereitelung im deutschen und französischen Zivilprozess (2007) 181 f.

Ein effektiver Mechanismus zur Sachverhaltsaufklärung in einem Unternehmensinsolvenzverfahren kommt nicht ohne Pflichten aus, mit denen dem Schuldner ein angemessener Beitrag abverlangt wird.[21] Nicht zuletzt wegen der Vielfalt der von seiner Situation betroffenen Interessen kann der Schuldner über relevante Informationen verfügen, deren Berücksichtigung oder Preisgabe ihm unvorteilhaft erscheint. Zumindest diese wird er ohne eine rechtliche Missbilligung abweichenden Verhaltens kaum geneigt sein zu offenbaren. Aber auch, wenn ihm die Durchführung und der erfolgreiche Abschluss des Unternehmensinsolvenzverfahrens schlicht gleichgültig sind, oder im Falle von querulatorischen Neigungen[22] kann es einer schuldnerischen Pflicht zur Sachverhaltsaufklärung bedürfen.

Unbeachtlich ist, welchem Rechtsgebiet die die Missbilligung zum Ausdruck bringende Bestimmung zuzurechnen ist. Dagegen beschränkt sich die Untersuchung auf Normen, durch welche der rechtliche Rahmen für die Sachverhaltsaufklärung gestaltet werden soll, indem sie die rechtliche Missbilligung mangelnder Beiträge des Schuldners zum Ausdruck bringen, um auf diese Weise einen Aufklärungszwang zu erzeugen. Unberücksichtigt bleiben Bestimmungen, die auf andere Weise die Erfüllung des Verfahrenszwecks zu fördern bestimmt sind. Dasselbe gilt für Normen, die ausschließlich der allgemeinen Gefahrenabwehr oder dem finanziellen Ausgleich für Nachteile, die durch die Verletzung einer Aufklärungspflicht entstanden sind, dienen und bloß an die andernorts bereits zum Ausdruck gebrachte rechtliche Missbilligung anknüpfen.

III. Schuldner

Mit dem Begriff des Schuldners gemeint sind die natürliche Person in der Schuldnerrolle einerseits und die organschaftlichen Vertreter im Falle von juristischen Personen andererseits. Ausgenommen vom Gegenstand dieser Untersuchung sind dagegen Pflichten von rechtsgeschäftlichen Vertretern des Schuldners oder sonstigen Dritten.

Nicht behandelt werden ferner Pflichten, die den Schuldner nur treffen, soweit ihm eine Eigenverwaltung gewährt wird, oder nicht auf der Eigenschaft

21 *Guyon* (Fn. 18); *UNCITRAL* (Fn. 2), pt. one ch. I para. 12; pt. two ch. III para. 24, Rec. 110; *Bartsch/Pollak/Buchegger*[4]*(-Kodek)* (Fn. 18), § 99 östKO Rn. 1, 16; *Jaeger/Henckel/Gerhardt(-Schilken)* (Fn. 18).

22 Zu einem solchen Fall etwa *Martin-Trigona v. Belford (In re Martin-Trigona)*, 732 F.2d 170 (2d Cir. 1984), *cert. denied*, 469 U.S. 859 (1984); *United States v. Martin-Trigona*, 759 F.2d 1017, 1024 f. (2d Cir. 1985).

als Schuldner des Insolvenzverfahrens beruhen. Auch etwaige Pflichten der organschaftlichen Vertreter, über ihre eigenen Verhältnisse aufzuklären, sollen hier nicht erörtert werden.

§ 3 Französische Unternehmensinsolvenzverfahren

A. Überblick

Das französische Recht sieht gegenwärtig drei Arten von Unternehmensinsolvenzverfahren vor: Das nach seiner Grundkonzeption präventive Schutzverfahren (*procédure de sauvegarde*), das Sanierungs- (*procédure de redressement judiciaire*) und das Liquidationsverfahren (*procédure de liquidation judiciaire*). Sie gehören zum Regelungsgegenstand des Rechts der in Schwierigkeiten geratenen Unternehmen (*droit des entreprises en difficulté*). Dieses findet seine gesetzlichen Grundlagen in erster Linie im sechsten Buch des Code de commerce. Dort werden verschiedene Instrumente zur Prävention und Behandlung von Unternehmensinsolvenzen normiert.[23]

Die *procédure de sauvegarde* bildet systematisch den Grundfall der französischen Unternehmensinsolvenzverfahren. In den Bestimmungen zum *redressement* und zur *liquidation judiciaire* werden deren Besonderheiten geregelt, wird aber auch auf diverse der voranstehenden Regelungen zur *procédure de sauvegarde* verwiesen.[24] Nichtsdestotrotz machen die eröffneten Schutzverfahren in der Praxis nur einen Bruchteil aller Unternehmensinsolvenzverfahren aus, wenn die *procédure de sauvegarde* auch bereits in besonders bedeutsamen Angelegenheiten wie dem *Eurotunnel* Fall zur Anwendung gelangt ist.[25] Zuallermeist kommt es schon von vornherein oder nach Eröffnung eines der anderen Verfahren zur *liquidation judiciaire*.[26]

---

23 Zum Ganzen *Degenhardt*, NZI 2014, 433, 434 f.; *Jacquemont/Vabres*, Droit des entreprises en difficulté[9] (Paris 2015) n°s 2-4; Münchener Kommentar zur Insolvenzordnung(-*Niggemann*), IV: EuInsVO 2000, Art. 102 und 102a EGInsO, EuInsVO 2015, Länderberichte[3] (2016) Länderberichte, Frankreich Rn. 5.

24 *Degenhardt*, NZI 2014, 433, 435; *Friedrichs*, Das Schutzschirmverfahren nach § 270b als Instrument zur nachhaltigen Stärkung der Eigenverwaltung (Diss. Bonn 2014) 150; MünchKomm InsO[3](-*Niggemann*) (Fn. 23), Rn. 6.

25 *Pascal Schütze* (Fn. 3), 225-227, 243; MünchKomm InsO[3](-*Niggemann*) (Fn. 23), Rn. 6, 8; *Saint-Alary-Houin*, Droit des entreprises en difficulté[10] (Paris 2016) n°s 4, 410.

26 Zum Ganzen *Friedrichs* (Fn. 24), 155; *Kindler/Nachmann*(-*Bauerreis*), Handbuch Insolvenzrecht in Europa (Losebl. 2010 ff.) Frankreich Rn. 11 (2014); *Jacquemont/Vabres* (Fn. 23), n°s 10 f.

Ausgenommen vom Gegenstand dieser Untersuchung sind diejenigen Instrumente des *droit des entreprises en difficulté*, welche das sechste Buch des französischen Handelsgesetzbuchs vor den Insolvenzverfahren in seinem ersten Titel regelt, wie etwa die gerichtliche Bestellung eines *Ad-hoc*-Beauftragten zur beratenden Unterstützung des Schuldners (*mandataire ad hoc*).[27] Weil sie anders als die *procédure de sauvegarde*, der *redressement* und die *liquidation judiciaire* keine Aufnahme in den maßgeblichen Anhang A gefunden haben, sind sie keine Insolvenzverfahren im Sinne der EuInsVO.

Letzteres gilt insbesondere auch für das einem Insolvenzverfahren am nächsten kommende Schlichtungsverfahren (*procédure de conciliation*).[28] Dieses auf den Abschluss eines freiwilligen Vergleichs (*accord*) ausgerichtete Verfahren können unternehmerisch tätige Schuldner beim jeweils zuständigen Gericht beantragen, wenn sie sich mit vorhersehbaren oder eingetretenen Schwierigkeiten konfrontiert sehen, ohne sich bereits mehr als fünfundvierzig Tage im Zustand der Zahlungseinstellung (*cessation des paiements*) zu befinden.[29] Ein gesetzliches Verbot der Einzelrechtsverfolgung ist mit der Eröffnung des Schlichtungsverfahrens nicht verbunden.[30]

---

27 Zu diesen Instrumenten *Sonnenberger/Dammann*, Französisches Handels- und Wirtschaftsrecht[3] (2008) Rn. VIII 11-13, VIII 24-35; *Kindler/Nachmann*(-*Bauerreis*) (Fn. 26), Rn. 15-62 (2014); MünchKomm InsO[3](-*Niggemann*) (Fn. 23), Rn. 5, 76-80; *Saint-Alary-Houin* (Fn. 25), n°s 128-163, 176-199, 227-243, 330-393.

28 Zum Ganzen Anhang A EuInsVO; *Medla* (Fn. 3), 122; *Sonnenberger/Dammann* (Fn. 27), Rn. VIII 5; *Fix*, Die fiducie-sûreté (2014) 262 Fn. 47. Nach dem Inkrafttreten der EuInsVO 2015 ergeben sich insoweit keine Änderungen, Anhang A EuInsVO 2015.

29 *Sonnenberger/Dammann* (Fn. 27), Rn. VIII 13 f., 28 f.; *Großerichter*, in: *Sonnenberger/Classen* (Hrsg.), Einführung in das französische Recht[4] (2012) 366-369; *Kindler/Nachmann*(-*Bauerreis*) (Fn. 26), Rn. 43, 49, 52 f. (2014). Mit dem Begriff der Zahlungseinstellung wird hier die wörtliche Übersetzung gewählt, so auch *Jaeger*(-*Jahr*), KO, I: §§ 1-70 KO[8] (1958) Einleitung LXVII; *Medla* (Fn. 3), 79, 82 f.; *Pascal Schütze* (Fn. 3), 50; anders und orientiert an der noch unten § 3 D zur Sprache kommenden modernen Legaldefinition *Kindler/Nachmann*(-*Bauerreis*), ebenda, Rn. 63, 93 (2014); MünchKomm InsO[3](-*Niggemann*) (Fn. 23), Rn. 10: „Zahlungsunfähigkeit". *Sonnenberger/Dammann*, ebenda, Rn. VIII 16 f. sowie *Großerichter*, ebenda, 367-371 verwenden beide Ausdrücke.

30 *Geldmacher*, Das präventive Sanierungsverfahren als Teil eines reformierten Insolvenz- und Sanierungsrechts in Deutschland (2012) 91; *Großerichter* (Fn. 29), 369; *Kindler/Nachmann*(-*Bauerreis*) (Fn. 26), Rn. 53 (2014). Zur Möglichkeit der gerichtlichen Anordnung eines Zahlungsaufschubs in Gestalt der Gnadenfrist (*délai de grâce*) auf Antrag des Schuldners gegenüber einzelnen Gläubigern nach Maßgabe der allgemeinen Bestimmungen des Zivilrechts (C. civ., artt. 1244-1 - 1244-3) *Flessner*, KTS 2010,

Außer Betracht bleibt in dieser Untersuchung endlich das durch eine Verordnung vom 12. März 2014[31] eingeführte Verfahren zur Entschuldung von Einzelunternehmern mit geringem Vermögen und ohne Arbeitnehmer (*procédure de rétablissement professionnel*). Der nur auf Antrag des Schuldners eröffnete *rétablissement professionnel* führt ohne eine Verwertung des Schuldnervermögens am Ende einer viermonatigen Prüfung zu einer Befreiung des redlichen Schuldners von den erfassten Verbindlichkeiten.[32] An seine Eröffnung ist weder ein Verbot der Einzelrechtsverfolgung noch eine vollständige oder teilweise Beschränkung der Verwaltungs- und Verfügungsbefugnis des Schuldners in Bezug auf sein Vermögen geknüpft.[33]

B. Historischer Wandel

Auf Unternehmensträger beschränkte Insolvenzverfahren kennt das französische Recht spätestens seit dem Inkrafttreten der Bestimmungen zum Kaufmannskonkurs im dritten Buch des Code de commerce von 1807.[34] Bis zu den

---

127, 133 f.; *Pascal Schütze* (Fn. 3), 123 f.; *Degenhardt*, NZI 2014, 433, 435. Zu den für Landwirte geltenden Besonderheiten *Rossbach* (Fn. 7), 104-109; *Medla* (Fn. 3), 99 f., 121; *Saint-Alary-Houin* (Fn. 25), n°s 344, 394-408.

31 Ordonnance n° 2014-326 du 12 mars 2014 portant réforme de la prévention des difficultés des entreprises et des procédures collectives, JO n° 62 du 14 mars 2014, p. 5249, texte n° 3.

32 Hierzu C. com., artt. L. 645-1 - L. 645-12; *Degenhardt*, NZI 2014, 433, 434, 437 f.; MünchKomm InsO³(-*Niggemann*) (Fn. 23), Rn. 51; *Saint-Alary-Houin* (Fn. 25), n°s 1409-1422.

33 Hierzu sowie zur Möglichkeit der gerichtlichen Anordnung eines Zahlungsaufschubs und der Einstellung der Zwangsvollstreckung gegenüber einzelnen Gläubigern in dem Verfahren auf Antrag des Schuldners nach C. com., art. L. 645-6 *Jacquemont/Vabres* (Fn. 23), n° 1092; MünchKomm InsO³(-*Niggemann*) (Fn. 32); *Saint-Alary-Houin* (Fn. 25), n°s 118, 1418 f.

34 *Kohler*, Lehrbuch des Konkursrechts (1891) 22 (§ 5); *Hellmann*, Lehrbuch des deutschen Konkursrechts (1907) 98 (§ 7); *Baur/Stürner*, Zwangsvollstreckungs-, Konkurs- und Vergleichsrecht, II: Insolvenzrecht¹² (1990) Rn. 3.20. Zu der – in der historischen Rückschau umstrittenen – Frage einer Beschränkung des Anwendungsbereichs der Insolvenzverfahren unter dem Edit du Roy, servant de Reglement pour le Commerce des Négocians et des Marchands, tant en gros qu'en détail, du mois de Mars 1673 (Ordonnance sur le commerce von 1673) auf Kaufleute *Lyon-Caen/Renault*, Traité de droit commercial, VII: Des Faillites, Banqueroutes et Liquidations judiciaires, I⁴ (Paris 1914) n°s 9, 19; *Percerou/Dessertaux*, Des faillites, banqueroutes et des liquidations judiciaires, I² (Paris 1935) n° 22; *Szramkiewicz*, Histoire du droit des affaires (Paris 1989) n°s 342, 442 f., 749.

Insolvenzverfahren des heutigen *droit des entreprises en difficulté* hat sich ein konzeptioneller Wandel vollzogen.[35]

I. Code de commerce von 1807

Unter dem Code de commerce von 1807 befand sich ein Kaufmann ab dem Eintritt seiner *cessation des paiements* im Zustand des Falliments (*faillite*).[36] Die Feststellung der *faillite* durch ein Gerichtsurteil (*jugement déclaratif*) war Voraussetzung für die Durchführung des Konkursverfahrens.[37] Die Zuständigkeit lag beim Handelsgericht (*tribunal de commerce*).[38]

Das Verfahren war ausgerichtet auf die gemeinschaftliche Gläubigerbefriedigung bei grundsätzlicher Gleichbehandlung.[39] Es diente aber ebenfalls der

---

35 *Baur/Stürner* (Fn. 34), Rn. 3.20, 39.1; *Kindler/Nachmann(-Bauerreis)* (Fn. 26), Rn. 1-14 (2014); *Saint-Alary-Houin* (Fn. 25), n°s 1-7, 12-126.

36 C. com. 1807, art. 437; C. com. 1807, art. 437, al. 1er i.d.F. der loi du 28 mai 1838 sur les Faillites et Banqueroutes, Bull. des lois, IXe série, t. 16, n° 575, texte n° 7417, p. 717; *Seuffert*, Deutsches Konkursprozeßrecht, in: *Binding* (Hrsg.), Systematisches Handbuch der Deutschen Rechtswissenschaft (Leipzig 1885 ff.), Neunte Abteilung, dritter Teil (1899) 19 (§ 6); *Hellmann* (Fn. 34); *Baur/Stürner* (Fn. 34). Zur Frage nach den sprachlichen Wurzeln des Begriffs der *faillite* (lat. *fallere* = täuschen, betrügen, nicht erfüllen bzw. frz. *faillir* = (ver)fehlen) *Jaeger*, KO, I: §§ 1-46 KO[7] (1931) Einleitung XV Fn. 2; *Angermüller*, Die persönliche Haftung von Unternehmensleitern, insbesondere Leitern juristischer Personen, bei Insolvenz des Unternehmens nach dem französischen Insolvenzgesetz vom 13. Juli 1967 (1986) 33; *Kindler/Nachmann(-Bauerreis)* (Fn. 26), Rn. 1 (2014).

37 C. com. 1807, artt. 449; 454 f.; C. com. 1807, artt. 440; 451; 455, al. 1er i.d.F. der loi du 28 mai 1838; *Locré*, Esprit du Code de commerce, III[2] (Paris 1829) 38, 166 f., 195; *Pardessus*, Cours de droit commercial, IV[4] (Paris 1831) n°s 1093, 1142, 1144-1146; *Hellmann* (Fn. 34), 99 (§ 7); *Percerou/Dessertaux* (Fn. 34), n°s 234, 442; *Jaeger*, KO, II: §§ 47-244 KO[7] (1936) § 102 KO Anm. 8; *Ripert*, Traité élémentaire de droit commercial[3] (Paris 1954) n°s 2577, 2582, 2599 f. Zum Begriff des *jugement déclaratif Lyon-Caen/Renault* (Fn. 34), n°s 42, 73; *Percerou/Dessertaux*, ebenda, n°s 23, 230; *Ripert*, ebenda, n° 2528. Zu den bereits unmittelbar an den Eintritt der *cessation des paiements* anknüpfenden und unter dem Stichwort des faktischen Falliments (*faillite de fait*) diskutierten Wirkungen *Pardessus*, ebenda, n°s 1114-1140; *Percerou/Dessertaux*, ebenda, n°s 232-240, 465; *Dölle*, in: *Schlegelberger* u.a. (Hrsg.), Rechtsvergleichendes Handwörterbuch für das Zivil- und Handelsrecht des In- und Auslandes, V: Kommanditgesellschaft – Rechtsgeschäft (1936), 71, 157; *Ripert*, ebenda, n°s 2518, 2528, 2530, 2727; *Jaeger*[8]*(-Jahr)* (Fn. 29), Einleitung LXVIII.

38 *Seuffert* (Fn. 36); *Hellmann* (Fn. 37); *Dölle* (Fn. 37), 140.

39 *Percerou/Dessertaux* (Fn. 34), n°s 1, 3; *Friedrichs* (Fn. 24), 142; *Saint-Alary-Houin* (Fn. 25), n°s 2, 13.

Aufarbeitung der Ursachen der *faillite*.[40] Bereits in dem Verfahren vor dem Handelsgericht sollten Erkenntnisse zu der Frage gesammelt werden, ob ein strafbares Fehlverhalten des Schuldners vorlag.[41]

Charakteristisch für das Institut der *faillite* war ferner die sanktionierende Elimination des Schuldners (*failli*, Fallit), welcher sich als schlechter Kaufmann erwiesen hatte.[42] Dieser Aspekt zeigte sich nicht nur in der entehrenden Wirkung des Falliments im Allgemeinen,[43] dem an die *faillite* geknüpften Entzug verschiedener (staats-)bürgerlicher, beruflicher und Ehrenrechte im Besonderen (*déchéances*, persönliche Rechtsnachteile)[44] sowie in der weiten Fassung der Straftatbestände des einfachen und des betrügerischen Bankrotts (*banqueroute simple, banqueroute frauduleuse*)[45]. Vielmehr war die gesetzliche Ausgestaltung der Gesamtvollstreckung selbst – auch abgesehen von ihrer Ergänzung durch das Konkursstrafrecht – von diesem Gedanken mitbeherrscht.[46] Über ihren repressiven Charakter fungierte die *faillite* zugleich als Mittel der Abschreckung vor ungebührendem und insolvenzträchtigem Verhalten.[47]

---

40 Rede des Tribunatssprechers *Fréville* in der Sitzung des *Corps législatif* vom 12.9.1807, abgedruckt bei *Maugeret*, Législation commerciale de l'Empire français, II: Commerce intérieur (Paris 1808) 426, 429; *Lyon-Caen/Renault* (Fn. 34), n° 1. Zur transparenten Aufarbeitung als Zweck eines Unternehmensinsolvenzverfahrens neben der Gläubigerbefriedigung etwa auch *Paulus*, FS Reinhold Geimer (2002), 795, 798.

41 *Locré* (Fn. 37), 199, 306-308, 722, 736-738; *Boulay-Paty*, Traité des faillites et banqueroutes (Brüssel 1834) n°s 209-211, 477-479; *Rogron*, Code de commerce[5] (Paris 1836) 451; *Lyon-Caen/Renault* (Fn. 34), n°s 84, 488, 502; *dies.* (Fn. 34), VIII: Des Faillites, Banqueroutes et Liquidation judiciaires, II[4] (Paris 1916) n°s 941, 948; *Percerou/Dessertaux* (Fn. 34), n° 289ter; *dies.* (Fn. 34), II[2] (Paris 1937) n° 1122; *dies.* (Fn. 34), III[2] (Paris 1938) n°s 1521 p. 12 note 4, 1530.

42 *Jaeger*[8](*-Jahr*) (Fn. 29); *Friedrich Weber*, KTS 1959, 80, 87; *Szramkiewicz* (Fn. 34), n°s 750 f., 755, 758; *Großerichter* (Fn. 29), 365; *Saint-Alary-Houin* (Fn. 25), n°s 2, 5, 13 f.

43 *Percerou/Dessertaux* (Fn. 34), n°s 105, 109 f.

44 *Percerou/Dessertaux* (Fn. 34), n°s 109 f.; *Jaeger*[8](*-Jahr*) (Fn. 29); *Friedrich Weber*, KTS 1959, 80, 87.

45 *Gröniger*, Das französische Insolvenzsystem nach der Reform von 1967 im Vergleich zum deutschen Recht (1984) 5 f.; *Szramkiewicz* (Fn. 42); *Zierau* (Fn. 6), 29 f.

46 *Jaeger*[8](*-Jahr*) (Fn. 29), Einleitung LXVII f.; *Gröniger* (Fn. 45); *Szramkiewicz* (Fn. 34), n°s 750 f., 755, 757 f.; *Le Corre*, Droit et pratique des procédures collectives[8] (Paris 2014) n° 42.21; *Saint-Alary-Houin* (Fn. 25), n° 14. Zur ergänzenden Funktion des Insolvenzstrafrechts *Bork*, Einführung in das Insolvenzrecht[8] (2017) Rn. 528.

47 *Ripert* (Fn. 37), n° 2512; *Jaeger*[8](*-Jahr*) (Fn. 29); *Kremer*, Unternehmenssanierung in Frankreich (1994) 7.

Die Notwendigkeit des Instituts der *faillite* wurde mit den speziellen Bedürfnissen des Handels begründet.[48] Wegen dessen Abhängigkeit vom Kredit galt es auf das Scheitern eines Kaufmannes in besonderer Weise zu reagieren.[49] Man betonte das öffentliche Interesse am Funktionieren des Geschäftslebens als bedeutendem Wirtschaftsfaktor und leitete hieraus die hervorgehobene Stellung der Kaufmannsinsolvenzen ab.[50] Den durch das alte Recht begünstigten Defiziten bei deren Aufarbeitung in den Wirren der Zeit seit der Revolution suchte der Gesetzgeber zu begegnen. Dabei stand er unter dem Eindruck von Fällen nicht zuletzt unter den Lieferanten der Armee, in denen der Schuldner sich skrupellos zu bereichern gesucht hatte. Zu häufig war die Insolvenz nach der zeitgenössischen Wahrnehmung verschwenderischem Luxus und Spekulationsexzessen geschuldet gewesen, bei ein und demselben Kaufmann wieder und wieder eingetreten, die Stellung und der Einfluss des Schuldners aber unberührt geblieben.[51] Es galt das für den Geschäftsverkehr wichtige Vertrauen in seine Teilnehmer zu stärken und der aus dem Umfang der Verpflichtungen eines Kaufmanns resultierenden besonderen Gefahr eines Dominoeffekts zu begegnen.[52]

Dem wirtschaftlichen Zusammenbruch von Nichtkaufleuten maß man keine vergleichbare ökonomische oder soziale Bedeutung bei.[53] Die Zulässigkeit der Einzelrechtsverfolgung blieb von einem solchen unberührt.[54] Einen erweiterten Interessenausgleich ermöglichte in diesen Fällen die bei der

---

48 *Ripert* (Fn. 37), n°s 2509 f.; *Saint-Alary-Houin* (Fn. 25), n° 2; vgl. auch *Percerou/Dessertaux* (Fn. 34), n°s 109 f.

49 *Lyon-Caen/Renault* (Fn. 34), n° 1; *Escarra,* Cours de droit commercial (Paris 1952) n° 1465; *Neumann*, Die Gläubigerautonomie in einem künftigen Insolvenzverfahren (1995) 38.

50 *Fréville* (Fn. 40), 430; *Ripert* (Fn. 37), n° 2509; *Saint-Alary-Houin* (Fn. 25), n° 14; vgl. auch *Robbe-Grillet*, Planmäßige Sanierung nach französischem und nach deutschem Insolvenzrecht (2007) 20.

51 *Boulay-Paty* (Fn. 41), n°s 1 f.; *Lyon-Caen/Renault* (Fn. 34), n°s 12 f.; *Percerou/Dessertaux* (Fn. 34), n° 23; *Gröniger* (Fn. 45), 6; *Szramkiewicz* (Fn. 34), n°s 754 f.; *Zierau* (Fn. 6), 27.

52 *Lyon-Caen/Renault* (Fn. 34), n° 1; *Ripert* (Fn. 37), n°s 2509 f.

53 *Hellmann* (Fn. 34); *Lyon-Caen/Renault* (Fn. 52); *Saint-Alary-Houin* (Fn. 25), n° 2. Die einzelnen Rechtsfolgen, welche das französische Recht an den zivilen Vermögensverfall (*déconfiture*) knüpft(e), sind nicht Ausdruck eines kollektiven Verfahrens, *Zachariä von Lingenthal/Crome*, Handbuch des Französischen Civilrechts, II^{8} (1894) 292 f. (§ 291); *Dölle* (Fn. 37), 73; *Jaeger*^{8}*(-Jahr)* (Fn. 29), Einleitung LXVIII.

54 *Zachariä von Lingenthal/Crome* (Fn. 53), 293 (§ 291); *Dölle* (Fn. 53); *Theus Simoni*, Englische, walisische und französische Konkursverwalter in der Schweiz (Zürich 1997) 169.

Einzelzwangsvollstreckung eingeführte verhältnismäßige Befriedigung aller der Pfändung durch den ersten Gläubiger beitretenden Forderungsinhaber.[55]

Die Feststellung der *faillite* erfolgte auf die Erklärung der *cessation des paiements* durch den Schuldner gegenüber dem Gericht, auf Gläubigerantrag oder von Amts wegen.[56] Zur Verfahrenseinleitung *ex officio* wurde das Gericht mit Blick auf das öffentliche Interesse an der Feststellung der *faillite* sowie auf das Ziel der Gläubigerbefriedigung bei grundsätzlicher Gleichbehandlung ermächtigt.[57]

Nach dem Gesetzeswortlaut hatte das Gericht bereits bei der Feststellung der *faillite* auch den Zeitpunkt des Eintritts derselben zu bestimmen;[58] das Gesetz sah die Unwirksamkeit einer Vielzahl im Vorfeld der Feststellung getätigter masseminderender Geschäfte vor[59] und knüpfte bei der Definition des maßgeblichen Zeitraums an den Zeitpunkt des Fallimentseintritts an[60]. Doch schoben die Gerichte dessen Bestimmung häufig genug in Ermangelung hinreichender Erkenntnisse auf.[61] Ferner entsprach es bereits unter der Ausgangsfassung des Code de commerce ständiger Rechtsprechung, die spätere Korrektur dieser Bestimmung zuzulassen.[62]

---

55 *Seuffert* (Fn. 36); *Hellmann* (Fn. 34); *Baur/Stürner* (Fn. 34), Rn. 3.20, 39.2. Zum Ausmaß der Verdrängung des Gleichrangprinzips durch das Prioritätsprinzip in der jüngeren Entwicklung des französischen Zwangsvollstreckungsrechts *Baur/Stürner/Bruns*, Zwangsvollstreckungsrecht[13] (2006) Rn. 59.7, 59.11, 59.16.

56 *Seuffert* (Fn. 36); *Dölle* (Fn. 37), 157; *Baur/Stürner* (Fn. 34).

57 *Boulay-Paty/Boileux*, Traité des faillites et banqueroutes, I (Paris 1854) n° 71; *Lyon-Caen/Renault* (Fn. 34), n° 108; *Percerou/Dessertaux* (Fn. 34), n°s 318, 283; *Dölle* (Fn. 56); *Jaeger*[7] (Fn. 37), § 103 KO Anm. 14.

58 Motive zu dem Entwurf einer Konkursordnung und dem Entwurf des Einführungsgesetzes, Stenographische Berichte über die Verhandlungen des Deutschen Reichstages, 2. Legislaturperiode, II. Session 1874/75, 4. Band, Aktenstück Zu Nr. 200 (im Folgenden „Motive KO"), S. 1363, 1508; *Hellmann* (Fn. 34), 99 (§ 7); *Lyon-Caen/Renault* (Fn. 34), n°s 116, 310.

59 *Baur/Stürner* (Fn. 34).

60 *Locré* (Fn. 37), 38; *Pardessus* (Fn. 37), n°s 1104, 1114-1122, 1131-1140; *Seuffert* (Fn. 36); *Hellmann* (Fn. 57); *Lyon-Caen/Renault* (Fn. 34), n°s 115, 310, 312; *Percerou/Dessertaux* (Fn. 34), n°s 352, 479, 560, 564; *Ripert* (Fn. 37), n°s 2726 f., 2731.

61 *Locré* (Fn. 37), 196, welcher diese nach seinen Angaben gewöhnlich vollzogene Vorgehensweise begrüßte; *Pardessus* (Fn. 37), n° 1104, nach dem der Zeitpunkt in diesen Fällen provisorisch auf den Tag des *jugement déclaratif* fixiert wurde; vgl. auch *Rogron* (Fn. 41), 428 f. m.N. aus der Rspr. Gegen diese Praxis unter Berufung auf den Wortlaut von C. com. 1807, art. 454, al. 1er wohl noch *Boulay-Paty* (Fn. 41), n°s 45, 50.

62 *Renouard*, Traité des faillites et banqueroutes, I[3] (Paris 1857) 283; *Lyon-Caen/Renault* (Fn. 34), n° 116; vgl. auch *Pardessus* (Fn. 37), n° 1104; Motive zu dem Entwurf

Aus der Mitte des Gerichts wurde ein Richter-Kommissar (*juge-commissaire*) bestellt.[63] Dieser war mit der Überwachung der Konkursverwaltung betraut.[64] Er hatte in dem von Gläubigerherrschaft geprägten Verfahren verschiedene Entscheidungen zu treffen, mit denen der Gesetzgeber nach Möglichkeit nicht mehr als einen Richter befassen wollte.[65]

Der Fallit verlor die Verwaltungs- und Verfügungsbefugnis in Bezug auf sein Vermögen (*dessaisissement*).[66] Als Insolvenzverwalter fungierten die im Laufe des Verfahrens nacheinander in Erscheinung tretenden Fallimentsagenten (*agens de faillite*), provisorischen und endgültigen Syndiken (*syndics provisoires, syndics définitifs*).[67] Die Agenten bestellte das Gericht allein, die provisorischen Syndiken berief es aus einer Vorauswahl seitens der Gläubiger, die *syndics définitifs* ernannten die Gläubiger selbst.[68]

Die Liquidation der Aktivmasse und die Verteilung des Erlöses nach den gesetzlichen Regeln konnte abgewendet werden im Wege eines Vergleichs (*concordat*).[69] Voraussetzung hierfür war ein entsprechender Vorschlag von Seiten des Schuldners.[70] Dieser bedurfte der Zustimmung einer qualifizierten Gläubigermehrheit sowie der Bestätigung (*homologation*) durch das Gericht.[71] In dem Vergleich sah man ein Instrument zur Verbesserung der Gläubigerbefriedigung,

---

einer Deutschen Gemeinschuldordnung (1873) (im Folgenden „Motive GemeinschuldO"), Anlage-Band, 70. Gegen eine Korrektur von Amts wegen noch *Boulay-Paty* (Fn. 41), n° 56.

63 *Seuffert* (Fn. 36); *Hellmann* (Fn. 57).

64 *Baur/Stürner* (Fn. 34).

65 *Pardessus* (Fn. 37), n°s 1142 f.; *Dölle* (Fn. 37), 140; *Percerou/Dessertaux* (Fn. 34), II² (Paris 1937) n°s 1107-1119. Zur Gläubigerherrschaft in dem Verfahren *Seuffert* (Fn. 36); *Kohler* (Fn. 34); *Baur/Stürner* (Fn. 34), Rn. 3.20, 39.1.

66 *Pardessus* (Fn. 37), n°s 1114-1123; *Seuffert* (Fn. 36); *Percerou/Dessertaux* (Fn. 34), n°s 89 f., 486-516; *Dölle* (Fn. 37), 84; *Jaeger⁸(-Jahr)* (Fn. 29), Einleitung LXVII f., § 6 KO Anm. 30.

67 *Seuffert* (Fn. 36), 19 f. (§ 6); *Hellmann* (Fn. 34), 100-104 (§ 7); *Percerou/Dessertaux* (Fn. 34), n° 23.

68 *Seuffert* (Fn. 67); *Hellmann* (Fn. 34), 99, 101, 103 (§ 7); *Percerou/Dessertaux* (Fn. 65), n° 1086.

69 *Seuffert* (Fn. 36), 20 (§ 6); *Hellmann* (Fn. 34), 102 f. (§ 7); *Jaeger⁸(-Jahr)* (Fn. 29), Einleitung LXVIII. Dies verkennen *Karl-Heinz Weber/Hoffmann* (Fn. 6), 3 f.; *Medla* (Fn. 3), 58; *Pascal Schütze* (Fn. 3), 10, 11 Fn. 45, 12 und *Kern*, Ausschließliche Patentlizenzen im Europäischen Insolvenzrecht (2014) 54.

70 *Pardessus* (Fn. 37), n° 1234; *Dölle* (Fn. 37), 176; *Percerou/Dessertaux* (Fn. 65), n° 1307.

71 *Seuffert* (Fn. 69); *Hellmann* (Fn. 69); *Baur/Stürner* (Fn. 34).

zugleich aber auch eine Rechtswohltat (*bénéfice*) für den seinem Verhalten nach würdig erscheinenden, redlichen Schuldner.[72]

II. Das Gesetz vom 28. Mai 1838

Ein Gesetz vom 28. Mai 1838[73] brachte eine Überarbeitung des dritten Buchs des Code de commerce.[74] Diese Reform war geprägt vom Liberalismus des neunzehnten Jahrhunderts und dem gleichzeitigen Bemühen, den staatlichen Einfluss zu stärken.[75] Sie führte insbesondere zu einer Straffung des Verfahrens[76] und einer milderen Behandlung des Schuldners[77]. Die Strenge, mit der das Gesetz dem Schuldner begegnet war, und eine ganze Reihe von Formalitäten, die zwar dem Schutz der betroffenen Interessen dienen sollten, aber kosten- und zeitintensiv waren, hatten sich zuvor als wesentliche Schwächen erwiesen. Die Schuldner hatten davon abgesehen, ihre *cessation des paiements* zu erklären. Bei Feststellung der *faillite* durch das Gericht hatten sie regelmäßig die Flucht ergriffen. Als Informationsquelle hatten sie so nicht mehr zur Verfügung gestanden. Zahlreich waren zudem die Fälle gewesen, in denen Gläubiger und Schuldner gemeinsam und vertraulich unter Umgehung des gesetzlichen Verfahrens eine Antwort auf die Situation des Schuldners gesucht hatten.[78]

Spätestens seit dem Inkrafttreten des Gesetzes vom 28. Mai 1838 konnte das Gericht den Erlass des *jugement déclaratif* nicht mehr von einer kostendeckenden Aktivmasse abhängig machen.[79] Bereits in der Ausgangsfassung des Code

---

72 *Pardessus* (Fn. 37), n°s 1232, 1236, 1243, 1305, 1309; *Dölle* (Fn. 37), 176, 185; *Percerou/Dessertaux* (Fn. 65), n°s 1278, 1335, 1342, 1460 p. 952 n° 1.

73 Loi du 28 mai 1838 sur les Faillites et Banqueroutes, Bull. des lois, IXe série, t. 16, n° 575, texte n° 7417, p. 717.

74 *Kohler* (Fn. 34), 22 (§ 5), 51 (§ 10); *Seuffert* (Fn. 36), 21 (§ 6); *Hellmann* (Fn. 34), 105 f. (§ 7).

75 *Saint-Alary-Houin* (Fn. 25), n° 15; vgl. auch *Hanisch*, Rechtszuständigkeit der Konkursmasse (1973) 50; *Karl-Heinz Weber/Hoffmann* (Fn. 6), 4.

76 Motive GemeinschuldO, Anlage-Band, 91-94; *Seuffert* (Fn. 74); *Hellmann* (Fn. 34), 106 (§ 7).

77 *Kohler* (Fn. 34); *Percerou/Dessertaux* (Fn. 34), n° 25; *Gröniger* (Fn. 45), 8; *Zierau* (Fn. 6), 31.

78 Zum Ganzen *Kohler* (Fn. 34), 51 (§ 10); *Lyon-Caen/Renault* (Fn. 34), n°s 14, 484; *Percerou/Dessertaux* (Fn. 34), n°s 24, 443; *Gröniger* (Fn. 45), 6; *Zierau* (Fn. 77).

79 *Percerou/Dessertaux* (Fn. 34), n° 309; vgl. auch *Boulay-Paty/Boileux* (Fn. 57), n° 408; *Lyon-Caen/Renault* (Fn. 34), n° 526; *dies.* (Fn. 34), VIII: Des Faillites, Banqueroutes et Liquidation judiciaires, II^{4} (Paris 1916) n° 1087; die Nachweise aus der Rechtsprechung bei *Houin/Derrida*(*-Houin*), Rép. com., II: Facture – Warrant pétrolier (Paris 1957), v°

de commerce hatte sich keine Vorschrift gefunden, die dieses Urteil an eine solche Feststellung geknüpft hätte.[80] Jetzt regelte das Gesetz eine Vorstreckung aus der Staatskasse im Anschluss an eine Entscheidung des *juge-commissaire* für den Fall, dass die dem Konkursverfahren unterworfenen Gelder die zu dessen Beginn anfallenden Kosten nicht sofort deckten.[81] Im Interesse der Sanktionierung des Falliten zum Wohle der Allgemeinheit und im Gläubigerinteresse sollte auch diese Maßnahme den gesetzlichen Bestimmungen zu einer häufigeren Anwendung verhelfen.[82]

Der Gesetzgeber bestätigte die Rechtsprechung unter dem Code de commerce in seiner Ausgangsfassung, wonach das Gericht den Zeitpunkt des Eintritts der *faillite* nicht bereits mit der Feststellung der *cessation des paiements* zu bestimmen brauchte und seine Entscheidung in dieser Frage im weiteren Verfahrensverlauf korrigieren konnte.[83] Er ordnete an, dass in Ermangelung einer solchen Bestimmung im Regelfall vom Eintritt der *cessation des paiements* im Zeitpunkt des *jugement déclaratif* auszugehen war.[84]

Die Fallimentsagenten wurden abgeschafft. Einen oder mehrere provisorische Syndiken bestellte das Gericht nunmehr im *jugement déclaratif.* Nach einer Konsultation der Gläubiger in einer ersten Versammlung bestätigte es die provisorischen als endgültige Syndiken oder tauschte sie aus. Mit den endgültigen

---

Faillite-règlement judiciaire, n° 348 sowie *Jaeger(-Jahr)*, KO II/1: §§ 71-206 KO[8] (1973) § 107 KO Anm. 11.

80 Vgl. *Boulay-Paty/Boileux* (Fn. 57), n° 408.

81 C. com. 1807, art. 461 i.d.F. der loi du 28 mai 1838; *Rogron*, Code de commerce[6] (Paris 1841) 475; *Lyon-Caen/Renault* (Fn. 34), n° 526; *dies.* (Fn. 34), VIII: Des Faillites, Banqueroutes et Liquidation judiciaires, II[4] (Paris 1916) n°s 761, 1087; *Percerou/Dessertaux* (Fn. 79); *dies.* (Fn. 65), n°s 1190 f.; vgl. auch *Jaeger*[8]*(-Jahr)* (Fn. 79). Zur Ermöglichung einer Vorstreckung bestimmter im weiteren Verfahrensverlauf anfallender Kosten durch die loi du 22 février 1941 modifiant les articles 461 et 537 du code de commerce et l'article 15 de la loi du 4 mars 1889 sur la législation des faillites, JO, 17 mars 1941, p. 1198 *Ripert* (Fn. 37), n° 2616.

82 *Renouard* (Fn. 62), 433; *Bedarride*, Traité des faillites & banqueroutes, I[4] (Paris/Aix 1862) n°s 198, 205; *Lyon-Caen/Renault* (Fn. 34), n° 526; *Percerou/Dessertaux* (Fn. 65), n° 1190.

83 *Renouard* (Fn. 62), 284-286; Motive KO (Fn. 58); *Lyon-Caen/Renault* (Fn. 34), n° 116; *Percerou/Dessertaux* (Fn. 34), n°s 354, 357; *Ripert* (Fn. 37), n° 2579. Missverständlich *Jaeger*[7] (Fn. 37), § 108 KO Anm. 8.

84 *Lyon-Caen/Renault* (Fn. 34), n° 117; *Percerou/Dessertaux* (Fn. 34), n° 358 jeweils mit Hinweis auf den Ausnahmefall der Feststellung der *faillite* nach dem Tod des Kaufmanns; *Dölle* (Fn. 37), 157; vgl. auch *Jaeger*[8]*(-Jahr)* (Fn. 79), § 108 KO Anm. 8.

Syndiken verfuhr es im weiteren Verlauf nochmals entsprechend, wenn die Abwendung der Liquidation nach den für das Scheitern des Vergleichs vorgesehenen Regeln nicht gelang.[85]

Endlich brachte die Reform neben einer Reihe weiterer Änderungen die Normierung der Verfahrensbeendigung wegen Erschöpfung der Aktivmasse (*clôture pour insuffisance d'actif*).[86]

III. Das Gesetz vom 4. März 1889

Durch ein Gesetz vom 4. März 1889[87] wurde mit der *liquidation judiciaire* ein zweites Insolvenzverfahren für Kaufleute eingeführt.[88] Dieses war konzipiert als abgemilderte[89] und beschleunigte[90] Variante des im Code de commerce geregelten Konkursverfahrens.[91] Es wurde als Rechtswohltat für den redlichen Schuldner geschaffen, dessen *cessation des paiements* zwar eingetreten, nicht aber in rechtlich missbilligter Weise von ihm herbeigeführt worden war (*débiteur*

---

85 Zum Ganzen *Rogron* (Fn. 81), 477 f., 561; Motive GemeinschuldO, Anlage-Band, 92; *Seuffert* (Fn. 74); *Hellmann* (Fn. 76); *Percerou/Dessertaux* (Fn. 65), n°s 1086ter, 1090 f., 1093; *Ripert* (Fn. 37), n° 2604.

86 Motive GemeinschuldO, Anlage-Band, 94; *Hellmann* (Fn. 76), 106 (§ 7); *Zierau* (Fn. 6), 32. Zu den weiteren Änderungen Motive GemeinschuldO, Anlage-Band, 91-94; *Hellmann*, ebenda, 105 f. (§ 7); *Percerou/Dessertaux* (Fn. 34), n° 25.

87 Loi du 4 mars 1889 portant modification à la Législation des Faillites, Bull. des lois, XIIe série, partie principale, t. 38, n° 1225, texte n° 20408, p. 198.

88 *Mittermaier*, ZHR 38, N.F. 23 (1891), 467, 481; *Zachariä von Lingenthal/Crome* (Fn. 53), 292 (§ 291); Denkschrift über das gerichtliche Zwangsvergleichsverfahren außerhalb des Konkurses, Stenographische Berichte über die Verhandlungen des Reichstages, 11. Legislaturperiode, II. Session 1905/06, zweiter Sessionsabschnitt 1906, 8. Anlageband, Aktenstück Nr. 596 (im Folgenden „Denkschrift"), S. 5590, 5599.

89 *Mittermaier*, ZHR 38, N.F. 23 (1891), 467, 481; *Jaeger*, LZ 1907, Sp. 132, 133; *Harnik*, Der gerichtliche Ausgleich (Präventivkonkordat) nach den Gesetzen der verschiedenen Staaten Europas (Wien u.a. 1928) 61.

90 Vgl. *Mittermaier*, ZHR 38, N.F. 23 (1891), 467, 486 f.; Anlage zu der Denkschrift über das gerichtliche Zwangsvergleichsverfahren außerhalb des Konkurses, Stenographische Berichte über die Verhandlungen des Reichstages, 11. Legislaturperiode, II. Session 1905/06, zweiter Sessionsabschnitt 1906, 8. Anlageband, Aktenstück Zu Nr. 596 (im Folgenden „Anlage Denkschrift"), S. 5611, 5629.

91 *Lyon-Caen/Renault* (Fn. 34), VIII: Des Faillites, Banqueroutes et Liquidation judiciaires, II[4] (Paris 1916) n°s 1006, 1035; *Percerou/Dessertaux* (Fn. 34), n°s 2, 34, 112, 114 f.; *Ripert* (Fn. 37), n°s 2492, 2498.

malheureux et de bonne foi).[92] Der Schuldner sollte die Zulassung zur *liquidation judiciaire*, wie es für jede Vergünstigung (*faveur*) galt, verdient haben müssen.[93]

Die mildere Behandlung des zu dem neuen Verfahren zugelassenen Schuldners schien dem Gesetzgeber zum einen schlicht gerecht.[94] Unter dem Eindruck der wirtschaftlichen Entwicklung seit der Reform von 1838 nahm man die Insolvenz mehr als zuvor als natürliches Risiko kaufmännischer Betätigung wahr.[95]

Zum anderen wird das Gesetz vom 4. März 1889 als eine Reaktion auf die Missstände verstanden, welche sich nach der Abschaffung der Schuldhaft (*contrainte par corps*) auf dem Gebiet des Zivil- und des Handelsrechts durch ein Gesetz vom 22. Juli 1867[96] ergeben hatten.[97] Vor diesem Mittel der Einzelzwangsvollstreckung

---

92 *Mittermaier*, ZHR 38, N.F. 23 (1891), 467, 481 f.; *Percerou/Dessertaux* (Fn. 34), n°s 2, 34, 112, 116, 226-229; *Harnik*, in: *Schlegelberger* u.a. (Fn. 37), 635, 644; *Jaeger*[8](*-Jahr*) (Fn. 29).

93 *Malapert*, Du régime de la liquidation judiciaire (Paris/Rennes 1892) n° 52.

94 *Lyon-Caen/Renault* (Fn. 91), n° 1006; *Percerou/Dessertaux* (Fn. 34), n° 34; *Plaisdant*, KTS 1959, 49. Zur Kritik an der Härte des alten Rechts gegenüber dem Schuldner im Vorfeld der Reform von 1889 *Lyon-Caen/Renault*, ebenda, n° 1002; *Percerou/Dessertaux*, ebenda, n° 28; *Zierau* (Fn. 6), 33.

95 *Honorat*, Les innovations du décret du 20 mai 1955 relatif aux faillites et règlements judiciaires (Paris 1959) 2 („l'un des risques normaux de l'activité commerciale"), die diesen Sinneswandel in Zusammenhang mit dem um das Jahr 1880 verorteten Höhepunkt des Kapitalismus in Frankreich stellt; in diesem Sinne etwa auch *Lyon-Caen/Renault* (Fn. 91), n°s 1001 f., 1005, welche insoweit das Augenmerk auf die Krisen von 1848 und 1870/71 richten; *Szramkiewicz* (Fn. 34), n° 764, der ferner auf die Auswirkungen der Industrialisierung sowie größere ausländische Konkurrenz infolge des Abschlusses von Freihandelsabkommen verweist; *Karl-Heinz Weber/Hoffmann* (Fn. 75); *Pascal Schütze* (Fn. 3), 11.

96 Loi du 22 juillet 1867 relative à la Contrainte par corps, Bull. des lois, XIe série, partie principale, t. 30, n° 1508, texte n° 15,306, p. 53.

97 *Lyon-Caen/Renault* (Fn. 34), n°s 17, 86 f.; *Percerou/Dessertaux* (Fn. 34), n°s 27, 286; *Ripert* (Fn. 37), n° 2498. Zu dem Gesetz vom 22. Juli 1867 sowie der fortgesetzten Anwendbarkeit der *contrainte par corps* in Strafsachen hinsichtlich der verhängten Geldstrafen, Kosten und zuerkannten Schadensersatzansprüche *Zachariä von Lingenthal/Crome* (Fn. 53), IV[8] (1895) 634 f. (§ 782); *Lyon-Caen/Renault* (Fn. 91), n° 726bis; *Percerou/Dessertaux*, ebenda, n° 442 p. 577 note 1. Zum Einsatz der *contrainte par corps* als Mittel der Vollstreckung im Falle von Steuerschulden nach der loi n° 75 du 31 janvier 1944 portant réforme de certaines dispositions du code général des impôts directs et du code de l'enregistrement, JO, 13 février 1944, p. 469 *Ripert*, Le régime démocratique et le droit civil moderne[2] (Paris 1948) n° 70.

hatte bis dahin das Konkursverfahren Schutz geboten.[98] Mit der Abschaffung der *contrainte par corps* war daher ein wesentliches Motiv für die Erklärung der *cessation des paiements* durch den Schuldner verloren gegangen.[99] Die mit der *faillite* auch nach der Reform von 1838 noch verknüpften Nachteile für den Schuldner waren stärker in den Vordergrund getreten. Sie hatten ihn verleitet, seine Lage zu verschleiern und die Erklärung der *cessation des paiements* hinauszuzögern. Die späte Einleitung der Verfahren hatte zur Folge gehabt, dass zu selten noch Schuldnervermögen vorhanden gewesen war, welches eine nennenswerte Befriedigung der Gläubiger ermöglicht hätte.[100]

Auf die *liquidation judiciaire* fanden die für die *faillite* geltenden Bestimmungen Anwendung, soweit das Gesetz nicht etwas anderes anordnete.[101] Sie war wie das Konkursverfahren des Code de commerce ausgerichtet auf die gemeinschaftliche Befriedigung der Gläubiger bei grundsätzlicher Gleichbehandlung.[102] Die mit der *faillite* verbundenen persönlichen Rechtsnachteile und die entehrende Wirkung trafen den Schuldner dagegen nur in stark reduziertem Ausmaß.[103]

Die Anordnung der *liquidation judiciaire*, die wie die Feststellung der *faillite* in den Zuständigkeitsbereich des Handelsgerichts fiel, erging nur auf Antrag des Schuldners.[104] Allerdings konnte die von anderer Seite initiierte Prüfung der Voraussetzungen für die Feststellung der *faillite* den Schuldner dazu bewegen,

---

98 Näher hierzu unten § 4 A I 1 f) aa), 2 b) ee). Die Umschreibung der *contrainte par corps* als „Gefängnisstrafe" bei *Karl-Heinz Weber/Hoffmann* (Fn. 75) sowie *Pascal Schütze* (Fn. 3), 11 Fn. 45 ist wenigstens missverständlich.

99 *Zachariä von Lingenthal/Crome* (Fn. 53), 292 Anm. 5) (§ 291); *Lyon-Caen/Renault* (Fn. 34), n°s 17, 86bis; *Percerou/Dessertaux* (Fn. 34), n°s 27, 286, 442; *Le Corre* (Fn. 46), n° 42.31. Dies verkennen *Szramkiewicz* (Fn. 34), n°s 763 f. und *Saint-Alary-Houin* (Fn. 25), n° 15 note 50.

100 *Mittermaier*, ZHR 38, N.F. 23 (1891), 467, 480; *Zachariä von Lingenthal/Crome* (Fn. 53), 291 f. (§ 291); *Lyon-Caen/Renault* (Fn. 91), n° 1002; *Percerou/Dessertaux* (Fn. 34), n°s 27, 286; *Zierau* (Fn. 94).

101 *Mittermaier*, ZHR 38, N.F. 23 (1891), 467, 488; *Jaeger*^7^ (Fn. 36), Einleitung XXIII; *Ripert* (Fn. 37), n° 2498.

102 *Lyon-Caen/Renault* (Fn. 91), n° 1007; *Percerou/Dessertaux* (Fn. 34), n°s 1-3; *Ripert* (Fn. 37), n°s 2492, 2510, 2515, 2521; vgl. auch *Jaeger*^7^ (Fn. 36), Einleitung XXII f.

103 *Mittermaier*, ZHR 38, N.F. 23 (1891), 467, 487; *Lyon-Caen/Renault* (Fn. 91), n°s 1126, 1126ter; *Harnik* (Fn. 89); *Jaeger*^7^ (Fn. 102); *Percerou/Dessertaux* (Fn. 34), n°s 34, 112 f., 474-478; *Ripert* (Fn. 37), n°s 2922-2927.

104 *Mittermaier*, ZHR 38, N.F. 23 (1891), 467, 482; Denkschrift (Fn. 88); *Gröniger* (Fn. 45), 8. Zur Zuständigkeit des Handelsgerichts *Mittermaier*, ebenda; Anlage Denkschrift (Fn. 90); *Percerou/Dessertaux* (Fn. 34), n°s 259, 323.

um die Anordnung der *liquidation judiciaire* zu ersuchen. Dies blieb ihm dann grundsätzlich noch unbenommen.[105]

Zur Realisierung des Ziels des neuen Verfahrens standen wie bei dem Konkursverfahren des Code de commerce das Mittel des Vergleichs und die Liquidation der Aktivmasse nach den für dessen Scheitern vorgesehenen Regeln bereit. Aber auch eine Überleitung in das strengere Verfahren des Handelsgesetzbuchs war möglich (*conversion en faillite*).[106]

Die Verwaltungs- und Verfügungsbefugnis des Schuldners war jedenfalls bis zur Entscheidung über den Verfahrensausgang nicht in demselben Maße beschränkt wie diejenige des Falliten. Anstatt eines vollständigen Entzugs wurden dem Schuldner mit den provisorischen und den endgültigen Liquidatoren (*liquidateurs provisoires, liquidateurs définitifs*) Insolvenzverwalter zur Seite gestellt, deren Einvernehmen das Gesetz bei einer Vielzahl von Maßnahmen forderte.[107] Bisweilen bedurfte es auch einer Autorisierung durch den *juge-commissaire* oder das Gericht.[108]

Neben der Regelung des neuen Verfahrens sah das Gesetz vom 4. März 1889 nur manche Neuerungen vor, welche für die *liquidation judiciaire* und das Konkursverfahren des Code de commerce gleichermaßen galten.[109] Hierzu zählte die Herabsetzung der Anforderungen an die Mehrheit bei der Abstimmung über

---

105 *Lyon-Caen/Renault* (Fn. 91), n°s 1018, 1019; *Percerou/Dessertaux* (Fn. 34), n°s 324 f.; vgl. auch *Mittermaier*, ZHR 38, N.F. 23 (1891), 467, 483 f. Zur Frage der Abhängigkeit der Anordnung der *liquidation judiciaire* von der Einhaltung der für den Antrag vorgeschriebenen Frist s.u. § 4 A I 3 e) aa).

106 *Mittermaier*, ZHR 38, N.F. 23 (1891), 467, 481, 487; *Lyon-Caen/Renault* (Fn. 91), n° 1098; *Jaeger*[7] (Fn. 36), Einleitung XXIII; *Percerou/Dessertaux* (Fn. 34), n° 117; *Harnik* (Fn. 92), 641; *Ripert* (Fn. 37), n° 2840.

107 Zum Ganzen *Mittermaier*, ZHR 38, N.F. 23 (1891), 467, 483-486; *Lyon-Caen/Renault* (Fn. 91), n°s 1025 f., 1046-1063bis, 1079; *Jaeger*[7] (Fn. 36), Einleitung XXII; *Percerou/Dessertaux* (Fn. 34), n°s 113, 486bis, 517, 519 f., 522; *dies.* (Fn. 65), n°s 1165, 1197-1203, 1210, 1216, 1222 f.; *Harnik* (Fn. 106); *Ripert* (Fn. 37), n°s 2492, 2598, 2610, 2614 f., 2621 f. Entgegen *Zierau* (Fn. 6), 34; *Karl-Heinz Weber/Hoffmann* (Fn. 75); *Robbe-Grillet* (Fn. 50), 22; *Pascal Schütze* (Fn. 3), 12; *Kern* (Fn. 69) und *Saint-Alary-Houin* (Fn. 25), n° 16 bezeichnete das Gesetz diese Verwalter nicht als „syndic[s]".

108 *Mittermaier*, ZHR 38, N.F. 23 (1891), 467, 484 f.; Denkschrift (Fn. 88); *Lyon-Caen/Renault* (Fn. 91), n° 1046; *Percerou/Dessertaux* (Fn. 34), n°s 486bis note 2; *dies.* (Fn. 65), n°s 1202 f., 1207, 1210 note 5, 1216, 1222 f.; *Ripert* (Fn. 37), n°s 2598, 2614 f.

109 *Kohler* (Fn. 78); *Mittermaier*, ZHR 38, N.F. 23 (1891), 467, 481; *Lyon-Caen/Renault* (Fn. 91), n° 1006.

den Vergleich[110] und die Einführung der Kontrolleure (*contrôleurs*)[111]. Deren Berufung war fakultativ und erfolgte durch die sowie aus den Reihen der Gläubiger.[112] Betraut waren die Kontrolleure mit Aufgaben der Überwachung des Verfahrens sowie der Beratung der Syndiken bzw. des Schuldners.[113]

IV. Die Entwicklung ab Mitte der 1930er Jahre

Nach dem Inkrafttreten des Gesetzes vom 4. März 1889 kam es zunächst nur zu Änderungen kleinerer Details an dem Regelwerk zu den Insolvenzverfahren sowie zu einer schrittweisen Erleichterung der handelsrechtlichen Rehabilitation (*réhabilitation commerciale*) und damit der Befreiung des Schuldners von den erlittenen persönlichen Rechtsnachteilen.[114] Ab Mitte der 1930er Jahre reagierte der Gesetzgeber dann auf Schwächen des Rechts, die es unter dem Eindruck der Auswirkungen der Weltwirtschaftskrise und später derjenigen des Zweiten Weltkriegs zu beheben galt.[115]

Eine Reform aus dem Jahr 1935 brachte zunächst weitere Maßnahmen zur Vereinfachung und Beschleunigung der Verfahren unter Steigerung der Gerichtsmacht und zu Lasten der Gläubigerherrschaft.[116] Sie führte insbesondere zur Abschaffung verschiedener der gesetzlich vorgesehenen

---

110 *Mittermaier*, ZHR 38, N.F. 23 (1891), 467, 486 f.; *Dölle* (Fn. 37), 182; *Percerou/Dessertaux* (Fn. 65), n° 1324.

111 *Mittermaier*, ZHR 38, N.F. 23 (1891), 467, 485, 487; *Dölle* (Fn. 37), 152; *Jaeger*[7] (Fn. 37), § 87 KO Anm. 7.

112 *Mittermaier*, ZHR 38, N.F. 23 (1891), 467, 485; *Dölle* (Fn. 37), 152 f.; *Jaeger*[7] (Fn. 111).

113 *Lyon-Caen/Renault* (Fn. 34), n°s 453-459; *Dölle* (Fn. 37), 154 f.; *Percerou/Dessertaux* (Fn. 65), n°s 1168, 1170, 1172; *Ripert* (Fn. 37), n°s 2632 f. Zur Aufgabe der Überwachung s. auch *Kohler* (Fn. 34), 428 Anm. 1 (§ 67); *Jaeger*[7] (Fn. 111).

114 Zu den angesprochenen Änderungen *Jaeger*[7] (Fn. 36), Einleitung XXIII; *Houin/Derrida(-Houin)* (Fn. 79), n° 12; *Le Corre* (Fn. 46), n° 42.32; zur handelsrechtlichen Rehabilitation unter dem Code de commerce von 1807 sowie zu ihrer Erleichterung zu Beginn des 20. Jahrhunderts s.u. § 4 A I 1 h), 2 a) ee).

115 *Percerou/Dessertaux* (Fn. 34), n° 36 quinto; *dies.* (Fn. 65), Addenda et errata aux tomes I et II, n° 36 quinto; *Houin/Derrida(-Houin)* (Fn. 79), n° 14; *Honorat* (Fn. 95), 2 f.; *Plaisdant*, KTS 1959, 49; vgl. auch *Pernice*, Die Insolvenzverschleppung durch das Geschäftsführungsorgan der kleinen Kapitalgesellschaft im deutschen, französischen und englischen Recht (2002) 146.

116 Décret-loi du 8 août 1935 portant modification du livre III du Code de commerce, intitulé „Des faillites et banqueroutes“, JO, 9 août 1935, p. 8686; *Jaeger*[8]*(-Jahr)* (Fn. 29); *Gröniger* (Fn. 104); *Robbe-Grillet* (Fn. 50), 24.

Gläubigerversammlungen.[117] Bei der Berechnung der für die Annahme des Vergleichs benötigten Mehrheit waren nun nur noch die Forderungen derjenigen Gläubiger zu berücksichtigen, die an der Abstimmung in der hierfür vorgesehenen Versammlung teilgenommen hatten.[118]

Die – entsprechende Bewerbungen aus der Gläubigerschaft voraussetzende – Berufung von Kontrolleuren lag von jetzt an in den Händen des *juge-commissaire.*[119] Die Syndiken und die Liquidatoren wurden nunmehr schlicht in dem die *faillite* feststellenden bzw. die *liquidation judiciaire* anordnenden Urteil ernannt. Die Unterscheidung zwischen provisorischen und endgültigen Insolvenzverwaltern gab der Gesetzgeber auf. Eine Bestätigung der Syndiken und Liquidatoren nach Konsultation der Gläubiger war nur noch bei Aufnahme der in Ermangelung eines Vergleichs nach den gesetzlichen Regeln zu vollziehenden Liquidation vorgesehen.[120]

Ferner suchte der Gesetzgeber ab 1935 mit einer Reihe von Maßnahmen dem Missbrauch von Gesellschaften und anderem Fehlverhalten der verantwortlichen Leiter im Zusammenhang mit der Gesellschaftsinsolvenz zu begegnen,[121] aber auch einzelkaufmännische Schuldner bei hinreichend schweren Verfehlungen wirksam vom Geschäftsleben auszuschließen.[122] Zuvor war die Anzahl der Gesellschaftsgründungen rasant angestiegen.[123] Die Aktiengesellschaften sowie die durch ein Gesetz vom 7. März 1925[124] eingeführte Gesellschaft mit beschränkter Haftung (*société à responsabilité limitée, SARL*) waren als Formkaufleute konzipiert worden, damit sie als Schuldner des Konkursverfahrens nach dem Code de commerce respektive der *liquidation judiciaire* in Betracht kamen.[125] Zu den Auswirkungen des Zweiten Weltkriegs hatte dann das Auftreten einer Vielzahl

---

117 *Percerou/Dessertaux* (Fn. 65), n° 1148; *Ripert* (Fn. 37), n°s 2603, 2630, 2695, 2701, 2706.

118 *Percerou/Dessertaux* (Fn. 65), n° 1325; *Gröniger* (Fn. 104); *Le Corre* (Fn. 46), n° 42.33.

119 *Percerou/Dessertaux* (Fn. 65), n° 1168; *Ripert* (Fn. 37), n° 2632.

120 *Percerou/Dessertaux* (Fn. 65), n°s 1092-1094; *Ripert* (Fn. 37), n°s 2581, 2603 f.

121 *Ripert* (Fn. 37), n°s 234, 1136, 1171, 1173 f., 2500, 2538, 2927; *Zimmermann*, Die Haftung von Geschäftsführern und Gesellschaftern bei Insolvenz der GmbH in Frankreich (1971) 23-25, 50 f.; *Zahn*, Geschäftsleiterhaftung und Gläubigerschutz bei Kapitalgesellschaften in Frankreich (1986) 78-81; *Robbe-Grillet* (Fn. 50), 23 f.; *Saint-Alary-Houin* (Fn. 25), n°s 17-19.

122 *Ripert* (Fn. 37), n°s 234, 1136, 2926; *Houin/Derrida(-Houin)* (Fn. 115); *Gröniger* (Fn. 45), 9-11; *Pascal Schütze* (Fn. 107); *Le Corre* (Fn. 118).

123 *Zimmermann* (Fn. 121), 4; *Robbe-Grillet* (Fn. 50), 23; *Saint-Alary-Houin* (Fn. 25), n° 18.

124 Loi du 7 mars 1925 tendant à instituer des sociétés à responsabilité limitée, JO, 8 mars 1925, p. 2382.

125 *Jaeger*[7] (Fn. 114); *Ripert* (Fn. 37), n° 2540.

neuer Kaufleute gehört, denen man vorwarf, aus der allgemeinen Notlage Kapital schlagen gewollt zu haben und weder den moralischen noch den rechtlichen Anforderungen an den Berufsstand gerecht geworden zu sein.[126]

V. Die Neuordnung in den 1950er Jahren

Neu geordnet wurde die Materie in der Folge durch ein Dekret vom 20. Mai 1955 und eine Verordnung vom 23. Dezember 1958.[127] Auf der Grundlage des alten Regelwerks war trotz der jüngsten Änderungen der Zweck der Gläubigerbefriedigung und der sanktionierenden Elimination nicht im angestrebten Maße erreicht worden.[128] Die Milderungen, welche die vorangehende Gesetzgebung gebracht hatte, wurden kritisch gesehen und die in der Praxis verbreitet geübte Nachsicht gegenüber den Schuldnern in vielen Fällen als ungerechtfertigt bewertet.[129] Nur selten war es zur Verhängung der für den Bankrott vorgesehenen Strafen gekommen. Zu häufig dagegen hatte der Schuldner nach der Herabsetzung der Anforderungen an die für die Annahme notwendige Mehrheit einen Vergleich unter wenigstens fragwürdigen Umständen erreicht und hatten die Gerichte Vergleiche bestätigt, welche dann nach Verschwinden der Aktiva wieder aufgehoben worden waren.[130] Begünstigt worden war die Entwicklung durch einen ungebremsten Anstieg der bevorrechtigten Forderungen. Dieser hatte die Aussichten auf eine Befriedigung für den Fall des Scheiterns des Vergleichs regelmäßig so gering erscheinen lassen, dass gegen den Vorschlag des Schuldners selten einmal gestimmt worden war und die Gerichte trotz geringer

---

126 *Honorat* (Fn. 95), 2 f.; *Plaisdant*, KTS 1959, 49; *Le Corre* (Fn. 118).

127 Décret n° 55-583 du 20 mai 1955 relatif aux faillites et règlements judiciaires et à la réhabilitation, JO, 21 mai 1955, p. 5086; ordonnance n° 58-1299 du 23 décembre 1958 sur les banqueroutes et autres infractions en matière de faillites, JO, 24 décembre 1958, p. 11765; *Plaisdant*, KTS 1959, 49; *Gröniger* (Fn. 45), 11 f.; *Saint-Alary-Houin* (Fn. 25), n°s 20, 22.

128 *Honorat* (Fn. 95), 2; *Argenson/Toujas*, Règlement judiciaire, liquidation des biens et faillite, I[4] (Paris 1973), 3 f.; *Saint-Alary-Houin* (Fn. 25), n° 19.

129 *Houin/Derrida(-Houin)* (Fn. 79), n° 880; *Honorat* (Fn. 95), 2; *Gröniger* (Fn. 45), 10 f. Zu den vor der Reform durch das Dekret vom 20. Mai 1955 ergangenen Amnestiegesetzen, welche zu einer Befreiung von den im Zusammenhang mit der *faillite* stehenden Rechtsnachteilen führten, s. noch unten § 4 A I 2 a) ee).

130 *Ripert/Roblot*, Traité élémentaire de droit commercial, II[9] (Paris 1981) n° 2799; *Gröniger* (Fn. 45), 10; *Saint-Alary-Houin* (Fn. 128); vgl. auch *Arnold*, ZIP 1985, 321, 322. Zur Seltenheit der Strafverfolgung s. auch unten § 4 A I 2 a) bb). Dass es fast nie zu Verurteilungen wegen betrügerischen Bankrotts kam, war auch schon unter der Ausgangsfassung des Code de commerce beklagt worden, *Boulay-Paty* (Fn. 41), n° 7.

Beteiligung an der Abstimmung kaum gezögert hatten, den Vergleich zu bestätigen.[131]

Mit dem Dekret vom 20. Mai 1955 wurde zunächst eine Neuregelung der Insolvenzverfahren sowie der handelsrechtlichen Rehabilitation außerhalb des Code de commerce geschaffen,[132] die eine Vielzahl mehr oder weniger bedeutsamer Modifizierungen zeitigte[133]. Insgesamt war das Dekret mehr darauf ausgerichtet, eine klarere Ausgestaltung und Vereinfachung der gesetzlichen Regelungen als Änderungen in der Sache herbeizuführen.[134] Die Verordnung vom 23. Dezember 1958 führte die Bestimmungen dann wieder zurück in das Handelsgesetzbuch und brachte eine teilweise Überarbeitung der Insolvenzstraftatbestände.[135]

Jetzt unterschied der Gesetzgeber zwischen dem Verfahren der *faillite* und demjenigen des *règlement judiciaire.*[136] Ohne das Ziel der Gläubigerbefriedigung aufzugeben, schärfte er das Profil der *faillite* als Mittel der sanktionierenden Elimination im Interesse der Sanierung des Berufsstandes und zum Schutz der nationalen Wirtschaft.[137] Der Abschluss eines Vergleichs war in diesem Verfahren nunmehr und anders als im *règlement judiciaire* von vornherein ausgeschlossen.[138] Vom Anwendungsbereich der *faillite* erfasst sein sollte der Schuldner, wenn er es nicht verdiente, ihren Härten zu entgehen.[139]

Der *règlement* trat an die Stelle der *liquidation judiciaire.*[140] Er sollte dem Schuldner offenstehen, wenn dessen Unternehmen geeignet war, im Schutze

---

131 *Argenson/Toujas* (Fn. 128); *Gröniger* (Fn. 130); *Le Corre* (Fn. 118).

132 *Houin/Derrida(-Houin)* (Fn. 79), n° 17; *Jaeger*[8]*(-Jahr)* (Fn. 29); *Saint-Alary-Houin* (Fn. 25), n° 20.

133 *Houin/Derrida(-Houin)* (Fn. 79), n° 16; *Honorat* (Fn. 95), 4 f.; *Ripert/Roblot* (Fn. 130), n° 2799.

134 *Argenson/Toujas/Dutheil*, Règlement judiciaire et faillite[2] (Paris 1958) XII f.; *Baur/Stürner* (Fn. 34), Rn. 39.1; *Saint-Alary-Houin* (Fn. 25), n°s 20-22.

135 *Argenson/Toujas/Dutheil*, Règlement judiciaire et faillite[3] (Paris 1963) 805; *Ripert/Roblot* (Fn. 130), n° 2800; *Saint-Alary-Houin* (Fn. 25), n° 22. Zur Rückführung in den Code de commerce s. auch *Plaisdant*, KTS 1959, 49 Fn. 1; *Gröniger* (Fn. 45), 11; *Zierau* (Fn. 6), 35.

136 *Jaeger*[8]*(-Jahr)* (Fn. 29); *Plaisdant*, KTS 1959, 49, 50; *Gröniger* (Fn. 45), 11 f.

137 *Houin*, RTD com. 1955, 481, 484; *Saint-Alary-Houin* (Fn. 25), n° 21; vgl. auch *Jaeger*[8]*(-Jahr)* (Fn. 29); *Plaisdant*, KTS 1959, 49 f.; *Friedrich Weber*, KTS 1959, 80, 87 f. Zur Beibehaltung des Ziels der Gläubigerbefriedigung *Houin/Derrida(-Houin)* (Fn. 79), n°s 1 f., 16; *Honorat* (Fn. 95), 4, 27; *Plaisdant*, ebenda, 49.

138 *Jaeger*[8]*(-Jahr)* (Fn. 29); *Plaisdant*, KTS 1959, 49, 51; *Friedrich Weber*, KTS 1959, 80, 88.

139 *Jaeger*[8]*(-Jahr)* (Fn. 29); *Plaisdant*, KTS 1959, 49, 50; *Gröniger* (Fn. 45), 12.

140 *Jaeger*[8]*(-Jahr)* (Fn. 29); *Plaisdant*, KTS 1959, 49, 50; *Friedrich Weber*, KTS 1959, 80, 88.

eines Vergleichs fortgeführt zu werden. Die Strenge der *faillite* durfte dann nicht angezeigt sein.[141] In der Literatur wurde der *règlement* anders als zuvor die *liquidation judiciaire* verbreitet als gesetzliches Regelverfahren angesehen.[142] In der Rechtsprechung setzte sich freilich unterstützt von Teilen des Schrifttums die Ansicht durch, dass das Gericht bei der Feststellung der *cessation des paiements* die Entscheidung zwischen beiden Verfahrensarten nach den Umständen des Einzelfalles traf, soweit sie nicht zwingend vom Gesetz vorgegeben war.[143]

Wie bei der *liquidation judiciaire* trafen die an die *faillite* geknüpften persönlichen Rechtsnachteile den Schuldner lediglich in erheblich reduziertem Umfang.[144] Auch die Beschränkung seiner Verwaltungs- und Verfügungsbefugnis blieb im Falle des *règlement judicaire*, in welchem die vom Gericht bestellten Insolvenzverwalter jetzt als *administrateurs* bezeichnet wurden, dem alten Regelwerk entsprechend weit hinter derjenigen der *faillite* zurück.[145]

Doch setzte der *règlement judiciaire* wie die *faillite* nicht mehr notwendigerweise eine Initiative des Schuldners voraus. Das Gericht stellte den Eintritt der *cessation des paiements* wie zuvor nicht nur auf die schuldnerische Erklärung derselben, sondern genauso auf Gläubigerantrag oder von Amts wegen fest.[146] Nun hatte es dann in allen Fällen zugleich eine Entscheidung zwischen beiden

141 *Plaisdant*, KTS 1959, 49 f.; *Friedrich Weber*, KTS 1959, 80, 88; *Gröniger* (Fn. 139).

142 *Houin*, RTD com. 1955, 481, 484; *Jaeger*[8](*-Jahr*) (Fn. 29); *Plaisdant*, KTS 1959, 49, 50; *Friedrich Weber*, KTS 1959, 80, 88; *Argenson/Toujas/Dutheil* (Fn. 135), 85.

143 *Honorat* (Fn. 95), 25-31; *Argenson/Toujas/Dutheil* (Fn. 135), 83-86; *Jacquemont*, J.-Cl. Commercial, Fasc. 1635 (Januar 1983) n° 194. Zum Ganzen noch unten § 4 A I 5 i).

144 *Houin/Derrida*(*-Houin*) (Fn. 79), n°s 16, 867-878; *Argenson/Toujas/Dutheil* (Fn. 135), 232-237; *Friedrich Weber*, KTS 1959, 80, 88; *Gröniger* (Fn. 139).

145 *Houin/Derrida*(*-Houin*) (Fn. 79), n°s 16, 917 f.; *Jaeger*[8](*-Jahr*) (Fn. 29), Einleitung LXVII f.; *Honorat* (Fn. 95), 108-111; vgl. auch *Friedrich Weber*, KTS 1959, 80, 88; *Hanisch* (Fn. 75), 51. Zur Verwendung des Begriffs der *administrateurs* s. auch *Argenson/Toujas/Dutheil* (Fn. 135), n° 133.

146 *Houin/Derrida*(*-Houin*) (Fn. 79), n°s 16, 168, 259; *Jaeger*[8](*-Jahr*) (Fn. 79), § 103 KO Anm. 19; *Julliot de la Morandière/Rodière/Houin*, Droit commercial et droit fiscal des affaires[3] (Paris 1965) n°s 247 f. Zur Rechtslage vor der Reform s.o. § 3 B I 1. Grundsätzlich erfolgte in dem die *cessation des paiements* feststellenden Urteil auch eine Bestimmung des Datums ihres Eintritts. In Ermangelung einer solchen galt weiterhin der Tag des Urteils als Tag des Eintritts. Die Möglichkeit einer späteren Abänderung der Bestimmung durch das Gericht blieb vorgesehen. Zum Ganzen *Houin*, RTD com. 1955, 481, 497; *Argenson/Toujas/Dutheil* (Fn. 135), 92 f., 103.

Verfahrensarten zu treffen.[147] Eine spätere Überleitung in das Verfahren der *faillite* blieb weiterhin möglich.[148]

Neu war an dem Dekret vom 20. Mai 1955 ferner, dass es eine Regelung zur sogenannten Voruntersuchung (*enquête préalable*) enthielt.[149] Mit dieser reagierte man auf eine unter dem alten Recht in Ermangelung gesetzlicher Bestimmungen entwickelte gerichtliche Praxis.[150] Ziel der – lediglich fakultativen – Voruntersuchung war es, das Gericht vor der Entscheidung über die Anordnung des *règlement judiciaire* oder der *faillite* über die Situation und relevantes Fehlverhalten des Schuldners zu informieren.[151] Der in einem frühen Reformentwurf geäußerte Vorschlag, Wirkungen der Verfahrensanordnung bereits auf die Voruntersuchung zu erstrecken und diese obligatorisch zu machen, wurde verworfen.[152]

Endlich erfolgte in dem Dekret vom 20. Mai 1955 eine Normierung der Verfahrensbeendigung aus dem Grund der vollständigen Gläubigerbefriedigung (*clôture pour défaut d'intérêt de masse*), welche von der Rechtsprechung unter den alten Bestimmungen im Wege richterlicher Rechtsfortbildung vorbereitet worden war.[153] Diese vom Gericht in einem Urteil ausgesprochene Beendigung hatte die Wiedereinsetzung des Schuldners in all seine Rechte zur Folge und wirkte damit wie eine Rehabilitation.[154]

VI. Die Reform von 1967

Ein richtungweisender Schritt in der Entwicklung hin zu den Insolvenzverfahren des heutigen *droit des entreprises en difficulté* wurde mit der Reform von 1967 vollzogen.[155] Die Erhaltung von Unternehmen und Arbeitsplätzen erfuhr

---

147 *Houin*, RTD com. 1955, 481, 489, 494-496; *Honorat* (Fn. 95), 9 f.; *Argenson/Toujas/Dutheil* (Fn. 135), 65, 79 f., 83 note 1.

148 *Jaeger*[8]*(-Jahr)* (Fn. 29); *Plaisdant*, KTS 1959, 49, 50; *Argenson/Toujas/Dutheil* (Fn. 135), 681 f.

149 *Plaisdant*, KTS 1959, 49, 50.

150 *Houin*, RTD com. 1955, 481, 494; *Honorat* (Fn. 95), 59-61.

151 *Houin/Derrida(-Houin)* (Fn. 79), n[os] 337, 340; *Honorat* (Fn. 95), 61 f.; *Argenson*/Toujas/Dutheil (Fn. 135), 87.

152 *Houin*, RTD com. 1955, 481, 494; *Honorat* (Fn. 95), 61; *dies.*, J.-Cl. Commercial, Fasc. 1650 (Juni 1982) n[o] 2.

153 *Houin*, RTD com. 1955, 481, 516 f.; *Honorat* (Fn. 95), 354-356; *Jaeger*[8]*(-Jahr)* (Fn. 79), §§ 202, 203 KO Anm. 13.

154 *Houin/Derrida(-Houin)* (Fn. 79), n°s 872, 2909; *Honorat* (Fn. 95), 356 f.; *Argenson/Toujas/Dutheil* (Fn. 135), 788 f., 793.

155 *Zierau* (Fn. 6), 36-39; *Pascal Schütze* (Fn. 3), 14-16; *Saint-Alary-Houin* (Fn. 25), n°s 12, 23.

nun eine höhere Gewichtung als zuvor.[156] Man sorgte sich stärker um die (volks-) wirtschaftlichen und sozialen Folgen ihrer Vernichtung im Falle der Insolvenz.[157] Daneben sah sich das alte Regelwerk weiterhin der Kritik ausgesetzt, das Ziel der Gläubigerbefriedigung zu verfehlen.[158]

Ein Gesetz vom 13. Juli 1967[159] sah für den Fall der *cessation des paiements* entweder einen Vergleich im Rahmen des überarbeiteten *règlement judiciaire* oder die an die überkommenen Regeln anknüpfende Liquidation des Vermögens (*liquidation des biens*) vor.[160] Eine Verordnung vom 23. September 1967[161] brachte ein als vorbeugende Maßnahme gedachtes gerichtliches Sanierungsverfahren für Unternehmen von nationaler oder wenigstens regionaler Bedeutung (*procédure de suspension provisoire des poursuites et d'apurement collectif du passif*).[162]

---

156 *Sonnenberger*, Französisches Handels- und Wirtschaftsrecht (1975) 195 f.; *Gröniger* (Fn. 45) 20, 24 f., 137; *Baur/Stürner* (Fn. 134). Bereits vor der Reform von 1967 hatte man in jüngerer Zeit bei der Erläuterung der Verfahrensausgestaltung im Allgemeinen und der Rechtfertigung des Instituts des Vergleichs im Besonderen vermehrt auch mit dem öffentlichen Interesse am Erhalt des schuldnerischen Unternehmens argumentiert, *Lyon-Caen/Renault* (Fn. 34), n° 564; *Percerou/Dessertaux* (Fn. 65), n°s 1278, 1287; *Ripert* (Fn. 37), n°s 2511, 2620, 2843; *Honorat* (Fn. 95), 287; *Plaisdant*, KTS 1959, 49; *Julliot de la Morandière/Rodière/Houin* (Fn. 146), n° 233; vgl. auch *Städtler*, Grundpfandrechte in der Insolvenz (1998) 21 Fn. 54.

157 *Derrida*, La réforme du règlement judiciaire et de la faillite (Paris 1969) n°s 3, 6; *Ripert/Roblot* (Fn. 130), n° 2806, 2819[2]; *Gröniger* (Fn. 45) 14, 17, 20, 137; vgl. auch *Hanisch* (Fn. 75), 127; *Hohloch*, ZGR 1982, 145, 169.

158 *Derrida* (Fn. 157), n° 3; *Gröniger* (Fn. 45), 13; *Jeantin/Darmstädter*, J.-Cl. Commercial, Fasc. 2150 (Januar 1997), n° 12.

159 Loi n° 67-563 du 13 juillet 1967 sur le règlement judiciaire, la liquidation des biens, la faillite personnelle et les banqueroutes, JO, 14 juillet 1967, p. 7059 mit dem begleitenden décret n° 67-1120 du 22 décembre 1967 sur le réglement judiciaire, la liquidation des biens et la faillite personnelle, JO, 24 décembre 1967, p. 12595.

160 *Sonnenberger* (Fn. 156), 196-203; *Gröniger* (Fn. 45), 22; *Baur/Stürner* (Fn. 134).

161 Ordonnance n° 67-820 du 23 septembre 1967 tendant à faciliter le redressement économique et financier de certaines entreprises, JO, 28 septembre 1967, p. 9534 mit dem begleitenden décret n° 67-1255 du 31 décembre 1967 tendant à faciliter le redressement économique et financier de certaines entreprises, JO, 3 janvier 1968, p. 20.

162 *Sonnenberger* (Fn. 156), 196; *Arnold*, ZIP 1982, 793, 794-797; *Gröniger* (Fn. 45), 18, 131.

1. Das Gesetz vom 13. Juli 1967

a) Persönlicher Anwendungsbereich

Schuldner eines Insolvenzverfahrens nach dem Gesetz vom 13. Juli 1967 konnten neben den Kaufleuten alle juristischen Personen des Privatrechts (*personnes morales de droit privé*) sein.[163] Die wachsende Bedeutung nichtkaufmännischer juristischer Personen im Geschäftsleben ließ die Erweiterung des Anwendungsbereichs gerechtfertigt erscheinen.[164] Zuständig war im Falle von Schuldnern dieser Art der *tribunal de grande instance.*[165]

b) Trennung zwischen Mensch und Unternehmen

Die wichtigste Neuerung bestand in dem Aufgreifen des Gedankens der Trennung zwischen Mensch und Unternehmen (*distinction de l'homme et de l'entreprise*).[166] Das Schicksal, welches das Unternehmen mit dem Verfahren nahm, sollte nach diesem Grundsatz nicht davon bestimmt sein, ob ein Bedürfnis zur Sanktionierung seiner Leiter bestand. Vielmehr sollte es danach auf eine wirtschaftliche Betrachtung ankommen. Es galt, überlebensfähige Unternehmen zu erhalten und zum endgültigen Scheitern verurteilte zu eliminieren. Die Sanktionierung der Leiter sollte gesonderten Entscheidungen vorbehalten bleiben.[167] Unter dem alten Recht hatte die Knüpfung der Wahl zwischen dem *règlement judiciaire* und dem Verfahren der *faillite* an das Vorliegen eines beachtlichen Fehlverhaltens zu unerwünschten Ergebnissen geführt. Unternehmen waren trotz ihrer Sanierungsfähigkeit liquidiert worden, um den Schuldner zu sanktionieren. Umgekehrt war dieser in Ermangelung hinreichend schwerer Pflichtverletzungen zu häufig trotz der fehlenden Aussichten auf eine erfolgreiche Fortführung seines Unternehmens zum *règlement judiciaire* zugelassen worden.[168]

Jetzt ordnete das Gericht auf die Feststellung der *cessation des paiements* hin den *règlement judiciaire* an, wenn der Schuldner in der Lage zu sein schien, einen

163 *Gröniger* (Fn. 45), 112; *Zierau* (Fn. 6), 37; *Kremer* (Fn. 47), 12. Zum Begriff der *personne morale Ferid/Sonnenberger(-Sonnenberger)*, Das französische Zivilrecht I/1: Allgemeine Lehren des Französischen Zivilrechts: Einführung und Allgemeiner Teil des Zivilrechts[6] (1994) Rn. 1 D 10-14, 301-350; *Paternot*, Haftungsbeschränkungen für Einzelunternehmer in Deutschland und Frankreich (2014) 368 f., 416-422.

164 *Derrida* (Fn. 157), n° 12; *Gröniger* (Fn. 45), 15; *Kremer* (Fn. 163).

165 *Sonnenberger* (Fn. 156), 197; *Gröniger* (Fn. 45), 112; *Saint-Alary-Houin* (Fn. 25), n° 29.

166 *Gröniger* (Fn. 45), 20; *Angermüller* (Fn. 36), 35; *Zierau* (Fn. 6), 36.

167 *Hanisch* (Fn. 157); *Gröniger* (Fn. 45), 20-25; *Angermüller* (Fn. 36), 35 f.

168 *Gröniger* (Fn. 45), 13; *Arnold*, ZIP 1985, 321, 322; *Zierau* (Fn. 166).

ernsthaften Vergleich (*concordat sérieux*) vorzuschlagen. Anderenfalls entschied es sich für die *liquidation des biens*.[169] Ergab sich im Laufe des Verfahrens, dass der Schuldner nicht oder nicht mehr zu einem solchen Vorschlag imstande war, leitete das Gericht den *règlement judiciaire* über in die *liquidation des biens*.[170]

Daneben führte das Gesetz vom 13. Juli 1967 in seinem zweiten Titel das – für die Frage nach den schuldnerischen Aufklärungspflichten von Beginn an bedeutsame – Institut des persönlichen Falliments (*faillite personnelle*) ein.[171] Die *faillite personnelle* war eine Sanktion, welche die Leiter des schuldnerischen Unternehmens treffen konnte. Es handelte sich bei ihr nicht um ein Insolvenzverfahren.[172] An ihre Anordnung waren im Prinzip die zuvor mit der *faillite* verbundenen persönlichen Rechtsnachteile geknüpft.[173] Speziell untersagte das Gesetz dem Betroffenen, ein einzelkaufmännisches oder in Form einer Gesellschaft geführtes Handelsunternehmen zu leiten oder zu kontrollieren.[174] Die einschlägigen Bestimmungen fanden Anwendung auf einzelkaufmännische Schuldner sowie natürliche Personen an der Spitze von Handelsgesellschaften, aber auch von juristischen Personen nichtkaufmännischer Art mit Ausnahme solcher, deren Verbandszweck nicht wirtschaftlicher Natur war und die weder rechtlich noch faktisch eine Gewinnerzielungsabsicht verfolgten.[175]

---

169 Loi n° 67-563 du 13 juillet 1967, art. 7, al. 1er; *Hanisch* (Fn. 157); *Gröniger* (Fn. 45), 23 f., 114; *Städtler* (Fn. 156), 21 f.

170 Loi n° 67-563 du 13 juillet 1967, art. 7, al. 2; *Hanisch* (Fn. 75), 128. Dasselbe galt, wenn der Schuldner keinen Vergleichsvorschlag machte oder keinen Vergleich erreichte, loi n° 67-563 du 13 juillet 1967, art. 79, al. 1er. Zum Ganzen *Argenson/Toujas* (Fn. 128), II⁴ (Paris 1973) 325 f.; *de Juglart/Ippolito*, Droit commercial, III (Paris 1973) nos 1122, 1332; *Sonnenberger* (Fn. 156), 198; *Ripert/Roblot* (Fn. 130), n° 3243. Zu weiteren Gründen für die Überleitung s.u. § 4 A I 6 j).

171 Loi n° 67-563 du 13 juillet 1967, Titre II Faillite personnelle, autres sanctions et réhabilitation; *Derrida* (Fn. 157), n° 6; *de Juglart/Ippolito* (Fn. 170), nos 1372 f.; *Angermüller* (Fn. 36), 36. Zur Bedeutung der *faillite personnelle* und der sogleich noch anzusprechenden *interdiction de gérer* für die Frage nach den schuldnerischen Aufklärungspflichten s. im Einzelnen unten § 4 A I 6 e), VIII, G.

172 Zum Ganzen *Sonnenberger* (Fn. 156), 196, 204 f.; *Gröniger* (Fn. 45), 21, 23, 128 f.; *Zahn* (Fn. 121), 25 f.

173 *Argenson/Toujas* (Fn. 170), 409-413; *Ripert/Roblot* (Fn. 130), n° 3300; *Robbe-Grillet* (Fn. 50), 26 Fn. 63.

174 *Zimmermann* (Fn. 121), 72; *Sonnenberger* (Fn. 156), 204; *Gröniger* (Fn. 45), 23, 129.

175 Dasselbe galt für natürliche Personen, welche dauerhaft juristische Personen vertraten, die wiederum vom Anwendungsbereich erfasste Handelsgesellschaften oder nichtkaufmännische juristische Personen in der Schuldnerrolle leiteten. Zum Ganzen

Die *faillite personnelle* setzte grundsätzlich die Eröffnung eines *règlement judiciaire* oder einer *liquidation des biens* voraus.[176] Zuständig für die Anordnung war das Gericht, welches das Insolvenzverfahren eröffnet hatte.[177] Zwingend war die *faillite personnelle* vorgeschrieben, wenn der Betroffene ein als hinreichend schwerwiegend bewertetes Fehlverhalten an den Tag gelegt hatte.[178] In anderen Fällen konnte sie angeordnet werden;[179] dem Gericht war es dann insbesondere auch erlaubt, sich auf die Verhängung eines Verbots zur Leitung oder Kontrolle, sei es jeglicher Handelsunternehmen, sei es lediglich einer juristischen Person (*interdiction de gérer*), zu beschränken.[180]

War Schuldnerin des eröffneten Insolvenzverfahrens eine juristische Person, so führte sowohl die *faillite personnelle* als auch die *interdiction de gérer* zum Entzug des Stimmrechts der betroffenen Leiter in den Versammlungen der juristischen Person. Ferner konnte das Gericht diesen Leitern auferlegen, ihre Anteile an der juristischen Person abzutreten, oder deren Zwangsveräußerung anordnen.[181]

Im Widerspruch zum Grundsatz der Trennung zwischen Mensch und Unternehmen war im zweiten Titel des Gesetzes vom 13. Juli 1967 noch vorgesehen, dass die Anordnung sowohl der *liquidation des biens* als auch des *règlement*

Argenson/Toujas (Fn. 170), 399-401; *de Juglart/Ippolito* (Fn. 170), n° 1372; *Ripert/Roblot* (Fn. 130), n° 3292.

176 *Argenson/Toujas* (Fn. 170), 402, 407; *Ripert/Roblot* (Fn. 130), n° 3296; *Gröniger* (Fn. 45), 128 f.; vgl. auch *Sonnenberger* (Fn. 156), 204 f.; *Robbe-Grillet* (Fn. 50), 26. Zum automatischen Eintritt der *faillite personnelle* bei einer Verurteilung wegen Bankrotts oder eines gleichgestellten Delikts s.u. § 4 A I 6 e) aa).

177 *Sonnenberger* (Fn. 156), 205; *Ripert/Roblot* (Fn. 176); *Gröniger* (Fn. 45), 129.

178 *Zimmermann* (Fn. 174); *Gröniger* (Fn. 45), 128 f.; *Zahn* (Fn. 121), 25.

179 *Zimmermann* (Fn. 174); *Sonnenberger* (Fn. 177); *Gröniger* (Fn. 45), 129.

180 *Argenson/Toujas* (Fn. 170), 407-409, 414-416; *Ripert/Roblot* (Fn. 130), n°s 3291, 3306 f.; *Zahn* (Fn. 121), 26. Der persönliche Anwendungsbereich der Fälle des Artikels 108 des Gesetzes vom 13. Juli 1967, in denen das Gericht die *faillite personnelle* oder die *interdiction de gérer* verhängen konnte, war beschränkt auf einzelkaufmännische Schuldner und Leiter von kaufmännischen juristischen Personen, *Derrida* (Fn. 157), n° 243; *Argenson/Toujas*, ebenda, 409; *Ripert/Roblot*, ebenda, n° 3292. Die Kurzbezeichnung der *interdiction de gérer* fand sich etwa bei *de Juglart/Ippolito* (Fn. 170), n°s 1376, 1392; *Dupouy*, Précis de droit commercial, II^{2} (Paris 1978) 345 f.; vgl. auch *Argenson/Toujas*, ebenda, 7 sowie *Soinne*, D. 1983, chron. 11, 18, die kurz von der „interdiction de diriger" bzw. der „interdiction de diriger ou de gérer" sprachen.

181 Zum Ganzen *Argenson/Toujas* (Fn. 170), 413, 416; *Sonnenberger* (Fn. 156), 204; *Gröniger* (Fn. 179); vgl. auch *Angermüller* (Fn. 36), 40 f.

judiciaire die Unfähigkeit des Schuldners nach sich zog, ein Wahlamt (*fonction élective*) auszuüben.[182] Auch die Beseitigung dieses Zustands konnte im Wege der Rehabilitation erreicht werden. Zum selben Ergebnis führte die Beendigung des Verfahrens wegen Tilgung der Schulden (*clôture pour extinction du passif*), welche an die Stelle der *clôture pour défaut d'intérêt de masse* trat.[183]

c) Weitere Neuerungen

Bis zu einem gewissen Grad wurden unter dem Gesetz vom 13. Juli 1967 die bevorrechtigten und die gesicherten Gläubiger in das Verfahren einbezogen.[184] Allen Gläubigern, einschließlich der dinglich gesicherten und des mit einem allgemeinen Privileg ausgestatteten Fiskus, wurde auferlegt, ihre Forderungen anzumelden.[185] Des Weiteren waren die privilegierten oder dinglich gesicherten Gläubiger im Falle der Vorlage eines Vergleichsvorschlags nun gehalten mitzuteilen, ob und welche Fristen und Abschläge sie zu gewähren beabsichtigten.[186] Man wollte die Gesamtheit der Schulden sichtbar machen[187] und die

---

182 *Argenson/Toujas* (Fn. 128), 334; *Ripert/Roblot* (Fn. 130), n° 3290; vgl. auch *Andreas Stadler*, Managerhaftung in der Insolvenz (2008) 194 Fn. 1057. Zu den Voraussetzungen, unter denen diese Rechtsfolge im Falle des *règlement judiciaire* oder der *liquidation des biens* einer juristischen Person deren Leiter treffen konnte, *de Juglart/Ippolito* (Fn. 170), n° 1394; *Ripert/Roblot*, ebenda; *Angermüller* (Fn. 36), 42. Zu außerhalb des Gesetzes vom 13. Juli 1967 statuierten und an die gerichtliche Feststellung des Eintritts der *cessation des paiements* bzw. den *règlement judiciaire* oder die *liquidation des biens* geknüpften Verboten *Argenson/Toujas*, ebenda, 335; *de Juglart/Ippolito*, ebenda, n° 1394 note 1; *Alliot*, RTD com. 1981, 201, 217 note 1. Zum Widerspruch zum Grundsatz der Trennung zwischen Mensch und Unternehmen *Alliot*, RTD com. 1981, 201, 216 f.; vgl. auch *Angermüller*, ebenda.

183 Zum Ganzen *Argenson/Toujas* (Fn. 170), 429, 431; *de Juglart/Ippolito* (Fn. 170), n°s 1395, 1398, 1402; *Ripert/Roblot* (Fn. 130), n°s 3308, 3310, 3315. Näher zur Rehabilitation und zur *clôture pour extinction du passif* unter dem Gesetz vom 13. Juli 1967 s.u. § 4 A I 6 f).

184 *Sonnenberger* (Fn. 156), 199-202; *Gröniger* (Fn. 45), 116-118; *Baur/Stürner* (Fn. 134).

185 *Ripert/Roblot* (Fn. 130), n°s 2988-2990; *Gröniger* (Fn. 45), 116; *Robbe-Grillet* (Fn. 50), 27.

186 Blieb die Mitteilung aus, wurden sie grundsätzlich den einschlägigen Bestimmungen des Vergleichs unterworfen. Zum Ganzen *Sonnenberger* (Fn. 156), 202; *Ripert/Roblot* (Fn. 130), n°s 2803, 3194-3196; *Gröniger* (Fn. 45), 123; vgl. auch *Arnold*, ZIP 1985, 321, 322.

187 *Boulay/Viandier*, J.-Cl. Commercial, Fasc. 1735 (Januar 1983) n° 37.

Entscheidung über den Vergleich auf eine verbesserte Informationsgrundlage stellen[188].

Ferner war die Reform ausgerichtet auf eine weitere Verfahrensbeschleunigung.[189] Der Gesetzgeber folgte der Tendenz zur Steigerung der Gerichtsmacht zu Lasten der Gläubigerherrschaft.[190] Eine Gläubigerversammlung war nur noch für die Abstimmung über den Vergleich im *règlement judiciaire* vorgesehen.[191]

Endlich erfuhr die Staatsanwaltschaft einen Zuwachs an Bedeutung.[192] Die Überwachung des Verfahrens durch die Vertreter des öffentlichen Interesses wurde ausgedehnt.[193] Ihnen oblag es gerade auch, die Anwendung der Vorschriften zur *faillite personnelle* und zur *interdiction de gérer* zu beaufsichtigen und soweit erforderlich von Amts wegen Maßnahmen zu deren Durchsetzung zu ergreifen.[194]

Eine erhebliche Steigerung der staatsanwaltlichen Befugnisse brachte ein Gesetz vom 15. Oktober 1981.[195] Insbesondere konnte die Staatsanwaltschaft danach die Verfahrenseröffnung beantragen oder – ob im *règlement judiciaire* oder in der *liquidation des biens* – den Austausch des Syndiken vorschlagen;[196]

---

188 *Derrida* (Fn. 157), n°s 3, 9; *Ripert/Roblot* (Fn. 130), n°s 2803, 2990; *Arnold*, ZIP 1985, 321, 322.

189 *Derrida* (Fn. 157), n°s 9, 17, 153; *Ripert/Roblot* (Fn. 130), n° 2803; *Zierau* (Fn. 6), 37.

190 *Hanisch* (Fn. 170); *Hohloch*, ZGR 1982, 145, 169; *Robbe-Grillet* (Fn. 50), 27 f.

191 *Ripert/Roblot* (Fn. 130), n° 2817; *Le Corre* (Fn. 46), n° 42.41; vgl. auch *Robbe-Grillet* (Fn. 50), 28. Eine Besonderheit enthielten die Vorschriften zur strafrechtlichen Verfolgung des Bankrotts und der ihm gleichgestellten Delikte – zu diesen unten § 4 A I 6 d). Danach mussten die Syndiken von der Gläubigerversammlung besonders autorisiert werden, um das zuständige Strafgericht im Namen der Gläubigerschaft anrufen zu können, *Derrida* (Fn. 157), n° 15 note 48.

192 *Du Pontavice*, JCP 1968, éd. G, I 2138, n° 21; *Derrida* (Fn. 157), n°s 14, 40, 49; vgl. auch *Medla* (Fn. 3), 96.

193 *Derrida* (Fn. 157), n°s 14, 49; *Ripert/Roblot* (Fn. 130), n°s 2803, 2821.

194 *Argenson/Toujas* (Fn. 170), 420; *Ripert/Roblot* (Fn. 130), n°s 2821, 3297; *Jauffret*, J.-Cl. Commercial, Anciens art. 437 à 614-26, Loi du 13 juillet 1967, Fasc. C-20 (Juni 1982) n° 153.

195 Loi n° 81-927 du 15 octobre 1981 relative au droit d'action du ministère public dans les procédures collectives d'apurement du passif des entreprises, JO, 16 octobre 1981, p. 2807 ergänzt um den décret n° 82-327 du 9 avril 1982 modifiant diverses dispositions réglementaires relatives aux procédures collectives d'apurement du passif des entreprises et modifiant l'art. 425 du nouveau Code de procédure civile, JO, 11 avril 1982, p. 1099; *Balz*, ZIP 1983, 1153, 1158; *Angermüller* (Fn. 36), 123; *Klopp*, KTS 1988, 267.

196 *Delaporte*, J.-Cl. Commercial, Fasc. 1645 (Juni 1982) n°s 112 f.; *Zahn* (Fn. 121), 55; *Saint-Alary-Houin* (Fn. 165). Zur Befugnis, die Verfahrenseröffnung zu beantragen,

die Bezeichnung des *administrateur* für den Fall des *règlement judiciaire* hatte das Gesetz vom 13. Juli 1967 zugunsten einer einheitlichen Verwendung des Begriffs des Syndiken aufgegeben[197]. Ferner konnte das Gericht jetzt unter Umständen auf Antrag der Staatsanwaltschaft, des Syndiken oder von Amts wegen zu jedem Zeitpunkt des Verfahrens des *règlement judiciaire* einen vorläufigen Verwalter (*administrateur provisoire*) bestellen; auch die Bestimmung der Aufgaben sowie der maximal bis zur Bestätigung des Vergleichs laufenden Amtszeit des *administrateur provisoire* blieb dem Gericht vorbehalten.[198] Darüber hinaus war es Letzterem, wenn das Überleben des schuldnerischen Unternehmens es nach seiner Einschätzung erforderte, fortan erlaubt, auf Antrag der Staatsanwaltschaft oder von Amts wegen die Bestätigung des Vergleichs vom Austausch eines oder mehrerer Leiter abhängig zu machen.[199]

2. Die Verordnung vom 23. September 1967

Die Sanierung nach der Verordnung vom 23. September 1967 erfolgte in erster Linie im öffentlichen Interesse am Erhalt des schuldnerischen Unternehmens.[200] Das Regelwerk korrespondierte mit der Neigung des französischen Staates zu einer Planung und Lenkung von politisch bedeutsamen Bereichen der Wirtschaft in der Zeit nach dem Zweiten Weltkrieg.[201] Der Aspekt der Gläubigerbefriedigung spielte eine untergeordnete Rolle.[202]

---

s. auch *Balz*, ZIP 1983, 1153, 1154; *Angermüller* (Fn. 36), 123 Fn. 2; *Kremer* (Fn. 47), 79 Fn. 132.

197 *Derrida* (Fn. 157), n° 40; *Ripert/Roblot* (Fn. 130), n° 2902; vgl. auch *Sonnenberger* (Fn. 156), 199; *Hohloch*, ZGR 1982, 145, 170.

198 Loi n° 67-563 du 13 juillet 1967, art. 8-1, al. 1er, 2 i.d.F. der loi n° 81-927 du 15 octobre 1981; *Thyraud*, rapporteur de la commission des lois constitutionnelles, de législation, du suffrage universel, du règlement et d'administration générale, JO déb. Sénat, 8.9.1981, 1383; *Hautecœur*, rapporteur de la commission des lois constitutionnelles, de la législation et de l'administration générale de la République, JO déb. Assemblée nationale, 22.9.1981, 1242 f.; *Soinne*, D. 1983, chron. 11, 17; vgl. auch *Zahn* (Fn. 121), 55 f.

199 *Delaporte*, J.-Cl. Commercial, Fasc. 1655 (September 1982) n° 33; *Soinne*, D. 1983, chron. 11, 17-19; vgl. auch *Zahn* (Fn. 121), 56; *Le Corre* (Fn. 191).

200 *Sonnenberger* (Fn. 156), 195 f.; *Arnold*, ZIP 1982, 793, 796; *Flessner*, Sanierung und Reorganisation (1982) 169.

201 *Arnold*, ZIP 1982, 793, 795; *Hohloch*, ZGR 1982, 145, 170; *Baur/Stürner* (Fn. 134).

202 *Arnold*, ZIP 1982, 793, 795-797; *Flessner* (Fn. 200), 168 f., 171; *Zierau* (Fn. 6), 41, 47.

Schuldner des Verfahrens konnten wiederum Kaufleute und juristische Personen des Privatrechts sein.[203] Sie mussten sich in einer schwierigen, aber nicht unheilbar zerrütteten finanziellen Situation (*situation financière difficile mais non irrémédiablement compromise*) befinden; die *cessation des paiements* durfte nach der Vorstellung des Gesetzgebers noch nicht eingetreten sein.[204] Darüber hinaus war die Anwendbarkeit des Verfahrens beschränkt auf Fälle, in denen der Untergang des Unternehmens eine schwere Störung der nationalen oder regionalen Wirtschaft verursacht hätte[205] und unter Bedingungen abgewendet werden konnte, die mit dem Gläubigerinteresse vereinbar waren[206].

Das Verfahren konnte auf Antrag des Schuldners, eines Gläubigers, einer Gruppe von Gläubigern oder von Amts wegen eröffnet werden.[207] Das Gesetz vom 15. Oktober 1981 brachte die Antragsbefugnis der Staatsanwaltschaft.[208] Die Durchführung einer Voruntersuchung (*enquête préliminaire*) – zu der wirtschaftlichen und finanziellen Situation des Unternehmens und den Perspektiven einer Sanierung – war stets obligatorisch.[209] Zugleich ordnete die Verordnung ausdrücklich an, dass das Gericht vor der Entscheidung über die Verfahrenseröffnung ungeachtet entgegenstehender gesetzlicher oder untergesetzlicher Bestimmungen befugt sein sollte, von allen Behörden, Sozialversicherungsträgern, Bank- oder Finanzinstituten wie auch zentralen Kreditschutzstellen (*services chargés de centraliser les risques bancaires et les incidents de paiement*) Auskünfte zur wirtschaftlichen und finanziellen Lage des Schuldners einzuholen.[210]

---

203 *Arnold*, ZIP 1982, 793, 797; *Gröniger* (Fn. 45), 131; *Kremer* (Fn. 47), 14.

204 *Arnold*, ZIP 1982, 793, 795 f.; *Hohloch*, ZGR 1982, 145, 170; *Gröniger* (Fn. 203).

205 *Arnold*, ZIP 1982, 793, 795-797; *Hohloch*, ZGR 1982, 145, 170; *Gröniger* (Fn. 203).

206 *Arnold*, ZIP 1982, 793, 797; *Gröniger* (Fn. 45), 131 f.; *Zierau* (Fn. 6), 40 f.

207 Zuständig war wiederum das Handelsgericht, wenn der Schuldner Kaufmann war, und ansonsten der *tribunal de grande instance*. Im Falle eines Gläubigerantrages mussten mindestens fünfzehn Prozent des Betrages aller Forderungen vertreten sein. Zum Ganzen *Arnold*, ZIP 1982, 793, 797; *Gröniger* (Fn. 45), 132; *Zierau* (Fn. 6), 39, 42-44.

208 *Balz*, ZIP 1983, 1153, 1154; *Soinne*, D. 1983, chron. 11, 13 f.; *Zahn* (Fn. 121), 31. Zur weiteren Stärkung der Stellung der Staatsanwaltschaft in dem Sanierungsverfahren im Zuge dieser Reform loi n° 81-927 du 15 octobre 1981, artt. 9-13; *Soinne*, ebenda, 12 f.

209 *Arnold*, ZIP 1982, 793, 798; *Hohloch*, ZGR 1982, 145, 171; *Gröniger* (Fn. 45), 133. Zum Begriff der *enquête préliminaire Rives*, in: *Rodière* (Hrsg.), Faillites (Paris 1970), 89, 111; *de Juglart/Ippolito* (Fn. 170), n° 1431; *Ripert/Roblot* (Fn. 130), n° 3342.

210 Ordonnance n° 67-820 du 23 septembre 1967, art. 9; *Arnold*, ZIP 1982, 793, 798; *Flessner* (Fn. 200), 166; *Zierau* (Fn. 6), 42.

Das Gericht traf seine Entscheidung in einem Urteil. War die Eröffnung des Verfahrens nach seiner Einschätzung gerechtfertigt, ordnete es – für höchstens drei Monate – die vorläufige Einstellung der Rechtsverfolgung (*suspension provisoire des poursuites*) an.[211] Bei Feststellung des Eintritts der *cessation des paiements* eröffnete es von Amts wegen den *règlement judiciaire* oder die *liquidation des biens*.[212]

Mit dem Erlass des die *suspension provisoire des poursuites* anordnenden Urteils übernahm der Präsident des Gerichts (*président du tribunal*) oder ein von ihm bestimmter Richter die Funktion eines *juge-commissaire*.[213] Das Gericht ernannte einen oder mehrere Kuratoren (*curateurs aux biens du débiteur*).[214] Diese konnte es unter Einräumung der von ihm zu bestimmenden Befugnisse mit der Überwachung des finanziellen Gebarens und der geschäftlichen Tätigkeit (*surveillance*), der Mitwirkung (*assistance*) oder der vorläufigen Verwaltung anstelle des Schuldners (*administration provisoire*) betrauen. Es war befugt, die Aufgaben und Befugnisse des Kurators jederzeit abzuändern.[215]

Die Kuratorbefugnisse gingen mit einer entsprechenden Beschränkung der Verwaltungs- und Verfügungsbefugnis des Schuldners einher.[216] Auf keinen Fall durfte der Schuldner, wenn es sich nicht um Forderungen der Arbeitnehmer handelte, ohne besondere Autorisierung durch den *juge-commissaire* Zahlungen auf Verbindlichkeiten leisten, die vor dem die *suspension provisoire des poursuites* anordnenden Urteil entstanden waren. Dasselbe galt für Verfügungen außerhalb des gewöhnlichen Geschäftsbetriebs sowie für die Bewilligung von Hypotheken oder Pfandrechten.[217] Der Kurator hatte dem *juge-commissaire* jeden Verstoß gegen das – strafrechtlich bewehrte – Zahlungs-, Verfügungs- und Bewilligungsverbot seitens des Schuldners anzuzeigen.[218]

---

211 Ausnahmsweise konnte der Zeitraum um einen Monat verlängert werden. Zum Ganzen *de Juglart/Ippolito* (Fn. 170), n°s 1433 f.; *Ripert/Roblot* (Fn. 130), n°s 3344 f., 3348^{1}; *Arnold*, ZIP 1982, 793, 798 f.

212 *De Juglart/Ippolito* (Fn. 170), n° 1435; *Ripert/Roblot* (Fn. 130), n° 3344; *Arnold*, ZIP 1982, 793, 798.

213 *De Juglart/Ippolito* (Fn. 170), n° 1441; *Ripert/Roblot* (Fn. 130), n° 3351; *Arnold*, ZIP 1982, 793, 799.

214 *De Juglart/Ippolito* (Fn. 170), n° 1442; *Ripert/Roblot* (Fn. 130), n° 3352; *Arnold*, ZIP 1982, 793, 799.

215 *De Juglart/Ippolito* (Fn. 214); *Ripert/Roblot* (Fn. 130), n° 3353; *Arnold*, ZIP 1982, 793, 800.

216 *Ripert/Roblot* (Fn. 130), n° 3354; *Arnold*, ZIP 1982, 793, 800; *Gröniger* (Fn. 45), 134.

217 *Arnold*, ZIP 1982, 793, 799 f.; *Flessner* (Fn. 200), 167; *Gröniger* (Fn. 216).

218 *De Juglart/Ippolito* (Fn. 170), n° 1447; *Ripert/Roblot* (Fn. 130), n° 3355; *Arnold*, ZIP 1982, 793, 800 Fn. 44.

Soweit es nicht um Arbeitnehmerforderungen ging, war mit dem Erlass des die *suspension provisoire des poursuites* anordnenden Urteils allen Gläubigern die Einzelrechtsverfolgung untersagt. Dies galt auch für die bevorrechtigten und gesicherten.[219] Ein Verfahren zur Forderungsfeststellung sah das Regelwerk nicht vor.[220]

Während der Laufzeit der *suspension provisoire des poursuites* war ein Plan (*plan de redressement économique et financier de l'entreprise assorti d'un plan d'apurement collectif du passif*) zu erstellen. Dies war entweder Sache des Schuldners unter Mitwirkung des Kurators oder, wenn das Gericht ihn hiermit besonders beauftragte oder er mit der *administration provisoire* betraut war, des Kurators selbst. Unterstützend konnte der *juge-commissaire* auf Antrag des Kurators oder von Amts wegen wie das Gericht vor der Entscheidung über die Verfahrenseröffnung Auskünfte bei den genannten Stellen einholen.[221] Nach Untersuchung der finanziellen Situation konnte das Gericht jederzeit die *suspension provisoire des poursuites* beenden; behandelt wurde in diesem Zusammenhang der Fall fehlender Aussichten auf eine Sanierung bzw. einen entsprechenden Plan.[222] Stellte das Gericht den Eintritt der *cessation des paiements* fest, eröffnete es den *règlement judiciaire* oder die *liquidation des biens*.[223]

Spätestens einen Monat vor Ablauf der *suspension provisoire des poursuites* hatte der Schuldner unter Mitwirkung des Kurators oder der Kurator allein den Plan bei dem Gericht einzureichen.[224] Dieses entschied über die Zulassung des Plans spätestens vor dem Ablauf.[225] Eine Abstimmung der Gläubiger war an keiner Stelle des Verfahrens vorgesehen.[226] Jeder von ihnen konnte für sich Zugeständnisse machen.[227] Die Einreichung durch den Schuldner galt als Zusage, für den Fall der Zulassung des Plans seine darin vorgesehenen Verpflichtungen zu

---

219 *Arnold*, ZIP 1982, 793, 799; *Flessner* (Fn. 217); *Zierau* (Fn. 6), 42, 46 f.

220 *Ripert/Roblot* (Fn. 130), n°s 2827, 3350; *Zierau* (Fn. 6), 44; *Kremer* (Fn. 47), 17.

221 Zum Ganzen *Ripert/Roblot* (Fn. 130), n° 3356; *Arnold*, ZIP 1982, 793, 800; *Honorat*, J.-Cl. Commercial, Anciens art. 437 à 614-26, Loi du 13 juillet 1967, Fasc. A (Januar 1983) n°s 9, 35, 39.

222 *Toujas/Argenson*, JCP 1968, éd. G, I 2130, n° 26; *de Juglart/Ippolito* (Fn. 170), n° 1448; *Arnold*, ZIP 1982, 793, 799.

223 *De Juglart/Ippolito* (Fn. 170), n° 1449; *Ripert/Roblot* (Fn. 130), n° 3347; *Honorat* (Fn. 221), n° 42.

224 *Arnold*, ZIP 1982, 793, 801 f.; *Gröniger* (Fn. 45), 135; *Zierau* (Fn. 6), 42.

225 *Arnold*, ZIP 1982, 793, 802; *Flessner* (Fn. 217); *Gröniger* (Fn. 224).

226 *Arnold*, ZIP 1982, 793, 801 f.; *Hohloch*, ZIP 1982, 1029, 1031 f.; *Zierau* (Fn. 6), 44-46.

227 *Arnold*, ZIP 1982, 793, 801 f.; *Flessner* (Fn. 200), 168; *Zierau* (Fn. 6), 47 f.

erfüllen. Wurde der Plan von dem Kurator vorgelegt, hatte der Schuldner eine Erklärung gleichen Inhalts abzugeben.[228]

Der Text der Verordnung ging von einer Gliederung des Plans in zwei Teile aus – den Schuldenbereinigungsplan (*plan d'apurement du passif*) und den Plan zur wirtschaftlichen und finanziellen Sanierung (*plan de redressement économique et financier*).[229] Die Laufzeit des *plan d'apurement du passif* durfte sich nicht auf mehr als drei Jahre erstrecken.[230] In ihm waren die Zugeständnisse der Gläubiger darzustellen.[231] Unabhängig von deren Willen konnte er Stundungen von bis zu drei Jahren, nicht aber Forderungsnachlässe vorsehen.[232] Die Stundung von Arbeitnehmerforderungen war grundsätzlich ausgeschlossen.[233]

Besondere Bestimmungen zu den inhaltlichen Anforderungen an den *plan de redressement économique et financier* waren weder in der Verordnung noch in dem begleitenden Dekret zu derselben enthalten.[234] Gedacht war dieser Teil des Plans zur Darstellung der beabsichtigten Maßnahmen zur Verbesserung der Unternehmensführung und -ergebnisse,[235] die verbreitet als solche der Reorganisation (*mesures de réorganisation*) bezeichnet wurden.[236] Genannt wurden in diesem Zusammenhang etwa die Aufgabe einer unrentablen Produktion sowie Werksschließungen.[237]

Das Gericht ließ den Plan zu, wenn es ihn als ernsthaft (*sérieux*) erachtete und er nach seiner Einschätzung ausreichende Gewähr für seine Durchführung bot.[238] Als maßgeblich wurden insoweit im Wesentlichen wirtschaftliche Kriterien genannt.[239] Gingen die finanziellen Schwierigkeiten des Unternehmens

228 *Ripert/Roblot* (Fn. 130), n° 3360; *Arnold*, ZIP 1982, 793, 801; *Honorat* (Fn. 221), n° 41.

229 *Arnold*, ZIP 1982, 793, 800 f.; *Flessner* (Fn. 227); *Zierau* (Fn. 6), 42.

230 *Arnold*, ZIP 1982, 793, 801; *Gröniger* (Fn. 224); *Zierau* (Fn. 6), 43.

231 *Arnold*, ZIP 1982, 793, 801; *Flessner* (Fn. 227); *Zierau* (Fn. 6), 47 f.

232 *Arnold*, ZIP 1982, 793, 802; *Flessner* (Fn. 227); *Hohloch*, ZGR 1982, 145, 171 f.

233 *Ripert/Roblot* (Fn. 130), n° 3357; *Arnold*, ZIP 1982, 793, 801; *Hohloch*, ZIP 1982, 1029, 1032.

234 *De Juglart/Ippolito* (Fn. 170), n° 1452; *Arnold*, ZIP 1982, 793, 800 f.; *Gröniger* (Fn. 224).

235 *Gröniger* (Fn. 224); *Arnold*, ZIP 1982, 793, 801; vgl. auch *Flessner* (Fn. 227).

236 *De Juglart/Ippolito* (Fn. 234); *Ripert/Roblot* (Fn. 233); *Honorat* (Fn. 221), n° 35.

237 *Ripert/Roblot* (Fn. 233); *Arnold*, ZIP 1982, 793, 801 Fn. 47. Zu Änderungen bei der Verteilung der Anteile an dem Unternehmensträger als denkbare Maßnahme *Arnold*, ZIP 1982, 793, 801; *Flessner* (Fn. 227).

238 *Ripert/Roblot* (Fn. 130), n° 3361; *Honorat* (Fn. 221), n° 43; *Gröniger* (Fn. 224).

239 *Rives* (Fn. 209), 114 f.; *de Juglart/Ippolito* (Fn. 170), n° 1456; *Flessner* (Fn. 227). Ohne näher zu erläutern, was darunter zu verstehen sei, wurde darauf hingewiesen, dass der Plan auch gültig (*valable*) bzw. ordnungsgemäß zu sein habe, *Toujas/Argenson*, JCP 1968, éd. G, I 2130, n° 26; *Arnold*, ZIP 1982, 793, 802.

nach Einschätzung des Gerichts hauptsächlich auf die Führung eines oder mehrerer Leiter zurück, konnte es die Wirksamkeit des Plans von ihrem Austausch abhängig machen;[240] nach dem Inkrafttreten des Gesetzes vom 15. Oktober 1981 war das Gericht hierzu befugt, wenn das Überleben des Unternehmens es nach seiner Einschätzung erforderte[241].

Wies das Gericht den Plan zurück und stellte es den Eintritt der *cessation des paiements* fest, eröffnete es den *règlement judiciaire* oder die *liquidation des biens*.[242] Unterblieb im Falle der Einreichung durch den Kurator die Zusage des Schuldners, den Plan auszuführen, und machte der Schuldner keinen anderen vom Gericht als annehmbar bewerteten Vorschlag zur Sanierung des Unternehmens, beendete das Gericht die *suspension provisoire des poursuites*.[243] Es konnte dann für einen verlängerbaren Zeitraum von drei Monaten einen *administrateur provisoire* bestellen, dessen Befugnisse das Gericht mit Blick auf die zu schützenden Interessen frei bestimmen konnte;[244] so wurde die Möglichkeit eröffnet, den Betrieb des Unternehmens unter gerichtlicher Aufsicht aufrechtzuerhalten[245]. Lag der Erhalt des Unternehmens wegen seiner nationalen oder regionalen Bedeutung im öffentlichen Interesse, sollte die Passivität oder der böse Wille seiner Führung einer Rettung nicht im Wege stehen.[246]

Ließ das Gericht den Plan zu, bestellte es für die Zeit seiner Durchführung einen Kommissar (*commissaire à l'exécution du plan*).[247] Dieser hatte die Erfüllung des *plan d'apurement du passif* zu überwachen.[248] Verletzte der Schuldner die Bestimmungen des Plans oder des Urteils, mit welchem das Gericht denselben angenommen hatte, konnte dieses von Amts wegen oder auf Gläubigerantrag die Auflösung (*résolution*) des Plans anordnen.[249] Hielt der Schuldner

---

240 *Ripert/Roblot* (Fn. 130), n° 3362; *Arnold*, ZIP 1982, 793, 802; *Honorat* (Fn. 221), n° 47.

241 Ordonnance n° 67-820 du 23 septembre 1967, art. 32 i.d.F. der loi n° 81-927 du 15 octobre 1981; *Soinne*, D. 1983, chron. 11, 19; *Zahn* (Fn. 208).

242 *Ripert/Roblot* (Fn. 130), n° 3361; *Arnold*, ZIP 1982, 793, 802; *Flessner* (Fn. 200).

243 *De Juglart/Ippolito* (Fn. 170), n° 1461; *Arnold*, ZIP 1982, 793, 801; *Honorat* (Fn. 221), n° 41.

244 *Ripert/Roblot* (Fn. 242). Zu der Bestellung s. auch *de Juglart/Ippolito* (Fn. 243); *Arnold*, ZIP 1982, 793, 801.

245 *Arnold*, ZIP 1982, 793, 801; *Ripert/Roblot* (Fn. 242).

246 *Rives* (Fn. 209), 115 f.

247 *Arnold*, ZIP 1982, 793, 802; *Flessner* (Fn. 200); *Zierau* (Fn. 6), 43.

248 *Arnold*, ZIP 1982, 793, 803; *Flessner* (Fn. 200); *Hohloch*, ZGR 1982, 145, 172.

249 Antragsberechtigt waren ein Gläubiger oder eine Gruppe von Gläubigern, soweit mindestens fünfzehn Prozent der Forderungen vertreten waren. Zum Ganzen *Ripert/Roblot* (Fn. 130), n° 3367; *Arnold*, ZIP 1982, 793, 803; *Hohloch*, ZGR 1982, 145, 172.

die vorgesehenen Zahlungstermine nicht ein, ordnete das Gericht von Amts wegen oder auf Gläubigerantrag den *règlement judiciaire* oder die *liquidation des biens* an.[250]

Während der Durchführung des *plan d'apurement du passif* war es dem Schuldner und im Falle einer juristischen Person deren Leitern untersagt, das Amt eines Handelsrichters auszuüben.[251] Dasselbe galt ab dem Zeitpunkt der Einreichung des Antrags auf Anordnung der *suspension provisoire des poursuites*, wenn das Gericht vom Schuldner angerufen wurde.[252]

VII. Das Gesetz vom 25. Januar 1985

Sowohl was die Befriedigung der Gläubiger als auch was den Erhalt von Unternehmen und Arbeitsplätzen betrifft, fiel die Bilanz des Regelwerks von 1967 in der Praxis letztlich schlecht aus.[253] Unter dem Eindruck des Anstiegs der Unternehmensinsolvenzen ab Mitte der siebziger Jahre entschloss man sich, dieses zu ersetzen.[254] An seiner Stelle führte ein Gesetz vom 25. Januar 1985[255] mit dem *redressement judiciaire* die Ausgangsform des heutigen Sanierungsverfahrens ein, ergänzt um die bloß subsidiär vorgesehene Liquidation (*liquidation judiciaire*) und ein vereinfachtes Verfahren für kleinere Unternehmen.[256] Zuvor war mit einem Gesetz vom 1. März 1984[257] die Grundlage für verschiedene schon auf die Vorbeugung von Schwierigkeiten und die Abwendung der Notwendigkeit

250 *De Juglart/Ippolito* (Fn. 170), n° 1464; *Ripert/Roblot* (Fn. 249); *Arnold*, ZIP 1982, 793, 803.

251 *De Juglart/Ippolito* (Fn. 170), n° 1465; *Ripert/Roblot* (Fn. 130), n° 3368.

252 *De Juglart/Ippolito* (Fn. 252); *Honorat* (Fn. 221), n° 12.

253 *Klopp*, KTS 1988, 267, 268 f.; *Spickerhoff*, Aus- und Absonderung in der Insolvenz nach deutschem und französischem Recht (2005) 4 f.; *Pascal Schütze* (Fn. 3), 16 f.

254 *Klopp*, KTS 1988, 267; *Kremer* (Fn. 47), 20; *Sonnenberger/Dammann* (Fn. 27), Rn. VIII 1.

255 Loi n° 85-98 du 25 janvier 1985 relative au redressement et à la liquidation judiciaires des entreprises, JO, 26 janvier 1985, p. 1097 begleitet von dem décret n° 85-1388 du 27 décembre 1985 relatif au redressement et à la liquidation judiciaires des entreprises, JO, 29 décembre 1985, p. 15281.

256 *Klopp*, KTS 1988, 267, 269-279; *Baur/Stürner* (Fn. 34), Rn. 39.2 f., 39.16; *Sonnenberger*, Französisches Handels- und Wirtschaftsrecht[2] (1991) Rn. VII 7-22.

257 Loi n° 84-148 du 1er mars 1984 relative à la prévention et au règlement amiable des difficultés des entreprises, JO, 2 mars 1984, p. 751 begleitet von dem décret n° 85-295 du 1er mars 1985 pris pour l'application de la loi n° 84-148 du 1er mars 1984 relative à la prévention et au règlement amiable des difficultés des entreprises, JO, 5 mars 1985, p. 2704.

eines Insolvenzverfahrens gerichtete Maßnahmen geschaffen worden; mit dem *règlement amiable* hatte es auch den Vorläufer des heutigen Schlichtungsverfahrens gebracht.[258]

In dem Gesetz vom 25. Dezember 1985 knüpfte der Gesetzgeber an das Gesetz vom 13. Juli und die Sanierungsverordnung vom 22. September 1967 an und verband darin Elemente beider.[259] Dabei stellte er das angestrebte Ziel der Erhaltung des schuldnerischen Unternehmens und seiner Arbeitsplätze deutlich über die Interessen der Gläubiger.[260] Kennzeichnend war die stark ausgeprägte Gerichtsmacht[261] und beachtlich die der Staatsanwaltschaft – nicht nur im Bereich der Sanktionierung von Fehlverhalten – zugedachte Rolle[262].

Während die *liquidation judiciaire* grundsätzlich mit dem Liquidator (*liquidateur*) auskam,[263] traten in dem Sanierungsverfahren an die Stelle der Syndiken der Verwalter (*administrateur*) einerseits und der Vertreter der Gläubiger als Organ der Wahrnehmung deren kollektiven Interesses (*représentant des créanciers*) andererseits[264]; die Auswahl und Bestellung war weiterhin Sache des Gerichts[265]. An der alten Konzentration der Verwalteraufgaben bei den Syndiken war mittlerweile eine mangelnde Eignung zum Umgang mit der angenommenen Gegenläufigkeit der betroffenen Interessen kritisiert worden.[266]

---

258 *Arnold*, ZIP 1985, 321, 324 f.; *Medla* (Fn. 3), 63 f.; *Sonnenberger/Dammann* (Fn. 27), Rn. VIII 1-3.

259 *Balz*, ZIP 1983, 1153, 1158-1163, 1167-1174; *Klopp*, KTS 1988, 267, 270; *Baur/Stürner* (Fn. 34), Rn. 39.1.

260 *Sonnenberger/Dammann* (Fn. 27), Rn. VIII 1; *Großerichter* (Fn. 29); MünchKomm InsO³(-*Niggemann*) (Fn. 23), Rn. 4.

261 *Kremer* (Fn. 47), 41, 46, 48-51; *Städtler* (Fn. 156), 23, 352 f.; *Heukamp*, Verfahrensrechtliche Aspekte der Gläubigerautonomie im deutschen und im französischen Insolvenzverfahren (2005) 37.

262 *Klopp*, KTS 1988, 267, 280; *Heukamp* (Fn. 261), 239; *Wallmann*, Verantwortlichkeit für fehlerhafte Unternehmensleitung als Instrument des Gläubigerschutzes in Frankreich (2008) 237 f.

263 *Klopp*, KTS 1988, 267, 278 f.; *Baur/Stürner* (Fn. 34), Rn. 39.11; *Chaput*, Droit du redressement et de la liquidation judiciaires des entreprises² (Paris 1990) n°s 265, 273.

264 *Klopp*, KTS 1988, 267, 272; *Baur/Stürner* (Fn. 34), Rn. 39.5; *Zierau* (Fn. 6), 58, 67, 70, 79.

265 *Klopp*, KTS 1988, 267, 278; *Baur/Stürner* (Fn. 34), Rn. 39.5, 39.11; *Sonnenberger* (Fn. 256), Rn. VII 11, 19.

266 *Klopp*, KTS 1988, 267, 272; *Baur/Stürner* (Fn. 34), Rn. 39.5; *Zierau* (Fn. 6), 58. Zur Verteilung der Verwalteraufgaben unter dem geltenden Recht s. noch unten § 3 D - F.

Ferner war man bemüht, die Lage der Arbeitnehmer zu verbessern.[267] Über deren Vergütungsansprüche hinaus hatte der Gesetzgeber gerade auch ihre Beteiligung an den die Zukunft ihrer Arbeitsplätze tangierenden Entscheidungsprozessen im Blick.[268] Das neue Regelwerk enthielt verbindliche Vorgaben zur Information und Anhörung des Unternehmensausschusses (*comité d'entreprise*) und in Ermangelung eines solchen der Personalvertreter (*délégués du personnel*), begleitet von der Einräumung von Rechtsmittelbefugnissen bei wichtigen Weichenstellungen im Verfahren.[269] Das neu eingeführte Organ des Vertreters der Arbeitnehmer (*représentant des salariés*) ist in den Unternehmensinsolvenzverfahren seither in das Verfahren der Feststellung ihrer Forderungen einbezogen, steht ihnen in Streitfällen bei und übt bei Fehlen sowohl eines Unternehmensausschusses als auch von Personalvertretern deren Funktionen aus.[270]

Für die Person des Schuldners respektive die Verantwortlichen an seiner Spitze brachte die Reform Erleichterungen,[271] bei noch konsequenterer Verfolgung des Grundsatzes der Trennung zwischen Mensch und Unternehmen[272]. Erklärt werden diese mit dem Bemühen, Hemmnisse für Unternehmensgründungen[273] sowie für eine frühe, die Sanierungsaussichten verbessernde Stellung eines Eigenantrags[274] abzubauen. Ähnlich wie im Falle der Vergünstigungen des

---

267 *Balz*, ZIP 1983, 1153, 1158; *Ripert/Roblot/Delebecque/Germain* (Fn 15), n°s 2824, 2956; *Schällig*, Insolvenzverwaltung in Deutschland und Frankreich (2004) 56 f.

268 *Klopp*, KTS 1988, 267, 273-276; *Saint-Alary-Houin* (Fn. 25), n°s 46, 54 f.

269 *Ripert/Roblot/Delebecque/Germain* (Fn. 15), n°s 2824, 2956 f.; *Saint-Alary-Houin* (Fn. 25), n° 55; vgl. auch *Balz*, ZIP 1983, 1153, 1158; *Sonnenberger* (Fn. 256), Rn. VII 11; *Kremer* (Fn. 47), 83, 125, 130.

270 C. com., artt. L. 621-4, al. 2; L. 625-1, al. 1er, 2; L. 625-2; L. 625-4, al. 1er, 3; L. 631-9, al. 1er; L. 631-13, al. 2; L. 631-18, al. 1er; L. 631-19-2, al. 8; L. 641-1-II, al. 5; *Pascal Schütze* (Fn. 3), 58; *Friedrichs* (Fn. 24), 171; *Kindler/Nachmann(-Bauerreis)* (Fn. 26), Rn. 142 f. (2014) sowie zur Rechtslage unter dem Gesetz vom 25. Januar 1985 *Kremer* (Fn. 47), 93 f.; *Ripert/Roblot/Delebecque/Germain* (Fn. 15), n°s 2824, 2959; *Schällig* (Fn. 267), 15. Zum Verfahren der Ernennung des *représentant des salariés* unter dem geltenden Recht s. noch unten § 4 C.

271 *Klopp*, KTS 1988, 267, 279 f.; *Pernice* (Fn. 115), 146, 174-176, 182; *Wallmann* (Fn. 262), 29, 159 f., 234. S. auch noch unten § 4 A VII 1, 5 a), VIII 2, 5, 6.

272 *Ripert/Roblot/Delebecque/Germain* (Fn. 15), n°s 2823, 3277; *Pérochon*, Entreprises en difficulté[10] (Paris 2014) n° 13; *Cerf-Hollender*, J.-Cl. Commercial, Fasc. 2910 (Februar 2017) n° 2.

273 *Klopp*, KTS 1988, 267, 280; *Ripert/Roblot/Delebecque/Germain* (Fn. 15), n°s 2826, 3277; *Vallansan*, J.-Cl. Commercial, Fasc. 2770 (Februar 2017) n° 70.

274 *Kremer* (Fn. 47), 136 Fn. 201, 137; in diesem Sinne auch *Pernice* (Fn. 115), 146; *Saint-Alary-Houin* (Fn. 25), n°s 46, 56.

Gesetzes vom 4. März 1889 wird daneben die Erkenntnis genannt, dass Unternehmensinsolvenzen durchaus eher dem wirtschaftlichen und technischen Wandel geschuldet als von einem Fehlverhalten auf Seiten der Leiter geprägt sein können.[275]

So führte die Reform der Insolvenzstraftatbestände durch das Gesetz vom 25. Januar 1985 zu einer gewissen Entpönalisierung.[276] Abmilderungen resultierten ferner aus der Überarbeitung der Regeln zu *faillite personnelle* und *interdiction de gérer*.[277] Zudem wurde die mit der Beendigung der *liquidation judiciaire* wegen Erschöpfung der Aktivmasse verbundene Restschuldbefreiung eingeführt.[278]

Endlich brachte die Reform von 1985 die Erweiterung des persönlichen Anwendungsbereichs der Unternehmensinsolvenzverfahren um die Handwerker,[279] bevor durch ein Gesetz vom 30. Dezember 1988[280] auch die Landwirte einbezogen wurden[281].

VIII. Die Novelle von 1994

Noch vor ihrer Kodifizierung im legislativen Teil (partie législative) des heutigen Code de commerce durch eine Verordnung vom 18. September 2000[282] wurden die Gesetze vom 25. Januar 1985 und vom 1. März 1984 novelliert[283]: Nachdem

---

275 *Ripert/Roblot/Delebecque/Germain* (Fn. 15), n° 2826; *Saint-Alary-Houin* (Fn. 25), n° 56. Zu dem Gesetz vom 4. März 1889 s. insoweit oben § 3 B III.

276 *Cerf-Hollender*, J.-Cl. Commercial, Fasc. 2930 (Oktober 2014) n°s 2, 16; *Jacquemont/Vabres* (Fn. 23), n° 1164; *Saint-Alary-Houin* (Fn. 275). S. auch *Kremer* (Fn. 47), 137; *Pernice* (Fn. 115), 174-176; *Wallmann* (Fn. 262), 29, 234 sowie noch unten § 4 A VII 1.

277 *Pernice* (Fn. 115), 182; *Ripert/Roblot/Delebecque/Germain* (Fn. 15), n°s 2826, 3302, 3306; *Wallmann* (Fn. 262), 29, 159 f. S. dazu auch noch unten § 4 VIII 2, 5, 6.

278 *Baur/Stürner* (Fn. 34), Rn. 39.12; *Sonnenberger* (Fn. 256), Rn. VII 28; *Klopp*, KTS 1992, 347, 349.

279 *Klopp*, KTS 1988, 267, 270; *Baur/Stürner* (Fn. 34), Rn. 39.2; *Sonnenberger* (Fn. 256), Rn. VII 7.

280 Loi n° 88-1202 du 30 décembre 1988 relative à l'adaptation de l'exploitation agricole à son environnement économique et social, JO, 31 décembre 1988, p. 16741.

281 *Summ*, Anerkennung ausländischer Konkurse in der Bundesrepublik Deutschland (1992) 192; *Robbe-Grillet* (Fn. 50), 49; *Pascal Schütze* (Fn. 3), 18.

282 Ordonnance n° 2000-912 du 18 septembre 2000 relative à la partie Législative du code de commerce, JO, 21 septembre 1994, p. 14783, rectificatif JO, 18 novembre 2000, p. 18349.

283 *Robbe-Grillet* (Fn. 50), 48-51; *Sonnenberger/Dammann* (Fn. 260); *Pascal Schütze* (Fn. 3), 20.

die Zahl der – in der Praxis in mehr als neun von zehn Fällen mit der *liquidation judiciaire* endenden – Unternehmensinsolvenzverfahren unvermindert angestiegen war,[284] führte ein Gesetz vom 10. Juni 1994 zu verschiedenen Änderungen[285].

Zunächst einmal sollte die Position der Gläubiger gestärkt werden.[286] Die Zurückdrängung ihrer Interessen in dem Gesetz vom 25. Januar 1985 war inzwischen als überzogen kritisiert worden.[287] Die Reaktion durch das Gesetz vom 10. Juni 1994 wird als Maßnahme zur Förderung der Kreditvergabe und zum Abbau von Risiken für andere, mit dem Schuldner als Gläubiger verbundene Unternehmen verstanden.[288]

Die *liquidation judiciaire* konnte nun anders als zuvor von Beginn an angeordnet werden.[289] Dies galt unter der besonderen Voraussetzung, dass das Unternehmen seine Aktivität eingestellt hatte oder seine Sanierung offenkundig unmöglich war.[290]

Nicht zuletzt brachte die Reform von 1994 im Interesse eines reibungslosen Ablaufs der Unternehmensinsolvenzverfahren sowie einer effektiven Ausfüllung ihrer Rollen durch die Organe und Beteiligten eine Ausweitung des Informationsflusses.[291] Diese Änderungen betrafen gerade auch die Sachverhaltsaufklärung durch den Schuldner.[292]

---

284 *Dammann*, ZIP 1996, 300; *Karl-Heinz Weber/Hoffmann* (Fn. 6), 8; *Stahmer*, Verzinsliches Darlehen in der Insolvenz (2002) 64.

285 Loi n° 94-475 du 10 juin 1994 relative à la prévention et au traitement des difficultés des entreprises, JO, 11 juin 1994, p. 8440 begleitet von dem décret n° 94-910 du 21 octobre 1994 pris pour l'application de la loi n° 94-475 du 10 juin 1994 relative à la prévention et au traitement des difficultés des entreprises, JO, 22 octobre 1994, p. 15019 und hierzu *Böckenhoff*, RIW 1994, 1053-1055; *Celestine/Felsner*,WM 1996, 425-434; *Dammann*, ZIP 1996, 300-304.

286 *Böckenhoff*, RIW 1994, 1053, 1054; *Niggemann/Gramling*, RIW 1995, 329, 334; *Dammann*, ZIP 1996, 300, 302.

287 *Zierau* (Fn. 6), 76; *Städtler* (Fn. 156), 2; *Ripert/Roblot/Delebecque/Germain* (Fn. 15), n° 2821-2.

288 *Celestine/Felsner*, WM 1996, 425, 427; *Städtler* (Fn. 156), 24; *Degenhardt*, NZI 2014, 433, 434.

289 *Böckenhoff*, RIW 1994, 1053, 1054 f.; *Walter Ahrens*, Rechte und Pflichten ausländischer Insolvenzverwalter im internationalen Insolvenzrecht (2002) 39 f.; *Robbe-Grillet* (Fn. 50), 49, 60.

290 *Dammann*, ZIP 1996, 300, 302; *Robbe-Grillet* (Fn. 50), 60 f.; *Jacquemont/Vabres* (Fn. 23), n° 20.

291 *Haehl*, in: *Honorat* (Hrsg.), La réforme du droit des entreprises en difficulté (Sophia Antipolis 1995), 145, 153 f.

292 S. zu ihnen auch noch unten § 4 D IV 1, 3 a), IV 5 a), E, F II, G I 1.

Endlich suchte der Gesetzgeber insbesondere im Interesse seiner früheren und breiteren Nutzung das Instrumentarium des Gesetzes vom 1. März 1984 zu verbessern.[293] Unter anderem ergänzte er es um eine gesetzliche Grundlage für den in der gerichtlichen Praxis entwickelten *mandat ad hoc*.[294]

IX. Die *loi de sauvegarde*

Der nächste wichtige Schritt auf dem Weg zur aktuellen Rechtslage wurde mit einem Gesetz vom 26. Juli 2005 (*loi de sauvegarde*) vollzogen.[295] Das Ziel der Erhaltung des Unternehmens war nach dem Eintritt der *cessation des paiements* weiter zu selten erreicht worden.[296] Mit der *procédure de sauvegarde* wurde deshalb ein neues, präventives Unternehmensinsolvenzverfahren eingeführt für die Behandlung von Schwierigkeiten, aus denen die Zahlungseinstellung zu resultieren drohte.[297]

Als (eine) Inspirationsquelle gilt insoweit das Reorganisationsverfahren nach Chapter 11 des US-amerikanischen Bankruptcy Code.[298] Gerade auch mit Blick auf den Erlass der EuInsVO erschien es dem Gesetzgeber zugleich angezeigt, zur Harmonisierung der nationalen Regelwerke zu den Unternehmensinsolvenzverfahren in der EU beizutragen.[299] Die *loi de sauvegarde* wurde als Teil einer globalen

---

293 *Robbe-Grillet* (Fn. 50), 49; *Medla* (Fn. 3), 67; *Saint-Alary-Houin* (Fn. 25), n°s 58, 60.

294 *Dammann*, ZIP 1996, 300, 301; *Medla* (Fn. 3), 68; *Pascal Schütze* (Fn. 283). Zum *mandat ad hoc* s. bereits oben § 3 A.

295 Loi n° 2005-845 du 26 juillet 2005 de sauvegarde des entreprises, JO n° 173 du 27 juillet 2005, p. 12187, texte n° 5 begleitet insbesondere von dem décret n° 2005-1677 du 28 décembre 2005 pris en application de la loi n° 2005-845 du 26 juillet 2005 de sauvegarde des entreprises, JO n° 302 du 29 décembre 2005, p. 20324, texte n° 66. Hierzu *Klein*, RIW 2006, 13-16; *Dammann*, RIW 2006, 16-23; *Vallender/Heukamp*, EuZW 2006, 193.

296 *Klein*, RIW 2006, 13, 14; *Vallender/Heukamp*, InVO 2006, 1; *Sonnenberger/Dammann* (Fn. 27), Rn. VIII 2.

297 *Klein*, RIW 2006, 13, 15; *Vallender/Heukamp*, InVO 2006, 1, 5; *Sonnenberger/Dammann* (Fn. 27), Rn. VIII 3, 36.

298 *Dammann/Undritz*, NZI 2005, 198; *Klein*, RIW 2006, 13, 15; *Vallender/Heukamp*, InVO 2006, 1, 4.

299 *De Roux*, Rapport fait au nom de la commission des Lois constitutionelles, de la législation et de l'administration générale de la République sur le projet de loi (N° 1596) de sauvegarde des entreprises, Doc. AN n° 2095, enregistré à la Présidence de l'Assemblée nationale le 11 févr. 2005, 31; *Hyest*, Rapport n° 335 (Sénat, 2004-2005) fait au nom de la commission des Lois constitutionnelles, de législation, du suffrage universel, du Règlement et d'administration générale sur le projet de loi de sauvegarde des entreprises, 39 f.

und speziell in den EU-Mitgliedstaaten wie insbesondere auch Deutschland zu beobachtenden Reformbewegung gesehen.[300] Im Wege der Annäherung an wichtige Rechtsordnungen der westlichen Welt wollte man Vorbehalten gegenüber Frankreich als Handelspartner sowie als Standort für Investitionen und die Durchführung von Unternehmensinsolvenzverfahren entgegenwirken.[301]

Andererseits steht die *procédure de sauvegarde* in mancherlei Hinsicht in der Tradition der Sanierungsverfahren nach der Verordnung vom 23. September 1967[302] und dem Gesetz vom 25. Januar 1985. Die Bestimmungen des Letzteren zum *redressement judiciaire* dienten als Basis für die gesetzliche Ausgestaltung der *procédure de sauvegarde.*[303] Allerdings bietet das Schutzverfahren dem Schuldner bzw. den Verantwortlichen an seiner Spitze schon seit der Reform von 2005 Vorteile, die es im Vergleich zum *redressement judiciaire* attraktiver machen und einen Anreiz für seine rechtzeitige Beantragung schaffen sollen.[304]

Neben der Einführung der *procédure de sauvegarde* hat die Reform von 2005 eine nicht zu vernachlässigende Erneuerung der Bestimmungen zu den Unternehmensinsolvenzverfahren des alten Rechts gebracht.[305] Der persönliche Anwendungsbereich umfasst seither genauso wie derjenige des Schutzverfahrens über den bis dahin abgedeckten Personenkreis hinaus auch jede andere eine selbstständige berufliche Tätigkeit einschließlich eines reglementierten oder geschützten freien Berufs ausübende natürliche Person.[306]

Die *liquidation judiciaire* hat eine weitere Aufwertung erfahren.[307] Für sie enthält der Code de commerce wie auch für das Schutzverfahren und den

300 *Hyest* (Fn. 299), 39-43; *Pascal Schütze* (Fn. 3), 22 f.; vgl. auch *de Roux* (Fn. 299), 31, 40 f., 60-63.

301 *Kindler/Nachmann(-Bauerreis)* (Fn. 26), Rn. 10 (2014); *Le Corre* (Fn. 46), n° 51.12; *Saint-Alary-Houin* (Fn. 25), n° 78.

302 *Voinot*, Gaz. Pal. 2005, doctr. 2943; *Roedig* (Fn. 5), 337; *Saint-Alary-Houin* (Fn. 25), n° 34.

303 *De Roux* (Fn. 299), 59-62; *Dammann/Undritz*, NZI 2005, 198, 200; *Vallender/Heukamp*, InVO 2006, 1, 4.

304 *Dammann/Undritz*, NZI 2005, 198, 202 Fn. 36; *Vallender/Heukamp*, InVO 2006, 1, 6; *Geiger* (Fn. 3), 28 f. Zu diesen Vorteilen s. auch unten §§ 3 F, H; 4 A VII 3, VIII 3.

305 *Robbe-Grillet* (Fn. 50), 53; *Pascal Schütze* (Fn. 3), 24 f.; *Kindler/Nachmann(-Bauerreis)* (Fn. 26), Rn. 9 (2014).

306 C. com., artt. L. 620-2, al. 1er („toute autre personne physique exerçant une activité professionnelle indépendante, y compris une profession libérale soumise à un statut législatif ou réglementaire ou dont le titre est protégé"); L. 631-2, al. 1er; L. 640-2, al. 1er; *Vallender/Heukamp*, InVO 2006, 1; *Medla* (Fn. 3), 77 f.; *Geiger* (Fn. 3), 27.

307 *Roussel Galle*, Réforme du droit des entreprises en difficulté² (Paris 2007) n° 7; *Saint-Alary-Houin* (Fn. 25), nos 78, 81.

redressement judiciaire seit dem Inkrafttreten der *loi de sauvegarde* eine eigene Definition der Verfahrensziele.[308] Die übertragende Sanierung ist zu einem Fall des Liquidationsverfahrens erhoben worden, wenngleich ohne ihre Anordnung am Ende des *redressement judiciaire* auszuschließen.[309] Für kleinere Unternehmen ist unter Abschaffung des alten vereinfachten Verfahrens eine vereinfachte Variante der *liquidation judiciaire* eingeführt worden (*liquidation judiciaire simplifiée*).[310]

Fortschritte hat der Gesetzgeber mit der *loi de sauvegarde* nochmals bei der Verwirklichung des Grundsatzes der Trennung zwischen Mensch und Unternehmen gemacht.[311] Desgleichen führten verschiedene Änderungen an den Bestimmungen zu *faillite personnelle* und *interdiction de gérer* tendenziell zu einer weiteren Entschärfung.[312] Insgesamt sind die Rechtsgrundlagen für die Aufklärungspflichten des Schuldners verschiedentlich modifiziert worden.[313]

Neu eingeführt wurden im Zuge der Reform von 2005, beschränkt auf die Verfahren der *sauvegarde* und des *redressement judiciaire*, jeweils ein Gläubigerausschuss der Hauptlieferanten (*comité des principaux fournisseurs*) und der Kreditinstitute (*comité des établissements de crédit*) sowie eine Versammlung der Anleihegläubiger (*assemblée des obligataires*).[314] Deren Einberufung erfolgt seither zu dem Zweck der Diskussion der in diesen Verfahren zu entwickelnden Insolvenzpläne (*plan de sauvegarde, plan de redressement*) und der Abstimmung darüber.[315] Auch bereits seit dem Inkrafttreten der *loi de sauvegarde* ist die

---

308 C. com., artt. L. 620-1, al. 1er; L. 631-1, al. 2; L. 640-1, al. 2. Hierzu noch unten § 3 C.

309 *Dammann/Undritz*, NZI 2005, 198, 203; *Dammann*, RIW 2006, 16, 21; *Le Corre* (Fn. 46), nos 53.31 f.

310 *Vallender/Heukamp*, InVO 2006, 1, 3; *Medla* (Fn. 3), 81; *Le Corre* (Fn. 46), nos 53.32, 53.44. Die Besonderheiten dieser Variante bedürfen im Rahmen dieser Untersuchung keiner näheren Erörterung.

311 Hierzu etwa unten § 4 A III 2 d), VIII 5 sowie *Dammann/Undritz*, NZI 2005, 198, 199 Fn. 10; *Robbe-Grillet* (Fn. 305); *Pascal Schütze* (Fn. 3), 24 Fn. 147; *Le Corre* (Fn. 46), nos 53.61, 53.63 f.

312 Hierzu etwa unten § 4 A VIII 1, 5, 6, G I 1 sowie *Klein*, RIW 2006, 13, 15 f.; *Le Corre* (Fn. 46), nos 53.45, 53. 64; *Saint-Alary-Houin* (Fn. 25), nos 88, 90.

313 S.u. § 4 A II 1, III 1 b) bb), ee), ff), 2 a), b), c), e), 3, VII 2, VIII 1, 4, 5, 6, D I, IV 2, 3, E, G I 1, 2. Zur Bedeutung von *faillite personnelle* und *interdiction de gérer* für die Frage nach den schuldnerischen Aufklärungspflichten in der Vergangenheit und in der Gegenwart s. §§ 3 B VI 1 b); 4 A I 6 e), VIII, IX, D IV, E, G.

314 *Dammann*, RIW 2006, 16, 19 f.; *Vallender/Heukamp*, EuZW 2006, 193; *Medla* (Fn. 3), 243, 245, 248.

315 *Dammann*, RIW 2006, 16, 19 f.; *Medla* (Fn. 3), 247-249; MünchKomm InsO³(-*Niggemann*) (Fn. 23), Rn. 43, 47.

Anwendung der Vorschriften zu den Gläubigerausschüssen und der Versammlung der Anleihegläubiger freilich nur bei Unternehmen ab einer bestimmten Größe obligatorisch.[316]

Die Stellung der Kontrolleure wurde mit der Reform von 2005 weiter verbessert,[317] nachdem die Novelle von 1994 sie über die Ausstattung mit verschiedenen Interventionsmöglichkeiten und die Erhöhung ihrer maximalen Anzahl gestärkt hatte[318]. Die zu Kontrolleuren berufenen Gläubiger sollen seit dem Inkrafttreten der *loi de sauvegarde* bei Untätigkeit des jetzt als *mandataire judiciaire* bezeichneten[319] Gläubigervertreters respektive des *liquidateur* auch an dessen Stelle das kollektive Interesse der Gläubiger wahrnehmen können.[320]

Die Gerichtsmacht erfuhr eine Einschränkung, die Rolle der Staatsanwaltschaft wurde dagegen weiter aufgewertet.[321] Die Einführung der Abstimmung über den Plan in den neuen Gläubigergremien ließ die Stellung des Gerichts nicht unberührt.[322] Verschiedentlich büßte es in den Verfahren die Befugnis ein, von Amts wegen tätig zu werden.[323] Die Staatsanwaltschaft wurde mit neuen Antragsrechten und Rechtsbehelfsbefugnissen ausgestattet, ihre Anhörung oder Anwesenheit ist seither in einer größeren Anzahl von Situationen ausdrücklich vorgeschrieben.[324]

Auch die Bestimmungen zu den außerhalb der Unternehmensinsolvenzverfahren bereitstehenden Instrumenten der Prävention des *droit des entreprises en*

---

316 C. com., artt. L. 626-29; L. 631-19-I; *Vallender/Heukamp*, InVo 2006, 1, 7; *Roedig* (Fn. 5), 297; MünchKomm InsO³(-*Niggemann*) (Fn. 23), Rn. 43. S. auch noch unten § 3 G.

317 *Vallender/Heukamp*, InVO 2006, 1, 3; *Kindler/Nachmann(-Bauerreis)* (Fn. 26), Rn. 126 (2014); *Amlon*, J.-Cl. Commercial, Fasc. 2245 (Januar 2016) n°s 2, 37.

318 *Celestine/Felsner*, WM 1996, 425, 430; *Dammann*, ZIP 1996, 300, 303; *Heukamp* (Fn. 261), 230.

319 C. com., artt. L. 621-4, al. 3; L. 631-9; *Vallender/Heukamp*, InVO 2006, 1; *Dammann*, RIW 2006, 16, 19; *Medla* (Fn. 3), 182 Fn. 963.

320 C. com., artt. L. 622-20, al. 1er; L. 631-14, al. 1er; L. 641-1-II, al. 6; L. 641-4, al. 4; L. 651-3, al. 2; L. 653-7; L. 654-17; *Vallender/Heukamp*, InVO 2006, 1, 3; *Medla* (Fn. 3), 184 f.; *Amlon* (Fn. 317), n°s 2, 48-51. S. auch noch unten § 4 A VIII 7.

321 *Medla* (Fn. 3), 96 f.; *Pascal Schütze* (Fn. 3), 24 Fn. 148; *Saint-Alary-Houin* (Fn. 25), n°s 78, 81, 91-93.

322 *Saint-Alary-Houin* (Fn. 25), n° 976. Näher hierzu noch unten § 3 G.

323 *Hyest* (Fn. 299), 50 f.; *Pascal Schütze* (Fn. 321); *Saint-Alary-Houin* (Fn. 25), n°s 81, 92.

324 *Hyest* (Fn. 299), 49, 63, 189 f., 262, 270, 284, 399; *Medla* (Fn. 321); *Saint-Alary-Houin* (Fn. 25), n° 93.

difficulté blieben nicht ohne Änderungen.[325] Mit der *procédure de conciliation* trat an die Stelle des *règlement amiable* eine modifizierte Version desselben.[326] Für das Schlichtungsverfahren ist seither ausdrücklich die Möglichkeit vorgesehen, dass es auch noch in den fünfundvierzig auf die *cessation des paiements* folgenden Tagen beantragt werden kann.[327]

X. Die Verordnung vom 18. Dezember 2008

Eine Überarbeitung des reformierten *droit des entreprises en difficulté* ließ nicht lange auf sich warten. Nach der Kodifizierung auch des die *loi de sauvegarde* begleitenden Ausführungsdekrets vom 28. Dezember 2005 in dem zur Sammlung untergesetzlicher Bestimmungen neugeschaffenen Teil des Code de commerce (partie réglementaire)[328] führte eine Verordnung vom 18. Dezember 2008[329] zu einer Reihe von Änderungen, ohne freilich die bisherige Gesamtausrichtung des Regelwerks in Frage zu stellen.[330] Unter anderem galt es, auf mittlerweile vorgenommene Änderungen an den gesetzlichen Grundlagen zu den Kreditsicherheiten einzugehen.[331]

Wichtig war es dem Gesetzgeber, die *procédure de sauvegarde* im Interesse einer verbreiteteren Nutzung für den Schuldner bzw. die Verantwortlichen an

---

325 *Robbe-Grillet* (Fn. 305); *Le Corre* (Fn. 46), n°s 52.11 f.; *Saint-Alary-Houin* (Fn. 25), n°s 82, 84.

326 *Dammann*, RIW 2006, 16, 18 f.; *Klein*, RIW 2006, 13-15; *Vallender/Heukamp*, InVO 2006, 1-4. Zur *procédure de conciliation* s. bereits oben § 3 A, zum *réglement amiable* s.o. § 3 B VII, VIII.

327 Hierzu unten § 4 A II 1.

328 Décret n° 2007-431 du 25 mars 2007 relatif à la partie réglementaire du code de commerce, JO n° 73 du 27 mars 2007, p. 5648, texte n° 16 und hierzu *Sonnenberger/Dammann* (Fn. 27), Rn. I 2 f. Zu dem Dekret vom 28. Dezember 2005 s. bereits oben Fn. 295.

329 Ordonnance n° 2008-1345 du 18 décembre 2008 portant réforme du droit des entreprises en difficulté, JO n° 295 du 19 décembre 2008, p. 19462, texte n° 29 begleitet von dem décret n° 2009-160 du 12 février 2009 pris pour l'application de l'ordonnance n° 2008-1345 du 18 décembre 2008 portant réforme du droit des entreprises en difficulté et modifiant les procédures de saisi immobilière et de distribution du prix d'un immeuble, JO n° 37 du 13 février 2009, p. 2596, texte n° 13, rectificatif JO n° 56 du 7 mars 2009, p. 4353, texte n° 20.

330 *Dammann*, NZI 2009, 502, 503-506; *Delzant/Ehret*, ZInsO 2009, 990-996; *Pascal Schütze* (Fn. 3), 231-247.

331 *Dammann*, RIW 2008, Heft 5, 1; *Delzant/Ehret*, ZInsO 2009, 990, 995 f.; *Kindler/Nachmann(-Bauerreis)* (Fn. 26), Rn. 12 (2014).

seiner Spitze durch eine Stärkung ihrer Position noch attraktiver zu machen. Zugleich sollte der Zugang zu dem Verfahren erleichtert werden.[332]

Reformiert wurden daneben insbesondere die Bestimmungen zu den Gläubigerausschüssen und der Versammlung der Anleihegläubiger sowie der *procédure de conciliation*.[333] Klarstellungen und Anpassungen erfolgten auch hinsichtlich des persönlichen Anwendungsbereichs der Unternehmensinsolvenzverfahren,[334] auf dem Gebiet der Insolvenzstraftaten sowie bei den Bestimmungen zu *faillite personnelle* und *interdiction de gérer*[335].

XI. Die weitere Entwicklung

Mit einem Gesetz vom 22. Oktober 2010[336] wurde in der Folge mit dem beschleunigten Finanzschutzverfahren (*procédure de sauvegarde financière accélérée, SFA*) eine neue, verkürzte Variante der *procédure de sauvegarde* eingeführt. Diese steht seither Schuldnern eines laufenden Schlichtungsverfahrens mit einem Unternehmen ab einer bestimmten Mindestgröße offen, die bereits den Entwurf eines Erfolg versprechenden *plan de sauvegarde* ausgearbeitet haben. Erfasst werden von ihr nur die Finanzgläubiger,[337] weshalb das Verfahren auch als semikollektiv bezeichnet wird.[338] Es soll auf dem Wege der Abstimmung in dem Ausschuss der Kreditinstitute und der Versammlung der Anleihegläubiger

---

332 *Dammann*, NZI 2009, 502, 505; *Delzant/Ehret*, ZInsO 2009, 990-992; *Pascal Schütze* (Fn. 3), 238-242.

333 Zu den Einzelheiten *Dammann*, NZI 2009, 502, 504, 506; *Delzant/Ehret*, ZInsO 2009, 990, 992-994; *Pascal Schütze* (Fn. 3), 233-237, 245-247.

334 Die Begriffe der Kaufleute und der in die Handwerksrolle eingetragenen Personen wurden in den Bestimmungen zum persönlichen Anwendungsbereich ersetzt durch „jede eine kaufmännische oder handwerkliche Aktivität ausübende Person" („toute personne exerçant une activité commerciale ou artisanale"), C. com., artt. L. 620-2, al. 1er; L. 631-2, al. 1er; L. 640-2, al. 1er und hierzu *Pascal Schütze* (Fn. 3), 243.

335 S. insoweit etwa noch unten § 4 A II 3 c) cc), VII 2, VIII 4 sowie *Pérochon* (Fn. 272), n° 32.

336 Loi n° 2010-1249 du 22 octobre 2010 de régulation bancaire et financière, JO n° 247 du 23 octobre 2010, p. 18984, texte n° 1 begleitet von dem décret n° 2011-236 du 3 mars 2011 pris pour l'application des articles 57 et 58 de la loi n° 2010-1249 du 22 octobre 2010 de régulation bancaire et financière, JO n° 53 du 4 mars 2011, p. 4183, texte n° 11.

337 Zum Ganzen *Kupferberg/Göcke*, RIW 2011, 337, 350; *Degenhardt*, NZI 2013, 830 f.; MünchKomm InsO[3](-*Niggemann*) (Fn. 23), Rn. 28 f.

338 *Friedrichs* (Fn. 24), 158; *Le Corre* (Fn. 46), n° 42.87; *Pérochon* (Fn. 272), n° 34.

über einen vorbereiteten Plan nach Art der US-amerikanischen *pre-packs*[339] eine im Schlichtungsverfahren am Widerstand von Minderheitsgläubigern scheiternde Lösung erreicht werden können.[340] Eine Erweiterung des persönlichen Anwendungsbereichs der *SFA* im Jahre 2012 führte zur Erfassung von Holdinggesellschaften ab einer bestimmten Größe.[341]

Eine Verordnung vom 9. Dezember 2010[342] brachte Anpassungen im sechsten Buch des Code de commerce, deren Notwendigkeit sich aus der Schaffung des Einzelunternehmers mit beschränkter Haftung (*entrepreneur individuel à responsabilité limitée, EIRL*) durch ein Gesetz vom 15. Juni 2010[343] ergeben hatte.[344] Seit dem Inkrafttreten dieses Gesetzes kann jeder Einzelunternehmer im Wege einer Erklärung in einem öffentlichen Register ohne Gründung einer juristischen Person seiner beruflichen Aktivität ein von seinem persönlichen Vermögen getrenntes Sondervermögen zuweisen.[345] Die entsprechende Haftungsbeschränkung macht er bei Ausübung dieser Aktivität kenntlich mittels Führung einer Bezeichnung, die den Begriff des *entrepreneur individuel à responsabilité* oder die Abkürzung *EIRL* einschließt.[346]

---

339 *Pérochon* (Fn. 338); vgl. auch *Eidenmüller*, ZIP 2014, 1197, 1199; *Friedrichs* (Fn. 24), 157 Fn. 919.

340 *Degenhardt*, NZI 2013, 830, 832 f.; *Le Corre* (Fn. 338); *Saint-Alary-Houin* (Fn. 25), n°s 105, 959.

341 Loi n° 2012-387 du 22 mars 2012 relative à la simplification du droit et à l'allègement des démarches administratives, JO n° 71 du 23 mars 2012, p. 5226, texte n° 1, art. 28-I, 2° begleitet von dem décret n° 2012-1071 du 20 septembre 2012 pris pour l'application du 2° du I de l'article 28 de la loi n° 2012-387 du 22 mars 2012 relative à la simplification du droit et à l'allègement des démarches administratives, JO n° 221 du 22 septembre 2012, p. 15008, texte n° 1; *Degenhardt*, NZI 2013, 830, 831; *Saint-Alary-Houin* (Fn. 25), n°s 105, 963 note 150; *Martin-Serf*, J.-Cl. Commercial, Fasc. 2203 (Februar 2017) n° 27.

342 Ordonnance n° 2010-1512 du 9 décembre 2010 portant adoption du droit des entreprises en difficulté et des procédures de traitement des situations de surendettement à l'entrepreneur individuel à responsabilité limitée, JO n° 286 du 10 décembre 2010, p. 21617, texte n° 18.

343 Loi n° 2010-658 du 15 juin 2010 relative à l'entrepreneur individuel à responsabilité limitée, JO n° 137 du 16 juin 2010, p. 10984, texte n° 1 begleitet von dem décret n° 2010-1706 du 29 décembre 2010 relatif à l'entrepreneur individuel à responsabilité limitée, JO n° 303 du 31 décembre 2010, p. 23450, texte n° 39.

344 *Paternot* (Fn. 163), 345-360; MünchKomm InsO³(-*Niggemann*) (Fn. 23), Rn. 16; *Saint-Alary-Houin* (Fn. 25), n°s 104, 107.

345 C. com., artt. L. 526-6, al. 1er; L. 526-7; *Paternot* (Fn. 163), 249, 251, 262 f., 282 f.; MünchKomm InsO³(-*Niggemann*) (Fn. 344).

346 C. com., art. L. 526-6, al. 4; *Paternot* (Fn. 163), 294.

Ein Gesetz vom 12. März 2012[347] erweiterte die Möglichkeiten des Gerichtspräsidenten, Sicherungsmaßnahmen in Bezug auf das Vermögen von Dritten anzuordnen. Dies betrifft solches Vermögen, welches wegen Vermischung mit dem Schuldnervermögen, aus dem Grund der Fiktivität der juristischen Person in der Schuldnerrolle oder über eine Haftung wegen eines zur *cessation des paiements* des Schuldners beitragenden Fehlers in das Insolvenzverfahren einbezogen werden soll.[348]

XII. Die Reform von 2014

Unter dem Eindruck der anhaltenden wirtschaftlichen Krise und Arbeitslosigkeit in Frankreich wurden mit der Verordnung vom 12. März 2014 über die Einführung des *rétablissement professionel* hinaus weitere Anstrengungen zur Verbesserung des *droit des entreprises en difficulté* unternommen.[349] Eine Folgeverordnung vom 26. September 2014 brachte im Anschluss Ergänzungen und Korrekturen.[350]

Neu geschaffen wurde, die Bestimmungen zur *sauvegarde financière accélérée* als Ausgangspunkt nehmend, ein nicht mehr auf die Finanzgläubiger

---

347 Loi n° 2012-346 du 12 mars 2012 relative aux mesures conservatoires en matière de procédures de sauvegarde, de redressement judiciaire ou de liquidation judiciaire et aux biens qui en font l'objet, JO n° 62 du 13 mars 2012, p. 4497, texte n° 3 begleitet von dem décret n° 2012-1190 du 25 octobre 2012 pris pour l'application de la loi n° 2012-346 du 12 mars 2012 relative aux mesures conservatoires en matière de procédures de sauvegarde, de redressement judiciaire ou de liquidation judiciaire et aux biens qui en font l'objet, JO n° 251 du 27 octobre 2012, p. 16719, texte n° 12.

348 *Droege Gagnier*, NZI 2012, 449, 451; *Hübler*, NZI 2012, 645, 650; *Saint-Alary-Houin* (Fn. 25), n°s 104, 108, 838. Hierzu auch noch unten § 4 D I.

349 *Klein*, RIW 2014, 60, 63; *Degenhardt*, NZI 2014, 433-439; *Saint-Alary-Houin* (Fn. 25), n°s 109-120. Zur Einführung des *rétablissement professionnel* durch die von dem décret n° 2014-736 du 30 juin 2014 pris pour l'application de l'ordonnance n° 2014-326 du 12 mars 2014 portant réforme de la prévention des difficultés des entreprises et des procédures collectives, JO n° 150 du 1 juillet 2014, p. 10834, texte n° 9 begleitete Verordnung vom 12. März 2014 s. bereits oben § 3 A.

350 Ordonnance n° 2014-1088 du 26 septembre 2014 complétant l'ordonnance n° 2014-326 du 12 mars 2014 portant réforme de la prévention des difficultés des entreprises et des procédures collectives, JO n° 224 du 27 septembre 2014, p. 15725, texte n° 24. Zum Ganzen *Jacquemont/Vabres* (Fn. 23), n°s 30 f.; MünchKomm InsO[3](-*Niggemann*) (Fn. 23), Rn. 4, 28; *Vallansan*, J.-Cl. Commercial, Fasc. 1705 (Februar 2017). Zu Änderungen durch die Verordnung vom 26. September s. etwa auch noch unten § 4 A III 2 a), X.

beschränktes beschleunigtes Schutzverfahren (*procédure de sauvegarde accélérée*). Die *SFA* stellt seither eine Unterart dieses Verfahrens dar, zu dessen Durchführung es in den anderen Fällen der Einrichtung beider Gläubigerausschüsse bedarf.[351]

Des Weiteren hat man sich grundsätzlich gegen die – in der Vergangenheit im Zusammenhang mit der Frage nach den Aufklärungspflichten des Schuldners nicht unbedeutende[352] – Befugnis des Gerichts, die Verfahrenseröffnung und vergleichbare Fragen von Amts wegen zu prüfen (*saisine d'office*), entschieden.[353] Zuvor hatte der Verfassungsrat wegen einer Unvereinbarkeit mit der richterlichen Unparteilichkeit die konkrete Ausgestaltung der *saisine d'office* für die Fälle der Eröffnung des *redressement* und der *liquidation judiciaire* sowie für die Planauflösung im Schutz- und im Sanierungsverfahren und die anschließende Eröffnung eines neuen Verfahrens für verfassungswidrig erklärt.[354]

Ferner hat die Staatsanwaltschaft einen weiteren Bedeutungszuwachs erlangt.[355] So spielt sie bei der als Ersatz für die *saisine d'office* hinsichtlich der Verfahrenseröffnung entwickelten Lösung eine zentrale Rolle. Vorgesehen ist nunmehr, dass der Gerichtspräsident sie über die ihm zur Kenntnis gelangenden und die Verwirklichung des Eröffnungsgrundes des Sanierungs- oder des Liquidationsverfahrens erkennen lassenden Umstände in einer Mitteilung informiert, in der die die Anrufung des Gerichts rechtfertigenden Tatsachen dargestellt werden. Im Interesse der richterlichen Unparteilichkeit ist dem Gerichtspräsidenten dann die Mitwirkung an der Urteilsfindung und die Teilnahme an den Beratungen des Gerichts untersagt, wenn die Staatsanwaltschaft die Eröffnung des

---

351 *Degenhardt*, NZI 2014, 433, 435 f.; MünchKomm InsO^3(-*Niggemann*) (Fn. 23), Rn. 28; *Saint-Alary-Houin* (Fn. 25), n°s 112, 115. Die nähere Erörterung der Besonderheiten von *sauvegarde accélérée* und *SFA* kann und soll im Folgenden auch im Interesse der Übersichtlichkeit der Darstellung unterbleiben.

352 Hierzu noch unten § 4 A I 2 b) ee), 5 j), 6 j), 7 d), XIII 3 c), 7 a).

353 Ordonnance n° 2014-326 du 12 mars 2014, artt. 16, 1°; 49; 58 f.; 60, 1°; ordonnance n° 2014-1088 du 26 septembre 2014, artt. 2; 9; décret n° 2014-736 du 30 juin 2014, artt. 31; 82; 92; *Degenhardt*, NZI 2014, 433, 438; *Cagnoli*, Rev. proc. coll. 2016-1, dossier 7, n° 2; *Martin-Serf* (Fn. 341), n°s 4, 105; *Vallansan* (Fn. 350), n° 50. S. aber auch noch unten §§ 3 D; 4 A III 2 a).

354 Cons. const. 7.12.2012, déc. n° 2012-286 QPC, JO n° 286 du 8 décembre 2012, p. 19279, texte n° 73; 7.3.2014, déc. n°s 2013-368 QPC, JO n° 58 du 9 mars 2014, p. 5034, texte n° 28; 2013-372 QPC, JO n° 58 du 9 mars 2014, p. 5036, texte n° 30.

355 *Degenhardt*, NZI 2014, 433, 436, 438; *Saint-Alary-Houin* (Fn. 25), n° 119; *Vallansan* (Fn. 350), n°s 43, 51, 62, 68, 109, 141 f., 145.

redressement oder der *liquidation judiciaire* beantragt.[356] Dasselbe gilt im Übrigen seither ganz allgemein für den *juge-commissaire* in dem Insolvenzverfahren, in dem er berufen worden ist.[357]

Handlungsbedarf hat man zudem in Bezug auf das Verfahren der Verwalterbestellung gesehen.[358] Etwa ist, was den *mandataire judiciaire* respektive den *liquidateur* betrifft, jetzt bei Unternehmen ab einer bestimmten Größe die Anhörung der Insolvenzausfallversicherung (*Association pour la gestion du régime de Garantie des créances des Salariés, AGS*) vorgeschrieben.[359]

Für die Gläubiger hat die Reform ganz allgemein Verbesserungen gebracht. Dies betrifft etwa die Forderungsfeststellung, wobei man insoweit nicht ohne Neuerungen auf dem Gebiet der schuldnerischen Aufklärungspflichten ausgekommen ist.[360] Auch sollen im Falle der Einrichtung von Gläubigerausschüssen deren Mitglieder in der *procédure de sauvegarde* genauso wie im *redressement judiciaire* seither eigene vom *administrateur* zu würdigende und zur Abstimmung zu stellende Planentwürfe vorschlagen können.[361] Desgleichen hat man im Falle von Gesellschaften in der Schuldnerrolle, mit positiven Auswirkungen auch für die Gläubiger, die Gesellschafter stärker involvieren wollen. Ergriffen wurden Maßnahmen, um die Erwirkung der Einzahlung ausstehender Einlagen zu fördern und Kapitalrestrukturierungen zu begünstigen.[362]

Neben weiteren Detailänderungen an den Bestimmungen zu den Unternehmensinsolvenzverfahren unter Einschluss verfahrensstraffender Maßnahmen bei der *liquidation judiciaire* und ihrer vereinfachten Variante zielte die Reform endlich auf eine erneute Verbesserung des darüber hinaus bereitstehenden

---

356 C. com., artt. L. 631-3-1; L. 640-3-1; *Degenhardt*, NZI 2014, 433, 438; *Cagnoli*, Rev. proc. coll. 2016-1, dossier 7, n° 3; *Martin-Serf* (Fn. 341), n° 72.

357 Ordonnance n° 2014-326 du 12 mars 2014, art. 92; C. com., art. L. 662-7, 3°; *Degenhardt*, NZI 2014, 433, 438; *Saint-Alary-Houin* (Fn. 355); *Vallansan* (Fn. 350), n° 59.

358 Ordonnance n° 2014-326 du 12 mars 2014, artt. 17, 1°, 2°; 61, 2°, 3°; 67.

359 *Saint-Alary-Houin* (Fn. 25), n° 120; *Martin-Serf* (Fn. 341), n° 115; *Vallansan* (Fn. 350), n°s 62, 143.

360 *Degenhardt*, NZI 2014, 433, 438; MünchKomm InsO³(-*Niggemann*) (Fn. 23), Rn. 39, 40 Fn. 104; *Vallansan* (Fn. 350), n°s 74-88. Zu Details s. noch unten § 4 D IV 2, E, G II 3.

361 *Degenhardt*, NZI 2014, 433, 436; *Droege Gagnier/Dust*, NZI 2014, 942, 944; *Vallansan* (Fn. 350), n° 115.

362 *Degenhardt*, NZI 2014, 433, 436 f.; *Saint-Alary-Houin* (Fn. 25), n° 117; *Vallansan* (Fn. 350), n°s 94 f., 98-103.

Instrumentariums des *droit des entreprises en difficulté*, und besonders des Schlichtungsverfahrens.[363]

XIII. Jüngste Änderungen

Das Gesetz für Wachstum, wirtschaftliche Aktivität und Chancengleichheit vom 6. August 2015 (*loi Macron*)[364] hat auch für Neuerungen auf dem Gebiet des Unternehmensinsolvenzrechts gesorgt. Insbesondere hat es das Gericht bei Unternehmen von hervorgehobener Bedeutung unter bestimmten Voraussetzungen autorisiert, im *redressement judiciaire* die Blockade einer Kapitaländerung durch Gesellschafter der Schuldnerin im Wege der Anordnung einer Zwangsabtretung ihrer Anteile zu überwinden.[365]

Außerdem ist seit dem Inkrafttreten der *loi Macron* die Bestellung eines zweiten *administrateur* und *mandataire judiciaire* bzw. *liquidateur* in besonders aufwendigen und komplexen Verfahren obligatorisch.[366] Aber auch im Bereich der schuldnerischen Aufklärungspflichten hat das Gesetz eine Modifizierung gebracht.[367]

Nachdem eine Verordnung vom 2. Juni 2016[368] es dem Gericht erlaubt hat, ab dem 1. Januar 2017 einen Gerichtsvollzieher (*huissier de justice*) oder einen

---

363 *Degenhardt*, NZI 2014, 433, 435-439; *Le Corre* (Fn. 46), n°s 42.92, 63.11; *Vallansan* (Fn. 350), n°s 5-39, 42-48, 53-58, 60 f., 63, 69, 71, 73, 89-92, 96 f., 104-112, 116-120, 141-180.

364 Loi n° 2015-990 du 6 août 2015 pour la croissance, l'activité et l'égalité des chances économiques, JO n° 181 du 7 août 2015, p. 13537, texte n° 1, rectificatifs JO n° 193 du 22 août 2015, p. 14760, texte n° 1, JO n° 182 du 8 août 2015, p. 13776, texte n° 2.

365 *Jacquemont/Vabres* (Fn. 23), n°s 31, 768; *Roussel Galle*, Rev. proc. coll. 2015-6, repère 6; *Saint-Alary-Houin/Houin-Bressand*, J.-Cl. Commercial, Fasc. 2630 (April 2016) n° 23-1.

366 C. com., artt. L. 621-4-1; L. 631-9, al. 1er; L. 641-1-2; Projet de loi pour la croissance et l'activité, Doc. AN n° 2447, enregistré à la Présidence de l'Assemblée nationale le 11 décembre 2014, 45; *Jacquemont/Vabres* (Fn. 23), n°s 294, 304; *Saint-Alary-Houin* (Fn. 25), n° 517; *Martin-Serf* (Fn. 359).

367 Hierzu unten § 4 A VIII 1. Zu weiteren Änderungen durch die *loi Macron* s. noch unten § 4 D IV 4.

368 Ordonnance n° 2016-727 du 2 juin 2016 relative à la désignation en justice, à titre habituel, des huissiers de justice et des commissaires-priseurs judiciaires en qualité de liquidateur ou d'assistant du juge commis dans certaines procédures prévues au titre IV du livre VI du code de commerce, JO n° 128 du 3 juin 2016, texte n° 22 begleitet von dem décret n° 2016-1851 du 23 décembre 2016 relatif à la désignation des huissiers de justice et des commissaires-priseurs judiciaires dans certaines procédures relatives aux

gerichtlichen Auktionator (*commissaire-priseur judiciaire*) in Fällen von Schuldnern ohne Arbeitnehmer und geringerem Umsatz als *liquidateur* einzusetzen,[369] hat zuletzt das Gesetz vom 18. November 2016 zur Modernisierung der Justiz des einundzwanzigsten Jahrhunderts[370] unter anderem zu weiteren Modifizierungen am *droit des entreprises en difficulté* geführt.[371] Diese schließen verschiedene Präzisierungen und Detailänderungen zu den Unternehmensinsolvenzverfahren, zum *rétablissement professionnel* sowie im Bereich der Instrumente des ersten Titels des sechsten Buches des Code de commerce ein.[372]

Auch hat der Gesetzgeber seine Bemühungen um die richterliche Unparteilichkeit verstärkt. Der Gerichtspräsident kann jetzt nicht mehr zum *juge-commissaire* bestimmt werden, wenn ihm der Schuldner bereits in Anwendung der Instrumente des ersten Titels des sechsten Buchs des Code de commerce bekannt geworden ist.[373] Desgleichen ist ihm dann – genauso wie bereits ganz allgemein dem *juge-commissaire* und nunmehr auch einem etwaigen Stellvertreter desselben – die Mitwirkung an der Urteilsfindung und die Teilnahme an den Beratungen des Gerichts untersagt.[374] Bedingungslos trifft derselbe Ausschluss nunmehr den Richter, der mit der – auch unter dem geltenden Recht im Vorfeld der Verfahrenseröffnung möglichen – Voruntersuchung betraut ist.[375]

C. Ziele

Der Code de commerce enthält die ausdrückliche Anordnung, dass die *procédure de sauvegarde* genauso wie der *redressement judiciaire* darauf ausgerichtet

---

entreprises en difficulté et modifiant le Code de commerce, JO n° 300 du 27 décembre 2016, texte n° 34.

369 C. com., artt. L. 641-1-II, al. 2, -III; L. 812-2-III, al. 1er; *Rolland*, Procédures 2016-7, comm. 234.

370 Loi n° 2016-1547 du 18 novembre 2016 de modernisation de la justice du XXIe siècle, JO n° 269 du 19 novembre 2016, texte n° 1.

371 *Roussel Galle*, Rev. proc. coll. 2016-6, repère 6; *Roussel Galle/Bonneau*, Rev. proc. coll. 2016-6, étude 21.

372 Loi n° 2016-154 du 18 novembre 2016, art. 99-III-VI und hierzu *Roussel Galle/Bonneau*, Rev. proc. coll. 2016-6, étude 21, nos 5-13 sowie auch noch unten § 3 D, F Fn. 444.

373 C. com., art. L. 621-4, al. 1er; L. 631-9, al. 1er; L. 641-1-II, al. 1er.

374 C. com., art. L. 662-7, 1°. Zum *juge-commissaire* und zu seinem Stellvertreter s. insoweit oben § 3 B XII bzw. C. com., art. L. 662-7, 3°.

375 C. com., art. L. 662-7, 2°. Zum Ganzen *Roussel Galle/Bonneau*, Rev. proc. coll. 2016-6, étude 21, n° 14. Zu der Voruntersuchung s. im Detail noch unten § 4 A XIII 3 c) bb).

ist, die Fortführung der wirtschaftlichen Tätigkeit, den Erhalt der Arbeitsplätze und die Bereinigung der Schulden zu ermöglichen. Im Hinblick auf diesen Zweck soll das Schutzverfahren die Reorganisation des schuldnerischen Unternehmens erleichtern.[376]

Nach gleichem Muster hatte bereits das Gesetz vom 25. Januar 1985 die Ziele des Sanierungsverfahrens definiert.[377] Gestützt auch auf die Gesetzgebungsgeschichte ist aus der Reihenfolge bei der Aufzählung der Verfahrensziele in diesem Gesetz durchaus, wenngleich nicht einhellig eine Rangfolge abgeleitet worden.[378] Mit den nachfolgenden Änderungen am *droit des entreprises en difficulté* wollte der Gesetzgeber die Grundkonzeption des Gesetzes vom 25. Januar 1985 nicht in Frage stellen.[379]

Die Befriedigung der Gläubiger ist wie schon unter der Sanierungsverordnung vom 23. September 1967 kein vorrangiges Verfahrensziel.[380] Das Schutz- und das Sanierungsverfahren werden weniger dem Bereich der Zwangsvollstreckung zugerechnet, denn als Maßnahme zur Erhaltung des Unternehmens im öffentlichen Interesse interpretiert.[381]

---

376 C. com., art. L. 620-1, al. 1er: „[La] procédure [de sauvegarde] est destinée à faciliter la réorganisation de l'entreprise afin de permettre la poursuite de l'activité économique, le maintien de l'emploi et l'apurement du passif". Zum *redressement judiciaire* s. C. com., art. L. 631-1, al. 2: „La procédure de redressement judiciaire est destinée à permettre la poursuite de l'activité de l'entreprise, le maintien de l'emploi et l'apurement du passif".

377 Loi n° 85-98 du 25 janvier 1985, art. 1, al. 1er („[La] procédure [de redressement judiciaire] est destinée à permettre la sauvegarde de l'entreprise, le maintien de l'activité et l'apurement du passif").

378 *Kremer* (Fn. 47), 41 f.; *Heukamp* (Fn. 261), 229; *Robbe-Grillet* (Fn. 50), 61 f.; *Le Corre* (Fn. 46), n° 42.51.

379 S.o. § 3 B VIII-XIII sowie *Großerichter* (Fn. 29), 365 f.; *Degenhardt*, NZI 2014, 433, 434; *Saint-Alary-Houin* (Fn. 25), nos 58, 70, 103-120, 409.

380 *Flessner*, KTS 2010, 127, 130; *Pascal Schütze* (Fn. 3), 35-38; *Saint-Alary-Houin* (Fn. 25), nos 70, 409. Zu der Verordnung vom 23. September 1967 s. insoweit oben § 3 B VI 2.

381 *Celestine/Felsner*, WM 1996, 425 Fn. 5; *Geiger* (Fn. 3), 26; *Lucas*, D. 2011, pan. 2069, 2071 (Anm. zu Cass. com. 8.3.2011, Bull. civ. 2011 IV, n° 33). Man will den auch im Falle des *redressement judiaire* statthaften – s.u. § 3 D – Gläubigerantrag auf Eröffnung eines Unternehmensinsolvenzverfahrens weder wie eine Zahlungsklage (*action en recouvrement*) noch wie eine Verfolgung der Einzelzwangsvollstreckung behandeln, Cass. com. 7.3.2006, Bull. civ. 2006 IV, n° 58 = D. aff. 2006, pan. 2250, obs. *Lucas* = Gaz. Pal. 2006, doctr. 2232, note *Lebel*; Cass. civ. 30.1.2014, Bull. civ. 2014 II, n° 31; *Le Corre* (Fn. 46), n° 231.32; *Martin-Serf* (Fn. 341), n° 45.

Freilich gehört das Interesse der Gläubiger auch zu den schützenswerten Belangen, die in den Unternehmensinsolvenzverfahren des französischen Rechts zum Ausgleich gebracht werden sollen;[382] beginnend mit der Novelle von 1994 hat man sich bemüht, deren Position wieder zu stärken[383]. Gleichsam wird der Schutz des Wettbewerbs zu diesen Belangen gerechnet.[384] *Redressement* und *liquidation judiciaire* sollen der Abwehr der Gefahren dienen, welche von dem Zustand des Schuldners bzw. dessen fortgesetzter Teilnahme am Geschäftsleben für sein Umfeld und namentlich die Arbeitnehmer, Geschäftspartner und Konkurrenten ausgehen.[385]

Einen – sich in das beschriebene Bild einfügenden – Leitsatz zur Ausrichtung des Verfahrens hat der Gesetzgeber mit der Reform von 2005 auch für das Liquidationsverfahren in den Code de commerce aufgenommen. Ziel der *liquidation judiciaire* ist es danach, die Aktivität des Unternehmens zu beenden oder das Vermögen des Schuldners mittels einer allumfassenden oder separaten Übertragung seiner Rechte und Güter zu realisieren.[386] Und so kann das Unternehmen in diesem Verfahren noch im Wege der übertragenden Sanierung erhalten werden, wenngleich in den Händen eines anderen Rechtsträgers.[387] Die *liquidation judiciaire* soll so nur – aber auch immerhin – noch bis zu einem gewissen Grad ein Verfahren der Gesamtvollstreckung nach Art ihrer historischen Vorläufer darstellen.[388]

---

382 *Soinne*, Traité des procédures collectives[2] (Paris 1995) n° 567; *Guyon* (Fn. 18), n° 1129; *Vallens*, Rev. proc. coll. 2009-5, étude 25, n°s 11, 23; *Saint-Alary-Houin* (Fn. 25), n° 1098; *Vinckel*, J.-Cl. Commercial, Fasc. 2600 (Februar 2017) n° 137.

383 Zur Entwicklung ab der Novelle von 1994 s.o. § 3 B VIII-XIII.

384 *Soinne* (Fn. 382); *Guyon* (Fn. 382); *Vallens* (Fn. 15); *ders.*, Rev. proc. coll. 2009-5, étude 25, n° 25.

385 *Pétel*, JCP 2012, éd. E, 1757, n° 1 (Anm. zu Cass. com. 3.7.2012, Bull. civ. 2012 IV, n° 146); *Pérochon* (Fn. 272), n° 439.

386 C. com., art. L. 640-1, al. 2: „La procédure de liquidation judiciaire est destinée à mettre fin à l'activité de l'entreprise ou à réaliser le patrimoine du débiteur par une cession globale ou séparée de ses droits et de ses biens".

387 *Großerichter* (Fn. 29), 372; *Kindler/Nachmann(-Bauerreis)* (Fn. 26), Rn. 78 (2014); MünchKomm InsO[3](-*Niggemann*) (Fn. 23), Rn. 52.

388 *Le Corre* (Fn. 46), n° 550.09; *Jacquemont/Vabres* (Fn. 23), n° 854; *Vallansan*, J.-Cl. Commercial, Fasc. 2702 (Februar 2017) n° 27.

D. Eröffnung

Die Eröffnung der Unternehmensinsolvenzverfahren des französischen Rechts erfolgt durch Urteil.[389] Zuständig ist im Falle der Ausübung einer kaufmännischen oder handwerklichen Tätigkeit des Schuldners das Handelsgericht, sonst der *tribunal de grande instance*.[390]

Die *procédure de sauvegarde* wird nur auf Antrag des Schuldners eröffnet,[391] der wie in den Fällen des *redressement* und der *liquidation judiciaire* bei der Gerichtskanzlei (*greffe*) einzureichen ist[392]. Deren Eröffnung kann darüber hinaus auch von der Staatsanwaltschaft oder einem Gläubiger beantragt werden, wenn nicht bereits ein Schlichtungsverfahren läuft.[393] Eine Möglichkeit zur Eröffnung des Sanierungs- oder des Liquidationsverfahrens von Amts wegen durch das Appellationsgericht (*cour d'appel*), in der sich letztlich der Devolutiveffekt der Berufung realisiert, besteht heute noch in Fällen einer Aufhebung der erstinstanzlichen Entscheidung über die Eröffnung eines dieser Verfahren.[394]

Eröffnungsgrund ist sowohl beim *redressement* als auch bei der *liquidation judiciaire* die *cessation des paiements* des Schuldners.[395] Im Falle des Liquidationsverfahrens muss die offenkundige Unmöglichkeit der Sanierung des Schuldners hinzukommen.[396] Die *loi de sauvegarde* hat die Einstellung der Aktivität des

389 C. com., artt. L. 621-3, al. 1er; L. 621-4, al. 1er; L. 631-7, al. 1er; L. 631-9, al. 1er; L. 641-1-II, al. 1er; *Pascal Schütze* (Fn. 3), 50; *Großerichter* (Fn. 29), 369-371; MünchKomm InsO[3](*-Niggemann*) (Fn. 23), Rn. 14.

390 C. com., artt. L. 621-2, al. 1er; L. 631-7, al. 1er; L. 641-1-I, al. 1er; *Sonnenberger/Dammann* (Fn. 27), Rn. VIII 36; *Großerichter* (Fn. 29), 370; MünchKomm InsO[3](*-Niggemann*) (Fn. 23), Rn. 13.

391 C. com., art. L. 620-1, al. 1er; *Großerichter* (Fn. 29), 369; *Kindler/Nachmann(-Bauerreis)* (Fn. 26), Rn. 89 (2014); MünchKomm InsO[3](*-Niggemann*) (Fn. 23), Rn. 9.

392 C. com., artt. R. 621-1, al. 1er; R. 631-1, al. 1er; R. 640-1, al. 1er; *Robbe-Grillet* (Fn. 50), 146, 356; *Pascal Schütze* (Fn. 3), 144; *Martin-Serf* (Fn. 341), n°s 24, 33, 39.

393 C. com., artt. L. 631-4; L. 631-5, al. 1er, 2; L. 640-4; L. 640-5, al. 1er, 2; *Sonnenberger/Dammann* (Fn. 27), Rn. VIII 51; *Pascal Schütze* (Fn. 3), 51; MünchKomm InsO[3](*-Niggemann*) (Fn. 23), Rn. 10 f.

394 C. com., artt. R. 631-6; R. 640-2; *Le Corre* (Fn. 46), n°s 231.51 f.; *Jacquemont/Vabres* (Fn. 23), n°s 274, 325; *Saint-Alary-Houin* (Fn. 25), n° 1107.

395 C. com., artt. L. 631-1, al. 1er; L. 640-1, al. 1er; *Sonnenberger/Dammann* (Fn. 27), Rn. VIII 13, 52; *Kindler/Nachmann(-Bauerreis)* (Fn. 26), Rn. 77 f. (2014); MünchKomm InsO[3](*-Niggemann*) (Fn. 393).

396 C. com., art. L. 640-1, al. 1er („débiteur [...] dont le redressement est manifestement impossible"); *Großerichter* (Fn. 29), 372; *Degenhardt*, NZI 2014, 433, 435; MünchKomm InsO[3](*-Niggemann*) (Fn. 23), Rn. 11.

Unternehmens nicht als alternatives Kriterium für die Eröffnung der *liquidation judiciaire* übernommen.[397]

Die *cessation des paiements* ist im Anschluss an die höchstrichterliche Rechtsprechung unter dem Regelwerk von 1967 seit der Reform von 1985 legaldefiniert als Unmöglichkeit, den durchsetzbaren Verbindlichkeiten mit den verfügbaren Aktiva zu begegnen,[398] und entspricht damit dem Eröffnungsgrund der Zahlungsunfähigkeit des deutschen Rechts[399]. Das Datum der *cessation des paiements* wird vom Gericht fixiert, wobei auch heute in Ermangelung einer solchen Bestimmung vom Eintritt am Tag des Eröffnungsurteils auszugehen ist und spätere Korrekturen zulässig sind.[400] Die Entscheidung ist insbesondere von Bedeutung für die nur in den Fällen des *redressement* und der *liquidation judiciaire* auf Klage zum Tragen kommende Nichtigkeit oder Annullierbarkeit verschiedener Rechtshandlungen des Schuldners aus der Zeit ab oder teilweise auch bis zu sechs Monate vor dem Eintritt der *cessation des paiements*;[401] erhoben werden kann eine solche auf die Wiederherstellung des Schuldnervermögens gerichtete Klage vom *administrateur*, *mandataire judiciaire*, *liquidateur*, von dem

397 Loi n° 2005-845 du 26 juillet 2005, art. 97; *Robbe-Grillet* (Fn. 50), 66; *Sonnenberger/Dammann* (Fn. 27), Rn. VIII 53; *Pascal Schütze* (Fn. 3), 78.

398 Loi n° 85-98 du 25 janvier 1985, art. 3; C. com., art. L. 631-1, al. 1er („l'impossibilité de faire face au passif exigible avec son actif disponible"); *Medla* (Fn. 3), 83; *Kindler/Nachmann(-Bauerreis)* (Fn. 26), Rn. 94 (2014); MünchKomm InsO³(-*Niggemann*) (Fn. 23), Rn. 10.

399 *Sonnenberger/Dammann* (Fn. 27), Rn. VIII 13, 16; *Pascal Schütze* (Fn. 3), 50; *Großerichter* (Fn. 29), 371.

400 C. com., artt. L. 631-8, al. 1er, 2; L. 641-1-IV. Freilich erfolgt eine solche Korrektur seit dem Inkrafttreten der *loi de sauvegarde* nicht mehr von Amts wegen, sondern nur noch auf Antrag des *administrateur*, des *mandataire judiciaire* bzw. *liquidateur* oder der Staatsanwaltschaft, muss sie innerhalb eines Jahres ab dem Eröffnungsurteil beantragt werden und darf der neu bestimmte Zeitpunkt insbesondere nicht mehr als achtzehn Monate vor dem Tag dieser Entscheidung liegen, C. com., artt. L. 631-8, al. 2, 3, 4; L. 641-1-IV; L. 641-4, al. 1er. Zum Ganzen *Sonnenberger/Dammann* (Fn. 27), Rn. VIII 16; *Pascal Schütze* (Fn. 3), 54-56; *Kindler/Nachmann(-Bauerreis)* (Fn. 26), Rn. 100, 107-111 (2014); zur Vorläuferregelung des Code de commerce von 1807 s.o. § 3 B I, II.

401 C. com., artt. L. 632-1 - L. 632-4; L. 641-14, al. 1er; *Sonnenberger/Dammann* (Fn. 27), Rn. VIII 16 f.; *Kindler/Nachmann(-Bauerreis)* (Fn. 26), Rn. 107 (2014); MünchKomm InsO³(-*Niggemann*) (Fn. 23), Rn. 72-75. Zur Relevanz der Entscheidung in einem anderen Zusammenhang s. noch unten § 4 A VIII 1.

für die Zeit der Durchführung des *plan de redressement* bestellten *commissaire à l'exécution du plan* oder der Staatsanwaltschaft[402].

Die Eröffnung des Schutzverfahrens ist in der Regel ausgeschlossen bei Eintritt der *cessation des paiements.*[403] Der Schuldner muss aber für ihn unüberwindbaren Schwierigkeiten ausgesetzt sein.[404] Seit dem Inkrafttreten der Verordnung vom 18. Dezember 2008 ist nicht mehr erforderlich, dass aus diesen die *cessation des paiements* zu resultieren droht, worin der Versuch einer Erleichterung des Zugangs zur *procédure de sauvegarde* zum Ausdruck kommt.[405] Die Schwierigkeiten sollen nicht unbedingt finanzieller Natur sein müssen, sondern jeglicher Art sein können.[406] Notwendig ist jedoch, dass der Schuldner sie nicht ohne das Verfahren bewältigen kann.[407] Außer Betracht bleibt insoweit eine mögliche Unterstützung durch Konzerngesellschaften.[408]

Die Feststellung einer kostendeckenden Masse setzt die Eröffnung der Unternehmensinsolvenzverfahren in Frankreich auch heute nicht voraus.[409] Es ist für den Fall, dass die verfügbaren Mittel des Schuldners nicht sofort ausreichen, weiter eine Kostenvorstreckung aus der Staatskasse auf richterliche Anordnung

---

402 C. com., artt. L. 632-4; L. 641-4; L. 641-14, al. 1er; *Waldmann*, Annexverfahren im Europäischen Insolvenzrecht (2015) 236; *Jacquemont/Vabres* (Fn. 23), n°s 619, 658; MünchKomm InsO[3](*-Niggemann*) (Fn. 23), Rn. 75. Näher zum *commissaire à l'exécution du plan* s. noch unten § 3 H.

403 C. com., art. L. 620-1, al. 1er; *Degenhardt*, NZI 2014, 433, 435; *Kindler/Nachmann(-Bauerreis)* (Fn. 26), Rn. 89, 101 f. (2014); *Roedig* (Fn. 5), 334 f. Für die *procédure de sauvegarde accélérée* und damit auch für die *SFA* gilt seit dem Inkrafttreten der Verordnung vom 12. März 2014, dass sie selbst dann noch eröffnet werden kann, wenn der auf die Eröffnung des laufenden Schlichtungsverfahrens gerichtete Antrag bis zu fünfundvierzig Tage nach Eintritt der *cessation des paiements* gestellt worden ist, C. com., art. L. 628-1, al. 4; *Degenhardt*, ebenda, 436; *Jacquemont/Vabres* (Fn. 23), n° 233; MünchKomm InsO[3](*-Niggemann*) (Fn. 23), Rn. 28.

404 C. com., art. L. 620-1, al. 1er; *Degenhardt*, NZI 2014, 433, 435; *Kindler/Nachmann(-Bauerreis)* (Fn. 26), Rn. 64 (2014); MünchKomm InsO[3](*-Niggemann*) (Fn. 23), Rn. 9.

405 *Dammann*, NZI 2009, 502, 505; *Pascal Schütze* (Fn. 3), 238 f.; *Kindler/Nachmann(-Bauerreis)* (Fn. 26), Rn. 13 f., 90 (2014). Zu diesem Versuch und zur abweichenden Rechtslage noch unter der *loi de sauvegarde* s.o. § 3 B X bzw. IX.

406 *Pascal Schütze* (Fn. 3), 142; *Friedrichs* (Fn. 24), 162; *Saint-Alary-Houin* (Fn. 25), n° 435.

407 *Medla* (Fn. 3), 169; *Friedrichs* (Fn. 406); *Roedig* (Fn. 5), 334.

408 *Großerichter* (Fn. 29), 370; *Friedrichs* (Fn. 406); *Kindler/Nachmann(-Bauerreis)* (Fn. 26), Rn. 91.

409 *Robbe-Grillet* (Fn. 50), 161; MünchKomm InsO[3](*-Niggemann*) (Fn. 23), Rn. 8. Zur mangelnden Abhängigkeit der Feststellung der *faillite* von einer solchen Voraussetzung spätestens seit dem Inkrafttreten des Gesetzes vom 28. Mai 1838 s.o. § 3 B II.

vorgesehen.[410] Allerdings kann im Falle des Schutzverfahrens der Gerichtskanzler (*greffier*) von dem Schuldner bei Stellung seines Eröffnungsantrags einen Vorschuss auf die Gerichtskanzleikosten verlangen.[411] Für den *redressement* und die *liquidation judiciaire* ist dies dagegen im Nachgang zur *loi de sauvegarde* mit Blick auf die besondere Situation des Schuldners ausdrücklich ausgeschlossen worden.[412]

Erfüllt der Schuldner die Voraussetzungen der Eröffnung nicht, weist das Gericht den darauf gerichteten Antrag zurück.[413] Seit dem Inkrafttreten des Gesetzes vom 18. November 2016 ist nun explizit vorgesehen, dass das Gericht den Schuldner im Falle eines *sauvegarde* Antrags bei nicht unüberwindbaren Schwierigkeiten zur Beantragung des Schlichtungsverfahrens aufruft und sodann über den Antrag auf Eröffnung des Schutzverfahrens entscheidet.[414] Stellt sich

---

410 C. com., art. L. 663-1-I, -II, -III; *Robbe-Grillet* (Fn. 50), 162 Fn. 499; *Le Corre* (Fn. 46), n°s 472.11-472.22 sowie zur Rechtslage unter dem Gesetz vom 25. Januar 1985 *Klopp*, KTS 1992, 347, 348; *Schulte*, Die europäische Restschuldbefreiung (2001) 58; Münchener Kommentar zur Insolvenzordnung(-*Ehricke*), III: §§ 270-359 InsO, Internationales Insolvenzrecht, Insolvenzsteuerrecht[2] (2008) Vorbem. §§ 286-303 InsO Rn. 98. Erfasst sein sollen Kosten – einschließlich solcher aus den Berufungs- oder Kassationsverfahren –, welche mit den im kollektiven Interesse der Gläubiger oder des Schuldners im Laufe des Verfahrens ergehenden Entscheidungen verbunden sind oder auf die Erhaltung oder Wiederherstellung des Schuldnervermögens zielende, im kollektiven Interesse der Gläubiger angestrengte oder auf die Planauflösung oder -änderung gerichtete Anträge, Maßnahmen bzw. Verfahren betreffen, C. com., art. L. 663-1-I, 1°, 2°, -II, -III; *Le Corre*, ebenda, n° 472.21. Als solche Kosten nennt das Gesetz die von den Gerichtskanzleien erhobenen Beträge, die gesetzliche Anwaltsvergütung, Zustellungs- und Publizitätskosten sowie die Vergütung in dem Verfahren gerichtlich eingesetzter Amts- und Hilfspersonen, C. com., art. L. 663-1-I; *Le Corre*, ebenda, n° 472.22.

411 *Roussel Galle*, JCP 2007, éd. E, 48; *Le Corre* (Fn. 46), n° 231.21.

412 Décret n° 2006-1709 du 23 décembre 2006 pris en application de la loi n° 2005-845 du 26 juillet 2005 de sauvegarde des entreprises et portant diverses dispositions relatives aux administrateurs judiciaires et aux mandataires judiciaires, JO n° 301 du 29 décembre 2006, p. 19846, texte n° 53, art. 74; C. com., art. R. 663-1; *Delattre*, JCP 2008, éd. E, 1871; *Le Corre* (Fn. 411); *Martin-Serf* (Fn. 341), n° 35. Zur schuldnerischen Pflicht, die Eröffnung des *redressement* bzw. der *liquidation judiciaire* zu beantragen, s. noch unten § 4 A II.

413 C. com., art. R. 621-5; R. 631-11; R. 641-5; CA Besançon 8.8.2007, JurisData n° 2007-342667; *Medla* (Fn. 3), 176; *Pascal Schütze* (Fn. 3), 54 Fn. 318; *Pérochon* (Fn. 272), n° 473; *Martin-Serf* (Fn. 341), n°s 103, 105. S. aber auch noch unten § 4 A III 2 a).

414 C. com., art. L. 621-1, al. 3; *Roussel Galle/Bonneau*, Rev. proc. coll. 2016-6, étude 21, n° 6.

nach der Eröffnung der *procédure de sauvegarde* heraus, dass die *cessation des paiements* des Schuldners bereits im Zeitpunkt der Eröffnung eingetreten war, leitet das Gericht das Verfahren auf Antrag über in den *redressement judiciaire*.[415]

In dem Eröffnungsurteil bestellt das Gericht aus seinen Reihen einen oder bei Bedarf mehrere mit der Überwachung des Verfahrens und einer Vielzahl auch bedeutsamer Entscheidungen betraute *juges-commissaires*.[416] Desgleichen werden in dem Urteil im Falle der *procédure de sauvegarde* und des *redressement judiciaire* der *administrateur* sowie der *mandataire judiciaire* und im Falle der *liquidation judiciaire* der *liquidateur* berufen.[417] Die Bestellung von jeweils mehr als einem solcher Verwalter ist möglich[418] und bisweilen zwingend vorgegeben[419]. Wenn der Nettoumsatz des Schuldners und die Zahl seiner Arbeitnehmer bestimmte Schwellenwerte nicht erreichen, kann das Gericht aber auch ganz davon absehen, einen *administrateur* einzusetzen.[420] Stets kann es unabhängig von der Bestellung eines Verwalters Sachverständige (*experts*) mit von ihm bestimmten Aufgaben betrauen.[421]

Mit der Eröffnung der Unternehmensinsolvenzverfahren fordert das Gericht den Unternehmensausschuss oder in Ermangelung eines solchen die Personalvertreter auf, einen Mitarbeiter des Unternehmens zum *représentant des salariés*

---

415 Der Antrag kann vom Schuldner, dem *administrateur*, *mandataire judiciaire* oder der Staatsanwaltschaft gestellt werden. Zum Ganzen C. com., art. L. 621-12; *Pascal Schütze* (Fn. 3), 54 Fn. 318, 222; MünchKomm InsO³(-*Niggemann*) (Fn. 23), Rn. 9; *Dumont-Lefrand*, J.-Cl. Commercial, Fasc. 2152 (Februar 2017) n° 8.

416 C. com., artt. L. 621-4, al. 1er; L. 621-9, al. 1er; L. 631-9, al. 1er; L. 641-1-II, al. 1er; L. 641-11, al. 1er; *Pascal Schütze* (Fn. 3), 56 f.; *Kindler/Nachmann*(-*Bauerreis*) (Fn. 26), Rn. 65, 132 f.; MünchKomm InsO³(-*Niggemann*) (Fn. 23), Rn. 31, 36.

417 C. com., artt. L. 621-4, al. 3; L. 631-9, al. 1er; L. 641-1-II, al. 2; *Sonnenberger/Dammann* (Fn. 27), Rn. VIII 37, 53; *Pascal Schütze* (Fn. 3), 56-58, 79; *Kindler/Nachmann*(-*Bauerreis*) (Fn. 26), Rn. 66.

418 C. com., artt. L. 621-4, al. 3; L. 631-9, al. 1er; L. 641-1-II, al. 2; *Robbe-Grillet* (Fn. 50), 169, 357; *Paternot* (Fn. 163), 204 Fn. 737; *Saint-Alary-Houin* (Fn. 25), n°s 517, 1107, 1221.

419 S.o. § 3 B XIII.

420 C. com., artt. L. 621-4, al. 4; L. 631-9, al. 1er; *Robbe-Grillet* (Fn. 50), 169, 234 Fn. 781, 357; *Sonnenberger/Dammann* (Fn. 27), Rn. VIII 37 Fn. 71; *Kindler/Nachmann*(-*Bauerreis*) (Fn. 26), Rn. 120 f. (2014).

421 C. com., artt. L. 621-4, al. 3; L. 631-9, al. 1er; L. 641-1-II, al. 2; *Pascal Schütze* (Fn. 3), 61 f.; *Kindler/Nachmann*(-*Bauerreis*) (Fn. 26), Rn. 66, 114, 130 f. (2014); MünchKomm InsO³(-*Niggemann*) (Fn. 23), Rn. 33.

zu ernennen. Besteht kein Unternehmensausschuss und fehlt es an Personalvertretern, wählen die Arbeitnehmer diesen Repräsentanten.[422]

Bis zu fünf Kontrolleure werden vom *juge-commissaire* aus den Reihen der Gläubiger ernannt, die einen entsprechenden Antrag stellen.[423] Eine neue Bestimmung hat in dieser Hinsicht die Reform von 2014 gebracht. Danach sind die *AGS* und die öffentlichen Gläubiger auf ihren Antrag zu bestellen, wobei das Gericht bei mehreren Bewerbern aus dem Kreis der Letzteren einen von ihnen auswählt.[424] Im Falle eines Schuldners, der einen reglementierten oder geschützten freien Beruf ausübt, weist das Gesetz der zuständigen aufsichtführenden Stelle (*l'ordre professionnel ou l'autorité compétente*), wenn er einer solchen unterworfen ist, seit dem Inkrafttreten der *loi de sauvegarde* unabhängig von einer etwaigen Gläubigerstellung das Amt eines Kontrolleurs zu.[425] Die Kontrolleure unterstützen den *mandataire judiciaire* bei der Erfüllung seiner Aufgaben und den *juge-commissaire* bei der Überwachung der Verwaltung des schuldnerischen Unternehmens. Sie können Einblick nehmen in sämtliche dem *administrateur*, dem *mandataire judiciaire* und dem *liquidateur* übermittelte Unterlagen, unterliegen einer Geheimhaltungspflicht und erhalten keine Vergütung.[426] Verschiedentlich stehen ihnen Antrags-, Anhörungs- oder Stellungnahmerechte zu.[427]

---

422 C. com., artt. L. 621-4, al. 2; L. 631-9, al. 1er; L. 641-1-II, al. 5; *Pascal Schütze* (Fn. 3), 58; *Friedrichs* (Fn. 24), 171; *Kindler/Nachmann(-Bauerreis)* (Fn. 26), Rn. 65, 142 (2014). Zur Einführung des *représentant des salariés* im Zuge der Reform von 1985 sowie zu seiner Funktion s.o. § 3 B VII.

423 C. com., artt. L. 621-10, al. 1er; L. 631-9, al. 1er; L. 641-1-II, al. 6; *Großerichter* (Fn. 408); *Kindler/Nachmann(-Bauerreis)* (Fn. 26), Rn. 126 (2014); MünchKomm InsO³(-*Niggemann*) (Fn. 23), Rn. 42.

424 C. com., artt. L. 621-10, al. 2; L. 626-6, al. 1er; L. 631-9, al. 1er; L. 641-1-II, al. 6 sowie – auch zur Erfassung der Finanzverwaltungen und Sozialkassen von dem Begriff der öffentlichen Gläubiger – *Pérochon* (Fn. 272), n° 499; *Saint-Alary-Houin* (Fn. 25), nos 120, 547; *Vallansan* (Fn. 350), n° 64.

425 C. com., artt. L. 621-10, al. 4; L. 631-9, al. 1er; L. 641-1-II, al. 6; *Medla* (Fn. 3), 184; *Kindler/Nachmann(-Bauerreis)* (Fn. 26), Rn. 127 (2014); *Saint-Alary-Houin* (Fn. 25), nos 530, 1107, 1221.

426 Zum Ganzen C. com., artt. L. 621-11; L. 631-9, al. 1er; L. 641-1-II, al. 6; *Medla* (Fn. 3), 185; *Kindler/Nachmann(-Bauerreis)* (Fn. 26), Rn. 127 f. (2014); MünchKomm InsO³(-*Niggemann*) (Fn. 423).

427 *Robbe-Grillet* (Fn. 50), 176; *Pascal Schütze* (Fn. 3), 61; *Kindler/Nachmann(-Bauerreis)* (Fn. 26), Rn. 129 (2014); *Amlon* (Fn. 317), nos 38-41, 45. S. hierzu etwa auch noch unten § 4 G II 2 c) sowie zur Wahrnehmung des kollektiven Interesses der Gläubiger bei Untätigkeit des *mandataire judiciaire* bzw. des *liquidateur* an dessen Stelle bereits oben § 3 B IX.

Aus der Eröffnung der Unternehmensinsolvenzverfahren resultiert ein Ausschluss der Einzelrechtsverfolgung, mit dem ein strafrechtlich bewehrtes Verbot der freiwilligen Begleichung erfasster Forderungen korreliert[428]. Laufende Passivprozesse werden unterbrochen. Betroffen sind Zahlungsansprüche gegen den Schuldner genauso wie Verfahren, die auf die Auflösung eines Vertrages wegen unterbliebener Zahlung abzielen. Nach der Eröffnung entstandene Forderungen (Neuforderungen) sind ausgenommen, wenn sie aufgrund einer besonderen Verbindung zu dem Verfahren privilegiert sind.[429]

Abweichungen ergeben sich für die Arbeitnehmer. Für ihre besonders bevorrechtigten Forderungen (Superprivileg) ist eine beschleunigte Befriedigung vorgesehen, bei der – insoweit beschränkt auf den *redressement* und die *liquidation judiciaire* – die *AGS* auf den Plan tritt.[430] Die vor den Arbeitsgerichten im Zeitpunkt des Eröffnungsurteils laufenden Verfahren werden von Gesetzes wegen fortgesetzt.[431]

E. Anmeldung und Feststellung der Forderungen

Nach seiner Veröffentlichung im nationalen Staatsanzeiger für Zivil- und Handelssachen (*BODACC*) sind die vor dem Eröffnungsurteil entstandenen Forderungen in den Unternehmensinsolvenzverfahren innerhalb einer vorgegebenen Frist anzumelden beim *mandataire judiciaire* bzw. *liquidateur*.[432] Auch

---

428 Zu diesem Verbot sowie zu Ausnahmen wie etwa der richterlich autorisierten Auslösung von Sicherheiten C. com., artt. L. 622-7-I, al. 1er; -II, al. 2; -III; L. 631-14, al. 1er, 3; L. 641-3, al. 1er, 2; L. 654-8, 1°; *Sonnenberger/Dammann* (Fn. 27), Rn. VIII 39; *Kindler/Nachmann(-Bauerreis)* (Fn. 26), Rn. 148-153, 162 (2014); MünchKomm InsO[3](*-Niggemann*) (Fn. 23), Rn. 23.

429 Zum Ausschluss der Einzelrechtsverfolgung sowie der Unterbrechung der laufenden Passivprozesse C. com., artt. L. 622-21-I, -II; 622-17-I; L. 631-14, al. 1er; L. 641-3, al. 1er; L. 641-13-I; *Sonnenberger/Dammann* (Fn. 27), Rn. VIII 39, 67; *Pascal Schütze* (Fn. 3), 62 f. Fn. 382; *Friedrichs* (Fn. 24), 175; *Jacquemont/Vabres* (Fn. 23), n°s 437-455, 470-489, 898, 1038, 1040.

430 C. com., artt. L. 625-8 f.; L. 631-18, al. 1er; L. 641-14, al. 1er; *Sonnenberger/Dammann* (Fn. 27), Rn. VIII 72 f.; *Jacquemont/Vabres* (Fn. 23), n°s 391, 1211-1220; MünchKomm InsO[3](*-Niggemann*) (Fn. 23), Rn. 23, 65 f.

431 C. com., artt. L. 625-3, al. 1er; L. 631-18, al. 1er, 5; L. 641-14, al. 1er, 3; *Medla* (Fn. 3), 210; *Jacquemont/Vabres* (Fn. 23), n° 479; *Vallansan*, J.-Cl. Fasc. 2355 (Februar 2017) n° 50.

432 C. com., artt. L. 622-24, al. 1er; L. 631-14, al. 1er; L. 641-3, al. 4; *Sonnenberger/Dammann* (Fn. 27), Rn. VIII 69; *Kindler/Nachmann(-Bauerreis)* (Fn. 26), Rn. 187, 189 (2014); MünchKomm InsO[3](*-Niggemann*) (Fn. 23), Rn. 38 f. Zum *BODACC* (*Bulletin officiel des annonces civiles et commerciales*) *Sonnenberger/Dammann*, ebenda, Rn. II 74, 76,

Neuforderungen, die nicht aufgrund ihrer besonderen Verbindung zu dem Verfahren privilegiert sind, müssen – mit Anpassungen bezüglich der Frist – angemeldet werden;[433] das Privileg geht verloren, wenn sie nicht rechtzeitig zur Kenntnis des in dieser Hinsicht zuständigen Verwalters gebracht werden[434].

Im Zeitpunkt des Eröffnungsurteils laufende Passivprozesse werden bis zur Anmeldung der Forderung durch den Gläubiger unterbrochen. Sie werden – allein zum Zweck der Forderungsfeststellung im Insolvenzverfahren – bei vollzogener Anmeldung auf Initiative des Gläubigers fortgesetzt.[435]

Bei Missachtung der Anmeldefrist findet die betroffene Forderung bei der Gläubigerbefriedigung keine Berücksichtigung. Von dieser Präklusion befreit der *juge-commissaire* den Gläubiger auf seinen wiederum fristgebundenen Antrag mit *ex-nunc*-Wirkung. Hierzu muss der Gläubiger seine fehlende Verantwortlichkeit oder eine mangelhafte Sachverhaltsaufklärung seitens des Schuldners mit kausaler Wirkung für das Unterbleiben der Anmeldung nachweisen.[436]

---

zur Veröffentlichung des Urteils s. auch noch unten § 4 A VIII 5, zu dem verwalterseitigen Hinweis auf die Notwendigkeit der fristgerechten Forderungsanmeldung gegenüber den bekannten Gläubigern s.u. § 4 A III 1 a), D IV 3 a), zur Vertretung bei der Anmeldung s.u. § 4 G II 3.

433 C. com., artt. L. 622-24, al. 6; L. 631-14, al. 1er; L. 641-3, al. 4; L. 641-13-I; *Sonnenberger/Dammann* (Fn. 27), Rn. VIII 69 Fn. 173; *Kindler/Nachmann(-Bauerreis)* (Fn. 432); MünchKomm InsO³(*-Niggemann*) (Fn. 23), Rn. 39. Unabhängig von ihrem Entstehungszeitpunkt bedürfen keiner Anmeldung die Unterhaltsforderungen, C. com., artt. L. 622-24, al. 8; L. 631-14, al. 1er; L. 641-3, al. 4; *Pérochon* (Fn. 272), n° 1523; *Jacquemont/Vabres* (Fn. 23), nos 531 f.; *Saint-Alary-Houin* (Fn. 25), n° 769.

434 Des *liquidateur* im Liquidationsverfahren, sonst des *administrateur*, in Ermangelung eines solchen des *mandataire judiciaire* und nach Beendigung ihrer Ämter des *commisaire à l'exécution du plan*, C. com., art. L. 622-17-IV; L. 631-14, al. 1er; L. 641-13-IV; *Medla* (Fn. 3), 219 Fn. 1225; *Sonnenberger/Dammann* (Fn. 27), Rn. VIII 69; *Jacquemont/Vabres* (Fn. 23), nos 468, 900.

435 C. com., artt. L. 622-22, al. 1er; L. 631-14, al. 1er; L. 641-3, al. 1er; R. 622-20, al. 1er; R. 631-20; R. 641-23; *Medla* (Fn. 3), 210 f.; *Jacquemont/Vabres* (Fn. 23), nos 481, 596; *Vallansan* (Fn. 431), nos 53, 59 f. Zur Fortsetzung vor den Arbeitsgerichten laufender Verfahren von Gesetzes wegen s.o. § 3 D.

436 C. com., artt. L. 622-26, al. 1er, 3; L. 631-14, al. 1er; L. 641-3, al. 4; *Sonnenberger/Dammann* (Fn. 434); *Jacquemont/Vabres* (Fn. 23), nos 584 f.; MünchKomm InsO³(*-Niggemann*) (Fn. 23), Rn. 40. Zu dem konkret geforderten Fehlverhalten des Schuldners bei der Sachverhaltsaufklärung s. noch unten § 4 D IV 2.

Der *mandataire judiciaire* respektive der *liquidateur* prüft die angemeldeten Forderungen in Anwesenheit oder nach ordnungsgemäßer Ladung des Schuldners und der berufenen Kontrolleure.[437] Dem Schuldner soll Gelegenheit gegeben werden, Stellung zu nehmen und den Anmeldungen zu widersprechen.[438] In der Folge befindet der *juge-commissaire* über die Zulassung der angemeldeten Forderungen in Ansehung der von dem prüfenden Verwalter in dieser Hinsicht zu machenden Vorschläge, soweit die Entscheidung nicht im Einzelfall in andere Hände gelegt ist.[439] Im Liquidationsverfahren unterbleibt die Prüfung der nicht bevorrechtigten Forderungen (*créances chirographaires*), wenn für sie keine Aussicht auf Befriedigung besteht.[440]

Ein besonderes Verfahren gilt für die Feststellung der Forderungen aus Arbeitsverträgen.[441] Eine Anmeldung dieser Forderungen durch die Arbeitnehmer ist nicht vorgesehen.[442]

---

437 C. com., artt. L. 624-1, al. 1er; L. 631-18, al. 1er; L. 641-4, al. 1er; L. 641-14, al. 1er; R. 624-1, al. 1er; R. 631-29, al. 2, wonach die Prüfung im Falle des *redressement judiciaire* auch in Anwesenheit des *administrateur* erfolgt, wenn dieser anstelle des Schuldners mit der Verwaltung des Unternehmens – s. zu dieser sogleich unten § 3 F – betraut ist; R. 641-28; *Kindler/Nachmann*(*-Bauerreis*) (Fn. 26), Rn. 78, 140 (2014); *Jacquemont/Vabres* (Fn. 23), nos 594, 890; *Vallansan*, J.-Cl. Fasc. 2352 (Februar 2017) no 185. Ausgenommen von dieser Prüfung sind die Forderungen, die Gegenstand eines im Zeitpunkt der Verfahrenseröffnung laufenden Verfahrens sind, *Jacquemont/Vabres*, ebenda, no 596; *Vallansan*, ebenda, no 175.

438 *Jacquemont/Vabres* (Fn. 23), no 594; *Vallansan* (Fn. 437), no 186.

439 Als Gründe für diese Ausnahme kommen ein laufendes Verfahren, die Unzuständigkeit in Bezug auf den erhobenen Widerspruch oder die Ernsthaftigkeit des Letzteren („contestation sérieuse“) in Betracht, C. com., artt. L. 624-2; L. 631-18, al. 1er; L. 641-14, al. 1er; *Jacquemont/Vabres* (Fn. 23), nos 601-603; *Saint-Alary-Houin* (Fn. 25), nos 813 f.; *Vallansan* (Fn. 437), nos 175, 204, 212, 214, 222-225. Zum Ganzen auch *Medla* (Fn. 3), 225; *Sonnenberger/Dammann* (Fn. 434); MünchKomm InsO3(*-Niggemann*) (Fn. 23), Rn. 41.

440 C. com., art. L. 641-4, al. 2; *Kindler/Nachmann*(*-Bauerreis*) (Fn. 26), Rn. 78 (2014); *Jacquemont/Vabres* (Fn. 23), no 598; *Vallansan* (Fn. 437), no 176.

441 C. com., artt. L. 625-1 - L. 625-6; L. 631-18, al. 1er; L. 641-14, al. 1er; *Medla* (Fn. 3), 227 f.; *Jacquemont/Vabres* (Fn. 23), nos 531, 595, 1206 f.; *Saint-Alary-Houin* (Fn. 25), nos 822-833.

442 C. com., artt. L. 622-24, al. 1er; L. 631-14, al. 1er; L. 641-3, al. 4; *Sonnenberger/Dammann* (Fn. 27), Rn. VIII 69 Fn. 173; *Kindler/Nachmann*(*-Bauerreis*) (Fn. 26), Rn. 189 (2014); MünchKomm InsO3(*-Niggemann*) (Fn. 23), Rn. 39.

F. Beobachtungsphase

Im Falle des Schutz- und des Sanierungsverfahrens beginnt mit der Verfahrenseröffnung eine Beobachtungsphase (*période d'observation*), welche auf die Vorbereitung des von dem Gericht in einem weiteren Urteil festzusetzenden Plans ausgerichtet ist.[443] Die Beobachtungsphase dauert grundsätzlich höchstens sechs Monate und kann ein-, ausnahmsweise auch zweimal um denselben Zeitraum verlängert werden.[444]

Die Aktivität des Unternehmens wird in der Beobachtungsphase fortgesetzt.[445] Das Gericht kann bloß eine teilweise Einstellung anordnen.[446] Für Kündigungen von Arbeitnehmern aus wirtschaftlichen Gründen gilt in der Beobachtungsphase des *redressement judiciaire* ein besonderes Regime. Sie unterliegen dabei nicht nur Vorgaben zur Einbindung des Unternehmensausschusses respektive der Personalvertreter sowie der Arbeitsverwaltung, sondern bedürfen auch

443 C. com., artt. L. 620-1, al. 2 („La procédure de sauvegarde donne lieu à un plan arrêté par jugement à l'issue d'une période d'observation [...]"); L. 621-3, al. 1er; L. 631-1, al. 2 („[La procédure de redressement judiciaire] donne lieu à un plan arrêté par jugement à l'issue d'une période d'observation [...]"); L. 631-7, al. 1er; *Sonnenberger/Dammann* (Fn. 27), Rn. VIII 13, 38, 52; *Kindler/Nachmann(-Bauerreis)* (Fn. 26), Rn. 144 f. (2014); MünchKomm InsO[3](*-Niggemann*) (Fn. 23), Rn. 7, 45-49.

444 C. com., artt. L. 621-3, al. 1er; L. 631-7, al. 1er; *Medla* (Fn. 3), 189; *Pascal Schütze* (Fn. 3), 62 f.; *Friedrichs* (Fn. 24), 165. Im Falle der Überleitung der *procédure de sauvegarde* in den *redressement judiciaire* wegen nachträglicher Feststellung des Eintritts der *cessation des paiements* bereits im Zeitpunkt der Verfahrenseröffnung (s. dazu oben § 3 D) besteht die Möglichkeit einer Änderung der Dauer der verbleibenden Beobachtungsphase durch das Gericht, C. com., art. L. 621-12, al. 1er; *Kindler/Nachmann(-Bauerreis)* (Fn. 26), Rn. 146 (2014); *Le Corre* (Fn. 46), n° 411.12; *Dumont-Lefrand* (Fn. 415). Das Gesetz vom 18. November 2016 hat diese Vorschrift ergänzt um die ausdrückliche Zulassung der Verlängerung um höchstens sechs Monate, loi n° 2016-154 du 18 novembre 2016, art. 99-IV, 4°; *Roussel Galle/Bonneau*, Rev. proc. coll. 2016-6, étude 21, n° 7.

445 C. com., artt. L. 622-9, al. 1er; L. 631-14, al. 1er; *Pascal Schütze* (Fn. 3), 63, 145; *Jacquemont/Vabres* (Fn. 23), n° 399; MünchKomm InsO[3](*-Niggemann*) (Fn. 23), Rn. 23, 29.

446 Im Falle der *procédure de sauvegarde* auf Antrag des Schuldners und in demjenigen des *redressement judiciaire* auch auf Antrag des *administrateur*, des *mandataire judiciaire*, eines Kontrolleurs oder der Staatsanwaltschaft sowie von Amts wegen, C. com., artt. L. 622-10, al. 1er; L. 631-15-II, al. 1er; *Sonnenberger/Dammann* (Fn. 27), Rn. VIII 38; *Delzant/Ehret*, ZInsO 2009, 990, 991; *Pascal Schütze* (Fn. 3), 145, 241.

der – an ihre Dringlichkeit, Unvermeidbarkeit und Unentbehrlichkeit geknüpften – Autorisierung durch den *juge-commissiare*.[447]

Die Führung des Unternehmens bleibt in der *procédure de sauvegarde* prinzipiell Sache seines Geschäftsleiters.[448] Bestellt das Gericht in diesem Verfahren einen oder mehrere *administrateurs*, betraut es sie gemeinsam oder getrennt mit der Überwachung des Schuldners bei seiner Geschäftsleitung (*surveillance*) oder der Mitwirkung bei allen oder einzelnen Akten derselben (*assistance*).[449] Beim *redressement judiciaire* besteht dagegen nur eine Wahlmöglichkeit zwischen der *assistance* und der vollständigen oder teilweisen Verwaltung anstelle des Schuldners (*représentation*).[450] Das Gericht kann seine in dieser Hinsicht getroffene Entscheidung jederzeit ändern.[451] Bei Anordnung der *représentation* hat es ab einer bestimmten Größe des schuldnerischen Unternehmens einen oder mehrere Sachverständige zur Mitwirkung bei der Geschäftsleitung durch den oder die Verwalter zu berufen, ansonsten kann es dies tun.[452]

In manchen Angelegenheiten bedarf es nicht nur im Falle des *redressement judiciaire*, sondern auch in dem der *procédure de sauvegarde* einer richterlichen Autorisierung.[453] So dürfen Verfügungen außerhalb des gewöhnlichen Geschäftsbetriebs und die Bewilligung von Hypotheken oder Pfandrechten nur

---

447 C. com., art. L. 631-17; *Sonnenberger/Dammann* (Fn. 27), Rn. VIII 45, wo der Geltungsbereich dieser Regelung allerdings irrtümlich auf die *procédure de sauvegarde* erstreckt wird; *Tagliarino-Vignal*, J.-Cl. Commercial, Fasc. 2430 (März 2015) n°s 8 f., 15-18, 36 f., 40-44; MünchKomm InsO[3](-*Niggemann*) (Fn. 23), Rn. 32, 70.

448 C. com., art. L. 622-1-I; *Sonnenberger/Dammann* (Fn. 27), Rn. VIII 39; *Kindler/Nachmann*(-*Bauerreis*) (Fn. 26), Rn. 68, 73, 122, 161 (2014); MünchKomm InsO[3](-*Niggemann*) (Fn. 23), Rn. 26.

449 C. com., art. L. 622-1-II; *Pascal Schütze* (Fn. 3), 146 f.; *Kindler/Nachmann*(-*Bauerreis*) (Fn. 26), Rn. 122 (2014); MünchKomm InsO[3](-*Niggemann*) (Fn. 23), Rn. 26.

450 C. com., art. L. 631-12, al. 2; *Pascal Schütze* (Fn. 3), 63-65; *Fix* (Fn. 28), 265; *Kindler/Nachmann*(-*Bauerreis*) (Fn. 26), Rn. 123, 165 (2014).

451 Und zwar auf Antrag des *administrateur*, des *mandataire judiciaire* oder der Staatsanwaltschaft und im Sanierungsverfahren auch von Amts wegen, C. com., artt. L. 622-1-IV; L. 631-12, al. 4; *Pascal Schütze* (Fn. 3), 147; *Kindler/Nachmann*(-*Bauerreis*) (Fn. 26), Rn. 124 (2014); *Jacquemont/Vabres* (Fn. 23), n°s 359, 363.

452 Namentlich kommt es auf die für die obligatorische Bestellung eines *administrateur* maßgeblichen Schwellenwerte beim Nettoumsatz und der Zahl der Arbeitnehmer – hierzu oben § 3 D – an, C. com., artt. L. 631-12, al. 2; L. 621-4, al. 4; *Pérochon* (Fn. 272), n° 1114 note 33; *Jacquemont/Vabres* (Fn. 23), n° 364; *Saint-Alary-Houin* (Fn. 25), n° 1113.

453 MünchKomm InsO[3](-*Niggemann*) (Fn. 23), Rn. 31. Zu dem Fall der Auslösung von Sicherheiten s. bereits oben § 3 D Fn. 428.

mit Zustimmung des *juge-commissaire* erfolgen, der seit dem Inkrafttreten der Verordnung vom 12. März 2014 hierzu die Staatsanwaltschaft anzuhören hat, wenn der jeweilige Akt geeignet ist, sich maßgeblich auf den Verfahrensausgang auszuwirken.[454]

Der *administrateur* erstellt, gegebenenfalls unter Mitwirkung von Sachverständigen, eine Wirtschafts- und Sozialbilanz zu dem schuldnerischen Unternehmen.[455] Ist kein *administrateur* bestellt, unterbleibt, wie es mit der Verordnung vom 18. Dezember 2008 klarstellend angeordnet worden ist, die Erstellung.[456] In der Wirtschafts- und Sozialbilanz sind die Ursachen, das Ausmaß und die Natur der Schwierigkeiten des Unternehmens darzustellen.[457] Betreibt das Schuldnerunternehmen eine klassifizierte Anlage (*installation classée*) im Sinne des ersten Titels des fünften Buchs des Umweltgesetzbuchs (Code de l'environnement), ist eine Ergänzung um eine Umweltbilanz vorgesehen.[458]

Der *administrateur* erhält vom *juge-commissaire* sämtliche Auskünfte und Unterlagen, die für die Erfüllung seiner Aufgabe und derjenigen der Sachverständigen sachdienlich sind.[459] Der *juge-commissaire* wiederum ist – in Fortschreibung der entsprechenden Regelung der Sanierungsverordnung vom 23. September 1967[460] – befugt, von allen Behörden und öffentlichen

---

454 C. com., artt. L. 622-7-II, al. 1er; L. 631-14, al. 1er; *Medla* (Fn. 3), 195, 197; *Degenhardt*, NZI 2014, 433, 436; *Kindler/Nachmann(-Bauerreis)* (Fn. 26), Rn. 154, 162 (2014).

455 C. com., artt. L. 623-1, al. 1er; L. 631-18, al. 1er; *Medla* (Fn. 3), 190; *Friedrichs* (Fn. 24), 166; *Kindler/Nachmann(-Bauerreis)* (Fn. 26), Rn. 124, 170 (2014). Zur Beteiligung des Schuldners s.u. § 4 F I 1.

456 C. com., artt. L. 627-3, al. 1er; L. 631-21, al. 1er; *Friedrichs* (Fn. 455); *Jacquemont/Vabres* (Fn. 23), nos 728 f.; *Vinckel* (Fn. 382), no 8.

457 C. com., artt. L. 623-1, al. 2; L. 631-18, al. 1er; *Robbe-Grillet* (Fn. 50), 191; *Medla* (Fn. 3), 191; *Pascal Schütze* (Fn. 3), 65.

458 C. com., artt. L. 623-1, al. 3; L. 631-18, al. 1er; *Vinckel* (Fn. 382), nos 8, 15; vgl. auch *Pascal Schütze* (Fn. 457); *Kindler/Nachmann(-Bauerreis)* (Fn. 26), Rn. 170 (2014). Näher zu dieser Umweltbilanz s. noch unten § 4 F I 2.

459 C. com., artt. L. 623-3, al. 1er; L. 631-18, al. 1er; *Robbe-Grillet* (Fn. 457); *Medla* (Fn. 457); *Friedrichs* (Fn. 455). Im Falle eines in einem vorangegangenen Schlichtungsverfahren homologierten Vergleichs wird dem *administrateur* entgegen *Medla*, ebenda, 191 f. zudem Einsicht in einen etwaigen vom Gerichtspräsidenten nach der Eröffnung der *procédure de conciliation* veranlassten Sachverständigenbericht zur Situation des Schuldners gewährt, C. com., artt. L. 623-3, al. 2; L. 631-18, al. 1er; *Le Corre* (Fn. 46), no 491.12; *Saint-Alary-Houin* (Fn. 25), no 924; *Vinckel* (Fn. 382), no 10. S. zu den Informationsquellen des *administrateur* ferner auch noch unten § 4 A III 1 b) bb), F I 1.

460 S.o. § 3 B VI 2.

Einrichtungen, Sozialversicherungsträgern, Finanzierungsgesellschaften, Kredit-, E-Geld- und Zahlungsinstituten wie auch zentralen Kreditschutzstellen Auskünfte einzuholen. Dasselbe ist heute ausdrücklich geregelt für die Wirtschaftsprüfer (*commissaires aux comptes*), Buchführungsexperten (*experts-comptables*), Notare sowie die Mitarbeiter und Personalvertreter. Diese Befugnis greift ungeachtet entgegenstehender gesetzlicher oder untergesetzlicher Bestimmungen und damit eines etwaigen Berufsgeheimnisses (*secret professionnel*).[461]

Besteht eine ernsthafte Möglichkeit (*possibilité sérieuse*), das Unternehmen zu erhalten, setzt das Gericht zu diesem Zweck einen *plan de sauvegarde* bzw. *plan de redressement* fest, welcher so Allgemeinverbindlichkeit erlangt und die Beobachtungsphase beendet.[462] Die gesetzlichen Vorgaben zu den Verfahrenszielen sind zu beachten.[463] Seit dem Inkrafttreten der Verordnung vom 18. Dezember 2008 kann das Gericht die Annahme des Plans nur noch im *redressement judiciaire* und nicht mehr in der *procédure de sauvegarde* abhängig machen vom Austausch eines oder mehrerer Leiter des Unternehmens.[464]

Im Sanierungsverfahren ist es an dem *administrateur*, den Entwurf eines *plan de redressement* auszuarbeiten.[465] In der *procédure de sauvegarde* schlägt dagegen, wie es seit dem Inkrafttreten der Verordnung vom 18. Dezember 2008 deutlich zum Ausdruck gebracht wird, der Schuldner – wenn auch mit Unterstützung dieses Verwalters – in Ansehung der Wirtschafts-, Sozial- und Umweltbilanz einen Plan vor.[466] In Verfahren ohne *administrateur* erstellt der Schuldner den

461 Zum Ganzen C. com., artt. L. 623-2; L. 631-18, al. 1er; *Medla* (Fn. 3), 180, 191; *Friedrichs* (Fn. 24), 169; *Vinckel* (Fn. 382), n° 9.

462 C. com., artt. L. 626-1, al. 1er; L. 626-11, al. 1er; L. 631-19-I, al. 1er; *Sonnenberger/Dammann* (Fn. 27), Rn. VIII 13, 48, 52; *Kindler/Nachmann(-Bauerreis)* (Fn. 26), Rn. 176 (2014); MünchKomm InsO[3](*-Niggemann*) (Fn. 23), Rn. 49.

463 *Friedrichs* (Fn. 24), 186; *Pérochon* (Fn. 272), n° 893; *Saint-Alary-Houin/Houin-Bressand* (Fn. 365), n° 13; *Vinckel* (Fn. 382), n° 146. Zu diesen Vorgaben s.o. § 3 C.

464 C. com., art. L. 631-19-1, al. 1er; *Pascal Schütze* (Fn. 3), 239; *Drukarczyk*, FS Jobst Wellensiek (2011), 761, 771; *Kindler/Nachmann(-Bauerreis)* (Fn. 26), Rn. 159 (2014). Näher hierzu noch unten § 4 A XI 1.

465 C. com., art. L. 631-19-I, al. 2; *Drukarczyk* (Fn. 464); *Kindler/Nachmann(-Bauerreis)* (Fn. 26), Rn. 124, 166 (2014); *Saint-Alary-Houin/Houin-Bressand* (Fn. 365), n° 11. Zur insoweit vorgesehenen Beteiligung des Schuldners und der Frage nach der Möglichkeit der Vorlage eines Planentwurfs durch den Schuldner trotz Bestellung eines *administrateur* s. noch unten § 4 F I 3.

466 C. com., art. L. 626-2, al. 1er; *Drukarczyk* (Fn. 464), 769; *Großerichter* (Fn. 408); *Kindler/Nachmann(-Bauerreis)* (Fn. 26), Rn. 162, 169 (2014).

Entwurf eines Plans, gegebenenfalls unter Mitwirkung eines vom Gericht hierzu berufenen Sachverständigen.[467]

In dem Planentwurf sind die Sanierungsperspektiven zu taxieren und ein Konzept für die Schuldenregulierung zu entwickeln. Der gegenwärtige Stand und die Aussichten der Beschäftigung sind in ihm genauso zu beschreiben und erklären wie die ins Auge gefassten sozialen Bedingungen der Fortführung der Geschäftstätigkeit. Sieht er Kündigungen aus wirtschaftlichen Gründen vor, bedarf es einer Darstellung der bereits unternommenen und noch zu unternehmenden Maßnahmen zur Erleichterung der Wiederbeschäftigung und der Entschädigung der vom Verlust ihres Arbeitsplatzes bedrohten Arbeitnehmer. Den Ergebnissen der Umweltbilanz ist Rechnung zu tragen. Endlich ist auf etwaige Übernahmeangebote für Teile des Unternehmens einzugehen und sind diejenigen Geschäftstätigkeiten zu benennen, die eingestellt oder neu aufgenommen werden sollen.[468] Im Falle einer Gesellschaft kann der Planentwurf auch Kapital- und Statutenänderungen vorsehen.[469]

Als Maßnahmen der Schuldenregulierung können Stundungen, Forderungsnachlässe und *Debt Equity Swaps* vorgeschlagen werden. Diese Vorschläge werden den Gläubigern, die ihre Forderungen angemeldet haben, zur Kenntnis gebracht durch den *mandataire judiciaire*. Die Zustimmung, über deren Erteilung jeder Gläubiger für sich entscheidet, holt dieser Verwalter schriftlich, im Falle von Stundungen oder Forderungsnachlässen nach seiner Wahl alternativ auch in einer zu diesem Zweck einberufenen Versammlung ein.[470]

---

467 C. com., artt. L. 627-3, al. 1er; L. 631-21, al. 1er; *Robbe-Grillet* (Fn. 50), 194; *Medla* (Fn. 3), 229; *Vinckel* (Fn. 382), n° 40.

468 Zum Ganzen C. com., artt. L. 626-2; L. 631-19-I, al. 1er; *Medla* (Fn. 3), 229 f.; *Kindler/Nachmann(-Bauerreis)* (Fn. 26), Rn. 169 (2014); MünchKomm InsO^{3}(*-Niggemann*) (Fn. 23), Rn. 45.

469 Hierzu und zur Umsetzung nach den gesellschaftsrechtlichen Bestimmungen unter Berücksichtigung der in den Vorschriften zum Plan vorgesehenen Besonderheiten C. com., artt. L. 626-3; L. 631-9-1; L. 631-19-I, al. 1er; -II; *Medla* (Fn. 3), 231 f.; *Friedrichs* (Fn. 24), 182 f.; *Droege Gagnier/Dust*, NZI 2014, 942, 944 f. Zu Änderungen durch das Gesetz vom 18. November 2016 *Roussel Galle/Bonneau*, Rev. proc. coll. 2016-6, étude 21, n° 8.

470 Zum Ganzen, zu den Folgen des Ausbleibens einer fristgerechten Antwort sowie zu Besonderheiten etwa bei öffentlichen Gläubigern und der *AGS* C. com., artt. L. 626-5 f.; L. 631-19-I, al. 1er; *Medla* (Fn. 3), 230 f.; *Friedrichs* (Fn. 24), 183 f.; *Jacquemont/Vabres* (Fn. 23), nos 736-743.

Die von dem Gericht zu bestimmende Laufzeit des Plans darf zehn Jahre nicht überschreiten.[471] Maximal bis zum Ende der Laufzeit kann das Gericht die Veräußerung von für die Unternehmensfortführung unverzichtbaren Vermögensbestandteilen unter den Vorbehalt seiner Autorisierung stellen.[472] In einem *plan de redressement* kann es zu vereinfachten Arbeitnehmerkündigungen aus wirtschaftlichen Gründen ermächtigen.[473]

Das Gericht stellt die von den Gläubigern akzeptierten Stundungen und Forderungsnachlässe fest, kann sie aber auch reduzieren.[474] Die angenommenen *Debt Equity Swaps* bedürfen seiner Bestätigung; das Gericht hat sich zu vergewissern, dass sie den Interessen der anderen Gläubiger nicht widersprechen und die entsprechenden Kapital- und Statutenänderungen in den maßgeblichen Versammlungen der Gesellschaft Zustimmung gefunden haben.[475] Im Falle der Gläubiger, die keine Zugeständnisse gemacht haben, bestimmt es einheitliche, die Laufzeit des Plans aber nicht überschreitende Zahlungsfristen.[476] Endlich kann den Gläubigern im Plan eingeräumt werden, eine frühere Zahlung im Gegenzug für eine verhältnismäßige Kürzung der jeweiligen Forderung zu wählen.[477] Gänzlich unzulässig sind Kürzungen und Stundungen gegen den Willen der Berechtigten bei in dieser Hinsicht bevorzugten Arbeitnehmer- und Kleingläubigerforderungen.[478]

---

471 C. com., artt. L. 626-12; L. 631-19-I, al. 1er, wonach für Landwirte ein Maximum von fünfzehn Jahren gilt, *Medla* (Fn. 3), 234; *Pascal Schütze* (Fn. 3), 70; *Kindler/Nachmann(-Bauerreis)* (Fn. 26), Rn. 72, 171 (2014).

472 C. com., artt. L. 626-14, al. 1er; L. 631-19-I, al. 1er; *Medla* (Fn. 3), 236; *Friedrichs* (Fn. 24), 186; *Saint-Alary-Houin* (Fn. 25), n° 996.

473 Hierzu C. com., art. L. 631-19-III; *Großerichter* (Fn. 29), 371; *Pérochon* (Fn. 272), n°s 1138 f.; *Jacquemont/Vabres* (Fn. 23), n° 792.

474 C. com., artt. L. 626-18, al. 1er; L. 631-19-I, al. 1er; *Medla* (Fn. 3), 237; *Jacquemont/Vabres* (Fn. 23), n° 819; *Saint-Alary-Houin* (Fn. 25), n° 1031.

475 C. com., artt. L. 626-18, al. 2; L. 631-19-I, al. 1er; *Pérochon* (Fn. 272), n° 879; *Jacquemont/Vabres* (Fn. 23), n° 739; *Vinckel* (Fn. 382), nos 137, 146.

476 Hierzu sowie zu Besonderheiten wie bei der Vereinbarung über die Planlaufzeit hinausgehender Zahlungsfristen vor der Verfahrenseröffnung C. com., artt. L. 626-18, al. 3-6; L. 631-19-I, al. 1er; *Medla* (Fn. 474); MünchKomm InsO³(*-Niggemann*) (Fn. 23), Rn. 49; *Saint-Alary-Houin* (Fn. 25), n° 1032.

477 C. com., artt. L. 626-19, 1er; L. 631-19-I, al. 1er; *Medla* (Fn. 3), 237 f.; *Sonnenberger/Dammann* (Fn. 27), Rn. VIII 47; *Jacquemont/Vabres* (Fn. 23), n° 822.

478 C. com., artt. L. 626-20-I, 1°, 2°; -II; L. 631-19-I, al. 1er; *Medla* (Fn. 3), 238; *Kindler/Nachmann(-Bauerreis)* (Fn. 26), Rn. 171; MünchKomm InsO³(*-Niggemann*) (Fn. 476). Dasselbe gilt seit dem Inkrafttreten der Verordnung vom 12. März 2014 bei Gläubigern, die dem Schuldner im Rahmen eines Schlichtungsverfahrens, welches zu einem

Der *plan de sauvegarde* kann wie der *plan de redressement* eine teilweise Veräußerung, nicht aber eine übertragende Sanierung des gesamten Unternehmens vorsehen.[479] Nur im *redressement judiciaire* kann das Gericht, wenn kein für die Sanierung des Unternehmens geeigneter Plan vorgelegt worden ist, am Ende des Verfahrens nicht nur die partielle, sondern auch die vollständige Übertragung nach den Regeln des Liquidationsverfahrens anordnen.[480] Angebote, die darauf ausgerichtet sind, die Aktivität des Unternehmens auf diesem Wege aufrechtzuerhalten, können ab der Eröffnung des Verfahrens unterbreitet werden.[481] Hält das Gericht eine teilweise oder vollständige Übertragung für möglich und hat es noch keinen *administrateur* bestellt, holt es dies nach und betraut ihn mit der Vorbereitung und gegebenenfalls der Durchführung der Übertragung.[482]

Tritt während der Beobachtungsphase die *cessation des paiements* des Schuldners ein, leitet das Gericht die *procédure de sauvegarde* auf Antrag oder *ex officio* über in den *redressement judiciaire*. Alternativ ordnet es das Liquidationsverfahren an, wenn darüber hinaus die Sanierung offenkundig unmöglich ist.[483]

---

homologierten Vergleich geführt hat, Finanzmittel, Güter oder Dienstleistungen zur Verfügung gestellt haben, um die Fortführung der Aktivität des Unternehmens und dessen Fortbestand sicherzustellen, und die deswegen in den Genuss des sogenannten *new money* Privilegs (C. com., art. L. 611-11, al. 1er) gekommen sind, für den Betrag dieser Finanzmittel bzw. den Preis dieser Güter oder Dienstleistungen, C. com., artt. L. 626-20-I, 3°; L. 631-19-I, al. 1er; *Pérochon* (Fn. 272), n° 1012; *Jacquemont/Vabres* (Fn. 23), n° 125; *Saint-Alary-Houin* (Fn. 25), n° 386.

479 C. com, artt. L. 626-1, al. 2; L. 631-19-I, al. 1er; *Sonnenberger/Dammann* (Fn. 27), Rn. VIII 48; *Pascal Schütze* (Fn. 3), 149; *Fix* (Fn. 28), 263.

480 C. com., art. L. 631-22, al. 1er; *Sonnenberger/Dammann* (Fn. 27), Rn. VIII 57; *Fix* (Fn. 28), 266; *Kindler/Nachmann(-Bauerreis)* (Fn. 26), Rn. 180 f. (2014).

481 C. com., art. L. 631-13, al. 1er; *Robbe-Grillet* (Fn. 50), 195 f.; *Sonnenberger/Dammann* (Fn. 27), Rn. VIII 13; *Jacquemont/Vabres* (Fn. 23), n° 781.

482 C. com., art. L. 631-21-1; *Pascal Schütze* (Fn. 3), 244; *Jacquemont/Vabres* (Fn. 23), n° 779; *Saint-Alary-Houin* (Fn. 25), n° 1209.

483 Der Antrag kann, wie im Falle der nachträglichen Feststellung des Eintritts der *cessation* im Zeitpunkt der Eröffnung (s.o. Fn. 415), vom Schuldner, dem *administrateur*, *mandataire judiciaire* oder der Staatsanwaltschaft gestellt werden. Zum Ganzen C. com., artt. L. 622-10, al. 2; L. 631-1, al. 1er; L. 640-1, al. 1er; *Pascal Schütze* (Fn. 3), 222; *Friedrichs* (Fn. 24), 187; *Jacquemont/Vabres* (Fn. 23), nos 334, 336, 859. Im Falle der Überleitung in den *redressement judiciaire* besteht – wiederum wie bei derjenigen wegen nachträglicher Feststellung des Eintritts der *cessation des paiements* (s. dazu oben Fn. 444) – die Möglichkeit einer Änderung der Dauer der verbleibenden Beobachtungsphase oder der Verlängerung um bis zu sechs Monate, C. com., art. L. 622-10, al. 5; *Roussel Galle/Bonneau*, Rev. proc. coll. 2016-6, étude 21, n° 7.

Unter dieser Voraussetzung erfolgt die Anordnung auch aus der Beobachtungsphase des *redressement judiciaire* heraus.[484] Die insoweit vorgesehene Befugnis des Gerichts, von Amts wegen tätig zu werden, hat der *Conseil constitutionnel* in einer Entscheidung vom 6. Juni 2014 für verfassungsgemäß erklärt.[485] Sie verletzt den Grundsatz der richterlichen Unparteilichkeit danach nicht.[486] Zur Begründung hat sich der Verfassungsrat darauf berufen, dass diese Ermächtigung des Gerichts nach der konkreten gesetzlichen Ausgestaltung in einem bereits anhängigen Verfahren,[487] im öffentlichen Interesse[488] sowie nach hinreichender Gewährung rechtlichen Gehörs[489] erfolgt.

Ausnahmsweise leitet das Gericht das Schutzverfahren auf Antrag bereits dann in den *redressement judiciaire* über, wenn die Annahme eines *plan de sauvegarde* offenkundig unmöglich ist und die Beendigung des Verfahrens erst noch – aber mit Sicherheit und kurzfristig – zur *cessation des paiements* führen würde.[490] Im Falle der Anordnung der vollständigen oder teilweisen Übertragung

---

484 C. com., art. L. 631-15-II, al. 1er, wonach die Anordnung in diesem Falle auch von einem Kontrolleur beantragt werden kann; *Medla* (Fn. 3), 80; *Fix* (Fn. 28), 267; *Jacquemont/Vabres* (Fn. 23), n° 334.

485 Cons. const. 6.6.2014, déc. n° 2014-399 QPC, JO n° 132 du 8 juin 2014, p. 9673, texte n° 29, n° 14.

486 Cons. const. 6.6.2014, déc. n° 2014-399 QPC, JO n° 132 du 8 juin 2014, p. 9673, texte n° 29, n° 13.

487 Cons. const. 6.6.2014, déc. n° 2014-399 QPC, JO n° 132 du 8 juin 2014, p. 9673, texte n° 29, nos 9 f., 13.

488 Namentlich weil mit ihr die Vermeidung der unumkehrbaren Verschärfung der Situation des Schuldnerunternehmens infolge eines verspäteten Übergangs zum Liquidationsverfahren bezweckt wird, Cons. const. 6.6.2014, déc. n° 2014-399 QPC, JO n° 132 du 8 juin 2014, p. 9673, texte n° 29, nos 10 f., 13.

489 Cons. const. 6.6.2014, déc. n° 2014-399 QPC, JO n° 132 du 8 juin 2014, p. 9673, texte n° 29, nos 10, 12 f. („exercée dans le respect du principe du contradictoire") unter Bezugnahme auf die einschlägige Regelung in C. com., art. L. 631-15-II, al. 2. Zum Begriff des *principe du contradictoire* und seiner inhaltlichen Entsprechung mit dem Anspruch auf rechtliches Gehör des Art. 103 Abs. 1 GG *Adloff* (Fn. 20), 111-118.

490 Der Antrag kann wiederum vom Schuldner, *Delzant/Ehret*, ZInsO 2009, 990, 991; *Pascal Schütze* (Fn. 3), 241; *Kindler/Nachmann(-Bauerreis)* (Fn. 26), Rn. 162 (2014), und im Falle einer gescheiterten Plannahme durch die Gläubigerausschüsse und die Versammlung der Anleihegläubiger seit dem Inkrafttreten der Verordnung vom 12. März 2014 auch von dem *administrateur, mandataire judiciaire* oder der Staatsanwaltschaft gestellt werden, C. com., art. L. 622-10, al. 3; *Degenhardt*, NZI 2014, 433, 436; *Saint-Alary-Houin* (Fn. 25), n° 117; *Vinckel* (Fn. 382), n° 74, der entgegen dem Wortlaut der Vorschrift gleichsam eine Überleitung von Amts wegen zulassen will.

des schuldnerischen Unternehmens im Sanierungsverfahren ordnet das Gericht die *liquidation judiciaire* an, sobald es die fehlende Erreichbarkeit eines *plan de redressement* feststellt.[491]

Erledigen sich die die Eröffnung der *procédure de sauvergarde* rechtfertigenden Schwierigkeiten im Laufe der Beobachtungsphase, so beendet das Gericht das Verfahren auf Antrag des Schuldners.[492] In gleicher Weise kann es im Falle des *redressement judiciaire* verfahren, wenn sich in diesem Stadium herausstellt, dass er über ausreichende Mittel zur vollständigen Schulden- und Kostentilgung verfügt.[493] Genauso kann das Gericht um die Beendigung des Schutzverfahrens ersucht werden, wenn in der Beobachtungsphase nicht rechtzeitig der Entwurf eines *plan de sauvegarde* vorgelegt wird.[494] Endlich nimmt es sich dieser Beendigung von Amts wegen an, wenn seine den Plan zurückweisende Entscheidung unanfechtbar geworden und weder das Liquidationsverfahren noch die Überleitung in den *redressement* wegen bereits eingetretener oder drohender *cessation des paiements* angeordnet worden ist.[495]

G. Gläubigerausschüsse

Spezialregelungen enthalten die Bestimmungen zum *plan de sauvegarde* und zum *plan de redressement* für den Fall der Einberufung der Gläubigerausschüsse und der Versammlung der Anleihegläubiger.[496] Kommen die Vorschriften zu den Gläubigergremien zur Anwendung, greifen die allgemeinen Regeln zu den Plänen, soweit sie nicht im Widerspruch zu diesen besonderen Bestimmungen stehen. Verbindlich gelten Letztere nur dann, wenn die Konten des Schuldners von einem *commissaire aux comptes* geprüft oder von einem *expert-comptable* erstellt worden sind. Ferner müssen bestimmte Schwellenwerte beim Umsatz

---

491 C. com., art. L. 631-22, al. 3; *Le Corre* (Fn. 46), n° 570.09; *Jacquemont/Vabres* (Fn. 23), n° 780; *Saint-Alary-Houin/Houin-Bressand* (Fn. 365), n° 29.

492 C. com., art. L. 622-12; *Kindler/Nachmann(-Bauerreis)* (Fn. 26), Rn. 161 (2014); *Pérochon* (Fn. 272), n° 847; *Dumont-Lefrand* (Fn. 415), n°s 7 f., 29.

493 C. com., art. L. 631-16, al. 1er; *Pascal Schütze* (Fn. 3), 69 Fn. 427; *Kindler/Nachmann (-Bauerreis)* (Fn. 26), Rn. 181 (2014); *Perruchot/Salgado*, J.-Cl. Commercial, Fasc. 2226 (Februar 2017) n° 39.

494 Und zwar von der Staatsanwaltschaft, einem Gläubiger, dem *administrateur* oder dem *mandataire judiciaire*, C. com., art. R. 626-18, al. 2; *Le Corre* (Fn. 46), n° 492.13; *Pérochon* (Fn. 272), n° 889; *Saint-Alary-Houin* (Fn. 25), n° 977.

495 C. com., art. R. 626-22, al. 1er; *Le Corre* (Fn. 46), n° 515.11; *Pérochon* (Fn. 272), n° 892; *Jacquemont/Vabres* (Fn. 23), n° 785.

496 C. com., artt. L. 626-30-2 - L. 626-35; L. 631-19-I.

und der Zahl der Arbeitnehmer überschritten sein. Ansonsten kann die Anwendung vom *juge-commissaire* auf Antrag des Schuldners oder des *administrateur* zugelassen werden.[497]

In dem Ausschuss der Kreditinstitute sind diese und andere als vergleichbar erachtete Gläubiger kraft Gesetzes Mitglied.[498] Bei dem Ausschuss der Hauptlieferanten gilt Entsprechendes für jeden Lieferanten von Waren oder Dienstleistungen, wenn seine Forderung mehr als drei Prozent des Gesamtbetrags der Lieferantenforderungen ausmacht.[499] Andere Lieferanten können sich für eine Mitgliedschaft in diesem Ausschuss entscheiden, wenn sie vom *administrateur* nach dessen freien Ermessen darum ersucht werden;[500] hat das Gericht keinen *administrateur* bestellt und der *juge-commissaire* die Anwendung der Vorschriften zu den Gläubigerausschüssen und der Versammlung der Anleihegläubiger zugelassen, beruft Letzterer einen *administrateur* zum Zwecke der Erfüllung dieser und anderer dem Verwalter in diesen Bestimmungen zugewiesenen Aufgaben.[501]

Im Falle der *procédure de sauvegarde* unterbreitet der Schuldner den Gläubigerausschüssen mit Unterstützung des *administrateur* auf die Entwicklung eines Planentwurfs abzielende Vorschläge, im *redressement judiciaire* ist dies Sache des Verwalters.[502] In beiden Verfahren kann auch jedes Ausschussmitglied einen

---

497 Zum Ganzen C. com., artt. L. 626-29; L. 631-19-I, al. 1er; *Roedig* (Fn. 5), 297; *Kindler/Nachmann(-Bauerreis)* (Fn. 26), Rn. 173, 180 (2014); MünchKomm InsO[3](*-Niggemann*) (Fn. 23), Rn. 43.

498 C. com., artt. L. 626-30, al. 2; L. 631-19-I, al. 1er.

499 C. com., artt. L. 626-30, al. 3, wonach Gebietskörperschaften und ihre öffentlichen Einrichtungen hiervon ausgenommen sind; L. 631-19-I, al. 1er. Zum Ganzen *Delzant/Ehret*, ZInsO 2009, 990, 992 f.; *Drukarczyk* (Fn. 466); MünchKomm InsO[3](*-Niggemann*) (Fn. 497). Maßgeblich für die Zusammensetzung der Ausschüsse sind die vor dem Eröffnungsurteil entstandenen Forderungen, C. com., artt. L. 626-30, al. 1er; L. 631-19-I, al. 1er; *Delzant/Ehret*, ebenda, 993; *Pascal Schütze* (Fn. 3), 245; *Vinckel* (Fn. 382), n° 105. Zu berücksichtigen ist der Betrag der am Tag dieser Entscheidung bestehenden Forderungen einschließlich aller Steuern, C. com., artt. R. 626-56, al. 1er; R. 631-37; *Delzant/Ehret*, ebenda; *Le Corre* (Fn. 46), n° 513.23; *Vinckel*, ebenda, n° 108.

500 C. com., artt. L. 626-30, al. 3; L. 631-19-I, al. 1er; *Medla* (Fn. 3), 246; *Delzant/Ehret*, ZInsO 2009, 990, 993; *Vinckel* (Fn. 382), n° 108.

501 C. com., artt. R. 626-53, wonach dies namentlich für die dem *administrateur* in den Artikeln L. 626-30 - L. 626-33 des Code commerce übertragenen Aufgaben gilt; R. 631-37; *Lienhard*, Procédures collectives[5] (Paris 2013) n° 54.12; *Le Corre* (Fn. 46), n°s 513.21 f.; *Vinckel* (Fn. 382), n° 103.

502 C. com., artt. L. 626-30-2, al. 1er; L. 631-19-I, al. 2 sowie für die *procédure de sauvegarde Sonnenberger/Dammann* (Fn. 27), Rn. VIII 46; *Kindler/Nachmann(-Bauerreis)*

Planentwurf vorlegen, welcher dann vom *administrateur* in einem Bericht zu würdigen ist.[503]

Die inhaltliche Ausgestaltung der den Gläubigerausschüssen vorgeschlagenen Planentwürfe unterliegt weniger engen Grenzen als der Plan nach den allgemeinen Regeln. Dies betrifft etwa die Planlaufzeit. Desgleichen sind grundsätzlich Nachlässe ohne Zustimmung der einzelnen Forderungsinhaber und, wenn sie wegen unterschiedlicher Umstände gerechtfertigt sind, Differenzierungen zwischen den Gläubigern zulässig.[504]

Die Gläubigerausschüsse stimmen über jeden der ihnen vorgelegten und gegebenenfalls im Zuge der Diskussion mit dem Schuldner und dem *administrateur* modifizierten Planentwürfe ab.[505] Für die Annahme bedarf es wie auch in der Versammlung der Anleihegläubiger einer Zweidrittel-Summenmehrheit der abgegebenen Stimmen.[506] Sind unter den Gläubigern Anleihegläubiger, ist der von den Gläubigerausschüssen angenommene Planentwurf auch dieser Versammlung vorzulegen.[507] Letztere kann namentlich *Debt Equity Swaps*, Stundungen sowie einen teilweisen oder vollständigen Forderungsverzicht der Mitglieder beschließen; sachlich gerechtfertigte Ungleichbehandlungen sind wiederum erlaubt.[508]

Ansonsten gilt für die Gläubiger, die nicht Mitglied in einem der einberufenen Ausschüsse sind, dass sie nach den allgemeinen, für Verfahren ohne

---

(Fn. 26), Rn. 174 (2014); MünchKomm InsO³(-*Niggemann*) (Fn. 23), Rn. 47 und für den *redressement judiciaire Dammann*, NZI 2009, 502, 506; *Drukarczyk* (Fn. 464); *Saint-Alary-Houin* (Fn. 25), n° 1191. Zur im *redressement* insoweit vorgesehenen Beteiligung des Schuldners s. noch unten § 4 F I 3.

503 C. com., artt. L. 626-30-2, al. 1er; L. 631-19-I, al. 1er; *Degenhardt*, NZI 2014, 433, 436; *Droege Gagnier/Dust*, NZI 2014, 942, 944; *Saint-Alary-Houin* (Fn. 25), nos 116, 954.

504 C. com., artt. L. 626-30-2, al. 2; L. 631-19-I, al. 1er; *Sonnenberger/Dammann* (Fn. 502); *Drukarczyk* (Fn. 464), 770; MünchKomm InsO³(-*Niggemann*) (Fn. 502).

505 C. com., artt. L. 626-30-2, al. 3; L. 631-19-I, al. 2; *Pérochon* (Fn. 272), nos 926, 936; *Jacquemont/Vabres* (Fn. 23), n° 753; *Saint-Alary-Houin* (Fn. 25), n° 954. Zur Diskussion der und zur Abstimmung über die Planentwürfe als Zweck der Gläubigerausschüsse s. bereits oben § 3 B IX, näher zu dem Begriff der Diskussion s. noch unten § 4 F I 5.

506 C. com., artt. L. 626-30-2, al. 4; L. 626-32, al. 3; L. 631-19-I, al. 1er; *Dammann*, NZI 2009, 502, 506; *Delzant/Ehret*, ZInsO 2009, 990, 994; *Droege Gagnier/Dust*, NZI 2014, 942, 944.

507 C. com., artt. L. 626-32, al. 1er; L. 631-19-I, al. 1er; *Sonnenberger/Dammann* (Fn. 502); *Drukarczyk* (Fn. 504); *Kindler/Nachmann*(-*Bauerreis*) (Fn. 26), Rn. 175.

508 Zu den Einzelheiten C. com., artt. L. 626-32, al. 2; L. 631-19-I, al. 1er; *Jacquemont/Vabres* (Fn. 23), n° 756; *Saint-Alary-Houin* (Fn. 25), n° 956; *Vinckel* (Fn. 382), n° 119.

Gläubigerausschüsse maßgeblichen Regeln konsultiert werden.[509] Nach Letzteren bestimmt sich auch die gerichtliche Festsetzung der Bestimmungen des Plans in Bezug auf diese Gläubiger.[510]

Bei seiner Entscheidung über die Planfestsetzung nach der Annahme durch die Gläubigerausschüsse und die Versammlung der Anleihegläubiger hat das Gericht sich auch zu vergewissern, dass die Interessen aller Gläubiger ausreichend geschützt sind.[511]

H. Planausführung

Für die Laufzeit des Plans bestellt das Gericht den *administrateur* oder den *mandataire judiciaire* zum *commissaire à l'exécution du plan*.[512] Wenn es erforderlich ist, kann es mehrere solcher mit der Überwachung der Planausführung Beauftragten einsetzen.[513] Von diesen werden auch bereits eingeleitete Verfahren, an denen der *administrateur* oder der *mandataire judiciaire* als Partei beteiligt ist, fortgeführt. Genauso ist der *commissaire à l'exécution du plan* befugt, Klagen im kollektiven Interesse der Gläubiger erst noch zu erheben.[514]

Die Beschränkungen der schuldnerischen Verwaltungs- und Verfügungsbefugnis aus der Beobachtungsphase enden mit der Festsetzung des Plans.[515] Das Gericht kann den *administrateur* mit einzelnen Maßnahmen zur Umsetzung des Plans betrauen, während der *mandataire judiciaire* bis zum Abschluss der Forderungsfeststellung noch mit Letzterer befasst bleibt.[516] Seit dem Inkrafttreten des

---

509 C. com., artt. L. 626-33, al. 1er; L. 631-19-I, al. 1er. Zu diesen in C. com., artt. L. 626-5 f. fixierten Regeln s.o. § 3 F.

510 Namentlich greifen insoweit die oben § 3 F angesprochenen Bestimmungen der Artikel L. 626-12 und L. 626-18 - L. 626-20 des Code de commerce, C. com., artt. L. 626-33, al. 2; L. 631-19-I, al. 1er. Zum Ganzen *Medla* (Fn. 3), 248; *Pascal Schütze* (Fn. 3), 68; *Jacquemont/Vabres* (Fn. 23), n° 760.

511 C. com., artt. L. 626-31, al. 1er; L. 631-19-I, al. 1er; *Sonnenberger/Dammann* (Fn. 27), Rn. VIII 48; *Großerichter* (Fn. 473); *Fix* (Fn. 28), 263.

512 *Pascal Schütze* (Fn. 3), 70; *Fix* (Fn. 28), 264; MünchKomm InsO[3](-*Niggemann*) (Fn. 23), Rn. 49.

513 Zum Ganzen C. com., artt. L. 626-25, al. 1er; L. 631-19-I, al. 1er; *Medla* (Fn. 3), 240; *Jacquemont/Vabres* (Fn. 23), n°s 795 f.; *Saint-Alary-Houin* (Fn. 25), n°s 985, 988.

514 Zum Ganzen C. com., artt. L. 626-25, al. 3, 4; L. 631-19-I, al. 1er; *Robbe-Grillet* (Fn. 50), 258; *Medla* (Fn. 3), 241; *Jacquemont/Vabres* (Fn. 23), n° 797.

515 *Kindler/Nachmann*(-*Bauerreis*) (Fn. 26), Rn. 178 (2014); *Jacquemont/Vabres* (Fn. 23), n° 831; MünchKomm InsO[3](-*Niggemann*) (Fn. 512).

516 C. com., artt. L. 626-24, al. 1er, 2; L. 631-19-I, al. 1er; *Robbe-Grillet* (Fn. 50), 256 f.; *Medla* (Fn. 3), 240; *Saint-Alary-Houin* (Fn. 25), n°s 988, 991.

Gesetzes vom 18. November 2016 ist ausdrücklich vorgesehen, dass das Gericht auf Antrag des Schuldners den *administrateur* oder den *mandataire judiciaire*, der nicht zum *commissaire à l'exécution du plan* bestellt worden ist, unter noch per Dekret zu bestimmenden Bedingungen um bis zu weitere vierundzwanzig Monate mit einer vergüteten Aufgabe betrauen kann.[517]

Auf Antrag des *commissaire à l'exécution du plan*, des Schuldners oder jedes Interessierten stellt das Gericht die Vollendung der Planausführung fest, wenn die im Plan festgelegten Verpflichtungen erfüllt sind.[518] Die nicht fristgerecht angemeldeten Forderungen können dem Schuldner in diesem Fall über die Phase der Planausführung hinaus nicht entgegengehalten werden.[519] Von ihnen befreit die erfolgreiche Umsetzung des Plans den Schuldner also.[520]

Bei Feststellung des Eintritts der *cessation des paiements* während der Planausführung ordnet das Gericht auf Antrag die Auflösung des Plans an. Im Falle der *procédure de sauvegarde* eröffnet es dann den *redressement judiciaire* oder, wenn die Sanierung offenkundig unmöglich ist, die *liquidation judiciaire*, während bei Auflösung eines *plan de redressement* dann stets die Eröffnung eines Liquidationsverfahrens erfolgt.[521] Einen fakultativen Grund für die Planauflösung stellt die Nichterfüllung der schuldnerischen Verpflichtungen innerhalb der im Plan fixierten Fristen dar.[522]

I. Liquidation

In der *liquidation judiciaire* ist dem Schuldner die Verwaltungs- und Verfügungsbefugnis in Bezug auf sein Vermögen einschließlich des Neuerwerbs entzogen. Die das Vermögen betreffenden Rechte des Schuldners werden während des

---

517 C. com., art. L. 626-25, al. 2.

518 C. com., artt. L. 626-28; L. 631-19-I, al. 1er; *Medla* (Fn. 3), 241; *Pascal Schütze* (Fn. 3), 71 f.; *Fix* (Fn. 512).

519 C. com., artt. L. 622-26, al. 2; L. 631-14, al. 1er.

520 *Delzant/Ehret*, ZInsO 2009, 990, 994; *Pascal Schütze* (Fn. 3), 242; *Jacquemont/Vabres* (Fn. 23), n° 577.

521 C. com., artt. L. 626-27-I, al. 3; L. 631-19-I, al. 1er; L. 631-20-1; *Delzant/Ehret*, ZInsO 2009, 990, 992; *Pascal Schütze* (Fn. 3), 73, 242; *Fix* (Fn. 28), 262, 267; *Kindler/Nachmann(-Bauerreis)* (Fn. 26), Rn. 179 (2014). Zur Frage nach den Antragsberechtigten s. noch unten § 4 A II 3 c) cc).

522 C. com., artt. L. 626-27-I, al. 2; L. 631-19-I, al. 1er; *Medla* (Fn. 3), 242; *Pascal Schütze* (Fn. 3), 72 f.; *Kindler/Nachmann(-Bauerreis)* (Fn. 521).

Verfahrens vom *liquidateur* ausgeübt.[523] Dessen Verwaltungsbefugnis ergibt sich aus der Beschlagnahme des Vermögens.[524] Allerdings wird das Eröffnungsurteil nicht als Vollstreckungstitel verstanden.[525] Nach Eröffnung oder Anordnung des Liquidationsverfahrens kraft Rechtsnachfolge von Todes wegen erworbene Vermögensbestandteile kann der *liquidateur* seit dem Inkrafttreten der Verordnung vom 12. März 2014 nicht ohne Zustimmung des Schuldners verwerten.[526]

Die Geschäftstätigkeit des schuldnerischen Unternehmens wird eingestellt. Ihre befristete Fortführung unter Leitung des *liquidateur* kann vom Gericht gestattet werden, wenn die vollständige oder teilweise Übertragung des Unternehmens (*cession totale ou partielle de l'entreprise*) in Betracht kommt. Dasselbe gilt, wenn das öffentliche Interesse oder dasjenige der Gläubiger eine solche Fortführung gebietet.[527] Erscheint es notwendig oder ist ein bestimmter Schwellenwert bei der Zahl der beschäftigten Arbeitnehmer oder dem Umsatz erreicht, betraut das Gericht einen zu diesem Zwecke einzusetzenden *administrateur judiciaire* mit der Verwaltung des Unternehmens.[528]

Soweit die Verwertung der Aktiva nicht im Wege der Übertragung des Unternehmens erfolgt, steht die Einzelveräußerung als weiteres Mittel bereit.[529] Kommt eine vollständige oder teilweise Übertragung des Unternehmens in Betracht, erlaubt das Gericht die Fortführung der Geschäftstätigkeit und bestimmt es eine Frist für die Abgabe von Übernahmeangeboten.[530] Am Ende kann es einen oder

523 C. com., art. L. 641-9-I, al. 1er; *Sonnenberger/Dammann* (Fn. 27), Rn. VIII 53; *Kindler/Nachmann(-Bauerreis)* (Fn. 26), Rn. 167 (2014); MünchKomm InsO³(*-Niggemann*) (Fn. 23), Rn. 30.

524 *Vallansan* (Fn. 388), nº 45.

525 Cass. civ. 7.1.2016, nº 14-24.508 und hierzu *Saint-Alary-Houin* (Fn. 25), nº 1299.

526 Entsprechendes gilt für die Herbeiführung der Erbauseinandersetzung bei einer solchen Rechtsnachfolge in dem Verfahren, C. com., art. L. 641-9-IV; *Pérochon* (Fn. 272), nºs 1157 f.; *Jacquemont/Vabres* (Fn. 23), nº 869; *Saint-Alary-Houin* (Fn. 25), nºs 1237, 1239. Zu sonstigen Grenzen des *dessaisissement* (zu diesem Begriff s. bereits oben § 3 B I) und der Befugnisse des *liquidateur* C. com., art. L. 641-9-I, al. 2, 3; *Pascal Schütze* (Fn. 3), 80; *Jacquemont/Vabres*, ebenda, nºs 872-875, 885-888; *Saint-Alary-Houin*, ebenda, nºs 1241-1244.

527 C. com., art. L. 641-10, al. 1er, 2; *Sonnenberger/Dammann* (Fn. 523); *Kindler/Nachmann(-Bauerreis)* (Fn. 26), Rn. 121, 167; MünchKomm InsO³(*-Niggemann*) (Fn. 523).

528 C. com., art. L. 641-10, al. 5; *Pérochon* (Fn. 272), nº 1186; *Jacquemont/Vabres* (Fn. 23), nº 896; *Saint-Alary-Houin* (Fn. 25), nº 1256.

529 Hierzu C. com., artt. L. 642-18 - L. 642-24; *Sonnenberger/Dammann* (Fn. 27), Rn. VIII 55; *Friedrichs* (Fn. 24), 154 f.; *Kindler/Nachmann(-Bauerreis)* (Fn. 26), Rn. 182.

530 C. com., art. L. 642-2-I, al. 1er; *Fix* (Fn. 28), 268; *Kindler/Nachmann(-Bauerreis)* (Fn. 26), Rn. 183; *Jacquemont/Vabres* (Fn. 23), nº 927.

mehrere vom *liquidateur* oder – wenn das Gericht einen solchen eingesetzt hat – vom *administrateur* vorzubereitende Übertragungspläne (*plans de cession*) festsetzen.[531]

Bei seiner Entscheidung zwischen der Annahme eines *plan de cession* und der Einzelveräußerung hat das Gericht das gesetzliche Ziel der Übertragung zu beachten.[532] Dieses besteht im Erhalt der autonom fortführbaren Geschäftsbereiche mit den dort verorteten Arbeitsplätzen sowie in der Schuldenbereinigung.[533] Die nachhaltige Bewahrung der Arbeitsplätze hat der Gesetzgeber neben der Gläubigerbefriedigung und den besten Garantien für eine erfolgreiche Umsetzung auch als maßgeblichen Faktor für die Wahl zwischen verschiedenen Übernahmeangeboten bestimmt.[534] Auflösen kann das Gericht einen *plan de cession*, wenn der Zessionar seine Verpflichtungen nicht einhält.[535]

Das Gericht beendet die *liquidation judiciaire*, wenn keine durchsetzbaren Verbindlichkeiten mehr bestehen oder der *liquidateur* über ausreichende Mittel zur Befriedigung der Schuldner verfügt (*clôture pour extinction du passif*). Dasselbe gilt, wenn die Fortführung des Verfahrens unmöglich ist wegen der

---

531 C. com., artt. L. 641-10, al. 4, 5; L. 642-5, al. 1er; *Kindler/Nachmann(-Bauerreis)* (Fn. 26), Rn. 184 f.; MünchKomm InsO³(*-Niggemann*) (Fn. 23), Rn. 52; *Fraimout*, J.-Cl. Commercial, Fasc. 2730 (Februar 2017) nos 33 f. Mit dem den Plan festsetzenden Urteil kann es auch eine der Übertragung vorausgehende Unternehmenspacht (*location-gérance*) zulassen, C. com., art. L. 642-13, al. 1er; *Sonnenberger/Dammann* (Fn. 27), Rn. VIII 63; *Jacquemont/Vabres* (Fn. 23), n° 977 f.; *Saint-Alary-Houin* (Fn. 25), n° 1287. Zur *location-gérance* s. noch die Nachweise unten Fn. 1108.

532 *Jacquemont/Vabres* (Fn. 23), n° 932.

533 C. com., art. L. 642-1, al. 1er: „La cession de l'entreprise a pour but d'assurer le maintien d'activités susceptibles d'exploitation autonome, de tout ou partie des emplois qui y sont attachés et d'apurer le passif".

534 C. com., art. L. 642-5, al. 1er („[...] le tribunal retient l'offre qui permet dans les meilleures conditions d'assurer le plus durablement l'emploi attaché à l'ensemble cédé, le paiement des créanciers et qui présente les meilleures garanties d'exécution"); *Sonnenberger/Dammann* (Fn. 27), Rn. VIII 59; *Kindler/Nachmann(-Bauerreis)* (Fn. 26), Rn. 185; *Jacquemont/Vabres* (Fn. 23), n° 933.

535 C. com., art. L. 642-11, al. 2, wonach es dies auf Antrag der Staatsanwaltschaft, des *liquidateur*, eines Gläubigers, eines jeden Interessierten oder von Amts wegen tun kann; *Sonnenberger/Dammann* (Fn. 27), Rn. VIII 62; *Kindler/Nachmann(-Bauerreis)* (Fn. 26), Rn. 186; *Jacquemont/Vabres* (Fn. 23), n° 986. Zur Auflösung des *plan de cession* im Falle einer der Übertragung vorausgehenden Unternehmenspacht s. noch unten Fn. 1672.

Erschöpfung der Aktivmasse.[536] Seit dem Inkrafttreten der Verordnung vom 12. März 2014 genügt es, wenn die Fortführung mit Blick auf die Schwierigkeiten bei der Verwertung der noch verbleibenden Aktiva unverhältnismäßig wäre.[537] Ferner kann das Gericht die *liquidation judiciaire*, wenn die *clôture pour extinction du passif* nicht in Betracht kommt, seither unter Betrauung eines Bevollmächtigten mit der Verfolgung der noch laufenden Verfahren und der Verteilung etwaiger Erlöse aus denselben beenden.[538]

Die Beendigung erfolgt auf Antrag des *liquidateur*, des Schuldners oder von Amts wegen. Nach Ablauf von zwei Jahren ab dem die *liquidation judiciaire* verfügenden Urteil kann sie auch von einem Gläubiger beantragt werden.[539] Im Falle eines *plan de cession* ordnet das Gericht die Verfahrensbeendigung erst an, wenn es die Erfüllung der Verpflichtungen des Zessionars festgestellt hat.[540] Nach der *clôture pour extinction du passif* kann das Verfahren wieder aufgenommen werden, wenn es in dessen Verlauf unterlassen worden ist, Verfahren im Interesse der Gläubiger zu betreiben, oder Aktiva nicht realisiert worden sind.[541]

Mit Beendigung der *liquidation judiciaire* wegen Erschöpfung der Aktivmasse wird dem Schuldner grundsätzlich eine Restschuldbefreiung gewährt[542]: Die

---

536 C. com., art. L. 643-9, al. 2 („Lorsqu'il n'existe plus de passif exigible ou que le liquidateur dispose de sommes suffisantes pour désintéresser les créanciers, ou lorsque la poursuite des opérations de liquidation judiciaire est rendue impossible en raison de l'insuffisance de l'actif […] la clôture de la liquidation judiciaire est prononcée par le tribunal […]"; *Pascal Schütze* (Fn. 3), 82; *Pérochon* (Fn. 272), n°s 1329, 1331; *Jacquemont/Vabres* (Fn. 23), n°s 1054, 1056.

537 C. com., art. L. 643-9, al. 2 („[…] ou encore lorsque l'intérêt de [la] poursuite [des opérations de liquidation judiciaire] est disproportionné par rapport aux difficultés de réalisation des actifs résiduels […]").

538 C. com., art. L. 643-9, al. 3. Zum Ganzen *Pérochon* (Fn. 272), n°s 1334 f.; *Jacquemont/Vabres* (Fn. 23), n° 1056; *Saint-Alary-Houin* (Fn. 25), n° 1405.

539 C. com., art. L. 643-9, al. 4; *Pascal Schütze* (Fn. 536); *Pérochon* (Fn. 272), n° 1327; *Jacquemont/Vabres* (Fn. 23), n° 1052.

540 C. com., art. L. 643-9, al. 5; *Pascal Schütze* (Fn. 3), 82 f.; *Pérochon* (Fn. 272), n° 1328; *Saint-Alary-Houin* (Fn. 538).

541 C. com., art. L. 643-13, al. 1er („Si la clôture de la liquidation judiciaire est prononcée pour insuffisance d'actif et s'il apparaît que des actifs n'ont pas été réalisés ou que des actions dans l'intérêt des créanciers n'ont pas été engagées pendant le cours de la procédure, celle-ci peut être reprise"); *Pérochon* (Fn. 272), n° 1339; *Jacquemont/Vabres* (Fn. 23), n° 1074; *Saint-Alary-Houin* (Fn. 25), n° 1407.

542 *Sonnenberger/Dammann* (Fn. 27), Rn. VIII 55; *Delzant/Pascal Schütze*, ZInsO 2008, 540, 546; *Fix* (Fn. 28), 268 f. Zur Ratio dieser Restschuldbefreiung und den Gründen für ihren Ausschluss s. noch unten § 4 A VIII 5, IX 1, 2.

Einzelrechtsverfolgung der Gläubiger bleibt über die *clôture pour insuffisance d'actif* hinaus ausgeschlossen.[543] Allerdings sind hiervon verschiedene Forderungen ausgenommen wie etwa solche, die ihren Ursprung in einer Straftat haben, deren schuldhafte Begehung durch den Schuldner festgestellt worden ist.[544]

543 C. com., art. L. 643-11-I („Le jugement de clôture de liquidation judiciaire pour insuffisance d'actif ne fait pas recouvrer aux créanciers l'exercice individuel de leurs actions contre le débiteur […]"); *Mehring*, ZInsO 2012, 1247, 1248; *Fix* (Fn. 28), 269; *Gottwald(-Martin Ahrens)*, Insolvenzrechts-Handbuch[5] (2015) § 80 Rn. 32.

544 Zu den unter dem geltenden Recht ausgenommenen Forderungen s. wiederum C. com., art. L. 643-11-I sowie *Le Corre* (Fn. 46), n°s 592.61–592.63.

§ 4 Aufklärungspflichten des Schuldners nach französischem Recht

Als Grundlage für schuldnerische Aufklärungspflichten in den Unternehmensinsolvenzverfahren des französischen Rechts kommen zunächst einmal verschiedene die Eigenantragstellung betreffende Regelungen in Betracht. Nicht ohne auf die für das Verständnis wichtige historische Entwicklung einzugehen, werden sie im Folgenden untersucht. Daran schließt sich eine Auseinandersetzung mit den hier relevanten Bestimmungen an, welche bzw. soweit sie das übrige Verfahren zum Gegenstand haben.

A. Der Eigenantrag: Antragspflicht und Pflichtangaben

Für den Fall des Eintritts der *cessation des paiements* wird dem Schuldner im sechsten Buch des Code de commerce heute auferlegt, die Eröffnung eines *redressement* oder einer *liquidation judiciaire* zu beantragen, wenn er das Gericht nicht rechtzeitig um die Eröffnung eines Schlichtungsverfahrens ersucht.[545] Gemeinsam ist dem *redressement* und der *liquidation judiciaire* mit der *procédure de sauvegarde*, dass mit dem Eröffnungsantrag des Schuldners diverse Informationen bereitzustellen sind.[546]

I. Historische Entwicklung

1. Code de commerce von 1807

a) Erklärung der cessation des paiements

Unter dem Code de commerce von 1807 hatte der Schuldner seine *cessation des paiements* zunächst innerhalb von drei Tagen ab deren Eintritt bei der Kanzlei des zuständigen Handelsgerichts zu erklären.[547] Die zeitnahe Initiierung des Verfahrens sollte die gemeinschaftliche Befriedigung der Gläubiger bei grundsätzlicher Gleichbehandlung fördern.[548] Frühzeitig sollte verhindert werden,

---

545 C. com., artt. L. 631-4, al. 1er; L. 640-4, al. 1er; L. 653-8, al. 3.

546 C. com., artt. R. 621-1; R. 631-1; R. 640-1.

547 C. com. 1807, art. 440, al. 1er; C. com. 1807, art. 438, al. 1er i.d.F. der loi du 28 mai 1838; *Rogron* (Fn. 41), 405; *Percerou/Dessertaux* (Fn. 34), n°s 286, 287; *Kremer* (Fn. 47); *Hager*, Der Bankrott durch Organe juristischer Personen (2007) 66.

548 Vgl. *Renouard* (Fn. 62), 253 f.; *Lyon-Caen/Renault* (Fn. 34), n°s 1, 82bis.

dass einzelne Gläubiger noch auf Kosten der anderen eine Befriedigung ihrer Forderungen erreichen konnten, der Schuldner Bestandteile seines Vermögens beiseite schaffte[549] oder die Situation bei dem Versuch, sein Handelsgewerbe fortzuführen, verschlimmerte[550]. Marktteilnehmer, die Vertragsabschlüsse mit dem Falliten erwogen, galt es zu schützen.[551] Mit der Begründung, dass ein Schuldner nichts anderes als ein Verwalter fremden, ihm anvertrauten Vermögens sei, wurde auch versucht, die Pflicht ethisch zu rechtfertigen.[552]

Die schuldnerische Erklärung der *cessation des paiements* galt als deren Geständnis (*aveu*).[553] Verbesserte sich seine Lage in der Folge erheblich, sollte der Schuldner das Geständnis bis zum Zeitpunkt der gerichtlichen Feststellung der *faillite* widerrufen können.[554] Dasselbe galt im Falle einer versehentlich falschen Einschätzung seiner Situation bei Abgabe der Erklärung.[555] Danach sollte er die Aufhebung des die *faillite* feststellenden Urteils erwirken können, wenn er die *cessation des paiements* irrtümlich erklärt hatte.[556]

---

549 *Bedarride* (Fn. 32), n°s 30-32.

550 *Renouard* (Fn. 62), 254; *Percerou/Dessertaux* (Fn. 34), n° 286.

551 *Bedarride* (Fn. 32), n° 33; vgl. auch *Ruben de Couder*, Dictionnaire de droit commercial industriel et maritime, IV: F-J³ (Paris 1879), v° Faillite, n° 84.

552 *Renouard* (Fn. 62), 253 f., der – wie auch *Houin/Derrida*(*-Houin*) (Fn. 79), n° 261 zur Rechtslage unter dem Dekret vom 20. Mai 1955 – von einer „moralischen Pflicht" („devoir moral") sprach; *Percerou/Dessertaux* (Fn. 34), n° 286 p. 393 note 1.

553 *Locré* (Fn. 37), 52 f., 211 f.; *Pardessus* (Fn. 37), n°s 1095, 1097; *Percerou/Dessertaux* (Fn. 34), n°s 197, 286.

554 *Pardessus* (Fn. 37), n° 1097; *Bedarride* (Fn. 32), n° 57; *Lyon-Caen/Renault* (Fn. 34), n° 90.

555 *Locré* (Fn. 37), 53; *Lyon-Caen/Renault* (Fn. 34), n° 90; *Percerou/Dessertaux* (Fn. 34), n°s 197, 293. Für die Rechtslage unter dem Gesetz vom 13. Juli 1967 *Argenson/Toujas* (Fn. 128), 30; *Jacquemont* (Fn. 143), n° 182.

556 *Locré* (Fn. 37), 211, 54; *Percerou/Dessertaux* (Fn. 34), n°s 197, 380, 389, 396. In der Rechtsprechung setzte sich bald die in der Literatur teilweise bekämpfte Ansicht durch, dass ihm dies auch dann zuzubilligen sei, wenn er zwischen der Verkündung des Urteils und dem Eintritt seiner Rechtskraft wieder zahlungsfähig geworden war. Getragen wurde diese Lösung letztlich von der Erwägung, dass der Kaufmann es dann verdiente, den als unangemessen empfundenen Konsequenzen der *faillite* zu entgehen, ohne den Weg der Rehabilitation beschreiten zu müssen, vgl. *Bedarride* (Fn. 32), III⁴ (Paris/Aix 1862), n° 1182; *Lyon-Caen/Renault* (Fn. 34), n° 156; *Percerou/Dessertaux*, ebenda, n°s 381-383bis. Zu dem Streitstand unter dem Code de commerce in seiner Ausgangsfassung *Locré* (Fn. 37), 211, 456-462.

b) *Bilanz*

Formulierungsvorschläge im Schrifttum für die Erklärung der *cessation des paiements* sahen vor, dass der Fallit bereits mit der Erklärung seine Bilanz (*bilan*) einreichte oder darauf hinwies, dass ihm deren Erstellung nicht möglich gewesen sei;[557] dies korrespondierte mit der alten Rechtslage unter der Ordonnance sur le commerce von 1673[558]. Vorgeschrieben war die Einreichung mit der Erklärung der *cessation des paiements* unter der Ausgangsfassung des Code de commerce hingegen noch nicht.[559] Eine spätere Einführung der Bilanz in das Verfahren musste die Redlichkeit des Schuldners nicht notwendigerweise ausschließen.[560]

Der Gesetzgeber ordnete vielmehr an, dass der Schuldner die Bilanz, wenn er sie bereits vor der Erklärung seiner *cessation des paiements* angefertigt, aber bei sich behalten hatte, innerhalb von vierundzwanzig Stunden ab deren Amtsantritt den mit dem Code de commerce eingeführten Fallimentsagenten übergab.[561]

---

557 *Maugeret* (Fn. 40), 471, 809 f.; *Rogron* (Fn. 41), 677 f. Zum Begriff der Bilanz s. noch unten § 4 A I 2 b).

558 Zu der Ordonnance sur le commerce von 1673 s. bereits oben Fn. 34. Nach dem Wortlaut von Artikel 2 des elften Titels der Ordonnance („Ceux qui auront fait faillite sont tenus de donner à leur créanciers un état certifié d'eux de tout ce qu'ils possèdent, et de tout ce qu'ils doivent") hatte sich die von den Schuldnern zu fertigende Aufstellung all dessen, was sie besaßen und was sie schuldeten, an die Gläubiger gerichtet, *Kohler* (Fn. 34), 21 f. (§ 5); *Hellmann* (Fn. 34), 97 (§ 7), was man in der historischen Rückschau als passend zu der Konzeption der Ordonnance von dem Konkurs als private Angelegenheit zwischen dem Schuldner und seinen Gläubigern wertete, *Locré* (Fn. 37), 241. In den Deklarationen Ludwig XV. vom 13. Juni 1716, wiedergegeben bei *Bornier*, Conférences des Ordonnances de Louis XIV, II (Paris 1755) 670 f., und vom 13. September 1739, abgedruckt bei *Rogue*, Jurisprudence consulaire, et instruction des négociants, I (Angers/Paris 1773), 403-406, wurde dann allerdings klargestellt, dass die Schuldner ihre Bilanz im Konkursfalle zum Zweck der Vorbeugung von Betrügereien und der Ermöglichung einer gerichtlichen Prüfung genauso wie ihre Bücher nach Artikel 3 des elften Titels der Ordonnance bei der Gerichtskanzlei einzureichen hatten, vgl. hierzu *Rogue*, ebenda, 325, 327; *Jousse*, Nouveau commentaire sur l'ordonnance du commerce du mois de Mars 1673 (Marseille 1802) 185-187; *Diekmann*, Die Geschichte des französischen Bilanzrechts (1991) 73.

559 *Locré* (Fn. 37), 242; *Rogron* (Fn. 81), 429; *Lyon-Caen/Renault* (Fn. 34), n° 87 note 2; *Percerou/Dessertaux* (Fn. 34), n° 288. Dies verkennen offenbar *Gröniger* (Fn. 45), 6 und *Pascal Schütze* (Fn. 3), 10.

560 *Pardessus* (Fn. 37), n° 1153; *Boulay-Paty* (Fn. 41), n° 164.

561 C. com. 1807, art. 470; *Schmidt-Busemann*, Entstehung und Bedeutung der Vorschriften über Handelsbücher (1977) 35; *Diekmann* (Fn. 558), 84; *Rückert*, Die Einführung der obligatorischen Buchführung (2009) 88, 101.

Diese wurden von dem Gericht mit der Feststellung der *faillite* bestellt.[562] Für den Fall, dass er die Bilanz noch nicht bis zu deren Amtsantritt errichtet hatte, war zunächst einmal ihre nachträgliche Anfertigung durch den Schuldner oder einen Bevollmächtigten vorgesehen, wenn auch nur in Anwesenheit der Agenten.[563]

c) Sonstiger Vortrag zur cessation des paiements?

Auch aus der gesetzlichen Anordnung an den Schuldner, seine *cessation des paiements* zu erklären, wurde nicht abgeleitet, dass er vor dem Erlass des *jugement déclaratif* über die schiere Erklärung hinaus Tatsachen zu seiner finanziellen Situation vorzutragen oder Beweismittel hierzu vorzulegen hatte. Vielmehr genügte das unwiderrufene Geständnis des Schuldners in Form der Erklärung der *cessation des paiements* für sich genommen als deren Beweis[564] und war es für das Gericht bindend; die Feststellung der *faillite* konnte das Gericht im Falle der Erklärung der *cessation des paiements* durch den Schuldner zwar ablehnen, wenn diesem die Kaufmannseigenschaft fehlte, nicht hingegen mit der Begründung, dass die *cessation des paiements* nicht gegeben sei.[565] Man ging davon aus, dass der Schuldner seine wirtschaftlichen Verhältnisse am besten kannte.[566] Wegen des repressiven Charakters der *faillite* hielt man es zunächst wohl für wenig wahrscheinlich, dass er seine *cessation des paiements* zu Unrecht erklärte.[567]

---

562 C. com. 1807, artt. 454, al. 1er; 449; *Locré* (Fn. 37), 166 f., 195; *Pardessus* (Fn. 37), nos 1141, 1144; *Hellmann* (Fn. 34), 99 (§ 7).

563 C. com. 1807, art. 472, al. 1er; *Locré* (Fn. 37), 255; *Pardessus* (Fn. 37), no 1153; *Boulay-Paty* (Fn. 41), nos 164, 166; *Hellmann* (Fn. 34), 100 (§ 7).

564 Zum französischen Verständnis von dem Geständnis als Beweismittel *Adloff* (Fn. 20), 70, 136; *Bunge*, Zivilprozess und Zwangsvollstreckung in Frankreich und Italien (2008) 61 f. (§ 34), 83 (§ 56 I); *Grynbaum*, Rép. com., VI: Magasins collectifs de commerçants indépendants – Publicité fausse ou de nature à induire en erreur - Publicité comparative (Paris 1972 ff.), vo Preuve (Dezember 2013), nos 99-101.

565 *Locré* (Fn. 37), 2 f., 52 f.; *Boulay-Paty/Boileux* (Fn. 57), no 58; *Pardessus/de Rozière*, Cours de droit commercial III6 (Paris 1857) no 1097 mit Hinweis auf die Besonderheiten im Falle einer offenen Handelsgesellschaft in der Schuldnerrolle; *Lyon-Caen/Renault* (Fn. 34), no 90 auch mit einem Nachweis aus der erstinstanzlichen Rechtsprechung zur seit dem zwanzigsten Jahrhundert vereinzelt vertretenen Gegenansicht; *Percerou/Dessertaux* (Fn. 34), nos 167, 169, 197, 293, 350; a.A. *Wahl*, Précis théorique et pratique de droit commercial (Paris 1922) no 2166.

566 *Maugeret* (Fn. 40), 546; *Locré* (Fn. 37), 252; *Pardessus* (Fn. 37), no 1152; *Boulay-Paty* (Fn. 41), no 162; *Percerou/Dessertaux* (Fn. 34), no 272.

567 *Vallens*, Rev. proc. coll. 2009-5, étude 25, no 8; vgl. ferner *Lyon-Caen/Renault* (Fn. 34), no 90; *Ripert* (Fn. 37), no 2569.

Jedenfalls wurde mit der Annahme argumentiert, das Motiv des Kaufmanns für die Erklärung sei in der gesetzlichen Anordnung derselben zu suchen.[568]

d) Gesellschafter

Im Falle der *faillite* einer offenen Handelsgesellschaft (*société en nom collectif*) oder einer Kommanditgesellschaft (*société en commandite*) waren in die Erklärung der *cessation des paiements* Name und Domizil (*domicile*) eines jeden der persönlich haftenden Gesellschafter (*associés solidaires*) aufzunehmen.[569] So sollte die rechtzeitige Einleitung der obligatorischen Siegelanlegung (*apposition des scellés*) gefördert werden[570]: Diese hatte das Gericht nicht nur am Sitz der Gesellschaft, sondern auch am jeweiligen Domizil der persönlich haftenden Gesellschafter vorzugeben.[571]

Nicht zuletzt gestützt auf die gesetzliche Anordnung der Siegelanlegung bei den persönlich haftenden Gesellschaftern sowie der Aufnahme ihrer Daten in die Erklärung der *cessation des paiements* der Gesellschaft setzte sich im Laufe der Zeit die Ansicht durch, dass die *faillite* der Gesellschaft immer auch die *cessation des paiements* der persönlich haftenden Gesellschafter implizierte. Seit dem Inkrafttreten des Gesetzes vom 4. März 1889 galt Entsprechendes für die *liquidation judiciaire*; die Frage nach der Maßgeblichkeit der für das Konkursverfahren des Code de commerce oder der für die *liquidation judiciaire* geltenden Bestimmungen, sollte dabei für die Gesellschaft und die einzelnen Gesellschafter unterschiedlich beantwortet werden können.[572]

e) Einfacher Bankrott

Unterblieb die Erklärung der *cessation des paiements* oder die vollständige Benennung der persönlich haftenden Gesellschafter innerhalb der Dreitagefrist,

568 *Locré* (Fn. 37), 52 f. Zu diesem Argument auch *Vallens*, Rev. proc. coll. 2009-5, étude 25, n° 8.

569 C. com. 1807, art. 440, al. 2; C. com. 1807, art. 438, al. 2 i.d.F. der loi du 28 mai 1838; *Pardessus* (Fn. 37), n° 1096; *Rogron* (Fn. 41), 405; *Percerou/Dessertaux* (Fn. 34), III^2 (Paris 1938) n° 1633; vgl. auch *Grosse*, Konkursstrafrecht nach deutschem, englischem und französischem Recht (1936) 19.

570 *Locré* (Fn. 37), 37; *Rogron* (Fn. 569).

571 C. com. 1807, artt. 449; 452; C. com. 1807, artt. 455; 458, al. 2 i.d.F. der loi du 28 mai 1838.

572 Zum Ganzen *Jaeger*, Der Konkurs der Offenen Handelsgesellschaft (1897) 172; *ders.* (Fn. 37), § 212 KO Anm. 19; *Lyon-Caen/Renault* (Fn. 91), n°s 1147-1148; *Percerou/Dessertaux* (Fn. 34), n° 337; *dies.* (Fn. 569), n°s 1637-1639; *Honorat* (Fn. 95), 32.

bestand die Möglichkeit einer strafrechtlichen Verfolgung wegen einfachen Bankrotts (*banqueroute simple facultative*).[573] Anders als in den Fällen des obligatorischen einfachen Bankrotts (*banqueroute simple obligatoire*) sollte kein ermessensfreier Verfolgungszwang bestehen.[574] Hierzu erschien die Verletzung der Dreitagefrist für sich genommen nicht gravierend genug.[575]

Die Strafbarkeit setzte keine betrügerische Absicht voraus.[576] Mit der Sanktionierung des einfachen suchte das Gesetz anders als mit derjenigen des betrügerischen Bankrotts bereits Fällen nachlässigen Verhaltens zu begegnen.[577] Die Frage der persönlichen Vorwerfbarkeit der Fristverletzung fand zunächst Berücksichtigung bei der Ausübung des Ermessens hinsichtlich der Strafverfolgung.[578]

Im Falle der *faillite* einer offenen Handels- oder einer Kommanditgesellschaft wurden, sofern solche berufen worden waren, lediglich die geschäftsführenden Gesellschafter belangt.[579]

f) Versagung der (unbedingten) Freilassung

Im französischen Handelsgesetzbuch war ursprünglich vorgesehen, dass das Gericht zeitgleich mit der Siegelanlegung die Haft oder Bewachung des Schuldners anordnete.[580] Schon die Annahme eines einfachen Bankrotts konnte sich

573 C. com. 1807, artt. 587 f.; *Neumeyer*, Historische und dogmatische Darstellung des strafbaren Bankerotts unter besonders eingehender Untersuchung der Schuldfrage (1891) 112; *Percerou/Dessertaux* (Fn. 34), n° 286; *Hager* (Fn. 547).

574 *Renouard* (Fn. 62), II³ (Paris 1857) 438; *Neumeyer* (Fn. 573); *Percerou/Dessertaux* (Fn. 569), n°s 1512, 1513 note 1; vgl. auch *Hager* (Fn. 547). Zu den Fällen der *banqueroute simple obligatoire* C. com. 1807, art. 586, zu diesem Begriff etwa *Neumeyer*, ebenda; *Grosse* (Fn. 569), 14; *Percerou/Dessertaux*, ebenda, n°s 1512 f., 1521.

575 *Pardessus* (Fn. 37), n° 1307; *Boulay-Paty* (Fn. 41), n° 493; *Rogron* (Fn. 41), 545.

576 *Blum*, Die Schuldseite des einfachen und betrüglichen Bankrutts (1907) 8; *Grosse* (Fn. 569), 14, 20 f.; *Hager* (Fn. 547), 67.

577 *Boulay-Paty* (Fn. 41), n° 492; *Rogron* (Fn. 41), 544; *Grosse* (Fn. 576); *Percerou/Dessertaux* (Fn. 569), n° 1512 sowie – zur insoweit unveränderten Rechtslage unter dem Gesetz vom 13. Juli 1967 – *Argenson/Toujas* (Fn. 170), 446; *Honorat*, J.-Cl. Commercial, Anciens art. 437 à 614-26, Loi du 13 juillet 1967, Fasc. J-60 (Januar 1983) n° 20.

578 *Locré* (Fn. 37), 32 f.; *Pardessus* (Fn. 575), n° 1307 sowie – zur Rechtslage unter dem Gesetz vom 28. Mai 1838 – *Wach*, in: *Birkmeyer* u.a. (Hrsg.), Vergleichende Darstellung des deutschen und ausländischen Strafrechts, Besonderer Teil, VIII: Bankerutt, Untreue, Wucher und Ausbeutung, Verletzung fremder Geheimnisse, Jagd- und Fischereivergehen (1906), 1, 18.

579 *Lyon-Caen/Renault* (Fn. 91), n° 1161; *Percerou/Dessertaux* (Fn. 569), n° 1633.

580 C. com. 1807, artt. 455, al. 1er; 454, al. 1er; C. com. 1807, art. 455, al. 1er i.d.F. der loi du 28 mai 1838 (*dépôt dans la maison d'arrêt pour dettes* bzw. *garde par un officier de*

nach dem Gesetz auf die Verfügung der Freilassung des Falliten sowie die Bedingungen, unter denen sie erfolgte, auswirken.

aa) Haft und Bewachung: Einordnung und Verfahren

Die gesetzlichen Bestimmungen zu dem Freiheitsentzug waren ausgerichtet auf die Sicherung der Strafverfolgung sowie der von dem Falliten im Gläubigerinteresse geschuldeten Mitwirkung im Konkursverfahren.[581] Man erklärte sich die obligatorische Anordnung in der Ausgangsfassung des Code de commerce mit einer in dieser Fassung noch angelegten widerleglichen Vermutung (*présomption*), dass jeder Fallit auch einen einfachen oder betrügerischen Bankrott begangen habe.[582] Später rechnete man den erlittenen Freiheitsentzug im Falle einer Verurteilung wegen Bankrotts nach den für die Untersuchungshaft geltenden Grundsätzen auf die Strafe an.[583] Die Kosten der Vollstreckung von Haft

---

police ou de justice, ou par un gendarme); *Locré* (Fn. 37), 199, 206; *Kohler* (Fn. 34), 307 Fn. 1 (§ 53); *Hellmann* (Fn. 34), 99 (§ 7); *Percerou/Dessertaux* (Fn. 34), n°s 23, 442 f.; *Ripert* (Fn. 37), n° 2599.

581 *Boulay-Paty* (Fn. 41), n°s 51, 122, 125 f.; *Rogron* (Fn. 41), 429 f. jeweils m.N. aus der höchstrichterlichen Rechtsprechung; *Lyon-Caen/Renault* (Fn. 34), n°s 481-483; *Percerou/Dessertaux* (Fn. 34), n°s 442, 447; vgl. auch *Broicher/Grimm,* Das Handelsgesetzbuch der Königlich Preußischen Rheinprovinzen (1835), II. Abtheilung, 117, 126. A.A. *Pardessus* (Fn. 37), n°s 1145, 1149; *Wahl* (Fn. 565), n° 2300, die zur Rechtfertigung des Freiheitsentzugs von diesen beiden Aspekten offenbar lediglich denjenigen der Sicherung der Strafverfolgung heranziehen wollten, sowie *Locré* (Fn. 37), 199 f., 205, der als Grund für die Versagung einer unbedingten Freilassung allerdings auch den Fall einer drohenden Flucht oder Entfernung von Vermögensbestandteilen zum Nachteil der Gläubiger nannte, ebenda, 231-233; vgl. auch *Borchardt*, Die geltenden Handelsgesetze des Erdballs, II (1884) 595 Anm. 3), nach dem die gesetzliche Regelung zur Haft und Bewachung „im Interesse der öffentlichen Ordnung getroffen" worden sei; *Kohler* (Fn. 580), nach dem „hierbei […] der Strafrechts- und Strafsicherungsgedanke zu erkennen" gewesen sei. Verfehlt erscheint mit Blick auf den Sicherungsgedanken die Qualifizierung als „Ersatzfreiheitsstrafe" bei *Kern* (Fn. 69), 53.

582 *Locré* (Fn. 37), 199-204, 230, 237; *Renouard* (Fn. 62), 135-137, 425 f.; vgl. auch *Pardessus* (Fn. 581); *Boulay-Paty* (Fn. 41), n° 122; *Rogron* (Fn. 41), 429, 452 f.

583 CA Dijon 15.6.1898, S. 1899, 2, 240 = D. 1899, 2, 84; *Percerou/Dessertaux* (Fn. 34), n° 442 p. 578 note 2. Zu den für die Untersuchungshaft geltenden Grundsätzen C. pén. 1810, art. 24 i.d.F. der loi du 15 novembre 1892 qui impute la Détention préventive sur la durée des Peines prononcées, Bull. des lois, XIIe série, partie principale, t. 45, n° 1518, texte n° 25784, p. 1151 und hierzu wiederum *Garçon/Rousselet/Patin/Ancel*, Code pénal annoté, I^2^ (Paris 1952) C. pén., artt. 23, 24 n°s 5-62.

und Bewachung waren stets aus der Konkursmasse zu bestreiten.[584] Die in der Strafprozessordnung (Code d'instruction criminelle) geregelte Vorführung und Haft des Beschuldigten fand im Strafverfahren ungeachtet der handelsrechtlichen Bestimmungen zur Haft und Bewachung des Falliten Anwendung.[585]

Mit dem im Code de commerce angeordneten Freiheitsentzug suchte der Gesetzgeber den Schuldner aber auch gezielt zu demütigen und so die abschreckende Wirkung der *faillite* zu stärken.[586] Nicht zu verwechseln war die Haft des Falliten dagegen mit der auf die Erprobung der Solvenz des Schuldners gerichteten und der Einzelzwangsvollstreckung dienenden *contrainte par corps*.[587]

Nach der Siegelanlegung konnte das Gericht auf Vorschlag sowie nach einem ersten Bericht des *juge-commissaire* zur Lage der Geschäfte des Falliten die Freilassung desselben mit sicherem Geleit verfügen (*mise en liberté avec sauf-conduit*). In Ermangelung eines solchen Vorschlags konnte diese Entscheidung auch auf Antrag des Schuldners und nach Anhörung des *juge-commissaire* ergehen.[588] Als Schutzvorkehrungen waren die Anordnung der Widerruflichkeit des sicheren Geleits sowie der Beibringung einer Bürgschaft dafür, dass der Fallit sich

---

584 *Lyon-Caen/Renault* (Fn. 34), n° 483; *Percerou/Dessertaux* (Fn. 34), n° 448. Die Regelung des Artikels 461 des Code de commerce von 1807 in der Fassung des Gesetzes vom 28. Mai 1838 zur Kostenvorstreckung aus der Staatskasse – hierzu oben § 3 B II – bezog sich allerdings auch auf die Kosten der Verhaftung und der Haft (C. com. 1807, art. 461 i.d.F. der loi du 28 mai 1838: „Lorsque les deniers appartenant à la faillite ne pourront suffire immédiatement aux frais [...] d'arrestation et d'incarcération du failli [...]").

585 C. com. 1807, art. 490; *Pardessus* (Fn. 37), n° 1299; *Rogron* (Fn. 41), 452 f.

586 *Locré* (Fn. 37), 204 f.; *Lyon-Caen/Renault* (Fn. 34), n° 484 p. 520 f. note 3; *Percerou/Dessertaux* (Fn. 34), n° 442bis; vgl. auch *Zierau* (Fn. 6), 30.

587 Hierzu Cass. req. 1.7.1873, S. 1873, 1, 396; CA Dijon 15.6.1898, S. 1899, 2, 240; *von Dabelow*, Das Französische Civilverfahren (1809) 515 Anm. 22); *Locré* (Fn. 37), 235; *Pardessus* (Fn. 37), n° 1149; *Broicher/Grimm* (Fn. 581), 117; *Borchardt* (Fn. 581); *Lyon-Caen/Renault* (Fn. 34), n°s 256 note 4, 482; *Wahl* (Fn. 581); *Lacour/Bouteron*, Précis de droit commercial II^3 (Paris 1925) n° 1814; *Percerou/Dessertaux* (Fn. 34), n° 442; *Chaput* (Fn. 263), n° 5 sowie auch noch unten § 4 A I 2 b) ee). Wenigstens missverständlich insoweit *Gröniger* (Fn. 45), 8; *Szramkiewicz* (Fn. 34), n° 758; *Kremer* (Fn. 47); *Sordino*, Le délit de banqueroute (Paris 1996) n° 15 note 41; *Spickerhoff* (Fn. 253), 3; *Medla* (Fn. 3), 58; *Jacquemont/Vabres* (Fn. 23), n° 16; *Saint-Alary-Houin* (Fn. 25), n°s 14 note 44, 15 note 50.

588 C. com. 1807, artt. 466 f.; C. com. 1807, artt. 472 f. i.d.F. der loi du 28 mai 1838; *Locré* (Fn. 37), 230, 236; *Pardessus* (Fn. 587); *Boulay-Paty* (Fn. 41), n°s 120 f., 123; *Renouard* (Fn. 62), 483; *Hellmann* (Fn. 34), 100 (§ 7); *Lyon-Caen/Renault* (Fn. 34), n° 485; *Percerou/Dessertaux* (Fn. 34), n° 449.

jederzeit stellen werde, vorgesehen; der aus der Bürgschaft zu leistende und von dem Gericht festzulegende Geldbetrag war für die Befriedigung der Gläubiger bestimmt.[589] Darüber hinaus ergab sich im Falle der Verletzung der bei Gewährung des sicheren Geleits bestehenden Pflicht zum Erscheinen die Möglichkeit einer Strafverfolgung wegen Bankrotts.[590]

bb) Auswirkung des Bankrotts

Dass aus der Sicht des Gerichts oder der zuständigen Strafverfolgungsbehörde die Vermutung der Verwirklichung eines der Bankrotttatbestände noch nicht widerlegt war bzw. ein entsprechender Verdacht bestand, genügte nach dem Gesetz jedenfalls bereits, um die unbedingte Freilassung zu versagen.[591] Die Vollstreckung der Haftanordnung war bis zum Inkrafttreten des Gesetzes vom 28. Mai 1838 freilich vielerorts ungebräuchlich geworden.[592]

g) Vergleich

In der Ausgangsfassung des Code de commerce war angeordnet, dass im Falle einer nach Prüfung der Akte, Bücher und Papiere des Schuldners (noch) bestehenden Vermutung eines Bankrotts bei Nichtigkeitsstrafe kein Vergleich geschlossen werden konnte.[593] Dies sollte auch bei einem auf die Verletzung der Dreitagefrist gestützten einfachen Bankrott gelten.[594] Die Nichtigkeit des

---

589 *Locré* (Fn. 37), 230, 232 f., 236-238, welcher die Widerruflichkeit freilich noch als unvereinbar mit der Konzeption des Gesetzgebers kritisierte; *Pardessus* (Fn. 587); *Boulay-Paty* (Fn. 41), n° 120; *Rogron* (Fn. 41), 439; *Hellmann* (Fn. 588); *Lyon-Caen/Renault* (Fn. 588); *Percerou/Dessertaux* (Fn. 34), n°s 449, 450; vgl. auch *Grosse* (Fn. 569), 20, der das Verfahren allerdings nicht richtig erfasst.

590 C. com. 1807, artt. 587; 594; C. com. 1807, art. 586-5° i.d.F. der loi du 28 mai 1838; *Locré* (Fn. 37), 233; *Rogron* (Fn. 41), 440; *Wach* (Fn. 578), 6 f., 19; *Hellmann* (Fn. 588); *Lyon-Caen/Renault* (Fn. 91), n° 942; *Grosse* (Fn. 569), 9, 20; *Percerou/Dessertaux* (Fn. 569), n° 1522; *Hager* (Fn. 547), 66 f.

591 C. com. 1807, artt. 466; 490; *Locré* (Fn. 37), 230-232, 237; *Pardessus* (Fn. 37), n°s 1149, 1299; *Boulay-Paty* (Fn. 41), n°s 122, 210; *Rogron* (Fn. 41), 453.

592 *Renouard* (Fn. 62), 426. Zu den Gründen für die Seltenheit der Vollstreckung der Haftanordnung seit Ende des neunzehnten Jahrhunderts s.u. § 4 A I 2 a) cc).

593 C. com. 1807, art. 521; *Locré* (Fn. 37), 472, 483 f.; *Pardessus* (Fn. 37), n°s 1236, 1305; *Boulay-Paty* (Fn. 41), n° 253; *Renouard* (Fn. 574), 38; vgl. auch Motive GemeinschuldO, II, 151; *Hellmann* (Fn. 34), 102 (§ 7); *Jaeger*[7] (Fn. 37), § 175 KO Anm. 9.

594 *Locré* (Fn. 37), 32; *Rogron* (Fn. 41), 405; vgl. auch *Pardessus* (Fn. 37), n°s 1096, 1236; *Broicher/Grimm* (Fn. 581), 157, nach denen die Gläubiger gemäß Artikel 521 des Code de commerce von 1807 befugt waren, den Vergleich „wegen jeder Art von Bankerott

Vergleichs konnte von den Gläubigern im Wege der Opposition geltend gemacht werden.[595] Stellte sich im weiteren Verlauf heraus, dass der Bankrottvorwurf letztlich unbegründet war, sollte er dem Vergleich und seiner Bestätigung jedoch nicht mehr als solcher entgegenstehen.[596]

Ferner sah das Gesetz vor, dass das Gericht die Bestätigung des Vergleichs wegen ungehörigen Benehmens (*inconduite*) oder Betrugs (*fraude*) versagen konnte.[597] Nur diesen Versagungsgrund war es befugt von Amts wegen zu berücksichtigen.[598] Damit das Verhalten des Schuldners als *inconduite* oder *fraude* zur Versagung *ex officio* Veranlassung geben konnte, musste es das öffentliche Interesse tangieren.[599] Diese Bedingung wurde auch für den einfachen Bankrott bejaht.[600] Inwieweit das Gericht in diesem Fall noch von der

---

[...] im Wege der Opposition als ungültig anzufechten"; *Lyon-Caen/Renault* (Fn. 34), n° 608; *Percerou/Dessertaux* (Fn. 569), n° 1332. Dagegen für den Fall einer schlicht auf unregelmäßige Buchführung gestützten Verurteilung als *banqueroutier simple* in Ermangelung eines fraudulösen Verhaltens freilich Cour royale de Paris 9.1.1819, S. XIX (1819), 2, 198, 199. Nach Cour royale de Pau 2.4.1838, Pal. 1843, 2, 349 sollte ferner die bloße Nichtbeachtung der Dreitagefrist bei Redlichkeit des Schuldners, in Ermangelung fraudulösen Verhaltens und von Schäden für irgendjemand nicht nach Artikel 519, al. 1er des Code de commerce von 1807 im Wege der Opposition geltend gemacht werden können, wenn der Schuldner alle Betroffenen von seiner Lage mittels direkt und persönlich adressierter Rundschreiben in Kenntnis gesetzt hatte; nach dem Wortlaut dieser Vorschrift konnte ein Vergleich nur bei Einhaltung der in den vorstehenden Bestimmungen vorgeschriebenen Formalitäten geschlossen werden.

595 *Locré* (Fn. 37), 477, 485, 494; *Pardessus* (Fn. 37), nos 1236, 1239; Motive GemeinschuldO, II, 160 f. Zu den Voraussetzungen der Opposition C. com. 1807, art. 523; *Locré* (Fn. 37), 490-498; *Pardessus*, ebenda, nos 1239-1242; *Boulay-Paty* (Fn. 41), nos 263, 272-277; *Rogron* (Fn. 41), 477-479.

596 Cour royale de Poitiers 21.7.1825, S. 1826, 2, 1; *Locré* (Fn. 37), 447, 476 f., 525; *Pardessus* (Fn. 37), n° 1236; *Boulay-Paty* (Fn. 41), nos 253, 484; vgl. auch *Broicher/Grimm* (Fn. 581), 157 f.

597 C. com. 1807, art. 526, al. 1er; *Locré* (Fn. 37), 523 f.; Motive GemeinschuldO, II, 160; *Hellmann* (Fn. 34), 103 (§ 7).

598 Cass. civ. 17.6.1812, S. XII (1812), 1, 346, 348; Cass. 25.2.1817, S. XVII (1817), 1, 193, 199; *Locré* (Fn. 37), 473-475, 523 f.; *Boulay-Paty* (Fn. 41), nos 267, 270 f.; Motive GemeinschuldO, II, 160 f.; vgl. auch *Broicher/Grimm* (Fn. 581), 167.

599 *Locré* (Fn. 37), 475, 523, 473; vgl. auch *Pardessus* (Fn. 37), n° 1243; *Boulay-Paty* (Fn. 41), nos 265, 267, 269-271; *Broicher/Grimm* (Fn. 581), 157, 159 f., 168.

600 *Locré* (Fn. 37), 447, 494, 523 f.; *Pardessus* (Fn. 37), nos 1243, 1305; *Boulay-Paty* (Fn. 41), nos 270 f.; *Rogron* (Fn. 41), 476, 482; in diesem Sinne außerhalb der tragenden Gründe auch Cass. 25.2.1817, S. XVII (1817), 1, 193, 199. Vgl. aber auch Cour royale de Paris

Versagung absehen konnte, wurde allerdings nicht durchgehend einheitlich beantwortet.[601]

h) Rehabilitation

Bereits der einfache Bankrott war nicht ohne Bedeutung für die handelsrechtliche Rehabilitation des Schuldners.[602] Über diese wurde in einem gesonderten Verfahren entschieden.[603] Sie war an die Voraussetzung geknüpft, dass der Schuldner die bereits bei Erlass des *jugement déclaratif* offenen Hauptforderungen sowie die angefallenen Zins- und Kostenansprüche vollständig befriedigt hatte.[604] Die Zahlung der in einem Vergleich vereinbarten Teilbeträge genügte nicht.[605]

9.1.1819, S. XIX (1819), 2, 198, 199, welche entschied, dass die schlicht auf unregelmäßige Buchführung gestützte Verurteilung als *banqueroutier simple* in Ermangelung eines fraudulösen Verhaltens nicht für eine Verweigerung der Bestätigung des Vergleichs auf die Opposition eines Gläubigers hin genügen sollte, nachdem von der Schuldnerin argumentiert worden war, dass das Gericht nach dem Wortlaut von Artikel 526 des Code de commerce von 1807 die Bestätigung nur wegen *inconduite* oder *fraude* verweigern könne, sowie *Broicher/Grimm* (Fn. 581), 157, die dieser Entscheidung insoweit zustimmen wollten, als die Bestätigung nach dieser Vorschrift nur dann verweigert werden können sollte, „wenn der Bankerott zugleich die inconduite oder die fraude des Falliten involvirt".

601 Vgl. *Locré* (Fn. 37), 523 f., nach dem das Gericht die Bestätigung des Vergleichs *ex officio* abzulehnen hatte, wenn er trotz bestehender Bankrottvermutung geschlossen worden war oder die Strafverfolgungsbehörde seit der Abstimmung ein Verfahren eingeleitet hatte, sowie *Boulay-Paty* (Fn. 41), n° 269, nach dem von der Befugnis, die Bestätigung von Amts wegen zu versagen, nur in schwerwiegenden Fällen Gebrauch zu machen und zu differenzieren war zwischen redlichen Schuldnern einerseits und Fällen von *fraude* andererseits.

602 Zur Auswirkung des betrügerischen Bankrotts auf die Rehabilitation s.u. § 4 A I 2 b) hh).

603 C. com. 1807, artt. 604-613; C. com. 1807, artt. 604-612 i.d.F. der loi du 28 mai 1838; *Dölle* (Fn. 37), 105.

604 C. com. 1807, artt. 604 f.; 608; C. com. 1807, artt. 604 f. i.d.F. der loi du 28 mai 1838; *Bedarride* (Fn. 556), n°s 1310, 1324; *Lyon-Caen/Renault* (Fn. 91), n°s 980-982; *Percerou/Dessertaux* (Fn. 569), n°s 1564, 1578, 1600; *Ripert* (Fn. 37), n°s 2928, 2930; vgl. auch Motive GemeinschuldO, II, 193; *Zierau* (Fn. 6), 32; *Karl-Heinz Weber/Hoffmann* (Fn. 6), 3.

605 Denkschrift (Fn. 88), 5598 f. Fn. 40; *Lyon-Caen/Renault* (Fn. 91), n° 980; *Percerou/Dessertaux* (Fn. 569), n° 1564.

Der einfache Bankrotteur konnte jedenfalls nur dann zur Rehabilitation zugelassen werden, wenn er seine Strafe bereits verbüßt hatte.[606] Die Frage, ob das Gericht die Gewährung der Rehabilitation dann noch abhängig machen konnte von der Schwere seiner Verfehlung, wurde nicht durchgehend einheitlich beantwortet.[607]

2. Neuerungen seit dem Gesetz vom 28. Mai 1838

a) Die Dreitagefrist

aa) Erstreckung auf die Bilanz

Im Zuge der Reform von 1838 wurde dem Schuldner gesetzlich auferlegt, mit der Erklärung der *cessation des paiements* innerhalb der hierfür geltenden Dreitagefrist seine Bilanz bei der Kanzlei des Handelsgerichts einzureichen oder die Gründe anzugeben, welche ihn daran hinderten.[608] Damit korrespondierte die in der Praxis übliche Bezeichnung der Erklärung der *cessation des paiements* als Einreichung der Bilanz (*dépôt de bilan*).[609]

Begründet wurde die Erstreckung der Dreitagefrist auf die Bilanz damit, dass der Kaufmann seine wirtschaftliche Lage beim Eintritt der *cessation des paiements* grundsätzlich zu kennen habe.[610] Über die Kürze der verfügbaren Zeit

606 C. com. 1807, art. 613; C. com. 1807, art. 612, al. 2 i.d.F. der loi du 28 mai 1838; *Jaeger* (Fn. 572), 86 Fn. 2.

607 Dagegen – auch zur Rechtslage unter der Ausgangsfassung des Code de commerce – *Lyon-Caen/Renault* (Fn. 91), n°s 986 f.; *Percerou/Dessertaux* (Fn. 569), n°s 1584 f. Dafür noch *Boulay-Paty* (Fn. 41), n° 661; *Boulay-Paty/Boileux* (Fn. 57), II (Paris 1854) n° 1191, welche die Nichtbeachtung der Dreitagefrist für sich genommen jedoch offenbar nicht zu denjenigen Verfehlungen rechneten, die aus ihrer Sicht im Falle des einfachen Bankrotts die Versagung der Rehabilitation rechtfertigten. Zu dieser Streitfrage auch *Bedarride* (Fn. 556), n°s 1330, 1324.

608 C. com. 1807, artt. 439; 438, al. 1er i.d.F. der loi du 28 mai 1838; *Rogron* (Fn. 81), 429; *Renouard* (Fn. 62), 267 f.; *Percerou/Dessertaux* (Fn. 34), n° 288; vgl. auch *Dölle* (Fn. 37), 157; *Grosse* (Fn. 569), 9, 19; *Jaeger*[7] (Fn. 37), § 103 KO Anm. 14.

609 *Lyon-Caen/Renault* (Fn. 34), n° 84; *Wahl* (Fn. 565), n° 2152; *Ripert* (Fn. 37), n° 2568. Dieser Sprachgebrauch hat sich bis heute für den Schuldnerantrag auf Eröffnung des *redressement* und der *liquidation judiciaire* erhalten, *Pascal Schütze* (Fn. 3), 51 Fn. 305; *Jacquemont/Vabres* (Fn. 23), n°s 263 f., die bei dem Antrag auf Eröffnung der *procédure de sauvegarde* von einem „dépôt de bilan préventif" sprechen, ebenda, n° 261; *Saint-Alary-Houin* (Fn. 25), n° 1094. Hier soll der Differenzierung des Gesetzestexts zwischen Erklärung der *cessation des paiements* und Einreichung der Bilanz allerdings durch eine entsprechende Verwendung der Begriffe gefolgt werden.

610 *Rogron* (Fn. 608); *Boulay-Paty/Boileux* (Fn. 57), n° 73; *Renouard* (Fn. 608).

sollte die Erdichtung einer von den wahren Verhältnissen abweichenden Darstellung erschwert werden.[611] Weil der Gesetzgeber andererseits davon ausging, dass der Schuldner häufig genug bedingt durch unvorgesehene Ereignisse, die Größe oder die räumliche Ausdehnung seines Unternehmens von der rechtzeitigen Bilanzerstellung abgehalten werden konnte, ordnete er für diesen Fall die Angabe der entsprechenden Gründe an; deren Bewertung stellte er den Gerichten anheim.[612] Ferner sollte eine spätere Korrektur der Bilanz durch den Schuldner im Wege ergänzender Beilagen möglich sein, ohne dass ihm wegen der abweichenden Ausgangsfassung notwendigerweise mangelnde Redlichkeit zu unterstellen gewesen wäre.[613]

Zugleich stand die Fristerstreckung im Zeichen der Verfahrensstraffung. Kam der Schuldner der gesetzlichen Anforderung nicht nach, war die Bilanz nunmehr sofort von den Syndiken zu erstellen und beim Gericht einzureichen.[614] Nur wenn die von dem Schuldner genannten Hinderungsgründe anzuerkennen waren, sollte er die Erstellung bis zu diesem Zeitpunkt nachholen können.[615]

bb) Einfacher Bankrott

Auch das Unterlassen der Bilanzeinreichung innerhalb der für die Erklärung der *cessation des paiements* angeordneten Frist zählte jetzt zu den Fällen des fakultativen einfachen Bankrotts.[616] Diese Variante des einfachen Bankrotts unterschied sich von ihrem obligatorischen Gegenstück nun nicht mehr dadurch, dass die Strafverfolgung in das echte Ermessen der Staatsanwaltschaft, sondern nur noch

---

611 *Boulay-Paty/Boileux* (Fn. 57), n° 73; *Renouard* (Fn. 62), 268; *Bedarride* (Fn. 32), n° 38.

612 *Renouard* (Fn. 62), 268; *Lyon-Caen/Renault* (Fn. 34), n° 87; *Percerou/Dessertaux* (Fn. 608). Zur Frage der Relevanz der rechtzeitigen Einreichung der Bilanz für die Bankrottstrafbarkeit, die Haft oder Bewachung des Falliten, den Vergleich und die Rehabilitation s.u. § 4 A I 2 a) bb) ee).

613 *Boulay-Paty/Boileux* (Fn. 57), n° 80; *Pardessus/de Rozière* (Fn. 565), n° 1155; *Sirey/Gilbert*, Les codes annotés de Sirey, Code de procédure civile et Code de commerce[8] (Paris 1873) C. com., art. 439 n° 6; *Percerou/Dessertaux* (Fn. 34), n° 293. Eine Ergänzung um Gläubiger wollte *Bedarride* (Fn. 32), n° 41 dagegen nicht zulassen, um dem Vortäuschen von Forderungen dem Schuldner gesonnener Personen vorzubeugen.

614 C. com. 1807, art. 476 i.d.F. der loi du 28 mai 1838; *Rogron* (Fn. 81), 431, 493; *Boulay-Paty/Boileux* (Fn. 57), n°s 90, 312; *Pardessus/de Rozière* (Fn. 565), n° 1154.

615 *Boulay-Paty/Boileux* (Fn. 57), n° 76; *Percerou/Dessertaux* (Fn. 34), n° 288.

616 C. com. 1807, art. 586-4° i.d.F. der loi du 28 mai 1838; *Renouard* (Fn. 62), 268; *Lyon-Caen/Renault* (Fn. 34), n° 86; *Grosse* (Fn. 569), 9, 17-19; *Percerou/Dessertaux* (Fn. 34), n° 342; *dies.* (Fn. 569), n° 1522.

die Verurteilung in dasjenige des Strafgerichts gestellt war[617]. Die alte Differenzierung hatte im Widerspruch gestanden zur Herrschaft des Legalitätsprinzips im Strafprozess bis zur Anklageerhebung.[618]

Tatsächlich wurde die Verletzung der Frist spätestens seit Beginn des zwanzigsten Jahrhunderts und wenigstens für sich genommen, wenn überhaupt, nur selten strafrechtlich belangt.[619] Man erachtete die Verurteilung als Bankrotteur als unangemessen, wenn der Schuldner noch darauf hatte hoffen können, seine Situation zu bereinigen.[620] Ein weiterer Grund für dieses Phänomen wurde in den bisweilen zu beobachtenden Schwierigkeiten bei der Bestimmung des genauen Zeitpunkts des Eintritts der *cessation des paiements* erblickt.[621]

cc) Ausnahme von Haft und Bewachung

Bei Einhaltung der Dreitagefrist sollte das Gericht den Schuldner nach dem Willen des Reformgesetzgebers von 1838 von vornherein von der Haft und der Bewachung ausnehmen können (*affranchissement de l'incarcération ou de*

617 *Wach* (Fn. 578), 6, 17 f.; *Grosse* (Fn. 569), 14, 17 f.; *Percerou/Dessertaux* (Fn. 569), n° 1520 p. 12 note 1; *Ripert*, Rép. com., I: Actes de commerce – Expositions, Foires et Salons (Paris 1956), v° Banqueroute, n° 63 sowie – zur Rechtslage unter dem Gesetz vom 13. Juli 1967 – *Robin*, Rép. pén., I: Abandon d'enfant – Cumul d'infractions² (Paris 1967 ff.), v° Banqueroute, n° 29 (Januar 1970); *Argenson/Toujas* (Fn. 170), 449, 452; *Honorat* (Fn. 577), n° 19.

618 *Renouard* (Fn. 574), 438 f.; *Percerou/Dessertaux* (Fn. 569), n° 1513 note 1. Zum Legalitätsprinzip sowie zum Begriff des echten Ermessens *Meyer-Goßner/Schmitt(-Schmitt)*, StPO⁵⁹ (2016) § 152 StPO Rn. 2 f., 7 f. Dass das Gesetz vom 28. Mai 1838 insoweit eine Neuerung brachte, verkennen offenbar *Georg Schmidt*, Der strafbare Bankbruch in historisch-dogmatischer Entwickelung mit besonderer Berücksichtigung der Schuldfrage (1893) 117 und *Hager* (Fn. 547). Zur Rechtslage unter dem Code de commerce in seiner Ausgangsfassung s.o. § 4 A I 1 e).

619 *Lyon-Caen/Renault* (Fn. 34), n° 86 note 1; *Lacour/Bouteron* (Fn. 587) n° 2152 sowie – zur entsprechenden Situation unter dem Gesetz vom 13. Juli 1967 – *Honorat* (Fn. 577), n° 41. Vgl. aber auch Cass. crim. 31.10.1890, Bull. crim., n° 215 (Verurteilung wegen einfachen Bankrotts gestützt auf die Fristverletzung); 7.7.1898, Bull. crim., n° 244 (Verurteilung wegen einfachen Bankrotts gestützt auf die Fristverletzung, exzessive Ausgaben und das Unterlassen der Führung eines Inventarbuchs); CA Paris 16.11.1956, JCP 1957, éd. G, II 9700 (Aufhebung einer auf die Fristverletzung gestützten Verurteilung wegen einfachen Bankrotts aus dem Grund der Verjährung).

620 *Ripert* (Fn. 617), n° 77; vgl. auch CA Douai 2.11.1956, D. 1958, jur. 450, note *Toufait/Herzog* = RTD com. 1958, 628, obs. *Houin* = RTD com. 1958, 863, obs. *Bouzat.*

621 *Ripert* (Fn. 37), n° 2571 sowie – zur Situation unter dem Gesetz vom 13. Juli 1967 – *Honorat* (Fn. 619).

la garde de la personne).[622] Der drohende Freiheitsentzug war als wesentlicher Grund für die Umgehung des gesetzlichen Verfahrens in der Praxis und für die Flucht der Schuldner im Falle der Durchführung des Verfahrens unter der Ausgangsfassung des Handelsgesetzbuchs ausgemacht worden.[623] Die Notwendigkeit der Demütigung verwarf man als Rechtfertigungsgrund für den Freiheitsentzug.[624] Mit diesem, so nahm man an, wurde nicht eine gesetzlich angeordnete Strafe vollstreckt.[625]

Zwar hatte die Haft- oder Bewachungsanordnung nach der Systematik des Gesetzes in dem die *faillite* feststellenden Urteil weiterhin grundsätzlich zu ergehen.[626] Doch wurde der auf die Anordnung hin erfolgende Freiheitsentzug als Maßnahme für den Fall eines unredlichen Schuldners verstanden.[627] Bei rechtzeitiger Erklärung der *cessation des paiements* sowie Einreichung der Bilanz bzw. Erteilung des Hinweises auf die Hinderungsgründe sollte das Gericht die Redlichkeit annehmen können.[628] Erwies sich diese Annahme im weiteren Verlauf als unrichtig, konnte es die Ausnahme von Haft und Bewachung freilich jederzeit auch von Amts wegen aufheben.[629]

---

622 C. com. 1807, art. 456, al. 1er i.d.F. der loi du 28 mai 1838; *Renouard* (Fn. 62), 268, 427; *Kohler* (Fn. 580); *Percerou/Dessertaux* (Fn. 34), nos 443, 445; vgl. auch *Jaeger* (Fn. 572), 55.

623 *Renouard* (Fn. 62), 425 f.; *Lyon-Caen/Renault* (Fn. 34), nos 14, 484; *Percerou/Dessertaux* (Fn. 34), nos 24, 443; vgl. auch *Jeantin/Darmstädter* (Fn. 158), no 5.

624 *Lyon-Caen/Renault* (Fn. 34), nos 481-484; *Percerou/Dessertaux* (Fn. 34), nos 442 f., 447; vgl. auch bereits *Pardessus* (Fn. 37), nos 1145, 1149; *Boulay-Paty* (Fn. 41), nos 51, 122, 126; *Rogron* (Fn. 41), 429 f.; *Renouard* (Fn. 62), 428.

625 CA Dijon 15.6.1898, S. 1899, 2, 240; vgl. auch *Lyon-Caen/Renault* (Fn. 34), no 481; *Percerou/Dessertaux* (Fn. 34), no 442 sowie – zur Rechtslage unter dem Dekret vom 20. Mai 1955 – *Houin/Derrida(-Houin)* (Fn. 79), no 858; *Argenson/Toujas/Dutheil* (Fn. 135), 229 f.

626 C. com. 1807, art. 455, al. 1er i.d.F. der loi du 28 mai 1838; *Lyon-Caen/Renault* (Fn. 34), nos 481, 484; *Percerou/Dessertaux* (Fn. 34), nos 442, 443; *Honorat* (Fn. 95), 97 f.

627 *Rogron* (Fn. 81), 471; *Malapert* (Fn. 93), no 157; vgl. auch *Pardessus/de Rozière* (Fn. 565), nos 1114, 1145, 1153; *Bravard-Veyrières*, Manuel de droit commercial[6] (Paris 1861) 609.

628 *Renouard* (Fn. 62), 427; *Bedarride* (Fn. 32), nos 180 f.; *Percerou/Dessertaux* (Fn. 34), no 443.

629 C. com. 1807, art. 456, al. 2 i.d.F. der loi du 28 mai 1838; *Pardessus/de Rozière* (Fn. 565), no 1145; *Lacour/Bouteron* (Fn. 587), no 1814.

Tatsächlich wurde von der Möglichkeit zu dieser Ausnahme bei Beachtung der Frist bald fast immer Gebrauch gemacht.[630] Anders verhielt es sich lediglich, wenn der Fallit eines Bankrotts beschuldigt wurde.[631]

Allerdings wirkte sich die gerichtliche Entscheidung zu der Ausnahme von Haft und Bewachung immer weniger aus. Bald ging man in der Praxis gar von einer stillschweigenden Gewährung sicheren Geleits aus, wenn in dem die *faillite* feststellenden Urteil keine Ausführungen zum Freiheitsentzug enthalten waren;[632] man nahm nun an, dass das Gesetz[633] nach der Reform von 1838 die sofortige Gewährung durch das Gericht erlaubte,[634] und erachtete die Verletzung der Dreitagefrist für sich genommen weder als einen Grund für die Versagung noch für den Widerruf des sicheren Geleits[635]. Stärker in den Vordergrund gestellt wurde jetzt der Nutzen der Freilassung gerade auch für die Gläubiger, welche die Befragung und den Einsatz des Schuldners bei der Masseverwertung ermöglichte.[636]

Jedenfalls seit Ende des neunzehnten Jahrhunderts wurde die Vollstreckung der Haft- oder Bewachungsanordnung fast gar nicht mehr betrieben.[637] Die nach allgemeiner Ansicht befugte Staatsanwaltschaft ergriff die Initiative allenfalls,

---

630 *Lyon-Caen/Renault* (Fn. 34), n° 484; *Lacour/Bouteron* (Fn. 629); *Percerou/Dessertaux* (Fn. 34), n° 445.

631 *Wahl* (Fn. 565), n° 2302; *Ripert* (Fn. 37), n° 2599.

632 S. die Nachweise bei *Lyon-Caen/Renault* (Fn. 34), n° 486, welche diese Praxis unter Betonung der Freiheitsrechte des Schuldners begrüßten, und bei *Percerou/Dessertaux* (Fn. 34), n° 449 note 1, welche sie aus dogmatischen Gründen als nicht haltbar erachteten, sowie *Argenson/Toujas* (Fn. 128), 328. Zur Freilassung mit sicherem Geleit s. bereits oben § 4 A I 1 f) aa). Keine scharfe Trennung zwischen dieser und der Ausnahme von der Haft findet sich mehr bei *Ripert* (Fn. 37), n° 2599.

633 C. com. 1807, art. 472 i.d.F. der loi du 28 mai 1838.

634 So auch *Percerou/Dessertaux* (Fn. 34), n° 449. Nicht eindeutig in dieser Frage noch *Rogron* (Fn. 81), 489-491; *Boulay-Paty/Boileux* (Fn. 57), n°s 261-264; *Renouard* (Fn. 62), 483-485; *Bedarride* (Fn. 32), n°s 289-298; *Wahl* (Fn. 565), n° 2301; *Lacour/Bouteron* (Fn. 629).

635 *Lyon-Caen/Renault* (Fn. 34), n° 485; *Percerou/Dessertaux* (Fn. 34), n° 449bis. Artikel 490 des Code de commerce von 1807 in seiner Ausgangsfassung, wonach bereits der von der zuständigen Strafverfolgungsbehörde gehegte Verdacht auch eines einfachen Bankrotts genügte, um die Freilassung zu versagen, war im Zuge der Reform von 1838 ersatzlos gestrichen worden (zu dieser Vorschrift s.o. § 4 A I 1 f) bb)).

636 *Lyon-Caen/Renault* (Fn. 34), n° 485, nach denen auch die Syndiken die Freilassung beantragen können sollten; *Percerou/Dessertaux* (Fn. 34), n° 449.

637 *Lyon-Caen/Renault*, Traité de droit commercial, VII: Des Faillites, Banqueroutes et Liquidations judiciaires, I^2 (Paris 1897) n°s 86 note 1, 484; *Percerou/Dessertaux* (Fn. 34), n°s 445 f., wonach bis 1887 der Schuldner wohl immerhin noch in durchschnittlich

aber auch dann keineswegs zwangsläufig, wenn ihr die Verwirklichung eines Bankrotttatbestands zur Kenntnis gebracht wurde.[638] Die Syndiken scheuten die Kosten der Vollstreckung.[639]

dd) Vergleich

Die Nichtbeachtung der Dreitagefrist wollte man spätestens seit der Reform von 1838 nicht *per se* als Grund für die Verweigerung der Bestätigung des Vergleichs anerkennen.[640] Jedenfalls jetzt sollte selbst eine Verurteilung wegen einfachen Bankrotts den Vergleich, wie teilweise bereits im Gesetzgebungsverfahren zum Code de commerce gefordert, nach dem Gesetz nicht kategorisch ausschließen.[641] Dem Schuldner hielt man in dieser Hinsicht zugute, dass eine entsprechende strafgerichtliche Entscheidung nicht notwendigerweise vorsätzliches Fehlverhalten voraussetzte.[642] Ferner wurde argumentiert, dass ein Vergleich mit einem einfachen Bankrotteur immer noch im Interesse der Gläubiger sein konnte.[643] Endlich erschien die generelle Unzulässigkeit des Vergleichs im Falle eines einfachen Bankrotts deswegen inkonsequent, weil die Rehabilitation eines

---

zwölf bzw. acht Prozent der Fälle inhaftiert oder unter Hausarrest gestellt worden war; *Honorat* (Fn. 95), 98; *Argenson/Toujas* (Fn. 632).

638 *Percerou/Dessertaux* (Fn. 34), n° 447. Zur Vernachlässigung der Strafverfolgung wegen Bankrotts in der Zeit bis zum Inkrafttreten des Dekrets vom 20. Mai 1955 s.o.§ 3 B V.

639 *Percerou/Dessertaux* (Fn. 34), n°s 445 f.; vgl. auch *Lyon-Caen/Renault* (Fn. 34), n°s 483 f. Die Frage, ob die Syndiken die Vollstreckung der Haft selbst betreiben konnten, blieb nicht unumstritten, vgl. *Broicher/Grimm* (Fn. 581), 118 f.; *Boulay-Paty/Boileux* (Fn. 57), n° 256; *Renouard* (Fn. 62), 431 f.; *Percerou/Dessertaux*, ebenda, n° 447. *Lacour/Bouteron* (Fn. 629) sowie *Ripert* (Fn. 37), n° 2599 beobachteten, dass es in der Praxis jedenfalls nicht mehr möglich war, den Schuldner ohne Einschaltung der Staatsanwaltschaft in Haft zu nehmen. Die Vermutung liegt nahe, dass dieser Umstand letztlich aus der Weisungsgebundenheit der Gefängnisleitungen resultierte, vgl. *Lacour/Bouteron*, ebenda, n° 1814 note 1; *Percerou/Dessertaux*, ebenda, n° 447.

640 *Boulay-Paty/Boileux* (Fn. 607), n° 611. Zur Rechtslage unter der Ausgangsfassung des Code de commerce s.o. § 4 A I 1 g).

641 C. com. 1807, art. 511 i.d.F. der loi du 28 mai 1838; Motive GemeinschuldO, II, 151; *Dölle* (Fn. 37), 177; *Jaeger*[7] (Fn. 37), § 175 KO Anm. 9. Zu den im Gesetzgebungsverfahren zum Code de commerce erhobenen Forderungen *Locré* (Fn. 37), 32, 483.

642 *Lyon-Caen/Renault* (Fn. 34), n° 608; *Percerou/Dessertaux* (Fn. 65), n° 1332. Zu diesem Umstand s. bereits oben § 4 A I 1 e).

643 *Rogron* (Fn. 81), 536. Zur Äußerung gleichlautender Kritik an der Unzulässigkeit des Vergleichs im Falle des einfachen Bankrotts wegen Verletzung der Dreitagefrist bereits im Gesetzgebungsverfahren zum Code de commerce von 1807 *Locré* (Fn. 37), 32.

banqueroutier simple schon unter der Ausgangsfassung des Handelsgesetzbuchs nicht *per se* ausgeschlossen war.[644]

Nichtsdestotrotz wurde ein aus dem einfachen Bankrott respektive einer entsprechenden strafgerichtlichen Verurteilung resultierender Ehrbarkeitsmangel nach dem Inkrafttreten der Reform durchaus zur Begründung einer Versagung der Vergleichsbestätigung herangezogen;[645] das Gericht verweigerte die Bestätigung nach dem Gesetz insbesondere dann, wenn aus dem öffentlichen oder dem Gläubigerinteresse resultierende Gründe dem Vergleich entgegenzustehen schienen[646]. Zudem blieb es den Gläubigern bei einer Aufnahme der Verfolgung wegen einfachen Bankrotts vorbehalten, per Versammlungsbeschluss ihre Abstimmung über den Vergleich bis zum Abschluss des Strafverfahrens aufzuschieben.[647] In dessen Rahmen zu Tage geförderte Informationen oder eine die Erfüllung des Vergleichs gefährdende Gefängnisstrafe sollten sie so in ihre Entscheidungsfindung einfließen lassen können.[648] Später verlangte der Gesetzgeber bei einer rechtskräftigen Verurteilung des Falliten wegen einer den Strafbestimmungen für den Bankrott unterliegenden Tat ausdrücklich eine Begründung der Vergleichsbestätigung durch das Gericht und, dass diese im Interesse der Gläubiger erfolgte; dasselbe galt dann auch, wenn zuvor schon einmal seine *faillite* festgestellt, er aber nicht rehabilitiert worden war.[649]

ee) Rehabilitation und Amnestie

Zu Beginn des zwanzigsten Jahrhunderts wurde die handelsrechtliche Rehabilitation schrittweise erleichtert.[650] Die Verbüßung der Strafe durch den einfachen

---

644 *Renouard* (Fn. 574), 39. S. auch bereits oben § 4 A I 1 h).

645 *Lyon-Caen/Renault* (Fn. 34), n° 604; *Percerou/Dessertaux* (Fn. 65), n°s 1334 p. 806 note 2, 1342; *Ripert* (Fn. 37), n° 2859. Dies bleibt unberücksichtigt bei *Jaeger*[7] (Fn. 37), § 175 KO Anm. 9, § 184 KO Anm. 7.

646 C. com. 1807, art. 515 i.d.F. der loi du 28 mai 1838; Motive GemeinschuldO, II, 139; *Lyon-Caen/Renault* (Fn. 645); *Percerou/Dessertaux* (Fn. 65), n° 1341; vgl. auch *Dölle* (Fn. 37), 185; *Jaeger*[7] (Fn. 37), § 184 KO Anm. 7.

647 C. com. 1807, artt. 511; 510 i.d.F. der loi du 28 mai 1838.

648 *Rogron* (Fn. 81), 537; *Lyon-Caen/Renault* (Fn. 34), n° 608; *Percerou/Dessertaux* (Fn. 65), n° 1334.

649 C. com. 1807, art. 515, al. 3, 4 i.d.F. des décret-loi du 17 juin 1938 tendant à assurer la protection du commerce français, JO, 26 juin 1938, p. 7333, rectificatif JO, 28 juin 1938, p. 7371. Hierzu *Houin*, RTD com. 1955, 481, 485. Allgemein zur zunehmenden Strenge in der Gesetzgebung seit Mitte der 1930er Jahre s.o. § 3 B IV.

650 Denkschrift (Fn. 88), 5599 Fn. 40; *Percerou/Dessertaux* (Fn. 569), n°s 1566-1568; *Ripert* (Fn. 37), n°s 2928, 2930-2932.

Bankrotteur war danach auch nicht mehr Voraussetzung für die an die vollständige Befriedigung der Gläubiger geknüpfte gerichtliche Rehabilitation.[651]

Ferner wurde diese gerichtliche Rehabilitation von Rechts wegen (*réhabilitation judiciaire de droit*)[652] ergänzt um eine fakultative Variante. Diese Neuerung erlaubte eine Rehabilitation bei anerkannter Rechtschaffenheit (*probité reconnue*), wenn der Schuldner zumindest die in einem Vergleich vereinbarten Zahlungen geleistet hatte. Dasselbe galt, wenn er den vollständigen Erlass seiner offenen Verbindlichkeiten oder die einstimmige Zustimmung der Gläubiger zu seiner Rehabilitation beweisen konnte.[653] Eine schlicht auf der Nichtbeachtung der für die schuldnerische Verfahrensinitiierung vorgesehenen Frist basierende Verurteilung wegen einfachen Bankrotts wurde nicht als ausreichend erachtet für die Versagung der fakultativen Rehabilitation.[654]

Dass überhaupt keine Verurteilung wegen Bankrotts vorlag, war jedoch Voraussetzung für die darüber hinaus neu eingeführte Rehabilitation von Gesetzes wegen (*réhabilitation légale*). Diese trat nach Ablauf von zehn Jahren ab dem *jugement déclaratif* dann *ipso iure* ein.[655]

Endlich knüpften vor der Reform durch das Dekret vom 20. Mai 1955 Amnestiegesetze, welche diverse Schuldner von den mit der *faillite* einhergehenden

---

651 C. com. 1807, art. 612 i.d.F. der loi du 23 mars 1908 modifiant la loi du 30 décembre 1903, relative à la réhabilitation des faillis, JO, 24 mars 1908, p. 2089; *Lyon-Caen/Renault* (Fn. 91), n°s 981, 986; *Percerou/Dessertaux* (Fn. 569), n° 1584.

652 Zu diesem Begriff *Dölle* (Fn. 37), 105; *Percerou/Dessertaux* (Fn. 569), n° 1578; *Ripert* (Fn. 37), n° 2930.

653 C. com. 1807, art. 605, al. 1er i.d.F. der loi du 23 mars 1908; Denkschrift (Fn. 650); *Dölle* (Fn. 37), 105 f.; *Percerou/Dessertaux* (Fn. 569), n°s 1567, 1586-1590; *Ripert* (Fn. 37), n° 2931.

654 *Percerou/Dessertaux* (Fn. 569), n° 1590; in diesem Sinne auch bereits *Lyon-Caen/Renault* (Fn. 91), n° 989[4]. Zur entsprechenden Rechtslage unter dem Gesetz vom 13. Juli 1967 *Pelletier*, J.-Cl. Commercial, Anciens art. 437 à 614-26, Loi du 13 juillet 1967, Fasc. K-10 (September 1976) n° 78.

655 C. com. 1807, art. 605, al. 2 i.d.F. der loi du 23 mars 1908; *Lyon-Caen/Renault* (Fn. 91), n° 993; *Dölle* (Fn. 37), 106; *Percerou/Dessertaux* (Fn. 569), n°s 1568, 1571 f.; *Ripert* (Fn. 37), n°s 2932 f. Dieselbe Bedingung galt, zumindest solange der Schuldner nicht strafrechtlich rehabilitiert war, für den Sonderfall der automatischen Beendigung des Entzugs des aktiven Wahlrechts gemäß dem ersten Artikel der loi du 30 décembre 1903 relative à la réhabilitation des faillis, JO, 31 décembre 1904, p. 7889 in der Fassung des Gesetzes vom 23. März 1908 nach nunmehr drei Jahren, *Percerou/Dessertaux*, ebenda, n° 1575; *Ripert* (Fn. 37), n° 2923; vgl. auch *Lyon-Caen/Renault*, ebenda, n° 976 p. 301 note 7.

Rechtsnachteilen befreiten, an das Fehlen einer Verurteilung wegen Bankrotts oder die Einhaltung der für die Initiierung des Verfahrens vorgeschriebenen Frist an.[656]

b) *Die Bilanz*

Über die Bilanz sollte, wie über die Erklärung der *cessation des paiements*,[657] der aus der Nähe des Schuldners zu der Gesamtheit der relevanten Umstände resultierende Wissensvorsprung nutzbar gemacht werden.[658] Die zeitnahe Offenlegung der entsprechenden Daten durch den Schuldner erachtete man als notwendig für die Tätigkeit der Verwalter.[659] Der Stärkung der Gerichtsmacht entsprechend hob man später die Funktion als Informationsquelle für das Gericht hervor.[660] Den Gläubigern, welche mit der Einreichung der Bilanz bei der Kanzlei des Handelsgerichts von ihr Kenntnis nehmen konnten,[661] sollte sie die Einschätzung ihrer Perspektiven erleichtern.[662]

Doch sollte es dem Schuldner über die Bereitstellung der Bilanz auch ermöglicht werden, die für ihn günstigen Sachverhalte und, soweit sie im Rahmen des Vertretbaren lagen, seine Wertungen zu Gehör zu bringen.[663] Durchaus dienten die Schuldnerangaben in der Bilanz als Grundlage für die Beurteilung seiner Redlichkeit.[664]

---

656 *Percerou/Dessertaux* (Fn. 569), n° 1575bis; *Houin/Derrida*(*-Houin*) (Fn. 79), n° 881.

657 *Percerou/Dessertaux* (Fn. 34), n° 272.

658 *Locré* (Fn. 37), 249, 252 f.; *Boulay-Paty/Boileux* (Fn. 57), n°s 83, 312; *Pardessus/de Rozière* (Fn. 565), n° 1156; *Bedarride* (Fn. 32), n°s 30bis f., 38; vgl. auch *Lyon-Caen/Renault* (Fn. 34), n° 84.

659 *Locré* (Fn. 37), 241; *Boulay-Paty/Boileux* (Fn. 57), n° 87.

660 Cass. civ., sect. com. 14.3.1961, Bull. civ. 1961 III, n° 136 = D. 1961, jur. 686, note *Honorat* = RTD com. 1961, 951, obs. *Houin* = JCP 1961, éd. G, IV 86; *Houin/Derrida*(*-Houin*) (Fn. 79), n° 273 jeweils zur Rechtslage unter dem Dekret vom 20. Mai 1955. S. auch bereits *Ruben de Couder* (Fn. 551), n° 105, nach dem der Fallit die Bilanz sowohl den Gläubigern als auch der Justiz schuldete. Zur Stärkung der Gerichtsmacht im Zuge der Reformen von 1838 und 1935 s.o. § 3 B II, IV.

661 Vgl. *Boulay-Paty/Boileux* (Fn. 57), n° 315, nach denen dies sogar für jedermann gelten sollte, sowie *Bedarride* (Fn. 32), n° 327 für die von den Syndiken verfasste und eingereichte Bilanz.

662 *Locré* (Fn. 37), 249, 252; *Boulay-Paty/Boileux* (Fn. 57), n° 83; *Lyon-Caen/Renault* (Fn. 34), n° 84.

663 *Locré* (Fn. 37), 252 f.; *Boulay-Paty/Boileux* (Fn. 662); *Pardessus/de Rozière* (Fn. 658).

664 *Boulay-Paty/Boileux* (Fn. 57), n° 87; *Renouard* (Fn. 62), 269; *Bedarride* (Fn. 32), n° 39.

aa) Vermögen und Schulden

In der Bilanz waren das Vermögen und die Schulden darzustellen.[665] Auf diese Weise sollte die Bilanz Aufschluss über die Situation des Schuldners geben.[666]

Das Vermögen wurde in Posten gegliedert und zusammengefasst dargestellt.[667] Die Vermögensgegenstände waren zu bewerten.[668]

Eine spezielle Bewertungsvorschrift fehlte im Gesetz.[669] Die Frage, ob sich aus ihm dennoch Regeln für die Bewertung ableiten ließen, wurde nicht durchgehend einheitlich beantwortet. Jedenfalls bis Mitte des neunzehnten Jahrhunderts forderten manche mit Blick auf die besonderen Bedürfnisse des Verfahrens ausdrücklich, dass die zu bewertenden Vermögensbestandteile nicht zum Anschaffungs-, sondern zum Verkehrswert anzusetzen seien,[670] und damit eine an der zerschlagenden Liquidation orientierte[671] Bewertung.

Später ging man – ohne dass sich die maßgeblichen gesetzlichen Grundlagen insoweit geändert hätten – davon aus, dass eine bestimmte Methode weder für

665 *Rogron* (Fn. 81), 429 f., 804; *Boistel*, Précis du cours de droit commercial (Paris 1876) 617 f., 76, 98, 105; *Percerou/Dessertaux* (Fn. 34), n°s 272bis, 288 f. Zu diesem Zweck gab Artikel 439 des Code de commerce von 1807 in der Fassung des Gesetzes vom 28. Mai 1838 eine Aufzählung und Bewertung aller beweglichen und unbeweglichen Vermögensgegenstände des Schuldners (*l'énumération et l'évaluation de tous les biens mobiliers et immobiliers du débiteur*) sowie einen Status der Aktiv- und Passivschulden (*l'état des dettes actives et passives*) als Bestandteile der Bilanz vor, vgl. *Locré* (Fn. 37), 242-244; *Pardessus/de Rozière* (Fn. 565), n°s 1154 f.

666 *Boulay-Paty/Boileux* (Fn. 57), n° 78; *Pardessus/de Rozière* (Fn. 565), 1155; *Lyon-Caen/Renault* (Fn. 34), n° 84; *Percerou/Dessertaux* (Fn. 34), n°s 288 f.

667 Vgl. *Rogron* (Fn. 81), 804; *Boulay-Paty/Boileux* (Fn. 57), 417; *Bravard-Veyrières* (Fn. 627), 711 f., deren Musterbilanzen eine Ausweisung der Immobilien freilich noch unter Angabe der jeweiligen Adresse vorsahen; *Percerou/Dessertaux* (Fn. 34), n° 289 note 1.

668 *Rogron* (Fn. 81), 430; *Bravard-Veyrières* (Fn. 627), 585, 711 f.; *Lyon-Caen/Renault* (Fn. 34), n° 84; *Percerou/Dessertaux* (Fn. 34), n° 289. Anders hinsichtlich Geldforderungen und Anteilscheinen dagegen noch *Locré* (Fn. 37), 244; *Boulay-Paty/Boileux* (Fn. 57), n°s 79 f., die es wie *Bravard-Veyrières*, ebenda, 711 sowie *Pardessus/de Rozière* (Fn. 666) freilich als angemessen erachteten, einen Hinweis in die Bilanz aufzunehmen, wenn Vermögensbestandteile zweifelhaft oder nicht realisierbar waren.

669 *Schmidt-Busemann* (Fn. 561), 36.

670 *Boulay-Paty/Boileux* (Fn. 57), n° 79.

671 Vgl. *Graf von Kanitz*, Bilanzkunde für Juristen[3] (2014) Rn. 962.

die Bewertung noch hinsichtlich der Klassifizierung vorgeschrieben sei.[672] Dies deckte sich mit dem Stand der Vorschriften zur Buchführung im ersten Buch des Code de commerce und des Gesellschaftsrechts:[673] Erstere sprachen von der Erstellung einer Bilanz und einer Gewinn- und Verlustrechnung überhaupt erst nach der Überarbeitung dieser Bestimmungen im Jahre 1953.[674] Gesellschaftsrechtlich war sie zwar schon früher vorgeschrieben worden.[675] Auf die Normierung allgemeinverbindlicher Bilanzierungs- und Bewertungsregeln außerhalb des Steuerrechts verzichtete der französische Gesetzgeber jedoch abgesehen von der Fixierung des Grundsatzes der Bilanzkontinuität im Gesellschaftsrecht[676] bis Ende der 1960er Jahre.[677]

---

672 *Percerou/Dessertaux* (Fn. 34), n° 289 note 1, wonach eine Orientierung etwa an den Regeln für die Steuerbilanz möglich, aber keineswegs obligatorisch sein sollte; *Houin/Derrida(-Houin)* (Fn. 660) zur Rechtslage unter dem Dekret vom 20. Mai 1955.

673 Zum Begriff der Buchführung *Graf von Kanitz* (Fn. 671), Rn. 21.

674 C. com. 1807, art. 9 i.d.F. des décret n° 53-375 du 22 septembre 1953 relatif à la tenue des livres de commerce, JO, 23 septembre 1953, p. 8374. Vgl. hierzu *Ripert* (Fn. 37), n°s 407, 413; *Schmidt-Busemann* (Fn. 561); *Diekmann* (Fn. 558), 79, 92, 139; *Rückert* (Fn. 561), 96, 104.

675 Loi du 24 juillet 1867 sur les Sociétés, Bull. des lois, XIe série, partie principale, t. 30, n° 1513, texte n° 15,328, p. 94, art. 34 (*société anonyme*); loi du 7 mars 1925, art. 30. Hierzu *Ripert* (Fn. 37), n°s 413, 865, 1320.

676 Décret-loi du 30 octobre 1935 modifiant l'art. 35 de la loi du 24 juillet 1867 sur les bilans et comptes, JO, 31 octobre 1935, p. 11468; loi n° 66-537 du 24 juillet 1966 sur les sociétés commerciales, JO, 26 juillet 1966, p. 6402, art. 341. Zur Rolle der Steuerbilanz in der historischen Entwicklung der Handelsbilanz in Frankreich *Escarra* (Fn. 49), n°s 220-224; *Ripert* (Fn. 37), n°s 413, 417, 1322, 1326, 1329-1331; *Diekmann* (Fn. 558), 124-128, 133 f., 144, 153 f.

677 *Diekmann* (Fn. 558), 78 f., 91, 138 f., 154-156; vgl. auch *Lyon-Caen/Renault* (Fn. 34), I[5] (Paris 1921) n° 292j; *Escarra* (Fn. 49), n° 225; *Ripert* (Fn. 37), n°s 417 f., 1322, 1326, 1328, 1331; *Rückert* (Fn. 561), 95 f., 104. Der 1947 erstmalig verordnete Kontenplan (*Plan comptable générale*) war außerhalb des Steuerrechts zunächst nur für subventionierte Unternehmen und solche mit einer mehr als zwanzigprozentigen Staatsbeteiligung obligatorisch, *Escarra*, ebenda; *Ripert*, ebenda, n°s 418, 1326; *Diekmann*, ebenda, 141-144. Zur Schaffung von zwingenden Regelungen für die Versicherungs- und Kreditwirtschaft in der ersten Hälfte des zwanzigsten Jahrhunderts *Ripert*, ebenda, n° 418; *Diekmann*, ebenda, 122 f. Zur Vorgabe eines Bilanzmusters für veröffentlichungspflichtige Unternehmen im Zuge der Reform des Gesellschaftsrechts von 1966 *Diekmann*, ebenda, 133. Zur Allgemeinverbindlichkeit des Kontenplans ab 1970 *Diekmann*, ebenda, 144, 155; *Lauzainghein/Navarro/Nechelis*, Droit comptable[3] (Paris 2004) n°s 23 f., 30. Zur Reform der gesetzlichen Buchführungsvorschriften im Zuge der Umsetzung der vierten Richtlinie 78/660/EWG des Rates vom 25. Juli 1978

Die Darstellung der Verbindlichkeiten in der Bilanz sollte ursprünglich auch als Informationsquelle für die Einberufung der Gläubigerversammlungen und das Verfahren der Forderungsfeststellung dienen.[678] Dementsprechend waren die Forderungen gegen den Schuldner in der Bilanz unter Benennung der Person des Gläubigers, des Betrages sowie des Grundes aufzulisten.[679]

Mit der Reform von 1935 nahm die Bedeutung der Angaben zu den Verbindlichkeiten in der Bilanz als Informationsquelle für die Einberufung der Gläubigerversammlungen ab. An der seither frühesten Versammlung – derjenigen zur Abstimmung über den Vergleich[680] – nahmen nur diejenigen Gläubiger teil, deren Forderungen nach ihrer Anmeldung unbestritten geblieben, im Falle eines Widerspruchs bereits vom zuständigen Gericht festgestellt oder bei einer noch ausstehenden Entscheidung darüber vorläufig zugelassen worden waren.[681]

In dem Verfahren der Forderungsfeststellung blieb die Bilanz dagegen über die Reform von 1935 hinaus ein wichtiger Anknüpfungspunkt, wenngleich für die Prüfung der Forderungen (*vérification*) seitdem keine Gläubigerversammlung

---

aufgrund von Artikel 54 Absatz 3 Buchstabe g) des Vertrages über den Jahresabschluß von Gesellschaften bestimmter Rechtsformen, ABl. EG 1978 L 222/11 im Jahre 1983 *Diekmann*, ebenda, 148-152; *Ripert/Roblot/Germain/Vogel*, Traité de droit commercial, I, 1[18] (Paris 2001) n°s 306, 309; *Lauzainghein/Navarro/Nechelis*, ebenda, n° 23.

678 *Locré* (Fn. 37), 241, 244 f.; *Rogron* (Fn. 81), 430, 515; *Boulay-Paty/Boileux* (Fn. 57), n° 80; *Pardessus/de Rozière* (Fn. 565), n°s 1155, 1185, 1187; *Lyon-Caen/Renault* (Fn. 34), n°s 428 note 1, 527.

679 Vgl. *Locré* (Fn. 37), 244; *Rogron* (Fn. 81), 430, 804; *Boulay-Paty/Boileux* (Fn. 57), n° 80; *Bravard-Veyrières* (Fn. 627), 585, 712, der ausdrücklich auch die Angabe des Domizils der Gläubiger forderte; *Pardessus/de Rozière* (Fn. 565), 1155; *Ruben de Couder* (Fn. 551), n° 106; *Lyon-Caen/Renault* (Fn. 34), n° 84, welche die Benennung des Forderungsgrundes allerdings wohl nicht für erforderlich hielten.

680 *Percerou/Dessertaux* (Fn. 65), n°s 1148, 1225; *Ripert/Roblot* (Fn. 130), n° 3199. Zur Abschaffung einer Reihe von Gläubigerversammlungen im Zuge der Reform von 1935 s.o. § 3 B IV.

681 C. com. 1807, artt. 504; 499 f. i.d.F. des décret-loi du 8 août 1935 portant modification du livre III du Code de commerce; *Percerou/Dessertaux* (Fn. 65), n° 1306; vgl. auch *Dölle* (Fn. 37), 150. Auch unter dem Dekret vom 20. Mai 1955 und dem Gesetz vom 13. Juli 1967 wurden bereits zu der frühesten Versammlung nur solche Gläubiger geladen, deren Forderungen nach ihrer Anmeldung im Zuge des Verfahrens der Forderungsfeststellung endgültig oder vorläufig zugelassen worden waren, *Argenson/Toujas/Dutheil* (Fn. 135), 590 f., 603 f.; *Argenson/Toujas* (Fn. 170), 64 f.; *de Juglart/Ippolito* (Fn. 170), n° 1304; *Ripert/Roblot* (Fn. 130), n° 3200.

mehr vorgesehen war[682]: Die in der Bilanz aufgeführten Gläubiger, welche ihre Forderungen in den ersten acht Tagen nach dem *jugement déclaratif* noch nicht angemeldet hatten, konnten nicht nur über die obligatorische öffentliche Bekanntmachung, sondern auch schriftlich zur Forderungsanmeldung aufgefordert werden.[683] Und die Aufnahme in die Bilanz genügte seit dem Inkrafttreten des Gesetzes vom 28. Mai 1838, um die Befugnis zur Erhebung eines Widerspruchs hinsichtlich der Forderungen anderer Gläubiger zu begründen;[684] für die Mitwirkung bei der *vérification* in den hierzu bestimmten Gläubigerversammlungen

682 *Percerou/Dessertaux* (Fn. 65), n°s 1148, 1225, 1247 note 1; *Ripert* (Fn. 37), n°s 2603, 2630, 2695.

683 C. com. 1807, art. 492 i.d.F. des décret-loi du 8 août 1935 portant modification du livre III du Code de commerce; *Percerou/Dessertaux* (Fn. 65), n° 1244; *Honorat* (Fn. 95), 278. Auf der Grundlage des ersten Absatzes von Artikel 492 des Code de commerce in der Fassung des Gesetzes vom 28. Mai 1838 hatte man zwischen den bekannten Gläubigern, die auch schriftlich zur Forderungsanmeldung aufzufordern waren, und den anderen Gläubigern, deren Aufforderung schlicht über die Bekanntmachung erfolgte, differenziert, *Percerou*, Des faillites, banqueroutes et des liquidations judiciaires, II, in: *Thaller* (Hrsg.), Traité général théorique et pratique de droit commercial (Paris 1907 ff.), XVII (1913) n° 1236; *Lyon-Caen/Renault* (Fn. 34), n° 530; *Lacour/Bouteron* (Fn. 587), n° 1865. An der obligatorischen schriftlichen Aufforderung der bekannten Gläubiger hielten manche Gerichte auch nach der Reform von 1935 trotz des nun abweichenden Wortlauts der Vorschrift fest, *Argenson/Toujas/Dutheil* (Fn. 135), 426.

684 C. com. 1807, artt. 494 i.d.F. der loi du 28 mai 1838; 495, al. 1er i.d.F. des décret-loi du 8 août 1935 portant modification du livre III du Code de commerce; *Rogron* (Fn. 81), 515; *Dölle* (Fn. 37), 169; *Ripert* (Fn. 37), n° 2704. Zur entsprechenden Rechtslage unter dem Dekret vom 20. Mai 1955 und dem Gesetz vom 13. Juli 1967 *Argenson/Toujas/Dutheil* (Fn. 135), 450, 448, welche darauf hinwiesen, dass von der gesetzlichen Wendung der in die Bilanz aufgenommenen Gläubiger (*créanciers portés au bilan*) freilich nicht nur diejenigen erfasst sein sollten, welche in der vom Schuldner oder vom Verwalter erstellten Bilanz auftauchten, sondern all diejenigen, bei denen die Buchführung des Schuldners ihre Gläubigereigenschaft vermuten ließ; *Derrida* (Fn. 157), n° 100; *Argenson/Toujas* (Fn. 128), 646 f., nach denen der Gläubiger dann nicht zur Erhebung dieses Widerspruchs befugt war, wenn er im Falle der *liquidation des biens* die Frist für die Anmeldung seiner Forderung hatte verstreichen lassen oder im Falle des *règlement judiciaire* die Zurückweisung seiner Forderung im Feststellungsverfahren durch den *juge-commissaire* unwidersprochen gelassen hatte; *Ripert/Roblot* (Fn. 130), n° 3008. Nach *Lyon-Caen/Renault* (Fn. 34), 536; *Lacour/Bouteron* (Fn. 587), n° 1867 sowie *Percerou/Dessertaux* (Fn. 65), n° 1251 note 3 stellte die Aufnahme in die Bilanz vor dem Inkrafttreten des Dekrets vom 20. Mai 1955 eine Mindestanforderung für das Widerspruchsrecht dar, soweit die eigene Forderung noch nicht verifiziert worden war; anders wohl noch *Percerou* (Fn. 683), n°s 1224 f., 1249, 1260.

hatte bis zu deren Abschaffung im Zuge der Reform von 1935 Entsprechendes gegolten.[685] Endlich lieferte die Bilanz Informationen für die Beurteilung der angemeldeten Forderungen im Rahmen der *vérification* selbst.[686]

bb) *Dépenses, profits et pertes*

In die vom Schuldner vorzulegende Bilanz war ferner eine Darstellung der Gewinne und Verluste sowie der Ausgaben aufzunehmen (*tableau des profits et pertes, tableau des dépenses*).[687] Diese Angaben sollten Erkenntnisse zum Verhalten des Schuldners im Vorfeld der *faillite* und damit zu den Ursachen für seine gegenwärtige Situation bieten.[688] Abweichend von einer Gewinn- und Verlustrechnung heutiger Prägung war es in großem Umfang üblich, Erträge und Aufwendungen bereits saldiert in die Darstellung aufzunehmen.[689]

Man erachtete die Angaben als bedeutsam für die Vertrauensbildung gegenüber dem Schuldner.[690] Den Gläubigern sollten sie die Beantwortung der Frage erleichtern, ob sie den Versprechungen des Schuldners für die Zukunft Glauben schenken konnten,[691] und damit die Beurteilung eines etwaigen Vergleichsvorschlags.

Gleichermaßen sah man in diesem Teil der Bilanz eine Informationsgrundlage für die strafrechtliche Würdigung der Insolvenz, ohne mit der Anordnung seiner Einreichung das Problem eines Selbstbelastungszwangs zu verbinden.[692]

---

685 C. com. 1807, art. 494 i.d.F. der loi du 28 mai 1838. Nach Artikel 504 des Code de commerce von 1807 in seiner Ausgangsfassung waren die Berechtigung zu dieser Mitwirkung sowie die Widerspruchsbefugnis noch an einen positiven Ausgang der *vérification* hinsichtlich der eigenen Forderung und die Versicherung ihres Bestehens durch den Gläubiger geknüpft, *Rogron* (Fn. 81), 515; *Lyon-Caen/Renault* (Fn. 34), n°s 536, 538; *Percerou* (Fn. 683), n° 1249 note 1.

686 Vgl. *Boulay-Paty/Boileux* (Fn. 57), n° 80; *Pardessus/de Rozière* (Fn. 565), n° 1187.

687 C. com. 1807, art. 439 i.d.F. der loi du 28 mai 1838.

688 *Boulay-Paty/Boileux* (Fn. 57), n°s 78, 86; *Pardessus/de Rozière* (Fn. 565), n° 1155; *Lyon-Caen/Renault* (Fn. 34), n° 84; *Percerou/Dessertaux* (Fn. 34), n°s 289bis f.

689 Vgl. *Lacour/Bouteron* (Fn. 587), n° 1673 mit *Lyon-Caen/Renault* (Fn. 677), n° 309; die Musterbilanzen bei *Rogron* (Fn. 81), 805; *Boulay-Paty/Boileux* (Fn. 57), 417 f.; *Bravard-Veyrières* (Fn. 627), 712 sowie *Diekmann* (Fn. 558), 150. Zur Gewinn- und Verlustrechnung heutiger Prägung vgl. etwa *Lauzainghein/Navarro/Nechelis* (Fn. 677), n°s 412, 416; *Graf von Kanitz* (Fn. 671), Rn. 100.

690 *Pardessus/de Rozière* (Fn. 688); *Percerou/Dessertaux* (Fn. 34), n° 289bis.

691 *Lyon-Caen/Renault* (Fn. 34), n° 84.

692 *Boistel* (Fn. 665), 618; *Lyon-Caen/Renault* (Fn. 691); *dies.* (Fn. 91), n° 941; *Percerou/Dessertaux* (Fn. 34), n° 289ter; *dies.* (Fn. 569), n° 1521 p. 12 note 4; vgl. auch *Lacour/*

Erwiesen sich die geschäftlichen oder persönlichen Ausgaben des Schuldners als exzessiv, so war dies nach dem Gesetz als einfacher Bankrott zu verfolgen.[693] Dasselbe galt für den Verbrauch bedeutender Beträge bei bestimmten in besonderer Weise risikobehafteten Geschäften.[694] Ein erst späteres Aufkeimen des Bewusstseins für die Problematik des Selbstbelastungszwangs sollte vor dem Hintergrund der Idee einer widerlegungsbedürftigen Bankrottvermutung in dem ursprünglichen, napoleonischen Regelungswerk[695] nicht überraschen. Es hat schließlich auch noch lange gedauert, bis insbesondere der Europäische Gerichtshof für Menschenrechte sowie zuvor in Deutschland das Bundesverfassungsgericht und im Anschluss der Gesetzgeber mit der Regelung in § 97 Abs. 1 S. 3 InsO ihre Beiträge zur Lösung über ein Beweisverwertungs- bzw. verwendungsverbot geleistet haben.[696]

Keine Einigkeit bestand darüber, auf welchen Zeitraum sich die Darstellung in diesem Teil der Bilanz zu beziehen hatte. Gestützt auf die entsprechende Dauer der gesetzlichen Aufbewahrungsfrist für die Handelsbücher wurde überwiegend die Erstellung für die letzten zehn Jahre als ausreichend erachtet.[697] Andere forderten eine Rückschau bis zur Aufnahme der kaufmännischen Tätigkeit, weil die Bücher nach ihrer Wahrnehmung auch mit Blick auf die häufig genug

---

Bouteron (Fn. 689); *Grosse* (Fn. 569), 15. Zu den anerkennenswerten Gründen für die unterbliebene Einreichung der Bilanz s.o. § 4 A I 2 a) aa).

693 C. com. 1807, art. 585-1° i.d.F. der loi du 28 mai 1838; *Köstlin*, GA 1857, 721, 729; *Wach* (Fn. 578), 6, 14; *Grosse* (Fn. 569), 8, 14 f.; *Hager* (Fn. 547). Abgeschafft wurde dieser Bankrotttatbestand im Zuge der Reform von 1985, vgl. C. com. 1807, art. 614-6-1° i.d.F. der ordonnance n° 58-1299 du 23 décembre 1958; loi n° 67-563 du 13 juillet 1967, art. 127-1°; loi n° 85-98 du 25 janvier 1985, artt. 197; 238, 2°.

694 C. com. 1807, art. 585-2° i.d.F. der loi du 28 mai 1838 („consomm[ation] de fortes sommes, soit à des opérations de pur hasard, soit à des opérations fictives de bourse ou sur marchandise") und hierzu *Köstlin*, GA 1857, 721, 729; *Pardessus/de Rozière* (Fn. 565), n° 1506; *Renouard* (Fn. 574), 440 f.; *Wach* (Fn. 578), 6, 14 f.; *Grosse* (Fn. 569), 8, 15 f.; *Percerou/Dessertaux* (Fn. 569), n° 1521 p. 12 note 4; *Hager* (Fn. 547). Auch dieser Bankrotttatbestand wurde im Zuge der Reform von 1985 gestrichen, C. com. 1807, art. 614-6-2° i.d.F. der ordonnance n° 58-1299 du 23 décembre 1958; loi n° 67-563 du 13 juillet 1967, art. 127-2°; loi n° 85-98 du 25 janvier 1985, artt. 197; 238, 2°.

695 S.o. § 4 A I 1 f) aa).

696 EGMR, *Kansal ./. Vereinigtes Königreich*, Individualbeschwerde Nr. 21413/02, Rn. 29, 27.4.2004 bzw. BVerfG 13.1.1981, BVerfGE 56, 37.

697 *Locré* (Fn. 37), 249; *Rogron* (Fn. 81), 430; *Boulay-Paty/Boileux* (Fn. 57), n° 81; *Percerou/Dessertaux* (Fn. 34), n° 289bis. Unentschieden *Lyon-Caen/Renault* (Fn. 691). Zur Aufbewahrungsfrist für die Handelsbücher C. com. 1807, art. 11.

einschlägige dreißigjährige Verjährung in der Praxis nur selten nach Ablauf der Aufbewahrungsfrist vernichtet wurden.[698]

cc) Datierung, Unterzeichnung, Versicherung der Wahrheit

Die Bilanz war zu datieren, zu unterzeichnen und mit einer Versicherung ihrer Wahrheit zu versehen (*certifié véritable*).[699] Eine eidliche Bekräftigung schrieb das Gesetz hingegen nicht vor. In der historischen Rückschau war man sich zwar nicht einig, ob der Schuldner unter der Ordonnance sur le commerce von 1673 seine Angaben noch zu beeiden gehabt hatte. Doch erklärte man sich den Mangel einer entsprechenden Vorgabe hinsichtlich der Bilanz unter dem Code de commerce damit, dass sie eine Überprüfung der Angaben nicht entbehrlich gemacht und somit nur unnötig Meineide provoziert hätte.[700]

dd) Stellvertretung

Der Schuldner konnte sich nicht nur bei der Erklärung seiner *cessation des paiements*, sondern auch bei der Erstellung, Unterzeichnung sowie der Versicherung der Wahrheit der Bilanz von einem Bevollmächtigten vertreten lassen.[701] Anders als noch hinsichtlich der Anfertigung der Bilanz in Anwesenheit der Agenten unter dem Code de commerce in seiner Ausgangsfassung[702] setzte sich unter dem Gesetz vom 28. Mai 1838 die Ansicht durch, dass die Zulässigkeit der Stellvertretung nicht an besondere Umstände auf Seiten des Schuldners geknüpft war.[703]

---

698 *Pardessus/de Rozière* (Fn. 565), n° 1155. Unter dem Vorbehalt der Möglichkeit *Sirey/Gilbert* (Fn. 613), C. com., art. 439 n° 1; *Ruben de Couder* (Fn. 679); *Malapert* (Fn. 93), n° 137.

699 C. com. 1807, art. 439 i.d.F. der loi du 28 mai 1838.

700 *Locré* (Fn. 37), 249 f.; *Boulay-Paty/Boileux* (Fn. 57), n°s 83, 88; *Renouard* (Fn. 62), 269; *Lyon-Caen/Renault* (Fn. 34), n° 85; *Percerou/Dessertaux* (Fn. 34), n° 290.

701 *Pardessus/de Rozière* (Fn. 565), n°s 1096, 1156; *Renouard* (Fn. 62), 268 f.; *Sirey/Gilbert* (Fn. 613), C. com., art. 439 n° 10; *Lyon-Caen/Renault* (Fn. 34), n° 85bis; *Percerou/Dessertaux* (Fn. 34), n° 291bis. Zur entsprechenden Rechtslage unter dem Gesetz vom 13. Juli 1967 *Argenson/Toujas* (Fn. 128), 101; *Ripert/Roblot* (Fn. 130), n° 2872; *Jacquemont* (Fn. 143), n° 167.

702 *Locré* (Fn. 37), 253; *Pardessus* (Fn. 565), n° 1153; *Boulay-Paty* (Fn. 41), n°s 162, 164.

703 In diesem Sinne *Boulay-Paty/Boileux* (Fn. 57), n° 52; *Pardessus/de Rozière* (Fn. 565), n° 1096; *Renouard* (Fn. 62), 268 f.; *Bravard-Veyrières* (Fn. 627), 586; *Sirey/Gilbert* (Fn. 613), C. com., art. 439 n° 10; *Lyon-Caen/Renault* (Fn. 701); *Percerou/Dessertaux* (Fn. 701). *Bedarride* (Fn. 32), n° 40 hatte wohl noch gefordert, dass der Schuldner nicht in der Lage war, die Anforderungen persönlich zu erfüllen; wohl genauso hinsichtlich der Erklärung der *cessation des paiements Ruben de Couder* (Fn. 551), n°s 89,

Gestützt wurde diese Lösung auf die Beratungen im Gesetzgebungsverfahren sowie auf den allgemeinen Rechtsgrundsatz, nach dem eine rechtsgeschäftlich begründete Vertretung erlaubt ist, wenn ihr kein ausdrückliches Verbot entgegensteht.[704] Im Interesse der Ermutigung des Schuldners zur Initiierung des Konkursverfahrens wollte man den Zugang zu dem Verfahren nicht über eine Ausnahme von dieser Regel erschweren.[705]

Von dem Bevollmächtigten forderte die herrschende Meinung wegen der schwerwiegenden Bedeutung der Angelegenheit ein ausdrückliches oder spezielles Mandat (*mandat exprès, mandat en termes spéciaux*), also die explizite Benennung der einzelnen von der Vollmacht erfassten Akte. Eine allgemein gefasste Vollmacht (*mandat conçu en termes généraux*), die nach französischem Verständnis nur zur Vornahme von Verwaltungshandlungen (*actes d'administration*), nicht aber zu Geschäften ermächtigt, welche die Vermögenssubstanz betreffen (*actes de disposition*), genügte danach nicht.[706]

Die grundsätzliche Notwendigkeit einer notariellen Urkunde wurde in Ermangelung einer entsprechenden gesetzlichen Grundlage hingegen bald ganz überwiegend abgelehnt.[707]

ee) Die Bilanz als Verfahrensvoraussetzung?

Der Durchführung des Konkursverfahrens auf die schuldnerische Erklärung der *cessation des paiements* hin stand die unterbliebene Einreichung der Bilanz nicht

---

107 sowie hinsichtlich der Erstellung und Unterzeichnung der Bilanz *Pardessus/de Rozière* (Fn. 565), n° 1156.

704 *Lyon-Caen/Renault* (Fn. 701); *Percerou/Dessertaux* (Fn. 701); vgl. auch *Ruben de Couder* (Fn. 551), n° 107.

705 *Renouard* (Fn. 62), 269.

706 *Boulay-Paty/Boileux* (Fn. 57), n° 52; *Pardessus/de Rozière* (Fn. 565), n° 1096; *Renouard* (Fn. 62), 268 f.; *Sirey/Gilbert* (Fn. 613), C. com., art. 439 n° 10; *Lyon-Caen/Renault* (Fn. 701); *Percerou/Dessertaux* (Fn. 701) m.N. zu der abgelehnten Gegenansicht. Zur Abgrenzung zwischen *mandat en termes spéciaux* und *mandat conçu en termes généraux* nach C. civ., art. 1988, zur Unterscheidung dieser Abgrenzung von der Differenzierung zwischen General- und Spezialvollmacht sowie zu den Begriffen der *actes d'administration* und der *actes de disposition Ferid/Sonnenberger(-Sonnenberger)* (Fn. 163) Rn. 1 F 1051 bzw. Rn. 1 F 81, 84 f.

707 *Renouard* (Fn. 62), 269; *Lyon-Caen/Renault* (Fn. 701), note 3, welche die Einschaltung eines Notars nur in dem Fall für erforderlich hielten, dass der Schuldner zur Unterzeichnung nicht imstande war; *Percerou/Dessertaux* (Fn. 703). Dagegen noch *Boulay-Paty/Boileux* (Fn. 57), n° 52 unter Berufung auf die besondere Bedeutung der Angelegenheit; *Pardessus/de Rozière* (Fn. 565), n° 1096.

entgegen.[708] Das Geständnis der *faillite* sah man weiter in der Erklärung der *cessation des paiements* als solcher.[709] Eines weitergehenden Tatsachenvortrags oder Beweismittelangebots seitens des Schuldners zur *cessation des paiements* bedurfte es nicht für die Feststellung der *faillite* durch das Gericht.[710] Das Gesetz sah ausdrücklich die Möglichkeit vor, dass der Schuldner bei Abgabe der Erklärung auf die Gründe verwies, welche ihn an der Einreichung der Bilanz hinderten. Waren diese Gründe beachtlich, war eine nachträgliche Erstellung durch den Schuldner nicht ausgeschlossen. Ansonsten wurde sie – nach der Feststellung der *faillite* durch das Gericht – von den Syndiken besorgt.[711]

Ferner konnte das die *faillite* feststellende Urteil von Amts wegen ergehen – also sogar unabhängig davon, ob der Schuldner sich überhaupt gegenüber dem Gericht erklärte.[712] Zudem sollte die anfängliche Befreiung des Schuldners von der in diesem Urteil anzuordnenden Haft oder Bewachung auch dann ausgeschlossen sein, wenn er seine *cessation des paiements* zwar fristgerecht erklärt, die Einreichung der Bilanz jedoch ohne beachtlichen Grund versäumt hatte.[713]

Die Einreichung der Bilanz sollte auch nicht deswegen eine Voraussetzung für die Feststellung der *faillite* auf die Erklärung der *cessation des paiements* hin sein, weil man das Konkursverfahren selbst als Rechtswohltat für den Schuldner erachtet hätte, deren Gewährung er sich erst im Wege der umfassenden Sachverhaltsaufklärung hätte verdienen müssen. Die Regelungen zur *faillite* waren insgesamt weiter weniger von der Idee des Schuldnerschutzes als von dem Ziel der Gläubigerbefriedigung, der Elimination des schlechten Kaufmanns und der Aufarbeitung seiner Insolvenz geprägt;[714] dies äußerte sich insbesondere in den Regelungen zur Haft, zur Siegelanlegung, zu den mit der *faillite* verbundenen

---

708 Vgl. *Malapert* (Fn. 93), n°s 52, 13.

709 *Boulay-Paty/Boileux* (Fn. 57), n° 58; *Renouard* (Fn. 62), 254 f.; *Malapert* (Fn. 93), n°s 136 f.; *Lyon-Caen/Renault* (Fn. 34), n°s 87, 89; *Percerou/Dessertaux* (Fn. 34), n°s 272 f. Zu der entsprechenden Wertung bereits unter der Ausgangsfassung des Code de commerce s.o. § 4 A I 1 a), c).

710 Vgl. *Pardessus/de Rozière* (Fn. 565), n°s 1097, 1154; *Boulay-Paty/Boileux* (Fn. 57), n°s 51, 74-76; *Renouard* (Fn. 62), 268, 427; *Bravard-Veyrières* (Fn. 627), 584-586; *Lyon-Caen/Renault* (Fn. 34), n°s 82, 90; *Percerou/Dessertaux* (Fn. 34), n°s 285, 288, 293, 350.

711 S.o. § 4 A I 2 a) aa).

712 S.o. § 3 B I sowie *Rogron* (Fn. 81), 426 f.; 434; *Pardessus/de Rozière* (Fn. 565), n°s 1095, 1105.

713 S.o. § 4 A I 2 a) cc).

714 Vgl. *Lyon-Caen/Renault* (Fn. 34), n°s 1 f., 13-16, 20-32; *Ripert* (Fn. 37), n°s 2492, 2569; *Saint-Alary-Houin* (Fn. 25), n°s 1 f., 5, 15. Gänzlich unbeachtet wollte man die Belange des Schuldners bei der Findung eines Ausgleichs zwischen den von der *faillite*

persönlichen Rechtsnachteilen sowie zum Entzug der Verwaltungs- und Verfügungsbefugnis.[715] Mit der umgehenden Feststellung der *faillite* auf die schuldnerische Erklärung hin wurden diese Interessen bedient.[716] Zu deren Schutz verpflichtete das Gesetz den Schuldner zur Abgabe der Erklärung.[717]

Gänzlich hielt man eine missbräuchliche Erklärung der *cessation des paiements* durch den Schuldner zwar nicht für ausgeschlossen. Schließlich eröffnete das Verfahren ihm die Möglichkeit, gegen den Willen eines Teils seiner Gläubiger zu einem Vergleich zu gelangen.[718] Doch wurde es in dieser Hinsicht überwiegend als ausreichend erachtet, einem Mangel an Redlichkeit mit den nach der Feststellung der *faillite* noch zur Verfügung stehenden Mitteln wie der Versagung des Vergleichs oder der strafrechtlichen Verfolgung zu begegnen.[719]

Als weiterer Beweggrund für eine missbräuchliche Erklärung der *cessation des paiements* kam der Schutz in Betracht, den das Konkursverfahren dem Schuldner vor der *contrainte par corps* bot:[720] Nach der Feststellung der *faillite* durch das Handelsgericht konnte die Schuldhaft bis zu seiner Beendigung nicht mehr erwirkt werden. Die Schuldhaft wandelte sich, wenn sie vorher angeordnet worden war, in eine nach den Regeln des Konkursverfahrens vollzogene Haft, aus welcher das Gericht den Schuldner mit Gewährung sicheren Geleits entlassen konnte.[721] Am Ende der Liquidation nach den für das Scheitern des Vergleichs vorgesehenen Regeln konnte der Schuldner die Feststellung seiner Entschuldbarkeit (*excusabilité*) durch das Gericht erlangen.[722] Dann blieb die Anordnung

---

betroffenen Interessen freilich nicht lassen, vgl. etwa *Rogron* (Fn. 81), 417; *Lyon-Caen/Renault* (Fn. 34), n° 20.

715 S.o. §§ 3 B I; 4 A I 1 d), 2 a) cc).

716 *Bedarride* (Fn. 32), n°s 30bis-33; *Lyon-Caen/Renault* (Fn. 34), n°s 1, 82bis; *Percerou/Dessertaux* (Fn. 34), n° 286.

717 S.o. § 4 A I 1 a).

718 *Lyon-Caen/Renault* (Fn. 34), n° 90; *Wahl* (Fn. 565), n° 2166; *Percerou/Dessertaux* (Fn. 34), n°s 197, 293.

719 *Lyon-Caen/Renault* (Fn. 718); *Percerou/Dessertaux* (Fn. 718) jeweils m.N. aus der Rspr. zu dieser Streitfrage; a.A. *Wahl* (Fn. 718).

720 *Lyon-Caen/Renault* (Fn. 718). Zu dieser Wirkung des Konkursverfahrens Motive GemeinschuldO, I, 69; *Zachariä von Lingenthal/Crome* (Fn. 53), 292 Anm. 5) (§ 291); *Jaeger*[7] (Fn. 36), § 14 KO Anm. 37.

721 *Bravard-Veyrières* (Fn. 627), 609 f.; *Lyon-Caen/Renault* (Fn. 34), n°s 17, 86bis, 90, 251, 256, 484 f.; *Percerou/Dessertaux* (Fn. 34), n°s 27, 442, 449bis, nach denen diese gerichtliche Befugnis in diesem Fall freilich nicht immer unumstritten war. Zur Freilassung mit Gewährung sicheren Geleits s.o. § 4 A I 1 f) aa), 2 a) cc).

722 C. com. 1807, artt. 537 f. i.d.F. der loi du 28 mai 1838; *Lyon-Caen/Renault* (Fn. 91), n°s 724, 726; *Percerou/Dessertaux* (Fn. 65), n° 1460; *Ripert* (Fn. 37), n° 2906. Bei der

der *contrainte par corps* zugunsten der Konkursgläubiger grundsätzlich auch über die Verfahrensbeendigung hinaus unzulässig.[723] Dementsprechend war die *contrainte par corps* jedenfalls bis zu ihrer Abschaffung auf dem Gebiet des Zivil- und des Handelsrechts durch das Gesetz vom 22. Juli 1867 ein wesentliches Motiv für die Erklärung der *cessation des paiements* durch den Schuldner; die Durchführung des Konkursverfahrens war vorher mehrheitlich auf dessen Initiative zurückgegangen.[724] Zu der die Schuldhaft abwendenden und als Rechtswohltat geltenden gerichtlichen *cessio bonorum* (*cession de biens judiciaire*) waren die Kaufleute bereits seit der Reform von 1838 nicht mehr zugelassen.[725]

Doch war der Schuldner bei mangelnder Redlichkeit nicht gefeit vor dem nach den Regeln des Konkursverfahrens vollzogenen Freiheitsentzug.[726] Auch

---

clôture pour insuffisance d'actif kam die Feststellung der Entschuldbarkeit nicht in Betracht, *Lyon-Caen/Renault*, ebenda, n° 768; *Percerou/Dessertaux*, ebenda, n° 1487 note 1; *Ripert*, ebenda, n°s 2906, 2914.

723 C. com. 1807, art. 539, al. 2 i.d.F. der loi du 28 mai 1838; Motive GemeinschuldO, Anlage-Band, 94; *Percerou/Dessertaux* (Fn. 65), n° 1461; *Ripert* (Fn. 37), n° 2906. Zu der umstrittenen Frage, ob die Entschuldbarkeit die *contrainte par corps* in den Fällen ausschloss, die nicht von der Abschaffung durch das Gesetz vom 22. Juli 1867 betroffen waren, *Lyon-Caen/Renault* (Fn. 91), n° 726bis; *Wahl* (Fn. 565), n° 2718; *Lacour/Bouteron* (Fn. 587), n° 1951; *Percerou/Dessertaux*, ebenda, n° 1461 note 3.

724 *Ruben de Couder* (Fn. 551), n°s 79bis, 84bis; *Lyon-Caen/Renault* (Fn. 34), n°s 17, 86bis; *Percerou/Dessertaux* (Fn. 34), n°s 27, 286, 442. Zu dem Gesetz vom 22. Juli 1867 s. bereits oben § 3 B III.

725 C. com. 1807, art. 541 i.d.F. der loi du 28 mai 1838; art. 541, al. 1er i.d.F. der loi du 17 juillet 1856 relative aux Concordats par abandon, Bull. des lois, XIe série, t. 8, n° 414, texte n° 3838, p. 285; Motive GemeinschuldO (Fn. 723); *Lyon-Caen/Renault* (Fn. 91), n°s 725, 757; *Houin/Derrida(-Houin)* (Fn. 79), n° 261. Zur *cession de biens judiciaire* und ihrer Abgrenzung von der freiwilligen *cessio bonorum* (*cession de biens volontaire*) *Zachariä von Lingenthal/Crome* (Fn. 53), 294-298 (§ 291 II); *Seuffert* (Fn. 36), 20 f. (§ 6); *Hellmann* (Fn. 34), 105 (§ 7). Zur Frage nach der Möglichkeit einer freiwilligen Güterabtretung in der Form des – durch das Gesetz vom 17. Juli 1856 einer besonderen Regelung in Artikel 541 des Code de commerce zugeführten (Motive GemeinschuldO, II, 131 Fn. 4; Anlage Denkschrift (Fn. 90), 5630; *Jaeger*[7] (Fn. 36), Einleitung XXII) – *concordat par abandon d'actif* oder eines außergerichtlichen Vergleichs (*concordat amiable*) nach dem Inkrafttreten des Gesetzes vom 28. Mai 1838 *Wahl* (Fn. 565), n°s 2133, 2721; *Dölle* (Fn. 37), 173 f.; *Percerou/Dessertaux* (Fn. 65), n°s 1466-1476, 1399-1411bis.

726 S.o. § 4 A I 2 a) cc) sowie – zur Versagung der (unbedingten) Entlassung des Schuldners mit sicherem Geleit und zu dessen Widerruf unter dem Gesetz vom 28. Mai 1838 – *Rogron* (Fn. 81), 489 f.; *Renouard* (Fn. 62), 483 f.; *Bravard-Veyrières* (Fn. 627), 609.

musste er in diesem Fall mit einer Ablehnung der Feststellung seiner Entschuldbarkeit rechnen.[727] Zudem war mit der *clôture pour insuffisance d'actif* durch das Gesetz vom 28. Mai 1838 ein Mittel zur Eindämmung des Verfahrensmissbrauchs geschaffen worden.[728]

Im Übrigen bestand der gesetzliche Zweck des Ausschlusses der *contrainte par corps* während des Konkursverfahrens weniger in der Schonung des Schuldners als in der Realisierung der *par condicio creditorum*.[729] Mit dieser war die Erzwingung der Befriedigung einzelner Gläubiger, auf welche die *contrainte par corps* als Maßnahme der Einzelzwangsvollstreckung ausgerichtet war, nicht zu vereinbaren.[730] Zugleich war der Ausschluss logische Folge des Entzugs der Verwaltungs- und Verfügungsbefugnis.[731]

---

727 S.u. § 4 A I 2 b) ii).

728 *Renouard* (Fn. 574), 116-118; *Vallansan* (Fn. 273), n° 29. Mit der die Einzelrechtsverfolgung und damit die *contrainte par corps* wieder zulassenden, *Kohler* (Fn. 34), 511 (§ 79), *clôture pour insuffisance d'actif* – zu deren Normierung durch das Gesetz vom 28. Mai 1838 s.o. § 3 B II – sollte eine hinreichende Motivation geschaffen werden, der Erschöpfung der Aktiva entgegenzuwirken, indem die Schuldner ihre *cessation des paiements* frühzeitig erklärten, von einem Verheimlichen von Vermögensbestandteilen absahen oder eine finanzielle Unterstützung aus ihrem Umfeld erfolgte, *Lyon-Caen/Renault* (Fn. 91), n°s 760, 768; *Dölle* (Fn. 37), 175; *Percerou/Dessertaux* (Fn. 65), n°s 1478 f. Dies verkennt *Robbe-Grillet* (Fn. 50), 22, welcher in der Normierung der *clôture pour insuffisance d'actif* eine gezielte Verbesserung zugunsten des Schuldners bereits unter dem Gesetz vom 28. Mai 1838 erkennen will. Allerdings wäre es verfehlt, in der *clôture pour insuffisance d'actif* den Ausdruck einer rechtlichen Missbilligung mangelnder Sachverhaltsaufklärung zu sehen, weil sie eben nicht daran, sondern an die Erschöpfung der Aktiva anknüpfte, s. zu dieser Anforderung *Lyon-Caen/Renault*, ebenda, n°s 762 f.; *Dölle*, ebenda; *Percerou/Dessertaux*, ebenda, n° 1483; *Ripert* (Fn. 37), n°s 2910 f.

729 Nach *Boulay-Paty* (Fn. 41), n° 51 sollte die Unterwerfung der Person und des Vermögens des Schuldners unter das Verfahren nach der Konzeption des Gesetzgebers freilich a u c h dem Schutz des Schuldners vor der Schuldhaft dienen. Und nach *Locré* (Fn. 37), 205 sollte mit dem Ausschluss verhindert werden, dass der Schuldner floh, um sich dem Zugriff der die *contrainte par corps* betreibenden Gläubiger zu entziehen.

730 *Lyon-Caen/Renault* (Fn. 34), n°s 17, 86bis, 90, 256; *Lacour/Bouteron* (Fn. 587), n° 1814; vgl. auch *Bravard-Veyrières* (Fn. 627), 609 f.

731 *Pardessus/de Rozière* (Fn. 565), n° 1155; *Renouard* (Fn. 62), 428; Motive GemeinschuldO, I, 69.

ff) Betrügerischer Bankrott

Von dem Schuldner wurde Aufrichtigkeit bei seinen Angaben erwartet.[732] Wie das Beiseiteschaffen behandelte das Gesetz auch das Verheimlichen eines Teils seines Vermögens und das fraudulöse Anerkennen nicht bestehender Verbindlichkeiten in der Bilanz als Fälle des betrügerischen Bankrotts.[733]

gg) Vergleich

Die Verurteilung des Schuldners wegen betrügerischen Bankrotts begründete *per se* die Unzulässigkeit des Vergleichs.[734] In diesem Fall hatte das Gericht dessen Bestätigung zu versagen.[735]

Vor der Verurteilung konnten die Gläubiger, sobald die Staatsanwaltschaft die Angelegenheit vor den Ermittlungsrichter (*juge d'instruction*) gebracht hatte, ihre Abstimmung über den Vergleich per Versammlungsbeschluss bis zum Abschluss des Strafverfahrens vertagen.[736] Erfolgte die Verurteilung nach der gerichtlichen Bestätigung des Vergleichs, stellte dies einen Grund für dessen Annullierung (*annulation*) dar.[737]

Aber auch unabhängig von ihrer strafrechtlichen Verfolgung[738] konnten hinreichend gravierende Falschangaben in der Bilanz den Vergleich zu Fall bringen. Sie rechneten durchaus zu den Gründen, auf welche die Tatsachengerichte die Versagung der Vergleichsbestätigung stützen konnten.[739] Die Annullierung des

---

732 *Bedarride* (Fn. 32), n° 39; *Lyon-Caen/Renault* (Fn. 34), n° 88.

733 C. com. 1807, art. 591 i.d.F. der loi du 28 mai 1838; *Köstlin*, GA 1857, 721, 729; *Wach* (Fn. 578), 7, 19; *Grosse* (Fn. 569), 9 f., 23 f. Speziell zur Relevanz der Angaben in der Bilanz für die Bankrottstrafbarkeit wegen eines Verheimlichens von Aktiva *Bedarride* (Fn. 732); *Ruben de Couder* (Fn. 551), n° 112; *Lyon-Caen/Renault* (Fn. 732); vgl. hierzu auch *Wahl* (Fn. 565), n°s 2155, 2750.

734 C. com. 1807, art. 510, al. 1er i.d.F. der loi du 28 mai 1838; *Dölle* (Fn. 37), 177; *Jaeger*^7^ (Fn. 37), § 175 KO Anm. 9; *Ripert* (Fn. 37), n°s 2854, 2937.

735 C. com. 1807, art. 515 i.d.F. der loi du 28 mai 1838; *Lyon-Caen/Renault* (Fn. 34), n° 608; *Percerou/Dessertaux* (Fn. 65), n°s 1333, 1341.

736 C. com. 1807, artt. 510, al. 2 i.d.F. der loi du 28 mai 1838; Cass. req. 28.5.1940, S. 1940, 1, 62, 63; *Lyon-Caen/Renault* (Fn. 34), n° 608; *Percerou/Dessertaux* (Fn. 65), n° 1333 note 1.

737 C. com. 1807, art. 520, al. 1er i.d.F. der loi du 28 mai 1838; Motive GemeinschuldO, Anlage-Band, 93; *Dölle* (Fn 37), 191; *Jaeger*^7^ (Fn. 37), § 196 KO Anm. 9.

738 Vgl. *Bedarride* (Fn. 32), II^4^ (Paris/Aix 1862), n° 583; *Lyon-Caen/Renault* (Fn. 34), n° 637; *Percerou/Dessertaux* (Fn. 65), n° 1342; *Ripert* (Fn. 37), n° 2881.

739 Cour royale de Besançon 29.11.1843, Pal. 1844, 2, 641; T. com. Saint-Etienne 5.10.1897, Rec. Gaz. Pal., tables 1897-1902, v° Faillite, n° 547; *Ruben de Couder* (Fn. 733); vgl. auch *Houin/Derrida(-Derrida)* (Fn. 79), n° 2519; *Argenson/Toujas/Dutheil* (Fn. 135),

Vergleichs war auch vorgesehen bei nachträglich aufgedeckter Arglist in Gestalt eines Verheimlichens von Aktiva oder einer Vorgabe fiktiver Schulden.[740]

Nicht ausreichend für die Annullierung war dagegen das bloß fahrlässige Weglassen von Vermögensbestandteilen in der vom Schuldner eingereichten Bilanz, das Verschweigen von geringwertigen Gegenständen oder ein einfacher Bewertungsfehler.[741] Dasselbe galt für die mangelnde Aufführung einer Verbindlichkeit in der Bilanz.[742]

hh) Rehabilitation

Bei einer Verurteilung des Schuldners wegen betrügerischen Bankrotts blieb seine handelsrechtliche Rehabilitation – wie bereits unter der Ausgangsfassung des Code de commerce[743] – zunächst ausgeschlossen.[744] Nach dem Abschluss der Reformen zur Rehabilitation zu Beginn des zwanzigsten Jahrhunderts galt dies weiterhin für die *réhabilitation légale*.[745] Die *réhabilitation judiciaire de droit* war für einen *banqueroutier frauduleux* seither freilich zugänglich, wenn er

---

642 f. Zur Versagung der gerichtlichen Bestätigung des Vergleichs wegen Unvereinbarkeit mit dem öffentlichen oder dem Gläubigerinteresse s. schon oben § 4 A I 2 a) dd).

740 C. com. 1807, art. 518 i.d.F. der loi du 28 mai 1838; *Dölle* (Fn. 737); *Jaeger*[7] (Fn. 737); *Percerou/Dessertaux* (Fn. 65), n° 1382; vgl. auch Motive GemeinschuldO, II, 173, Anlage-Band, 93.

741 *Lyon-Caen/Renault* (Fn. 34), n° 638; *Percerou/Dessertaux* (Fn. 65), n° 1382. Zur insoweit unveränderten Rechtslage unter dem Gesetz vom 13. Juli 1967 *Argenson/Toujas* (Fn. 170), 271; *Toujas*, J.-Cl. Commercial, Anciens art. 437 à 614-26, Loi du 13 juillet 1967, Fasc. I-60 (Juni 1980) n°s 14, 17, die ausdrücklich auch eine fahrlässige oder unwesentliche Übertreibung bei den Passiva ausnehmen wollten.

742 CA Rennes 31.10.1934, Gaz. Pal. Table 1935-1940, v° Faillite, n° 581; vgl. auch Cass. civ. 28.5.1941, Gaz. Pal. 1941, 2, jur. 383; *Houin/Derrida(-Derrida)* (Fn. 79), n° 2614. Zur insoweit unveränderten Rechtslage unter dem Gesetz vom 13. Juli 1967 wiederum *Argenson/Toujas* (Fn. 741).

743 C. com. 1807, art. 612; *Boulay-Paty* (Fn. 41), n° 662; *Rogron* (Fn. 41), 562, 530; *Wahl* (Fn. 565), n° 2761.

744 C. com. 1807, art. 612, al. 1er i.d.F. der loi du 28 mai 1838; *Jaeger* (Fn. 572), 86 Fn. 2; *Lyon-Caen/Renault* (Fn. 91), n° 986; *Percerou/Dessertaux* (Fn. 569), n°s 1538, 1583. Zur Anknüpfung der bis zu dem Dekret vom 20. Mai 1955 ergangenen Amnestiegesetze an das Fehlen einer Verurteilung wegen Bankrotts sowie zu den verschiedenen Varianten der handelsrechtlichen Rehabilitation s. bereits oben § 4 A I 2 a) ee).

745 C. com. 1807, art. 605, al. 4 i.d.F. der loi du 23 mars 1908; *Lyon-Caen/Renault* (Fn. 91), n° 993; *Percerou/Dessertaux* (Fn. 569), n° 1572; *Ripert* (Fn. 37), n° 2933.

strafrechtlich rehabilitiert worden war.[746] Bei der Beurteilung der anerkannten Rechtschaffenheit als Voraussetzung für die fakultative Variante der gerichtlichen Rehabilitation konnte das Verhalten des Schuldners vor und nach dem *jugement déclaratif* Berücksichtigung finden.[747] Jedenfalls im Falle eines betrügerischen Bankrotts hielt man die Bejahung dieser Bedingung für ausgeschlossen.[748]

ii) Entschuldbarkeit

Keinesfalls erlangen konnte der *banqueroutier frauduleux* seine Entschuldbarkeit.[749] Diese Rechtswohltat[750] erfuhr – nach der Begrenzung ihres Stellenwerts durch die Abschaffung der Schuldhaft auf dem Gebiet des Zivil- und des Handelsrechts durch das Gesetz vom 22. Juli 1867 – mit der um den vorletzten Jahrhundertwechsel vollzogenen Reform der gesetzlichen Bestimmungen zum Strafregister (*casier judiciaire*) wieder einen gewissen Bedeutungszuwachs. Seither führte sie dazu, dass die die *faillite* feststellende Entscheidung auch dann nicht in den dem Betroffenen auf dessen Antrag ausgestellten Registerauszug aufgenommen wurde, wenn dem Falliten kein Vergleich gewährt worden war.[751] Ansonsten blieb die Entschuldbarkeit in moralischer Hinsicht relevant.[752]

746 C. com. 1807, art. 612 i.d.F. der loi du 23 mars 1908; *Lyon-Caen/Renault* (Fn. 91), n° 986; *Percerou/Dessertaux* (Fn. 569), n°s 1583bis, 1590 note 5; *Ripert* (Fn. 37), n° 2933.

747 *Lyon-Caen/Renault* (Fn. 91), n° 989[4]; *Percerou/Dessertaux* (Fn. 569), n° 1588. Zur entsprechenden Rechtslage unter dem Gesetz vom 13. Juli 1967 *Pelletier* (Fn. 654), n°s 68, 72.

748 *Lyon-Caen/Renault* (Fn. 747); *Percerou/Dessertaux* (Fn. 569), n° 1590. Zur entsprechenden Rechtslage unter dem Gesetz vom 13. Juli 1967 *Pelletier* (Fn. 654), n° 78. Insbesondere im Falle des Verheimlichens von Aktiva wurde die anerkannte Rechtschaffenheit wenigstens in Teilen der Rechtsprechung abgelehnt, *Lyon-Caen/Renault*, ebenda; *Pelletier* (Fn. 654), n° 74.

749 C. com. 1807, art. 540 i.d.F. der loi du 28 mai 1838; *Lyon-Caen/Renault* (Fn. 91), n°s 727, 947; *Percerou/Dessertaux* (Fn. 65), n° 1460; *dies.* (Fn. 569), n° 1538; *Ripert* (Fn. 37), n°s 2906, 2937.

750 *Lyon-Caen/Renault* (Fn. 91), n° 726; *Percerou/Dessertaux* (Fn. 65), n° 1460 p. 952 note 1.

751 *Lyon-Caen/Renault* (Fn. 91), n° 726bis; *Percerou/Dessertaux* (Fn. 34), n° 472bis; *dies.* (Fn. 65), n° 1461.

752 Vgl. *Lyon-Caen/Renault* (Fn. 91), n°s 726 f., 947; *Percerou/Dessertaux* (Fn. 34), n° 27; *dies.* (Fn. 65), n° 1461; *Ripert* (Fn. 37), n° 2906. Nicht mehr vorgesehen war die Entschuldbarkeit seit dem Inkrafttreten des Dekrets vom 20. Mai 1955.

Auch unabhängig von der strafrechtlichen Würdigung konnte die mangelhafte Sachverhaltsaufklärung durch den Schuldner zu einer Verweigerung der Feststellung der Entschuldbarkeit führen. Man ging davon aus, dass das Gericht die Feststellung nur bei Redlichkeit des Schuldners treffen durfte.[753] Es wurde als notwendig erachtet, dass diesem weder irgendein arglistiges noch ein fraudulöses Verhalten ernsthaft vorgeworfen werden konnte.[754]

3. *Das Gesetz vom 4. März 1889*

a) *Antrag, Bilanz und Gläubigerliste*

Für den Antrag auf Anordnung der *liquidation judiciaire* sah das Gesetz vom 4. März 1889 eine Frist von fünfzehn Tagen ab dem Eintritt der *cessation des paiements* vor.[755] Dasselbe galt nunmehr für die Erklärung der *cessation des paiements* nach dem Code de commerce.[756]

Die Dreitagefrist war schon früh[757] als zu kurz kritisiert und in der Praxis kaum beachtet worden.[758] Man wollte dem Schuldner jetzt einen längeren Zeitraum gewähren, um sich Klarheit über seine Situation zu verschaffen.[759] Eine Spanne von mehr als fünfzehn Tagen hielt man dagegen wegen der zunehmenden Gefahr einer Verschlimmerung der Lage gerade auch durch gläubigerschädigendes Verhalten des Schuldners noch für bedenklich.[760]

In den Antrag auf Anordnung der *liquidation judiciaire* war neben den Angaben zur Person des Schuldners – Name, Eigenschaft (*qualité*) und Domizil – das Datum aufzunehmen, auf welches seine *cessation des paiements* zurückging.[761]

---

753 *Lyon-Caen/Renault* (Fn. 91), n° 726bis; *Percerou/Dessertaux* (Fn. 65), n° 1460.

754 *Lyon-Caen/Renault* (Fn. 753), note 2.

755 Loi du 4 mars 1889, art. 2, al. 1er; *Mittermaier*, ZHR 38, N.F. 23 (1891), 467, 482; Denkschrift (Fn. 88); *Harnik* (Fn. 92).

756 C. com. 1807, art. 438, al. 1er i.d.F. der loi du 4 mars 1889; *Mittermaier*, ZHR 38, N.F. 23 (1891), 467, 482; *Percerou/Dessertaux* (Fn. 34), n° 286; *Ripert* (Fn. 37), n° 2571; vgl. auch *Dölle* (Fn. 37), 157; *Grosse* (Fn. 569), 9, 19.

757 Vgl. *Locré* (Fn. 37), 33.

758 *Rogron* (Fn. 81), 427 f.; *Mittermaier*, ZHR 38, N.F. 23 (1891), 467, 482; *Lyon-Caen/Renault* (Fn. 34), n° 82bis.

759 *Wahl* (Fn. 565), n° 2153; *Lacour/Bouteron* (Fn. 587), n° 1673.

760 *Malapert* (Fn. 93), nos 128 f.; *Wahl* (Fn. 565), n° 2137.

761 *Lyon-Caen/Renault* (Fn. 91), n° 1020; *Percerou/Dessertaux* (Fn. 34), n° 328. Zur Verwendung des Begriffs der *qualité* in der insolvenzrechtlichen Literatur zur Umschreibung der Begründetheitsanforderung der Kaufmanns- oder anderen Unternehmereigenschaft des Schuldners *Legros*, J.-Cl. Commercial, Fasc. 2160 (Februar 2017) n° 4.

Dasselbe galt im Falle einer offenen Handels- oder einer Kommanditgesellschaft für Namen und Domizil der persönlich haftenden Gesellschafter.[762]

Wie die Erklärung der *cessation des paiements* wurde der Antrag als Geständnis der Zahlungseinstellung gewertet.[763] Subsidiär sah man in ihm eben diese die Feststellung der *faillite* auslösende Erklärung.[764]

Das Begehren, zur *liquidation judiciaire* zugelassen zu werden, war hinreichend deutlich zu machen.[765] Die schlichte Erklärung der *cessation des paiements* oder Einreichung der Bilanz genügte hierzu nicht.[766]

Wenngleich das Gesetz hierzu keine besondere Regelung enthielt, bestand Einigkeit darüber, dass der Antrag zu datieren und zu unterzeichnen war.[767] Eine Stellvertretung bei der Antragstellung sollte wie im Falle der Erklärung der *cessation des paiements* unter der Voraussetzung eines speziellen Mandats möglich sein.[768] Genauso sollte der Schuldner auch den Antrag auf Anordnung der *liquidation judiciaire* bis zur gerichtlichen Entscheidung über denselben zurücknehmen können.[769]

Begleitet wurde der Antrag von der Bilanz des Schuldners sowie einer Liste seiner Gläubiger, in welcher diese wiederum mit Namen und Domizil aufzuführen waren.[770] In Ermangelung einer speziellen Definition des Begriffs in dem Gesetz vom 4. März 1889 ging man davon aus, dass diese Bilanz die Anforderungen zu erfüllen hatte, welche an die mit der Erklärung der *cessation des paiements* einzureichende gestellt wurden.[771] Der Darstellung der Gewinne und Verluste

---

762 Loi du 4 mars 1889, art. 3, al. 1er; *Mittermaier*, ZHR 38, N.F. 23 (1891), 467, 483; *Percerou/Dessertaux* (Fn. 34), n° 337; *Ripert* (Fn. 37), n° 2572; vgl. auch *Jaeger* (Fn. 572), 55.

763 *Malapert* (Fn. 93), n° 136.

764 *Lacour/Bouteron* (Fn. 587), n° 1678; *Percerou/Dessertaux* (Fn. 34), n° 350.

765 *Lyon-Caen/Renault* (Fn. 91), n° 1020; *Lacour/Bouteron* (Fn. 587), n° 1673; *Percerou/Dessertaux* (Fn. 34), n° 328; vgl. auch *Mittermaier*, ZHR 38, N.F. 23 (1891), 467, 482.

766 CA Dijon 23.1.1936, Gaz. Pal. 1937, 2, Jur. 654; *Campana/Dizel/Barralin/Fernandez*, Rép. com., IV: Effets de commerce – Entreprises du secteur public (Paris 1972 ff.), v° Entreprises en difficulté – Redressement judiciaire (Conditions d'ouverture) (Dezember 2013) n° 520.

767 *Lyon-Caen/Renault* (Fn. 91), n° 1020; *Percerou/Dessertaux* (Fn. 34), n° 328.

768 *Lyon-Caen/Renault* (Fn. 91), n° 1017; *Percerou/Dessertaux* (Fn. 34), n° 329; vgl. auch *Mittermaier*, ZHR 38, N.F. 23 (1891), 467, 482.

769 *Lyon-Caen/Renault* (Fn. 91), n° 1020bis; *Percerou/Dessertaux* (Fn. 34), n° 349.

770 Loi du 4 mars 1889, art. 2, al. 2; *Mittermaier*, ZHR 38, N.F. 23 (1891), 467, 483; Anlage Denkschrift (Fn. 90); *Wahl* (Fn. 565), n° 2165.

771 *Lyon-Caen/Renault* (Fn. 91), n° 1020; *Lacour/Bouteron* (Fn. 765); *Percerou/Dessertaux* (Fn. 34), n° 328 note 3; *Ripert* (Fn. 37), n° 2572. Zu der mit der Erklärung der *cessation des paiements* einzureichenden Bilanz s.o. § 4 A I 2 b).

maß man eine besondere Bedeutung bei der Beurteilung der Frage bei, ob die *cessation des paiements* vom Schuldner in rechtlich missbilligter Weise herbeigeführt worden war, er also würdig erschien, zur *liquidation judiciaire* zugelassen zu werden.[772]

Die Gläubigerliste konnte in die Bilanz integriert oder auf einem gesonderten Blatt erstellt werden.[773] Wenigstens manche wollten der Anordnung der namentlichen Aufführung in dieser Liste im Wege eines Umkehrschlusses entnehmen, dass Person und Domizil der Gläubiger in der mit der Erklärung der *cessation des paiements* einzureichenden Bilanz nicht mehr ausgewiesen zu werden brauchten.[774]

b) Bankrott

Die Bankrotttatbestände griffen auch im Falle der *liquidation judiciaire*.[775] Zwar hing die Strafbarkeit wegen Bankrotts von der *faillite* des Täters[776] und nach einer von der herrschenden Meinung abweichenden Ansicht[777] sogar von der Feststellung der Voraussetzungen für die *faillite* durch das Handelsgericht ab. Dass dieses die Kaufmannseigenschaft und den Eintritt der *cessation des paiements* des Schuldners konstatierte, war jedoch auch Bedingung für die Anordnung der *liquidation judiciaire*.[778]

Die auf die Verletzung der Fünfzehntagefrist gestützte Strafverfolgung wegen einfachen Bankrotts war daher nicht ausgeschlossen, wenn der Antrag oder die Bilanz nicht rechtzeitig eingereicht wurden.[779] Durch das fraudulöse Anerkennen nicht bestehender Verbindlichkeiten in der Bilanz oder das Verheimlichen

---

772 *Percerou/Dessertaux* (Fn. 34), n° 289bis.

773 *Lyon-Caen/Renault* (Fn. 91), n° 1020; *Percerou/Dessertaux* (Fn. 34), n° 328.

774 *Percerou/Dessertaux* (Fn. 34), n° 289.

775 *Lyon-Caen/Renault* (Fn. 34), n° 194; *dies.* (Fn. 91), n°s 938, 1124; *Lacour/Bouteron* (Fn. 587), n°s 1674, 1718, 1961 note 1; *Percerou/Dessertaux* (Fn. 34), n° 245; *dies.* (Fn 65), n° 1499 note 3.

776 C. com. 1807, artt. 585 f., 591 i.V.m. art. 437, al. 1er jeweils i.d.F. der loi du 28 mai 1838; *Lyon-Caen/Renault* (Fn. 91), n° 938; *Wahl* (Fn. 565), n° 2744 m.N. aus der Rspr.; *Grosse* (Fn. 569), 10; *Percerou/Dessertaux*, (Fn. 569), n° 1518; *Ripert* (Fn. 37), n°s 2530, 2935.

777 *Lyon-Caen/Renault* (Fn. 776); *Lacour/Bouteron* (Fn. 587), n°s 1717 f.; *Percerou/ Dessertaux* (Fn. 34), n°s 231, 235bis, 240 f., 245.

778 S. bereits oben § 3 B III sowie *Lyon-Caen/Renault* (Fn. 91), n° 1016; *Percerou/Dessertaux* (Fn. 34), n°s 152 f., 179, 351; *Ripert* (Fn. 37), n°s 2532, 2557.

779 *Lacour/Bouteron* (Fn. 587), n° 1674; *Percerou/Dessertaux* (Fn. 34), n° 342; *Ripert* (Fn. 37), n° 2571 mit n°s 2498, 2530, 2936.

von Vermögensbestandteilen konnte auch im Falle der *liquidation judiciaire* der Tatbestand des betrügerischen Bankrotts verwirklicht werden.[780]

c) Vergleich, Rehabilitation, Entschuldbarkeit und Haft

Auf den Vergleich, die Rehabilitation und die Entschuldbarkeit wirkte sich die mangelhafte Sachverhaltsaufklärung durch den Schuldner in Ermangelung abweichender Regelungen für die *liquidation judiciaire* nicht anders aus als im Falle des im Code de commerce geregelten Konkursverfahrens.[781] Die für den Fall der *faillite* mögliche Anordnung der Haft oder Bewachung des Schuldners durch das Handelsgericht war in der *liquidation judiciaire* überhaupt nicht vorgesehen.[782]

d) Conversion en faillite

Bei einer Verurteilung wegen Bankrotts oder einer Annullierung des Vergleichs hatte das Gericht die *faillite* festzustellen und damit die *liquidation judiciaire* in das Konkursverfahren des Code de commerce überzuleiten.[783] Aber auch unter weniger engen Voraussetzungen konnte ein Mangel an Aufrichtigkeit bei der

---

780 *Malapert* (Fn. 93), n° 138; *Lyon-Caen/Renault* (Fn. 91), n° 1124.

781 Vgl. loi du 4 mars 1889, art. 24 sowie für den Vergleich *Lyon-Caen/Renault* (Fn. 91), n° 1099ter; *Wahl* (Fn. 565), n°s 2628, 2632, 2652, 2660; *Percerou/Dessertaux* (Fn. 65), n°s 1302 note 2, 1332-1334, 1341 f., 1382; *dies.* (Fn. 569), n° 1538; *Ripert* (Fn. 37), n°s 2498, 2843, 2854, 2859, 2881, 2937; für die Rehabilitation *Lyon-Caen/Renault*, ebenda, n° 1127; *Wahl*, ebenda, n° 2758; *Percerou/Dessertaux* (Fn. 569), n°s 1568, 1570-1572, 1583-1584, 1588, 1590; *Ripert*, ebenda, n°s 2932 f. mit n°s 2498, 2530, 2936 und für die Entschuldbarkeit *Lyon-Caen/Renault*, ebenda, n° 1106; *Wahl*, ebenda, n° 2718; *Percerou/Dessertaux* (Fn. 65), n°s 1460, 1462; *Ripert*, ebenda, n°s 2498, 2906, 2937. Ob in der *liquidation judiciaire* die Feststellung der Entschuldbarkeit überhaupt in Betracht kam, war freilich nicht immer unumstritten, dagegen noch *Lyon-Caen/Renault*, Traité de droit commercial, VIII: Des Faillites, Banqueroutes et Liquidations judiciaires, II[2] (Paris 1899) n° 1106. Zur Auswirkung mangelhafter Sachverhaltsaufklärung durch den Falliten auf die Rehabilitation, die Entschuldbarkeit sowie auf den Vergleich s.o. § 4 A I 2 a) dd), ee), b) gg)-ii). Zur Überleitung der *liquidation judiciaire* in das Konkursverfahren des Code de commerce sowie zur anfänglichen Feststellung der *faillite* als Rechtsfolge mangelhafter Sachverhaltsaufklärung durch den Schuldner s.u. § 4 A I 3 d), e).

782 *Lyon-Caen/Renault* (Fn. 91), n° 1079; *Percerou/Dessertaux* (Fn. 34), n° 444.

783 Loi du 4 mars 1889, art. 19, al. 2-3°, -4°; *Mittermaier*, ZHR 38, N.F. 23 (1891), 467, 487; Anlage Denkschrift (Fn. 90), 5630; *Percerou/Dessertaux* (Fn. 569), n°s 1494, 1498 f., 1538; *Ripert* (Fn. 37), n°s 2558, 2917, 2937.

Erstellung der Bilanz oder der Gläubigerliste diese obligatorische Überleitung zeitigen:[784] Sie fand genauso immer dann statt, wenn der Schuldner irgendeine *fraude* begangen hatte, indem er etwa Vermögen oder Schulden verheimlicht oder vorgetäuscht oder die Benennung von einem oder mehreren Gläubigern wissentlich unterlassen hatte.[785] In Betracht kam in objektiver Hinsicht jedes Verhalten des Schuldners im Zusammenhang mit der *cessation des paiements* und des Verfahrens, welches geeignet war, sich zum Nachteil der Gläubiger auf das Verfahrensergebnis auszuwirken.[786] Die subjektiven Anforderungen waren dagegen nicht erfüllt bei einer bloß irrtümlichen Falschdarstellung in der Bilanz.[787]

Die *conversion en faillite* musste nicht notwendigerweise, konnte aber angeordnet werden, wenn sich im Laufe des Verfahrens herausstellte, dass der Antrag auf Anordnung der *liquidation judiciaire* nicht rechtzeitig gestellt worden war.[788] Bei der Entscheidungsfindung blieb Raum für eine Berücksichtigung, ob der Schuldner die Frist in vorwerfbarer Weise verletzt hatte.[789]

Endlich war eine fakultative Überleitung auch vorgesehen, wenn der Schuldner keinen Vergleich erreichte, sei es weil das Gericht seine Bestätigung versagt, sei es weil die Gläubiger ihn abgelehnt hatten.[790] Es sollte derjenige Schuldner besser gestellt werden können, in dessen Falle das Scheitern seiner Bemühungen

---

784 *Malapert* (Fn. 93), n° 138; *Mittermaier*, ZHR 38, N.F. 23 (1891), 467, 487; Anlage Denkschrift (Fn. 783).

785 Loi du 4 mars 1889, art. 19, al. 2-2°; *Lyon-Caen/Renault* (Fn. 91), n° 1113; *Percerou/Dessertaux* (Fn. 569), n°s 1494, 1497; *Ripert* (Fn. 37), n°s 2558, 2917; vgl. auch *Mittermaier*, ZHR 38, N.F. 23 (1891), 467, 487; Anlage Denkschrift (Fn. 783).

786 *Lyon-Caen/Renault* (Fn. 91), n° 1113; *Lacour/Bouteron* (Fn. 587), n° 1959; *Percerou/Dessertaux* (Fn. 569), n° 1497.

787 *Percerou/Dessertaux* (Fn. 65), n° 1497 note 3.

788 Loi du 4 mars 1889, art. 19, al. 1er-1°; Cass. req. 30.12.1896, D. 1897, 1, 317, 318; Cass. civ., sect. com. 23.1.1957, JCP 1957, éd. G, IV p. 34 v° Faillite-Liquidation judiciaire; *Lyon-Caen/Renault* (Fn. 91), n°s 1022, 1112; *Percerou/Dessertaux* (Fn. 569), n° 1495; *Ripert* (Fn. 37), n°s 2571, 2918. Unter anderem auf die Fristverletzung wurde die Überleitung etwa gestützt in Cass. civ., sect. com. 22.7.1958, Bull. civ. 1958 III, n° 324.

789 CA Alger 22.11.1897, D. 1899, 2, 290; CA Dijon 18.7.1898, D. 1899, 2, 108; *Lyon-Caen/Renault* (Fn. 91), n° 1112. Allerdings wurde in der Rechtsprechung auch die Ansicht vertreten, dass im Wesentlichen auf das Gläubigerinteresse abzustellen sei, *Houin/Derrida(-Houin)* (Fn. 79), n° 2826.

790 Loi du 4 mars 1889, art. 19, al. 1er-2°; Anlage Denkschrift (Fn. 783); *Lyon-Caen/Renault* (Fn. 91), n°s 1102, 1112; *Harnik* (Fn. 92), 641; *Percerou/Dessertaux* (Fn. 569), n°s 1416, 1495; *Ripert* (Fn. 37), n° 2918.

nicht auf einen Mangel an Redlichkeit, sondern seine wirtschaftliche Situation oder die Eigenwilligkeit eines Gläubigers zurückzuführen war.[791]

e) Zurückweisung des Antrags und Feststellung der faillite ab initio

War einer der Überleitungstatbestände bereits im Zeitpunkt der Entscheidung über die Anordnung der *liquidation judiciaire* erfüllt, musste bzw. konnte das Gericht den Antrag des Schuldners zurückweisen und stattdessen die *faillite* feststellen.[792] Von den Gläubigern konnte nicht die Zurückweisung, sondern nur die Feststellung der *faillite* beantragt werden.[793] Diesen Antrag verband das Gericht dann aber mit demjenigen des Schuldners auf Anordnung der *liquidation judiciaire* zu einer gemeinsamen Entscheidung.[794]

aa) Verletzung der Antragsfrist

Weder in der Rechtsprechung noch in der Literatur wurde die Frage einheitlich beantwortet, ob ein verspäteter Antrag zwingend zurückzuweisen war.[795] Die Befürworter beriefen sich auf den Gesetzeswortlaut.[796] Die Vertreter der Gegenmeinung betonten, dass die *conversion en faillite* bei nachträglicher Aufdeckung der Fristverletzung auch nur fakultativ war.[797]

Man war sich zwar einig, dass die fristgerechte und damit zügige Antragstellung die Redlichkeit des Schuldners vermuten ließ. Während aber die Verfechter der obligatorischen Zurückweisung argumentierten, dass nach der sich aus den

---

791 *Lyon-Caen/Renault* (Fn. 91), n° 1102; *Lacour/Bouteron* (Fn. 587), n° 1885; vgl. auch *Harnik* (Fn. 790).

792 *Lyon-Caen/Renault* (Fn. 91), n°s 1022 f.; *Percerou/Dessertaux* (Fn. 34), n°s 342-344, 350; *Ripert* (Fn. 37), n°s 2558, 2571, 2576, 2937; vgl. auch *Mittermaier*, ZHR 38, N.F. 23 (1891), 467, 482, 487.

793 *Mittermaier*, ZHR 38, N.F. 23 (1891), 467, 482; *Lyon-Caen/Renault* (Fn. 91), n° 1018.

794 Loi du 4 mars 1889, art. 4, al. 3; *Mittermaier*, ZHR 38, N.F. 23 (1891), 467, 483 f.; *Percerou/Dessertaux* (Fn. 34), n° 324ter; *Ripert* (Fn. 37), n° 2573.

795 Hierzu *Malapert* (Fn. 93), n°s 97, 114-126; *Lyon-Caen/Renault* (Fn. 91), n°s 1016, 1022, 1112; *Wahl* (Fn. 565), n° 2139; *Lacour/Bouteron* (Fn. 587), n° 1674; *Percerou/Dessertaux* (Fn. 34), n° 342-343bis; *Ripert* (Fn. 37), n° 2571; *Houin/Derrida(-Houin)* (Fn. 79), n° 187; *Honorat* (Fn. 95), 10.

796 Im ersten Absatz von Artikel 2 des Gesetzes vom 4. März 1889 hieß es: „La liquidation judiciaire ne peut être ordonnée que sur requête présentée par le débiteur [...], dans les quinze jours de la cessation de ses payements. Le droit de demander cette liquidation appartient au débiteur assigné en déclaration de faillite pendant cette période".

797 Zum gerichtlichen Ermessen bei der Entscheidung über die *conversion en faillite* wegen Verletzung der Fünfzehntagefrist s.o. § 4 A I 3 d).

Gesetzesmaterialien ergebenden Konzeption die Verletzung der Frist verdächtig mache und den Schuldner unwürdig erscheinen lasse, zur *liquidation judiciaire* zugelassen zu werden, hielten ihre Gegner eine gerichtliche Einzelfallwürdigung für erforderlich. Sie wollten sich dem Schuldner gegenüber insbesondere dann nachsichtig zeigen können, wenn er die Frist wegen einer Fehleinschätzung seiner Situation hatte verstreichen lassen.

Endlich resultierte der Streit aus unterschiedlichen Einschätzungen zu der Frage, ob der Anreiz für die Einhaltung der Frist groß genug war, wenn auch verspätete Anträge zugelassen werden konnten.

bb) Unabhängig von den Überleitungstatbeständen

Die Rechtsprechung und ein Teil der Lehre wollten die Zurückweisung sogar unabhängig von der Verwirklichung der Überleitungstatbestände erlauben, wenn das Verhalten des Schuldners dem Gericht nur nicht billigenswert oder verdächtig erschien. Gestützt wurde diese Ansicht auf die Charakterisierung der *liquidation judiciaire* als dem redlichen Kaufmann vorbehaltene Rechtswohltat, sowie auf eine Stellungnahme des Berichterstatters im Gesetzgebungsverfahren, wonach das Gericht in seiner Entscheidung völlig frei sein sollte.[798]

Dass man diesen Streit bei einer mangelhaften Sachverhaltsaufklärung durch den Schuldner für erheblich gehalten hätte, ist allerdings nicht ersichtlich.[799] Er wurde zumindest teilweise sogar schlechthin als kaum praxisrelevant erachtet, weil die Gerichte den Anträgen auf Anordnung der *liquidation judiciaire* mit Blick auf die Möglichkeit der späteren *conversion en faillite* wegen einer *fraude* des Schuldners leicht gefolgt seien,[800] respektive wegen des als vage Generalklausel charakterisierten Begriffs der *fraude*.[801]

798 Zum Ganzen *Mittermaier*, ZHR 38, N.F. 23 (1891), 467, 482; *Malapert* (Fn. 93), n°s 52-54; *Lyon-Caen/Renault* (Fn. 91), n° 1023; *Wahl* (Fn. 565), n° 2168; *Lacour/Bouteron* (Fn. 587), n° 1676; *Percerou/Dessertaux* (Fn. 34), n° 345; *Harnik* (Fn. 92); *Ripert* (Fn. 37), n° 2559.

799 Als Beispiel einer Entscheidungserheblichkeit findet sich bei *Lacour/Bouteron* (Fn. 587), n° 1676 dagegen der Fall eines vom Tatbestand des einfachen Bankrotts (C. com. 1807, art. 585, n° 1 i.d.F. der loi du 28 mai 1838) erfassten, nicht aber vor das Strafgericht gebrachten Ausgabenexzesses.

800 *Ripert* (Fn. 37), n° 2559.

801 *Percerou/Dessertaux* (Fn. 34), n° 344.

4. Die Entwicklung ab Mitte der 1930er Jahre

Im Rahmen der Reform von 1935 reagierte der Gesetzgeber insbesondere auch auf den Umstand, dass die Leiter von Gesellschaften in Ermangelung ihrer eigenen *faillite* bislang weder Täter eines Bankrotts sein konnten noch den den Falliten treffenden persönlichen Rechtsnachteilen ausgesetzt waren.[802] Für den Fall der Feststellung der *faillite* einer Gesellschaft ordnete er – wenngleich unter der besonderen Voraussetzung eines bösen Glaubens (*mauvaise foi*)[803] – gerade auch die Strafbarkeit der Verletzung der Fünfzehntagefrist durch die zur Erklärung der *cessation des paiements* berufenen Personen an. Anwendung fand insoweit der für den einfachen Bankrott geltende Strafrahmen.[804] Desgleichen unterwarf er für denselben Fall zur Leitung der Gesellschaft Berufene, welche in

802 *Percerou/Dessertaux* (Fn. 569), n°s 1633bis, 1643ter, 1715 f.; *Ripert* (Fn. 37), n° 2500; *Saint-Alary-Houin* (Fn. 25), n° 18; vgl. auch bereits *Lyon-Caen/Renault* (Fn. 91), n°s 1220 f. sowie *Robbe-Grillet* (Fn. 50), 23 und *Pascal Schütze* (Fn. 3), 12. Zur *faillite* des Täters als Voraussetzung für die Strafbarkeit wegen Bankrotts unter dem Code de commerce von 1807 s. bereits oben § 4 A I 3 b). Allerdings hatte die Rechtsprechung für den Fall fiktiver Gesellschaften zuvor schon die Kaufmannseigenschaft der Hinterleute und die entsprechende Möglichkeit ihrer *faillite* bejaht, *Zimmermann* (Fn. 121), 6-12, 32 f.; *Zahn* (Fn. 121), 77-79; *Wallmann* (Fn. 262), 143 und sah das Gesetz jetzt für bestimmte Fälle eines Missbrauchs der Gesellschaft ausdrücklich eine fakultative Ausdehnung der *faillite* auf die Verantwortlichen vor, C. com. 1807, art. 437, al. 4 i.d.F. der décret-loi du 8 août 1935 portant application aux gérants et administrateurs de sociétés de la législation de la faillite et de la banqueroute et instituant l'interdiction et la déchéance du droit de gérer et d'administrer une société, JO, 9 août 1935, p. 8682; *Zimmermann*, ebenda, 23-28, 32-34; *Zahn*, ebenda, 78 f.; *Wallmann*, ebenda, 25 f., 143.

803 *Honorat* (Fn. 95), 365 note 828. Als Voraussetzung für die Bejahung des bösen Glaubens wurde zwar ein Schädigungswille gefordert, *Percerou/Dessertaux* (Fn. 569), n° 1524ter; *Touffait/Herzog*, JCP 1959, éd. G, I 1473, n° 39. Doch handelte der Täter Entscheidungen des Kassationshofs zufolge nicht nur dann bösgläubig, wenn er von der *cessation des paiements* wusste, sondern auch, wenn er sie aufgrund seiner leitenden Funktion in der Gesellschaft kennen musste, *Touffait/Herzog*, ebenda; *Robin* (Fn. 617), n° 102 (Januar 1970); *Ripert/Roblot* (Fn. 130), n° 3326; *Petot-Fontaine*, J.-Cl. Commercial, Anciens art. 437 à 614-26, Loi du 13 juillet 1967, Fasc. L-14-2 (September 1982) n° 138.

804 Décret-loi du 8 août 1935 portant application aux gérants et administrateurs de sociétés de la législation de la faillite et de la banqueroute, art. 2-6°; *Percerou/Dessertaux* (Fn. 569), n°s 1524bis f., 1633bis f., 1643ter, 1716; *Ripert* (Fn. 37), n° 2942; *Touffait/Herzog*, JCP 1959, éd. G, I 1473, n°s 42, 44. Nach *Houin*, RTD com. 1959, 1, 15 war dieses Delikt auch häufig von der Staatsanwaltschaft verfolgt worden.

fraudulöser Weise einen Teil des Gesellschaftsvermögens verheimlichten oder in der Bilanz nicht bestehende Verbindlichkeiten anerkannten, der für den betrügerischen Bankrott im Strafgesetzbuch (*Code pénal*) vorgesehenen Strafe.[805] Die auf der Grundlage der entsprechenden Bestimmungen verurteilten Personen trafen fortan die mit der *faillite* einhergehenden persönlichen Rechtsnachteile.[806]

Bald danach konnte die *faillite* einer *société anonyme* diese persönlichen Rechtsnachteile für die verantwortlichen Leiter sogar unabhängig von einer solchen Verurteilung bedingen. Ein Gesetz vom 16. November 1940 knüpfte diese Rechtsfolge grundsätzlich schlicht an die *faillite* der *société anonyme* und ermöglichte es dem Handelsgericht die Betroffenen davon auszunehmen, wenn sie bewiesen, dass die *faillite* nicht auf schwerwiegende Fehler bei der Führung der Gesellschaft zurückzuführen war.[807]

Ferner zog mit der Reform von 1935 jede rechtskräftige Verurteilung wegen einer nach den für den Bankrott geltenden Regeln zu bestrafenden Tat von Gesetzes wegen ein Verbot zur Leitung, Vertretung oder Ausübung einer Aufsichtsfunktion in einer Aktiengesellschaft oder einer Gesellschaft mit beschränkter Haftung sowie zur Führung einer Zweigniederlassung (*succursale*)

---

805 Décret-loi du 8 août 1935 portant application aux gérants et administrateurs de sociétés de la législation de la faillite et de la banqueroute, art. 3; *Percerou/Dessertaux* (Fn. 569), n°s 1524ter, 1643ter, 1716; vgl. auch *Touffait/Herzog*, JCP 1959, éd. G, I 1473, n°s 48, 35 zur insoweit ungeänderten Rechtslage unter der Verordnung vom 23. Dezember 1958.

806 Décret-loi du 8 août 1935 portant application aux gérants et administrateurs de sociétés de la législation de la faillite et de la banqueroute, art. 5; *Percerou/Dessertaux* (Fn. 569), n°s 1524ter note 1, 1576; vgl. auch *Houin*, RTD com. 1959, 1, 15; *Argenson/Toujas/Dutheil* (Fn. 135), 238 f. zur insoweit ungeänderten Rechtslage unter der Verordnung vom 23. Dezember 1958 (C. com. 1807, art. 614-18° i.d.F. der ordonnance n° 58-1299 du 23 décembre 1958).

807 Loi du 16 novembre 1940 relative aux sociétés anonymes, JO, 26 novembre 1940, p. 5828, art. 4, al. 2-4; *Ripert* (Fn. 37), n°s 1171, 1174, 2927; vgl. auch *Jeantin/Darmstädter* (Fn. 158), n° 9; *Robbe-Grillet* (Fn. 802). Die Reform des Gesellschaftsrechts von 1966 brachte später eine entsprechende Regelung für das Verfahren der *faillite* und des *règlement judiciaire* des Dekrets vom 20. Mai 1955, welche die verantwortlichen Leiter sowohl der *société anonyme* als auch der Gesellschaft mit beschränkter Haftung betraf, loi n° 66-537 du 24 juillet 1966, artt. 54, al. 3; 114; 150; 505; *Ripert/Roblot* (Fn. 130), n° 2800. Endgültig abgeschafft wurden all diese Bestimmungen im Zuge der Reform des Unternehmensinsolvenzrechts von 1967, loi n° 67-563 du 13 juillet 1967, artt. 157; 159; vgl. zum Ganzen *du Pontavice*, JCP 1968, éd. G, I 2138, n°s 54, 68.

oder Vertretung (*agence*) solcher Gesellschaften nach sich.[808] Demselben Verbot unterlag von nun an jeder nicht rehabilitierte Fallit.[809]

Darüber hinaus konnte das Handelsgericht den Mitgliedern des Verwaltungsrats einer *société anonyme* oder den Geschäftsführern einer Gesellschaft mit beschränkter Haftung jetzt das Recht zur Ausübung solcher Funktionen entziehen (*déchéance du droit d'administrer ou de gérer toute société*), wenn ihnen im Falle der Feststellung der *faillite* der Gesellschaft schwerwiegende Fehler nachzuweisen waren.[810] Die Aufhebung dieser Maßnahme konnte deren Adressat nach dem Ablauf von fünf Jahren bei dem erlassenden Gericht beantragen.[811]

Ein Gesetz vom 30. August 1947 endlich knüpfte gerade auch an hinreichend schwere Verfehlungen bei der Sachverhaltsaufklärung durch den Schuldner zu Beginn des Verfahrens ein Verbot zur Ausübung einer selbstständigen kaufmännischen oder industriellen Tätigkeit, von leitenden Funktionen in kaufmännischen oder industriellen Unternehmen unabhängig von der Rechtsform des Unternehmensträgers sowie von Aufsichtsfunktionen in Gesellschaften[812]: Diese

---

808 Décret-loi du 8 août 1935 portant application aux gérants et administrateurs de sociétés de la législation de la faillite et de la banqueroute, art. 6, al. 1er und hierzu *Ripert* (Fn. 37), n° 1136 sowie - auch zu späteren Änderungen auf der Rechtsfolgenseite - *Robert/Matsopoulou*, Traité de droit pénal des affaires (2004) nos 162 f., 345. Mit der ordonnance n° 2005-428 du 6 mai 2005 relative aux incapacités en matière commerciale et à la publicité du régime matrimonial des commerçants, JO n° 105 du 7 mai 2005, p. 7925, texte n° 24 wurde diese Vorschrift außer Kraft gesetzt, ordonnance n° 2005-428, art. 3; *Matsopoulou*, D. 2007, chron. 104, 109.

809 Décret-loi du 8 août 1935 portant application aux gérants et administrateurs de sociétés de la législation de la faillite et de la banqueroute, art. 6, al. 3; *Robin* (Fn. 617), nos 80 f. (Januar 1970); *Robert/Matsopoulou* (Fn. 808), n° 162. Diese Bestimmung wurde gestrichen durch Artikel 159 des Gesetzes vom 13. Juli 1967, *du Pontavice*, JCP 1968, éd. G, I 2138, n° 68; *Alliot*, RTD com. 1981, 201, 225.

810 Décret-loi du 8 août 1935 portant application aux gérants et administrateurs de sociétés de la législation de la faillite et de la banqueroute, art. 10; *Percerou/Dessertaux* (Fn. 569), nos 1643, 1715; *Ripert* (Fn. 37), nos 1136, 2927; *Derrida* (Fn. 157), nos 237, 239; *Alliot*, RTD com. 1981, 201, 225. Anders als das Gesetz vom 16. November 1940 sprach diese Vorschrift zwar nicht von „fautes graves", sondern von „fautes lourdes". Inhaltlich sollte dieser sprachliche Unterschied jedoch nicht von Bedeutung sein, *Ripert* (Fn. 37), n° 1174. Die Bestimmung wurde gestrichen im Zuge der Reform von 1985, loi n° 85-98 du 25 janvier 1985, art. 238, 1°.

811 Décret-loi du 8 août 1935 portant application aux gérants et administrateurs de sociétés de la législation de la faillite et de la banqueroute, art. 18; *Pelletier* (Fn. 654), n° 28.

812 Loi n° 47-1635 du 30 août 1947 relative à l'assainissement des professions commerciales et industrielles, JO, 31 août 1947, p. 8661, artt. 1er, al. 1er; 2; *Ripert* (Fn. 37), nos 234,

Sanktion griff, ohne dass es einer besonderen Anordnung durch das Gericht bedurfte,[813] fortan in aller Regel bei einer rechtskräftigen Verurteilung des Schuldners wegen betrügerischen Bankrotts sowie zur Leitung einer Gesellschaft berufener Personen zu der für den Fall des betrügerischen Bankrotts vorgesehenen Strafe.[814] Dasselbe galt bei einer rechtskräftigen Verurteilung des Schuldners wegen Bankrotts oder der im Falle einer Gesellschaft Verantwortlichen wegen einer Verletzung der Fünfzehntagefrist nach den für den einfachen Bankrott geltenden Regeln zu einer Gefängnisstrafe von mindestens drei Monaten ohne Bewährung[815] sowie in Ermangelung der Rehabilitation des Schuldners bereits bei der Feststellung der *faillite* durch das Handelsgericht[816].

Die Dauer des Verbots, die nicht kürzer als fünf Jahre ausfallen durfte, konnte das Handels- bzw. das Strafgericht in seinem Urteil bestimmen.[817] Die

---

1136; *Houin/Derrida(-Houin)* (Fn. 79), n°s 860, 872. Zu späteren Erweiterungen auf der Rechtsfolgenseite *Robert/Matsopoulou* (Fn. 808), n° 166.

813 *Ripert* (Fn. 37), n° 234; *Houin/Derrida(-Houin)* (Fn. 79), n° 872; *Argenson/Toujas/Dutheil* (Fn. 135), 793.

814 Loi n° 47-1635 du 30 août 1947, art. 1er, al. 1er-1° i.V.m. C. pén. 1810, artt. 402, al. 2; 7-4°; décret-loi du 8 août 1935 portant application aux gérants et administrateurs de sociétés de la législation de la faillite et de la banqueroute, art. 3; vgl. auch *Ripert* (Fn. 313); *Argenson/Toujas/Dutheil* (Fn. 813) sowie – auch zu einem praktisch seltenen Ausnahmefall – *Robert/Matsopoulou* (Fn. 808), n° 165.

815 Loi n° 47-1635 du 30 août 1947, art. 1er, al. 1er-5° i.V.m. C. pén. 1810, art. 402; décret-loi du 8 août 1935 portant application aux gérants et administrateurs de sociétés de la législation de la faillite et de la banqueroute, art. 2-6°; *Argenson/Toujas/Dutheil* (Fn. 135), 239; vgl. auch *Ripert* (Fn. 313); *Robert/Matsopoulou* (Fn. 814). Mit der Verordnung vom 6. Mai 2005 wurden die zu diesem Zeitpunkt noch bestehenden Vorschriften des Gesetzes vom 30. August 1947 außer Kraft gesetzt, ordonnance n° 2005-428, art. 3; *Matsopoulou*, D. 2007, chron. 104, 109. Die mit der Verordnung – auch anstelle von Artikel 6, al. 1er der genannten décret-loi vom 8. August 1935 – geschaffenen Nachfolgeregelungen der Artikel 128-1 - 128-6 des Code de commerce wurden ihrerseits gestrichen durch Artikel 70-I der loi n° 2008-776 du 4 août 2008 de modernisation de l'économie, JO n° 181 du 5 août 2008, p. 12471, texte n° 1; *Cerf-Hollender* (Fn. 272), n° 80.

816 Loi n° 47-1635 du 30 août 1947, art. 1er, al. 1er-12°; *Houin/Derrida(-Houin)* (Fn. 79), n°s 860, 872; vgl. auch *Ripert* (Fn. 37), n°s 234, 2926; *Argenson/Toujas/Dutheil* (Fn. 135), 793. Diese Bestimmung wurde gestrichen durch Artikel 159 des Gesetzes vom 13. Juli 1967, *Argenson/Toujas* (Fn. 170) 412; *Ripert/Roblot* (Fn. 130), n° 3304.

817 Loi n° 47-1635 du 30 août 1947, art. 4, al. 2; *Ripert* (Fn. 37), n° 234; *Houin/Derrida(-Houin)* (Fn. 79), n° 872. Zur weiteren rechtlichen Entwicklung in dieser Hinsicht *Robert/Matsopoulou* (Fn. 808), n° 167.

Betroffenen konnten das Urteilsgericht um die Befreiung von dem Verbot oder dessen zeitliche Begrenzung ersuchen.[818] Jedenfalls endete das Verbot mit der Rehabilitation[819] und im Falle einer Amnestie.[820]

5. *Die Neuordnung in den 1950er Jahren*

a) *Erklärung der* cessation des paiements

Nach dem Inkrafttreten des Dekrets vom 20. Mai 1955 war die *cessation des paiements* weiter binnen fünfzehn Tagen gegenüber der Kanzlei des zuständigen Handelsgerichts zu erklären.[821] Auf die Erklärung hin konnte das Gericht entweder den *règlement judiciaire* oder das Verfahren der *faillite* anordnen.[822]

b) *Begleitende Unterlagen*

Mit der Erklärung der *cessation des paiements* waren verschiedene Unterlagen einzureichen. Insoweit übernahm der Gesetzgeber zunächst einmal die für die *liquidation judiciaire* geltenden Anforderungen,[823] wenn auch nicht ohne terminologische Anpassungen an die zeitgenössische Buchführungspraxis.[824]

Gesetzlich vorgeschrieben war eine Auswahl auf den Tag der Erklärung der *cessation des paiements* zu erstellender[825] Unterlagen. Hierzu zählten eine Bilanz und eine Gewinn- und Verlustrechnung (*compte de pertes et profits*). Hinzu kamen eine bezifferte Aufstellung der Forderungen und Schulden (*état chiffré des créances et des dettes*) sowie gegebenenfalls eine Liste der persönlich haftenden Gesellschafter (*associés responsables solidairement des dettes sociales*) jeweils

818 Loi n° 47-1635 du 30 août 1947, art. 5; *Ripert* (Fn. 817); vgl. auch *Houin/Derrida(-Houin)* (Fn. 817); *Argenson/Toujas/Dutheil* (Fn. 816).

819 Loi n° 47-1635 du 30 août 1947, art. 1er, al. 2.

820 *Houin/Derrida(-Houin)* (Fn. 817); vgl. auch *Argenson/Toujas/Dutheil* (Fn. 816).

821 C. com. 1807, art. 437 i.d.F. der ordonnance n° 58-1299 du 23 décembre 1958; *Houin/Derrida(-Houin)* (Fn. 79), nos 269 f.; *Argenson/Toujas/Dutheil* (Fn. 135), 65 f.; vgl. auch *Jaeger*[8]*(-Jahr)* (Fn. 79), § 103 KO Anm. 20; *Gröniger* (Fn. 45), 12. Zur Frage einer Erleichterung für den Schuldner bei der Fristberechnung erst durch das Dekret vom 20. Mai 1955 oder schon im Zuge der Reform von 1935 *Honorat* (Fn. 95), 12.

822 S.o. § 3 B V.

823 Vgl. *Houin*, RTD com. 1955, 481, 492. Zu den mit dem Antrag auf Anordnung der *liquidation judiciaire* einzureichenden Unterlagen s.o. § 4 A I 3 a).

824 Vgl. *Honorat* (Fn. 95), 13.

825 C. com. 1807, art. 438, al. 2 i.d.F. der ordonnance n° 58-1299 du 23 décembre 1958; *Houin/Derrida(-Houin)* (Fn. 79), n° 274; *Argenson/Toujas/Dutheil* (Fn. 135), 66.

mit Hinweis auf Namen und Domizil der Gläubiger respektive der Gesellschafter;[826] ordnete das Gericht im Falle einer Gesellschaft mit solchen Gesellschaftern die *faillite* oder den *règlement judiciaire* an, erstreckten sich die Wirkungen des Urteils auf diese Gesellschafter[827].

Wenigstens Teile des Schrifttums neigten unter dem Dekret vom 20. Mai 1955 ausdrücklich dazu, die auf den Tag der Erklärung der *cessation des paiements* zu erstellende Bilanz als Fortführungs- und nicht als Liquidationsbilanz zu verstehen. Sie argumentierten, dass der Zweck dieser Bilanz nicht darin bestehen sollte, dem Gericht eine Bewertung des gegenwärtigen Verhältnisses zwischen Vermögen und Schulden zu ermöglichen, sondern vielmehr eine Einschätzung zu der Art und Weise, in welcher der Schuldner sein Unternehmen in der Vergangenheit geführt hatte.[828]

Die Bedeutung der Angaben zu den Gläubigern für das Verfahren der Forderungsfeststellung erfuhr im Zuge der Reform von 1955 eine Steigerung. Nunmehr war die schriftliche Aufforderung der „in die Bilanz" aufgenommenen Gläubiger zur Forderungsanmeldung vom Gesetzgeber anders als unter dem alten Recht verbindlich vorgeschrieben, soweit sie ihre Forderungen nicht innerhalb von fünfzehn Tagen ab der Anordnung des *règlement judiciaire* oder der *faillite* angemeldet hatten.[829]

---

826 C. com. 1807, art. 438, al. 1er i.d.F. der ordonnance n° 58-1299 du 23 décembre 1958; *Houin/Derrida*(*-Houin*) (Fn. 79), n° 273; *Argenson/Toujas/Dutheil* (Fn. 135), 66, 847-850; vgl. auch *Jaeger*[8](*-Jahr*) (Fn. 821).

827 C. com. 1807, art. 445 i.d.F. der ordonnance n° 58-1299 du 23 décembre 1958. Ungeachtet des insoweit als zweideutig bewerteten Wortlauts dieser Vorschrift, wurde weiter angenommen, dass die Wahl zwischen der *faillite* und der schuldnerfreundlicheren Alternative für die Gesellschaft und die einzelnen Gesellschafter unterschiedlich ausfallen konnte, CA Paris 6.7.1961, JCP 1962, éd. G, II 12756, note *Bischoff* = D. 1962, jur. 373, note *Calais-Auloy* = RTD com. 1962, 300, obs. *Houin*; 13.4.1967, RTD com. 1967, 857, obs. *Houin*; *Honorat* (Fn. 95), 32 f.; *Argenson/Toujas/Dutheil* (Fn. 135), 21 f.; *Ripert/Roblot* (Fn. 130), n° 2848.

828 *Houin/Derrida*(*-Houin*) (Fn. 826).

829 C. com. 1807, art. 509, al. 1er i.d.F. der ordonnance n° 58-1299 du 23 décembre 1958, wo Bezug genommen wurde auf die „créanciers inscrits au bilan"; *Houin/Derrida*(*-Houin*) (Fn. 79), n° 1819; *Honorat* (Fn. 95), 278; *Argenson/Toujas/Dutheil* (Fn. 135), 425. Zur entsprechenden Rechtslage unter dem Gesetz vom 13. Juli 1967 décret n° 67-1120 du 22 décembre 1967, art. 47, al. 1er, 2; *Argenson/Toujas* (Fn. 128), 542, die anmerkten, dass der Begriff der Bilanz in diesem Zusammenhang freilich nicht nur die vom Schuldner eingereichte Bilanz und die anderen begleitenden Unterlagen, sondern auch all diejenigen Informationen umfassen sollte, die der Verwalter in dem von ihm bei Nichterfüllung der an die begleitenden Unterlagen gestellten Anforderungen zu

Neben den auf den Tag der Erklärung der *cessation des paiements* zu erstellenden Unterlagen war jetzt auch die Einreichung der Bilanz sowie der Gewinn- und Verlustrechnung des letzten Geschäftsjahres mit der Erklärung der *cessation des paiements* gesetzlich vorgeschrieben.[830] In dieser Bilanz sah man vor dem Hintergrund, dass sie von bereits im Zeitpunkt ihrer Erstellung bestehenden Schwierigkeiten hatte zeugen können, eine wichtige Informationsquelle für die Beantwortung der Frage, ob der Schuldner bei der Ausübung seiner kaufmännischen Tätigkeit Fehler begangen hatte, die ihn unwürdig erscheinen ließen, der *faillite* zu entgehen.[831]

Manche Gerichte verlangten über die Anforderungen des Dekrets vom 20. Mai 1955 hinaus[832] Handelsregisterauszüge und weitere Dokumente, welche sie als notwendig erachteten, um die Situation des Schuldners, die Ursachen und das Datum des Eintritts der *cessation des paiements* so genau wie möglich erfassen bzw. bestimmen zu können.[833] Zumindest teilweise wurde die Vorlage der Bilanzen sowie der Gewinn- und Verlustrechnungen jedenfalls der letzten drei Geschäftsjahre erwartet. Dies stützte man darauf, dass die bis zu der Reform von 1955 einzureichende Darstellung der Gewinne und Verluste wenigstens die letzten zehn Jahre zu umfassen gehabt hatte,[834] und damit letztlich auf die gesetzliche Aufbewahrungsfrist für die Handelsbücher[835]. Andere betonten dagegen, dass die unter dem alten Recht geforderte Vorlage eines *tableau des pertes et des profits* für die letzten zehn Jahre nicht mehr notwendig sei und die auf den Tag der Erklärung der *cessation des paiements* zu erstellende Gewinn- und Verlustrechnung lediglich den Zeitraum nach dem Ende des letzten Geschäftsjahres zu

---

fertigenden *état de situation* zusammentragen konnte (vgl. auch bereits *Argenson/Toujas/Dutheil*, ebenda, 450, 448; zu dem vom Verwalter zu fertigenden *état de situation* s. noch unten § 4 A I 6 j)); *Dupouy* (Fn. 180), 305, nach dem alle aus der Buchführung des Schuldners ersichtlichen Gläubiger schriftlich aufzufordern waren; *Boulay/Viandier* (Fn. 187), n°s 54 f. Zur abweichenden Rechtslage vor dem Inkrafttreten des Dekrets vom 20. Mai 1955 s.o. § 4 A I 2 b) aa).

830 C. com. 1807, art. 438, al. 1er i.d.F. der ordonnance n° 58-1299 du 23 décembre 1958; *Houin/Derrida(-Houin)* (Fn. 79), n° 274; *Argenson/Toujas/Dutheil* (Fn. 135), 66.

831 *Honorat* (Fn. 95), 13.

832 *Houin/Derrida(-Houin)* (Fn. 79), n° 273.

833 *Argenson/Toujas/Dutheil* (Fn. 135), 66, 68 f.; *Argenson/Toujas* (Fn. 128), 105 note 6.

834 *Argenson/Toujas/Dutheil* (Fn. 135), 66 f., welche die entsprechende Übung beim *tribunal de la Seine* begrüßten. Zu der von dem Schuldner unter dem alten Recht einzureichenden Darstellung der Gewinne und Verluste s.o. § 4 A I 2 b) bb).

835 Vgl. *Argenson/Toujas* (Fn. 833).

behandeln habe, gerade weil das Gesetz nun die Einreichung des letzten Jahresabschlusses mit der Erklärung der *cessation des paiements* vorgab.[836]

Für den Fall, dass eine der gesetzlich vorgeschriebenen Unterlagen nicht oder nur unvollständig vorgelegt werden konnte, waren in der Erklärung der *cessation des paiements* wiederum die Gründe hierfür anzugeben.[837] Ob diese beachtlich waren, hatten weiterhin die Gerichte zu entscheiden.[838] In Betracht kommen sollten insoweit etwa die Beschlagnahme der Buchführungsunterlagen durch die Steuerverwaltung, Krankheit oder besonders verwickelte Verhältnisse im schuldnerischen Unternehmen.[839]

c) Datierung, Unterzeichnung, Versicherung der Wahrheit

Die auf den Tag der Erklärung der *cessation des paiements* zu erstellenden Unterlagen waren zu datieren, zu unterzeichnen und mit einer Versicherung ihrer Wahrheit zu versehen (*certifié sincère et véritable*).[840] Ob diese Erfordernisse auch für die Erklärung der *cessation des paiements* selbst galten, war umstritten. Die Befürworter argumentierten mit dem Gesetzeswortlaut.[841] Von Seiten der Gegner wurde geltend gemacht, dass der Schuldner mit der Erklärung anders als zuvor mit dem Antrag auf Zulassung zur *liquidation judiciaire* nach der Konzeption des Dekrets vom 20. Mai 1955 nicht einen rechtlichen Vorteil begehre.[842] Sie

836 *Houin/Derrida(-Houin)* (Fn. 832).

837 C. com. 1807, art. 438, al. 3 i.d.F. der ordonnance n° 58-1299 du 23 décembre 1958; *Argenson/Toujas/Dutheil* (Fn. 135), 67.

838 Zur Frage der Relevanz der rechtzeitigen Einreichung dieser Unterlagen für die Strafbarkeit des Schuldners oder seiner organschaftlichen Vertreter, die Haft des Schuldners, den Vergleich, die Rehabilitation sowie die Entscheidung zwischen der *faillite* und dem *règlement judiciaire* s.u. § 4 A I 5 d)-i).

839 *Houin/Derrida(-Houin)* (Fn. 79), n° 275; *Honorat* (Fn. 95), 14. Zur Rechtslage vor dem Inkrafttreten des Dekrets vom 20. Mai 1955 s.o. § 4 A I 2 a) aa).

840 C. com. 1807, art. 438, al. 2 i.d.F. der ordonnance n° 58-1299 du 23 décembre 1958; *Houin/Derrida(-Houin)* (Fn. 79), n° 274; *Argenson/Toujas/Dutheil* (Fn. 135), 66.

841 *Argenson/Toujas/Dutheil* (Fn. 135), 67. Artikel 438 des Code de commerce von 1807 in der Fassung der Verordnung vom 23. Dezember 1958 ordnete in seinem ersten Absatz an: „Dans tous les cas, à la déclaration doivent être jointes, outre le bilan et le compte de pertes et profits du dernier exercice les pièces ci-après: […]", bevor es in seinem zweiten Absatz hieß: „Ces pièces, établies à la date de la déclaration doivent être datées, signées et certifiées sincères et véritables par le déclarant […]".

842 *Honorat* (Fn. 95), 12. Zu dem Antrag auf Zulassung zur *liquidation judiciaire* unter dem Gesetz vom 4. März 1889 s.o. § 4 A I 3 a), zum Rechtswohltatcharakter dieses Verfahrens s.o. § 3 B III.

betonten, dass der Schuldner das Gericht mit der von diesem sowohl in die eine als auch in die andere Richtung beantwortbaren Frage befasste, ob der – nicht notwendigerweise eine Initiative des Schuldners voraussetzende – *règlement judiciaire* oder die *faillite* anzuordnen war.[843]

In der Praxis erfolgte die Erklärung schriftlich.[844] Von Seiten der Gegner der Formgebundenheit wurde im Übrigen eingeräumt, dass der Schuldner faktisch regelmäßig die Anordnung des für ihn günstigeren Verfahrens des *règlement judiciaire* begehrte.[845]

d) Bankrott und andere Konkursstraftaten

Das fraudulöse Anerkennen nicht bestehender Verbindlichkeiten in der Bilanz und das Verheimlichen von Vermögensbestandteilen blieben wie das Beiseiteschaffen nach dem Erlass der Verordnung vom 23. Dezember 1958 vom Tatbestand des betrügerischen Bankrotts erfasst.[846] Im Falle einer Gesellschaft waren sie für die verantwortlichen Leiter mit der für den betrügerischen Bankrott vorgesehenen Strafe bedroht.[847]

---

843 *Houin/Derrida(-Houin)* (Fn. 79), n° 272. Zur Möglichkeit der Anordnung des *règlement judiciaire* auf Gläubigerantrag oder von Amts wegen s.o. § 3 B V.

844 *Houin/Derrida(-Houin)* (Fn. 843); vgl. auch *Argenson/Toujas/Dutheil* (Fn. 135), 67, 847.

845 *Houin/Derrida(-Houin)* (Fn. 843); vgl. auch *Julliot de la Morandière/Rodière/Houin* (Fn. 146), n° 247.

846 C. com. 1807, art. 614-11 i.d.F. der ordonnance n° 58-1299 du 23 décembre 1958; loi n° 67-563 du 13 juillet 1967, art. 129-2°, -3°. Zur teilweisen Überarbeitung der Insolvenzstraftatbestände durch die Verordnung vom 23. Dezember 1958 s. auch bereits oben § 3 B V.

847 C. com. 1807, art. 614-16 i.d.F. der ordonnance n° 58-1299 du 23 décembre 1958; loi n° 67-563 du 13 juillet 1967, art. 133-2°, -3°; *Houin*, RTD com. 1959, 1, 15; *Touffait/Herzog*, JCP 1959, éd. G, I 1473, n° 48; *Robin* (Fn. 617), n° 111 (Januar 1970); *Petot-Fontaine* (Fn. 803), n° 165. Bei denjenigen Leitern von offenen Handels- oder Kommanditgesellschaften, die als deren Gesellschafter Kaufleute im Zustand der *cessation des paiements* waren, griffen nach wie vor die Bankrotttatbestände selbst, vgl. C. com. 1807, artt. 614-6 f.; 614-11 i.d.F. der ordonnance n° 58-1299 du 23 décembre 1958; *Houin*, RTD com. 1959, 1-9, 13; *Touffait/Herzog*, JCP 1959, éd. G, I 1473, n°s 7, 38. Artikel 135 des Gesetzes vom 13. Juli 1967 ordnete dann ausdrücklich an, dass diejenigen Leiter einer solchen Gesellschaft, welche Kaufleute waren, nur den Bankrotttatbeständen und nicht den diesen gleichgestellten Delikten unterworfen waren, *Argenson/Toujas* (Fn. 170), 464; *Petot-Fontaine*, ebenda, n° 128.

Die Möglichkeit einer Bestrafung wegen einfachen Bankrotts bestand weiter, wenn ein Einzelkaufmann die fristgerechte Erklärung der *cessation des paiements* ohne einen anerkannten Entschuldigungsgrund (*excuse légitime*) unterließ.[848] Dasselbe galt im Falle einer Gesellschaft mit persönlich haftenden Gesellschaftern für die zur Vertretung der Gesellschaft berufenen Personen, wenn sie es unentschuldigt versäumten, den Eintritt der *cessation des paiements* innerhalb der hierfür vorgesehenen fünfzehn Tage zu erklären, oder die Erklärung nicht die Liste der persönlich haftenden Gesellschafter enthielt.[849] Indes ließ die vollzogene Neufassung der Tatbestände des fakultativen einfachen Bankrotts die Schlussfolgerung zu, dass die unterlassene Einreichung der übrigen Unterlagen nicht mehr als solche von der Strafandrohung erfasst war.[850]

Sogar ganz aufgehoben wurde durch die Verordnung vom 23. Dezember 1958 wieder die Strafbarkeit der Verletzung der Fünfzehntagefrist bei anderen Gesellschaften als solchen mit persönlichen haftenden Gesellschaftern.[851]

---

848 C. com. 1807, art. 614-7, al. 1er-3° i.d.F. der ordonnance n° 58-1299 du 23 décembre 1958; loi n° 67-563 du 13 juillet 1967, art. 128, al. 1er-3°; *Houin*, RTD com. 1959, 1, 6; *Touffait/Herzog*, JCP 1959, éd. G, I 1473, n° 27; *Delmas-Marty*, Droit pénal des affaires, I: Les infractions² (Paris 1981), 756; *Honorat* (Fn. 577), nos 39 f.; vgl. auch *Jaeger*⁸(*-Jahr*) (Fn. 821).

849 C. com. 1807, art. 614-7, al. 2 i.d.F. der ordonnance n° 58-1299 du 23 décembre 1958; *Houin*, RTD com. 1959, 1, 7; *Touffait/Herzog*, JCP 1959, éd. G, I 1473, n° 29. Gestützt auf den Gesetzeswortlaut wurde vertreten, dass dem Täter für den Fall der nicht eingereichten oder unvollständigen Gesellschafterliste die Berufung auf eine *excuse légitime* verwehrt bleiben sollte, *Houin*, ebenda, 7 f.; vgl. auch *Touffait/Herzog*, ebenda, nos 27, 29. Jedenfalls nach dem Inkrafttreten der einschlägigen Änderungen durch das Gesetz vom 13. Juli 1967 konnte auch dieser Bankrotttatbestand nicht mehr von solchen zur Vertretung der Gesellschaft berufenen Personen verwirklicht werden, die in Ermangelung ihrer Zugehörigkeit zum Kreis der persönlich haftenden Gesellschafter keine Kaufleute waren, loi n° 67-563 du 13 juillet 1967, artt. 128, al. 2; 135; *Huet*, in: *Rodière* (Fn. 209), 427, 442; *Argenson/Toujas* (Fn. 170), 443, 451; *Ripert/Roblot* (Fn. 130), nos 3317, 3320; *Honorat* (Fn. 577), nos 6 f.

850 *Houin*, RTD com. 1959, 1, 6; *Argenson/Toujas/Dutheil* (Fn. 135), 811 note 1, welche zur Begründung darauf hinwiesen, dass Artikel 614-7, al. 1er-3° des Code de commerce von 1807 in der Fassung der Verordnung vom 23. Dezember 1958 keinen Bezug mehr auf die die begleitenden Unterlagen regelnde Vorschrift des Artikels 438 nahm. Für die entsprechende Rechtslage unter dem Gesetz vom 13. Juli 1967 *Argenson/Toujas* (Fn. 128), 105; *dies.* (Fn. 170), 450 note 7; *Honorat* (Fn. 577), n° 40. Zur abweichenden Rechtslage unter dem alten Regelwerk s.o. § 4 A I 2 a) bb), 3 a), b).

851 *Argenson/Toujas/Dutheil* (Fn. 135), 69; *Derrida* (Fn. 157), n° 263; *Robin* (Fn. 617), n° 103 (Januar 1970).

Diese Änderung wollten sich manche nur mit einem redaktionellen Versehen des Gesetzgebers erklären können.[852] Sie wurde wegen der besonderen aus der Beschränkung der Haftung auf das Gesellschaftsvermögen resultierenden Risiken der Gläubiger einer *société à responsabilité limitée* oder einer *société anonyme* als verfehlt kritisiert.[853]

Die Ergänzung um die Voraussetzung des Mangels einer *excuse légitime* wurde als dogmatische Anpassung verstanden.[854] Ein solcher Entschuldigungsgrund führte zwingend zum Freispruch.[855] Die Ergänzung lag auf einer Linie mit entsprechenden Entscheidungen, welche der Gesetzgeber in jüngerer Zeit bereits bei der Ausgestaltung anderer Straftatbestände getroffen hatte.[856] Zugleich bestätigte er damit eine vor dem Erlass der Verordnung vom 23. Dezember 1958 ergangene Rechtsprechung, welche bereits die Verwirklichung des einfachen Bankrotts in Gestalt der unterlassenen oder verspäteten Erklärung der *cessation des paiements* abgelehnt hatte, wenn die Fristverletzung auf höhere Gewalt (*force majeure*) zurückzuführen gewesen war.[857] Ob der Begriff der *excuse légitime* auf solche Fälle beschränkt sein sollte, blieb nicht unumstritten;[858] die Gegner der Beschränkung hielten ihn seinem Wortlaut nach für flexibler und weitreichender als den Begriff der höheren Gewalt[859]. Auf die Ergebnisse in der Praxis erwartete man vor dem Hintergrund des gerichtlichen Ermessens, welches der

---

852 *Houin*, RTD com. 1959, 1, 14 f.

853 *Touffait/Herzog*, JCP 1959, éd. G, I 1473, n° 44.

854 *Touffait/Herzog*, JCP 1959, éd. G, I 1473, n° 28.

855 *Houin*, RTD com. 1959, 1, 7; *Touffait/Herzog*, JCP 1959, éd. G, I 1473, n° 28.

856 *Houin*, RTD com. 1959, 1, 6; vgl. auch *Touffait/Herzog*, JCP 1959, éd. G, I 1473, n° 28.

857 *Honorat* (Fn. 577), n° 39.

858 Dafür *Houin*, RTD com. 1959, 1, 6 f.; dagegen Trib. corr. Béthune 19.3.1965, Gaz. Pal. 1965, 2, jur. 279, 280 = RTD com. 1966, 169, obs. *Bouzat*, wonach für die Annahme eines anerkannten Entschuldigungsgrundes ausreichen sollte, dass der Schuldner vor seinen Gläubigern nichts verborgen hatte. Nach *Touffait/Herzog*, JCP 1959, éd. G, I 1473, n° 28 sollte die *excuse légitime* dieselbe Wirkung haben wie die Bejahung eines Falles von höherer Gewalt, während sie in Bezug auf die Voraussetzungen im Vergleich zur *force majeure* den Bedarf einer – nicht weiter erörterten – näheren Bestimmung erkennen wollten. Nach *Argenson/Toujas* (Fn. 170), 450 sollte die Ergänzung um die Voraussetzung des Mangels eines anerkannten Entschuldigungsgrundes es dem Gericht erlauben zu würdigen, ob die Tat vorsätzlich begangen worden war, und von einer Bestrafung abzusehen, wenn die Verletzung der Frist höherer Gewalt oder einem Zusammentreffen von Umständen geschuldet war, welches sich unabhängig vom Willen des Schuldners ergeben hatte.

859 So *Honorat* (Fn. 857). Zum Begriff der *force majeure Delattre*, JCP 2013, éd. E, 1594.

fakultativen Variante des einfachen Bankrotts eigen war, von dieser Neuerung allerdings keine nennenswerten Auswirkungen.[860]

e) Haft

Unter dem Dekret vom 20. Mai 1955 bestand weiter die Möglichkeit, den Schuldner in Haft zu nehmen. Das alte System, nach dem Haft oder Bewachung grundsätzlich in der die *faillite* feststellenden Entscheidung anzuordnen waren, das Gericht den Schuldner bei Beachtung der Fünfzehntagefrist in dieser Entscheidung von dem Freiheitsentzug ausnehmen sowie unter Würdigung der Umstände des Einzelfalles die Freilassung mit sicherem Geleit verfügen konnte, wurde zwar verworfen.[861] Doch konnte das Handelsgericht – ausschließlich für den Fall der *faillite* – jetzt schlicht jederzeit die Haft des Schuldners und deren Beendigung anordnen,[862] wobei der Gesetzgeber auf die Benennung spezieller Haftgründe verzichtete.

In Ermangelung einer gesetzlichen Regelung des Kreises der Antragsteller wurde die Ansicht vertreten, dass die Anordnung der Haft von Amts wegen ergehen sowie von jedem Träger oder Vertreter eines berechtigten Interesses und damit von dem Syndiken, dem *juge-commissaire* oder einem Gläubiger beantragt werden konnte.[863] Die Möglichkeit einer Untersuchungshaftanordnung im Falle eines Bankrottverdachts blieb von den Bestimmungen zur Haft des Schuldners im Verfahren der *faillite* unberührt.[864]

Die Vollstreckung der die Haft oder deren Beendigung anordnenden Entscheidungen war in das Ermessen von Staatsanwaltschaft und Syndiken gestellt.[865] Die Kosten der Haft waren weiter aus der Konkursmasse zu bestreiten.[866]

---

860 *Houin*, RTD com. 1959, 1, 7; *Touffait/Herzog*, JCP 1959, éd. G, I 1473, n° 28; *Robin* (Fn. 617), n° 57 (Januar 1970).

861 *Honorat* (Fn. 95), 98; *Argenson/Toujas/Dutheil* (Fn. 135), 229. Entgegen *Kern* (Fn. 69), 54 Fn. 359 wurde es nicht schon vorher abgeschafft.

862 C. com. 1807, art. 469, al. 1er i.d.F. der ordonnance n° 58-1299 du 23 décembre 1958: „Le tribunal peut, à tout moment, ordonner le dépôt de la personne du débiteur déclaré en faillite à la maison d'arrêt ou le faire cesser"; *Houin/Derrida(-Houin)* (Fn. 79), n° 852; *Honorat* (Fn. 861); *Argenson/Toujas/Dutheil* (Fn. 135), 229 f.; vgl. auch *Jaeger*[8]*(-Jahr)* (Fn. 79), § 110 KO Anm. 4.

863 *Houin/Derrida(-Houin)* (Fn. 862).

864 Vgl. *Houin/Derrida(-Houin)* (Fn. 79), n° 858.

865 C. com. 1807, art. 469, al. 2 i.d.F. der ordonnance n° 58-1299 du 23 décembre 1958; *Houin/Derrida(-Houin)* (Fn. 79), n° 855.

866 *Argenson/Toujas/Dutheil* (Fn. 135), 229. Nach Artikel 452 des Code de commerce von 1807 in der Fassung der Verordnung vom 23. Dezember 1958 waren die Kosten

Vor allem sollte mit der Haft nach wie vor der Gefahr begegnet werden können, dass sich der Schuldner seiner Pflicht zur Auskunft und Unterstützung des Syndiken oder der Strafverfolgung insbesondere wegen Bankrotts durch Flucht entzog.[867] Man sah in dem Instrument der Haft korrespondierend mit dem Reformziel der Schärfung des Profils der *faillite* aber auch eine Betonung deren entehrenden Charakters[868] bzw. eine außerstrafrechtliche Sanktion gegen den schlechten Kaufmann[869]. Im Allgemeinen wurde die Haft nur dann angeordnet, wenn der Schuldner ein arglistiges oder fraudulöses Verhalten an den Tag gelegt hatte.[870] Die Bejahung hinreichend schwerer Umstände war insbesondere dann denkbar, wenn er einen Teil seines Vermögens verheimlichte.[871]

f) Vergleich

Der Abschluss eines Vergleichs war im Verfahren der *faillite* unter dem Dekret vom 20. Mai 1955 von vornherein ausgeschlossen.[872] Soweit die mangelhafte Sachverhaltsaufklärung durch den Schuldner die Durchführung dieses Verfahrens zeitigte,[873] war mit ihr demnach zugleich die Versagung der Zulassung zum Vergleich verbunden.[874] Stets galt dies im Falle einer Verurteilung des Schuldners wegen betrügerischen Bankrotts.[875]

Im *règlement judiciaire* war es wie vor der Reform allgemein zulässig, die mangelnde Sachverhaltsaufklärung durch den Schuldner – auch unabhängig von der Einleitung einer strafrechtlichen Verfolgung wegen Bankrotts – bei der

---

der Verhaftung und der Haft bei unzureichenden Mitteln unverändert (s.o. § 4 A I 1 f) aa) Fn. 584) aus der Staatskasse vorzustrecken.

867 *Houin/Derrida(-Houin)* (Fn. 79), n° 852; *Honorat* (Fn. 861); *Argenson/Toujas/Dutheil* (Fn. 135), 230.

868 *Honorat* (Fn. 861). Zum Reformziel der Schärfung des Profils der *faillite* s.o. § 3 B V.

869 *Houin/Derrida(-Houin)* (Fn. 79), n°s 852, 858. In dieser Haft schlicht eine „Gefängnisstrafe" zu sehen, erscheint vor dem Hintergrund ihres Sicherungszwecks jedoch verfehlt, so aber *Robbe-Grillet* (Fn. 50), 24.

870 *Houin/Derrida(-Houin)* (Fn. 79), n° 852.

871 *Argenson/Toujas/Dutheil* (Fn. 867).

872 C. com. 1807, art. 586, al. 1er i.d.F. der ordonnance n° 58-1299 du 23 décembre 1958 sowie oben § 3 B V.

873 Hierzu unten § 4 A I 5 h), i).

874 *Houin/Derrida(-Derrida)* (Fn. 79), n°s 2406 f.; *Jaeger*[8]*(-Jahr)* (Fn. 79), § 175 KO Anm. 13.

875 C. com. 1807, artt. 574-1°; 586, al. 1er i.d.F. der ordonnance n° 58-1299 du 23 décembre 1958; *Houin/Derrida* (Fn. 79), n°s 184, 2406, 16; *Honorat* (Fn. 95), 4, 16, 299 note 649, 365; *Argenson/Toujas/Dutheil* (Fn. 135), 616, 674, 683, 822 f.; *Jaeger*[8]*(-Jahr)* (Fn. 874).

Entscheidung über die Bestätigung des Vergleichs zu berücksichtigen.[876] Das Gericht verweigerte die Bestätigung wie zuvor insbesondere dann, wenn aus dem öffentlichen oder dem Gläubigerinteresse resultierende Gründe dem Vergleich entgegenzustehen schienen.[877]

Neu war unter dem Dekret vom 20. Mai 1955, dass die Annullierung des Vergleichs schon bei einer nach der Bestätigung ergangenen Verurteilung wegen einfachen Bankrotts möglich war.[878] Man wollte dem Schuldner gegenüber bereits bei hinreichend schwerwiegenden Sorgfaltspflichtverletzungen Strenge walten lassen.[879]

Ob bei einer Verurteilung wegen betrügerischen Bankrotts die Annullierung obligatorisch blieb, war nicht unumstritten.[880] Dagegen wurden die aus den Bestimmungen zur Überleitung in das Verfahren der *faillite* sprechenden Wertungen ins Feld geführt, für die bloße Möglichkeit der Annullierung in diesem Fall der neue Gesetzeswortlaut.[881]

Den Aufschub des Vergleichs ordnete das Gesetz bei einem laufenden Strafverfahren wegen betrügerischen Bankrotts (*poursuite en cours pour banqueroute*

---

876 Vgl. *Houin/Derrida(-Derrida)* (Fn. 79), n°s 2409, 2511, 2517-2520; *Honorat* (Fn. 95), 306; *Argenson/Toujas/Dutheil* (Fn. 135), 642 f.; *Jaeger*[8]*(-Jahr)* (Fn. 79), § 184 KO Anm. 11.

877 C. com. 1807, art. 566 i.d.F. der ordonnance n° 58-1299 du 23 décembre 1958; *Jaeger*[8]*(-Jahr)* (Fn. 876). Zur Versagung der Vergleichsbestätigung wegen Unvereinbarkeit mit dem öffentlichen oder dem Gläubigerinteresse vor der Reform durch das Dekret vom 20. Mai 1955 s.o. § 4 A I 2 a) dd), b) gg), 3 c).

878 C. com. 1807, art. 578 i.d.F. der ordonnance n° 58-1299 du 23 décembre 1958; *Honorat* (Fn. 95), 299, 313 f.; *Argenson/Toujas/Dutheil* (Fn. 135), 695; *Jaeger*[8]*(-Jahr)* (Fn. 79), § 196 KO Anm. 12. Zu den nach dieser Vorschrift beibehaltenen – *Houin/Derrida(-Derrida)* (Fn. 79), n°s 2409, 2614, 2618; *Jaeger*[8]*(-Jahr)*, ebenda; *Argenson/Toujas/Dutheil* (Fn. 135), 694 f. – Annullierungsgründen des betrügerischen Bankrotts und der nachträglich aufgedeckten, aus dem Verheimlichen von Aktiva oder der Vorgabe fiktiver Schulden resultierenden Arglist s.o. § 4 A I 2 b) gg), 3 c).

879 *Honorat* (Fn. 95), 314.

880 Dafür *Argenson/Toujas/Dutheil* (Fn. 135), 695; dagegen *Houin/Derrida(-Derrida)* (Fn. 79), n° 2619.

881 *Houin/Derrida(-Derrida)* (Fn. 880). In Artikel 578 des Code de commerce von 1807 in der Fassung der Verordnung vom 23. Dezember 1958 hieß es: „Le concordat p e u t être annulé par le tribunal qui l'a homologué [...] par suite d'une condamnation pour banqueroute frauduleuse ou pour banqueroute simple, intervenue après son homologation" (Hervorhebung durch den Verfasser). Zur Regelung der *conversion en faillite* s.u. § 4 A I 5 h).

frauduleuse) nunmehr zwingend an.[882] Die Aufnahme der Strafverfolgung wegen einfachen Bankrotts wollte man hingegen nicht mehr für eine Vertagung der Abstimmung genügen lassen.[883] Es wurde argumentiert, dass insoweit jetzt eine spezielle Regelung fehlte und die im Vergleichsverfahren geltenden Fristen des neuen Rechts starr erschienen.[884]

g) Rehabilitation

Mit dem Dekret vom 20. Mai 1955 wurde die Entwicklung hin zu einem immer leichteren Zugang zur handelsrechtlichen Rehabilitation aufgehalten.[885] Eine Verurteilung wegen betrügerischen oder einfachen Bankrotts oder nach den für den Bankrott geltenden Regeln schloss die jetzt nur noch vorgesehenen gerichtlichen Varianten der Rehabilitation von vornherein aus, solange aus der Verurteilung ein Verbot zur Ausübung einer kaufmännischen, industriellen oder handwerklichen Tätigkeit folgte.[886] Hiervon erfasst waren insbesondere das im Zuge der Reform von 1935 eingeführte Verbot zur Ausübung von leitenden oder Aufsichtsfunktionen in Gesellschaften sowie das Verbot zur Ausübung einer

---

882 C. com. 1807, art. 561 i.d.F. der ordonnance n° 58-1299 du 23 décembre 1958; *Honorat* (Fn. 95), 298; *Argenson/Toujas/Dutheil* (Fn. 135), 616; *Jaeger*[8](*-Jahr*) (Fn. 79), § 175 KO Anm. 13. Zur abweichenden Rechtslage vor dem Inkrafttreten des Dekrets vom 20. Mai 1955 s.o. § 4 A I 2 b) gg), 3 c).

883 *Houin/Derrida*(*-Derrida*) (Fn. 79), n° 2408; *Honorat* (Fn. 95), 299. Zur abweichenden Rechtslage vor dem Inkrafttreten des Dekrets vom 20. Mai 1955 s.o. § 4 A I 2 a) dd), 3 c).

884 *Houin/Derrida*(*-Derrida*) (Fn. 883); vgl. auch *Honorat* (Fn. 883), welche in diesem Zusammenhang das Ziel der Verfahrensbeschleunigung betonte.

885 Mit dem Dekret wurde die Rehabilitation von Gesetzes wegen sowie die automatische Beendigung des Entzugs des aktiven Wahlrechts nach drei Jahren gestrichen, *Houin/Derrida*(*-Houin*) (Fn. 79), n° 880; vgl. auch *Honorat* (Fn. 95), 100; *Argenson/Toujas/Dutheil* (Fn. 135), 792; *Saint-Alary-Houin* (Fn. 25), n° 21. Zur vorangegangenen schrittweisen Erleichterung der Rehabilitation s.o. § 4 A I 2 a) ee), b) hh), 3 c).

886 C. com. 1807, art. 614-1 i.V.m. artt. 614-4, al. 1er; 614-15 f. jeweils i.d.F. der ordonnance n° 58-1299 du 23 décembre 1958; C. pén. 1810, artt. 402; 1, al. 2; 9. Im Wesentlichen blieben die an die gerichtlichen Varianten der Rehabilitation geknüpften Voraussetzungen – s. zu diesen bereits oben § 4 A I 2 a) ee), b) hh), 3 c) – ansonsten unberührt, *Houin/Derrida*(*-Houin*) (Fn. 79), n° 880; vgl. auch C. com. 1807, artt. 607 f. i.d.F. der ordonnance n° 58-1299 du 23 décembre 1958; *Honorat* (Fn. 95), 99-101. Die Behauptung von *Robbe-Grillet* (Fn. 869), dass für den Fall der *faillite* aber „eine Rehabilitationsmöglichkeit [...] in der Regelung von 1955 nicht vorgesehen" gewesen sei, erscheint wenigstens missverständlich.

selbstständigen kaufmännischen oder industriellen Tätigkeit nach dem Gesetz vom 30. August 1947.[887]

Für die *clôture pour défaut d'intérêt de masse* sah die einschlägige Vorschrift vor, dass sie auf Antrag des Schuldners erfolgen konnte.[888] Es wurde vertreten, dass eine auf ein beachtliches Fehlverhalten oder eine Verurteilung des Schuldners wegen Bankrotts gestützte Ablehnung des Antrags damit möglich war.[889]

h) Conversion en faillite

aa) Obligatorische Überleitung

Das Dekret vom 20. Mai 1955 brachte in zweierlei Hinsicht eine hier relevante Begrenzung der Tatbestände der obligatorischen *conversion en faillite*.[890] Mit Blick auf die Schärfung des Profils der *faillite* als Mittel der sanktionierenden Elimination erschien die Begrenzung konsequent.[891]

Zum einen zählte die Verurteilung wegen einfachen Bankrotts jetzt nur noch zu den Gründen der fakultativen Überleitung in das Verfahren der *faillite*.[892] Freilich war die *conversion en faillite* wiederum zwingend vorgeschrieben für den Fall, dass das Gericht, wie es das neue Regelwerk ermöglichte,[893] den

887 *Houin/Derrida(-Houin)* (Fn. 79), n° 884; *Honorat* (Fn. 95), 101 f.; *Argenson/Toujas/Dutheil* (Fn. 135), 793 f. Zu den mit der Reform von 1935 sowie durch das Gesetz vom 30. August 1947 eingeführten Tätigkeitsverboten sowie ihrer Anknüpfung gerade auch an Verfehlungen bei der Sachverhaltsaufklärung durch den Schuldner zu Beginn des Verfahrens s.o. § 4 A I 4.

888 C. com. 1807, art. 606, al. 1er i.d.F. der ordonnance n° 58-1299 du 23 décembre 1958; *Houin/Derrida(-Houin)* (Fn. 79), n° 2906; *Honorat* (Fn. 95), 357, 361 f.; *Argenson/Toujas/Dutheil* (Fn. 135), 787. Zur rehabilitierenden Wirkung dieser Verfahrensbeendigung s.o. § 3 B V.

889 *Honorat* (Fn. 95), 361 f.; vgl. auch *Derrida* (Fn. 157), n° 172.

890 Die Verurteilung wegen betrügerischen Bankrotts, das Verheimlichen von Aktiva sowie das fraudulöse Anerkennen von nicht bestehenden Verbindlichkeiten in der Bilanz blieben unverändert – zur Rechtslage unter dem Gesetz vom 4. März 1889 s.o. § 4 A I 3 d) – Fälle der obligatorischen Überleitung, C. com. 1807, artt. 574-1°, -3°; 448, al. 2-2° i.d.F. der ordonnance n° 58-1299 du 23 décembre 1958; vgl. auch *Jaeger*[8]*(-Jahr)* (Fn. 29); *dens.* (Fn. 882).

891 Vgl. *Honorat* (Fn. 95), 17, 29, 366; *Argenson/Toujas/Dutheil* (Fn. 135), 673 f., 683. Zur Schärfung des Profils der *faillite* s.o. § 3 B V.

892 C. com. 1807, artt. 574; 448, al. 2; 575-4° i.d.F. der ordonnance n° 58-1299 du 23 décembre 1958; *Houin/Derrida(-Houin)* (Fn. 79), nos 2818, 2830; *Argenson/Toujas/Dutheil* (Fn. 135), 683, 822; *Jaeger*[8]*(-Jahr)* (Fn. 79), § 175 KO Anm. 13.

893 S.o. § 4 A I 5 f).

Vergleich gestützt auf eine entsprechende strafgerichtliche Entscheidung für nichtig erklärte; die Annullierung des Vergleichs blieb als Grund für die obligatorische Überleitung erhalten[894].

Zum anderen sollte nun nicht mehr schon jede Art von *fraude* als solche obligatorisch die *conversion en faillite* nach sich ziehen.[895] Das Vortäuschen von Vermögen, das wissentliche Unterlassen der Benennung von Gläubigern und das Verheimlichen von Schulden nannte das Gesetz nicht mehr ausdrücklich als Gründe für die zwingende Überleitung.[896]

Relativiert wurde die Begrenzung durch die Schaffung eines neuen Tatbestands.[897] Die obligatorische *conversion en faillite* fand seit dem Inkrafttreten der Reform auch dann statt, wenn der Schuldner eine im Hinblick auf die Größe des Unternehmens den Usancen seines Berufszweigs entsprechende Buchführung unterlassen hatte.[898] In der Literatur wurde es für vertretbar gehalten, hierunter das Vortäuschen von Vermögen, das Verheimlichen von Schulden sowie das vorsätzliche Unterlassen der Benennung von Gläubigern zu subsumieren.[899] Der Kassationshof erachtete den Rückschluss auf eine den genannten Anforderungen nicht gerecht werdende Buchführung und die Bejahung der obligatorischen Überleitung als zulässig, wenn die vom Schuldner mit der nicht fristgerechten Erklärung der *cessation des paiements* eingereichte Bilanz jeweils nur rund zwanzig Prozent seiner Schulden und der Anzahl seiner Insolvenzgläubiger auswies.[900]

---

894 C. com. 1807, art. 574-2° i.d.F. der ordonnance n° 58-1299 du 23 décembre 1958; *Jaeger*[8]*(-Jahr)* (Fn. 79), § 190 KO Anm. 10; § 196 Anm. 12; *Honorat* (Fn. 95), 365; *Julliot de la Morandière/Rodière/Houin* (Fn. 146), n° 309.

895 C. com. 1807, artt. 574; 448, al. 2 i.d.F. der ordonnance n° 58 1299 du 23 décembre 1958; *Houin/Derrida(-Houin)* (Fn. 79), n° 2824; *Honorat* (Fn. 95), 366; *Argenson/Toujas/Dutheil* (Fn. 135), 674.

896 C. com. 1807, artt. 574; 448, al. 2 i.d.F. der ordonnance n° 58-1299 du 23 décembre 1958; *Houin/Derrida(-Houin)* (Fn. 79), n° 2823; *Honorat* (Fn. 895). Zu den abweichenden Regelungen im Gesetz vom 4. März 1889 s.o. § 4 A I 3 d).

897 Vgl. *Honorat* (Fn. 95), 367; *Argenson/Toujas/Dutheil* (Fn. 135), 684, 82.

898 C. com. 1807, artt. 574-3°; 448, al. 2-3° i.d.F. der ordonnance n° 58-1299 du 23 décembre 1958; *Honorat* (Fn. 95), 367, 18, 21-23; *Argenson/Toujas/Dutheil* (Fn. 135), 684, 81 f.; *Jaeger*[8]*(-Jahr)* (Fn. 79), § 175 KO Anm. 13.

899 *Honorat* (Fn. 95), 367; vgl. auch *Argenson/Toujas* (Fn. 850).

900 Cass. civ., sect. com. 14.3.1961, Bull. civ. 1961 III, n° 136 = D. 1961, jur. 686, note *Honorat* = RTD com. 1961, 951, obs. *Houin* = JCP 1961, éd. G, IV 86.

bb) Fakultative Überleitung

Darüber hinaus wurden die Fälle der fakultativen *conversion en faillite* um einen Auffangtatbestand erweitert.[901] Die Überleitung konnte danach stattfinden, wenn der Schuldner beim Betrieb seines Handelsgewerbes ein unredliches oder grob fahrlässiges Verhalten (*actes de mauvaise foi, imprudences inexcusables*) an den Tag gelegt oder die kaufmännischen Regeln und Gepflogenheiten (*règles et usages du commerce*) in schwerwiegender Weise verletzt hatte.[902] Ein Aufbauschen des Vermögens und das Verschweigen von Schulden insbesondere in Gestalt der unterlassenen Benennung einzelner Gläubiger sahen wenigstens Teile des Schrifttums ausdrücklich auch hiervon erfasst.[903]

Weiter fakultativ blieb die *conversion en faillite* dann, wenn festgestellt wurde, dass die Erklärung der *cessation des paiements* durch den Schuldner nicht fristgerecht erfolgt war.[904] Dies galt nach dem insoweit eindeutigen Gesetzeswortlaut nur für die verspätete, nicht dagegen für eine auf sonstige Weise irreguläre Erklärung der *cessation des paiements*.[905] Die unterlassene Einreichung der begleitenden Unterlagen reichte nicht aus.[906]

---

901 *Houin/Derrida(-Houin)* (Fn. 79), n°s 193, 2814, 2834; *Argenson/Toujas/Dutheil* (Fn. 135), 688.

902 C. com. 1807, art. 575-10° i.d.F. der ordonnance n° 58-1299 du 23 décembre 1958.

903 *Honorat* (Fn. 899).

904 C. com. 1807, art. 575-1° i.d.F. der ordonnance n° 58-1299 du 23 décembre 1958; *Houin/Derrida(-Houin)* (Fn. 79), n° 2827; *Jaeger*[8]*(-Jahr)* (Fn. 29); *Argenson/Toujas/Dutheil* (Fn. 135), 684. Als Tatbestand der fakultativen Überleitung blieb ferner auch die Nichterreichung eines Vergleichs erhalten, C. com. 1807, art. 575-2° i.d.F. der ordonnance n° 58-1299 du 23 décembre 1958; *Houin/Derrida(-Houin)*, ebenda, n° 2828; *Jaeger*[8]*(-Jahr)*, ebenda, LXVII, LXIX. Zur Rechtslage insoweit vor dem Inkrafttreten des Dekrets vom 20. Mai 1955 s.o. § 4 A I 3 d).

905 *Houin*, RTD com. 1955, 481, 513; *Houin/Derrida(-Houin)* (Fn. 79), n°s 2827, 187 f.

906 T. civ. Sfax 18.4.1956, RTD com. 1956, 321, obs. *Houin*; *Julliot de la Morandière/Rodière/Houin* (Fn. 146), n° 244. Artikel 575-1° des Code de commerce von 1807 in der Fassung der Verordnung vom 23. Dezember 1958 nannte als einen der Gründe für die fakultative Überleitung: „S'il est constaté que le débiteur n'a pas fait sa déclaration de cessation des paiements dans le délai fixé à l'article 437". Auch im Tatbestand des fakultativen einfachen Bankrotts wurde wie bereits unter der Ausgangsfassung des Code de commerce von 1807 ausdrücklich nur die Liste der persönlich haftenden Gesellschafter als Bestandteil der Erklärung der *cessation des paiements* behandelt, s.o. § 4 A I 1 d), e), 5 d). Desgleichen hatte das Gesetz vom 4. März 1889 unterschieden zwischen der Gesellschafterbenennung i n und der Einreichung der Bilanz sowie der Gläubigerliste m i t dem Antrag auf Anordnung der *liquidation judiciaire*, s.o. § 4 A I 3 a).

In der Literatur wurde teilweise vertreten, dass der schiere Ablauf der Frist für sich genommen nicht genügte für die Bejahung der tatbestandlichen Voraussetzungen dieses Falles der fakultativen Überleitung. Letztere sollte danach – wiederum vor dem Hintergrund der Schärfung des Profils der *faillite* sowie der Kürze der Frist für die Erklärung der *cessation des paiements* – nur gerechtfertigt sein, sofern dem Schuldner irgendein hinreichend schwerwiegendes schuldhaftes Fehlverhalten vorzuwerfen war.[907] Doch konnte sich diese Ansicht nicht durchsetzen.[908] Gegen sie sprachen der Gesetzeswortlaut genauso wie der Gedanke der Schaffung eines hinreichenden Anreizes für die rechtzeitige Erklärung der *cessation des paiements*.[909]

Allerdings erwartete man von dem Gericht, dass es das ihm eingeräumte Ermessen auch ausübte.[910] Mit der vollzogenen Schärfung des Profils der *faillite* wurde gefordert, dass das Gericht hierbei spätestens jetzt in allen Fällen der fakultativen Überleitung nicht nur das Gläubigerinteresse, sondern auch die Schwere der schuldnerischen Verfehlungen sowie das öffentliche Interesse an dem mit der *faillite* verknüpften Verbot der Ausübung einer kaufmännischen Tätigkeit heranzog.[911] Bei einer Ableitung der *conversion en faillite* aus der Verletzung der Fünfzehntagefrist sollte das Gericht etwa berücksichtigen können, wie lange sie überschritten worden, aber auch ganz allgemein, ob der Schuldner als redlich oder unredlich anzusehen war.[912] Dass an der Art und Weise der Ausübung des Ermessens tatsächlich einmal etwas auszusetzen sein könnte, hielt man in der Praxis freilich für äußerst unwahrscheinlich.[913] Häufig genug wurden die Überleitungsentscheidungen nicht allein auf den Fristablauf, sondern daneben auch auf anderes Fehlverhalten gestützt.[914]

---

907 *Honorat* (Fn. 95), 28 f., 371.

908 Cass. civ., sect. com. 6.10.1958, Bull. civ. 1958 III, n° 327; Cass. com. 15.1., 23.1.1968, Bull. civ. 1968 IV, n°s 19, 36 = RTD com. 1968, 1143, obs. *Houin*; *Houin*, RTD com. 1955, 882 (Anm. zu Cass. civ., sect. com. 11.7.1955, Gaz. Pal. 1955, 2, jur. 199); *ders.* (Fn. 79), n°s 188, 2826; *Argenson/Toujas/Dutheil* (Fn. 135), 685.

909 *Honorat* (Fn. 95), 371, 28. Zu dem Gesetzeswortlaut s.o. Fn. 906.

910 *Houin/Derrida(-Houin)* (Fn. 79), n°s 2826 f.; *ders.*, RTD com. 1968, 1143 (Anm. zu CA Amiens 4.7.1967, Rev. Synd. Adm. jud., 1968, 87, note *Plaisant*); *Argenson/Toujas/Dutheil* (Fn. 135), 685.

911 *Houin/Derrida(-Houin)* (Fn. 79), n°s 2826 f., 194. Zur Rechtslage vor dem Inkrafttreten des Dekrets vom 20. Mai 1955 s.o. § 4 A I 3 d). Zur Verknüpfung der *faillite* mit dem Verbot zur Ausübung einer kaufmännischen Tätigkeit s.o. § 4 A I 4.

912 *Houin/Derrida(-Houin)* (Fn. 79), n° 2827.

913 *Argenson/Toujas/Dutheil* (Fn. 135), 685.

914 S. etwa Cass. civ., sect. com. 6.10.1958, Bull. civ. 1958 III, n° 327; 14.3.1961, Bull. civ. 1961 III, n° 136 = D. 1961, jur. 686, note *Honorat* = RTD com. 1961, 951, obs.

De facto ordneten die Gerichte die *faillite* nicht selten aus anderen Motiven als aus den in den gesetzlichen Überleitungstatbeständen zum Ausdruck gebrachten Gründen an. Sie ließen sich dann vielmehr von der Haltung des Schuldners oder einem Mangel an Ressourcen für eine Lösung im Rahmen des *règlement judiciaire* leiten und beriefen sich auf den jeweils verwirklichten Tatbestand, um die Rechtmäßigkeit ihrer Entscheidung zu wahren.[915]

i) Anordnung der faillite ab initio

War einer der Tatbestände der obligatorischen oder fakultativen Überleitung bereits im Zeitpunkt der anfänglichen Entscheidung zwischen *règlement judiciaire* und dem Verfahren der *faillite* erfüllt, musste bzw. konnte das Gericht der alten Rechtslage entsprechend Letzteres wählen.[916] In dem Abschnitt der gesetzlichen Bestimmungen zur *conversion en faillite* war vorgesehen, dass das Gericht diese zu jeder Zeit des *règlement judiciaire* anordnete respektive anordnen konnte, wenn es die Verwirklichung eines der insgesamt fünfzehn Überleitungstatbestände feststellte.[917] Und so erachtete der Kassationshof die Anordnung der *faillite ab initio* unter Berufung auf die Verwirklichung des fakultativen

---

Houin = JCP 1961, éd. G, IV 86; 3.1.1963, Bull. civ. 1963 III, n° 7; 23.1.1963, Bull. civ. 1963 III, n° 57; 25.2.1963, Bull. civ. 1963 III, n° 119.

915 *Argenson/Toujas/Dutheil* (Fn. 135), 675 f., 684; *Houin*, RTD com. 1968, 1142 f. (Anm. zu Cass. com. 15., 23.1.1968, Bull. civ. 1968 IV, n°s 19, 36); vgl. auch *Honorat*, D. 1961, jur. 686, 688 (Anm. zu Cass. civ., sect. com. 4.1., 11.7.1960, 14.3.1961, D. 1961, jur. 685).

916 Cass. civ., sect. com. 16.11.1960, Bull. civ. 1960 III, n° 363 = D. 1961, jur. 198; T. com. Reims 19.6.1956, RTD com. 1956, 516, obs. *Houin*; *Houin/Derrida(-Houin)* (Fn. 79), n° 170; *Honorat* (Fn. 95), 15-25; *Argenson/Toujas/Dutheil* (Fn. 135), 79-83, 681, 683 f. Zur Rechtslage vor dem Inkrafttreten des Dekrets vom 20. Mai 1955 s.o. § 4 A I 3 e). Die unzureichende Buchführung war – wie jetzt auch das Verheimlichen von Aktiva und das fraudulöse Anerkennen von nicht bestehenden Verbindlichkeiten in der Bilanz – im Kapitel zu der anfänglichen Entscheidung als Tatbestand für die zwingende Anordnung der *faillite* geregelt, C. com. 1807, art. 448, al. 2-2°, -3° i.d.F. der ordonnance n° 58-1299 du 23 décembre 1958. In den Bestimmungen zur Überleitung in das Verfahren der *faillite* wurde auf diese Tatbestände verwiesen, C. com. 1807, art. 574-3° i.d.F. der ordonnance n° 58-1299 du 23 décembre 1958. Zum Ganzen *Houin/Derrida(-Houin)* (Fn. 79), n°s 2817, 171; *Honorat* (Fn. 95), 367; *Argenson/Toujas/Dutheil* (Fn. 135), 684; vgl. auch *Jaeger*[8]*(-Jahr)* (Fn. 79), § 175 KO Anm. 13. Zur insoweit abweichenden Systematik des Gesetzes vom 4. März 1889 s.o. § 4 A I 3 d), e).

917 C. com. 1807, artt. 574 f. i.d.F. der ordonnance n° 58-1299 du 23 décembre 1958; *Houin/Derrida(-Houin)* (Fn. 79), n°s 2836, 170; *Honorat* (Fn. 95), 375, 15; *Argenson/Toujas/Dutheil* (Fn. 135), 681 f.

Überleitungstatbestands der verspäteten Erklärung der *cessation des paiements* etwa in einem Fall als zulässig, in dem die Schuldnerin die Fünfzehntagefrist entsprechend verletzt hatte, nicht über hinreichende Aktiva zur Bestreitung ihrer fälligen und durchsetzbaren Handelsverbindlichkeiten verfügte und nach Aufgabe jeglichen Geschäftsbetriebs keine Aussicht mehr auf eine Sanierung bestand.[918] Desgleichen wurde die anfängliche Anordnung der *faillite* in einem anderen Fall teilweise gestützt auf die Falschheit der der Erklärung der *cessation des paiements* beigefügten Bilanz vom obersten Zivilgericht aufrechterhalten.[919]

Ansonsten war für die Entscheidung zu Beginn des Verfahrens jedoch unter der weiteren Voraussetzung, dass die gesetzlichen Anforderungen hinsichtlich der Erklärung der *cessation des paiements* und der sie begleitenden Unterlagen beachtet wurden, der *règlement judiciaire* verbindlich vorgegeben;[920] die unterlassene Vorlage anderer in der Praxis erforderter, im Gesetz aber nicht ausdrücklich vorgeschriebener Dokumente genügte nicht *per se*, um die Entscheidung zwischen dem *règlement judiciaire* und der *faillite* in das Ermessen des Gerichts

---

918 Cass. civ., sect. com. 16.11.1960, Bull. civ. 1960 III, n° 363 = D. 1961, jur. 198. S. auch Cass. civ., sect. com. 11.7.1960, Bull. civ. 1960 III n° 283 (nicht fristgerechte Erklärung der *cessation des paiements* und unvollständige Buchführung); 3.1.1963, Bull. civ. 1963 III, n° 7 (Verletzung der Frist und beträchtliche Verzögerungen in der Buchführung des Schuldners, welche die genaue Feststellung seiner Passiva unmöglich gemacht hatten); Cass. com. 21.3.1966, Bull. civ. 1966 III, n° 155 = RTD com. 1966, 1009, obs. *Houin* (Mangel einer den Anforderungen von C. com., artt. 437 f. i.d.F. der ordonnance n° 58-1299 du 23 décembre 1958 genügenden Erklärung der *cessation des paiements* des Schuldners bei Nichtvorlage seiner Buchführung, Ausübung seines Handelsgewerbes unter einem fremden Handelsregistereintrag, Begebung eines ungedeckten Schecks über 5000 Francs und seiner Unfähigkeit, einen ernsthaften Vergleichsvorschlag zu machen); 27.4.1966, Bull. civ. 1966 III, n° 205 = RTD com. 1966, 1009, obs. *Houin* (Verletzung der Frist verbunden mit dem Beiseiteschaffen eines Teils des Schuldnervermögens vor der Erklärung der *cessation des paiements*); 15.1.1968, Bull. civ. 1968 IV, n° 19 (Verletzung der Frist und mangelnde Aussicht auf die Fortführung des ausgeübten Handelsgewerbes, eine Befriedigung der ungesicherten Gläubiger und einen Vergleich).

919 Cass. com. 7.3.1966, Bull. civ. 1966 III, n° 133 = RTD com. 1966, 1009, obs. *Houin*. Daneben bezog sich der Kassationshof in dieser Entscheidung auf die wenigstens grob fahrlässige Herbeiführung der Insolvenz durch die Geschäftsleiter der Schuldnerin.

920 C. com. 1807, art. 448, al. 1er i.d.F. der ordonnance n° 58-1299 du 23 décembre 1958; *Houin/Derrida(-Houin)* (Fn. 79), n° 170; *Honorat* (Fn. 95), 11-15; *Argenson/Toujas/Dutheil* (Fn. 135), 80 f., 681, 683 f.; vgl. auch *Jaeger*[8]*(-Jahr)* (Fn. 29); *Plaisdant*, KTS 1959, 49, 50; *Friedrich Weber*, KTS 1959, 80, 88. Zur Rechtslage vor dem Inkrafttreten des Dekrets vom 20. Mai 1955 s.o. § 4 A I 3 e) bb).

zu stellen[921]. Der Anreiz für den Schuldner, rechtzeitig an das Gericht heranzutreten, sollte so gestärkt werden.[922]

Wurden die gesetzlichen Anforderungen hinsichtlich der Erklärung der *cessation des paiements* oder der sie begleitenden Unterlagen nicht beachtet, war die Anordnung der *faillite ab initio* möglich.[923] Der unter dem Gesetz vom 4. März 1889 vertretenen Ansicht, dass diese Anordnung im Falle der Verletzung der dem Schuldner auferlegten Frist obligatorisch sei, erteilten die Verfasser des Dekrets vom 20. Mai 1955 eine Absage.[924]

Ob die anfängliche Entscheidung zwischen den beiden Verfahrensarten dann in das mehr oder weniger freie gerichtliche Ermessen gestellt war oder nur unter der zusätzlichen Bedingung, dass das Gericht die Verwirklichung eines der Tatbestände der fakultativen Überleitung bereits im Zeitpunkt dieser Entscheidung festgestellt hatte, blieb ähnlich wie unter dem alten Regelwerk umstritten.[925] Nach der engeren Ansicht hätte die Nichtbeachtung der Anforderungen an die die Erklärung der *cessation des paiements* begleitenden Unterlagen konsequenterweise nicht schon *per se* die Einräumung eines Ermessens rechtfertigen dürfen;[926]

---

921 *Houin/Derrida(-Houin)* (Fn. 79), n° 273; vgl. auch *Honorat* (Fn. 95), 11; *Argenson/Toujas/Dutheil* (Fn. 135), 80 f., 66. Zu diesen anderen Dokumenten s.o. § 4 A I 5 b).

922 *Houin/Derrida(-Houin)* (Fn. 79), n° 170; *Honorat* (Fn. 95), 11.

923 *Houin/Derrida(-Houin)* (Fn. 79), n°s 187 f.; *Honorat* (Fn. 95), 11-15, 25-31; *Friedrich Weber*, KTS 1959, 80, 88; *Argenson/Toujas/Dutheil* (Fn. 135), 83-86; vgl. auch *Jaeger*[8]*(-Jahr)* (Fn. 29). Für eine in diesem Fall obligatorische Anordnung der *faillite* dagegen noch T. com. Montauban 25.1.1957, JCP 1957, éd. G, II 10296, obs. *Toujas*; kritisch zu dieser Entscheidung auch *Houin*, RTD com. 1957, 1007.

924 C. com. 1807, artt. 448, al. 2; 574 i.d.F. der ordonnance n° 58-1299 du 23 décembre 1958; *Houin/Derrida(-Houin)* (Fn. 79), n° 187; *Toujas*, JCP 1957, éd. G, II 10296 (Anm. zu T. com. Montauban 25.1.1957); *Argenson/Toujas/Dutheil* (Fn. 135), 83 note 1; vgl. auch Cass. civ., sect. com. 16.11.1960, D. 1961, jur. 198. Zu der unter dem Gesetz vom 4. März 1889 vertretenen Ansicht s.o. § 4 A I 3 e) aa).

925 Zu diesem Streit *Houin/Derrida(-Houin)* (Fn. 79), n° 185; *Honorat* (Fn. 95), 25-31; *Argenson/Toujas/Dutheil* (Fn. 135), 83-86; *Jacquemont* (Fn. 143), n° 194. Zur Rechtslage vor dem Inkrafttreten des Dekrets vom 20. Mai 1955 s.o. § 4 A I 3 e) bb).

926 *Julliot de la Morandière/Rodière/Houin* (Fn. 906). Dagegen freilich T. civ. Sfax 18.4.1956, RTD com. 1956, 321, obs. *Houin*; das Gericht wollte dem insoweit bestehenden Spannungsfeld zwischen dem Überleitungstatbestand des Artikels 575-1° und der Vorschrift des Artikels 448, al. 1er des Code de commerce von 1807 jeweils in der Fassung der ordonnance n° 58-1299 du 23 décembre 1958 im entgegengesetzten Sinne begegnen. So auch noch *Houin*, RTD com. 1955, 481, 496; *ders.* (Fn. 79), n° 188,

sie genügte schließlich genauso wenig als Grund für die fakultative Überleitung[927].

Unterstützt von Teilen des Schrifttums lehnte der Kassationshof die Bindung an die Tatbestände der fakultativen *conversion en faillite* bei der Entscheidung zwischen *règlement judiciaire* und *faillite* zu Beginn des Verfahrens letztlich ab.[928] Die *faillite* sollte zu diesem Zeitpunkt nach gerichtlichem Ermessen unter Berücksichtigung der Interessen der Gläubiger, des Schuldners und nicht zuletzt der Allgemeinheit an der Sanktionierung seines Verhaltens im Einzelfall angeordnet werden können, soweit der *règlement judiciaire* nicht aufgrund der Einhaltung der Anforderungen hinsichtlich der Erklärung der *cessation des paiements* und der begleitenden Unterlagen verbindlich vorgegeben war.[929] Es wurde argumentiert, dass diese Ansicht sich besser mit der Idee einer staatlichen Steuerung über das an der Reinigung des Berufsstandes und dem Schutz der nationalen Wirtschaft orientierte Verfahren der *faillite* vereinbaren lasse.[930] Bisweilen erfolgte eine Berufung auf eine fortgesetzte Wertung des *règlement judiciaire* als Rechtswohltat.[931]

Für die Gegenansicht wurde vorgebracht, dass es widersinnig sei, das Ermessen zu Beginn unter leichteren Voraussetzungen einzuräumen als im weiteren Verlauf des Verfahrens, da das Gericht später naturgemäß besser informiert sein könne über die relevanten Tatsachen.[932] Man verwies darauf, dass die Wertung

---

welcher gleichzeitig aber zugestehen wollte, dass es für die Anordnung der *faillite ab initio* „möglicherweise" eines weiteren Fehlverhaltens des Schuldners bedurfte.

927 S.o. § 4 A I 5 h) bb).

928 Cass. com. 3.7.1968, Bull. civ. 1968 IV, n° 217 = JCP 1968, éd. G, II 15641, obs. *J.A.* = RTD com. 1968, 1143, obs. *Houin*; *Honorat* (Fn. 95), 25 f., 31 m.w.N.; *Argenson/Toujas/Dutheil* (Fn. 135), 85 f. So auch bereits CA Alger 21.2.1956, RTD com. 1956, 320, obs. *Houin*; T. civ. Briançon 5.7.1955, D. 1955, jur. 630, 631 = RTD com. 1955, 882, obs. *Houin*; T. civ. Dunkerque 14.11.1955, Gaz. Pal. 1955, 2, somm. 132 = RTD com. 1956, 114, obs. *Houin*. Hierzu ferner *Jacquemont* (Fn. 143), n° 194.

929 *Honorat* (Fn. 95), 28-31; *dies.*, D. 1961, jur. 686, 688; *Argenson/Toujas/Dutheil* (Fn. 135), 85 f.; vgl. auch *Julliot de la Morandière/Rodière/Houin* (Fn. 906).

930 *Julliot de la Morandière/Rodière/Houin* (Fn. 906); vgl. auch *Honorat* (Fn. 95), 26 f.; *Argenson/Toujas/Dutheil* (Fn. 135), 85. Zu dieser Orientierung der *faillite* s.o. § 3 B V.

931 CA Alger 21.2.1956, RTD com. 1956, 320, obs. *Houin*; vgl. auch T. civ. Briançon 5.7.1955, D. 1955, jur. 630, 631 sowie *Argenson/Toujas* (Fn. 128), 334; *dies.* (Fn. 170), 164; *Jauffret* (Fn. 194), n° 32; *Jacquemont* (Fn. 143), n° 194, welche den *règlement judiciaire* bzw. den Vergleich unter dem Dekret vom 20. Mai 1955 rückblickend als Rechtswohltat einstuften. Zum Rechtswohltatcharakter der *liquidation judiciaire* unter dem Gesetz vom 4. März 1889 s.o. §§ 3 B III; 4 A I 3 e) bb).

932 Vgl. *Argenson/Toujas/Dutheil* (Fn. 135), 84.

des *règlement judiciaire* als Rechtswohltat nicht mehr im Einklang mit der neuen Gesetzessystematik stehe.[933] Die Vertreter dieser Ansicht wollten im *règlement judiciaire* mit Blick auf die Schärfung des Profils der *faillite* den gesetzlichen Regelfall sehen.[934] Manche erachteten die Zulassung der Anordnung der *faillite* vor dem Hintergrund ihres Sanktionscharakters unabhängig von der Verwirklichung eines der ausdrücklich formulierten Überleitungstatbestände gar als unvereinbar mit dem Bestimmtheitsgrundsatz.[935]

Dieser Argumentation wurde von den Verfechtern der mangelnden Bindung an die Tatbestände der fakultativen Überleitung wiederum entgegengehalten, dass die *nulla poena sine lege* Regel gar nicht beachtlich sei, weil es sich bei dem Verfahren der *faillite* weder um eine echte noch nur um eine Strafe, sondern um ein sowohl auf die Sanktionierung des Schuldners als auch auf die Befriedigung der Gläubiger ausgerichtetes Gesamtvollstreckungsverfahren handele.[936] Solange das Gericht nur das Wesen der *faillite* bei Ausübung des Ermessens beachtete, sollte die Möglichkeit ihrer anfänglichen Anordnung losgelöst von den Tatbeständen der fakultativen *conversion en faillite* danach nicht im Widerspruch zu dem gesetzlich vorgegebenen Verhältnis zwischen beiden Verfahrensarten stehen.[937] Die Bindung an diese Überleitungstatbestände sollte gerade deswegen als verfehlt erscheinen, weil diese als solche – und nicht in dem Kapitel des neuen Regelwerks zur anfänglichen Entscheidung – als Gründe für die Anordnung der *faillite* normiert waren.[938] Endlich machte man erneut den Vorteil eines stärkeren Anreizes zur Einhaltung der gesetzlichen Vorgaben geltend.[939]

---

933 *Houin*, RTD com. 1956, 320 f. (Anm. zu CA Alger 21.2.1956, unveröffentlicht). Zum Verhältnis von *règlement judiciaire* und *procédure de faillite* unter dem Dekret vom 20. Mai 1955 s. bereits oben §§ 3 B V; 4 A I 5 a), c).

934 T. civ. Sfax 18.4.1956, RTD com. 1956, 321, obs. *Houin*; *Houin*, RTD com. 1955, 882 (Anm. zu T. civ. Briançon 5.7.1955, D. 1955, jur. 630); vgl. auch *Honorat* (Fn. 95), 26; *Jacquemont* (Fn. 931). Diese Wertung des *règlement judiciaire* als gesetzlichen Regelfall wurde teilweise auch von den Verfechtern der mangelnden Bindung an die Tatbestände der fakultativen Überleitung mitgetragen, so etwa *Argenson/Toujas/Dutheil* (Fn. 135), 85. Zu der Schärfung des Profils der *faillite* s.o. § 3 B V.

935 Vgl. *Honorat* (Fn. 95), 27; *Argenson/Toujas/Dutheil* (Fn. 135), 84.

936 *Honorat* (Fn. 936).

937 *Honorat* (Fn. 95), 28-31; *Argenson/Toujas/Dutheil* (Fn. 135), 85 f.; vgl. auch *Houin/Derrida*(*-Houin*) (Fn. 925).

938 *Honorat* (Fn. 95), 29.

939 Vgl. *Argenson/Toujas/Dutheil* (Fn. 135), 85. Zu dem Argument des verbesserten Anreizes im Rahmen der vergleichbaren Streitfrage unter dem Gesetz vom 4. März 1889 s.o. § 4 A I 3 e) bb).

Relativiert wurde die praktische Bedeutung dieses Streits, wenn er auch wesentliche konzeptionelle Fragen berührte, wiederum durch die Weite des in der Neuregelung enthaltenen Auffangtatbestands für die fakultative *conversion en faillite*.[940] Zudem war man sich aufgrund der Ausführungen in der Begründung zu dem Dekret vom 20. Mai 1955 weitgehend einig, dass der Gesetzgeber wenigstens die Anordnung der *faillite* zu Beginn des Verfahrens im Ergebnis nur für hinreichend schwerwiegende Fälle anstrebte und es den Gerichten ansonsten überlassen wollte, sich im weiteren Verlauf gegebenenfalls für die Überleitung zu entscheiden.[941]

j) Zurückweisung der Erklärung der cessation des paiements?

Im Einklang mit Stimmen aus dem Schrifttum verweigerten verschiedene Gerichte die Prüfung der Anordnung des *règlement judiciaire* oder der *faillite*, wenn ein darauf gerichteter Antrag die für die Identifizierung des Schuldners benötigten und als solche in das entsprechende Urteil aufzunehmenden Daten – Name, Vornamen, Berufsbezeichnung, Hauptgeschäftsniederlassung (*principal établissement commercial*) bzw. Sitz der Gesellschaft – vermissen ließ. Dies geschah mit Blick auf daraus resultierende Schwierigkeiten bei der Veröffentlichung der Entscheidung, offenbar nicht hingegen wegen eines fehlenden Mindestvortrags zur Zuständigkeit des Gerichts oder zu der als Begründetheitsvoraussetzung (*condition de fond*) geltenden Kaufmannseigenschaft des Schuldners.[942]

Jedoch wurde eine Zurückweisung der Erklärung der *cessation des paiements* unter dem Dekret vom 20. Mai 1955 nicht erkennbar als Reaktion auf die Nichtbeachtung der Frist für die Erklärung in Betracht gezogen. Auch ist nicht ersichtlich, dass die unterlassene Einreichung der begleitenden Unterlagen zu einer als

940 Vgl. *Houin/Derrida(-Houin)* (Fn. 79), n° 170. Zu der vergleichbaren Situation unter dem Gesetz vom 4. März 1889 s.o. § 4 A I 3 e) bb). Zur Berührung konzeptionneller Fragen durch den Streit *Honorat* (Fn. 95), 25.

941 *Houin/Derrida(-Houin)* (Fn. 79), n° 195; *Honorat* (Fn. 95), 28 f.; in diesem Sinne auch Cass. civ., sect. com. 11.7.1960, D. 1961, jur. 685 f., note *Honorat*; *Argenson/Toujas/Dutheil* (Fn. 135), 86.

942 *Argenson/Toujas/Dutheil* (Fn. 135), 93; vgl. auch *Martin-Serf* (Fn. 341), n° 106. Zur Geltung der Kaufmannseigenschaft als *condition de fond* Cass. com. 28.3.1966, Bull. civ. 1966 III, n° 171 = RTD com. 1966, 1010, obs. *Houin*; 23.1.1967, D. 1967, jur. 250 sowie 369, 370; CA Angers 13.12.1960, D. 1961, jur. 135; *Houin/Derrida(-Houin)* (Fn. 79), n°s 23, 334; *Argenson/Toujas/Dutheil* (Fn. 135), 3 f.

Ausdruck ihrer rechtlichen Missbilligung zu verstehenden Zurückweisung der Erklärung hätte führen können.[943]

Die Frage, ob man an der Bindung des Gerichts bei der Feststellung der *cessation des paiements* an die schuldnerische Erklärung derselben festhalten sollte, wurde nicht einheitlich beantwortet.[944] Mit der neu geschaffenen Regelung zur fakultativen Voruntersuchung[945] war dieser Streit nicht entschieden. Die Verfechter der Bindung des Gerichts wollten den zulässigen Zweck der Voruntersuchung bei einer Erklärung der *cessation des paiements* beschränken auf die Ermittlung der für die Wahl zwischen dem *règlement judiciaire* und der *faillite* maßgeblichen Umstände. Die vorgelagerte Frage, ob die *cessation des paiements* eingetreten war, sollte nach ihrer Ansicht für diesen Fall gerade nicht Gegenstand der Prüfung sein können.[946] Sie knüpften damit an die unter der alten Rechtslage herrschende Einschätzung[947] an, wonach die Voruntersuchung für den Fall der Beantragung der *liquidation judiciaire* durch den Schuldner ein angemessenes Mittel zur Überprüfung seiner Redlichkeit und zu diesem Zweck entwickelt worden war.

Der Kassationshof führte in einer Entscheidung vom 21. Mai 1963 aus, dass nur der tatsächliche Eintritt der *cessation des paiements* und nicht schon die Behauptung derselben die Anordnung der *faillite* rechtfertigen könne.[948] Allerdings bestätigte er in dieser Entscheidung die auf die schuldnerische Erklärung

943 Vgl. *Vallens*, Rev. proc. coll. 2009-5, étude 25, n° 8.

944 Dafür *Honorat* (Fn. 95), 62; dagegen *Houin*, RTD com. 1963, 889 f. (Anm. zu Cass. civ., sect. com. 21.5.1963, Bull. civ. 1963 III, n° 243); vgl. auch *dens.* (Fn. 79), n°s 146, 155, 335. Zum Meinungsstand unter dem alten Recht s.o. § 4 A I 1 c), 2 b) ee), 3 a).

945 C. com. 1807, art. 443 i.d.F. der ordonnance n° 58-1299 du 23 décembre 1958. Zur Schaffung dieser Regelung s.o. § 3 B V.

946 *Honorat* (Fn. 95), 61 f., welche allerdings für den Sonderfall, dass die Erklärung der *cessation des paiements* einer Gesellschaft nur von einem ihrer organschaftlichen Vertreter abgegeben wurde, in der Möglichkeit der Anordnung einer Voruntersuchung und einer Befragung der anderen organschaftlichen Vertreter oder Gesellschafter im Rahmen der Voruntersuchung ein Mittel zur Begrenzung der Gefahr einer Schädigung der Gesellschaft oder der Gesellschafter sah, die sich aus der Befugnis des einzelnen organschaftlichen Vertreters, die Erklärung allein abzugeben, ergab, *dies.*, ebenda, 45.

947 *Lyon-Caen/Renault* (Fn. 91), n° 1024; *Lacour/Bouteron* (Fn. 587), n° 1675; *Percerou/Dessertaux* (Fn. 34), n°s 195ter note 1, 347 f.

948 Cass. civ., sect. com. 21.5.1963, Bull. civ. 1963 III, n° 243: „Alors que seule la cessation effective des payements, et non pas l'affirmation de celle-ci, peut légalement justifier le prononcé de la faillite; […]".

hin erfolgte Anordnung der *faillite* durch die Tatsachengerichte. Er argumentierte, „dass diese Erklärung, welche implizierte, dass die Schuldner anerkannten, unfähig zu sein, ihren Verpflichtungen nachzukommen, und welche obligatorisch versehen gewesen war mit den [in den gesetzlichen Bestimmungen zu den die Erklärung begleitenden Unterlagen] vorgesehenen Belegen, geeignet war, für sich allein die gerichtliche Erkenntnis des Zustands der cessation des paiements zu begründen“[949]. Dass umgekehrt bei einer Nichterfüllung der Anforderungen an die Erklärung der *cessation des paiements* und ihre begleitenden Unterlagen als solcher eine Sanktionierung mit der Zurückweisung der Erklärung in Betracht kam, war damit nicht gesagt. Die Entscheidung dürfte allenfalls Raum für die Interpretation gelassen haben, dass bei einer solchen Nichterfüllung die Erklärung und die begleitenden Unterlagen einmal – frei von einer rechtlichen Missbilligung – für sich genommen nicht für die Bejahung des Begründetsheitserfordernisses der *cessation des paiements* hätten genügen können[950].

Die Möglichkeit einer Sanktionierung im Wege der Zurückweisung der Erklärung passte nicht zur Konzeption des Unternehmensinsolvenzrechts in seiner Ausgestaltung durch das Dekret vom 20. Mai 1955. Die Ziele der Gläubigerbefriedigung und der – im Wege der Anordnung und Durchführung des Verfahrens zu erreichenden – sanktionierenden Elimination blieben bestimmend.[951] Mit der Erklärung der *cessation des paiements* erfüllte der Schuldner wie unter dem alten Recht eine strafbewehrte Pflicht.[952] Die gerichtliche Befugnis zur Verfahrensinitiierung blieb unangetastet; im Unterschied zur *liquidation judiciaire* nach dem Gesetz vom 4. März 1889 konnte das Gericht sogar nunmehr auch den *règlement judiciaire* von Amts wegen anordnen.[953]

Zudem war weiter vorgesehen, dass der Schuldner die Gründe für die unterlassene oder unvollständige Einreichung der begleitenden Unterlagen in seiner Erklärung der *cessation des paiements* angab.[954] Und es blieb Sache des Syndiken

949 „Mais attendu […] que cette déclaration, qui impliquait que les débiteurs reconnaissaient être dans l'impossibilité de faire face à leurs engagements et qui avait été obligatoirement assortie des pièces justificatives prévues à l'art. 438 du Code de commerce, était susceptible d'établir à elle seule l'état de cessation des payements; […]“.

950 In diesem Sinne *Houin*, RTD com. 1963, 889 f.; vgl. auch *Vallens*, Rev. proc. coll. 2009-5, étude 25, n° 8; *Jacquemont*, J.-Cl. Commercial, Fasc. 2155 (April 2014) n°s 167 f.

951 Zu dieser Verfahrensausrichtung s.o. § 3 B V.

952 S.o. § 4 A I 5 a), d).

953 S.o. § 3 B V. Zur abweichenden Regelung bezüglich der *liquidation judiciaire* s.o. § 3 B III.

954 S.o. § 4 A I 5 b).

im Verfahren der *faillite* respektive des *administrateur* im *règlement judiciaire*, die Bilanz zu erstellen und beim Gericht einzureichen, wenn der Schuldner dies unterlassen hatte.[955]

Zwar wollten manche wie in der *liquidation judiciaire* des Gesetzes vom 4. März 1889 auch im *règlement judiciaire* eine Rechtswohltat sehen. Der Streit um diese Wertung wurde jedoch nicht auf der Ebene der Entscheidung ausgetragen, ob überhaupt eines der beiden im Dekret vom 20. Mai 1955 vorgesehenen Verfahren anzuordnen war, sondern auf derjenigen der Wahl zwischen dem *règlement judiciaire* und der *faillite*.[956] Die rechtliche Missbilligung der Verletzung der Vorgaben zur Erklärung der *cessation des paiements* und den begleitenden Unterlagen brachte der Gesetzgeber insbesondere dadurch zum Ausdruck, dass im Falle der Nichtbeachtung die anfängliche Anordnung des strengeren Verfahrens der *faillite* wenigstens nicht von vornherein ausgeschlossen war und – für den Fall einer Überschreitung der Frist für die Erklärung der *cessation des paiements* – eine spätere *conversion en faillite* in Betracht kam.[957]

6. *Das Gesetz vom 13. Juli 1967*

a) *Erklärung der* cessation des paiements

Seit dem Inkrafttreten des Gesetzes vom 13. Juli 1967 bestand die Pflicht zur Erklärung der *cessation des paiements* innerhalb von fünfzehn Tagen neben den Kaufleuten bei jeder juristischen Person des Privatrechts.[958] Man betonte die Bedeutung der zeitnahen Verfahrensinitiierung für die Aussichten auf eine Rettung des schuldnerischen Unternehmens. Wenigstens teilweise wurde die gesetzliche Androhung der an die Verletzung der Frist geknüpften Sanktionen als ein Mittel zur Erreichung dieses Zwecks verstanden.[959]

---

955 C. com. 1807, art. 484 i.d.F. der ordonnance n° 58-1299 du 23 décembre 1958; *Houin/Derrida(-Houin)* (Fn. 79), n° 275; *Argenson/Toujas/Dutheil* (Fn. 135), 67, 366.

956 S. zum Ganzen oben § 4 A I 5 i).

957 S.o. § 4 A I 5 h), i) sowie – auch zur strafrechtlichen Bewehrung der Frist – § 4 A I 5 d).

958 Loi n° 67-563 du 13 juillet 1967, art. 1er; *Argenson/Toujas* (Fn. 128), 99; *Ripert/Roblot* (Fn. 130), nos 2803, 2810, 2870, 2875; *Gröniger* (Fn. 45), 112 f.; *Piekenbrock*, ZVglRWiss 108 (2009), 242, 253 Fn. 79.

959 *Derrida*, D. 1977, I.R. 404 (Anm. zu Cass. com. 14.6.1977, JCP 1977, éd. G, IV 209), der die verbreitete Kritik zurückwies, dass die Strenge der Maßnahmen, welche die Leiter von dem *règlement judiciaire* oder der *liquidation des biens* unterworfenen Unternehmen treffen konnten, – einschließlich der an die Verletzung der Frist geknüpften Sanktionen – abschreckten, den Eintritt der *cessation des paiements* (rechtzeitig) zu

Stellte das Gericht die *cessation des paiements* fest, ordnete es den *règlement judiciaire* oder die *liquidation des biens* an.[960] Zwar beantragte der Schuldner - der nicht anzugeben brauchte, welche Alternative er anstrebte - im Allgemeinen, in den Genuss des *règlement judiciaire* zu kommen.[961] Doch konnte das Gericht auch in diesem Fall nur die *liquidation des biens* anordnen, wenn der Schuldner ihm nicht in der Lage zu sein schien, einen ernsthaften Vergleich vorzuschlagen.[962]

Es wurde die Ansicht vertreten, dass der Verantwortliche bei einer versuchten Zuständigkeitserschleichung den an die unterlassene Erklärung der *cessation des paiements* geknüpften Sanktionen unterworfen sein sollte; dies sollte für die auf eine Umgehung der örtlichen (*compétence territoriale*) oder der sachlichen Zuständigkeit des Handelsgerichts bzw. des *tribunal de grande instance* (*compétence d'attribution*) abzielende arglistige Täuschung gelten.[963] Die Zuständigkeitsregeln - einschließlich der in dem das Gesetz vom 13. Juli begleitenden Dekret vom 22. Dezember 1967 getroffenen zur *compétence territoriale* - sollten demnach zur Konkretisierung der Erklärungspflicht samt der mit dieser verbundenen Sanktionstatbestände herangezogen werden können.[964] Dies lag auf einer Linie mit der Ausgestaltung der einschlägigen Vorschriften des alten Rechts.[965]

---

erklären. Zu den an die Fristverletzung geknüpften Sanktionen s. sogleich unten § 4 A I 6 d), e).

960 Loi n° 67-563 du 13 juillet 1967, art. 6; *Argenson/Toujas* (Fn. 128), 118; *Hanisch* (Fn. 75), 127 f.; *Dupouy* (Fn. 180) 293 f.; *Gröniger* (Fn. 45), 114.

961 *De Juglart/Ippolito* (Fn. 170), n° 1115; *Dupouy* (Fn. 180), 292; *Ripert/Roblot* (Fn. 130), n° 2871. Zur fehlenden Notwendigkeit einer Angabe der angestrebten Alternative *Gröniger* (Fn. 45), 113.

962 Loi n° 67-563 du 13 juillet 1967, art. 7, al. 1er; *Argenson/Toujas* (Fn. 128), 119; *Hanisch* (Fn. 960); *de Juglart/Ippolito* (Fn. 170), nos 1120, 1122; *Dupouy* (Fn. 180), 294; *Ripert/Roblot* (Fn. 130), nos 2830, 2857 f.; *Delaporte* (Fn. 196), nos 34, 68; *Gröniger* (Fn. 45), 114.

963 *Argenson/Toujas* (Fn. 128), 101. Die angesprochene Regelung der *compétence territoriale* fand sich in Artikel 1 des Dekrets.

964 Vgl. *Argenson/Toujas* (Fn. 128), 100 f.

965 Artikel 614-7 hatte die Strafbarkeit der Verletzung der Fünfzehntagefrist an das Unterlassen der in Artikel 437 des Code de commerce von 1807 in der Fassung der Verordnung vom 23. Dezember 1958 vorgeschriebenen Erklärung geknüpft („la déclaration exigée par l'art. 437 du présent code"). Letztere Vorschrift wiederum hatte nicht nur festgelegt, dass, sondern auch gegenüber welchem, örtlich zuständigen Gericht die *cessation des paiements* zu erklären war. Dieselbe Regelungstechnik hatte sich bereits in Artikel 2-6° des Gesetzesdekrets vom 8. August 1935 portant application aux gérants et administrateurs de sociétés de la législation de la faillite et de la banqueroute und Artikel 586-4° jeweils in Verbindung mit Artikel 438 des Code de commerce von 1807 in der Fassung des Gesetzes vom 28. Mai 1838 gefunden.

b) Begleitende Unterlagen

Auch die mit der Erklärung der *cessation des paiements* einzureichenden Unterlagen waren in dem Dekret vom 22. Dezember 1967 geregelt.[966] Während dieses weiterhin die Vorlage des Jahresabschlusses des letzten Geschäftsjahres vorschrieb,[967] erfuhr der Katalog der auf den Tag der Erklärung zu erstellenden Unterlagen eine Überarbeitung.[968] Insoweit wurden Anforderungen normiert, welche unter dem Dekret vom 20. Mai 1955 bereits in der gerichtlichen Praxis gestellt worden waren.[969]

Der beibehaltene *état chiffré des créances et des dettes* war nunmehr zu ergänzen um ein Verzeichnis der Sicherheiten auf der Aktiv- und der Passivseite (*état actif et passif des sûretés*).[970] Neu aufgenommen wurde in den Katalog

966 Décret n° 67-1120 du 22 décembre 1967, art. 4, al. 2-4.

967 Ergänzt um eine Übersicht zu den nicht bilanzierten Verpflichtungen (*état des engagements hors bilan*) wurde die Bilanz, die Betriebsrechnung (*compte d'exploitation générale*) sowie die Gewinn- und Verlustrechnung (*compte de pertes et profits*) des letzten Geschäftsjahres verlangt, décret n° 67-1120 du 22 décembre 1967, art. 4, al. 2. Mit Blick auf die nach Artikel 11 des Code de commerce von 1807 für die Handelsbücher der Kaufleute geltende zehnjährige Aufbewahrungsfrist erachteten es *Argenson/Toujas* (Fn. 128), 105 note 6 als wahrscheinlich, dass nach der Reform von 1967 in der gerichtlichen Praxis an der unter dem Dekret vom 20. Mai 1955 geforderten Vorlage der Abschlüsse der letzten drei Geschäftsjahre – s.o. § 4 A I 5 b) – festgehalten werden würde. Zur Betriebsrechnung und ihrem Verhältnis zum *compte de pertes et profits Hamel/Lagarde,* Traité de droit commercial, I (Paris 1954) n° 275; *Ripert/Roblot* (Fn. 130), I[10] (Paris 1980) n° 450; *Dupouy* (Fn. 180), I[2] (Paris 1981) 93, zur Normierung der Betriebsrechnung im Zuge der Reform des Gesellschaftsrechts von 1966 und im Kontenplan sowie zur Ersetzung von Betriebsrechnung und *compte de pertes et profits* durch die als Ergebniskonto (*compte de résultat*) bezeichnete Gewinn- und Verlustrechnung der Reform der gesetzlichen Buchführungsvorschriften von 1983 *Diekmann* (Fn. 558), 132 f., 141, 143 f., 149-152. Mit seiner Änderung durch Artikel 48 des décret n° 83-1020 du 29 novembre 1983 pris en application de la loi n° 83-353 du 30 avril 1983 et relatif aux obligations comptables des commerçants et de certaines sociétés, JO, 1er décembre 1983, p. 3461 verlangte das Dekret vom 22. Dezember 1967 dann die Bilanz, das Ergebniskonto und den Anhang (*annexe*) des letzten Geschäftsjahres, décret n° 67-1120 du 22 décembre 1967, art. 4, al. 2 i.d.F. des décret n° 83-1020 du 29 novembre 1983.

968 Vgl. *Derrida* (Fn. 157), n° 31; *Argenson/Toujas* (Fn. 128), 104 f.; *Ripert/Roblot* (Fn. 130), n° 2874; *Jacquemont* (Fn. 143), n° 177.

969 *Argenson/Toujas* (Fn. 128), 105 note 6.

970 Décret n° 67-1120 du 22 décembre 1967, art. 4, al. 2-3°.

eine Übersicht zu den außerbilanziellen Verpflichtungen (*état des engagements hors bilan*).[971]

Zudem forderte das Dekret vom 22. Dezember 1967 ein summarisches Inventar des Unternehmensvermögens (*inventaire sommaire des biens de l'entreprise*).[972] Nicht dem schuldnerischen Unternehmen gewidmete, persönliche Vermögensgegenstände mussten dort nicht genannt werden,[973] wenngleich sich das Verfahren nach dem Prinzip der Einheit des Vermögens (*principe de l'unité du patrimoine*) auf die Gesamtheit des Schuldnervermögens erstreckte.[974] Man erklärte sich diese Aussparung mit dem Streben nach der Verwirklichung des Grundsatzes der Trennung zwischen Mensch und Unternehmen.[975]

Darüber hinaus wurde eine Darstellung der Situation (*état de situation*) verlangt.[976] Diese verstand man gleich der unter dem alten Recht auf den Tag der Erklärung der *cessation des paiements* zu erstellenden Bilanz als zusammenfassende Gegenüberstellung der in Posten gegliederten und bewerteten Vermögensbestandteile und Schulden.[977]

Korrespondierend mit der Wahl des neuen Kriteriums für die Entscheidung zwischen dem *règlement judiciaire* und der *liquidation des biens*[978] sollte mit dem *état de situation*, dem *état chiffré des créances et des dettes* sowie dem

---

971 Décret n° 67-1120 du 22 décembre 1967, art. 4, al. 2-2°.

972 Décret n° 67-1120 du 22 décembre 1967, art. 4, al. 2-4°.

973 *Derrida* (Fn. 157), n°s 7 note 29, 31; *Ripert/Roblot* (Fn. 130), n° 2874; *Jacquemont* (Fn. 968). Zur in Bereichen des französischen Handels- und Wirtschaftsrechts außerhalb der Unternehmensinsolvenzverfahren vollzogenen Anknüpfung an die Begriffe des Unternehmens (*entreprise*) sowie des *fonds de commerce* als durch Zweckbestimmung gekennzeichneten Teil des Vermögens eines Kaufmanns *Sonnenberger/Dammann* (Fn. 27), Rn. IV 3-5.

974 *Derrida* (Fn. 157), n°s 7, 31; *Argenson/Toujas* (Fn. 128), 126; *de Juglart/Ippolito* (Fn. 170), n° 1086; *Ripert/Roblot* (Fn. 130), n°s 2815, 2818, 2822, 2874; *Delaporte* (Fn. 199), n° 72. Zur Frage der Ausnahme der unpfändbaren Vermögensbestandteile vom *dessaisissement Argenson/Toujas* (Fn. 128), 374-376.

975 *Derrida* (Fn. 157), n° 31.

976 Décret n° 67-1120 du 22 décembre 1967, art. 4, al. 2-1°. Von einer Bilanz oder einer Gewinn- und Verlustrechnung war in dem Katalog der auf den Tag der Erklärung der *cessation des paiements* zu erstellenden Unterlagen nicht mehr die Rede.

977 Vgl. *de Juglart/Ippolito* (Fn. 170), 91-93; *Argenson/Toujas* (Fn. 170), 490 f. sowie die Muster für die Erklärung der *cessation des paiements* und den *état de situation* in J.-Cl. Commercial, Anciens art. 437 à 614-26, Loi du 13 juillet 1967, Fasc. B^{70} (September 1971) Formules I, II.

978 Vgl. *Jacquemont* (Fn. 143), n° 158 sowie *Rives* (Fn. 209), 89, 106, 111, der die Bedeutung der begleitenden Unterlagen für die Vorbereitung der Entscheidung zwischen

summarischen Inventar ein Überblick über die Möglichkeiten des Unternehmens gegeben werden.[979] Die Angaben mussten hinreichend präzise ausfallen, weil sie das Gericht darüber informieren sollten, wie das Unternehmen geführt worden war und in welchem Verhältnis sein Vermögen zu den Schulden stand.[980]

Komplettiert wurde der Katalog der auf den Tag der Erklärung zu erstellenden Unterlagen für den Fall einer Gesellschaft mit persönlich haftenden Gesellschaftern *(société comportant des associés responsables solidairement des dettes sociales)* wie zuvor durch die Liste dieser Gesellschafter mit Hinweis auf deren Namen und Domizil.[981] In dem Gesetz vom 13. Juli 1967 war in Fortschreibung des alten Rechts der Grundsatz formuliert worden, dass das die *cessation des paiements* einer juristischen Person feststellende Urteil seine Wirkungen gegenüber allen unbegrenzt und solidarisch haftenden Mitgliedern entfaltete; die Wahl zwischen dem *règlement judiciaire* und der *liquidation des biens* konnte für die juristische Person und die einzelnen Mitglieder weiter unterschiedlich ausfallen.[982]

Für den Fall, dass eine der begleitenden Unterlagen nicht oder nur unvollständig vorgelegt werden konnte, waren in der Erklärung der *cessation des paiements* weiter die Gründe hierfür anzugeben.[983] Man ging davon aus, dass die fehlenden Dokumente sobald als möglich nachzureichen waren.[984]

Wenigstens teilweise wurde angenommen, dass die Anforderungen hinsichtlich der begleitenden Unterlagen für juristische Personen nichtkaufmännischer Art – insbesondere Vereine (*associations*) und (Berufs-)Verbände

den beiden Alternativen betonte. Zu dem für diese Entscheidung maßgeblichen Kriterium s.o. §§ 3 B VI 1 b); 4 A I 6 a).

979 *Argenson/Toujas* (Fn. 128), 542.

980 *Jacquemont* (Fn. 143), n° 177.

981 Décret n° 67-1120 du 22 décembre 1967, art. 4, al. 2-5°; vgl. auch *Angermüller* (Fn. 36), 75 Fn. 6.

982 Loi n° 67-563 du 13 juillet 1967, art. 97. Ausgenommen vom Anwendungsbereich der Vorschrift waren die Fälle nichtkaufmännischer juristischer Personen, deren Verbandszweck nicht wirtschaftlicher Natur war und die weder rechtlich noch faktisch eine Gewinnerzielungsabsicht verfolgten, loi n° 67-563 du 13 juillet 1967, art. 96. Zum Ganzen *de Juglart/Ippolito* (Fn. 170), n° 1097; *Ripert/Roblot* (Fn. 130), n°s 2846-2848; *Angermüller* (Fn. 36), 75-77; vgl. auch *Jaeger(-Jahr)*, KO, II/2: §§ 208-244 KO, Einführungsgesetze, Vergütungsverordnung, Sachregister[8] (1973) Vorbem. §§ 207-238 KO Rn. 16.

983 Décret n° 67-1120 du 22 décembre 1967, art. 4, al. 4; *Argenson/Toujas* (Fn. 128), 105; *de Juglart/Ippolito* (Fn. 170), n° 1115; *Ripert/Roblot* (Fn. 130), n° 2874.

984 *Jacquemont* (Fn. 143), n° 179.

(*syndicats*) – nur eingeschränkt galt.[985] Auf diese fanden auch weder die für die Kaufleute geltenden Buchführungsvorschriften im ersten Buch des Code de commerce noch diejenigen für alle rechtsfähigen Handelsgesellschaften maßgeblichen des Gesellschaftsrechts von 1966 Anwendung.[986]

c) Datierung, Unterzeichnung, Versicherung der Wahrheit

Die begleitenden Unterlagen waren allesamt zu datieren, zu unterzeichnen und mit einer Versicherung ihrer Wahrheit zu versehen.[987] Die Frage, ob die Erklärung der *cessation des paiements* selbst bestimmten Formanforderungen unterlag, wurde wie bereits unter dem Dekret vom 20. Mai 1955 nicht einheitlich beantwortet,[988] wenn die Erklärung in der Praxis auch nach wie vor schriftlich erfolgte[989]. Raum für diese Ungewissheit ließ der Aufbau der einschlägigen Vorschrift des Dekrets vom 22. Dezember 1967. Sie regelte in einem ersten Absatz zunächst, dass die Erklärung der *cessation des paiements* gegenüber der Gerichtskanzlei erfolgte, bevor sie in einem zweiten Absatz die begleitenden Unterlagen benannte und in einem dritten Absatz die beschriebene Form für „all diese Dokumente" anordnete.[990]

---

985 *Argenson/Toujas* (Fn. 128), 105 note 6, welche auf eine konkrete Benennung der nach ihrer Ansicht angezeigten Einschränkungen verzichteten.

986 S. zu diesen Vorschriften bereits oben § 4 A I 2 b) aa), Fn. 674 f. Zur Geltung der Buchführungsvorschriften im ersten Buch des Code de commerce für die Kaufleute und zur Maßgeblichkeit derjenigen des Gesellschaftsrechts von 1966 für alle rechtsfähigen Handelsgesellschaften *Diekmann* (Fn. 558), 138-140 bzw. 132.

987 Décret n° 67-1120 du 22 décembre 1967, art. 4, al. 3; *Argenson/Toujas* (Fn. 128), 105; *Ripert/Roblot* (Fn. 130), n° 2874; *Jacquemont* (Fn. 143), n° 178.

988 Dagegen *Jacquemont* (Fn. 143), n° 176, welcher eine mündliche, von der Gerichtskanzlei aufgenommene Erklärung als ausreichend erachtete; dafür *de Juglart/Ippolito* (Fn. 170), n° 1115, die eine deutliche Differenzierung zwischen der Erklärung und den begleitenden Unterlagen vermieden. Nach *Argenson/Toujas* (Fn. 128), 101 war in der Weise zu verfahren, dass entweder der Schuldner die *cessation des paiements* direkt in dem zu diesem Zweck geführten Register erklärte und unterzeichnete oder die Gerichtskanzlei die Erklärung entgegennahm, in das Register übertrug und den Erklärenden veranlasste, die Erklärung dort zu unterzeichnen. Zum Meinungsstand in dieser Frage unter dem Dekret vom 20. Mai 1955 s.o. § 4 A I 5 c).

989 *Jacquemont* (Fn. 988).

990 Décret n° 67-1120 du 22 décembre 1967, art. 4, al. 1er: „La déclaration de cessation des paiements est déposée au greffe", al. 2: „A cette déclaration sont jointes [...] les pièces ci-après [...]", al. 3: „Tous ces documents doivent être datés, signés et certifiés sincères et véritable par le déclarant".

Nicht unerwähnt blieb in der Diskussion, dass der Schuldner unter dem Gesetz vom 4. März 1889 seinen Antrag auf Zulassung zu der Rechtswohltat der *liquidation judiciaire* zu datieren und unterzeichnen hatte.[991] Und auch der *règlement judiciaire* des Gesetzes vom 13. Juli 1967 wurde ungeachtet des Wandels hinsichtlich des maßgeblichen Kriteriums für die Wahl zwischen den Verfahrensalternativen verbreitet als Rechtswohltat eingestuft.[992]

d) Bankrott und gleichgestellte Delikte

Die Erstreckung der Unternehmensinsolvenzverfahren auf alle juristischen Personen des Privatrechts verband das Gesetz vom 13. Juli 1967 mit einer Ausdehnung des Anwendungsbereichs der Insolvenzstraftaten.[993] Wie ein betrügerischer Bankrott bestraft wurde jetzt neben dem Beiseiteschaffen insbesondere auch das Verheimlichen von Vermögensbestandteilen und das fraudulöse Anerkennen inexistenter Verbindlichkeiten kaufmännischer und nichtkaufmännischer Gesellschaften sowie anderer nichtkaufmännischer juristischer Personen des Privatrechts durch die natürlichen Personen, welche zur Führung der Schuldnerin berufen waren oder sie faktisch leiteten.[994] Und auch bei denselben Verantwortlichen kam nunmehr eine Verhängung der für den einfachen Bankrott geltenden Strafen in Betracht, wenn sie es unterließen, die *cessation des paiements* der juristischen Person rechtzeitig zu erklären.[995]

---

991 *Jacquemont* (Fn. 988). Zu den Anforderungen an die Form dieses Antrags s.o. § 4 A I 3 a). Zur Bewertung der *liquidation judiciaire* als Rechtswohltat s.o. §§ 3 B III; 4 A I 3 e) bb).

992 So *Argenson/Toujas* (Fn. 128), 5; *dies.* (Fn. 170), 4; *de Juglart/Ippolito* (Fn. 170), n° 1115; *Dupouy* (Fn. 180), 286; *Ripert/Roblot* (Fn. 130), n° 3210; *Alliot*, RTD com. 1981, 201, 215. Allerdings zog zumindest keiner von diesen diese Bewertung ausdrücklich heran, um eine Formgebundenheit der Erklärung zu begründen. Zur Bedeutung der Frage nach dem Rechtswohltatcharakter des *règlement judiciaire* in der Diskussion um die Form der Erklärung der *cessation des paiements* unter dem Dekret vom 20. Mai 1955 s.o. § 4 A I 5 c). Zu dem Wandel bei dem Kriterium für die Wahl der Verfahrensalternative s.o. §§ 3 B V, VI 1 b); 4 A I 5 h), i).

993 *Robin* (Fn. 617), n° 96 (Januar 1970); *Argenson/Toujas* (Fn. 170), 464 f.; *Petot-Fontaine* (Fn. 803), n°s 127, 130-132. Zur Erstreckung der Unternehmensinsolvenzverfahren auf alle juristischen Personen des Privatrechts s.o. § 3 B VI 1 a).

994 Loi n° 67-563 du 13 juillet 1967, artt. 133-2°, -3°; 130; 134; *Robin* (Fn. 617), n°s 97 f., 111 f. (Januar 1970); *Argenson/Toujas* (Fn. 170), 464 f., 468; *Petot-Fontaine* (Fn. 803), n°s 130-132, 165.

995 Loi n° 67-563 du 13 juillet 1967, artt. 131-6°; 130; 134 *Robin* (Fn. 617), n°s 97 f., 101-103 (Januar 1970); *Argenson/Toujas* (Fn. 170), 464-468; *Petot-Fontaine* (Fn. 803), n°s 130-132, 155. Die Frage, ob die den Bankrotttatbeständen gleichgestellten Delikte

Jeweils ausgenommen wurden die Fälle solcher juristischer Personen nichtkaufmännischer Art, deren Verbandszweck nicht wirtschaftlicher Natur war und die weder rechtlich noch faktisch eine Gewinnerzielungsabsicht verfolgten.[996] Die Geschäftsführer oder Leiter einer offenen Handels- oder Kommanditgesellschaft, welche Kaufleute waren, blieben weiter den Bankrotttatbeständen selbst unterworfen.[997]

Nicht besonders ging der Gesetzgeber in den Tatbeständen des betrügerischen Bankrotts und des ihm gleichgestellten, für die Leiter von juristischen Personen geltenden Delikts ein auf die Änderungen hinsichtlich der die Erklärung der *cessation des paiements* begleitenden Unterlagen; diese Änderungen hatten sich erst aus dem Dekret vom 22. Dezember 1967 ergeben[998]. Wie zuvor war von den entsprechenden Strafvorschriften das fraudulöse Anerkennen nicht bestehender Verbindlichkeiten „sei es in seinen/den Handelsbüchern, sei es in öffentlichen Urkunden oder privatschriftlich, sei es in seiner/der Bilanz" erfasst.[999] Es

---

der Artikel 131 und 133 des Gesetzes vom 13. Juli 1967 auch galten für die Leiter juristischer Personen, die keine Gesellschaften, aber als kaufmännisch einzustufen waren – namentlich solcher wirtschaftlicher Interessengemeinschaften (*groupements d'intérêt économique*), welche sich kaufmännisch betätigten –, wurde nicht einheitlich beantwortet, dagegen gestützt auf den Wortlaut der Artikel 131, 133 („En cas de cessation des paiements d'une s o c i é t é [...] sont punis des peines de la banqueroute simple/frauduleuse [...]") und 134 („Les dispositions des articles 131 à 133 sont applicables à tous dirigeants [...] de toute personne morale n o n c o m m e r ç a n t e visée à l'article 130") des Gesetzes und das strafrechtliche Analogieverbot *Petot-Fontaine*, ebenda, n° 130 sowie – für den Fall der faktischen Leiter – *Derrida* (Fn. 157), n° 261; dafür unter Berufung auf Artikel 130 des Gesetzes („Les dispositions [des articles 131 et 133] sont applicables: 1° Aux personnes physiques dirigeants de p e r s o n n e s m o r a l e s commerçantes [...]") *Robin* (Fn. 617), n°s 97 f. (Januar 1970); *Argenson/Toujas* (Fn. 170), 464 f.; *Dupouy* (Fn. 180), 352 (alle Hervorhebungen durch den Verfasser). Zu den wirtschaftlichen Interessengemeinschaften und ihrer Einführung durch die ordonnance n° 67-821 du 23 septembre 1967 sur les groupements d'intérêt économique, JO, 28 septembre 1967, p. 9537 *Sonnenberger/Dammann* (Fn. 27), Rn. III 274-281.

996 Loi n° 67-563 du 13 juillet 1967, art. 130-2°; *Robin* (Fn. 617), n° 98 (Januar 1970); *Argenson/Toujas* (Fn. 170), 465; *Petot-Fontaine* (Fn. 803), n°s 130-132.

997 Loi n° 67-563 du 13 juillet 1967, art. 135; *Robin* (Fn. 617), n° 97 (Januar 1970); *Argenson/Toujas* (Fn. 170), 464, 469; *Petot-Fontaine* (Fn. 803), n° 128.

998 S.o. § 4 A I 6 b). Allgemein zu verschiedenen Unstimmigkeiten zwischen dem Gesetz vom 13. Juli 1967 und dem Dekret vom 22. Dezember 1967 *Ripert/Roblot* (Fn. 130), n° 2804.

999 Loi n° 67-563 du 13 juillet 1967, artt. 129-3°; 133-3° („soit dans ses/les écritures, soit par des actes publics ou des engagements sous signature privée, soit dans son/le bilan"); *Argenson/Toujas* (Fn. 170), 403, 452, 468; *Ripert/Roblot* (Fn. 130), n°s 3318, 3325.

wurde angenommen, dass mit dieser Aufzählung alle Formen eines schriftlichen Anerkennens abgedeckt waren.[1000]

Das Delikt der unterbliebenen Erklärung der *cessation des paiements* durch die Leiter juristischer Personen stellte der Gesetzgeber nicht dem fakultativen, sondern dem obligatorischen einfachen Bankrott gleich.[1001] Bei seiner Verwirklichung waren gegen die Verantwortlichen die für den einfachen Bankrott geltenden Strafen zu verhängen.[1002] Von ihnen erwartete man mit Blick auf ihre besondere Verantwortung für die von anderen eingebrachten Mittel ein erhöhtes Maß an Sorgfalt.[1003] Zudem wurde aus der Regelung des einfachen Bankrotts nicht die Voraussetzung der Abwesenheit einer *excuse légitime* für die Verletzung der Erklärungsfrist übernommen.[1004] Jedoch wurde vertreten, dass anzuerkennende Hinderungsgründe wie reisebedingte Abwesenheit, Krankheit oder Verzögerungen bei den Ergebnissen der Buchführung es erlaubten, den vom Gesetz wie bereits unter der entsprechenden Strafbestimmung der Reform von 1935 geforderten bösen Glauben zu verneinen.[1005]

e) Faillite personnelle

aa) Obligatorische *faillite personnelle*

Jede Verurteilung wegen betrügerischen oder einfachen Bankrotts sowie der Leiter einer juristischen Person wegen eines der gleichgestellten Delikte zu den für die Bankrotttatbestände geltenden Strafen zog unter dem Gesetz vom 13. Juli 1967 *ipso iure* die *faillite personnelle* des Täters und die übrigen im zweiten Titel des Gesetzes vorgesehenen persönlichen Sanktionen[1006] nach sich.

1000 *Jauffret* (Fn. 194), n° 40.

1001 *Derrida* (Fn. 157), n° 263; *Ripert/Roblot* (Fn. 130), n° 3326.

1002 Loi n° 67-563 du 13 juillet 1967, art. 131-6°; *Robin* (Fn. 617), n° 104 (Januar 1970); *Argenson/Toujas* (Fn. 170), 466 f.; *Petot-Fontaine* (Fn. 803), n° 137.

1003 *Derrida*, D. 1977, I.R. 404.

1004 Loi n° 67-563 du 13 juillet 1967, art. 131-6°; *Derrida* (Fn. 1001); *Argenson/Toujas* (Fn. 170), 467 f. Zu dieser Voraussetzung s.o. § 4 A I 5 d).

1005 *Argenson/Toujas* (Fn. 170), 468. Anders *Ripert/Roblot* (Fn. 1001), der in diesem Zusammenhang die weite Auslegung des Begriffs des bösen Glaubens in der Strafbestimmung der Reform von 1935 durch die Rechtsprechung – hierzu oben § 4 A I 4 Fn. 803 – hervorhob. Zum Begriff des bösen Glaubens ferner *Robin* (Fn. 617), n° 102 (Januar 1970); *Petot-Fontaine* (Fn. 803), n° 138.

1006 S. zu diesen oben § 3 B VI 1 b).

Einer speziellen gerichtlichen Anordnung bedurfte es hierzu nicht.[1007] Allerdings wurde bald eine Vorschrift in das Strafgesetzbuch eingeführt, wonach das Strafgericht den Täter ganz oder teilweise von solchen Berufsverboten oder (anderen) persönlichen Rechtsnachteilen befreien konnte, welche ansonsten kraft Gesetzes mit der Verurteilung einhergingen.[1008]

Der gerichtliche Ausspruch der *faillite personnelle* hatte unabhängig von einer strafrechtlichen Verfolgung insbesondere zu erfolgen nicht nur bei einem Beiseiteschaffen, sondern auch bei einem Verheimlichen von Vermögensbestandteilen sowie bei einem fraudulösen Anerkennen inexistenter Verbindlichkeiten – seitens des Schuldners, wenn er eine natürliche Person und Kaufmann war, bzw. der rechtlichen oder faktischen Leiter im Falle einer juristischen Person.[1009] Diese obligatorischen Varianten der *faillite personnelle* deckten sich größtenteils mit den entsprechenden Tatbeständen des betrügerischen Bankrotts, des diesem gleichgestellten und für die Leiter juristischer Personen geltenden Delikts sowie der Anordnung des Verfahrens der *faillite* unter dem Dekret vom 20. Mai 1955.[1010] Anders als bei diesen Tatbeständen[1011]

1007 Loi n° 67-563 du 13 juillet 1967, art. 126, al. 2; *Argenson/Toujas* (Fn. 170), 407, 462, 469 f.; *Jauffret* (Fn. 194), n° 28; *Petot-Fontaine* (Fn. 803), n°s 32, 172; *Honorat* (Fn. 577), n° 87; *Gröniger* (Fn. 45), 128 f.; vgl. auch *Angermüller* (Fn. 36), 43; *Zahn* (Fn. 121), 24.

1008 C. pén. 1810, art. 55-1 i.d.F. der loi n° 72-1226 du 29 décembre 1972 simplifiant et complétant certaines dispositions relatives à la procédure pénale, aux peines et à leur exécution, JO, 30 décembre 1972, p. 13783; *Ripert/Roblot* (Fn. 130), n° 3322; *Petot-Fontaine* (Fn. 803), n°s 90 f.; vgl. auch *Pernice* (Fn. 115), 177 zur Rechtslage nach den Reformen von 1985 und 1994. Die Befreiungsregel des Artikels 5 des Gesetzes vom 30. August 1947 – hierzu oben § 4 A I 4 – wurde im Zuge dieser Reform gestrichen, loi n° 72-1226 du 29 décembre 1972, art. 49; *Houin/Derrida*(*-Houin*), Rép. com., Mise à jour 1974 (Paris 1974), v° Faillite-règlement judiciaire, n°s 879 et s.

1009 Loi n° 67-563 du 13 juillet 1967, art. 106-1°; *Derrida* (Fn. 157), n° 235; *Argenson/Toujas* (Fn. 170), 402 f.; *Jauffret* (Fn. 194), n°s 31 f.; *Gröniger* (Fn. 45), 128. Zu der Frage, bei welchen Arten von juristischen Personen das Gericht die *faillite personnelle* oder *interdiction de gérer* ihren Leitern gegenüber verhängen konnte, s. bereits oben § 3 B VI 1 b).

1010 Vgl. *Derrida* (Fn. 1009); *Ripert/Roblot* (Fn. 130), n° 3293; *Jauffret* (Fn. 194), n°s 32, 37, 39 f.; *Angermüller* (Fn. 1007). Falsch liegt dagegen *Kremer* (Fn. 47), 11 mit seiner Pauschalierung, „die Anordnung der‚faillite personnelle' [sei] obligatorisch [gewesen] in den Fällen der Bankrotttatbestände".

1011 § 4 A I 5 d), i) Fn. 916, 6 d).

verzichtete das Gesetz aber auf die Benennung bestimmter Formen des fraudulösen Anerkennens.[1012]

Charakteristisch für die genannten Fälle der *faillite personnelle*, die eine gerichtliche Anordnung erforderten, war eine fraudulöse Intention des Verantwortlichen. Für deren Annahme sollte es genügen, dass Letzterer die möglichen Folgen seines Handelns kannte, ohne dass es des Beweises einer festen Absicht, den Gläubigern zu schaden, bedurfte.[1013] In dem Verheimlichen eines Teils des Schuldnervermögens etwa im Wege der Vorlage einer gefälschten Bilanz und in Ermangelung einer ordnungsgemäßen Buchführung sah man den Willen verwirklicht, den Gläubigern den entsprechenden Wert vorzuenthalten, wenn der Verantwortliche sich des fraudulösen Charakters seines Verhaltens bewusst war.[1014]

Als Grund für die obligatorische Verhängung der *faillite personnelle* übernahm das Gesetz vom 13. Juli 1967 ferner den Auffangtatbestand des Dekrets vom 20. Mai 1955 zur fakultativen *conversion en faillite*:[1015] Das Gericht hatte die *faillite personnelle* auszusprechen bei einem unredlichen oder grob fahrlässigen Verhalten (*actes de mauvaise foi*, *imprudences inexcusables*) sowie bei einer schwerwiegenden Verletzung der kaufmännischen Regeln und Gepflogenheiten seitens des Schuldners respektive der Leiter der juristischen Person.[1016] Anders als unter dem alten Recht wurde diese Bestimmung ergänzt um einen Katalog von Fällen, welche die Verwirklichung des Tatbestands der Vorschrift – wenn auch nicht unwiderleglich – vermuten ließen.[1017] Hierzu

---

1012 *Argenson/Toujas* (Fn. 170), 403 note 1; *Jauffret* (Fn. 194), n° 39, die den Zweck dieses Verzichts darin sah, auch das fraudulöse Anerkennen in Gestalt mündlicher Geständnisse abzudecken.

1013 *Argenson/Toujas* (Fn. 1012); *Jauffret* (Fn. 194), n° 33.

1014 *Argenson/Toujas* (Fn. 1012).

1015 Zu dieser Bestimmung des alten Rechts s.o. § 4 A I 5 h) bb).

1016 Loi n° 67-563 du 13 juillet 1967, art. 106-5°. Entgegen *Kremer* (Fn. 47), 11 Fn. 39 handelte es sich bei den *imprudences inexcusables* und der Verletzung der kaufmännischen Regeln und Gepflogenheiten demnach um Tatbestände der obligatorischen *faillite personnelle*. Die Darstellung bei *Sonnenberger* (Fn. 156), 205 und *Gröniger* (Fn. 1009), wonach *actes de mauvaise foi* oder *imprudences inexcusables* nur genügten, wenn sie gleichzeitig als schwerwiegende Verletzung der kaufmännischen Regeln und Gepflogenheiten zu werten waren, ist unzutreffend, vgl. *Derrida* (Fn. 1009); *Argenson/Toujas* (Fn. 170), 404 note 5; *Ripert/Roblot* (Fn. 130), n°s 3293 f.; *Jauffret* (Fn. 194), n° 45. Zum Ganzen auch *Andreas Stadler* (Fn. 182), 203 f.

1017 Loi n° 67-563 du 13 juillet 1967, art. 107. Zum Ganzen *Derrida* (Fn. 1009); *Argenson/Toujas* (Fn. 170), 404; *Jauffret* (Fn. 194), n°s 31, 45-47; vgl. auch *Andreas Stadler* (Fn. 182), 203.

zählte die Abwesenheit einer im Hinblick auf die Größe des Unternehmens den Usancen des Berufszweigs entsprechenden Buchführung,[1018] in welcher schon das Dekret vom 20. Mai 1955 einen Grund für die obligatorische Überleitung in das Verfahren der *faillite* gesehen hatte.[1019] Der Kassationshof ließ es zur Bejahung der Voraussetzungen für die obligatorische Verhängung der *faillite personnelle* genügen, dass bei der Erklärung der *cessation des paiements* eine gefälschte Bilanz vorgelegt und dem Syndiken im eröffneten Verfahren keine ordnungsgemäße Buchführung ausgehändigt worden war, welche die Überprüfung der Führung der schuldnerischen Gesellschaft erlaubt hätte.[1020]

Endlich war die Anordnung der *faillite personnelle* wie zuvor die Überleitung in das Verfahren der *faillite* obligatorisch bei einer Annullierung des Vergleichs wegen Arglist in Gestalt des Verheimlichens von Vermögen oder der Vorgabe fiktiver Schulden.[1021]

1018 Loi n° 67-563 du 13 juillet 1967, art. 107-2°; *Argenson/Toujas* (Fn. 170), 404 f.; *Ripert/Roblot* (Fn. 130), n° 3294; *Jauffret* (Fn. 194), n°s 46, 52; vgl. auch *Andreas Stadler* (Fn. 1017).

1019 *Derrida* (Fn. 1009). Zu dieser Regelung des Dekrets vom 20. Mai 1955 und ihrer Relevanz im Zusammenhang mit den die Erklärung der *cessation des paiements* begleitenden Unterlagen oben § 4 A I 5 h) aa). *Argenson/Toujas* (Fn. 128), 105 hielten es für denkbar, dass die unterbliebene Einreichung der begleitenden Unterlagen unter dem Gesetz vom 13. Juli 1967 eine Sanktionierung nach sich ziehen konnte, wenn der Schuldner es in Ermangelung einer ordnungsgemäßen Buchführung wissentlich unterlassen hatte, die Unterlagen zu erstellen. Ob Handlungen, die nicht in dem Katalog des Artikels 107 aufgelistet waren, als Fehlverhalten im Sinne von Artikel 106-5° des Gesetzes vom 13. Juli 1967 in Betracht kamen, war vor dem Hintergrund, dass Artikel 108-1° des Gesetzes „andere Pflichtverletzungen als die in Artikel 107 in Bezug genommenen" als Grund für die sogleich zu besprechende fakultative *faillite personelle* nannte, umstritten, dafür *de Juglart/Ippolito* (Fn. 170), n° 1381; *Ripert/Roblot* (Fn. 130), n° 3294; dagegen *Jauffret* (Fn. 194), n°s 46, 76; zweifelnd *Derrida*, ebenda, n°s 235, 244.

1020 Cass. com. 26.2.1973, Bull. civ. 1973 IV, n° 96; seine Entscheidung stützte das Gericht hier ganz allgemein auf Artikel 106 des Gesetzes vom 13. Juli 1967, ohne anzugeben, welchen der in der Vorschrift aufgezählten Fälle es als verwirklicht ansah.

1021 Loi n° 67-563 du 13 juillet 1967, artt. 106-4°; 76, al. 1er; *Derrida* (Fn. 1009); *Argenson/Toujas* (Fn. 170), 404; *Jauffret* (Fn. 194), n°s 31, 44. Zur obligatorischen Überleitung in das Verfahren der *faillite* in diesen Fällen vor der Reform von 1967 s.o. § 4 A I 2 b) gg), 3 c), d), 5 f), h) aa).

bb) Fakultative *faillite personnelle*

Wie bereits zuvor die *conversion en faillite* war die Anordnung der *faillite personnelle* fakultativ bei einer Verletzung der Frist für die Erklärung der *cessation des paiements*.[1022] Diese Verletzung ließ der Kassationshof – in einem Fall, in dem das Gericht gegenüber einer Gesellschaft die *liquidation des biens* angeordnet hatte – für sich genommen zur Begründung des Ausspruchs genügen.[1023]

Im Einklang mit der Argumentation zur entsprechenden Variante des einfachen Bankrotts seit der Verordnung vom 23. Dezember 1958[1024] wurde wenigstens überwiegend vertreten, dass die unterlassene Einreichung der begleitenden Unterlagen die Verhängung der *faillite personnelle* dagegen jedenfalls nicht *per se* rechtfertigte.[1025] Ohne die – in dem Dekret vom 22. Dezember 1967 geregelten[1026] – begleitenden Unterlagen in Bezug zu nehmen, ordnete das Gesetz vom 13. Juli 1967 schlicht an, dass das Gericht die *faillite personnelle* denjenigen Verantwortlichen gegenüber aussprechen konnte, „welche nicht innerhalb von fünfzehn Tagen die cessation des paiements erklärt" hatten.[1027]

Nicht aufgenommen in die Bestimmung wurde die Voraussetzung der Abwesenheit einer *excuse légitime* für die Verletzung der Frist aus der entsprechenden Regelung zum einfachen fakultativen Bankrott.[1028] Vor diesem Hintergrund

---

1022 Loi n° 67-563 du 13 juillet 1967, art. 108-2°; *Sonnenberger* (Fn. 1016); *Gröniger* (Fn. 45), 113; *Andreas Stadler* (Fn. 182), 205. Zur fakultativen Überleitung in das Verfahren der *faillite* unter dem Dekret vom 20. Mai 1955 s.o. § 4 A I 5 h) bb).

1023 Cass. com. 14.6.1977, D. 1977, I.R. 404, obs. *Derrida* = JCP 1977, éd. G, IV 209.

1024 S. zu dieser oben § 4 A I 5 d).

1025 *Argenson/Toujas* (Fn. 1019); *Jauffret* (Fn. 194), n° 85. Zur Relevanz der begleitenden Unterlagen für die obligatorische *faillite personnelle* wegen mangelhafter Buchführung s.o. Fn. 1019 sowie § 4 A I 5 h) aa).

1026 S.o. § 4 A I 6 b).

1027 Loi n° 67-563 du 13 juillet 1967, art. 108-2°: „Qui n'ont pas déclaré dans les quinze jours la cessation des paiements". Dafür, dass *de Juglart/Ippolito* (Fn. 992) in den begleitenden Unterlagen dagegen einen Bestandteil der Erklärung der *cessation des paiements* im Sinne dieser Vorschrift gesehen haben könnten, sprechen folgende ihrer ebenda gemachten Ausführungen: „La déclaration [de cessation des paiements] doit revêtir une certaine forme. Les pièces à fournir sont datées, signées, certifiées ‚sincères et véritables' par le déclarant; elles comprennent: [Aufzählung der begleitenden Unterlagen]" („Die Erklärung [der cessation des paiements] muss eine bestimmte Form aufweisen. Die einzureichenden Unterlagen sind von dem Erklärenden zu datieren, unterzeichnen [und] mit einer Versicherung ihrer Wahrheit zu versehen; sie umfassen: [...]").

1028 *Argenson/Toujas* (Fn. 170), 408 note 16; *Ripert/Roblot* (Fn. 130), n° 3295; *Jauffret* (Fn. 1025).

wollten manche auf die vor dem Erlass der Verordnung vom 23. Dezember 1958 ergangene Rechtsprechung rekurrieren, welche die Verwirklichung des einfachen Bankrotts in Gestalt der unterlassenen oder verspäteten Erklärung der *cessation des paiements* bei höherer Gewalt abgelehnt hatte, und die Verhängung der *faillite personnelle* in solchen Fällen ausschließen.[1029] Andere hielten es für richtig, sachgerechte Lösungen über das der fakultativen Variante der *faillite personnelle* eigene gerichtliche Ermessen herbeizuführen.[1030]

Fakultativ war der Ausspruch ferner dann, wenn die Verantwortlichen ein Fehlverhalten an den Tag gelegt, welches nicht von dem Katalog zu dem Auffangtatbestand für die obligatorische *faillite personnelle* erfasst war, oder ihre „offenkundige Inkompetenz unter Beweis gestellt" hatten.[1031] Wegen der Allgemeinheit dieser Anknüpfungen wurde der Anwendungsbereich der fakultativen *faillite personnelle* als sehr weit erachtet.[1032] Zumindest ein Teil der Literatur wollte hiervon eine unvollständige oder irreguläre Buchführung abgedeckt sehen, sofern sie die Anordnung der *faillite personnelle* nicht bereits obligatorisch machte.[1033]

1029 *Jauffret* (Fn. 1025); ähnlich *de Juglart/Ippolito* (Fn. 992), welche den Ausspruch der *faillite personnelle* wegen einer Verletzung der Frist bei einem berechtigten Hinderungsgrund (*empêchement légitime*) ausschließen wollten. Zu der angesprochenen Rechtsprechung vor dem Erlass der der Verordnung vom 23. Dezember 1958 s.o. § 4 A I 5 d).

1030 *Argenson/Toujas* (Fn. 1028); *Ripert/Roblot* (Fn. 1028).

1031 Loi n° 67-563 du 13 juillet 1967, art. 108-1°: „Qui ont commis des fautes autres que celles visées à l'article 107 ou ont fait preuve d'une incompétence manifeste"; *Ripert/Roblot* (Fn. 1028); *Andreas Stadler* (Fn. 1022). Wenigstens soweit das Gesetz an die offenkundige Inkompetenz anknüpfte, wollte zumindest ein Teil der Literatur in der *faillite personnelle* eine auf den Ausschluss gerichtete Präventionsmaßnahme erblicken, weil es in diesem Fall nicht um die Ahndung eines Fehlverhaltens, sondern um die Abwehr der aus der Unerfahrenheit oder geschäftlichen Einstellung des Betroffenen resultierenden Gefahr für das Wirtschaftsleben gehe, *Derrida* (Fn. 157), n°s 11, 244. Der Kassationshof bezeichnete die *faillite personnelle* in einem Fall, in dem diese aus dem Grund der offenkundigen Inkompetenz verhängt worden war, als eine „Maßnahme im öffentlichen Interesse" („mesure d'intérêt public"), um damit die mangelnde Maßgeblichkeit des Grundsatzes der rückwirkenden Anwendung des milderen Strafgesetzes zu begründen, Cass. com. 12.7.1994, n° 93-14.179.

1032 *Argenson/Toujas* (Fn. 170), 408; vgl. auch *Andreas Stadler* (Fn. 1022).

1033 *Jauffret* (Fn. 194), n° 83.

f) Rehabilitation

Die Rehabilitation nach den Regeln des Gesetzes vom 13. Juli 1967 bewirkte die Wiedereinsetzung in die mit dem Ausspruch der *faillite personnelle* oder der *interdiction de gérer* entzogenen Rechte.[1034] Die Anforderungen an die Rehabilitation wurden ganz überwiegend unverändert aus den entsprechenden Bestimmungen des Code de commerce übernommen.[1035]

Eine strafgerichtliche Verurteilung schloss die Zulassung zur Rehabilitation aus, solange aus ihr ein Verbot zur Ausübung einer kaufmännischen, industriellen oder handwerklichen Tätigkeit folgte.[1036] Die strafrechtliche Rehabilitation war keine notwendige Bedingung.[1037] Die anerkannte Rechtschaffenheit blieb Voraussetzung für die fakultative Rehabilitation.[1038]

Die alten Regelungen zur *clôture pour défaut d'intérêt de masse* fanden in modifizierter Form Eingang in das neue Recht, welches jetzt von der *clôture pour extinction du passif* sprach.[1039] Die rehabilitierende Wirkung dieser Verfahrensbeendigung blieb zumindest grundsätzlich erhalten.[1040] Doch stand Letztere nicht mehr im gerichtlichen Ermessen,[1041] welches die Berücksichtigung eines

---

1034 *Argenson/Toujas* (Fn. 170), 429; *Sonnenberger* (Fn. 1016); *Ripert/Roblot* (Fn. 130), n° 3291; *Gröniger* (Fn. 45), 129; vgl. auch *Angermüller* (Fn. 36), 42; *Zimmermann* (Fn. 121), 73.

1035 Vgl. *Derrida* (Fn. 157), n° 255; *Pelletier* (Fn. 654), n°s 13 f.; *Ripert/Roblot* (Fn. 130), n° 3308.

1036 Loi n° 67-563 du 13 juillet 1967, art. 123; *Argenson/Toujas* (Fn. 170), 430; *Pelletier* (Fn. 654), n°s 19-23; *Ripert/Roblot* (Fn. 130), n° 3309; *Gröniger* (Fn. 45), 130.

1037 *Argenson/Toujas* (Fn. 170), 430 f.; *Pelletier* (Fn. 654), n°s 21-23; vgl. auch *Ripert/Roblot* (Fn. 130), n°s 3309 f.

1038 Loi n° 67-563 du 13 juillet 1967, art. 115; *Argenson/Toujas* (Fn. 170), 435, nach deren Einschätzung jede Verurteilung wegen Bankrotts die *probité reconnue* auszuschließen schien; *Pelletier* (Fn. 654), n° 68; *Ripert/Roblot* (Fn. 130), n° 3312. Zur Anknüpfung der fakultativen gerichtlichen Rehabilitation an die anerkannte Rechtschaffenheit unter dem alten Recht s.o. § 4 A I 2 a) ee), 3 c), 5 g).

1039 *Derrida* (Fn. 157), n°s 172-175bis; *Argenson/Toujas* (Fn. 170), 385-396; *Ripert/Roblot* (Fn. 130), n°s 3261-3264; vgl. auch *Gröniger* (Fn. 45), 128 Fn. 580, die die Modifizierung allerdings unerwähnt lässt. Zum Begriff der *clôture pour extinction du passif* s. bereits oben § 3 B VI 1 b).

1040 Loi n° 67-563 du 13 juillet 1967, art. 113; *Argenson/Toujas* (Fn. 170), 393; *de Juglart/Ippolito* (Fn. 170), n° 1371, 1398; *Ripert/Roblot* (Fn. 130), n°s 3264, 3310; *Gröniger* (Fn. 45), 129.

1041 *Derrida* (Fn. 157), n° 172; *Argenson/Toujas* (Fn. 170), 394 f.; *Honorat*, J.-Cl. Commercial, Anciens art. 437 à 614-26, Loi du 13 juillet 1967, Fasc. J-30 (September 1980)

Fehlverhaltens des Schuldners erlaubt hätte;[1042] in dem Gesetz vom 13. Juli 1967 hieß es hierzu, dass das Gericht die Beendigung des Verfahrens anordnete, wenn keine durchsetzbaren Forderungen mehr existierten oder der Verwalter über ausreichende Gelder verfügte.[1043] Die Frage, ob eine strafgerichtliche Verurteilung auch die an diese Verfahrensbeendigung geknüpfte Wiedereinsetzung ausschloss, solange aus der Verurteilung ein Verbot zur Ausübung einer kaufmännischen, industriellen oder handwerklichen Tätigkeit folgte, wurde nicht einheitlich beantwortet.[1044]

Für die Leiter von juristischen Personen sah das Gesetz die gerichtliche Rehabilitation unter den Bedingungen der *réhabilitation judiciaire de droit* oder der *clôture pour extinction du passif* vor.[1045] Keine Einigkeit konnte darüber erzielt werden, ob diese Entscheidung nichtsdestotrotz in das Ermessen des zuständigen Gerichts gestellt war.[1046]

---

n° 16; *Ripert/Roblot* (Fn. 130), n° 3262; wenigstens missverständlich deshalb *Gröniger* (Fn. 45), 128.

1042 Vgl. *Derrida* (Fn. 1041); *Argenson/Toujas* (Fn. 170), 394; *Honorat* (Fn. 577), n° 23.

1043 Loi n° 67-563 du 13 juillet 1967, art. 93, al. 1er: „Le tribunal prononce […] la clôture de la procédure lorsqu'il n'existe plus de passif exigible ou lorsque le syndic dispose de deniers suffisants".

1044 Dies bleibt unberücksichtigt bei *Gröniger* (Fn. 45), 129 f. Dafür *Ripert/Roblot* (Fn. 130), n° 3310, der sich darauf berief, dass das Gesetz vom 13. Juli 1967 diese Wiedereinsetzung anders als das alte Recht in dem die Rehabilitation regelnden Kapitel behandelte; dagegen *Argenson/Toujas* (Fn. 170), 394, 431 note 5, die es als entscheidend erachteten, dass die *clôture pour extinction du passif* nach dem Wortlaut von Artikel 113 des Gesetzes automatisch zur Wiedereinsetzung führte.

1045 *Argenson/Toujas* (Fn. 170), 435; *dies.* (Fn. 128), Supplément à la 4e édition à jour au 1er mars 1978 (Paris 1978), n° 1448; *Pelletier* (Fn. 654), n°s 28, 52; *Ripert/Roblot* (Fn. 130), n° 3313; *Petot Fontaine* (Fn. 803), n° 88. Zu den Bedingungen der *réhabilitation judiciaire de droit* s. auch bereits oben § 4 A I 1 h), 2 a) ee), b) hh), 5 g).

1046 Dafür vor dem Hintergrund des Wortlauts von Artikel 116 des Gesetzes vom 13. Juli 1967 („S'il s'agit d'une personne morale, les dirigeants […] p e u v e n t obtenir leur réhabilitation dans les cas et conditions prévus aux articles 113 et 114 [réhabilitation judiciaire de droit]" (Hervorhebung durch den Verfasser)) mit Blick auf die besondere Verantwortung der Leiter für die typischerweise von anderen eingebrachten Mittel und gestützt auf den Umstand, dass die Beseitigung des Grundes für die Durchführung des Insolvenzverfahrens ihnen nicht notwendigerweise anzurechnen sein musste, *Derrida* (Fn. 157), n° 256; *Argenson/Toujas* (Fn. 170), 432; *Ripert/Roblot* (Fn. 1045) wie wohl auch *Pelletier* (Fn. 654), n° 17; dagegen CA Paris 19.12.1973, Gaz. Pal. 1974, 1, 172, 173; *Argenson/Toujas* (Fn. 128), Supplément à la 4e édition à jour au 1er mars 1978 (Paris 1978), n° 1447 mit der Begründung, dass die eigentliche, die

g) *Abschaffung der Haft*

Die Haft des Schuldners auf Anordnung des Insolvenzgerichts wurde mit dem Gesetz vom 13. Juli 1967 abgeschafft.[1047] Man hatte sie nicht mehr für zeitgemäß gehalten.[1048] Unter dem Dekret vom 20. Mai 1955 war die Anwendung der entsprechenden Rechtsgrundlage aus ethischen Gründen[1049] und mit Blick auf die damit verbundenen masseschmälernden Kosten ungebräuchlich geworden.[1050] Wenigstens manche sahen die Abschaffung relativiert durch die Möglichkeit der strafprozessualen Untersuchungshaft, weil in den Fällen des *règlement judiciaire* und der *liquidation des biens* nach ihrer Einschätzung allzu häufig Straftaten aufgedeckt wurden.[1051]

h) *Vergleich*

aa) Bestätigung

Das Gericht durfte den nur im Rahmen des *règlement judiciaire* vorgesehenen Vergleich weiterhin lediglich dann bestätigen, wenn diesem keine aus dem öffentlichen oder dem Gläubigerinteresse resultierenden Gründe entgegenzustehen schienen.[1052] Diese Bedingung war inhaltsgleich mit dem entsprechenden Grund für die Versagung der Bestätigung unter dem alten Recht.[1053] Deshalb

---

anerkannte Rechtschaffenheit voraussetzende fakultative Rehabilitation den Leitern überhaupt nicht zugänglich war.

1047 *Ripert/Roblot* (Fn. 130), n° 3291.

1048 *Derrida* (Fn. 157), n° 223.

1049 *Du Pontavice*, JCP 1968, éd. G, I 2138, n° 54; *de Juglart/Ippolito* (Fn. 170), n° 1376; vgl. auch *Ripert/Roblot* (Fn. 1047), der die im Laufe der Zeit abnehmende praktische Bedeutung von Haft und Bewachung des Falliten in Zusammenhang stellt mit der Abschaffung der Schuldhaft durch das Gesetz vom 22. Juli 1867 (s. zu diesem oben § 3 B III) sowie *Szramkiewicz* (Fn. 587); *Sordino* (Fn. 587); *Jacquemont/Vabres* (Fn. 23), n° 16 und *Saint-Alary-Houin* (Fn. 25), n° 14 note 44, welche die vom Konkursgericht angeordnete Haft des Schuldners rückblickend – und wenigstens missverständlich (s.o. § 4 A I 1 f) aa)) – als *contrainte par corps* bezeichnen.

1050 *Argenson/Toujas* (Fn. 128), 328.

1051 *Derrida* (Fn. 1048); vgl. auch *Argenson/Toujas* (Fn. 1050). Zu verschiedenen schuldnerspezifischen Insolvenzstraftatbeständen unter dem Gesetz vom 13. Juli 1967 s.o. § 4 A I 2 b) bb) Fn. 693 f., 6 d).

1052 Loi n° 67-563 du 13 juillet 1967, art. 72-2°.

1053 Zur Rechtslage unter dem Dekret vom 20. Mai 1955 s.o. § 4 A I 5 f).

galten die hierzu entwickelten Regeln, soweit es die Einordnung einer mangelnden Sachverhaltsaufklärung durch den Schuldner betraf, fort.[1054]

Zu einer weiteren Bedingung für die Bestätigung des Vergleichs machte das Gesetz für den Fall des *règlement judiciaire* einer juristischen Person, dass diese nicht mehr von Leitern geführt wurde, denen gegenüber die *faillite personnelle* ausgesprochen worden war. Dasselbe galt bei Verhängung einer *interdiction de gérer*, soweit sie sich auf die Leitung von kaufmännischen Unternehmen bezog.[1055]

Den zwingenden Aufschub des Vergleichs bei einem laufenden Strafverfahren wegen betrügerischen Bankrotts nach dem alten Recht gab das Gesetz vom 13. Juli 1967 auf.[1056] In dieser Änderung wurde eine Ausprägung des Grundsatzes der Trennung zwischen Mensch und Unternehmen erkannt.[1057] Allerdings sollte das Gericht in Ermangelung einer entgegenstehenden Fristenregelung befugt bleiben, die Entscheidung über die Bestätigung des Vergleichs unabhängig von einem Widerspruch aus der Gläubigerschaft zu vertagen, wenn ein erwartetes Ereignis wie der Ausgang eines laufenden Verfahrens geeignet erschien, sich maßgeblich auszuwirken.[1058] Diese Voraussetzung wurde für den Fall einer natürlichen Person in der Schuldnerrolle bei einem Strafverfahren wegen betrügerischen oder einfachen Bankrotts wenigstens teilweise ausdrücklich bejaht mit

---

1054 Zum Ganzen *Argenson/Toujas* (Fn. 170), 159 f., 163-165; *de Juglart/Ippolito* (Fn. 170), n° 1310; *Ripert/Roblot* (Fn. 130), n° 3210; *Toujas*, J.-Cl. Commercial, Anciens art. 437 à 614-26, Loi du 13 juillet 1967, Fasc. I-40 (März 1982) n°s 247-249, 252-259.

1055 Loi n° 67-563 du 13 juillet 1967, art. 72-4°; *Ripert/Roblot* (Fn. 1054); *Toujas* (Fn. 1054), n°s 298-310; vgl. auch *Angermüller* (Fn. 36), 41. Entgegen *Gröniger* (Fn. 45), 28 handelte es sich hierbei um zwingend notwendige Bedingungen, *Argenson/Toujas* (Fn. 170), 159 f., 177; *de Juglart/Ippolito* (Fn. 1054); *Dupouy* (Fn. 180), 336; *Delaporte* (Fn. 199), n° 33; *Toujas*, ebenda, n°s 231, 310. Die Frage, ob auch die Verhängung einer auf die Führung nichtkaufmännischer juristischer Personen bezogenen *interdiction de gérer* genügte, war vor dem Hintergrund des Gesetzeswortlauts („Si […] la direction […] n'est plus assurée par les dirigeants contre lesquels ont été prononcées, soit la faillite personnelle, soit l'interdiction de diriger, gérer ou administrer u n e e n t r e p r i s e c o m m e r c i a l e" (Hervorhebung durch den Verfasser)) nicht zweifelsfrei geklärt, vgl. *Argenson/Toujas*, ebenda, 177; *Toujas*, ebenda, n°s 299, 301 f., 304 f.; *dens.*, (Fn. 741), n° 208.

1056 *Houin/Derrida(-Derrida)* (Fn. 1008), n°s 2406 et s.; vgl. auch *Toujas*, J.-Cl. Commercial, Anciens art. 437 à 614-26, Loi du 13 juillet 1967, Fasc. I-10 (Juni 1980) n°s 64-69.

1057 *Houin/Derrida(-Derrida)* (Fn. 1056).

1058 *Argenson/Toujas* (Fn. 170), 131; *Toujas* (Fn. 1054), n°s 117, 121.

der Begründung, dass eine entsprechende Verurteilung die Überleitung in die *liquidation des biens* nach sich ziehen konnte.[1059]

Weniger auf die Verletzung der Vorgaben zur Sachverhaltsaufklärung bei der Erklärung der *cessation des paiements* zielte die dem Gericht durch das Gesetz vom 15. Oktober 1981 eingeräumte Befugnis, die Bestätigung des Vergleichs vom Austausch eines oder mehrerer Leiter abhängig zu machen. Der Regierungsentwurf des Gesetzes hatte als Grund für eine solche Anordnung – wie die entsprechende Regelung zum Plan im Verfahren der Verordnung vom 23. September 1967 – noch vorgesehen, dass die finanziellen Schwierigkeiten nach Einschätzung des Gerichts hauptsächlich der Führung eines oder mehrerer Leiter zuzuschreiben waren.[1060] Die am Ende Gesetz gewordene Textfassung ermöglichte die Anordnung schlicht unter der Voraussetzung, dass das Überleben des Unternehmens es nach Einschätzung des Gerichts erforderte.[1061] Zur Erläuterung wurden in den Verhandlungen im Rahmen des Gesetzgebungsverfahrens Fälle von Leitern genannt, die sich als unfähig zur Führung des Unternehmens erwiesen hatten bzw. deren Unerfahrenheit, Ungeschicklichkeit oder Verweigerungshaltung gegenüber den erforderlichen Sanierungsmaßnahmen sie als Hindernis für die Rettung des Unternehmens erscheinen ließen.[1062] In der Literatur wurde aus dem Gesetzeswortlaut und der Entstehungsgeschichte abgeleitet, dass die Begründung des Austauschs unabhängig von Fehlern oder auch nur eines Verhaltens der Leiter war.[1063]

bb) Annullierung und Auflösung

Dem Prinzip der Trennung zwischen Mensch und Unternehmen suchte der Gesetzgeber ferner zur Durchsetzung zu verhelfen, indem er die Verurteilung

---

1059 *Houin/Derrida(-Derrida)* (Fn. 1008), n°s 2406 et s., 2510 et s.; vgl. auch *Toujas* (Fn. 1056), n° 64.

1060 Wiedergegeben bei *Soinne*, D. 1983, chron. 11, 19 („[si le tribunal] estime que les difficultés financières sont principalement imputables à la gestion d'un ou plusieurs dirigeants […]"). Zu der entsprechenden Regelung zum Plan im Verfahren der Verordnung vom 23. September 1967 s.o. §§ 3 B VI 2; 4 A I 7 b).

1061 Loi n° 67-563 du 13 juillet 1967, art. 21-1 i.d.F. der loi n° 81-927 du 15 octobre 1981 („Lorsqu[e le tribunal] estime que la survie de l'entreprise le requiert, […]"); s. auch bereits oben § 3 B VI 1 c).

1062 *Hautecœur*, JO déb. Assemblée nationale, 22.9.1981, 1232, 1234, 1243, 1245; vgl. auch *Badinter*, garde des sceaux, ministre de la justice, JO déb. Sénat, 8.9.1981, 1385.

1063 *Soinne*, D. 1983, chron. 11, 19; vgl. auch *Zahn* (Fn. 121), 31 f.

wegen Bankrotts als Grund für die Annullierung des Vergleichs strich.[1064] Doch blieb als solcher die nach der Vergleichsbestätigung aufgedeckte Arglist in Gestalt des Verheimlichens von Aktiva oder der Vorgabe fiktiver Schulden erhalten.[1065]

Zudem sah das Gesetz jetzt als Fall der Auflösung des Vergleichs vor, dass den Schuldner aus welchem Grund auch immer „das Verbot zur Ausübung einer kaufmännischen Tätigkeit" traf.[1066] Letzteres ließ sich bei einer Verurteilung wegen Bankrotts[1067] sowie für den Fall des Verbots nach dem Gesetz vom 30. August 1947[1068] bejahen. In gleicher Weise galt es als Auflösungstatbestand, wenn Leiter einer juristischen Person, denen gegenüber die *faillite personnelle* oder eine *interdiction de gérer* ausgesprochen worden war, nach der Bestätigung des Vergleichs die rechtliche oder faktische Leitung der juristischen Person aufs Neue übernahmen.[1069] Dasselbe war vorgesehen bei der Nichtbeachtung eines sich erst während der Ausführung des Vergleichs ergebenden Leitungsverbots.[1070]

1064 *Houin/Derrida(-Derrida)* (Fn. 1008), n°s 2613 et s.; *Campana*, J.-Cl. Commercial, Anciens art. 437 à 614-26, Loi du 13 juillet 1967, Fasc. J (Juni 1982) n° 24; vgl. auch *Honorat* (Fn. 577), n° 88.

1065 Loi n° 67-563 du 13 juillet 1967, art. 76, al. 1er; *Argenson/Toujas* (Fn. 170), 270 f.; *de Juglart/Ippolito* (Fn. 170), n° 1322; *Ripert/Roblot* (Fn. 130), n° 3233; *Gröniger* (Fn. 45), 124.

1066 Loi n° 67-563 du 13 juillet 1967, art. 75, al. 1er-3° („l'interdiction d'exercer une activité commerciale"); *Derrida* (Fn. 157), n° 145; *Argenson/Toujas* (Fn. 170), 296; *Ripert/Roblot* (Fn. 130), n° 3234; vgl. auch *Gröniger* (Fn. 45), 27, 124.

1067 *Houin/Derrida(-Derrida)* (Fn. 1008), n°s 2613 et s., 2620 et s.; *Argenson/Toujas* (Fn. 170), 418, 462; *Toujas* (Fn. 741), n° 20; *Honorat* (Fn. 577), n° 88. S. auch bereits oben § 4 A I 6 e) aa).

1068 *Argenson/Toujas* (Fn. 170), 302; *Toujas* (Fn. 741), n° 198. Zu diesem Verbot s.o. § 4 A I 4.

1069 Loi n° 67-563 du 13 juillet 1967, art. 75, al. 2; *de Juglart/Ippolito* (Fn. 170), n° 1321; *Toujas* (Fn. 741), n°s 164, 204-207; *Ripert/Roblot* (Fn. 130), n° 3235; *Gröniger* (Fn. 45), 124 f. Trotz des missverständlichen Gesetzeswortlauts („lorsque les dirigeants contre lesquels a été prononcée la faillite personnelle ou l'interdiction de diriger, gérer ou administrer u n e e n t r e p r i s e c o m m e r c i a l e, assument de nouveau [...]" (Hervorhebung durch den Verfasser)) wollte man auch die Verhängung einer lediglich auf die Führung einer juristischen Person bezogenen *interdiction de gérer* genügen lassen, *Derrida* (Fn. 157), n° 191; *Argenson/Toujas* (Fn. 170), 305, und die Formulierung des Gesetzgebers als ein unbeachtliches redaktionnelles Versehen werten, weil ein solches Verbot ja gerade (auch) auf die Leitung der Schuldnerin bezogen war, *Toujas*, ebenda, n° 208.

1070 Loi n° 67-563 du 13 juillet 1967, art. 75, al. 2; *Derrida* (Fn. 157), n°s 7, 191; *Argenson/Toujas* (Fn. 170), 306 f.; *Toujas* (Fn. 741), n°s 164, 212-214, welcher darauf hinwies, dass hiervon auch das im Zuge der Reform von 1935 eingeführte Verbot zur Leitung

Nicht unumstritten blieb, ob die gerichtliche Entscheidung gegen die Auflösung ausfallen konnte, wenn der Schuldner den Vergleich vor dem Eintritt der Ursache des Verbots zur Ausübung seiner kaufmännischen Tätigkeit vollständig erfüllt hatte.[1071] Entsprechendes galt für den Fall, dass der Schuldner die Kaufmannseigenschaft bereits vor dem Beginn des Verbots verloren hatte und gestützt auf Einnahmen etwa aus einer anderen Erwerbstätigkeit trotzdem in der Lage war, die im Vergleich vorgesehenen Zahlungen zu leisten.[1072]

Diejenigen, die in diesen Fällen keine Ausnahme von der Auflösung machen wollten, sahen in Letzterer insoweit ein Mittel zur Sanktionierung des dem Verbot zur Ausübung der kaufmännischen Tätigkeit zugrunde liegenden schuldnerischen Fehlverhaltens.[1073] Sie beriefen sich auf den eindeutig erscheinenden Gesetzeswortlaut.[1074]

Die Vertreter der Gegenmeinung betonten die mit der Auflösung verbundene Durchbrechung des Grundsatzes der Trennung zwischen Mensch und Unternehmen;[1075] Letzterem drohte die Zerschlagung im Zuge der sich anschließenden

---

einer Aktien- oder einer Gesellschaft mit beschränkter Haftung – s. zu diesem oben § 4 A I 4 – erfasst war; *Ripert/Roblot* (Fn. 1069). Unzutreffend *Gröniger* (Fn. 45), 28, soweit dieses Ergebnis nach ihr aus Artikel 74 des Gesetzes vom 13. Juli 1967 resultieren sollte.

1071 Dafür *Argenson/Toujas* (Fn. 170), 303, 462 („[le Tribunal de commerce] devra [...] résoudre le concordat accordé au débiteur, faute par celui-ci de pouvoir faire face à ses engagements en raison des déchéances qui l'atteignent" (Hervorhebung durch den Verfasser)); *Toujas* (Fn. 741), n°s 21 („la loi de 1967 aboutit à ce résultat que le tribunal se trouve dans l'obligation de prononcer la résolution d'un concordat, alors même qu'il aurait toujours été ponctuellement exécuté" (Hervorhebung durch den Verfasser)), 200; dagegen *Derrida* (Fn. 157), n°s 7, 145; *Huet* (Fn. 849), 447; *Ripert/Roblot* (Fn. 130), n° 3234.

1072 Dafür *Argenson/Toujas* (Fn. 170), 304, 462; *Toujas* (Fn. 741), n° 201; dagegen *Derrida* (Fn. 1071); *Huet* (Fn. 1071); *Ripert/Roblot* (Fn. 1071).

1073 *Derrida* (Fn. 1071); *Ripert/Roblot* (Fn. 1071); vgl. auch *Argenson/Toujas* (Fn. 170), 301-303; *Toujas* (Fn. 741), n° 195.

1074 *Derrida* (Fn. 1071). Artikel 75 des Gesetzes vom 13. Juli 1967 ordnete für die Auflösungstatbestände an: „La résolution du concordat est prononcée", loi n° 67-563 du 13 juillet 1967, art. 75, al. 1er, bzw. „le tribunal résout le concordat" und „[le concordat] est résolu", loi n° 67-563 du 13 juillet 1967, art. 75, al. 2 (alle Hervorhebungen durch den Verfasser). Die Vertreter der Gegenansicht wollten sich diese Formulierungen statt mit der Absicht, den gerichtlichen Entscheidungsspielraum zu beschränken, mit einem Streben nach einer einfacheren und lebendigeren Sprache erklären, *Toujas* (Fn. 741), n°s 166, 200 f.

1075 *Argenson/Toujas* (Fn. 170), 303 note 37; vgl. auch *Toujas* (Fn. 741), n°s 21, 199.

liquidation des biens, wenn seine Fortführung nicht noch über eine Übertragung gesichert werden konnte[1076]. Ferner machten sie geltend, dass das alte Recht die Auflösung nur für den Fall der Nichterfüllung des Vergleichs vorgesehen hatte.[1077] Auch das Verbot zur Ausübung der kaufmännischen Tätigkeit wollte der Gesetzgeber nach ihrer Einschätzung als Grund für die Auflösung genügen lassen, weil und wenn es die Nichterfüllung der Verpflichtungen des Schuldners befürchten ließ.[1078] Darüber hinaus wurde auf das Ermessen verwiesen, welches den Gerichten vor dem Inkrafttreten des Gesetzes vom 13. Juli 1967 bei der Entscheidung über die Annullierung des Vergleichs wegen Bankrotts eingeräumt worden sei[1079] und welches sie unter dem alten Recht bei der Entscheidung über die Auflösung ebenfalls für sich in Anspruch genommen hatten[1080]; auch nach der Reform war in der Rechtsprechung eine Neigung zu verzeichnen, die Auflösung für den Fall des Grundes der Nichterfüllung der schuldnerischen Verpflichtungen aus dem Vergleich in das gerichtliche Ermessen zu stellen[1081].

Endlich wurde vorgebracht, dass eine Auflösung des Vergleichs trotz bestehender Aussichten auf seine Erfüllung dem Interesse der Gläubiger zuwiderlaufe.[1082] Dieses wollten die Verfechter des zwingenden Charakters der Auflösung jedoch nicht als entscheidend erachten, nachdem der Gesetzgeber dem Gericht die Befugnis eingeräumt hatte, die Auflösung auch von Amts wegen zu betreiben.[1083]

1076 *Derrida* (Fn. 1071), der die Übertragung des Unternehmens im Rahmen der *liquidation des biens* als ein im Gegensatz zu deren eigentlichen Zweck stehendes Ergebnis wertete; *Argenson/Toujas* (Fn. 170), 302 f.; *Toujas* (Fn. 741), n° 199. Zur Überleitung in die *liquidation des biens* als Folge der Auflösung des Vergleichs unter dem Gesetz vom 13. Juli 1967 s.u. § 4 A I 6 i).

1077 In diesem Sinne *Toujas* (Fn. 741), n°s 21, 200; vgl. auch *Derrida* (Fn. 157), n° 145; *Argenson/Toujas* (Fn. 170), 297. Zum alten Recht C. com. 1807, art. 577, al. 1er i.d.F. der ordonnance n° 58-1299 du 23 décembre 1958.

1078 *Argenson/Toujas* (Fn. 170), 303 f.; *Toujas* (Fn. 741), n° 200; vgl. auch *Derrida* (Fn. 157), n° 7.

1079 *Argenson/Toujas* (Fn. 170), 301. Zur Rechtslage unter dem Dekret vom 20. Mai 1955 s.o. § 4 A I 5 f).

1080 *Argenson/Toujas* (Fn. 170), 296 f.

1081 Cass. com. 15.7.1975, D. 1975, jur. 737, note *F.D.*; Tgi Béthune 18.12.1974, Gaz. Pal. 1975, 1, 323, note *Fangain*; *Ripert/Roblot* (Fn. 130), n° 3234; vgl. auch *Argenson/Toujas* (Fn. 170), 297, 299. Für ein gerichtliches Ermessen insoweit offenbar auch *Dupouy* (Fn. 180), 341. Zu dieser Auflösung loi n° 67-563 du 13 juillet 1967, art. 75, al. 1er-1°.

1082 *Toujas* (Fn. 741), n° 201; vgl. auch *Argenson/Toujas* (Fn. 170), 304.

1083 *Derrida* (Fn. 157), n° 145. Diese Befugnis war noch vor der Reform von 1967 geschaffen, Code de commerce von 1807, art. 577, al. 1er i.d.F. der loi n° 64-414 du 13 mai 1964 modifiant l'article 577 du code de commerce concernant la résolution du

cc) *Faillite personnelle*

Die Nichterreichung eines und die Auflösung des Vergleichs stellten unter dem Gesetz vom 13. Juli 1967 jeweils einen Grund für den fakultativen Ausspruch der *faillite personnelle* dar.[1084] Zu den Fällen ihrer obligatorischen Verhängung zählte die Annullierung.[1085] Diese Regelungen standen in einem gewissen Widerspruch zum Grundsatz der Trennung zwischen Mensch und Unternehmen.[1086] Sie lagen auf einer Linie mit den entsprechenden Tatbeständen der Überleitung in das Verfahren der *faillite* unter dem alten Recht.[1087]

Was die Varianten der Nichterreichung eines sowie der Auflösung des Vergleichs betraf, wurde in der Literatur teilweise erwogen, die *faillite personnelle* weniger als ein Mittel zur Ahndung eines Fehlverhaltens denn als Präventionsmaßnahme zu bewerten.[1088] Grund für die *faillite personnelle* in diesen Fällen wäre danach die von einer weiteren Geschäftstätigkeit des Betroffenen ausgehende und aus der mangelnden wirtschaftlichen Überlebensfähigkeit seines Unternehmens sowie seinen „schädlichen Neigungen" resultierende Gefahr gewesen.[1089] Andere betonten, dass die Nichterreichung oder Auflösung des Vergleichs nach der gesetzlichen Regelung zu den „Sanktionen der faillite personnelle" führen können sollte, sofern die gescheiterte Abwendung der *liquidation des biens* auf ein Fehlverhalten des Schuldners zurückzuführen war.[1090]

---

concordat, JO, 14 mai 1964, p. 4074, und dann in das Gesetz vom 13. Juli 1967 übernommen worden, loi n° 67-563 du 13 juillet 1967, art. 75, al. 4; *Toujas* (Fn. 741), n° 218 f.

1084 Loi n° 67-563 du 13 juillet 1967, art. 108-3°; *Sonnenberger* (Fn. 1016); *Gröniger* (Fn. 45), 27 Fn. 139; *Andreas Stadler* (Fn. 1022).

1085 Loi n° 67-563 du 13 juillet 1967, art. 106-4°; *Argenson/Toujas* (Fn. 170), 295, 404; *de Juglart/Ippolito* (Fn. 170), n°s 1325, 1381; *Ripert/Roblot* (Fn. 130), n°s 3239, 3293.

1086 *Derrida* (Fn. 157), n°s 7, 244; *Houin/Derrida*(*-Houin*) (Fn. 1008), n° 860-4°; *Ripert/Roblot* (Fn. 130) n°s 2815, 3295 sowie für die Fälle der Nichterreichung und der Auflösung des Vergleichs *Gröniger* (Fn. 1084).

1087 *Argenson/Toujas* (Fn. 170), 295, 409; *Jauffret* (Fn. 194), n°s 44, 86; vgl. auch *de Juglart/Ippolito* (Fn. 170), n°s 1381 f.; *Toujas* (Fn. 741), n°s 152-154, 280, 284 f. Zur Nichterreichung und zur Annullierung des Vergleichs als Fälle der *conversion en faillite* unter dem Dekret vom 20. Mai 1955 s.o. § 4 A I 5 h) aa), bb) Fn. 904.

1088 *Derrida* (Fn. 157), n°s 7, 11, 244; *Gröniger* (Fn. 1084).

1089 *Derrida* (Fn. 157), n°s 7, 244.

1090 *Jauffret* (Fn. 194), n° 86 (Hervorhebung durch den Verfasser); in diesem Sinne auch *Argenson/Toujas* (Fn. 170), 408 note 17; vgl. ferner *Ripert/Roblot* (Fn. 130), n° 3295, der auch für diesen Fall nicht von der Qualifizierung der *faillite personnelle* als Sanktion abweichen wollte.

i) Anordnung der liquidation des biens

Die *liquidation des biens* bedeutete einen schwerwiegenderen Eingriff als der *règlement judiciaire.*[1091] Anders als bei dem meist Forderungskürzungen beinhaltenden Vergleich des *règlement judiciaire* war für die *liquidation des biens* nicht vorgesehen, dass sie zu einer Restschuldbefreiung führen konnte.[1092] Im Widerspruch zum Grundsatz der Trennung zwischen Mensch und Unternehmen[1093] zählte auch schon die bloße Anordnung der *liquidation des biens* zu den Gründen für den fakultativen Ausspruch der *faillite personnelle.*[1094]

Bereits mit Blick auf die Vorzüge des *règlement judiciaire* lag es durchaus im Interesse des Schuldners, die Vorgaben in Bezug auf die Erklärung der *cessation des paiements* und die begleitenden Unterlagen einzuhalten.[1095] Diese erleichterten die Information des Gerichts zu der Frage, ob er in der Lage war, einen ernsthaften Vergleich vorzuschlagen.[1096] An deren Beantwortung führte letztlich

---

1091 *Hanisch* (Fn. 75), 127. Zur Ermöglichung der Fortführung des Unternehmens durch den Schuldner über den *règlement judiciaire* im Unterschied zur *liquidation des biens* sowie zu den Unterschieden in Bezug auf die schuldnerische Verwaltungs- und Verfügungsbefugnis *dens.*, 128 f.; *Sonnenberger* (Fn. 156), 201 f.; *Gröniger* (Fn. 45), 22 sowie bereits oben § 3 B VI 1 b), V, III, I.

1092 *Sonnenberger* (Fn. 156), 202; *Ackmann*, Schuldbefreiung durch Konkurs? (1983) 17 f.; *Balz*, ZIP 1983, 1153, 1172. Zu den meist im Vergleich des *règlement judiciaire* enthaltenen Forderungskürzungen *Argenson/Toujas* (Fn. 170), 228; *de Juglart/Ippolito* (Fn. 170), n°s 1315-1317; *Ripert/Roblot* (Fn. 130), n°s 3219-3223.

1093 *Derrida* (Fn. 157), n°s 7, 244; *Houin/Derrida(-Houin)* (Fn. 1086); *Ripert/Roblot* (Fn. 130), n°s 2815, 3295; *Gröniger* (Fn. 45), 27 Fn. 139.

1094 Loi n° 67-563 du 13 juillet 1967, art. 108-3°; *Argenson/Toujas* (Fn. 170), 407 f.; *de Juglart/Ippolito* (Fn. 170), n° 1382; *Ripert/Roblot* (Fn. 130), n° 3295; *Gröniger* (Fn. 1093); *Zahn* (Fn. 121), 26. Auch was die Anordnung der *liquidation des biens* als Grund für die *faillite personnelle* betraf, wurde eine Bewertung Letzterer als Präventionsmaßnahme in Betracht gezogen, *Derrida* (Fn. 1093); *Gröniger*, ebenda, oder hervorgehoben, dass ein Fehlverhalten des Schuldners als Ursache für die gescheiterte Abwendung der *liquidation des biens* Berücksichtigung fand bei der Ausübung des Ermessens hinsichtlich der Verhängung der *faillite personnelle*, *Argenson/Toujas*, ebenda, 408 note 17; vgl. auch *Jauffret* (Fn. 1090). Zu der entsprechenden Diskussion um die Nichterreichung eines und die Auflösung des Vergleichs als Gründe für die fakultative *faillite personnelle* s.o. § 4 A I 6 h) cc).

1095 *Jacquemont* (Fn. 143), n° 158.

1096 *Jacquemont* (Fn. 143), n°s 158, 197 f.; s. auch bereits oben § 4 A I 6 b) und vgl. *Gröniger* (Fn. 45), 24. Nach der Kommission für legislative und administrative Studien der Konferenz der französischen Handelsgerichte war diese Frage im Falle eines Schuldners zu bejahen, „dessen Bilanz Bewertungsgrundlagen lieferte, welche geeignet

kein Weg vorbei, auch wenn man es in Zweifelsfällen als angemessen erachtete, zunächst den *règlement judiciaire* anzuordnen, bevor dieser im weiteren Verlauf gegebenenfalls in die *liquidation des biens* übergeleitet wurde[1097].

Nichtsdestotrotz sollte die *liquidation des biens* nach dem Grundsatz der Trennung zwischen Mensch und Unternehmen nicht der Sanktionierung eines Fehlverhaltens dienen.[1098] Die Entscheidung des Gerichts zwischen dem *règlement judiciaire* und der *liquidation des biens* richtete sich im Prinzip eben nach den Aussichten auf einen ernsthaften Vergleich. Das Gericht hatte eine wirtschaftliche Bewertung der Situation und der Perspektiven einer erfolgreichen Fortführung des Unternehmens vorzunehmen.[1099] Grundsätzlich war es nicht entscheidend, ob der Schuldner die Vorgaben zur Sachverhaltsaufklärung in rechtlich missbilligter Weise verletzt hatte.[1100]

Ergänzend zu den allgemeinen Bestimmungen ordnete das Gesetz die Überleitung in die *liquidation des biens* allerdings verbindlich an für die Fälle der Versagung der Bestätigung sowie der Annullierung und Auflösung des Vergleichs.[1101] Soweit mit dessen Beseitigung ein Fehlverhalten sanktioniert wurde, wollten manche in der daraus resultierenden Überleitung in gleicher Weise eine

---

erschienen die Fortführung des Unternehmens zu erlauben, unter Berücksichtigung der Zusammensetzung der Aktiva sowie der augenscheinlichen Lasten und Verpflichtungen", *Commission d'études législatives et administratives de la Conférence des tribunaux de commerce de France*, Bull. liaison et inform. trib. com. n° 33, 4e trim. 1967, 12 n° 2 zitiert nach *Derrida* (Fn. 157), n° 38; *de Juglart/Ippolito* (Fn. 170), n° 1122.

1097 *De Juglart/Ippolito* (Fn. 170), n° 1122; *Ripert/Roblot* (Fn. 130), n° 2858; *Jacquemont* (Fn. 143), n° 200, der in der Information über die „genaue Situation" freilich zugleich eine Voraussetzung für die Annahme des Gerichts sah, dass der Schuldner in der Lage war, einen ernsthaften Vergleich vorzuschlagen, ebenda, n° 158; *Gröniger* (Fn. 45), 114.

1098 *Campana* (Fn. 1064), n° 26; *Gröniger* (Fn. 45), 21 f.; vgl. auch *Derrida* (Fn. 157) n° 268; *Ripert/Roblot* (Fn. 130), nos 2812 f., 2858; *Jacquemont* (Fn. 143), nos 158, 195.

1099 S.o. § 3 B VI 1 b).

1100 *Argenson/Toujas* (Fn. 128), 118 f., welche allerdings dazu tendierten, dem Gericht zuzugestehen, sich bei einem redlichen Schuldner offener für die Bestätigung eines Forderungskürzungen vorsehenden Vergleichs zu zeigen; *de Juglart/Ippolito* (Fn. 170), nos 1115, 1122; *Ripert/Roblot* (Fn. 130), n° 2857; *Campana* (Fn. 1064), nos 1-3, 8; *Delaporte* (Fn. 1055); *Jacquemont* (Fn. 143), nos 158, 194-197; *Gröniger* (Fn. 45), 23, 26 f.

1101 Loi n° 67-563 du 13 juillet 1967, art. 79, al. 1er; *Argenson/Toujas* (Fn. 170), 7, 325 f.; *de Juglart/Ippolito* (Fn. 170), nos 1087, 1332; *Ripert/Roblot* (Fn. 130), nos 3212, 3243; *Gröniger* (Fn. 45), 27, 124 f.

Vergeltungsmaßnahme erkennen.[1102] Nach anderem Verständnis war die Überleitung auch dann an die bei wirtschaftlicher Betrachtung fehlende Aussicht auf eine Rettung des Unternehmens im Wege eines Vergleichs geknüpft.[1103]

Ferner hatte das Gericht nach dem Gesetzeswortlaut den *règlement judiciaire* in die *liquidation des biens* überzuleiten, wenn der Schuldner eine natürliche Person war und es ihm wegen der ihn treffenden Rechtsnachteile unmöglich war, seine Aktivität fortzusetzen.[1104] Diese Wirkung konnte sich insbesondere ergeben bei einer Verhängung der *faillite personnelle* oder einer *interdiction de gérer* durch das Gericht.[1105] Genauso kam die Überleitung in Betracht, wenn das Gericht feststellte, dass der Schuldner infolge einer Verurteilung wegen Bankrotts das Recht zur Leitung seines Unternehmens verloren hatte.[1106]

Den eigentlichen Grund für die Überleitung wollten manche in diesen Fällen wiederum in der aus wirtschaftlicher Sicht fehlenden Möglichkeit, das Überleben des Unternehmens über einen Vergleich zu sichern, sehen.[1107] Gestützt auf den Gedanken der Trennung zwischen Mensch und Unternehmen wurde teilweise vertreten, dass selbst bei einem Einzelkaufmann weder eine Verurteilung wegen Bankrotts noch die Verhängung der *faillite personnelle* oder einer *interdiction de gérer* durch das Gericht zwingend die *liquidation des biens* nach sich

---

1102 *Ripert/Roblot* (Fn. 130), n° 3243; für die Auflösung des Vergleichs wegen des Verbots zur Ausübung einer kaufmännischen Tätigkeit auch *Campana* (Fn. 1064), n°s 25 f. Zur Frage der Sanktionierung eines Fehlverhaltens mit der Beseitigung des Vergleichs s.o. § 4 A I 6 h) bb).

1103 *Rives* (Fn. 209), 119; *de Juglart/Ippolito* (Fn. 170), n° 1333. Vgl. dagegen *Argenson/Toujas* (Fn. 170), 7 f., 325-327, welche die Überleitungsgründe der Versagung der Vergleichsbestätigung, der Auflösung und der Annullierung des Vergleichs von dem Grund der fehlenden Möglichkeit, einen ernsthaften Vergleich vorzuschlagen, abgrenzten und ihren zwingenden Charakter betonten.

1104 Loi n° 67-563 du 13 juillet 1967, art. 79, al. 2 („[Le tribunal convertit le règlement judiciaire en liquidation des biens] si une personne physique se trouve dans l'impossibilité de continuer son activité en raison des déchéances dont elle est frappée"); *Argenson/Toujas* (Fn. 170), 7; *de Juglart/Ippolito* (Fn. 170), n°s 1087, 1332; *Ripert/Roblot* (Fn. 130), n°s 2859, 3243; vgl. auch *Angermüller* (Fn. 36), 44.

1105 *Argenson/Toujas* (Fn. 170), 7; *de Juglart/Ippolito* (Fn. 170), n° 1087; *Jacquemont* (Fn. 143), n°s 159, 203 f.; *Gröniger* (Fn. 45), 27; vgl. auch *Angermüller* (Fn. 1104).

1106 Cass. com. 19.1.1982, Bull. civ. 1982 IV, n° 24; *Argenson/Toujas* (Fn. 170), 7, 462; *Ripert/Roblot* (Fn. 130), n° 3322; *Honorat* (Fn. 577), n°s 87, 89. Zu dieser Wirkung der Verurteilung s.o. § 4 A I 4, 6 e) aa).

1107 *Du Pontavice*, JCP 1968, éd. G, I 2138, n° 49; *Chevallier*, in: *Rodière* (Fn. 209), 57, 84; *de Juglart/Ippolito* (Fn. 170), n° 1333.

ziehen sollte; war das Unternehmen überlebensfähig, sollte es vielmehr möglich bleiben, im Rahmen des *règlement judiciaire* zu einem Vergleich zu gelangen, wenn man sich darauf verständigte, dessen Ausführung über eine Unternehmenspacht einer anderen Person anzuvertrauen.[1108]

Die herrschende Ansicht leitete aus dem Wortlaut des Gesetzes jedoch ab, dass die Überleitung stattzufinden habe, wenn es dem Einzelkaufmann wegen der ihn treffenden Rechtsverluste unmöglich war, seine Aktivität fortzusetzen.[1109] Teilweise wurde angenommen, dass die *liquidation des biens* nach diesem Verständnis ausnahmsweise nicht durch die wirtschaftliche Situation, sondern das Fehlverhalten des Schuldners indiziert war.[1110]

j) Zurückweisung der Erklärung der cessation des paiements*?*

Wenigstens Teile der Literatur und der Rechtsprechung wollten die Prüfung der Verfahrenseröffnung unter dem Gesetz vom 13. Juli 1967 weiterhin davon abhängig machen, dass der darauf gerichtete Antrag die für die Identifizierung des Schuldners benötigten und als solche in das entsprechende Urteil aufzunehmenden Daten enthielt. Hiervon erfasst sein sollten Angaben zu Namen, Berufsbezeichnung, Domizil und Hauptgeschäftsniederlassung bzw. Form, Zweck, Sitz sowie Namen und Domizil der zur Vertretung Berufenen für den Fall einer juristischen Person.[1111]

Auch wollte man das Gericht bei der Feststellung der *cessation des paiements* jetzt nicht mehr binden an die Erklärung des Schuldners,[1112] selbst wenn sich aus dieser weiter das Geständnis der Zahlungseinstellung ergeben konnte[1113]. Es wurde schlicht nur noch die Möglichkeit erkannt, gestützt auf die Erklärung zum

---

1108 *Argenson/Toujas* (Fn. 170), 462. Zur *location-gérance Balz*, ZIP 1983, 1153, 1162; *Klopp*, KTS 1988, 267, 274; *Sonnenberger/Dammann* (Fn. 27), Rn. IV 34-38.

1109 Cass. com. 19.1.1982, Bull. civ. 1982 IV, n° 24; *Derrida* (Fn. 157), n° 38; *Dupouy* (Fn. 180), 282; *Ripert/Roblot* (Fn. 130), n°s 2859, 3243; *Jacquemont* (Fn. 143), n°s 203 f.; vgl. auch *Gröniger* (Fn. 1105); *Angermüller* (Fn. 1104).

1110 *Ripert/Roblot* (Fn. 130), n° 2859; dagegen *du Pontavice*, JCP 1968, éd. G, I 2138, n° 49; *Chevallier* (Fn. 1107), nach denen die Überleitung auch in diesem Fall deswegen obligatorisch sein sollte, weil sich aus dem Eintritt des Überleitungsgrundes die Unmöglichkeit der Fortführung des Unternehmens ergab.

1111 *Argenson/Toujas* (Fn. 128), 126. Zu den zugrunde liegenden Erwägungen und der entsprechenden Situation unter dem Dekret vom 20. Mai 1955 s.o. § 4 A I 5 j).

1112 *Delaporte* (Fn. 199), n°s 3, 5, 31; *Jacquemont* (Fn. 143), n° 181; vgl. auch *Argenson/Toujas* (Fn. 128), 30.

1113 *Jacquemont* (Fn. 143), n°s 147, 150.

Beweis des Eintritts der *cessation des paiements* zu gelangen.[1114] Nicht undenkbar erscheint es daher, dass das von dem Schuldner unter Unterlassung der Einreichung der begleitenden Unterlagen zu seiner wirtschaftlichen Situation angerufene Gericht die Verfahrenseröffnung einmal gestützt auf die mangelnde Feststellbarkeit des Begründetheitserfordernisses der *cessation des paiements* hätte ablehnen können.[1115] In Letzterer sah man ein objektives Kriterium, für dessen Feststellung nicht der Wille des Schuldners maßgeblich sein sollte. Dieser sollte das Verfahren nicht nutzen können, um sich günstig und grundlos einen Zahlungsaufschub zu verschaffen.[1116]

Wenngleich der *règlement judiciaire* weiterhin verbreitet als Rechtswohltat verstanden wurde, ist es dagegen nicht ersichtlich, dass die unterlassene Einreichung der begleitenden Unterlagen zu einer als Ausdruck ihrer rechtlichen Missbilligung zu verstehenden Zurückweisung der Erklärung hätte führen dürfen.[1117] Dasselbe gilt für die Überschreitung der Fünfzehntagefrist und das Fehlen eines sonstigen über die schiere Erklärung der *cessation des paiements* hinausgehenden Sachvortrags des Schuldners zu seiner wirtschaftlichen Situation.

Zwar verweigerten einer parlamentarischen Anfrage zur Auslegung des Dekrets vom 22. Dezember 1967 zufolge die Kanzleien mancher Handelsgerichte zunächst noch die Annahme der Erklärung der *cessation des paiements* von Schuldnern, die nicht in der Lage waren, die begleitenden Unterlagen vollständig vorzulegen.[1118] Doch wurde diese Praxis in der Antwort des Justizministers auf die Anfrage sowie in der Literatur abgelehnt.[1119] Danach sollte es allein Sache des Gerichts sein, die rechtlichen Konsequenzen aus dem Fehlen der begleitenden Unterlagen zu ziehen. Argumentiert wurde zum einen mit der unter dem Dekret erhalten gebliebenen Bestimmung, wonach der Schuldner bei einer unterlassenen Einreichung oder Unvollständigkeit der begleitenden

1114 *Bord*, Règlement judiciaire et liquidation des biens (Paris 1969) n° 35; *Jacquemont* (Fn. 143), n° 180.

1115 Vgl. *Vallens*, Rev. proc. coll. 2009-5, étude 25, n° 8.

1116 *Delaporte* (Fn. 196), n° 69.

1117 Vgl. Rép. min. n° 65414, JOAN Q, 22 juillet 1985, p. 3434, 3435; *Argenson/Toujas* (Fn. 128), 105 note 7; *de Juglart/Ippolito* (Fn. 170), n°s 1088, 1123-2; *Ripert/Roblot* (Fn. 130), n°s 2830, 2884 f.; *Vallens*, Rev. proc. coll. 2009-5, étude 25, n° 8. Zur verbreiteten Wertung des *règlement judiciaire* als Rechtswohltat s.o. § 4 A I 6 c); vgl. auch § 4 A I 6 i).

1118 Rép. min. n° 65414, JOAN Q, 22 juillet 1985, p. 3434.

1119 Rép. min. n° 65414, JOAN Q, 22 juillet 1985, p. 3434, 3435; *Argenson/Toujas* (Fn. 1117).

Unterlagen die Gründe dafür anzugeben hatte.[1120] Zum anderen wurde geltend gemacht, dass das Gericht für den Fall unzureichender Information durch die Erklärungen des Schuldners zur Anordnung der aus dem alten Recht übernommenen Voruntersuchung befugt sein sollte.[1121]

Jedenfalls blieb die gerichtliche Befugnis zur Verfahrensinitiierung erhalten; das Gericht konnte sowohl den *règlement judiciaire* als auch die *liquidation des biens* von Amts wegen eröffnen.[1122] Und von dem Syndiken wurde verlangt, einen *état de situation* zu erstellen, wenn „die Bilanz" weder vom Schuldner eingereicht noch dem Verwalter von Letzterem übergeben worden war.[1123]

Nur schlecht hätte sich eine sanktionierende Zurückweisung der Erklärung der *cessation des paiements* vertragen mit dem Grundsatz der Trennung zwischen Mensch und Unternehmen sowie der Verfahrensausrichtung unter dem Gesetz vom 13. Juli 1967. Das Regelwerk zum *règlement judiciaire* und zur *liquidation des biens* blieb der gemeinschaftlichen Befriedigung der Gläubiger bei

---

1120 Zu dieser Bestimmung s.o. § 4 A I 6 b).

1121 Zum Ganzen Rép. min. n° 65414, JOAN Q, 22 juillet 1985, p. 3434, 3435. Zu der Frage, ob bei einer Verfahrensinitiierung im Wege der Erklärung der *cessation des paiements* die Einleitung einer Voruntersuchung in Betracht kam, um der Frage nach dem tatsächlichen Vorliegen der *cessation des paiements* nachzugehen, fand sich im Schrifttum freilich auch nach der Reform von 1967 nicht überall ein klares Bekenntnis, vgl. einerseits *Derrida* (Fn. 157), n° 34; *Argenson/Toujas* (Fn. 128), 121; *Honorat* (Fn. 577), n°s 4 f. und *Gröniger* (Fn. 45), 25, 114 sowie andererseits *Ripert/Roblot* (Fn. 130), n° 2880; *Delaporte* (Fn. 199), n° 6; der Wortlaut der die Voruntersuchung regelnden Vorschrift – décret n° 67-1120 du 22 décembre 1967, art. 9 – war zunächst identisch mit demjenigen ihrer Vorgängerregelung, s. zu Letzterer oben §§ 3 B V; 4 A I 5 j), seit dem Inkrafttreten des Dekrets vom 9. April 1982 sollte der Gegenstand der Voruntersuchung sich dann auf die finanzielle, wirtschaftliche und soziale Lage des Unternehmens sowie auf dessen Sanierungsperspektiven erstrecken, décret n° 67-1120 du 22 décembre 1967, art. 9, al. 1er i.d.F. des décret n° 82-327 du 9 avril 1982.

1122 Loi n° 67-563 du 13 juillet 1967, art. 2, al. 2; *Hanisch* (Fn. 1091); *Sonnenberger* (Fn. 156), 197; *Gröniger* (Fn. 45), 113.

1123 Décret n° 67-1120 du 22 décembre 1967, art. 27 („Dans le cas où le bilan ne lui a pas été remis par le débiteur, le syndic dresse [...] un état de situation"); *Argenson/Toujas* (Fn. 128), 105, 478, 542, nach denen von dem Begriff auch die über die übrigen in Artikel 4 des Dekrets vom 22. Dezember 1967 vorgesehenen begleitenden Unterlagen zu liefernden Auskünfte – s. zu diesen oben § 4 A I 6 b) – erfasst sein sollten; *Pelletier*, J.-Cl. Commercial, Anciens art. 437 à 614-26, Loi du 13 juillet 1967, Fasc. D-15 (Juni 1982) n° 9, der unter der Bilanz im Sinne dieser Vorschrift offenbar diejenige des letzten Geschäftsjahres verstand, vgl. *dens.*, ebenda, n°s 5-9.

grundsätzlicher Gleichbehandlung verhaftet.[1124] Zugleich war der Gedanke mitbestimmend, überlebensfähige Unternehmen zu erhalten und zum endgültigen Scheitern verurteilte zu eliminieren.[1125] Dass die Verfahrensdurchführung aus der Sicht des Gesetzgebers im öffentlichen Interesse sein konnte, wurde besonders bestätigt mit der Regelung zum Antragsrecht der Staatsanwaltschaft in dem Gesetz vom 15. Oktober 1981.[1126] Dass dem Schuldner an der Verfahrenseröffnung gelegen sein konnte, wurde für den Fall der *liquidation des biens* in Anbetracht der mit ihr verbundenen Nachteile hingegen als kaum vorstellbar erachtet.[1127]

Die Antragsfrist war besonders bewehrt mit dem einschlägigen *faillite personnelle* Tatbestand.[1128] Die Verhängung der *faillite personnelle* auf dieser Grundlage setzte die Eröffnung des *règlement judiciaire* oder der *liquidation des biens* voraus.[1129]

7. *Die Verordnung vom 23. September 1967*

a) *Antrag und begleitende Unterlagen*

Die Verordnung vom 23. September 1967 verlangte von dem Schuldner, in seinem Antrag auf Eröffnung des Sanierungsverfahrens seine wirtschaftliche und finanzielle Situation darzustellen. Darüber hinaus hatte er die Perspektiven einer Sanierung des Unternehmens sowie einer Schuldenbereinigung aufzuzeigen.[1130]

1124 OLG Saarbrücken 31.1.1989, ZIP 1989, 1145, 1146 f.; *Sonnenberger* (Fn. 156), 195; *Arnold*, ZIP 1982, 793, 794 Fn. 6; *Städtler* (Fn. 156), 20 f. Die Einschätzung von *Gröniger* (Fn. 45), 24 f., wonach das Verfahrensziel der Gläubigerbefriedigung bereits mit der Gesamtausrichtung des Gesetzes vom 13. Juli 1967 „als zweitrangig" untergeordnet worden sei, erscheint insbesondere deswegen übertrieben, weil der Vergleich des *règlement judiciaire* stets und vollumfänglich einer Abstimmung durch die ungesicherten Gläubiger unterworfen blieb, vgl. *Le Corre* (Fn. 46), n° 42.41; *Saint-Alary-Houin* (Fn. 25), n° 28; s. auch bereits oben § 3 B VI 1 c).

1125 S.o. § 3 B VI 1 b).

1126 Vgl. *Soinne*, D. 1983, chron. 11, 14; *Delaporte* (Fn. 196), n° 114; *Le Corre* (Fn. 1124).

1127 *Ripert/Roblot* (Fn. 130), n° 2871; in diesem Sinne auch *de Juglart/Ippolito* (Fn. 170), n° 1115. Zu diesen Nachteilen s.o. § 4 A I 6 j).

1128 S.o. § 4 A I 6 e) bb). Vgl. zu diesem Argument CA Aix-en-Provence 16.12.1988, JurisData n° 1988-049460; *Bruschi*, Rép. com., VI: Magasins collectifs de commerçants indépendants – Publicité fausse ou de nature à induire en erreur - Publicité comparative (Paris 1972 ff.), v° Procédure commercial (Dezember 2013), n° 69; *Le Corre* (Fn. 46), n° 231.21

1129 S.o. § 3 B VI 1 b).

1130 Ordonnance n° 67-820 du 23 septembre 1967, art. 4 („La requête du débiteur expose sa situation économique et financière et présente les perspectives de redressement

Begleitend zu dem Antrag war wiederum eine Reihe von Unterlagen einzureichen.[1131] Der in dieser Hinsicht erlassene Katalog deckte sich in großen Teilen mit demjenigen, welcher für die Erklärung der *cessation des paiements* vorgegeben war. Nicht verlangt wurde anders als bei der Initiierung des *règlement judiciaire* oder der *liquidation des biens* die Einreichung eines Inventars oder einer Gesellschafterliste. Der *état chiffré des créances et des dettes* war um ein summarisches Fälligkeitsverzeichnis zu ergänzen. Er war in dem Katalog anders als für den Fall der Erklärung der *cessation des paiements* nicht mit dem Zusatz „mit Angabe von Name und Domizil der Gläubiger" versehen;[1132] das Regelwerk zu dem Sanierungsverfahren schrieb weder Versammlungen oder Abstimmungen der Gläubiger noch ein Verfahren der Forderungsfeststellung vor[1133].

All diese Dokumente waren von dem Antragsteller zu datieren, unterzeichnen und mit einer Versicherung ihrer Wahrheit zu versehen.[1134] Konnte die eine oder andere der begleitenden Unterlagen nicht oder nur unvollständig eingereicht werden, waren in dem Antrag die Gründe dafür zu benennen.[1135]

Die Vorlage unrichtiger oder unvollständiger Unterlagen anlässlich des Sanierungsverfahrens wurde unter der Voraussetzung, dass sie bösgläubig (*de mauvaise foi*) erfolgte, besonders unter Strafe gestellt.[1136] Gerade auch die Einreichung zum Zwecke der Täuschung des Gerichts bei der Entscheidung über die Verfahrenseröffnung sollte hiervon erfasst sein.[1137]

---

de l'entreprise et d'apurement du passif"); *Ripert/Roblot* (Fn. 130), n° 3341; *Arnold*, ZIP 1982, 793, 797; *Honorat* (Fn. 221), n° 11.

1131 Décret n° 67-1255 du 31 décembre 1967, art. 4, al. 2; *de Juglart/Ippolito* (Fn. 170), n° 1428; *Ripert/Roblot* (Fn. 1130); *Arnold*, ZIP 1982, 793, 798.

1132 Décret n° 67-1255 du 31 décembre 1967, art. 4, al. 2-3°. Vgl. zum Ganzen *Huet* (Fn. 849), 433 note 14; *Honorat* (Fn. 221), n° 13. Zu dem Fall der Erklärung der *cessation des paiements* s.o. § 4 A I 6 b).

1133 S.o. § 3 B VI 2.

1134 Décret n° 67-1255 du 31 décembre 1967, art. 4, al. 3; *de Juglart/Ippolito* (Fn. 1131); *Ripert/Roblot* (Fn. 1130); *Honorat* (Fn. 1132).

1135 Décret n° 67-1255 du 31 décembre 1967, art. 4, al. 4; *Rives* (Fn. 209), 111 note 109; *de Juglart/Ippolito* (Fn. 1131); *Honorat* (Fn. 1132).

1136 Erfasst waren von dem in der Verordnung normierten Straftatbestand die Fälle einer bzw. eines unrichtigen oder unvollständigen Betriebsrechnung, Gewinn- und Verlustrechnung, Bilanz, Aufstellung der Forderungen und Schulden oder Verzeichnisses der Vorrechte und Sicherheiten auf der Aktiv- und der Passivseite, ordonnance n° 67-820 du 23 septembre 1967, art. 46; *Huet* (Fn. 849), 433 f.; *Delmas-Marty* (Fn. 848), 740; *Honorat* (Fn. 221), n°s 12, 40.

1137 *Huet* (Fn. 849), 433; *Delmas-Marty* (Fn. 848), 739 f.; *Arnold*, ZIP 1982, 793, 798.

b) Plan, règlement judiciaire *und* liquidation des biens

Die Zurückweisung oder Aufhebung des Plans wurden nicht als Mittel der Sanktionierung mangelhafter Sachverhaltsaufklärung durch den Schuldner bei der Antragstellung diskutiert. Dasselbe galt für die Anordnung des *règlement judiciaire* oder der *liquidation des biens* durch das angerufene Gericht. Der Grundsatz der Trennung zwischen Mensch und Unternehmen war insoweit verwirklicht.[1138]

Maßgeblich für die Entscheidung über die Zulassung des Plans waren im Wesentlichen wirtschaftliche Kriterien. Er musste als ernsthaft erscheinen und ausreichende Gewähr für seine Durchführung bieten. Die Planauflösung war für den Fall der Nichterfüllung von Bestimmungen des Plans oder des Urteils, mit welchem das Gericht denselben angenommen hatte, durch den Schuldner vorgesehen.[1139]

Zwar wurde darauf hingewiesen, dass der Plan, um zugelassen werden zu können, auch gültig oder ordnungsgemäß zu sein habe.[1140] Doch ist nicht ersichtlich, dass man mit dieser Vorgabe die Möglichkeit einer Sanktionierung einer Verletzung der Anforderungen an die Sachverhaltsaufklärung durch den Schuldner bei der Antragstellung eröffnet gesehen hätte. Die noch unter dem Gesetz vom 13. Juli 1967 bestehende Formel, wonach der Vergleich nur dann vom Gericht bestätigt werden durfte, wenn ihm keine aus dem öffentlichen Interesse resultierenden Gründe entgegenzustehen schienen, fand in den Vorschriften zur Zulassung des Plans keine Entsprechung.[1141]

Ferner konnte das Gericht die Wirksamkeit des Plans zwar von einem Austausch der Leiter des Unternehmens abhängig machen. Als Grund für die entsprechende Anordnung kannte die Verordnung vom 23. September 1967 in ihrer Ausgangsfassung jedoch nur die Verursachung der finanziellen Schwierigkeiten des Unternehmens;[1142] nach dem Inkrafttreten des Gesetzes vom

---

1138 Vgl. *Rives* (Fn. 209), 102.

1139 S.o. § 3 B VI 2 sowie *Rives* (Fn. 209), 114-117.

1140 *Toujas/Argenson*, JCP 1968, éd. G, I 2130, n° 26; *Arnold*, ZIP 1982, 793, 802.

1141 Zu dieser Bestimmung des Gesetzes vom 13. Juli 1967 s.o. § 4 A I 6 h) aa).

1142 *Rives* (Fn. 209), 117 f. wollte in der Anordnung aus diesem in der Ausgangsfassung der Verordnung vorgesehenen Grund noch eine auf der Unfähigkeit der Unternehmensleiter oder deren fehlender Moral bei der Geschäftsleitung basierende Sanktion erkennen; dagegen *Ripert/Roblot* (Fn. 130), n° 3362, wonach es bei der Entscheidung bereits bei Zugrundelegung des ursprünglichen Gesetzeswortlauts nicht um eine moralische Wertung, sondern allein um die Abwendung einer Gefährdung der Sanierung des Unternehmens gehen sollte.

15. Oktober 1981 war das Gericht zu der Anordnung befugt, wenn das Überleben des Unternehmens es nach seiner Einschätzung erforderte.[1143]

Den *règlement judiciaire* oder die *liquidation des biens* konnte das mit dem Sanierungsverfahren befasste Gericht aus wirtschaftlichen Gründen anordnen. Notwendige Voraussetzung waren der Eintritt der *cessation des paiements* des Schuldners oder die Nichtbeachtung der Zahlungsfristen des Plans.[1144]

c) Aufgaben und Befugnisse der Kuratoren

Für die Festlegung der Aufgaben und Befugnisse der Kuratoren durch das Gericht bestimmte das Regelwerk zu dem Sanierungsverfahren die Qualität der Sachverhaltsaufklärung durch den Schuldner bei der Antragstellung nicht ausdrücklich als Kriterium. Der Gesetzgeber sah vollständig davon ab, Gründe für die Wahl der bloßen Überwachung, *assistance* oder *administration provisoire* durch die Kuratoren oder für die Einräumung bestimmter Verwalterbefugnisse zu definieren.[1145] Maßgeblich für die – bis zum Inkrafttreten des Gesetzes vom 15. Oktober 1981 unanfechtbare[1146] – Entscheidung waren ganz allgemein die Umstände des Einzelfalles.[1147]

1143 Zum Ganzen oben § 3 B VI 2. Zu dem Begriff des Erfordernisses für das Überleben des Unternehmens vgl. oben § 4 A I 6 h) aa).

1144 Ordonnance n° 67-820 du 23 septembre 1967, artt. 10, al. 3; 21, al. 2; 31; 38, al. 2; 40, al. 5; *de Juglart/Ippolito* (Fn. 170), n°s 1435, 1439, 1449, 1457, 1464; *Ripert/Roblot* (Fn. 130), n°s 3344, 3346 f., 3361, 3367; *Arnold*, ZIP 1982, 793, 798, 802 f. S. auch bereits oben § 3 B VI 2.

1145 Ordonnance n° 67-820 du 23 septembre 1967, art. 13, al. 1er; *de Juglart/Ippolito* (Fn. 170), n° 1442; *Ripert/Roblot* (Fn. 130), n° 3353; *Arnold*, ZIP 1982, 793, 800; *Honorat* (Fn. 221), n° 27.

1146 Ordonnance n° 67-820 du 23 septembre 1967, art. 44; *de Juglart/Ippolito* (Fn. 1145); *Ripert/Roblot* (Fn. 1145); *Arnold*, ZIP 1982, 793, 800. Das Gesetz vom 15. Oktober 1981 brachte die staatsanwaltliche Befugnis zur Einlegung eines Rechtsmittels gegen die gerichtliche Entscheidung, ordonnance n° 67-820 du 23 septembre 1967, art. 44 i.d.F. der loi n° 81-927 du 15 octobre 1981; *Soinne*, D. 1983, chron. 11, 13. Zur Befugnis des Gerichts, die Aufgaben und Befugnisse der Kuratoren jederzeit abzuändern s.o. § 3 B VI 2.

1147 *Tribunal de commerce de Nice/Honorat*, Rev. jur. com. 1978, 1, 4; *Arnold*, ZIP 1982, 793, 800; *Flessner* (Fn. 200), 167. Die Anordnung der *administration* durch den Kurator stützte die Rechtsprechung etwa auf den krankheitsbedingten Ausfall des Verwaltungsratspräsidenten der Schuldnerin, T. com. Paris 13.4.1970, Gaz. Pal. 1970, 1, 287, 288, 290, note *Gensburger*; vgl. auch *Verdot*, JCP 1972, éd. C I, II 10425, n°s 13 f., der dort die Eignung der *administration provisoire* als Mittel zur Überbrückung einer Führungslosigkeit bei der Schuldnerin betont. Die Bestellung von mehr als einem

Zur Orientierung verwies man auf den Zweck der *suspension provisoire des poursuites*, zu einem auf die Sanierung ausgerichteten Plan zu gelangen und bis dahin das Unternehmen am Leben zu halten.[1148] Ferner wurden in diesem Zusammenhang die Notwendigkeit einer Ausbalancierung der Rechte der betroffenen Parteien im Allgemeinen genannt,[1149] sowie der Überwachung der Unternehmensführung zum Schutz der Gläubiger als Ausgleich für die vorläufige Einstellung der Rechtsverfolgung im Besonderen[1150]. Dabei galt es zu berücksichtigen, ob noch mit einem den Verfahrenszielen zuwiderlaufenden (Fehl-)Verhalten auf Seiten des Schuldners zu rechnen war.[1151] Man ließ es insoweit also auf eine zukunftsorientierte Betrachtungsweise ankommen. Allerdings erscheint es nicht ausgeschlossen, dass die Feststellung einer fehlerhaften Sachverhaltsaufklärung durch den Schuldner zu Beginn des Verfahrens hätte relevant werden können als Anknüpfungspunkt für die Prognose.[1152]

d) Zurückweisung des Antrags und Verfahrensbeendigung?

Nicht ersichtlich ist, dass die Zurückweisung des schuldnerischen Antrags auf Eröffnung des Verfahrens erlaubt gewesen wäre mit der Begründung, es seien nicht alle begleitenden Unterlagen eingereicht worden. Genauso wenig hätte es ins Bild gepasst, wenn man in der Zurückweisung oder in der Beendigung des Verfahrens ein Mittel gesehen hätte, die rechtliche Missbilligung eines

---

Kurator wurde mit der besonderen Bedeutung des Unternehmens begründet, T. com. Paris 13.4.1970, Gaz. Pal. 1970, 1, 287, 291; *Verdot*, ebenda, n° 8; vgl. auch T. com. Lille 20., 24.3.1970, JCP 1970, éd. G, II 16388, note *Gensburger*.

1148 *De Juglart/Ippolito* (Fn. 1145); *Ripert/Roblot* (Fn. 1145); *Arnold*, ZIP 1982, 793, 800.

1149 *Toujas/Argenson*, JCP 1968, éd. G, I 2130, n° 15.

1150 *Toujas/Argenson*, JCP 1968, éd. G, I 2130, n° 15; *de Juglart/Ippolito* (Fn. 1145); *Arnold*, ZIP 1982, 793, 800.

1151 Vgl. *Toujas/Argenson*, JCP 1968, éd. G, I 2130, n° 15; *Tribunal de commerce de Nice/Honorat*, Rev. jur. com. 1978, 1, 7; *Ripert/Roblot* (Fn. 1145); *Arnold*, ZIP 1982, 793, 800.

1152 Vgl. T. com. Paris 13.11.1968, JCP 1969, éd. G, II 15800, obs. *J.A.* = RTD com. 1968, 1125, obs. *Houin*, wo die Bestellung sowie die Auswahl der Aufgaben und Befugnisse des Kurators mit der Notwendigkeit, bei der Unternehmensführung in der Vergangenheit begangenen Fehlern abzuhelfen, begründet wurde; *de Juglart/Ippolito* (Fn. 170), n°s 1442, 1456, die in der Anordnung der *administration* eine angemessene Maßnahme für den Fall der Unfähigkeit (*incapabilité*) der Leiter des Unternehmens sahen und die *administration* in Zusammenhang mit der Knüpfung der Wirksamkeit des Plans an den Austausch derjenigen Leiter stellten, welche die finanziellen Schwierigkeiten des Unternehmens verursacht hatten.

unzureichenden Vortrags zur wirtschaftlichen und finanziellen Situation des Schuldners oder zu den Perspektiven einer Sanierung des Unternehmens sowie der Schuldenbereinigung in dem Antrag zum Ausdruck zu bringen.[1153]

Der Gesetzgeber erachtete es auch als zulässig, dass sich das Gericht mit der Eröffnung des Sanierungsverfahrens von Amts wegen befasste.[1154] Der Schuldner, welcher dieses Verfahren beantragte und die eine oder andere der begleitenden Unterlagen nicht oder nur unvollständig vorlegen konnte, hatte in seinem Antrag die Gründe dafür zu benennen.[1155] Die Durchführung einer Voruntersuchung – zur wirtschaftlichen und finanziellen Situation des Unternehmens und den Perspektiven einer Sanierung – war auch im Falle eines Eröffnungsantrags des Schuldners obligatorisch. Das Gericht war befugt, bei Behörden, Sozialversicherungsträgern, Banken und Finanzinstituten sowie zentralen Kreditschutzstellen zur Lage des Schuldners Auskünfte einzuholen.[1156] Zwischen der Vorlage des im Zuge der Voruntersuchung von einem beauftragten Richter zu fertigenden Berichts und der Entscheidung über die Verfahrenseröffnung war dem Schuldner im Falle eines Eigenantrags wenigstens noch zweimal Gelegenheit zu geben, die ihm verfügbaren Informationen einzuführen.[1157]

Zwar wurde das Sanierungsverfahren bzw. die Verordnung vom 23. September 1967 als Rechtswohltat bezeichnet.[1158] Auch wurde von einer Vergünstigung gesprochen, die der Schuldner verdient haben müsse.[1159] Vorteilhaft für diesen waren insbesondere das mit dem Verfahren verbundene Einzelrechtsverfolgungsverbot und die Möglichkeit der gerichtlichen Festsetzung von Stundungen gegen den Willen der Gläubiger.

1153 Vgl. *Rives* (Fn. 209), 102.

1154 S.o. § 3 B VI 2.

1155 S.o. § 4 A I 7 a).

1156 S. zum Ganzen oben § 3 B VI 2.

1157 Ordonnance n° 67-820 du 23 septembre 1967, artt. 6; 10, al. 1er; *Rives* (Fn. 209), 111 f.; *Ripert/Roblot* (Fn. 130), n° 3342; vgl. auch *de Juglart/Ippolito* (Fn. 170), nos 1431, 1433; *Arnold*, ZIP 1982, 793, 798. Hierzu desgleichen noch unten § 4 B.

1158 T. com. Paris 13.11.1968, JCP 1969, éd. G, II 15800, obs. *J.A.*; 13.4.1970, Gaz. Pal. 1970, 1, 287, 288, note *Gensburger*; T. com. Toulouse 22.11.1968, JCP 1969, éd. G, II 15708, obs. *Toujas* = RTD com. 1969, 160, obs. *Houin*; 24.1.1969, JCP 1969, éd. G, II 15794, obs. *Toujas*; T. com. Lille 24.3.1970, JCP 1970, éd. G, II 16388, obs. *Gensburger*; *Huet* (Fn. 849), 433 f.; *Houin/Derrida*(*-Houin*) (Fn. 1008), n° 2909-5; *RipertRoblot* (Fn. 130), n° 3335; *Honorat* (Fn. 221), n° 2.

1159 *Huet* (Fn. 849), 431; *Arnold*, ZIP 1982, 793, 796; *Larguier*, Droit pénal des affaires[6] (Paris 1983) 370.

Doch bezweckte der Gesetzgeber weniger den Schutz des Schuldners selbst als des öffentlichen Interesses am Erhalt seines Unternehmens unter mit dem Gläubigerinteresse vereinbaren Bedingungen.[1160] Und zur Sanktionierung schuldnerischen Fehlverhaltens bei der Sachverhaltsaufklärung war in die Verordnung ein besonderer Straftatbestand aufgenommen worden.[1161]

Manche gingen freilich davon aus, dass in den Fällen einer bösgläubigen Vorlage unrichtiger oder unvollständiger Unterlagen anlässlich des Sanierungsverfahrens bei einer regulären und strengen strafrechtlichen Verfolgung kein Raum mehr für eine Bejahung der Verfahrensvoraussetzungen bleiben würde.[1162] Die Aussichten auf einen erfolgreichen Ausgang wären auch vor dem Hintergrund des als hoch eingestuften[1163] Strafrahmens wohl faktisch geschmälert worden; für die Tat waren in der Verordnung eine Freiheitsstrafe von einem bis zu fünf Jahren und eine Geldstrafe von 10.000 bis zu 300.000 Francs vorgesehen[1164]. Bestimmungen, welche das Sanierungsverfahren für den Fall der Strafverfolgung gegen die Leiter *per se* ausgeschlossen hätten, hätten aber im Widerspruch zum Grundsatz der Trennung zwischen Mensch und Unternehmen und – bei Bejahung seiner nationalen oder regionalen Bedeutung – zu dem besonderen öffentlichen Interesse an dessen Erhalt gestanden.

1160 S.o. § 3 B VI 2 sowie *Rives* (Fn. 209), 106; vgl. auch *Toujas/Argenson*, JCP 1968, éd. G, I 2130, n° 8, nach denen der Schuldner des Sanierungsverfahrens „würdig" erschien, wenn und weil er ein Unternehmen führte, dessen Untergang eine schwere Störung der nationalen oder regionalen Wirtschaft verursacht hätte, sowie *Tribunal de commerce de Nice/Honorat*, Rev. jur. com. 1978, 1, 2, 7, wonach der Grund für die Beschränkung der Befugnisse des Schuldners in dem Sanierungsverfahren und ihre strafrechtliche Bewehrung mit Blick auf das Ziel der Erhaltung des als wichtig für die nationale oder regionale Wirtschaft erachteten Unternehmens darin bestehen sollte, dieses vor „jedem anormalen oder gefährlichen Verhalten des Schuldners" zu schützen.

1161 S.o. § 4 A I 7 a) sowie *Huet* (Fn. 849), 431, 433; *Larguier* (Fn. 1159).

1162 *Toujas/Argenson*, JCP 1968, éd. G, I 2130, n° 54; vgl. auch *Huet* (Fn. 849), 433; *Larguier* (Fn. 1159), der die in der Verordnung enthaltenen Straftatbestände zum Teil damit erklären wollte, dass es sich bei dem Sanierungsverfahren um eine Vergünstigung handele, welche einem Unternehmen dann nicht zu gewähren sei, wenn es sie nicht verdiente.

1163 *Ripert/Roblot* (Fn. 130), n° 3341.

1164 Ordonnance n° 67-820 du 23 septembre 1967, art. 46; *de Juglart/Ippolito* (Fn. 170), n° 1428; *Delmas-Marty* (Fn. 848), 740.

II. Antrag

1. Gesetzliche Anordnung und Frist

Heute findet sich im Code de commerce die Anordnung, dass die Eröffnung eines *redressement* oder einer *liquidation judiciaire* in den fünfundvierzig auf die *cessation des paiements* folgenden Tagen vom Schuldner beantragt werden muss, wenn er innerhalb dieser Frist nicht um die Eröffnung eines Schlichtungsverfahren ersucht hat.[1165] Der terminologische Wandel von der Erklärung der *cessation des paiements* zum Eröffnungsantrag (*demande d'ouverture*) erfolgte mit der Einführung des *redressement judiciaire* durch das Gesetz vom 25. Januar 1985,[1166] auch wenn das begleitende Dekret vom 27. Dezember 1985 noch an der Erklärung der *cessation des paiements* als Bezeichnung für den Akt der Anrufung des Gerichts durch den Schuldner festhielt[1167].

Die aktuelle Fristenregelung wurde durch die *loi de sauvegarde* geschaffen.[1168] Bis dahin hatte noch die alte Fünfzehntagefrist Bestand gehabt.[1169] Wenigstens seither erachtet es der Gesetzgeber als unangemessen, das Schlichtungsverfahren mit der *cessation des paiements* kategorisch auszuschließen.[1170] In der Praxis war der *règlement amiable* entgegen auf den Gesetzeswortlaut gestützter Kritik zuvor bereits in manchen Fällen ungeachtet der eingetretenen Zahlungseinstellung eröffnet worden.[1171]

1165 C. com., artt. L. 631-4; L. 640-4 („L'ouverture d'une procédure de redressement [/liquidation judiciaire] doit être demandée par le débiteur au plus tard dans les quarante-cinq jours qui suivent la cessation des paiements s'il n'a pas, dans ce délai, demandé l'ouverture d'une procédure de conciliation"); *Sonnenberger/Dammann* (Fn. 27), Rn. VIII 51; *Kindler/Nachmann(-Bauerreis)* (Fn. 26), Rn. 77, 92 (2014); MünchKomm InsO³(*-Niggemann*) (Fn. 23), Rn. 12.

1166 Loi n° 85-98 du 25 janvier 1985, art. 3, al. 2.

1167 Décret n° 85-1388 du 27 décembre 1985, art. 6, al. 1er. Zur Erklärung der *cessation des paiements* als begleitende Unterlage zu dem Eröffnungsantrag unter dem geltenden Recht s. noch unten § 4 A III 2 a).

1168 Loi n° 2005-845 du 26 juillet 2005, artt. 89; 97.

1169 C. com., artt. L. 621-1, al. 2; L. 622-1, al. 2 i.d.F. der ordonnance n° 2000-912 du 18 septembre 2000. Zum Ganzen *Klein*, RIW 2006, 13, 15; *Vallender/Heukamp*, InVO 2006, 1, 6 Fn. 75; *Robbe-Grillet* (Fn. 50), 146.

1170 *Le Corre* (Fn. 46), n° 51.14.

1171 *Le Corre* (Fn. 46), n° 141.21; *Jacquemont/Vabres*, (Fn. 23), n° 231. In Artikel L. 611-3, al. 1er des Code de commerce in der Fassung der Verordnung vom 18. September 2000 hieß es: „[...] il est institué une procédure de règlement amiable ouverte à toute entreprise commerciale ou artisanale qui, s a n s ê t r e e n c e s s a t i o n d e s p a i e m e n t s, éprouve une difficulté juridique, économique ou financière ou des besoins

Der Zeitraum von fünfzehn Tagen passte nicht mehr zu den aktuellen Zahlungsfristen im Rahmen der Beziehungen zwischen Lieferanten und ihren Kunden.[1172] Dem Schuldner soll mit der Fristverlängerung mehr Zeit für die Verfahrenswahl[1173] sowie für Verhandlungen mit seinen Gläubigern[1174] eingeräumt werden. Auch wird die neue Regelung mit dem Bestreben erklärt, die Herbeiführung einer Lösung über das Schlichtungsverfahren weniger mit Schwierigkeiten bei der Bestimmung des Zeitpunkts des Eintritts der *cessation des paiements* zu belasten;[1175] dagegen wird freilich eingewendet, dass die verlängerte Frist nichts an der Notwendigkeit dieser Bestimmung ändere, weil ein verspäteter Antrag auf Eröffnung des Schlichtungsverfahrens weiterhin zurückzuweisen sei[1176].

Was die Initiierung der *procédure de sauvegarde* betrifft, findet sich im Gesetz keine der für den *redressement* und die *liquidation judiciaire* geltenden Bestimmung entsprechende Anordnung.[1177] Von maßgeblicher Bedeutung für diese legislatorische Entscheidung war, dass der Schuldner zu der *procédure de sauvegarde* nur zugelassen werden können soll, wenn seine *cessation des paiements*

---

ne pouvant être couverts par un financement adapté aux possibilités de l'entreprise" (Hervorhebung durch den Verfasser). Zum *règlement amiable* s.o. § 3 B VII.

1172 *Hyest* (Fn. 299), 101; *Robbe-Grillet* (Fn. 50), 75; *Lienhard* (Fn. 501), n° 113.15.

1173 *Medla* (Fn. 3), 103; *Le Corre* (Fn. 46), n° 231.21; *Martin-Serf* (Fn. 341), n°s 17, 21. Kritisch zu diesem Argument und der Länge der Frist im Allgemeinen *Roussel Galle* (Fn. 307), n° 324.

1174 *Lienhard* (Fn. 501), n° 21.14; vgl. auch *Balz*, ZIP 1983, 1153, 1159.

1175 *Medla* (Fn. 1173); *Pétel*, J.-Cl. Commercial, Fasc. 2151 (November 2010) n°s 22, 24; *Le Corre* (Fn. 46), n° 141.21.

1176 *Saint-Alary-Houin* (Fn. 25), n° 346; vgl. auch *Pétel* (Fn. 1175), n° 25; *Jacquemont/Vabres* (Fn. 23) n° 98.

1177 *Sonnenberger/Dammann* (Fn. 27), Rn. VIII 36, 51; *Pascal Schütze* (Fn. 3), 144; *Kindler/Nachmann(-Bauerreis)* (Fn. 26), Rn. 89 (2014). Die Frage, ob das Unterlassen der Initiierung der *procédure de sauvegarde* trotz Vorliegens der Eröffnungsvoraussetzungen Ausgleichsansprüche gegen die Leiter einer juristischen Person in der Schuldnerrolle oder einen *entrepreneur individuel à responsabilité limité* auslösen kann, kann allerdings noch nicht als geklärt betrachtet werden, s. einerseits *Jeantin/Le Cannu*, Droit commercial, Entreprises en difficulté[7] (Paris 2007) n°s 259, 1292; *Medla* (Fn. 3), 168 Fn. 859; *Delattre*, Rev. proc. coll. 2013-2, comm. 28; *Pérochon* (Fn. 272), n°s 420, 1697 f.; *Jacquemont/Vabres* (Fn. 23), n°s 261, 1124 und andererseits *Pascal Schütze*, ebenda, Fn. 960; *Le Corre* (Fn. 46), n° 922.25; vgl. auch *Delattre*, Rev. proc. coll. 2012-5, alerte 25; *Macorig-Venier*, RTD com. 2013, 334 f. (Anm. zu CA Douai 29.11.2012, BJE 2013, 74, obs. *Rubellin*).

noch nicht eingetreten ist.[1178] Gerade für diesen Fall räumt der Gesetzgeber ein, dass der Schuldner am besten in der Lage ist, das in seiner Situation geeignetste Verfahren zu wählen.[1179] Seine Verantwortung wird betont.[1180] In dem Antrag auf Eröffnung der *procédure de sauvegarde* wird zumindest teilweise ein im allgemeinen Ermessen der Geschäftsleiter stehender Akt der Unternehmensführung gesehen.[1181] Der Schuldner handle im eigenen Interesse.[1182] Man spricht – in Anlehnung an die im Zusammenhang mit der Verfahrenseinleitung durch den Schuldner unter dem US-amerikanischen Bankruptcy Code gebräuchliche Redewendung[1183] – davon, dass er sich oder das Unternehmen mit dem Antrag unter den Schutz der Justiz zu stellen suche;[1184] ein Verfahren nach Chapter 11 des Bankruptcy Code bietet eine Aussetzung von Maßnahmen der Einzelrechtsverfolgung (*automatic stay*)[1185] bei grundsätzlicher Belassung der Eigenverwaltung (*debtor in possession*)[1186], die Möglichkeit einer Planbestätigung (*confirmation of the plan*) durch das Insolvenzgericht (*bankruptcy court*) gegen den Willen eines Teils der Gläubiger und der Anteilseigner (*cram down*)[1187] sowie eine gewöhnlich bereits mit der Planbestätigung verbundene Restschuldbefreiung

---

1178 *Le Corre* (Fn. 46), n° 231.11; vgl. auch *Medla* (Fn. 3), 168; *Kindler/Nachmann(-Bauerreis)* (Fn. 1177).

1179 Projet de loi de sauvegarde des entreprises, Doc. AN n° 1596, enregistré à la Présidence de l'Assemblée nationale le 12 mai 2004, Exposé des motifs; *Saint-Alary-Houin* (Fn. 25), n° 84.

1180 *Le Corre* (Fn. 1178); *Saint-Alary-Houin* (Fn. 25), n°s 84, 417; *Martin-Serf* (Fn. 341), n° 15.

1181 *Medla* (Fn. 1178); *Jacquemont/Vabres* (Fn. 23), n° 261.

1182 *Jacquemont/Vabres* (Fn. 1181).

1183 *Jacquemont/Vabres* (Fn. 1181); vgl. auch *Le Corre* (Fn. 46), n° 42.71.

1184 *Pascal Schütze* (Fn. 3), 144; *Le Corre* (Fn. 46), n° 231.11; *Saint-Alary-Houin* (Fn. 25), n°s 412, 433.

1185 BGH 13.10.2009, RIW 2009, 871, 872; *Ferriell/Janger*, Understanding Bankruptcy^3 (New Providence/San Francisco 2013) 231-238 (§§ 8.01, 8.02); *Eidenmüller*, ZIP 2014, 1197, 1199; Münchener Kommentar zur Insolvenzordnung(-*Grauke/Horwitz*), IV: EuInsVO 2000, Art. 102 und 102a EGInsO, EuInsVO 2015, Länderberichte^3 (2016) Länderberichte, USA Rn. 25.

1186 BGH 13.10.2009, RIW 2009, 871, 872; *Ferriell/Janger* (Fn. 1185), 120-123 (§ 4.02), 275-277 (§§ 9.01, 9.02); *Eidenmüller*, ZIP 2014, 1197, 1199; MünchKomm InsO^3(-*Grauke/Horwitz*) (Fn. 1185), Rn. 11, 23, 32.

1187 *Meyer-Löwy/Poertzgen/Eckhoff*, ZInsO 2005, 735, 739 f.; *Ferriell/Janger* (Fn. 1185), 779-797 (§ 19.11); MünchKomm InsO^3(-*Grauke/Horwitz*) (Fn. 1185), Rn. 48, 59.

(*discharge*)[1188] – eine gesetzliche Pflicht zur Beantragung eines der Verfahren nach dem Bankruptcy Code besteht nicht[1189].

2. *Zweck der Anordnung*

Das Gesetz verlangt von dem Schuldner, mit seinem Antrag die Eröffnung eines Verfahrens zur Behandlung der Schwierigkeiten zu ermöglichen, welche zum Eintritt der *cessation des paiements* geführt haben.[1190] Es wird geltend gemacht, dass die Anordnung der Antragstellung nach dem Willen des Gesetzgebers in erster Linie dem Erhalt des Unternehmens zu dienen bestimmt ist.[1191]

1188 *Meyer-Löwy/Poertzgen/Eckhoff*, ZInsO 2005, 735, 740; *Ferriell/Janger* (Fn. 1185), 455-459 (§§ 13.01, 13.02[A]), 472 f. (§ 13.02[C]), 516-519 (§ 13.06); MünchKomm InsO³(-*Grauke/Horwitz*) (Fn. 1185), Rn. 61. In dem ohne einen Plan auskommenden Liquidationsverfahren nach Chapter 7 des Bankruptcy Code – hierzu *Heese*, Gläubigerinformation in der Insolvenz (2008) 216-218; *Ferriell/Janger*, ebenda, 607-643 (§§ 17.01-17.10) – ist die Bestellung eines Insolvenzverwalters (*trustee*) dagegen obligatorisch, *Meyer-Löwy/Poertzgen/Eckhoff*, ebenda, 737; *Ferriell/Janger*, ebenda, 125 (§ 4.05[A][1]); MünchKomm InsO³(-*Grauke/Horwitz*), ebenda, Rn. 8 f. und eine Restschuldbefreiung nur im Falle von natürlichen Personen vorgesehen, *Meyer-Löwy/Poertzgen/Eckhoff*, ebenda, 740; *Ferriell/Janger*, ebenda, 459 (§ 13.02[B][1]), 509 (§ 13.04[A]); MünchKomm InsO³(-*Grauke/Horwitz*), ebenda, Rn. 8, 11. Die Verfahren nach Chapter 9 (*Adjustment of Debts of a Municipality*), Chapter 12 (*Adjustment of Debts of a Family Farmer or Fisherman with Regular Annual Income*) und Chapter 13 (*Adjustment of Debts of an Individual with Regular Income*) können hier außer Betracht bleiben, s. zu diesen *Ferriell/Janger*, ebenda, 166-175 (§ 6.02[B][3], [5], [6]), 645-708 (§§ 18.01-18.20), 809-825 (§§ 20.01-20.11); MünchKomm InsO³(-*Grauke/Horwitz*), ebenda, Rn. 10, 12-14. Soweit das US-amerikanische Insolvenzrecht vergleichend herangezogen wird, finden seine verbraucherspezifischen Bestimmungen in dieser Untersuchung generell keine Berücksichtigung.

1189 *Minuth*, FS Günter Greiner (2005), 245, 249; *Clark*, in: *Peter/Jeandin/Kilborn* (Hrsg.), The Challenges of Insolvency Law Reform in the 21st Century (Zürich u.a. 2006), 17, 18; MünchKomm InsO³(-*Grauke/Horwitz*) (Fn. 1185), Rn. 17. Zur Frage nach einer Haftung aus Delikt (*tort of deepening insolvency*) oder wegen einer Treuepflichtverletzung (*breach of fiduciary duties*) bei einer unterlassenen Antragstellung, *Meyer-Löwy/Poertzgen/Eckhoff*, ZInsO 2005, 735, 736; *Clark*, ebenda, 30 f.; *Seibel*, Der Geschäftsführer in der Insolvenz der Gesellschaft (2012) 104-115.

1190 Vgl. *Medla* (Fn. 3), 472; *Martin-Serf* (Fn. 341), n° 21.

1191 CA Lyon 26.6.2014, JurisData n° 2014-017165; s. auch *Cagnoli*, Essai d'analyse processuelle du droit des entreprises en difficulté (Paris 2002) n° 314, der sich die Kürze der Fünfzehntagefrist des Gesetzes vom 25. Dezember 1985 allein mit dem Willen des Gesetzgebers, die Möglichkeiten einer Sanierung zu bewahren, erklären wollte.

Wie dies schon für die Erklärung der *cessation des paiements* unter dem Code de commerce von 1807 galt, soll der Wissensvorsprung des Schuldners hinsichtlich seiner Verhältnisse nutzbar gemacht werden.[1192] In der frühestmöglichen Anrufung des Gerichts wird eine Bedingung für den Erfolg des Verfahrens gesehen.[1193] Im Falle von Verspätungen bei der Verfahrenseröffnung rechnet man mit einer Verschlimmerung der Situation.[1194]

Dabei wird davon ausgegangen, dass die Beachtung der Frist im Interesse aller Betroffenen liegt.[1195] Zu der aktuellen gesetzlichen Ausrichtung der Unternehmensinsolvenzverfahren[1196] passt es, die Anordnung nicht als bloßes Instrument des Gläubigerschutzes zu verstehen. Allerdings wird die Regelung gegenwärtig immer noch auch mit der Gefahr fraudulösen Verhaltens zu Lasten Dritter erklärt, welche die verzweifelte Situation des Schuldners berge.[1197]

Teilweise wird bei der Erläuterung der gesetzlichen Anordnung, die Verfahrenseröffnung zu beantragen, mit dem Schutz des Wettbewerbs argumentiert. Dieser werde mit der Fortführung des schuldnerischen Unternehmens nach dem Eintritt der *cessation des paiements* und außerhalb der gesetzlich vorgesehenen Verfahren durch einen Marktteilnehmer gestört, der anders als die anderen seine Steuer- und Abgabenlast nicht erfüllt.[1198]

3. *Nach der Initiierung eines Verfahrens*

a) Mandat ad hoc

Die Bestellung eines *mandataire ad hoc* lässt die gesetzliche Anordnung gegenüber dem Schuldner, im Falle des Eintritts der *cessation des paiements* die Eröffnung eines *redressement* oder einer *liquidation judiciaire* zu beantragen,

1192 *Chaput*, Dr. sociétés 1999, n° 37 (Anm. zu Cass. com. 19.1.1999, Bull. civ. 1999 IV, n° 19); *Pérochon* (Fn. 272), n° 425. Zur Erklärung der *cessation des paiements* unter dem Code de commerce von 1807 s. insoweit oben § 4 A I 2 b).

1193 *Jacquemont/Vabres* (Fn. 23), n° 263; in diesem Sinne auch *Guyon* (Fn. 382).

1194 *Lienhard* (Fn. 501), n° 113.15; *Jacquemont/Vabres* (Fn. 1193).

1195 *Lienhard* (Fn. 1194); in diesem Sinne auch *Guyon* (Fn. 382).

1196 Hierzu oben § 3 B VII-XIII, C, D.

1197 *Pérochon* (Fn. 272), n° 424. Zu dem entsprechenden Erklärungsansatz in Bezug auf die Rechtslage unter dem Code de commerce von 1807 s.o. § 4 A I 1 a).

1198 *Guyon* (Fn. 382); vgl. auch *Pérochon* (Fn. 272), n° 439, welche die Befugnis der Staatsanwaltschaft, die Eröffnung des *redressement* und der *liquidation judiciaire* zu beantragen, auch mit der Gefährdung der Konkurrenten durch eine hoffnungslose Fortsetzung der Marktteilnahme zu erklären sucht.

unberührt.[1199] Sie führt nicht zu einem Entzug der Leitungs- und Vertretungsbefugnisse.[1200]

b) Schlichtungsverfahren

Nicht unumstritten ist die Antwort auf die Frage, ob der Schuldner zur Beantragung der Eröffnung des *redressement* oder der *liquidation judiciaire* verpflichtet ist, wenn der Ablauf der für die Antragstellung vorgesehenen fünfundvierzig Tage nach der Eröffnung des Schlichtungsverfahrens eintritt.[1201] Für eine Antragspflicht in diesem Fall wird die vom Gesetzgeber grundsätzlich erkannte Notwendigkeit, den eingetretenen Schwierigkeiten schnellstmöglich zu begegnen, geltend gemacht. Ferner wird auf die vor der Änderung der Antragsfrist durch die *loi de sauvegarde* ergangene Rechtsprechung des Kassationshofes hingewiesen.[1202] Dieser hatte entschieden, dass die Eröffnung eines Schlichtungsverfahrens im Falle der *cessation des paiements* einer Gesellschaft die Verantwortlichen weder von der gesetzlichen Anordnung, um die Eröffnung des *redressement* oder der *liquidation judiciaire* zu ersuchen, noch von einer Sanktionierung der unterlassenen Antragstellung befreien könne.[1203]

Die Vertreter der Gegenansicht argumentieren mit der Entstehungsgeschichte der *loi de sauvegarde*.[1204] Sie wollen durch die Fünfundvierzigtagefrist nur die

---

1199 Cass. com. 10.5.2005, RJDA 2005, n° 1025; *Lienhard* (Fn. 501), n°113.17; *Pérochon* (Fn. 272), n° 426 note 11; *Cerf-Hollender* (Fn. 272), n° 69; vgl. auch *Andreas Stadler* (Fn. 182), 199 Fn. 1085; *Drukarczyk* (Fn. 464), 764.

1200 *Flessner*, KTS 2010, 127, 132 f.; *Fix* (Fn. 28), 256; *Kindler/Nachmann(-Bauerreis)* (Fn. 26), Rn. 37 (2014).

1201 Hierzu *Jeantin/Le Cannu* (Fn. 1177), n° 129; *Medla* (Fn. 3), 123 Fn. 598, 404; *Le Corre* (Fn. 46), n° 141.21.

1202 *Jeantin/Le Cannu* (Fn. 1201).

1203 Cass. com. 8.7.2003, Bull. civ. 2003 IV, n° 129.

1204 *Le Corre* (Fn. 1201), der sich auf den Bericht der Gesetzeskommission des Senats zu dem von der Nationalversammlung angenommenen Entwurf der *loi de sauvegarde des entreprises* beruft. Um der Interpretationsmöglichkeit entgegenzuwirken, das Schlichtungsverfahren sei bei Überschreiten der Fünfundvierzigtagegrenze sofort zu beenden und in den *redressement judiciaire* überzuleiten, war von der Kommission statt des Entwurfstexts „Il est institué […] une procédure de conciliation applicable aux personnes […] lorsqu'elles éprouvent une difficulté juridique, économique ou financière, avérée ou prévisible, et ne se trouvent pas en cessation des paiements depuis plus de quarante-cinq jours“, Doc. Sénat n° 235, Annexe au procès-verbal de la séance du 9 mars 2005, art. 5, vorgeschlagen worden zu formulieren, dass das Verfahren unter diesen beiden Voraussetzungen „ouverte“ sei, *Hyest* (Fn. 299), 101 f. Gesetz geworden ist freilich die insoweit heute noch aktuelle Fassung von Artikel 611-4

Eröffnung des Schlichtungsverfahrens, nicht hingegen dessen Fortführung bis zum *accord* beschränkt sehen.

Bei Auflösung des im Zuge des Schlichtungsverfahrens erzielten *accord*, greift die gesetzliche Anordnung der Antragstellung, wenn der Schuldner sich im Zustand der *cessation des paiements* befindet.[1205]

c) *Insolvenzverfahren*

aa) Eintritt der *cessation des paiements* bis zur Eröffnung

Stellt sich nach der Eröffnung der *procédure de sauvegarde* heraus, dass die *cessation des paiements* des Schuldners bereits im Zeitpunkt der Eröffnung eingetreten war, leitet das Gericht das Verfahren auf Antrag des *administrateur*, des *mandataire judiciaire*, der Staatsanwaltschaft oder des Schuldners über in den *redressement judiciaire*.[1206] Die ursprüngliche Eröffnung der *procédure de sauvegarde* steht der Sanktionierung einer Nichtbeachtung der Fünfundvierzigtagefrist durch den Schuldner nicht entgegen.[1207]

bb) … in der Beobachtungsphase

Sollte die *cessation des paiements* nach der Eröffnung der *procédure de sauvegarde* und vor der Festsetzung eines Plans eintreten, entsteht dem Schuldner hieraus keine sanktionsbewehrte Pflicht zur Beantragung der Überleitung des Verfahrens in den *redressement* oder die *liquidation judiciaire*.[1208] Genauso wenig unterliegt er einer solchen Pflicht zur Beantragung der Überleitung in die *liquidation judiciaire* in der Beobachtungsphase eines *redressement judiciaire*, wenn die Voraussetzungen für die Überleitung gegeben sind.[1209]

---

des Code de commerce: „Il est institué […] une procédure de conciliation dont peuvent bénéficier les personnes […] qui éprouvent une difficulté juridique, économique ou financière, avérée ou prévisible, et ne se trouvent pas en cessation des paiements depuis plus de quarante-cinq jours“ (Hervorhebung durch den Verfasser).

1205 *Lienhard* (Fn. 501), n° 22.43; *Jacquemont/Vabres* (Fn. 23), n° 146.

1206 S.o. § 3 D.

1207 *Le Corre* (Fn. 46), n° 223.61.

1208 *Le Corre* (Fn. 46), n° 913.12; *Pérochon* (Fn. 272), n° 1755; *Jacquemont/Vabres* (Fn. 23), n° 1159.

1209 *Pérochon* (Fn. 1208). Zu dieser Überleitung s.o. § 3 F.

cc) … während der Planausführung

Umstritten ist, ob der Schuldner zur Beantragung eines *redressement* oder einer *liquidation judiciaire* verpflichtet ist, wenn die *cessation des paiements* während der Ausführung eines *plan de sauvegarde* oder eines *plan* de *redressement* eintritt.[1210] Dagegen wird der Wortlaut von Artikel L. 626-27-II des Code de commerce ins Feld geführt. Dort ist geregelt, dass die für den Fall des Eintritts der *cessation des paiements* während der Ausführung des *plan de sauvegarde* vorgesehene gerichtliche Anordnung der Planauflösung und Eröffnung des *redressement* oder der *liquidation judiciaire* auf Antrag eines Gläubigers, des *commissaire à l'exécution du plan* oder der Staatsanwaltschaft ergehen kann;[1211] die Vorschrift findet gleichermaßen auf die Anordnung der Planauflösung und Eröffnung der *liquidation judiciaire* bei Eintritt der *cessation des paiements* während der Ausführung des *plan* de *redressement* Anwendung[1212]. Der Schuldner wird in der Bestimmung nicht als möglicher Antragsteller genannt.[1213] Es wird darauf hingewiesen, dass die Aufzählung abschließend[1214] und der Schuldner demnach nicht antragsberechtigt[1215] sei.

Die Befürworter der schuldnerischen Antragspflicht beim Eintritt der *cessation des paiements* während der Planausführung stützen sich auf den von ihnen als einschlägig erachteten Sanktionstatbestand.[1216] Dort wird als Voraussetzung für die Verhängung einer *interdiction de gérer* formuliert, dass der Verantwortliche es „wissentlich unterlassen hat, die Eröffnung eines redressement oder liquidation judiciaire Verfahrens innerhalb einer Frist von fünfundvierzig Tagen ab der cessation des paiements zu beantragen, ohne sonst um die Eröffnung eines

---

1210 Dafür *Lienhard*, D. 2008, AJ 2500, 2501 (Anm. zu Cass. com. 30.9.2008, Bull. civ. 2008 IV, n° 164); *ders.*, Code des procédures collectives[10] (Paris 2012) 256; *Le Corre* (Fn. 1208); dagegen *Pérochon* (Fn. 272), n° 1754. Vgl. hierzu auch *Vinckel*, J.-Cl. Fasc. 2610 (Februar 2017) n° 160.

1211 „Dans les cas mentionnés aux deuxième et troisième alinéas du I, le tribunal est saisi par un créancier, le commissaire à l'exécution du plan ou le ministère public".

1212 C. com., art. L. 631-19-I, al. 1er; vgl. *Pérochon* (Fn. 272), n° 1145; *Jacquemont/Vabres* (Fn. 23), nos 722 f.; *Saint-Alary-Houin* (Fn. 25), n° 1189. Zu der Anordnung der Planauflösung und der Eröffnung des *redressement* bzw. der *liquidation judiciaire* bei Eintritt der *cessation des paiements* während der Planausführung nach C. com., art. L. 626-27-I, al. 3 bzw. artt. L. 631-19-I, al. 1er; L. 631-20-1 s. bereits oben § 3 H.

1213 S.o. Fn. 1211; *Lienhard*, Code des procédures collectives[10] (Paris 2012) 256; *Vinckel* (Fn. 1210).

1214 *Saint-Alary-Houin* (Fn. 25), n° 1059.

1215 *Jacquemont* (Fn. 950), n° 186; *Jacquemont/Vabres* (Fn. 23), n° 849.

1216 *Le Corre* (Fn. 1208); vgl. auch *Vinckel* (Fn. 1210).

Schlichtungsverfahrens ersucht zu haben".[1217] Bis zum Inkrafttreten der Verordnung vom 18. Dezember 2008 hatte die Vorschrift statt an den unterlassenen Antrag noch an das Unterbleiben der „Erklärung der cessation des paiements" angeknüpft.[1218] Teilweise wird angenommen, dass mit dieser Änderung die fehlende Benennung des Schuldners in Artikel L. 626-27-II des Code de commerce ausgeglichen werde. Während es in dieser Norm um die Befugnis zur Anrufung des Gerichts zwecks Auflösung des Plans sowie Eröffnung eines *redressement* oder einer *liquidation judiciaire* gehe, sei der Schuldner aufgrund des Sanktionstatbestands gehalten, die Eröffnung eines Insolvenzverfahrens zu beantragen, welche als solche die Planauflösung nach sich ziehe.[1219] Dieser Sichtweise wird freilich entgegengehalten, dass mit der Überarbeitung der Anknüpfung des Sanktionstatbestands schlicht eine redaktionelle Anpassung an die gegenwärtige Terminologie des Code de commerce[1220] beabsichtigt gewesen sein könne.[1221]

1217 C. com., art. L. 653-8, al. 3: „[L'interdiction de diriger, gérer, administrer ou contrôler, directement ou indirectement, soit toute entreprise commerciale ou artisanale, toute exploitation agricole et toute personne morale, soit une ou plusieurs de celles-ci] peut également être prononcée à l'encontre de toute personne mentionnée à l'article L. 653-1 qui a omis sciemment de demander l'ouverture d'une procédure de redressement ou de liquidation judiciaire dans le délai de quarante-cinq jours à compter de la cessation des paiements, sans avoir, par ailleurs, demandé l'ouverture d'une procédure de conciliation". Zur Bewehrung der Antragspflicht nur noch mit der *interdiction de gérer* statt mit der *faillite personnelle* unter dem geltenden Recht s.u. § 4 A VIII 1.

1218 C. com., art. L. 653-8, al. 3 i.d.F. der loi n° 2005-845 du 26 juillet 2005: „Elle peut également être prononcée à l'encontre de toute personne mentionnée à l'article L. 653-1 qui aura omis de faire, dans le délai de quarante-cinq jours, la déclaration de cessation des paiements, sans avoir, par ailleurs, demandé l'ouverture d'une procédure de conciliation" (Hervorhebung durch den Verfasser).

1219 *Le Corre* (Fn. 1208).

1220 Zu dem terminologischen Wechsel von der Erklärung der *cessation des paiements* zum Eröffnungsantrag in der Vorgängerregelung der Artikel L. 631-4, al. 1er und L. 640-4, al. 1er des Code de commerce – loi n° 85-98 du 25 janvier 1985, art. 3, al. 2 – s.o. § 4 A II 1.

1221 *Roussel Galle*, Rev. Sociétés 2009, 249, 268; vgl. auch *Lienhard* (Fn. 501), n° 134.46; *ders.* (Fn. 1213), 493, der in der Überarbeitung eine rein formale Änderung ohne normative Bedeutung sieht und insoweit auf die Ausführungen der Gesetzeskommission der Nationalversammlung im Gesetzgebungsverfahren zu dem Gesetz vom 4. August 2008 verweist. Die Kommission hat bemerkt, dass der terminologische Wechsel in der Sache nichts ändern werde, was die Sanktionierung der Untätigkeit auf Seiten des Schuldners betrifft. Formal werde es diesem dagegen natürlicher erscheinen und mithin einfacher fallen, sich an das Gericht zu wenden, um sich über die angezeigten Verfahren zu unterrichten („Sur le fond, la substitution ne

Auch in den Reihen der Gegner der Antragspflicht beim Eintritt der *cessation des paiements* während der Planausführung wird die schuldnerische Befugnis, in dieser Situation die Eröffnung eines *redressement* oder einer *liquidation judiciaire* zu beantragen, entgegen dem Wortlaut des Artikels L. 626-27-II des Code de commerce durchaus anerkannt.[1222] Es sei in jeder Hinsicht vorzugswürdig, dass die *cessation des paiements* so schnell wie möglich erklärt wird.[1223] Und der Schuldner sei am besten in der Lage, den Eintritt derselben festzustellen. Ferner gelte es zu berücksichtigen, dass er – zumindest im Falle der *procédure de sauvegarde* – bis dahin als treibende Kraft in Erscheinung getreten sei, die das Ausgangsverfahren beantragt und den Plan vorbereitet habe.[1224] Endlich sei die Norm zusammen mit den allgemeiner gefassten und nicht ausdrücklich ausgeschlossenen Vorschriften zur Eröffnung des *redressement* und der *liquidation judiciaire*, welche einen darauf gerichteten Schuldnerantrag innerhalb der Fünfundvierzigtagefrist vorsehen, zu lesen.[1225] *De lege ferenda* erscheine es letztlich sogar sinnvoll, den Schuldner in der streitbefangenen Konstellation mit einer sanktionsbewehrten Antragspflicht zu belegen, weil von ihm vor dem Hintergrund des Ausgangsverfahrens größere Wachsamkeit erwartet werden können müsse.[1226]

Entscheidend für die Beantwortung der Streitfrage sei aber letztlich, dass Sanktionstatbestände wie der in Frage stehende streng auszulegen seien.[1227] Dieser dem Schuldner die Beantragung der Eröffnung eines Schlichtungsverfahrens innerhalb der Fünfundvierzigtagefrist zubilligende Tatbestand passe auch

---

changera rien quant à la sanction de l'inaction du dirigeant ou du professionnel en état de cessation des paiements; sur la forme, en revanche, il lui sera sans doute plus naturel – et donc facile – de se tourner vers le tribunal pour s'enquérir des procédures à entreprendre pour sauver ce qui peut encore l'être ou au contraire pour mettre un terme définitif aux difficultés rencontrées"), *Ciotti*, Avis présenté au nom de la commission des Lois constitutionnelles, de la législation et de l'administration générale de la République sur les articles 3, 4, 5, 6, 7, 11, 13, 14, 18, 19, 21, 22, 23, 26, 27, 32, 33, 34 et 35 du projet de loi, après déclaration d'urgence, de modernisation de l'économie (N° 842), Doc. AN n° 895, enregistré à la Présidence de l'Assemblée nationale le 15 mai 2008, 71.

1222 *Pérochon* (Fn. 272), n° 1060; so auch *Lienhard* (Fn. 1213).

1223 *Pérochon* (Fn. 272), n° 1059.

1224 *Pérochon* (Fn. 272), n° 1060; vgl. auch *Vinckel* (Fn. 1210).

1225 *Pérochon* (Fn. 1224). Es handelt sich dabei um die Bestimmungen der Artikel L. 631-4, al. 1er und L. 640-4, al. 1er des Code de commerce (zu diesen s.o. § 4 A II 1).

1226 *Pérochon* (Fn. 272), n° 1754.

1227 *Pérochon* (Fn. 1227).

deswegen nicht, weil die *procédure de conciliation* unmöglich sei im Falle von Schwierigkeiten bei der Planausführung.[1228] Demgegenüber wird jedoch von anderer Seite betont, dass es dem Schuldner beim Eintritt der *cessation des paiements* in dieser Phase nicht ausdrücklich untersagt sei, um die Eröffnung eines Schlichtungsverfahrens zu ersuchen. Dass die Bestimmungen zur Planausführung insoweit nur von der Eröffnung eines *redressement* oder einer *liquidation judiciaire* sprechen,[1229] sei unschädlich. Zur Begründung wird insoweit auf die einleitende Vorschrift zum Schlichtungsverfahren im ersten Titel des sechsten Buchs des Code de commerce verwiesen.[1230] In dieser ist schlicht von der Abwesenheit einer mehr als fünfundvierzig Tage währenden *cessation des paiements* als Bedingung für die Anwendbarkeit des Verfahrens die Rede.[1231]

Keinesfalls unterliegt die Nichtbeachtung der Antragsfrist einer Sanktionierung, wenn die Fristüberschreitung erst daraus resultiert, dass das Gericht bei einer mit der Nichterfüllung des Plans – und nicht mit dem Eintritt der *cessation des paiements* – begründeten Auflösung anlässlich der anschließenden Eröffnung eines Insolvenzverfahrens den Zeitpunkt des Eintritts der *cessation des paiements* auf ein Datum während der Planausführung vorverlegt.[1232]

dd) … nach der Planauflösung

Ergibt sich die *cessation des paiements* des Schuldners nach der Auflösung des Plans, finden die allgemeinen Bestimmungen zur Eröffnung des *redressement* und der *liquidation judiciaire* Anwendung.[1233] Es greift dann wieder die gesetzliche Fünfundvierzigtagefrist.[1234]

ee) Initiierung von anderer Seite

Der Antrag eines Gläubigers auf Eröffnung eines *redressement* oder *liquidation judiciaire* Verfahrens befreit den Schuldner nicht von der gesetzlichen

---

1228 *Pérochon* (Fn. 272), n° 1060.

1229 C. com., artt. L. 626-27-I, al. 3; L. 631-19-I, al. 1er; L. 631-20-1.

1230 *Vinckel* (Fn. 1210), n° 158.

1231 S.o. Fn. 1204.

1232 Cass. com. 30.9.2008, Bull. civ. 2008 IV, n° 164 = D. 2008, AJ 2500, note *Lienhard*; 26.1.2010, n° 08-14.088; *Lienhard* (Fn. 501), n° 84.16; *Le Corre* (Fn. 46), nos 913.12, 912.18; *Cerf-Hollender* (Fn. 1199); vgl. auch bereits Cass. com. 29.5.2001, Bull. civ. 2001 IV, n° 105 = D. 2001, AJ 2033, obs. *Lienhard*.

1233 *Le Corre* (Fn. 46), n° 524.32; *Pérochon* (Fn. 272), n° 1054; *Vinckel* (Fn. 1210), nos 137, 157.

1234 Vgl. oben § 4 A II 1.

Anordnung, die Eröffnung selbst zu beantragen.[1235] Er steht der Verhängung einer *interdiction de gérer* wegen der Nichtbeachtung der Fünfundvierzigtagefrist nicht entgegen.[1236] Dasselbe gilt für einen entsprechenden Antrag der Staatsanwaltschaft.[1237] Der Schuldner soll unter Einsatz seines Wissensvorsprungs eine zügige Eröffnung ermöglichen,[1238] anstatt die Prüfung auf Initiative von anderer Seite zu behindern oder zu verzögern[1239].

Nicht dagegen kann das Gericht den Schuldner im Falle eines gescheiterten Gläubigerantrags auf Eröffnung einer *liquidation judiciaire* anweisen, die Eröffnung eines *redressement judiciaire* zu beantragen.[1240] Erfüllt der Schuldner die Voraussetzungen für die Eröffnung der *liquidation judiciaire* nicht, weist das Gericht einen darauf gerichteten Antrag zurück.[1241] Die Gläubiger können für diesen Fall hilfsweise die Eröffnung eines *redressement judiciaire* beantragen.[1242]

4. *Bei der Kanzlei des zuständigen Gerichts*

Die Antragstellung erfolgt sowohl im Falle des *redressement* und der *liquidation judiciaire* als auch der *procédure de sauvegarde* bei der Kanzlei des zuständigen Gerichts.[1243] Diese Regelung war zunächst in dem die *loi de sauvegarde*

1235 Cass. com. 14.1.2014, n° 12-29.807 = D. 2014, Actu. 207, obs. *Lienhard*; *Robbe-Grillet* (Fn. 50), 146 f., 150; *Jacquemont/Vabres* (Fn. 23), n° 1159; *Cerf-Hollender* (Fn. 272), n° 70.

1236 Cass. com. 19.1.1999, Bull. civ. 1999 IV, n° 19 = D. aff. 2002, somm. 203, obs. *Sortais*; 13.5.2003, n° 01-15.171; *Le Corre* (Fn. 46), n°s 913.12, 912.18; *Cerf-Hollender* (Fn. 272), n° 69; *Martin-Serf* (Fn. 341), n° 23; vgl. auch *Andreas Stadler* (Fn. 182), 202. Ausgeschlossen soll die Verhängung unabhängig von der Stellung eines Eigenantrags freilich sein, wenn es vor Ablauf der Frist zur Verfahrenseröffnung kommt, CA Lyon 28.10.2011, JurisData n° 2011-027538; CA Caen 17.4.2014, JurisData n° 2014-010487.

1237 *Cerf-Hollender* (Fn. 1236); vgl. auch *Andreas Stadler* (Fn. 1236).

1238 *Chaput*, Dr. sociétés 1999, n° 37.

1239 *Pétel*, JCP 1999, éd. G, I 139, n° 16 (Anm. zu Cass. com. 19.1.1999, Bull. civ. 1999 IV, n° 19).

1240 CA Besançon 8.8.2007, JurisData n° 2007-342667; *Le Corre* (Fn. 46), n° 231.31.

1241 S.o. § 3 D.

1242 C. com., art. R. 640-1, al. 2; *Le Corre* (Fn. 46), n° 231.36; *Pérochon* (Fn. 272), n°s 435, 473; *Saint-Alary-Houin* (Fn. 25), n° 1101.

1243 C. com., artt. R. 621-1, al. 1er; R. 631-1, al. 1er („La demande d'ouverture de la procédure de sauvegarde/redressement judiciaire est déposée […] au greffe du tribunal compétent"); R. 640-1, al. 1er („La demande d'ouverture de la procédure de liquidation judiciaire est présentée selon les modalités prévues aux articles

begleitenden Dekret vom 28. Dezember 2005 enthalten.[1244] Dasselbe gilt für die aktuelle Bestimmung im Code de commerce zur *compétence territoriale*.[1245] Im Zuge der Schaffung der partie réglementaire des Code de commerce wurden die Vorschriften in diesen Teil überführt;[1246] die *compétence d'attribution* ist dagegen in der partie législative geregelt[1247]. Nichtsdestoweniger werden die Zuständigkeitsregeln insgesamt als verbindlich eingestuft.[1248] Wenigstens manchen Autoren zufolge sollte – im Einklang mit der entsprechenden unter dem Gesetz vom 13. Juli 1967 vertretenen Ansicht – die arglistige Umgehung des zuständigen Gerichts dem Schuldner es nicht erlauben, sich der Sanktionierung einer unterlassenen Antragstellung zu entziehen.[1249]

Nicht vereinfacht wird die Beurteilung der Frage nach einer Heranziehung der Zuständigkeitsregeln zur Konkretisierung der gesetzlichen Anordnung, die Eröffnung eines *redressement* oder *liquidation judiciaire* Verfahrens zu beantragen, durch die heute bestehende Möglichkeit einer Verweisung des Verfahrens an ein an sich unzuständiges Gericht[1250]. Voraussetzung für einen solchen in der

---

R. 631-1 […]"); *Robbe-Grillet* (Fn. 50), 146, 356; *Pascal Schütze* (Fn. 1184); *Martin-Serf* (Fn. 341), n°s 24, 33, 39.

1244 Décret n° 2005-1677 du 28 décembre 2005, artt. 50, al. 1er; 170, al. 1er; 212, al. 1er. Für die Insolvenzverfahren unter dem Gesetz vom 25. Januar hatte vorher bereits das Dekret Nr. 85-1388 vom 27. Dezember 1985 Entsprechendes vorgesehen, décret n° 85-1388 du 27 décembre 1985, artt. 6, al. 1er; 118-1, al. 1er i.d.F. des décret n° 94-910 du 21 octobre 1994.

1245 Unmittelbare Vorgängerin der aktuellen Regelung zur *compétence territoriale* in Artikel R. 600-1 des Code de commerce ist Artikel 1 des Dekrets vom 28. Dezember 2005. Die Vorgänger der Regelung in diesem Dekret hatten sich jeweils im ersten Artikel des Dekrets Nr. 85-1388 vom 27. Dezember 1985 sowie derjenigen vom 22. Dezember und vom 23. September 1967 befunden, vgl. bereits oben § 4 A I 6 a).

1246 Décret n° 2007-431 du 25 mars 2007, art. 1er. Zur Schaffung der partie réglementaire s.o. § 3 B X.

1247 C. com., artt. L. 621-2, al. 1er; L. 631-7, al. 1er; L. 641-1-I, al. 1er. Auch insoweit ist der Gesetzgeber seiner Linie treu geblieben, vgl. loi n° 67-563 du 13 juillet 1967, art. 5, al. 1er; ordonnance n° 67-820 du 23 septembre 1967, art. 2, al. 1er; loi n° 85-98 du 25 janvier 1985, art. 7, al. 1er; C. com., art. L. 621-5, al. 1er i.d.F. der ordonnance n° 2000-912 du 18 septembre 2000.

1248 *Campana/Dizel/Barratin/Fernandez* (Fn. 766), nos 504 f., 516; *Jacquemont/Vabres* (Fn. 23), nos 262, 266; *Saint-Alary-Houin* (Fn. 25), n° 473.

1249 *Campana/Dizel/Barratin/Fernandez* (Fn. 766), n° 516. Zu der entsprechenden Ansicht unter dem Gesetz vom 13. Juli 1967 s.o. § 4 A I 6 a).

1250 Zu dieser Verweisung C. com., art. L. 662-2, al. 1er; *Robbe-Grillet* (Fn. 50), 143; *Le Corre* (Fn. 46), n° 232.14; *Martin-Serf*, J.-Cl. Commercial, Fasc. 2200 (Februar

Entscheidungskompetenz der Appellationsgerichte bzw. des Kassationshofs liegenden *renvoi* ist, dass die betroffenen Interessen ihn rechtfertigen.[1251] Es wird die Einschätzung geäußert, dass meist wirtschaftliche, politische oder soziale Erwägungen den Ausschlag geben.[1252] Insbesondere kommt der *renvoi* als Instrument für die Behandlung von Konzerninsolvenzen in Betracht.[1253] Aber auch ein Konflikt zwischen den Interessen eines Richters am zuständigen Gericht mit denjenigen des Schuldners oder ganz allgemein eine Verbesserung der Sanierungsaussichten können Anlass für die Verweisung geben.[1254]

5. *Angaben*

Der Code de commerce sieht in seiner partie réglementaire ausdrücklich vor, dass der Antrag auf Eröffnung der *procédure de sauvegarde* die Natur der Schwierigkeiten, denen der Schuldner ausgesetzt ist, sowie die Gründe dafür, warum er nicht in der Lage ist, diese zu überwinden, aufzeigt.[1255] Es wird damit ein Vortrag zu dem Eröffnungsgrund erwartet.[1256]

Diese Regelungen erinnern an das Sanierungsverfahren der Verordnung vom 23. September 1967.[1257] Voraussetzung für dessen Eröffnung war eine schwierige, aber nicht unheilbar zerrüttete finanzielle Situation des Schuldners.[1258] Und

---

2017) n°s 54-64. Ihren Ausgangspunkt findet die Vorschrift in einer Regelung des Gesetzes vom 25. Januar 1985, loi n° 85-98 du 25 janvier 1985, art. 7, al. 3; *Lienhard* (Fn. 1213), 528; *Martin-Serf*, ebenda, n° 54.

1251 C. com., artt. L. 662-2; R. 662-7, al. 1er; *Robbe-Grillet* (Fn. 1250); *Le Corre* (Fn. 1250); *Saint-Alary-Houin* (Fn. 25), n° 485.

1252 *Martin-Serf* (Fn. 1250), n° 58; vgl. auch *Robbe-Grillet* (Fn. 1250).

1253 *Karl-Heinz Weber/Hoffmann* (Fn. 6), 40; *Robbe-Grillet* (Fn. 1250); *Saint-Alary-Houin* (Fn. 1251).

1254 *Le Corre* (Fn. 1250); *Saint-Alary-Houin* (Fn. 1251); *Martin-Serf* (Fn. 1250), n° 64. Zu den eigenen Interessen eines Richters als Verweisungsanlass s. auch *Karl-Heinz Weber/Hoffmann* (Fn. 1253).

1255 C. com., artt. R. 621-1, al. 1er („[La demande d'ouverture de la procédure de sauvegarde] expose la nature des difficultés qu'il rencontre et les raisons pour lesquelles il n'est pas en mesure de les surmonter"); *Friedrichs* (Fn. 24), 163; *Kindler/Nachmann(-Bauerreis)* (Fn. 26), Rn. 98, 89 (2014); *Saint-Alary-Houin* (Fn. 25), n°s 435 f., 470.

1256 S.o. § 3 D sowie *Pascal Schütze* (Fn. 3), 142 f., 220, 239; *Friedrichs* (Fn. 24), 161, 163; *Kindler/Nachmann(-Bauerreis)* (Fn. 26), Rn. 98, 101 f. (2014).

1257 Vgl. *Voinot*, Gaz. Pal. 2005, doctr. 2943, 2949. Allgemein zur Verordnung vom 23. September 1967 als Inspirationsquelle und historischer Ausgangspunkt des geltenden Rechts s.o. § 3 B VII, IX.

1258 S.o. § 3 B VI 2.

von diesem wurde verlangt, in seinem Eröffnungsantrag neben den Perspektiven einer Sanierung des Unternehmens sowie einer Schuldenbereinigung seine wirtschaftliche und finanzielle Lage darzustellen.[1259]

Ein erheblicher Unterschied besteht hingegen zu dem Verfahren nach Chapter 11 des Bankruptcy Code.[1260] Für dieses wird im Falle eines Schuldnerantrags keine Feststellung eines Eröffnungsgrundes verlangt.[1261] Aus dem auf die *Reorganization* gerichteten Eigenantrag braucht sich dementsprechend auch nicht notwendigerweise die (drohende) Insolvenz zu ergeben.[1262]

In Frankreich hält man die Feststellung unüberwindbarer Schwierigkeiten durch das Gericht als Voraussetzung für die Eröffnung der *procédure de sauvegarde* für notwendig, um die betroffenen Interessen für den Fall zu schützen, dass das Verfahren unangemessen erscheint.[1263] In dem Eröffnungsgrund wird – wie bereits unter dem Regelwerk von 1967 – ein Mittel gesehen, dem Missbrauch des Verfahrens durch Schuldner zu begegnen, die sich dessen Vorteile zu Nutze machen wollen, ohne sich in einer die Durchführung rechtfertigenden Situation zu befinden.[1264]

Die Darstellung der Schwierigkeiten und der Gründe für ihre Unüberwindbarkeit in dem Eigenantrag ist ein Beitrag zur Aufklärung des für die Entscheidung

---

1259 S.o. § 4 A I 7 a).

1260 *Voinot*, Gaz. Pal. 2005, doctr. 2943, 2949; *Pérochon* (Fn. 272), n° 384; *Jacquemont/Vabres* (Fn. 23), n° 226.

1261 BGH 13.10.2009, RIW 2009, 871, 873; *Clark* (Fn. 1189), 18; *Eidenmüller*, ZIP 2014, 1197, 1199; MünchKomm InsO³(-*Grauke/Horwitz*) (Fn. 1189).

1262 Entsprechendes gilt für das Verfahren nach Chapter 7 des Bankruptcy Code. Zum Ganzen 11 U.S.C. §§ 301; 303(h); *Heese* (Fn. 1188), 114; *Ferriell/Janger* (Fn. 1185), 159 f. (§§ 6.01[A], 6.02[A]); MünchKomm InsO³(-*Grauke/Horwitz*) (Fn. 1185), Rn. 17 f. Zur Bedeutung der mangelnden Insolvenz bei der Beurteilung der Frage nach der vorzeitigen Verfahrensbeendigung (*dismissal*) oder Überleitung (*conversion*) eines Chapter 11 in ein Chapter 7 Verfahren aus besonderem Grund (*for cause*) in Gestalt mangelnder Redlichkeit (*bad faith*) nach 11 U.S.C. § 1112(b) *Clark* (Fn. 1189), 21-24; *Eidenmüller*, ZIP 2014, 1197, 1201; *Feeney/Williamson/Stepan*, Bankruptcy law manual, II$^{5, 2015-2}$ (Eagan 2015), 918 f. (§ 11:43). Zu *dismissal* und *conversion* wegen der unterlassenen Einreichung verschiedener den Antrag begleitender Unterlagen zur wirtschaftlichen Situation des Schuldners s. noch unten § 4 A XIII.

1263 *Pérochon* (Fn. 272), n°s 373-376; *Jacquemont/Vabres* (Fn. 23), n°s 226 f.; *Saint-Alary-Houin* (Fn. 25), n°s 433 f.; vgl. auch *Macorig-Venier*, RTD com. 2013, 334, 335.

1264 *Friedrichs* (Fn. 24), 161; *Jacquemont/Vabres* (Fn. 23), n° 227; *Saint-Alary-Houin* (Fn. 25), n° 434; vgl. auch *Delzant/Ehret*, ZInsO 2009, 990, 991; *Pascal Schütze* (Fn. 3), 220, 239. Zur Situation unter dem Regelwerk von 1967 s.o. § 4 A I 6 j).

über die Eröffnung der *procédure de sauvegarde* maßgeblichen Sachverhalts. Im Unterschied zu der Erklärung der *cessation des paiements* unter dem Code de commerce von 1807 bindet dieser Vortrag das Gericht nicht.[1265] Einer solchen Bindung an das schuldnerische Vorbringen bei der Feststellung des Eröffnungsgrundes wurde bereits unter dem Regelwerk von 1967 eine Absage erteilt.[1266]

Nicht um Sachverhaltsaufklärung geht es dagegen bei den Ausführungen zu dem im eröffneten Verfahren anzufertigenden Inventar, die der Code de commerce heute von dem Schuldner in seinem Antrag auf Eröffnung der *procédure de sauvegarde* verlangt. Über den Vortrag zu dem Eröffnungsgrund hinaus hat der Schuldner in dem Antrag mitzuteilen, ob er sich bereit erklärt, dieses Inventar zu erstellen, oder die Bestellung einer damit beauftragten Person beantragt.[1267] Für den Fall der Zusage der eigenständigen Inventarerstellung wird die Angabe der dafür benötigten Zeitspanne in dem Antrag verlangt.[1268] Diese Vorgaben wurden durch das Ausführungsdekret zu der Verordnung vom 18. Dezember 2008 eingeführt.[1269] Letztere hatte zuvor die aktuelle Regel begründet, dass in der *procédure de sauvegarde* der Schuldner das – dann der

---

1265 *Pascal Schütze* (Fn. 3), 142 f., 145 Fn. 961, 220; *Drukarczyk* (Fn. 464), 766; *Pérochon* (Fn. 272), n°s 378, 468, 470 f.; *Jacquemont/Vabres* (Fn. 23), n°s 226 f., 235, 237, 275-277; *Saint-Alary-Houin* (Fn. 25), n°s 436, 472, 487-495; missverständlich *Karsten Schmidt(-Spliedt)*, InsO[19] (2016) Einführung zu den §§ 217 f. InsO Rn. 17. Zur Bindung des Gerichts an die Erklärung der *cessation des paiements* unter dem Code de commerce von 1807 s.o. § 4 A I 1 c), 2 b) ee). Zu dem Streit um diese Frage unter dem Dekret vom 20. Mai 1955 s.o. § 4 A I 5 j), zu der Frage nach einer Prüfung des Eintritts der *cessation des paiements* vor der Anordnung der *liquidation judiciaire* unter dem Gesetz vom 4. März 1889 s.o. § 4 A I 3 a), 5 j).

1266 S.o. §§ 3 B VI 2; 4 A I 6 j), 7 d).

1267 C. com., art. R. 621-1, al. 1er („[La demande d'ouverture de la procédure de sauvegarde] précise s'il s'engage à établir l'inventaire dans les conditions prévues à l'article L. 622-6-1 ainsi que le délai nécessaire à l'établissement de celui-ci ou s'il demande la désignation par le tribunal d'une personne chargée de réaliser l'inventaire en application du sixième alinéa de l'article L. 621-4"). Entgegen *Kindler/Nachmann(-Bauerreis)* (Fn. 26), Rn. 98 (2014) gilt diese Regelung weder für den Fall des *redressement* noch für denjenigen der *liquidation judiciaire*, C. com., artt. R. 631-1; R. 640-1, al. 1er. Zum Ganzen *Le Corre* (Fn. 46), n° 231.11; *Jacquemont/Vabres* (Fn. 23), n°s 262, 343; *Martin-Serf* (Fn. 341), n° 24. Zu diesem Inventar s. noch unten § 4 D IV 3.

1268 C. com., art. R. 621-1, al. 1er; *Lienhard* (Fn. 501), n° 53.36; *Martin-Serf*, J.-Cl. Commercial, Fasc. 2310 (Mai 2014) n° 32; *dies.* (Fn. 1267).

1269 Décret n° 2009-160 du 12 février 2009, art. 15; *Le Corre* (Fn. 1267); *Saint-Alary-Houin* (Fn. 25), n° 470.

Bestätigung durch einen *commissaire aux comptes* oder *expert-comptable* bedürfende – Inventar erstellt, wenn nicht in dem Eröffnungsurteil aus dem Kreis der insoweit in Betracht kommenden Amts- und Hilfspersonen der Justiz ein Dritter hierzu bestimmt wird, das Gericht aber eine solche Berufung vornimmt, wenn der Schuldner dies beantragt.[1270] Ferner ist im Gesetz die Bestimmung einer Frist für die Inventarerstellung durch den Schuldner in dem Urteil vorgesehen.[1271] Bei den das Inventar betreffenden Angaben in dem Eröffnungsantrag handelt es sich nach alledem weniger um eine Wissens- als um eine Willenserklärung, mit der das Begehren formuliert wird, das Inventar innerhalb einer von dem Schuldner vorgeschlagenen[1272] Frist selbst zu erstellen oder die Erstellung eben in andere Hände geben zu lassen.

III. Begleitende Unterlagen

Vergleichbar dem Bankruptcy Code[1273] benennt der Code de commerce verschiedene von dem Schuldner begleitend zu seinem Eröffnungsantrag einzureichende Unterlagen. Dies gilt sowohl für die *procédure de sauvegarde* als auch

---

1270 C. com., artt. L. 621-4, al. 6, wonach die Beauftragung eines *commissaire-priseur judiciaire*, Gerichtsvollziehers, Notars oder vereidigten Handelsmaklers (*courtier en marchandises assermenté*) in Betracht kommt; L. 622-6-1, al. 1er; vgl. auch *Delzant/Ehret*, ZInsO 2009, 990, 991; *Pascal Schütze* (Fn. 3), 240; *Kindler/Nachmann*(-*Bauerreis*) (Fn. 26), Rn. 162 (2014).

1271 C. com., art. L. 622-6-1, al. 2. Zum Ganzen *Le Corre* (Fn. 46), n° 462.32; *Martin-Serf*, J.-Cl. Commercial, Fasc. 2310 (Mai 2014) n° 32; *Pérochon* (Fn. 272), n°s 668, 670.

1272 *Le Corre* (Fn. 1271).

1273 Der Bankruptcy Code verlangt von dem Schuldner, der ein Verfahren nach Chapter 7 oder 11 beantragt, insbesondere die Einreichung einer Gläubigerliste (*list of creditors*), 11 U.S.C. § 521(a)(1)(A); *Kemper*, Die U.S.-amerikanischen Erfahrungen mit "Chapter 11" (1996) 20; *Heese* (Fn. 1188), 121; *Ferriell/Janger* (Fn. 1185), 176 (§ 6.02[C][2]). Darüber hinaus wird etwa, vorbehaltlich einer abweichenden Entscheidung des Gerichts, ein Vermögens- und Schuldenverzeichnis (*schedule of assets and liabilities*) sowie eine Erklärung zu den finanziellen Verhältnissen des Schuldners gefordert (*statement of the debtor's financial affairs*), 11 U.S.C. § 521(a)(1)(B) (i), (iii); *Feeney/ Williamson/Stepan* (Fn. 1262), I[5, 2015-2] (Eagan 2015), 595 f. (§ 3:13); vgl. auch *Kemper*, ebenda; *Heese*, ebenda Fn. 36. Konkretisierungen sind in den Federal Rules of Bankruptcy Procedure (Fed. R. Bankr. P.) und den amtlichen Insolvenzformularen (*Official Bankruptcy Forms*) enthalten *Ferriell/Janger*, ebenda, 175-177 (§ 6.02[C]); *Feeney/ Williamson/Stepan*, ebenda, 595 f. Fn. 1, 603-607 (§ 3:13).

für den *redressement* und die *liquidation judiciaire*.[1274] Das heutige Recht steht insoweit in der Tradition seiner Vorgängerregelungen.[1275]

Die einschlägigen Bestimmungen finden sich in der partie réglementaire des Code de commerce.[1276] Die *loi de sauvegarde* hat – wie bereits das Gesetz vom 13. Juli 1967, die Verordnung vom 23. September 1967 sowie das Gesetz vom 25. Januar 1985 – die begleitenden Unterlagen einer Regelung per Dekret überlassen.[1277] Diese Vorschriften sind mit der Schaffung seiner partie réglementaire im französischen Handelsgesetzbuch kodifiziert worden.[1278]

In den Bestimmungen zur *procédure de sauvegarde* und zum *redressement judiciaire* ist jeweils ein Katalog von Unterlagen enthalten. Diesem vorangestellt heißt es in den einschlägigen Vorschriften, dass die in dem Katalog aufgeführten Elemente nebst dem Jahresabschluss des letzten Geschäftsjahres (*comptes annuels du dernier exercice*) begleitend zu dem Eröffnungsantrag eingereicht „werden".[1279] Für die *liquidation judiciaire* wird auf die Regelung zum *redressement judiciaire* verwiesen.[1280]

Grundsätzlich gilt, dass die Einreichung der begleitenden Unterlagen sofort mit der Stellung des Eröffnungsantrags zu erfolgen hat.[1281] Anders als etwa im US-amerikanischen Recht[1282] ist keine ab diesem Zeitpunkt laufende Frist vorgesehen. Für den Fall, dass die eine oder andere der begleitenden Unterlagen

---

1274 C. com., artt. R. 621-1; R. 631-1; R. 640-1, al. 1er, 3; *Kindler/Nachmann(-Bauerreis)* (Fn. 26), Rn. 98 (2014); *Le Corre* (Fn. 46), nos 231.12, 231.24; *Martin-Serf* (Fn. 341), nos 24 f., 33-37, 39.

1275 S.o. § 4 A I 2 b), 3 a), 5 b), 6 b), 7 a).

1276 S. die Nachweise oben Fn. 1274.

1277 Décret n° 2005-1677 du 28 décembre 2005, artt. 50; 170; 212; *Robbe-Grillet* (Fn. 50), 145 f.; *Medla* (Fn. 3), 168; *Pascal Schütze* (Fn. 3), 51 Fn. 305, 144 f. Zu der entsprechenden Vorgehensweise unter dem Regelwerk von 1967 s.o. § 4 A I 6 b), 7 a) Fn. 1131, zu derjenigen unter dem Gesetz vom 25. Januar 1985 décret n° 85-1388 du 27 décembre 1985, artt. 6; 118-1, al. 1er i.d.F. des décret n° 94-910 du 21 octobre 1994; *Kremer* (Fn. 47), 73; *Guyon* (Fn. 18), n° 1131.

1278 Décret n° 2007-431 du 25 mars 2007, art. 1er.

1279 C. com., artt. R. 621-1, al. 2; R. 631-1, al. 2: „A cette demande sont jointes, outre les comptes annuels du dernier exercice, les pièces ci-après".

1280 C. com., art. R. 640-1, al. 1er.

1281 *Martin-Serf* (Fn. 341), n° 25; vgl. auch *Robbe-Grillet* (Fn. 1277); *Medla* (Fn. 1277); *Pascal Schütze* (Fn. 3), 51 Fn. 305, 144.

1282 11 U.S.C. §§ 521(i); 707(a)(3); 1112(e); Fed. R. Bankr. P. 1007(c); *Ferriell/Janger* (Fn. 1185), 176 f. (§ 6.02[C]), 610 (§ 17.03[A]); *Feeney/Williamson/Stepan* (Fn. 1273), 610 (§ 3:13); *dies.*, (Fn. 1262), 609 (§ 10:17), 914 f. (§ 11:43).

nicht oder nur unvollständig vorgelegt werden kann, findet sich im Code de commerce – in Fortschreibung der entsprechenden Regelung des Gesetzes vom 28. Mai 1838 – für alle Verfahrensarten die Anordnung, die Gründe zu benennen.[1283]

Allesamt werden die begleitenden Unterlagen als Informationsquelle für das Gericht verstanden.[1284] Diese Sichtweise korrespondiert mit der Stärkung, welche die Gerichtsmacht im Zuge der historischen Entwicklung erfahren hat.[1285]

1. Verfahrensartunabhängige

a) Überkommene

Unabhängig davon, welches Verfahren beantragt wird, sind begleitend zu dem Eigenantrag verschiedene Unterlagen einzureichen, die aus dem Regelwerk von 1967 zum *règlement judiciaire* und zur *liquidation des biens* übernommen worden sind.[1286] Hierzu zählt der bereits genannte Jahresabschluss des letzten Geschäftsjahres.[1287]

Hinzu kommen – zur besseren Erfassung und Beurteilung des Vermögens und der Schulden[1288] – weitere hergebrachte Unterlagen. Namentlich handelt es sich hierbei um die bezifferte Aufstellung der Forderungen und Schulden (*état chiffré des créances et des dettes*), das Verzeichnis der Sicherheiten auf der Aktiv- und der Passivseite (*état actif et passif des sûretés*), die Übersicht zu den außerbilanziellen Verpflichtungen (*état des engagements hors bilan*) und das summarische Inventar (*inventaire sommaire des biens*).[1289]

1283 C. com., artt. R. 621-1, al. 16; R. 631-1, al. 16; R. 640-1, al. 1er; *Lienhard* (Fn. 501), nos 53.38, 113.16, 121.17; *Le Corre* (Fn. 1274); *Martin-Serf* (Fn. 341), nos 25, 33, 37, 39. Zu den historischen Vorläufern s.o. § 4 A I 2 a) aa), 5 b), 6 b), 7 a).

1284 *Medla* (Fn. 3), 168, 433 f.; *Pascal Schütze* (Fn. 3), 144; *Martin-Serf* (Fn. 341), no 33.

1285 Zu dieser Entwicklung s.o. § 3 B, D-I. Einen Zusammenhang zwischen dem „gerichtlichen Charakter" der *procédure de sauvegarde* und den Bestimmungen zu den begleitenden Unterlagen sieht *Medla* (Fn. 3), 434.

1286 Zu den entsprechenden Vorgaben des Regelwerks von 1967 s.o. § 4 A I 6 b).

1287 C. com., artt. R. 621-1, al. 2; R. 631-1, al. 2; R. 640-1, al. 1er; *Lienhard* (Fn. 501), nos 53.37, 113.16, 121.17; *Le Corre* (Fn. 1274); *Martin-Serf* (Fn. 341), nos 25, 33 f., 39; vgl. auch *Robbe-Grillet* (Fn. 50), 146 Fn. 435, 356; *Medla* (Fn. 3), 168, 106 f.; *Pascal Schütze* (Fn. 3), 51 Fn. 305, 144 f.

1288 *Martin-Serf* (Fn. 341), nos 33, 36.

1289 C. com., artt. R. 621-1, 5°, 6°, 7°; R. 631-1, 5°, 6°, 7°; R. 640-1, al. 1er; *Lienhard* (Fn. 1287); *Le Corre* (Fn. 1274); *Martin-Serf* (Fn. 341), nos 25, 33 f., 36, 39; vgl. auch *Robbe-Grillet* (Fn. 1287); *Medla* (Fn. 1287); *Kindler/Nachmann(-Bauerreis)* (Fn. 1274).

In den *état chiffré des créances et des dettes* sind die Verbindlichkeiten unabhängig von ihrer Fälligkeit aufzunehmen.[1290] Insoweit wird in der Literatur auf eine bereits unter dem Dekret vom 20. Mai 1955 ergangene Entscheidung des Kassationshofs verwiesen.[1291] Darin stellte dieser klar, dass eine auf die unstreitigen und fälligen Forderungen beschränkte Darstellung der Verbindlichkeiten nicht genügte. Begründet wurde dies schlicht damit, dass es einer genauen Information über die Situation des schuldnerischen Unternehmens bedurfte.[1292]

Die Gläubiger sind weiter namentlich und unter Angabe ihres Domizils respektive Sitzes aufzuführen.[1293] Die Angaben zu den Forderungen sollen nicht nur die Einschätzung des Gesamtumfangs der schuldnerischen Verbindlichkeiten, sondern wie bereits vor der Reform von 1955 auch die Forderungsfeststellung fördern.[1294] Besonders hervorgehoben wird ihre Bedeutung für den verwalterseitigen Hinweis auf die Notwendigkeit der fristgerechten Forderungsanmeldung.[1295] Dieser hat heute gegenüber allen bekannten Gläubigern (*créanciers connus*) schriftlich zu erfolgen durch den *mandataire* in der *procédure de*

1290 Greffe du t. com. Paris, Kit Procédures collectives, Déposer une demande d'ouverture de procédure de sauvegarde, <http://www.greffe-tc-paris.fr/fr/difficultes-des-entreprises/procedure_sauvegarde.html> (letzter Abruf 3.4.2017; im Folgenden „Antrag sauvegarde"), 8, 10 f.; Dossier Formalités et Procédures judiciaires, Déposer une déclaration de cessation des paiements, <http://www.greffe-tc-paris.fr/fr/difficultes-des-entreprises/redressement-et-liquidation/declarer_cessation_paiement.html> (letzter Abruf 3.4.2017; im Folgenden „Erklärung der cessation des paiements"), Formulaire de déclaration, 4, 6 f.; *Martin-Serf* (Fn. 341), n° 36. Im Falle des Antrags eines Einzelunternehmers mit beschränkter Haftung auf Eröffnung der *procédure de sauvegarde* in Bezug auf die Aktivität, der ein Sondervermögen zugewiesen worden ist, sind nur diejenigen Schulden beachtlich, welche diesem Vermögen zugewiesen oder bei Ausübung dieser Aktivität entstanden sind, C. com., art. R. 621-1, 5°; *Le Corre* (Fn. 46), n° 231.12; *Martin-Serf*, ebenda, n° 25.

1291 *Jacquemont* (Fn. 950), n° 166.

1292 Cass. civ., sect. com. 14.3.1961, Bull. civ. 1961 III, n° 136 = D. 1961, jur. 686, note *Honorat* = RTD com. 1961, 951, obs. *Houin* = JCP 1961, éd. G, IV 86; *Argenson/Toujas/Dutheil* (Fn. 135), 66.

1293 C. com., artt. R. 621-1, 5°; R. 631-1, 5°; R. 640-1, al. 1er; *Lienhard* (Fn. 1287); *Le Corre* (Fn. 46), nos 231.12, 231.24; *Martin-Serf* (Fn. 341), nos 25, 36, 39; vgl. auch *Robbe-Grillet* (Fn. 1287); *Medla* (Fn. 3), 168.

1294 Zur aktuellen Rechtslage *Martin-Serf* (Fn. 341), n° 36. Zur Situation vor der Reform von 1955 s.o. § 4 A I 2 b) aa).

1295 *Soinne* (Fn. 382), n° 557.

sauvegarde und im *redressement judiciaire* sowie den *liquidateur* im Liquidationsverfahren.[1296]

Dagegen ist der Ausweis der Forderung in den begleitenden Unterlagen heute weder notwendige noch hinreichende Voraussetzung für eine Befugnis, der Zulassung von Forderungen anderer Gläubiger zu widersprechen. Die Prüfung der angemeldeten Forderungen ist unter dem geltenden Recht Sache des *mandataire judiciaire* bzw. des *liquidateur* unter Beteiligung des Schuldners und der berufenen Kontrolleure.[1297] Die Entscheidung des *juge-commissaire* über die Zulassung kann ein anderer als der anmeldende Gläubiger nur unter der Bedingung eines berechtigten Interesses angreifen;[1298] der Kassationshof hat es ausreichen lassen, dass er ein persönliches und von dem der übrigen Gläubiger abweichendes Interesse geltend macht[1299]. Von einer Anknüpfung an die Benennung in den begleitenden Unterlagen ist nirgends die Rede.

Dem Verzeichnis der Sicherheiten und der Übersicht zu den außerbilanziellen Verpflichtungen wird nicht nur eine wichtige Rolle bei der Prüfung der Verbindlichkeiten zugeschrieben. Sie werden auch als bedeutsam für die Würdigung von Sanierungs- oder Übertragungsplanentwürfen erachtet.[1300]

Das summarische Inventar soll eine Beurteilung des Werts der Aktiva erlauben. Seine Kenntnis wird etwa auch als unverzichtbar für denjenigen eingeschätzt, der die Unterbreitung eines Übernahmeangebots erwägt.[1301] Zumindest teilweise hält man die Einschätzung für vertretbar, dass der summarische Charakter die Erfassung der wichtigsten Vermögensbestandteile und eine bloß überschlägige Bewertung ausreichen lässt.[1302] Ein genaueres Inventar, so wird

---

1296 C. com., artt. R. 622-21, al. 1er, 3; R. 631-27; R. 641-25; *Jacquemont/Vabres* (Fn. 23), n°s 519, 553; MünchKomm InsO[3](-*Niggemann*) (Fn. 23), Rn. 38; *Saint-Alary-Houin* (Fn. 25), n°s 780, 1111, 1228. Zu einer besonderen Form des Hinweises s. noch unten § 4 D IV 3 a).

1297 Zum Verfahren der Forderungsfeststellung s.o. § 3 E, zur eventuellen Anwesenheit des *administrateur* bei der Forderungsprüfung im Falle des *redressement judiciaire* s.o. Fn. 437.

1298 C. com., artt. L. 624-3-1; L. 631-18, al. 1er; L. 641-14, al. 1er; *Medla* (Fn. 3), 227; *Jacquemont/Vabres* (Fn. 23), n° 606; *Saint-Alary-Houin* (Fn. 25), n° 821.

1299 Cass. com. 13.5.2003, Bull. civ. 2003 IV, n° 75. Die besonderen Bestimmungen zur Feststellung der Arbeitnehmerforderungen – hierzu oben § 3 E – stärken die Position der Gläubiger nicht.

1300 *Martin-Serf* (Fn. 1294).

1301 *Martin-Serf* (Fn. 1294).

1302 *Jeantin/Le Cannu* (Fn. 1177), n° 562. Beantragt der Schuldner, in den Genuss des *rétablissement professionnel* zu gelangen, dann hat er das Inventar nach der durch

argumentiert, werde deswegen nicht verlangt, weil seine Erstellung zu viel Zeit in Anspruch nehmen würde.[1303]

Anders als noch in der entsprechenden Regelung von 1967 ist eine allgemeine Beschränkung des summarischen Inventars auf das dem schuldnerischen Unternehmen gewidmete Vermögen nicht mehr vorgesehen.[1304] In der Literatur zum alten Recht war der Widerspruch zwischen dieser Beschränkung und dem gesetzlichen Prinzip der Einheit des Vermögens kritisch hervorgehoben worden.[1305] Ist der Schuldner ein Einzelunternehmer mit beschränkter Haftung, sind in dem summarischen Inventar freilich nur Vermögensbestandteile zu berücksichtigen, die der Ausübung der Aktivität zugewiesen sind, in Bezug auf welche die Verfahrenseröffnung beantragt wird.[1306]

In der Praxis wird es als sachgerecht erachtet, die mit dem *état chiffré des créances et des dettes*, dem Sicherheitenverzeichnis, der Übersicht zu den außerbilanziellen Verpflichtungen und dem summarischen Inventar geforderten Informationen abweichend von dieser Terminologie des Code de commerce zu ordnen. Die von dem Handelsgericht Paris vorgehaltenen Eigenantragsformulare etwa sehen eine in das Vermögen, die Schulden und die außerbilanziellen Verpflichtungen unterteilte Präsentation in Staffelform vor.[1307] Die Darstellung des Vermögens soll danach derjenigen in einer Bilanz entsprechen und eine Bewertung der Vermögensgegenstände einschließen. Erfasst werden sollen die relevanten der in das summarische Inventar und den *état chiffré des créances et des dettes* aufzunehmenden Daten unter Angabe der gewährten Sicherheiten.[1308]

Die Angaben zu den Schulden in den Formularen umfassen die Benennung der Gläubiger mit ihren Anschriften und Forderungsbeträgen geordnet

---

das Dekret vom 30. Juni 2014 geschaffenen Vorschrift des Artikels R. 640-1-1, al. 1er des Code commerce zu ergänzen um eine Präzisierung der Modalitäten der Bewertung seiner Vermögensgegenstände, *Vallansan*, J. Cl. Commercial, fasc. 2700 (April 2016) n° 27.

1303 *Jeantin/Le Cannu* (Fn. 1177), n° 561.

1304 Zu dieser alten Beschränkung s.o. § 4 A I 6 b).

1305 *Derrida* (Fn. 157), nos 7, 31.

1306 C. com., artt. R. 621-1, 7°; R. 631-1, 7°; R. 640-1, al. 1er; *Le Corre* (Fn. 1293); *Martin-Serf* (Fn. 341), n° 25.

1307 Greffe du t. com. Paris (Fn. 1290), Antrag sauvegarde, 7-12; Erklärung der cessation des paiements, Formulaire de déclaration, 3-8 sowie Notice pour remplir les intercalaires du formulaire.

1308 Greffe du t. com. Paris (Fn. 1290), Antrag sauvegarde, 7; Erklärung der cessation des paiements, Formulaire de déclaration, 3 sowie Notice pour remplir les intercalaires du formulaire.

nach solchen mit einem allgemeinen, solchen mit einem Spezialprivileg wie die Pfandrechtsgläubiger und den nicht bevorrechtigten Gläubigern.[1309] Was die außerbilanziellen Verpflichtungen betrifft, werden die Benennung der Begünstigten, ihrer Anschriften sowie eine Bezifferung der korrespondierenden Forderungen erwartet.[1310]

b) Neuerungen ab der Reform von 1985

aa) Registerauszüge

Mit der Reform von 1985 wurde der Katalog der begleitenden Unterlagen erweitert um einen Auszug aus dem Handelsregister (*registre du commerce et des sociétés*) bzw. der Handwerksrolle (*répertoire des métiers*).[1311] Die aktuellen Bestimmungen halten hieran grundsätzlich für alle Verfahrensarten fest.[1312] Gefördert werden sollen auf diese Weise die Identifizierung des Schuldners und die Bestimmung der gerichtlichen Zuständigkeit.[1313] Die Aufnahme des Auszugs aus der Handwerksrolle steht im Zusammenhang mit der Erstreckung des Anwendungsbereichs der Unternehmensinsolvenzverfahren auf die Handwerker mit dem Gesetz vom 25. Januar 1985.[1314]

1309 Greffe du t. com. Paris (Fn. 1290), Antrag sauvegarde, 8-11; Erklärung der cessation des paiements, Formulaire de déclaration, 4-7 sowie Notice pour remplir les intercalaires du formulaire.

1310 Greffe du t. com. Paris (Fn. 1290), Antrag sauvegarde, 12; Erklärung der cessation des paiements, Formulaire de déclaration, 8 sowie Notice pour remplir les intercalaires du formulaire.

1311 Décret n° 85-1388 du 27 décembre 1985, artt. 6, 1°; 21, al. 1er, 2 (*répertoire des entreprises* in den Departements Niederrhein, Oberrhein und Mosel); *Guyon* (Fn. 1277); vgl. auch *Kremer* (Fn. 47), 73 f.

1312 C. com., artt. R. 621-1, 1°, wonach bei Beantragung der Eröffnung einer *procédure de sauvegarde* alternativ gegebenenfalls die einheitliche Identifikationsnummer (*numéro unique d'identification*) einzureichen ist; R. 621-8, al. 1er, 2; R. 631-1, 2°; R. 640-1, al. 1er; *Lienhard* (Fn. 1287); *Le Corre* (Fn. 1293); *Martin-Serf* (Fn. 341), nos 25, 35, 39; vgl. auch *Robbe-Grillet* (Fn. 50), 146 Fn. 435; *Friedrichs* (Fn. 1264); *Kindler/Nachmann(-Bauerreis)* (Fn. 1274). Zu den Besonderheiten im Falle eines Einzelunternehmers mit beschränkter Haftung, eines Handelsvertreters (*agent commercial*) oder von landwirtschaftlichen Betrieben C. com., artt. R. 621-1, 1°; R. 631-1, 2°; R. 640-1, al. 1er; R. 621-8, al. 4; L. 526-7; R. 526-15.

1313 *Martin-Serf* (Fn. 341), nos 33, 35.

1314 Zu dieser Ausdehnung s.o. § 3 B VII.

bb) Berufsaufsicht

Übt der Schuldner einen reglementierten oder geschützten freien Beruf aus, hat er begleitend zu einem Eigenantrag die zuständige aufsichtführende Stelle zu benennen (*désignation de l'ordre professionnel ou de l'autorité dont il relève*).[1315] Diese Neuerung hat das Dekret vom 28. Dezember 2005 gebracht,[1316] nachdem die *loi de sauvegarde* den persönlichen Anwendungsbereich der Unternehmensinsolvenzverfahren entsprechend ausgeweitet hatte[1317].

Die aufsichtführende Stelle hat das Gericht vor der Entscheidung über die Verfahrenseröffnung zu hören.[1318] Genauso ist sie im eröffneten Verfahren verschiedentlich einzubeziehen. Das Gesetz weist ihr – unabhängig von einer etwaigen Gläubigerstellung – das Amt eines Kontrolleurs zu.[1319] Die Erstellung des Inventars erfolgt, wenn sie nicht vom Schuldner selbst vorgenommen wird, im Beisein eines Vertreters der aufsichtführenden Stelle.[1320] Als weiteres Beispiel lässt sich deren Konsultation durch den *administrateur* bei der Erstellung der Wirtschafts- und Sozialbilanz[1321] anführen.

cc) Arbeitnehmer und Umsatz

Stets sind – wie bereits unter dem Dekret vom 27. Dezember 1985 – begleitend zu dem Eröffnungsantrag des Schuldners Angaben zur Zahl der beschäftigten Arbeitnehmer und zum Umsatz vorgeschrieben.[1322] Von der Höhe dieser Werte macht das Gesetz insbesondere abhängig, ob das Gericht in der *procédure de*

1315 C. com., artt. R. 621-1, 10°; R. 631-1, 11°; R. 640-1, al. 1er; *Lienhard* (Fn. 1287); *Le Corre* (Fn. 1293); *Martin-Serf* (Fn. 341), n°s 25, 35, 39; vgl. auch *Robbe-Grillet* (Fn. 50), 146 Fn. 435, 356; *Medla* (Fn. 3), 168, 106.

1316 Décret n° 2005-1677 du 28 décembre 2005, artt. 50, 10°; 170, 11°; 212, al. 1er.

1317 S.o. § 3 B IX.

1318 C. com., artt. L. 621-1, al. 2; L. 631-7, al. 1er; L. 641-1-I, al. 1er; *Robbe-Grillet* (Fn. 50), 156, 356; *Friedrichs* (Fn. 24), 165; *Martin-Serf* (Fn. 341), n° 88.

1319 S.o. § 3 B IX.

1320 C. com., artt. L. 622-6, al. 4; L. 622-6-1, al. 1er; L. 631-14, al. 1er; L. 641-1-II, al. 7; L. 641-4, al. 4; *Le Corre* (Fn. 46), n°s 462.32, 462.31; *Martin-Serf* (Fn. 1271), n° 36; vgl. auch *Medla* (Fn. 3), 190.

1321 C. com., artt. L. 623-3, al. 5; L. 631-18, al. 1er; *Lienhard* (Fn. 501), n°s 73.22, 115.11; *Le Corre* (Fn. 46), n° 491.22; *Saint-Alary-Houin* (Fn. 25), n°s 924, 1189; vgl. auch *Medla* (Fn. 3), 192.

1322 C. com., artt. R. 621-1, 4°; R. 631-1, 4°; R. 640-1, al. 1er; *Kindler/Nachmann(-Bauerreis)* (Fn. 1274); *Le Corre* (Fn. 46), n°s 231.12, 231.24; *Martin-Serf* (Fn. 341), n°s 25, 35, 39; vgl. auch *Robbe-Grillet* (Fn. 50), 146 Fn. 435, 356. Zur Situation unter dem Regelwerk von 1985 décret n° 85-1388 du 27 décembre 1985, artt. 6, 3°; 118-1, al. 1er i.d.F. des

sauvegarde und im *redressement judiciaire* von der Bestellung eines *administrateur judiciaire* absehen kann. Dasselbe gilt für die Frage nach der obligatorischen Anwendung der Vorschriften zu den Gläubigerausschüssen.[1323]

Im Falle der *liquidation judiciaire* kann die nach dieser Art bemessene Größe des Unternehmens den Ausschlag geben bei der Wahl zwischen dem Regel- und dem vereinfachten Verfahren[1324] sowie bei der Entscheidung über die Berufung eines *administrateur judiciaire* bei Zulassung der vorläufigen Fortführung des Unternehmens[1325]. In allen Verfahren hängt es von den Arbeitnehmer- und Umsatzzahlen ab, ob die Anwesenheit der Staatsanwaltschaft bei den Verhandlungen im Vorfeld der gerichtlichen Entscheidung über den Plan obligatorisch ist.[1326]

Endlich ist der Umsatz seit dem Inkrafttreten der *loi Macron* ein wichtiges Kriterium für die Frage nach dem zwingenden Charakter der Bestellung eines zweiten *administrateur, mandataire judiciaire* oder *liquidateur.*[1327]

dd) Arbeitnehmervertreter

Auch schon seit der Reform von 1985 sind begleitend zu jedem Eigenantrag Name und Adresse der zur Anhörung durch das Gericht berufenen Arbeitnehmervertreter einzureichen, wenn die Berufung bereits erfolgt ist.[1328] Vorgesehen ist, dass namentlich der Unternehmensausschuss oder in Ermangelung eines solchen die Personalvertreter solche Repräsentanten bestellen.[1329] Diese sind vor

---

décret n° 94-910 du 21 octobre 1994; *Kremer* (Fn. 1311); *Karl-Heinz Weber/Hoffmann* (Fn. 6), 37; *Guyon* (Fn. 1277).

1323 S.o. § 3 D, G.

1324 C. com., art. L. 641-2, al. 1er; *Kindler/Nachmann(-Bauerreis)* (Fn. 26), Rn. 78 (2014).

1325 S.o. § 3 I.

1326 C. com., artt. L. 626-9; L. 631-19-I, al. 1er; L. 642-5, al. 2; *Le Corre* (Fn. 46), nos 515.21, 532.09, 572.11; vgl. auch *Medla* (Fn. 3), 234.

1327 C. com., artt. L. 621-4-1, al. 5; L. 631-9, al. 1er; L. 641-1-2; *Jacquemont/Vabres* (Fn. 23), nos 294, 304; *Martin-Serf* (Fn. 341), n° 115.

1328 C. com., artt. R. 621-1, 8°; R. 631-1, 9°; R. 640-1, al. 1er; vgl. auch *Kindler/Nachmann(-Bauerreis)* (Fn. 26), Rn. 98 (2014). Zur Situation ab der Reform von 1985 décret n° 85-1388 du 27 décembre 1985, art. 6, 8° bzw. artt. 6, 9°; 118-1, al. 1er i.d.F. des décret n° 94-910 du 21 octobre 1994; *Soinne* (Fn. 1295); *Guyon* (Fn. 1277); vgl. auch *Kremer* (Fn. 1311).

1329 C. com., artt. R. 621-1, 8°; R. 621-2; R. 631-1, 9°; R. 631-7; R. 640-1, al. 1er; R. 641-1; *Lienhard* (Fn. 501), nos 53.37, 53.44, 113.16, 113.36, 121.17, 122.11; *Le Corre* (Fn. 46), nos 231.12, 231.24, 391.12; *Martin-Serf* (Fn. 341), nos 25, 35, 84 f. Nicht hingegen werden begleitend zu dem Eigenantrag eine „Aufstellung der Mitglieder des ‚comité

der Entscheidung über die Eröffnung des Verfahrens zu hören.[1330] Im eröffneten Verfahren gilt dasselbe bei wichtigen Weichenstellungen wie den Entscheidungen über die teilweise Einstellung der Aktivität, die Überleitung des Verfahrens in den *redressement* oder die *liquidation judiciaire*[1331] und den Plan[1332].

ee) *Mandat ad hoc* und Schlichtungsverfahren

Seit dem Inkrafttreten des Dekrets vom 28. Dezember 2005[1333] hat der Schuldner begleitend zu dem Eigenantrag in allen Fällen eine ehrenwörtliche Erklärung (*attestation sur l'honneur*) zu der Frage nach der Bestellung eines *mandataire ad hoc* oder einem Schlichtungsverfahren im Vorfeld der Antragstellung einzureichen. Darin ist entweder die Abwesenheit eines *mandat ad hoc* oder eines Schlichtungsverfahrens in den achtzehn Monaten vor der Antragstellung zu versichern oder das Datum der Bestellung des *Ad-hoc*-Beauftragten respektive der Verfahrenseröffnung sowie das entscheidende Gericht zu benennen.[1334]

Mit der *loi de sauvegarde* war zuvor die aktuelle Regelung eingeführt worden, dass die Anwesenheit der Staatsanwaltschaft bei den Verhandlungen über die Verfahrenseröffnung obligatorisch ist, wenn der Schuldner in den vorangegangenen achtzehn Monaten in den Genuss eines *mandat ad hoc* oder eines Schlichtungsverfahrens gekommen ist.[1335] In diesem Fall kann sich das Gericht auch von

---

d'entreprise' bzw. der Arbeitnehmervertretung" oder „Angaben zu den Betriebsräten" gefordert, so aber *Medla* (Fn. 3), 168 f. bzw. *Robbe-Grillet* (Fn. 1322).

1330 C. com., artt. L. 621-1, al. 1er; L. 631-7, al. 1er; L. 641-1-I, al. 1er; *Robbe-Grillet* (Fn. 50), 156, 356; *Friedrichs* (Fn. 24), 164 f.; *Martin-Serf* (Fn. 341), n° 83.

1331 C. com., artt. L. 622-10, al. 4; L. 631-15-II, al. 2; R. 621-26, al. 2; *Lienhard* (Fn. 501), nos 76.17, 115.26; *Le Corre* (Fn. 46), nos 391.11 f.

1332 S. C. com., artt. L. 626-9; L. 631-19-I, al. 1er; L. 642-5, al. 2 sowie jeweils mit weiteren Ausführungen zu dem Fall, dass der *plan de redressement* Kündigungen aus wirtschaftlichen Gründen vorsieht, *Lienhard* (Fn. 501), nos 83.15, 116.11 f.; *Le Corre* (Fn. 1331); *Saint-Alary-Houin* (Fn. 25), nos 979, 1189, 1200, 1280; vgl. auch *Robbe-Grillet* (Fn. 50), 214 f., 327, 356 f.; *Medla* (Fn. 3), 233.

1333 Décret n° 2005-1677 du 28 décembre 2005, artt. 50, 9°; 170, 10°; 212, al. 1er.

1334 *Lienhard* (Fn. 501), nos 53.37, 113.16, 121.17; *Le Corre* (Fn. 46), nos 231.12, 231.24; *Martin-Serf* (Fn. 341), nos 25, 35, 39; vgl. auch *Robbe-Grillet* (Fn. 50), 146 Fn. 435, 356; *Medla* (Fn. 3), 168 f. Im Falle eines Einzelunternehmers mit beschränkter Haftung, betreffen diese Informationen nur die Aktivität, in Bezug auf welche die Verfahrenseröffnung beantragt wird, C. com., artt. R. 621-1, 9°; R. 631-1, 10°; R. 640-1, al. 1er; *Le Corre*, ebenda; *Martin-Serf*, ebenda, nos 25, 35.

1335 C. com., artt. L. 621-1, al. 4 i.d.F. der loi n° 2005-845 du 26 juillet 2005; 631-7, al. 1er; L. 641-1-I, al. 1er; vgl. auch *Medla* (Fn. 3), 175; *Pascal Schütze* (Fn. 3), 53 Fn. 316. Die Verordnung vom 9. Dezember 2010 hat die Einschränkung gebracht, dass dies nicht

Amts wegen oder auf Antrag der Staatsanwaltschaft ungeachtet der sich aus dem Verfahren ergebenden Verschwiegenheitspflichten die Akten und Unterlagen zu dem Schlichtungsverfahren bzw. dem *mandat ad hoc* vorlegen lassen.[1336] Hat eine Verhandlung in Anwesenheit der Staatsanwaltschaft zu erfolgen, wird diese in der Mitteilung des Termins darauf hingewiesen.[1337]

Ferner ist in den Angaben zu vorangehenden Verfahren der genannten Art bereits auch ein Nutzen für die Abwendung des Einsatzes eines in deren Rahmen tätig gewordenen Richters in dem folgenden Insolvenzverfahren erkannt worden.[1338] Die Notwendigkeit dieser Abwendung wird – im Hinblick auf im Zuge der Schlichtung vertraulich gewonnene Vorkenntnisse – zum einen mit dem Grundsatz der richterlichen Unparteilichkeit begründet. Zum anderen wird sie auf eine faktische Abhängigkeit des Erfolgs der Institute des *mandat ad hoc* und des Schlichtungsverfahrens von der – in Ermangelung einer strikten Trennung der richterlichen Tätigkeit in diesen Verfahren von derjenigen in nachfolgenden Unternehmensinsolvenzverfahren stark beeinträchtigten – Glaubwürdigkeit der zuständigen Gerichte gestützt.[1339]

Was falsche Angaben des Schuldners betrifft, wird im Schrifttum die Einschätzung geäußert, dass die wahrheitswidrige ehrenwörtliche Erklärung zur Hintergehung des Gerichts und der Staatsanwaltschaft den Straftatbestand der Fälschung (*faux*) oder des Gebrauchs einer solchen[1340] erfüllen könnte. Namentlich werden insoweit Fälle von Gesellschaften erwogen, deren Schlichtungsverfahren oder *mandat ad hoc* gescheitert ist und welche vor der Stellung ihres Antrags auf Eröffnung eines Insolvenzverfahrens ihren Sitz verlegt haben.[1341] Von dem Begriff der Fälschung wird jede betrügerische und einen Nachteil zeitigende Veränderung der Wahrheit insbesondere in einem Schriftstück erfasst, wenn dieses darauf ausgerichtet ist oder die Wirkung haben kann, ein Recht

gilt, wenn es sich um unterschiedliche, d.h. verschiedenen Aktivitäten zugewiesene Vermögen eines Einzelunternehmers mit beschränkter Haftung handelt, C. com., art. L. 621-1, al. 4 i.d.F. der ordonnance n° 2010-1512 du 9 décembre 2010. Zum Ganzen *Lienhard* (Fn. 501), n°s 53.43, 113.36, 122.11; *Le Corre* (Fn. 46), n°s 233.11, 233.21; *Martin-Serf* (Fn. 341), n° 102.

1336 C. com., artt. L. 621-1, al. 5; L. 631-7, al. 1er; L. 641-1-I, al. 1er; *Lienhard* (Fn. 1335); *Le Corre* (Fn. 1335); *Martin-Serf* (Fn. 1335); vgl. auch *Medla* (Fn. 3), 176.

1337 C. com., art. R. 662-10, al. 2; *Martin-Serf* (Fn. 1335).

1338 *Roussel Galle* (Fn. 307), n° 320.

1339 *Roussel Galle* (Fn. 307), n°s 65, 348.

1340 C. pén., art. 441-1.

1341 *Delattre*, Rev. proc. coll. 2011-6, comm. 167.

oder eine rechtlich bedeutsame Tatsache zu beweisen.[1342] Wenigstens manche wollen der Rechtsprechung des Kassationshofs die allgemeine Regel entnehmen, dass die Bejahung der Beweisfunktion (*titre*) ausgeschlossen ist, wenn das Schriftstück nicht zugunsten eines anderen erstellt worden ist.[1343]

ff) *Installations classées*

Betreibt der Schuldner eine oder verschiedene klassifizierte Anlagen, hat er seit der Reform von 2005 begleitend zu jedem Eigenantrag eine Kopie der jeweiligen Genehmigungsentscheidung oder Anzeige der Anlage einzureichen.[1344] Auf diese Weise sollen das Gericht, aber auch die Organe des Verfahrens auf umweltrechtlich relevante Sachverhalte aufmerksam gemacht werden.[1345] Von dem *administrateur* oder dem *mandataire judiciaire* bzw. dem *liquidateur* wird verlangt, ab seiner Bestellung achtzugeben auf die Erfassung der umweltrechtlichen Situation des schuldnerischen Unternehmens.[1346] Man erwartet, dass der Verwalter die für die klassifizierten Anlagen zuständige Behörde sowohl von dem Verfahren als auch gegebenenfalls von der Stellung des berufenen *administrateur* unterrichtet und sich um die bei dieser Stelle verfügbaren Informationen bemüht.[1347] Der

---

1342 C. pén., art. 441-1, al. 1er: „Constitue un faux toute altération frauduleuse de la vérité, de nature à causer un préjudice et accomplie par quelque moyen que ce soit, dans un écrit ou tout autre support d'expression de la pensée qui a pour objet ou qui peut avoir pour effet d'établir la preuve d'un droit ou d'un fait ayant des conséquences juridiques". In einer weiteren Vorschrift des Strafgesetzbuchs wird die Herstellung sowie der Gebrauch einer wahrheitswidrigen schriftlichen Erklärung oder Bescheinigung unter Strafe gestellt, C. pén., art. 441-7, 1° („établir une attestation ou un certificat faisant état de faits matériellement inexacts"), 3° („faire usage d'une attestation ou d'un certificat inexact ou falsifié"). Erfasst werden hiervon nur solche Dokumente, die zugunsten eines anderen ausgestellt werden. Zum Ganzen *Robert/Matsopoulou* (Fn. 808), n° 128; *Segonds*, J.-Cl. Pénal, Code, Art. 441-1 à 441-12, Fasc. 20 (März 2017) n°s 4, 98-100.

1343 *Robert/Matsopoulou* (Fn. 808), n° 120.

1344 Décret n° 2005-1677 du 28 décembre 2005, artt. 50, 11°; 170, 12°; 212, al. 1er; C. com., artt. R. 621-1, 11°; R. 631-1, 12°; R. 640-1, al. 1er; *Lienhard* (Fn. 501), n°s 53.37, 113.16, 121.17; *Le Corre* (Fn. 46), n°s 231.12, 231.24; *Martin-Serf* (Fn. 341), n°s 25, 35, 39. Zu dem Begriff der klassifizierten Anlagen s.o. § 3 F. Nicht gefordert werden entgegen *Robbe-Grillet* (Fn. 1334) „Angaben zu Denkmalschutz".

1345 *Rolland*, J.-Cl. Commercial, Fasc. 3250 (Juni 2013) n[os] 7 f.; *Le Corre* (Fn. 1344). Zu dem Begriff der Verfahrensorgane s. noch unten § 4 G II 2 c).

1346 *Rolland* (Fn. 1345), n° 8.

1347 *Rolland* (Fn. 1345), n° 9.

administrateur judiciaire soll auf die Einhaltung der beim Betrieb der jeweiligen Anlage bestehenden Pflichten durch den Schuldner achten müssen.[1348] Nicht zuletzt wird die Relevanz der begleitenden Unterlagen zu den *installations classées* für die Erfassung etwaiger Sanierungspflichten und die Erstellung der die Wirtschafts- und Sozialbilanz ergänzenden Umweltbilanz herausgestrichen.[1349]

gg) Liquiditätsstatus

Endlich wird – seit der Reform von 1985 – von allen Schuldnern, die die Eröffnung eines der Unternehmensinsolvenzverfahren beantragen, begleitend zu dem Antrag ein Liquiditätsstatus (*situation de trésorerie*) verlangt.[1350]

2. Redressement *und* liquidation judiciaire

Was die begleitend zu dem Eigenantrag einzureichenden Unterlagen betrifft, gelten für den *redressement* und die *liquidation judiciaire* verschiedene Besonderheiten.

a) Erklärung der cessation des paiements

Im Code de commerce ist heute angeordnet, dass der Schuldner, welcher die Eröffnung eines *redressement* oder einer *liquidation judiciaire* begehrt, begleitend zu seinem Antrag eine Erklärung der *cessation des paiements* einzureichen hat.[1351] Der Antrag selbst wird in Übereinstimmung mit dem Gesetz vom 25. Januar 1985 im französischen Handelsgesetzbuch gegenwärtig als *demande d'ouverture* bezeichnet.[1352] Die Erklärung der *cessation des paiements* wurde erstmalig mit der Reform von 2005 in den Katalog der begleitenden Unterlagen aufgenommen.[1353] Das Dekret vom 27. Dezember 1985 hatte diesen Begriff in alter Tradition noch zur Bezeichnung des schuldnerischen Akts der Anrufung

---

1348 *Rolland* (Fn. 1345), n° 10.

1349 *Le Corre* (Fn. 1344).

1350 C. com., artt. R. 621-1, 2°; R. 631-1, 3°; R. 640-1, al. 1er; *Le Corre* (Fn. 1344); *Kindler/Nachmann(-Bauerreis)* (Fn. 1328); *Martin-Serf* (Fn. 341), nos 25, 34, 39; vgl. auch *Robbe-Grillet* (Fn. 1334); *Friedrichs* (Fn. 24), 161. Zur Situation seit der Reform von 1985 décret n° 85-1388 du 27 décembre 1985, artt. 6, 2°; 118-1, al. 1er i.d.F. des décret n° 94-910 du 21 octobre 1994; *Kremer* (Fn. 1311); *Karl-Heinz Weber/Hoffmann* (Fn. 1322); *Guyon* (Fn. 1277).

1351 C. com., artt. R. 631-1, 1°; R. 640-1, al. 1er; *Lienhard* (Fn. 501), nos 113.16, 121.17; *Kindler/Nachmann(-Bauerreis)* (Fn. 1328); *Le Corre* (Fn. 46), n° 231.24.

1352 S.o. § 4 A II 1, 3 c) cc) sowie C. com., artt. R. 631-1, al. 1er; R. 640-1, al. 1er.

1353 Décret n° 2005-1677 du 28 décembre 2005, art. 170, 1°.

des Gerichts gewählt.[1354] Sogar noch bis zum Inkrafttreten der Verordnung vom 18. Dezember 2008 hat der *interdiction de gérer* Tatbestand der Überschreitung der Fünfundvierzigtagefrist ausdrücklich an das Unterbleiben der Erklärung der *cessation des paiements* angeknüpft.[1355]

Die Verwendung des Begriffs des (Eröffnungs-)Antrags führt zu einer internen und einer grenzüberschreitenden Harmonisierung. Er kommt im Code de commerce einheitlich bei der *procédure de sauvegarde*, dem *redressement* und der *liquidation judiciaire* zum Einsatz.[1356] Die Erklärung der *cessation des paiements* ergäbe als Bezeichnung für den schuldnerischen Akt der Anrufung des Gerichts im Falle der präventiven *sauvegarde* genauso wenig Sinn wie sie es im Falle des präventiven Sanierungsverfahrens nach der Verordnung vom 23. September 1967 getan hätte. Außerhalb Frankreichs und auf inter- bzw. supranationaler Ebene ist die Verwendung des Begriffs des Antrags für die Initiative des Schuldners verbreitet.[1357]

Nichtsdestotrotz wird im französischen Schrifttum und in der Praxis unter Beibehaltung der alten Terminologie auch heute noch davon gesprochen, dass das Gericht im Wege der Erklärung der *cessation des paiements* angerufen werde.[1358] Bemerkenswert sind in diesem Zusammenhang zwei durch die Verordnung vom 26. September 2014[1359] neu geschaffene Vorschriften zur Verfahrenseröffnung. Danach fordert das Gericht den Schuldner in Ermangelung eines auf die Eröffnung einer *liquidation judiciaire* gerichteten Hilfsantrags auf,

---

1354 S.o. § 4 A II 1.

1355 S.o. § 4 A II 3 c) cc).

1356 C. com., artt. L. 620-1, al. 1er; L. 631-4; L. 640-4; R. 621-1, al. 1er; R. 631-1, al. 1er; R. 640-1, al. 1er.

1357 *UNCITRAL* (Fn. 2), pt. two ch. I paras. 32-36, 45-47, Rec. 14 f.; pt. four ch. I para. 7, ch. II para. 2 („application for commencement of insolvency proceedings"); Artt. 18 Abs. 1 S. 1; 25 Abs. 1 Unterabs. 3; 38 EuInsVO („Antrag auf Eröffnung eines Insolvenz-/Liquidationsverfahrens"/„demande d'ouverture d'une procédure d'insolvabilité"); 11 U.S.C. § 301(a) („petition"); § 13 InsO („Eröffnungsantrag").

1358 Zum aktuellen Sprachgebrauch etwa CA Caen 18.4.2013, JurisData n° 2013-015130; CA Douai 6.6.2013, JCP 2013, éd. E, 1594, note *Delattre*; Greffe du t. com. Paris (Fn. 1290), Erklärung der cessation des paiements, Notice „demande d'ouverture d'une procédure de redressement ou de liquidation judiciaires" („La demande [d'ouverture] se matérialise par le dépôt au greffe d'une déclaration de cessation des paiements") sowie Formulaire de déclaration, 1; *Lienhard* (Fn. 501), n° 113.16; *Le Corre* (Fn. 1351); *Martin-Serf* (Fn. 341), n° 33; vgl. auch *Kremer* (Fn. 47), 73. Zur Historie s.o. § 4 A I 1 a), 2 a) aa), 5 a), 6 a).

1359 Ordonnance n° 2014-1088 du 26 septembre 2014, artt. 5; 7.

zu den Voraussetzungen für eine solche Eröffnung Stellung zu nehmen, wenn er „erklärt hat, sich im Zustand der cessation des paiements zu befinden" und seine Lage die Sanierung offenkundig auszuschließen scheint.[1360] Umgekehrt fordert es ihn in Ermangelung eines auf die Eröffnung eines *redressement judiciaire* gerichteten Hilfsantrags auf, zu den Voraussetzungen für eine solche Eröffnung Stellung zu nehmen, wenn er „erklärt hat, sich im Zustand der cessation des paiements zu befinden" und seine Lage die Sanierung nicht offenkundig auszuschließen scheint.[1361] In der Folge befindet das Gericht nach diesen Bestimmungen über den schuldnerischen Eröffnungsantrag und „gegebenenfalls" in ein und derselben Entscheidung über die Eröffnung des jeweils anderen Verfahrens.[1362] Mit der Erklärung der *cessation des paiements* kommt in den genannten Vorschriften erneut jener Begriff zum Einsatz, welcher noch in dem Gesetz vom 13. Juli 1967 einheitlich für den verfahrensinitiierenden Akt des Schuldners verwendet wurde; unter diesem Gesetz entschied das Gericht auf die Erklärung der *cessation des paiements* hin zwischen dem *règlement judiciaire* und der *liquidation des biens*, ohne dass der Schuldner eine entsprechende Wahl hätte treffen müssen in einem Haupt- oder einem Hilfsantrag[1363]. Freilich wird die Eröffnung des jeweils anderen Verfahrens auf der Grundlage der Neuerungen der Verordnung vom 26. September 2014 teilweise durchaus eher als Eröffnung von Amts wegen denn als solche auf Initiative des Schuldners verstanden.[1364]

1360 C. com., art. L. 631-7, al. 2: „Lorsque la situation du débiteur qui a déclaré être en état de cessation des paiements apparaît manifestement insusceptible de redressement, le tribunal invite celui-ci, en l'absence de demande subsidiaire aux fins d'ouverture d'une procédure de liquidation judiciaire, à présenter ses observations sur l'existence des conditions de l'article L. 640-1".

1361 C. com., art. L. 641-1-I, al. 2: „Lorsque la situation du débiteur qui a déclaré être en état de cessation des paiements n'apparaît pas manifestement insusceptible de redressement, le tribunal invite celui-ci, en l'absence de demande subsidiaire aux fins d'ouverture d'une procédure de redressement judiciaire, à présenter ses observations sur l'existence des conditions de l'article L. 631-1".

1362 C. com., artt. L. 631-7, al. 2; L. 641-1-I, al. 2: „Il statue ensuite, dans la même décision, sur la demande de redressement/liquidation judiciaire et, le cas échéant, sur l'ouverture d'une procédure de liquidation/redressement judiciaire". Zum Ganzen *Roussel Galle*, Rev. proc. coll. 2014-5, alerte 20, n° 5; *Cagnoli*, Rev. proc. coll. 2016-1, dossier 7, n° 6; *Vallansan* (Fn. 350), n° 50.

1363 S.o. § 4 A I 6 a).

1364 *Jacquemont/Vabres* (Fn. 23), n° 281; dagegen oder unentschieden wohl *Pérochon* (Fn. 272), n°s 443, 473; *Cagnoli*, Rev. proc. coll. 2016-1, dossier 7, n°s 1, 6. Das französische Justizministerium hat in seinem Rapport au président de la république relatif à l'ordonnance n° 2014-1088 du 26 septembre 2014 complétant l'ordonnance

Wie dem auch sei, wird in der Erklärung heute weiter das schuldnerische Geständnis der *cessation des paiements* gesehen.[1365] Doch ist das Gericht bei der Feststellung des Eröffnungsgrundes wie schon unter dem Gesetz vom 13. Juli 1967 nicht an die Erklärung gebunden.[1366] Für sie gilt damit etwas anderes als für das Geständnis im Zivilprozess.[1367] Anders als in diesem steht der Schuldner - zumindest in der ersten Instanz - nicht einer anderen Partei gegenüber, wenn er die Prüfung der Verfahrenseröffnung durch das Gericht initiiert. Der Funktion des Eröffnungsgrundes widerspräche es, den Schuldner in dieser Weise über die relevanten Tatsachen disponieren zu lassen.[1368]

Lediglich *de lege ferenda* wird in der Literatur teilweise die Forderung erhoben, dem Schuldner, welcher seine *cessation des paiements* erklärt, den (weiteren) Beweis des Eintritts derselben zu ersparen. Im Interesse einer Steigerung der Attraktivität der Unternehmensinsolvenzverfahren müsse ihm mehr Vertrauen entgegengebracht und die Furcht vor der Antragstellung genommen werden; auf die Situation von Unternehmensträgern, die einen Eigenantrag unter dem US-amerikanischen Recht stellen, wird in diesem Zusammenhang verwiesen.[1369] Gleichzeitig wird damit - unter veränderten Vorzeichen - aber auch eine Rückkehr zur Ausgangslage unter dem Code de commerce von 1807 postuliert.[1370]

b) État du passif exigible et de l'actif disponible

Neben der Erklärung der *cessation des paiements* wird von dem Schuldner, der die Eröffnung eines *redressement* oder einer *liquidation judiciaire* beantragt, seit dem Inkrafttreten des Dekrets vom 28. Dezember 2005 ausdrücklich eine

---

n° 2014-326 du 12 mars 2014 portant réforme de la prévention des difficultés des entreprises et des procédures collectives, JO n° 224 du 27 septembre 2014, p. 15724, texte n° 23 ausgeführt, dass mit den Änderungen an den Artikeln L. 631-7 und L. 641-1 des Code de commerce auch die oben § 3 F zitierte Entscheidung des Verfassungsrats vom 6. Juni 2014 berücksichtigt werden soll.

1365 *Campana/Dizel/Barratin/Fernandez* (Fn. 766), n° 510; *Vallens*, Rev. proc. coll. 2009-5, étude 25, n° 8; *Jacquemont* (Fn. 950), n° 96.

1366 *Chaput* (Fn. 263), n°s 62, 65; *Montéran*, Gaz. Pal. 2008, doctr. 62, 69; *Vallens*, Rev. proc. coll. 2009-5, étude 25, n°s 2 f., 7 f. Zur Rechtslage unter dem Gesetz vom 13. Juli 1967 s.o. § 4 A I 6 j).

1367 Zur Bindung des Gerichts an das Geständnis im französischen Zivilprozess *Adloff* (Fn. 20), 70, 106; *Bunge* (Fn. 564), 84 (§ 56 V).

1368 *Vallens*, Rev. proc. coll. 2009-5, étude 25, n°s 23, 25. Zur Funktion des Eröffnungsgrundes s.o. § 4 A I 6 j), II 5.

1369 *Montéran*, Gaz. Pal. 2008, doctr. 62, 69. Zum US-Recht s. insoweit oben § 4 A II 5.

1370 Vgl. hierzu oben § 4 A I 1 c).

Gegenüberstellung der durchsetzbaren Verbindlichkeiten und der verfügbaren Aktiva (*état du passif exigible et de l'actif disponible*) gefordert.[1371] Vorgeschrieben sind damit Angaben zu den Voraussetzungen der *cessation des paiements* nach ihrer heutigen Legaldefinition.[1372]

Im Vergleich zu der Situation vor der Reform von 2005 wird in der Aufnahme dieser Gegenüberstellung in den Katalog der begleitenden Unterlagen weniger eine Neuerung denn eine Präzisierung gesehen, welche sich unter dem Dekret vom 27. Dezember 1985 bereits aus dem Erfordernis der Erklärung der *cessation des paiements* ergeben habe.[1373] Mit dem in allen Verfahren geforderten *état chiffré des créances et des dettes* stützt der Schuldner seine Angaben in der Gegenüberstellung.[1374]

c) Arbeitnehmer

In dem *état chiffré des créances et des dettes* hat der Schuldner seit der Reform von 1985 den Gesamtbetrag der offenen Arbeitnehmerforderungen anzugeben (*indication du montant global des sommes impayées pour les salariés*).[1375] Für den Fall des *redressement* und der *liquidation judiciaire* wird hieran seit der Reform von 2005 festgehalten.[1376] Das Gericht soll damit auf die sozialen Aspekte der Insolvenz aufmerksam gemacht werden.[1377]

Ferner hat der Schuldner begleitend zu seinem Antrag auf Eröffnung eines *redressement* oder einer *liquidation judiciaire* über die Anzahl der beschäftigten

1371 Décret n° 2005-1677 du 28 décembre 2005, artt. 170, 1°; 212, al. 1er; C. com., artt. R. 631-1, 1°; R. 640-1, al. 1er; *Lienhard* (Fn. 501), nos 113.16, 121.17; *Kindler/Nachmann(-Bauerreis)* (Fn. 1328); vgl. auch *Robbe-Grillet* (Fn. 50), 146 Fn. 435. Im Falle des Antrags eines Einzelunternehmers mit beschränkter Haftung ist die Gegenüberstellung gegebenenfalls zu vervollständigen um eine Liste der anderen Forderungen, deren Zahlung aus dem betroffenen Sondervermögen verfolgt wird, C. com., artt. R. 631-1, 1°; R. 640-1, al. 1er; *Le Corre* (Fn. 1351); *Martin-Serf* (Fn. 341), nos 36, 39.

1372 S.o. § 3 D sowie *Le Corre* (Fn. 46), n° 231.12.

1373 *Le Corre* (Fn. 46), n° 231.24.

1374 *Martin-Serf* (Fn. 1371).

1375 Décret n° 85-1388 du 27 décembre 1985, art. 6, 4°; vgl. auch *Kremer* (Fn. 47), 74.

1376 Décret n° 2005-1677 du 28 décembre 2005, artt. 170, 5°; 212, al. 1er; C. com., artt. R. 631-1, 5°; R. 640-1, al. 1er; *Lienhard* (Fn. 1371); *Le Corre* (Fn. 1373).

1377 *Martin-Serf* (Fn. 341), n° 36.

Arbeitnehmer hinaus deren Namen und Adressen anzugeben.[1378] Diese Anordnung geht auf das Dekret vom 28. Dezember 2005 zurück.[1379]

d) Mitglieder

Handelt es sich um eine juristische Person mit Mitgliedern, welche solidarisch für deren Schulden haften, ist – in Anknüpfung an die für die Verfahren nach dem Gesetz vom 13. Juli 1967 geltende Regelung – begleitend zu dem schuldnerischen Antrag auf Eröffnung eines *redressement* oder einer *liquidation judiciaire* eine Liste dieser Mitglieder mit Hinweis auf deren Namen und Domizil einzureichen.[1380] Das Gesetz vom 25. Januar 1985 hatte in Fortschreibung des alten Rechts noch angeordnet, dass die Eröffnungsentscheidung im Falle einer juristischen Person ihre Wirkungen gegenüber allen unbegrenzt und solidarisch haftenden Mitgliedern entfaltet und das Gericht hinsichtlich eines jeden von diesen ein Unternehmensinsolvenzverfahren eröffnet.[1381] Im Zuge der Reform von 2005 wurde diese Bestimmung im Interesse einer differenzierten Behandlung nach den allgemeinen Regeln jedoch gestrichen.[1382]

Heute wird der Zweck der Liste darin gesehen, die Ergreifung von Sicherungsmaßnahmen in Bezug auf Bestandteile des Vermögens der unbegrenzt und solidarisch haftenden Mitglieder auf Betreiben der Organe des Verfahrens zu fördern.[1383] Um einer Vereitelung der Haftungsrealisierung entgegenzuwirken,

1378 C. com., artt. R. 631-1, 4°; R. 640-1, al. 1er; *Lienhard* (Fn. 1371); *Le Corre* (Fn. 1373); *Martin-Serf* (Fn. 341), nos 35, 39. Zur Angabe der Anzahl der beschäftigten Arbeitnehmer s.o. § 4 A III 1 b) cc).

1379 Décret n° 2005-1677 du 28 décembre 2005, artt. 170, 4°; 212, al. 1er.

1380 C. com., artt. R. 631-1, 8°; R. 640-1, al. 1er; *Lienhard* (Fn. 1371); *Le Corre* (Fn. 1373); *Martin-Serf* (Fn. 1378); vgl. auch *Kremer* (Fn. 47), 73 f.; *Robbe-Grillet* (Fn. 1371). Zu der für die Verfahren nach dem Gesetz vom 13. Juli 1967 geltenden Regelung s.o. § 4 A I 6 b).

1381 Loi n° 85-98 du 25 janvier 1985, art. 178 (angepasst im Zuge der Aufwertung der *liquidation judiciaire* durch loi n° 94-475 du 10 juin 1994, art. 92-III); C. com., art. L. 624-1 i.d.F. der ordonnance n° 2000-912 du 18 septembre 2000; *Spickerhoff* (Fn. 253), 12; *Saint-Alary-Houin* (Fn. 25), n° 421; vgl. auch *Kremer* (Fn. 47), 137. Zur Ermöglichung der Anwendung dieser Vorschrift als Zweck der Liste vor der Reform von 2005 *Soinne* (Fn. 1295); *Le Corre* (Fn. 1373). Zur Rechtslage vor der Reform von 1985 s.o. § 4 A I 6 b).

1382 *Sonnenberger/Dammann* (Fn. 27), Rn. VIII 89; *Kindler/Nachmann(-Bauerreis)* (Fn. 26), Rn. 85 (2014); *Saint-Alary-Houin* (Fn. 1381), die hierin eine Durchsetzung des Grundsatzes der Trennung zwischen Mensch und Unternehmen erblickt.

1383 *Roussel Galle* (Fn. 307), n° 326; *Le Corre* (Fn. 1373).

kann der Gerichtspräsident im Falle von Unternehmensinsolvenzverfahren juristischer Personen solche Sicherungsmaßnahmen anordnen, wenn sie zweckmäßig sind, und den *juge-commissaire* oder in Ermangelung eines solchen einen anderen Richter des Gerichts beauftragen, jedwede Unterlagen oder Informationen zur Vermögenssituation dieser Mitglieder zu erlangen.[1384]

e) Unmöglichkeit der Sanierung

In der partie réglementaire des französischen Handelsgesetzbuchs ist ausdrücklich geregelt, dass dem Antrag des Schuldners auf Eröffnung der *liquidation judiciaire* die Grundlagen für die Feststellung der offenkundigen Unmöglichkeit der Sanierung angeschlossen werden müssen.[1385] Die offenkundige Unmöglichkeit der Sanierung ist neben der *cessation des paiements* eine notwendige Voraussetzung für die Eröffnung der *liquidation judiciaire.*[1386]

Die Anordnung des Anschlusses der Grundlagen für die Feststellung der offenkundigen Unmöglichkeit geht zurück auf die Reform von 1994. Das Gesetz vom 10. Juni 1994 hatte die Anordnung der *liquidation judiciaire* ohne vorangehende Beobachtungsphase für die Fälle der offenkundigen Unmöglichkeit der Sanierung sowie der Einstellung jeglicher Aktivität des Unternehmens erlaubt.[1387] Die Grundlagen für die Feststellung dieser Voraussetzungen waren für den Fall, dass die *liquidation judiciaire* beantragt wurde, in den Katalog der die Erklärung der *cessation des paiements* begleitenden Unterlagen des Dekrets vom 27. Dezember 1985 aufgenommen worden.[1388] Die *loi de sauvegarde* hat die Einstellung der Aktivität des Unternehmens nicht übernommen als alternatives Kriterium für die Eröffnung.[1389] Auch seit der Reform von 2005 werden die Grundlagen für die Feststellung der Unmöglichkeit der Sanierung nicht mehr in dem Katalog der begleitenden Unterlagen aufgeführt, sondern in einer Spezialvorschrift zum

---

1384 C. com., art. L. 651-4; *Le Corre* (Fn. 46), n° 214.21; *Jacquemont/Vabres* (Fn. 23), n° 207; *Saint-Alary-Houin* (Fn. 25), n°s 838 f.

1385 C. com., art. R. 640-1, al. 3 („Les éléments de nature à établir que le redressement est manifestement impossible doivent être joints à la demande du débiteur, […]"); *Lienhard* (Fn. 501), n° 121.19; *Le Corre* (Fn. 46), n° 231.24; *Saint-Alary-Houin* (Fn. 25), n° 1218 note 14; vgl. auch *Delzant/Pascal Schütze*, ZInsO 2008, 540, 544.

1386 S.o. § 3 D.

1387 S.o. § 3 B VIII sowie loi n° 94-475 du 10 juin 1994, artt. 11-II; 67-II.

1388 Décret n° 85-1388 du 27 décembre 1985, art. 6, 7° i.d.F. des décret n° 94-910 du 21 octobre 1994; *Campana/Dizel/Barratin/Fernandez* (Fn. 766), n° 522; *Le Corre* (Fn. 1385).

1389 S.o. § 3 D.

Liquidationsverfahren;[1390] für diese Grundlagen ist in dem für den *redressement judiciaire* geltenden Katalog, auf welchen in den Bestimmungen zur *liquidation judiciaire* verwiesen wird,[1391] kein Platz.

3. *Besonderheiten der* procédure de sauvegarde

Beantragt der Schuldner die Eröffnung der *procédure de sauvegarde*, hat er mit dem *état chiffré des créances et des dettes*, nach Gläubiger oder Schuldner, die Summe der in den dreißig Tagen ab der Antragstellung fällig werdenden Beträge anzugeben.[1392] Auf diese Weise soll insbesondere eine genauere Einschätzung ermöglicht werden, ob sich der Schuldner bereits in dem die *sauvegarde* ausschließenden Zustand der *cessation des paiements* befindet oder ob dessen Eintritt droht.[1393]

Ferner wird begleitend zu dem Antrag auf Eröffnung der *procédure de sauvegarde* die Einreichung einer vorausschauenden Gewinn- und Verlustrechnung (*compte de résultat prévisionnel*) verlangt.[1394] Die Erstellung einer solchen für das nächste Geschäftsjahr ist auch im Rahmen der antizipierenden Buchführung vorgesehen, welche für verschiedene Unternehmen ab einer gewissen Größe zum Zweck der Insolvenzvorbeugung vorgeschrieben ist (*comptabilité prévisionnel*).[1395]

Endlich hat der Schuldner, wenn er einen *administrateur* zur Bestellung durch das Gericht vorschlägt, begleitend zu seinem Eröffnungsantrag die entsprechende Person unter Angabe ihrer Anschrift zu benennen.[1396] Mit der Verordnung vom 18. Dezember 2008 ist im Interesse der Attraktivität der *procédure*

1390 Décret n° 2005-1677 du 28 décembre 2005, art. 212, al. 2; C. com., art. R. 640-1, al. 3.

1391 S.o. § 4 A III sowie bereits décret n° 2005-1677 du 28 décembre 2005, artt. 170, al. 2; 212, al. 1er.

1392 C. com., art. R. 621-1, 5°; *Lienhard* (Fn. 501), n° 53.37; *Saint-Alary-Houin* (Fn. 25), n° 470.

1393 *Roussel Galle* (Fn. 307), n° 320; *Le Corre* (Fn. 46), n° 231.12. Zu dieser Ausschlusswirkung s.o. § 3 D.

1394 C. com., art. R. 621-1, 3°; *Pascal Schütze* (Fn. 3), 144 f.; *Friedrichs* (Fn. 1350); *Kindler/Nachmann(-Bauerreis)* (Fn. 26), Rn. 98.

1395 C. com., artt. L. 232-2; L. 612-2, al. 1er, 2; R. 232-2; R. 232-3, 2° lit. c; R. 612-3; *Le Corre* (Fn. 46), n° 121.11; *Jacquemont/Vabres* (Fn. 23), n° 62; *Saint-Alary-Houin* (Fn. 25), nos 131, 140-144, 148 f.; vgl. auch *Karl-Heinz Weber/Hoffmann* (Fn. 6), 14 f.; *Sonnenberger/Dammann* (Fn. 27), Rn. III 78, VIII 11; *Pascal Schütze* (Fn. 3), 84-86.

1396 Décret n° 2009-160 du 12 février 2009, art. 15; C. com., art. R. 621-1, 12°; *Lienhard* (Fn. 1392); *Le Corre* (Fn. 46), n° 231.12; *Martin-Serf* (Fn. 341), n° 25.

de sauvegarde für den Schuldner ein Recht desselben geschaffen worden, einen solchen Vorschlag zu machen.[1397]

4. Stichtag

Auf den Tag des Eröffnungsantrags oder einen der vorangehenden sieben Tage müssen erstellt sein die Registerauszüge, der *état chiffré des créances et des dettes* mit seinen ergänzenden Angaben, das Verzeichnis der Sicherheiten auf der Aktiv- und der Passivseite, die Übersicht zu den außerbilanziellen Verpflichtungen und das summarische Inventar.[1398] Dasselbe gilt im Falle des *redressement* und der *liquidation judiciaire* für die Erklärung der *cessation des paiements*, die Gegenüberstellung der durchsetzbaren Verbindlichkeiten und der verfügbaren Aktiva sowie die Liste der solidarisch haftenden Mitglieder[1399] genauso wie in demjenigen der *procédure de sauvegarde* sowohl für die vorausschauende Gewinn- und Verlustrechnung als auch für den Liquiditätsstatus[1400]. Beantragt der Schuldner die Eröffnung des *redressement* oder der *liquidation judiciaire*, genügt ein Liquiditätsstatus, der weniger als einen Monat alt ist.[1401] Die Angaben zur Zahl der beschäftigten Arbeitnehmer haben sich stets auf den Tag des Eröffnungsantrags und diejenigen zum Umsatz auf das Ende des letzten Geschäftsjahres zu beziehen.[1402]

In Anknüpfung an das alte Recht hatte das Dekret vom 27. Dezember 1985 wie zunächst noch dasjenige vom 28. Dezember 2005 vorgesehen, dass abgesehen vom letzten Jahresabschluss alle der begleitenden Unterlagen auf den Tag der Antragstellung erstellt sein mussten.[1403] Für Verschiedene ist diese Anforderung

---

1397 C. com., art. L. 621-4, al. 5; *Dammann,* NZI 2009, 502, 506; *Pascal Schütze* (Fn. 3), 239; *Großerichter* (Fn. 29), 370.

1398 C. com., artt. R. 621-1, al. 15; R. 631-1, al. 15; R. 640-1, al. 1er; *Lienhard* (Fn. 501), n°s 53.37 f., 113.16, 121.17; *Le Corre* (Fn. 46), n°s 231.12, 231.24; *Martin-Serf* (Fn. 341), n°s 25, 37; vgl. auch *Pascal Schütze* (Fn. 3), 144 Fn. 961.

1399 C. com., artt. R. 631-1, al. 15; R. 640-1, al. 1er; *Lienhard* (Fn. 501), n°s 113.16, 121.17; *Le Corre* (Fn. 46), n° 231.24; *Martin-Serf* (Fn. 341), n° 37.

1400 C. com., art. R. 621-1, al. 15; *Lienhard* (Fn. 501), n°s 53.37 f.; *Le Corre* (Fn. 46), n° 231.12; *Martin-Serf* (Fn. 341), n° 25; vgl. auch *Pascal Schütze* (Fn. 1398).

1401 C. com., artt. R. 631-1, 3°; R. 640-1, al. 1er; *Lienhard* (Fn. 501), n°s 113.16, 121.17; *Le Corre* (Fn. 46), n° 231.24; *Martin-Serf* (Fn. 341), n° 34; vgl. auch *Robbe-Grillet* (Fn. 1371).

1402 C. com., artt. R. 621-1, 4°; R. 631-1, 4°; R. 640-1, al. 1er; *Kindler/Nachmann(-Bauerreis)* (Fn. 1394); *Le Corre* (Fn. 46), n°s 231.12, 231.24; *Martin-Serf* (Fn. 341), n°s 25, 35.

1403 Décret n° 85-1388 du 27 décembre 1985, artt. 6, al. 2; 118-1, al. 1er i.d.F. des décret n° 94-910 du 21 octobre 1994; décret n° 2005-1677 du 28 décembre 2005, artt. 50,

dann sehr bald gestrichen worden.[1404] Insbesondere hatte sie im Widerspruch zu den speziellen Vorgaben in Bezug auf den Liquiditätsstatus[1405] gestanden. Das Ausführungsdekret zu der Verordnung vom 18. Dezember 2008[1406] hat später die weitere Ausdehnung auf die vorangehenden sieben Tage gebracht.[1407] In der praktischen Umsetzung war es vorher schon unmöglich gewesen, die betroffenen Unterlagen allesamt erst am Tag des Eröffnungsantrags zu erstellen.[1408]

IV. Datierung, Unterzeichnung, Versicherung der Wahrheit

Die begleitenden Unterlagen sind wie bereits die Bilanz unter dem Gesetz vom 28. Mai 1838 zu datieren, zu unterzeichnen und mit einer Versicherung ihrer Wahrheit zu versehen.[1409] Ob der Eigenantrag selbst mündlich gestellt werden kann, ist zumindest für die Fälle des *redressement* und der *liquidation judiciaire* bis heute nicht zweifelsfrei geklärt.[1410] Die Argumentationsgrundlagen haben sich seit dem Außerkrafttreten des Regelwerks von 1967 nicht entscheidend verändert. Einerseits halten die aktuellen Bestimmungen des Code de commerce zum Eröffnungsantrag des Schuldners an dem Aufbau ihrer Vorgängerin in dem

---

al. 2; 170, al. 2; 212, al. 1er. Zur Rechtslage unter dem Regelwerk von 1967 s.o. § 4 A I 6 b), 7 a).

1404 Décret n° 2006-1709 du 23 décembre 2006, artt. 44, nos 1, 4; 57, nos 1, 3; *Le Corre* (Fn. 1402).

1405 Datierend von vor weniger als drei Monaten, décret n° 85-1388 du 27 décembre 1985, artt. 6, 2°; 118-1, al. 1er i.d.F. des décret n° 94-910 du 21 octobre 1994; *Kremer* (Fn. 47), 74; *Karl-Heinz Weber/Hoffmann* (Fn. 6), 37, acht Tagen, décret n° 2005-1677 du 28 décembre 2005, art. 50, al. 2 (*procédure de sauvegarde*), bzw. einem Monat, décret n° 2005-1677 du 28 décembre 2005, artt. 170, al. 2; 212, al. 1er (*redressement* und *liquidation judiciaire*).

1406 Décret n° 2009-160 du 12 février 2009, artt. 15; 47.

1407 *Le Corre* (Fn. 1402).

1408 *Montéran*, Gaz. Pal. 2008, doctr. 62, 69; *Le Corre* (Fn. 46), n° 231.24; *Pérochon* (Fn. 272), n° 421.

1409 C. com., artt. R. 621-1, al. 15; R. 631-1, al. 15; R. 640-1, al. 1er; *Kindler/Nachmann(-Bauerreis)* (Fn. 1394); *Le Corre* (Fn. 46), nos 231.12, 231.24; *Martin-Serf* (Fn. 341), nos 25, 37; vgl. auch *Karl-Heinz Weber/Hoffmann* (Fn. 1405); *Medla* (Fn. 3), 169. Zur Situation nach der Reform von 1838 s.o. § 4 A I 2 b) cc).

1410 Vgl. *Soinne* (Fn. 1295); *Campana/Dizel/Barratin/Fernandez* (Fn. 766), nos 520 f.; *Beaubrun*, J.-Cl. Commercial, fasc. 2700 (Mai 2013) n° 34; *Jacquemont* (Fn. 950), n° 165; *Jacquemont/Vabres* (Fn. 23), nos 266, 262. Zum Meinungsstand in dieser Frage unter dem Regelwerk zu *règlement judiciaire* und *liquidation* des biens s.o. § 4 A I 6 c).

Dekret vom 22. Dezember 1967 fest; sie regeln in einem ersten Absatz, dass der Antrag bei der Kanzlei des zuständigen Gerichts erfolgt, bevor die begleitenden Unterlagen enumeriert werden und in einem weiteren Absatz der Vorschriften die Unterzeichnung, Datierung und Versicherung der Wahrheit für „diese Dokumente" angeordnet wird.[1411] Andererseits wird heute sowohl in der *procédure de sauvegarde* als auch in dem *redressement* und der *liquidation judiciaire* eine Rechtswohltat gesehen.[1412]

In der Praxis erfolgt der Eröffnungsantrag des Schuldners unabhängig von der Verfahrensart nach wie vor schriftlich.[1413] Da ein förmlicher Antrag (*requête formalisée*) nicht angeordnet ist, genügt zumindest ein einfaches Schreiben.[1414] Eine Zustellung per Post wird als unzulässig und eine persönliche Übermittlung des Antrags durch den Schuldner oder einen Stellvertreter in allen Fällen als notwendig erachtet.[1415]

Die von den Gerichten wie etwa dem Handelsgericht Paris bereitgestellten Vordrucke für den Eigenantrag sehen eine Aufnahme verschiedener der mit den

---

1411 C. com., artt. R. 621-1, al. 1er; R. 631-1, al. 1er: „La demande d'ouverture de la procédure de sauvegarde/redressement judiciaire est déposée […] au greffe du tribunal compétent. […]"; C. com., artt. R. 621-1, al. 2; R. 631-1, al. 2: „A cette demande sont jointes, outre les comptes annuels du dernier exercice, les pièces ci-après: […]"; C. com., artt. R. 621-1, al. 15; R. 631-1, al. 15: „Ces documents sont datés, signés et certifiés sincères et véritables par le demandeur […]"; C. com., art. R. 640-1, al. 1er.

1412 Cass. com. 25.3.1997, Bull. civ. 1997 IV, n° 83; 11.2.2004, Bull. civ. 2004 IV, n° 28; CA Paris 23.10.2014, JurisData n° 2014-025853; *Lienhard* (Fn. 501), n° 52.15; *Le Corre* (Fn. 46), nos 221.21, 231.12; *Pérochon* (Fn. 272), nos 283 note 31, 438; *Saint-Alary-Houin* (Fn. 25), nos 417, 472; kritisch dagegen mit Blick auf die Antragspflicht des Schuldners im Falle des Eintritts der *cessation des paiements Honorat,* D. 1997, somm. comm. 311 (Anm. zu Cass. com. 25.3.1997, Bull. civ. 1997 IV, n° 83).

1413 *Jacquemont* (Fn. 1410); *Jacquemont/Vabres* (Fn. 23), n° 262; vgl. zur *procédure de sauvegarde* auch *Pascal Schütze* (Fn. 3), 144, der von einer obligatorischen Schriftform ausgeht.

1414 *Saint-Alary-Houin* (Fn. 25), n° 473.

1415 Greffe du t. com. Paris (Fn. 1290), Erklärung der cessation des paiements, Notice „demande d'ouverture d'une procédure de redressement ou de liquidation judiciaires" sowie für die *procédure de sauvegarde* <http://www.greffe-tc-paris.fr/fr/difficultes-des-entreprises/procedure_sauvegarde.html>; greffe du t. com. Lyon, Déclaration de cessation des paiements, <http://www.greffe-tc-lyon.fr/fr/difficultes-des-entreprises/redressement-et-liquidation/declarer-cessation-paiement.html> sowie Formulaire de demande d'ouverture de procédure de sauvegarde, <http://www.greffe-tc-lyon.fr/fr/difficultes-des-entreprises/procedure-sauvegarde.html> (letzter Abruf jeweils 3.4.2017).

begleitenden Unterlagen zu liefernden Informationen in das jeweilige Antragsformular vor. Eine Datierung und Unterzeichnung erfolgt am Ende desselben unter Versicherung der Wahrheit dieses Dokuments sowie der beigefügten Anlagen.[1416] Anders als in den USA, wo bei der Stellung des Eigenantrags die Vorgaben der einschlägigen amtlichen Formulare (*Official Bankruptcy Forms*) zu beachten sind,[1417] haben die Antragsformulare freilich keinen obligatorischen Charakter.[1418]

V. Rücknahme und Korrektur

Der Eigenantrag kann auch heute bis zur Entscheidung des Gerichts zurückgenommen werden.[1419] In diesem Fall kann das Verfahren nicht mehr auf den Antrag hin eröffnet werden.[1420]

Eine nachträgliche Korrektur der Angaben in dem Antrag oder den begleitenden Unterlagen ist wie schon vor der Reform von 1955 möglich.[1421] Mit Ausnahme der Erklärung der *cessation des paiements* will man in diesen Angaben mit Blick auf die besondere Situation des Schuldners heute kein Geständnis erkennen.[1422] Werden die Angaben zu den Gläubigerforderungen nicht in

---

1416 Greffe du t. com. Paris (Fn. 1290), Antrag sauvegarde, 13; Erklärung der cessation des paiements, Formulaire de déclaration, 10.

1417 Fed. R. Bankr. P. 9009, wonach von den Vorgaben der Formulare abgewichen werden darf, soweit es angemessen erscheint; *Feeney/Williamson/Stepan* (Fn. 1273), 576 (§ 3:8), 603 f. (§ 3:13) m.N. aus der Rspr.; vgl. auch *Habscheid*, Grenzüberschreitendes (internationales) Insolvenzrecht der Vereinigten Staaten von Amerika und der Bundesrepublik Deutschland (1998) 66. Die *Official Bankruptcy Forms* sind abrufbar unter <http://www.uscourts.gov/forms/bankruptcy-forms> (letzter Abruf 3.4.2017).

1418 Greffe du t. com. Paris (Fn. 1290), Erklärung der cessation des paiements, Notice „Comment déposer une déclaration de cessation des paiements au greffe?"; *Soinne* (Fn. 1295); *Jacquemont* (Fn. 1410).

1419 *Martin-Serf* (Fn. 341), n° 18; vgl. auch *Campana/Dizel/Barratin/Fernandez* (Fn. 766), n° 525, die in der Tradition der Rechtslage unter dem Code de commerce von 1807 noch formulieren, dass der Schuldner seine Erklärung der *cessation des paiements* bis zur Eröffnungsentscheidung widerrufen könne, wenn sie irrtümlich erfolgt ist; *Jacquemont* (Fn. 950), n° 169. Zur Rechtslage vor dem Inkrafttreten des Dekrets vom 20. Mai 1955 s.o. § 4 A I 1 a), 3 a).

1420 *Martin-Serf* (Fn. 1419).

1421 *Campana/Dizel/Barratin/Fernandez* (Fn. 1419); *Jacquemont* (Fn. 950), n° 171. Zur Rechtslage vor dem Inkrafttreten des Dekrets vom 20. Mai 1955 s.o. § 4 A I 1 a), 3 a).

1422 *Soinne* (Fn. 382), n° 558; *Campana/Dizel/Barratin/Fernandez* (Fn. 766), n° 527; *Jacquemont* (Fn. 1421); zur früher abweichenden Ansicht *Locré* (Fn. 37), 246; *Boulay-Paty/Boileux* (Fn. 57), n° 84; *Sirey/Gilbert* (Fn. 613), C. com., art. 439 n° 3.

Abrede gestellt, können sie aber die Wirkung eines Anerkenntnisses (*reconnaissance*) haben und die Verjährung unterbrechen.[1423]

VI. Stellvertretung

Im Falle einer natürlichen Person erfolgt die Antragstellung grundsätzlich durch den Schuldner selbst, im Falle einer juristischen Person durch den gesetzlichen Vertreter (*représentant légal*).[1424] Begehrt der Schuldner die Eröffnung des *redressement* oder der *liquidation judiciaire*, ist die Einschaltung eines Bevollmächtigten – wie schon bei der Verfahrensinitiierung vor der Reform von 1955 – nach der herrschenden Meinung nur möglich, wenn dieser über ein spezielles Mandat verfügt;[1425] ist die Stellvertretung zulässig, kann der Bevollmächtigte auch die begleitenden Unterlagen unterzeichnen[1426].

Noch nicht abschließend geklärt ist, ob eine rechtsgeschäftlich begründete Stellvertretung im Falle eines Antrags auf Eröffnung der *procédure de sauvegarde* unabhängig von der Art der Vollmacht ausgeschlossen ist.[1427]

VII. Bankrott

1. Bankrotthandlungen

Der Bankrotttatbestand der unterlassenen Zahlungseinstellungserklärung ist im Zuge der Reform von 1985 abgeschafft worden. Dasselbe gilt für das entsprechende gleichgestellte, für die Leiter von juristischen Personen geltende Delikt

---

1423 *Campana/Dizel/Barratin/Fernandez* (Fn. 766), n° 528; *Jacquemont* (Fn. 950), n° 172; *Le Corre* (Fn. 46), n° 231.24.

1424 C. com., artt. R. 621-1, al. 1er; R. 631-1, al. 1er; R. 640-1, al. 1er; *Friedrichs* (Fn. 24), 160; *Jacquemont/Vabres* (Fn. 23), nos 262, 266; *Martin-Serf* (Fn. 341), nos 7, 9.

1425 Cass. com. 19.7.1988, Bull. civ. 1988 IV, n° 252; *Jacquemont* (Fn. 950), n° 152; *Le Corre* (Fn. 46), n° 231.25; *Martin-Serf* (Fn. 341), n° 7; vgl. auch *Karl-Heinz Weber/Hoffmann* (Fn. 1405); *Pascal Schütze* (Fn. 3), 51 Fn. 305. Im Schrifttum wird hierzu teilweise kritisch angemerkt, dass es sich bei dem Schuldnerantrag auf Eröffnung des *redressement* und der *liquidation judiciaire* um eine verfahrenseinleitende Maßnahme (*acte introductif d'instance*) handele, die von der anwaltlichen Prozessvollmacht (*mandat ad litem*) erfasst sein sollte, *Cabrillac*, JCP 1989, éd. E, II 15468, n° 2 (Anm. zu Cass. com. 19.7.1988, Bull. civ. 1988 IV, n° 252); *Saint-Alary-Houin* (Fn. 25), nos 1095 note 54, 1219. Zur Rechtslage vor der Reform von 1955 s.o. § 4 A I 2 b) dd), 3 a).

1426 *Soinne* (Fn. 382), n° 552; *Campana/Dizel/Barratin/Fernandez* (Fn. 766), n° 513.

1427 Dafür *Martin-Serf* (Fn. 1425); dagegen *Jeantin/Le Cannu* (Fn. 1177), n° 261; *Lienhard* (Fn. 501), n° 53.36.

des Gesetzes vom 13. Juli 1967.[1428] Diese nicht kritiklos gebliebene legislatorische Entscheidung wird in der Literatur auf die Schwierigkeiten bei der genauen Feststellung des Zeitpunkts der *cessation des paiements* zurückgeführt.[1429] Sie ist Teil der mit dem Gesetz vom 25. Dezember 1985 vollzogenen Entpönalisierung.[1430] Mit dieser Reform hat der Gesetzgeber unter Aufhebung der Differenzierung zwischen betrügerischem und einfachem Bankrott und Schaffung eines einheitlichen Bankrotttatbestands (*banqueroute*) eine Reihe von Fällen tatbestandsmäßigen Verhaltens gestrichen.[1431] Eine fakultative Variante existiert seither nicht mehr.[1432]

Zu den Bankrotthandlungen zählen dagegen in alter Tradition wie das Beiseiteschaffen auch das Verheimlichen des Schuldnervermögens oder eines Teils davon und die betrügerische Erhöhung der Schulden.[1433] Seit der Reform von 1985 sieht das Gesetz von einer Enumeration der Mittel einer solchen Erhöhung ab.[1434] Sie kann weiter im Wege eines wahrheitswidrigen Anerkenntnisses einer Forderung verwirklicht werden.[1435] Das Weglassen bestimmter der begleitenden Unterlagen wie des summarischen Inventars oder des *état chiffré des créances et*

1428 *Martin-Serf* (Fn. 341), n° 20; vgl. auch *Kremer* (Fn. 47), 137 Fn. 210; *Pernice* (Fn. 115), 176; *Wallmann* (Fn. 262), 234.

1429 *Jacquemont/Vabres* (Fn. 23), n° 265. Zu der Kritik *Sortais*, D. aff. 2002, somm. 203 (Anm. zu Cass. com. 19.1.1999, Bull. civ. 1999 IV, n° 19), nach dem die Schwere der Verfehlung mit der Bankrottstrafbarkeit besser zum Ausdruck gekommen sei.

1430 Vgl. *Pernice* (Fn. 115), 174-176; *Cerf-Hollender* (Fn. 276); *Jacquemont/Vabres* (Fn. 23), n° 1164. Zu dieser Entpönalisierung s. auch bereits oben § 3 B VII.

1431 *Wallmann* (Fn. 1428); Leipziger Kommentar Strafgesetzbuch(-*Tiedemann*), IX/2: §§ 267-283d StGB[12] (2009) Vor § 283 StGB Rn. 197; *Cerf-Hollender* (Fn. 276).

1432 Loi n° 85-98 du 25 janvier 1985, art. 197; C. com., art. L. 654-2 („[…] sont coupables de banqueroute les personnes […] contre lesquelles a été relevé l'un des faits ci-après: […]"); *Le Corre* (Fn. 46), n° 932.11; vgl. auch *Pernice* (Fn. 115), 175; *Wallmann* (Fn. 1428); *Cerf-Hollender* (Fn. 276), n° 16.

1433 C. com., art. L. 654-2, 2° („Avoir détourné ou dissimulé tout ou partie de l'actif du débiteur"), 3° („Avoir frauduleusement augmenté le passif du débiteur"); *Le Corre* (Fn. 46), n°s 932.32 f.; *Jacquemont/Vabres* (Fn. 23), n° 1169; *Saint-Alary-Houin* (Fn. 25), n° 1498; vgl. auch *Robbe-Grillet* (Fn. 50), 308 Fn. 1049; *Wallmann* (Fn. 1428); *Kindler/Nachmann(-Bauerreis)* (Fn. 26), Rn. 239 (2014). Zur historischen Entwicklung bis zum Gesetz vom 13. Juli 1967 s.o. § 4 A I 2 b) ff), 3 b), 5 d), 6 d).

1434 S. loi n° 85-98 du 25 janvier 1985, art. 197, 3°; C. com., art. L. 626-2, 3° i.d.F. der ordonnance n° 2000-912 du 18 septembre 2000; *Robert/Matsopoulou* (Fn. 808), n° 342; *Cerf-Hollender* (Fn. 276), n° 45; *Le Corre* (Fn. 46), n° 932.33 sowie oben Fn. 1433.

1435 *Robert/Matsopoulou* (Fn. 1434); *Cerf-Hollender* (Fn. 276), n° 46; *Jacquemont/Vabres* (Fn. 1433).

des dettes bei Stellung des Eigenantrags wird im Schrifttum als Beispiel für die Variante des Verheimlichens aufgeführt.[1436]

Als weitere Bankrotthandlungen nennt das Gesetz auch das vollständige Absehen von einer obligatorischen Buchführung, das Verschwindenlassen von Buchführungsunterlagen sowie eine fiktive, offenkundig unvollständige oder irreguläre Buchführung.[1437] In der Literatur findet sich teilweise der allgemein gehaltene Hinweis, dass eine Sanktionierung des Schuldners im Falle der unterbliebenen Einreichung bestimmter der begleitenden Unterlagen dann nicht ausgeschlossen sei, wenn die Nichteinreichung einer irregulären oder fehlenden Buchführung geschuldet ist.[1438] Selbst wenn man heute im Strafverfahren einen Rückschluss von der Nichtbeachtung der Vorgaben zu den den Insolvenzantrag begleitenden Unterlagen auf eine von dem Bankrotttatbestand erfasste Verletzung der Buchführungspflicht als zulässig erachten wollte,[1439] änderte dies jedoch nichts daran, dass mit der Strafvorschrift die rechtliche Missbilligung des tatbestandlichen Verhaltens und nicht der mangelnden Einhaltung der Anforderungen bezüglich der begleitenden Unterlagen zum Ausdruck gebracht wird.

2. *Täter*

Anwendbar sind die Vorschriften zum Bankrott nach dem durch die Verordnung vom 18. Dezember 2008 modifizierten Gesetzeswortlaut heute auf jede Person, die eine kaufmännische oder handwerkliche Tätigkeit ausübt, die Landwirte und jede natürliche Person, die einer selbstständigen beruflichen Aktivität unter

---

1436 *Cerf-Hollender* (Fn. 276), n° 36.

1437 C. com., art. L. 654-2, 4° („Avoir tenu une comptabilité fictive ou fait disparaître des documents comptables de l'entreprise ou de la personne morale ou s'être abstenu de tenir toute comptabilité lorsque les textes applicables en font obligation"), 5° („Avoir tenu une comptabilité manifestement incomplète ou irrégulière au regard des dispositions légales"); *Cerf-Hollender* (Fn. 276), n°s 48 f., 53-57; *Le Corre* (Fn. 46), n°s 932.34, 932.36 f.; *Saint-Alary-Houin* (Fn. 1433); vgl. auch *Robbe-Grillet* (Fn. 1433); *Wallmann* (Fn. 1428); *Kindler/Nachmann(-Bauerreis)* (Fn. 1433).

1438 *Campana/Dizel/Barratin/Fernandez* (Fn. 766), n° 524, nach denen die unterlassene Einreichung ansonsten keine Sanktionierung des Schuldners nach sich ziehen können soll, sowie zur Rechtslage unter dem Gesetz vom 13. Juli 1967 *Argenson/Toujas* (Fn. 128), 105.

1439 Zu dem in der Rechtsprechung unter dem Dekret vom 20. Mai 1955 vollzogenen Rückschluss von Fehlern in der mit der Erklärung der *cessation des paiements* eingereichten Bilanz auf ein die *conversion en faillite* rechtfertigendes Fehlen einer ordnungsgemäßen Buchführung s.o. § 4 A I 5 h) aa).

Einschluss eines reglementierten oder geschützten freien Berufs nachgeht.[1440] Dasselbe gilt für jede Person, die unmittelbar oder mittelbar eine juristische Person des Privatrechts wenn auch nur faktisch geleitet oder liquidiert hat, sowie für natürliche Personen, welche dauerhaft solche juristischen Personen führende juristische Personen vertreten.[1441] Die Erweiterung des Täterkreises bis hin zu allen Selbstständigen ist begleitend zur schrittweisen Ausdehnung des persönlichen Anwendungsbereichs der Unternehmensinsolvenzverfahren beginnend mit der Reform von 1985 erfolgt.[1442]

Juristische Personen können neben den handelnden natürlichen Personen selbst wegen Bankrotts strafrechtlich verfolgt werden.[1443] Ihre Strafbarkeit wurde im Zuge einer großen Strafrechtsreform aus dem Jahre 1992 eingeführt.[1444] Voraussetzung für die Heranziehung ist, dass die Tathandlung von den Organen oder Vertretern der juristischen Person für diese vorgenommen worden ist.[1445]

1440 C. com., art. L. 654-1, 1° („A toute personne exerçant une activité commerciale ou artisanale, à tout agriculteur et à toute personne physique exerçant une activité professionnelle indépendante, y compris une profession libérale soumise à un statut législatif ou réglementaire ou dont le titre est protégé" statt „A tout commerçant, agriculteur, à toute personne immatriculée au répertoire des métiers …" wie noch in der Fassung der *loi de sauvegarde*).

1441 C. com., art. L. 654-1, 2°, 3°. Zum Ganzen *Lienhard* (Fn. 501), n° 142.12; *Saint-Alary-Houin* (Fn. 25), n°s 1430, 1494; vgl. auch *Sonnenberger/Dammann* (Fn. 27), Rn. VIII 95. Das Gesetz vom 25. Dezember 1985 hatte noch gefordert, dass es sich bei der juristischen Person in der Schuldnerrolle um eine solche mit einer wirtschaftlichen Aktivität (*activité économique*) handeln müsse, loi n° 85-98 du 25 janvier 1985, art. 196, 2°; C. com., art. L. 626-1, 2° i.d.F. der ordonnance n° 2000-912 du 18 septembre 2000. Diese Einschränkung wurde im Zuge der Reform von 2005 aber gestrichen, *Cerf-Hollender* (Fn. 276), n° 76; *Le Corre* (Fn. 46), n° 932.21; *Jacquemont/Vabres* (Fn. 23), n° 1166.

1442 *Cerf-Hollender* (Fn. 276), n° 65; *Le Corre* (Fn. 1441); *Jacquemont/Vabres* (Fn. 1441). Zu dieser Ausdehnung des Anwendungsbereichs der Unternehmensinsolvenzverfahren s.o. § 3 B VII-X.

1443 C. com., art. L. 654-7; *Pernice* (Fn. 1432); *Cerf-Hollender* (Fn. 276), n° 83; *Saint-Alary-Houin* (Fn. 25), n°s 1494, 1501; vgl. auch *Kindler/Nachmann(-Bauerreis)* (Fn. 26), Rn. 240 (2014).

1444 *Pernice* (Fn. 1432); *Klein*, RIW 2010, 352, 356; *Cerf-Hollender* (Fn. 276), n°s 3, 83.

1445 C. pén., art. 121, al. 1er („Les personnes morales […] sont responsables pénalement […] des infractions commises, pour leur compte, par leurs organes ou représentants"); *Robert/Matsopoulou* (Fn. 808), n° 339; *Klein*, RIW 2010, 352, 356; *Cerf-Hollender* (Fn. 276), n° 84.

3. *Verfahrensart*

Im Falle des *redressement* oder der *liquidation judiciaire* kann die Vornahme einer Bankrotthandlung zu einer Bestrafung führen. Diese setzt seit dem Inkrafttreten des Gesetzes vom 25. Dezember 1985 zweifelsfrei die Eröffnung eines Unternehmensinsolvenzverfahrens voraus.[1446] Der Gesetzgeber hat sich damit dagegen ausgesprochen, die Feststellung des Eintritts der *cessation des paiements* durch das Strafgericht (*faillite virtuelle* oder *faillite de fait*) ausreichen zu lassen.[1447]

Ein anderes Bild ergibt sich für den Fall der *sauvegarde*. Das Gesetz fordert als Voraussetzung für die Bestrafung wegen Bankrotts auch nach dem Inkrafttreten der Reform von 2005 ausdrücklich die Eröffnung eines *redressement* oder einer *liquidation judiciaire*.[1448] Gerechtfertigt erscheint die Differenzierung aus französischer Sicht, weil der *redressement* und die *liquidation judiciaire* an den Eintritt der *cessation des paiements* anknüpfen;[1449] von diesem machte das Gesetz die Bestrafung wegen Bankrotts bzw. der gleichgestellten Delikte schon vor der Reform von 1985 abhängig[1450]. Die *procédure de sauvegarde*, so wird argumentiert, ist dagegen ein präventives und freiwilliges Verfahren.[1451] Präventionsbemühungen sollen honoriert werden.[1452]

1446 Loi n° 85-98 du 25 janvier 1985, art. 197 („En cas d'ouverture d'une procédure de redressement judiciaire […]"); C. com., artt. L. 626-2 i.d.F. der ordonnance n° 2000-912 du 18 septembre 2000; L. 654-2 („En cas d'ouverture d'une procédure de redressement judiciaire ou de liquidation judiciaire […]"); *Le Corre* (Fn. 46), n° 932.13; vgl. auch *Pernice* (Fn. 1432); *Sonnenberger/Dammann* (Fn. 1441); *Wallmann* (Fn. 262), 233.

1447 *Wallmann* (Fn. 1446); *Cerf-Hollender* (Fn. 276), n°s 10 f.; *Jacquemont/Vabres* (Fn. 23), n° 1165. Doch kann das Strafgericht, was das Datum des Eintritts der *cessation des paiements* betrifft, zu einem anderen Ergebnis kommen als das Insolvenzgericht, *Wallmann*, ebenda, 235 Fn. 1212; *Cerf-Hollender*, ebenda, n° 15; *Le Corre* (Fn. 1446); vgl. auch *Pernice* (Fn. 115), 175 f.

1448 C. com., art. L. 654-2; *Cerf-Hollender* (Fn. 276), n°s 11 f.; *Le Corre* (Fn. 46), n° 932.14; *Saint-Alary-Houin* (Fn. 25), n° 1497; vgl. auch *Sonnenberger/Dammann* (Fn. 1441).

1449 *Le Corre* (Fn. 1448).

1450 Loi n° 67-563 du 13 juillet 1967, artt. 127; 128; 129; 131; 132; 133; *Wallmann* (Fn. 262), 233. S. auch bereits oben zur Rechtslage vor der Reform von 1955 § 4 A I 3 b).

1451 *Cerf-Hollender* (Fn. 276), n° 12.

1452 *Le Corre* (Fn. 1448).

Allerdings kann die Tathandlung gerade auch vor der Eröffnung des *redressement* oder der *liquidation judiciaire* vorgenommen werden.[1453] Theoretisch erscheint der Fall denkbar, dass entgegen der gesetzlichen Vorgabe erst nach dem Eintritt der *cessation des paiements* die Eröffnung der *procédure de sauvegarde* beantragt wird, der Täter in den begleitenden Unterlagen Bestandteile des Schuldnervermögens verheimlicht oder nicht bestehende Schulden vortäuscht und es in der Folge zur Eröffnung eines *redressement* oder einer *liquidation judiciaire* kommt.

Nicht ohne Weiteres lässt sich die Bankrottstrafbarkeit bejahen für Verhalten vor dem Eintritt der *cessation des paiements*.[1454] Der Kassationshof hat insoweit ausgeführt, dass „das Delikt des Bankrotts verwirklicht ist, ob die festgestellten Handlungen vor oder nach dem Datum der Zahlungseinstellung erfolgt sind, wenn sie einem gleichen Vorsatz folgend und auf dasselbe Ziel gerichtet den Zweck verfolgen oder die Wirkung erzielen, sei es die Feststellung dieses Zustands zu verhindern oder hinauszuzögern, sei es die Zusammensetzung der verfügbaren Aktiva in einer den Betroffenen in die Unmöglichkeit, seinen fälligen Verbindlichkeiten nachzukommen, versetzenden Weise zu beeinflussen".[1455] Was die neben dem Verheimlichen unter Strafe gestellte Bankrotthandlung des Beiseiteschaffens von Vermögensbestandteilen betrifft, kann dementsprechend

1453 Vgl. *Cerf-Hollender* (Fn. 276), n°s 15, 19, 36, 40, 46 f.; *Jacquemont/Vabres* (Fn. 23), n°s 1169 f.

1454 Vgl. *Wallmann* (Fn. 262), 235 f.; *Cerf-Hollender* (Fn. 276), n°s 15, 19, 40; *Le Corre* (Fn. 46), n°s 932.11, 932.13, 932.32.

1455 Cass. crim. 21.9.1994, JCP 1995, éd. E, II 690, note *Dekeuwer*: „[…] le délit de banqueroute est constitué, que les faits constatés soient antérieurs ou postérieurs à la date de la cessation des paiements, dès lors que […] procédant d'une même intention et tendant au même but, ils ont pour objet ou pour effet soit d'éviter ou de retarder la constatation de cet état, soit d'affecter la consistance de l'actif disponible dans des conditions de nature à placer l'intéressé dans l'impossibilité de faire face au passif exigible". In den Fällen von Artikel L. 654-2, 4°, 5° des Code de commerce kann es auch um die vor dem Eintritt der Zahlungseinstellung liegenden Geschäftsjahre gehen, Cass. crim. 26.1.2005, Dr. sociétés 2005, comm. 146, obs. *Salomon*; *Cerf-Hollender* (Fn. 276), n° 47. Genauso können die hier nicht interessierenden Bankrotthandlungen der Tätigung von Käufen im Hinblick auf einen Wiederverkauf unter dem Marktpreis und des Einsatzes ruinöser Mittel zur Geldbeschaffung, jeweils in der Absicht, die Eröffnung eines *redressement* oder einer *liquidation judiciaire* zu vermeiden oder hinauszuzögern, C. com., art. L. 654-2, 1°, eine Strafbarkeit auch dann begründen, wenn sie vor dem Eintritt der *cessation des paiements* erfolgen, *Cerf-Hollender*, ebenda, n°s 15, 19; *Jacquemont/Vabres* (Fn. 23), n° 1169.

ein kausaler Zusammenhang zwischen dem Täterverhalten und dem Eintritt der *cessation des paiements* genügen.[1456] Im Schrifttum wird wenigstens teilweise ausdrücklich angenommen, dass diese Rechtsprechung auch für die Variante des Verheimlichens gelten müsse;[1457] kennzeichnend für diese ist genauso wie für das Beiseiteschaffen das Entziehen des Zugriffs auf Bestandteile des Schuldnervermögens[1458].

Ist die Eröffnung der *procédure de sauvegarde* beantragt, ist es kaum vorstellbar, dass ein solches Verheimlichen oder ein Vortäuschen von nicht bestehenden Schulden in den begleitenden Unterlagen zu dem Zweck erfolgt oder bewirkt, dass die Feststellung des Eintritts der *cessation des paiements* verhindert oder hinausgezögert wird; etwas anderes mag nur für die Stellung des Eröffnungsantrags selbst gelten. Nicht von vornherein ausgeschlossen erscheint es allerdings, dass das Verheimlichen von Vermögensbestandteilen in den begleitenden Unterlagen zu einem rechtzeitig gestellten Antrag auf Eröffnung der *sauvegarde* einmal zum Scheitern dieses Verfahrens und so zum Eintritt der *cessation des paiements* beitragen kann.[1459]

4. *Subjektiver Tatbestand*

Die Strafbarkeit wegen Bankrotts setzt seit der Reform von 1985 stets den Vorsatz des Täters voraus.[1460] Dieser muss die Tat willentlich und im Bewusstsein der Verletzung des Strafgesetzes begehen.[1461]

Ein persönliches Interesse an der Tat oder eine Schädigungsabsicht werden dagegen – auch im Falle der betrügerischen Erhöhung der Schulden – in alter Tradition nicht gefordert.[1462]

1456 Cass. crim. 5.10.1992, Bull. crim. 1992, n° 301; 19.2.2003, n° 01-87.432; 14.2.2007, Dr. pén. 2007, comm. 73, note *Robert*; 25.3.2009, Dr. sociétés 2009, comm. 147, obs. *Salomon; Cerf-Hollender* (Fn. 276), n° 40; *Jacquemont/Vabres* (Fn. 23), n°s 1169 f.; vgl. auch *Wallmann* (Fn. 1454).

1457 *Robert/Matsopoulou* (Fn. 808), n° 341.

1458 *Véron*, Droit pénal des affaires[7] (Paris 2007) n° 293; *Cerf-Hollender* (Fn. 276), n°s 26, 36, 38; *Le Corre* (Fn. 46), n° 932.32.

1459 Vgl. *Teboul*, Gaz. Pal. 2009, doctr. 909, 914; *Dumont-Lefrand*, J.-Cl. Commercial, Fasc. 2325 (April 2014) n° 34; *Pérochon* (Fn. 272), n° 685.

1460 *Jaspers*, Opportunistisches Verhalten in der Krise der Kapitalgesellschaft (2014) 492; *Cerf-Hollender* (Fn. 276), n° 61; *Le Corre* (Fn. 46), n° 932.11.

1461 *Cerf-Hollender* (Fn. 276), n° 62; *Jacquemont/Vabres* (Fn. 23), n°s 1168-1170.

1462 *Cerf-Hollender* (Fn. 1461); *Jacquemont/Vabres* (Fn. 23), n° 1170; vgl. auch *Pernice* (Fn. 115), 176; *Wallmann* (Fn. 262), 234. Zur entsprechenden Rechtslage vor der

5. *Strafe*

a) *Natürliche Personen*

Im Falle von natürlichen Personen wird der Bankrott mit Freiheits- (*emprisonnement*) und/oder Geldstrafe (*amende*) bestraft.[1463] Darüber hinaus hat der Gesetzgeber einen Katalog von Nebenstrafen (*peines complémentaires*) aufgestellt.[1464] Dieser umfasst verschiedene Verbote nach Maßgabe der einschlägigen Vorschriften des französischen Strafgesetzbuchs. Hierzu zählen das Verbot zur Ausübung der beruflichen Tätigkeit oder derjenigen für eine Gesellschaft, in deren Ausübung oder gelegentlich derer die Straftat begangen wurde. Genauso kann untersagt werden, einen kaufmännischen oder industriellen Beruf auszuüben, sowie die Leitung oder Kontrolle eines kaufmännischen oder industriellen Unternehmens oder einer Handelsgesellschaft. Ferner ist ein Verbot zur Ausübung öffentlicher Ämter vorgesehen.[1465]

Hinzu kommen der Entzug des aktiven und passiven Wahlrechts, des Rechts zur Ausübung eines Richteramts, vor Gericht als Sachverständiger aufzutreten, eine Partei zu vertreten oder ihr beizustehen sowie als Zeuge auszusagen oder als Vormund (*tuteur*) oder Pfleger (*curateur*) zu fungieren.[1466] Des Weiteren kann als Nebenstrafe der Ausschluss von öffentlichen Märkten, eine weite Beschränkung der Scheckfähigkeit sowie die Veröffentlichung des Strafurteils auf Kosten des Verurteilten angeordnet werden.[1467]

Nicht mehr befugt ist das Strafgericht, im Falle einer Verurteilung wegen Bankrotts, die *faillite personnelle* oder eine *interdiction de gérer* zu verhängen.[1468]

Reform von 1985 *Jaeger*, KO, II^5 (1914) § 239 KO Anm. 25; *Sordino* (Fn. 587), n° 379; *Ripert/Roblot/Delebecque/Germain* (Fn. 15), n° 3324.

1463 C. com., artt. L. 654-3 f.; *Robbe-Grillet* (Fn. 50), 308; *Sonnenberger/Dammann* (Fn. 1441); *Kindler/Nachmann(-Bauerreis)* (Fn. 1443).

1464 C. com., art. L. 654-5; *Cerf-Hollender* (Fn. 276), n°s 97-99; *Jacquemont/Vabres* (Fn. 23), n° 1174; vgl. auch *Robbe-Grillet* (Fn. 1463); *Wallmann* (Fn. 262), 239; *Kindler/* Nachmann(-Bauerreis) (Fn. 1443).

1465 C. com., art. L. 654-5, 2°; C. pén., art. 131-27; *Cerf-Hollender* (Fn. 276), n° 99; *Jacquemont/Vabres* (Fn. 1464); vgl. auch *Pernice* (Fn. 115), 177; *Wallmann* (Fn. 1464).

1466 C. com., art. L. 654-5, 1°; C. pén., art. 131-26; *Cerf-Hollender* (Fn. 276), n° 97; *Le Corre* (Fn. 46), n° 932.42; vgl. auch *Pernice* (Fn. 115), 176; *Wallmann* (Fn. 1464).

1467 C. com., art. L. 654-5, 3°, 4°, 5°; C. pén., art. 131-35; *Cerf-Hollender* (Fn. 276), n°s 97 f.; *Le Corre* (Fn. 1466); vgl. auch *Pernice* (Fn. 115), 176 f.; *Wallmann* (Fn. 1464).

1468 *Cerf-Hollender*, JCP 2016, éd. E, 1632; *Roussel Galle*, Rev. proc. coll. 2016-6, alerte 34; *Salomon*, Dr. sociétés 2017, comm. 15 (Anm. zu Cons. const. 29.9.2016, déc. n° 2016-573 QPC, JO n° 229 du 1 octobre 2016, texte n° 58).

Anders als noch unter dem Gesetz vom 13. Juli 1967 hat ein entsprechender Schuldspruch diese schon seit der Reform von 1985 nicht mehr von Gesetzes wegen nach sich gezogen.[1469] Sie konnten aber in den Fällen des Bankrotts seither noch als fakultative Nebenstrafe ausgesprochen werden.[1470] Was den persönlichen Anwendungsbereich der Ermächtigung des Strafgerichts zur Verhängung von *faillite personnelle* und *interdiction de gérer* betrifft, galt dasselbe wie für die Vorschriften zum Bankrott im Allgemeinen.[1471]

Doch hat der *Conseil contitutionnel* die gesetzliche Grundlage für diese Befugnis in einer Entscheidung vom 29. September 2016 wegen eines Verstoßes gegen den Gleichheitssatz für verfassungswidrig erklärt.[1472] Nach dieser Bestimmung konnte das Strafgericht die *faillite personnelle* oder eine *interdiction de gérer* aussprechen, wenn nicht auf der Grundlage derselben Tatsachen bereits ein Zivil- oder Handelsgericht eine solche Maßnahme rechtskräftig verhängt hatte.[1473] Sprach das Strafgericht diese Nebenstrafe vor einer solchen rechtskräftigen Entscheidung des Insolvenzgerichts aus, wäre danach dagegen eine doppelte Verhängung von *faillite personnelle* oder *interdiction de gérer* möglich gewesen.[1474]

1469 Zur Rechtslage unter dem Gesetz vom 13. Juli 1967 s.o. § 4 A I 6 e) aa).

1470 Loi n° 85-98 du 25 janvier 1985, art. 201, al. 1er; C. com., art. L. 654-6; *Le Corre* (Fn. 46), nos 911.36, 932.42; *Jacquemont/Vabres* (Fn. 23), n° 1175; *Saint-Alary-Houin* (Fn. 25), n° 1500; vgl. zum Ganzen auch *Pernice* (Fn. 115), 176; *Wallmann* (Fn. 262), 159, 167, 239; *Kindler/Nachmann(-Bauerreis)* (Fn. 1443). Mit Blick auf den Zweck von *faillite personnelle* und *interdiction de gérer*, unerwünschte Elemente aus der Geschäftswelt zu entfernen, deren Verhalten neue Schädigungen befürchten lässt, bestand in der Literatur wenigstens teilweise die Neigung, diese Sanktionen mehr in die Nähe einer Sicherungsmaßnahme (*mesure de sûreté*) zu rücken, *Cerf-Hollender* (Fn. 276), n° 100. Unter dem Begriff der *mesure de sûreté* wird in Frankreich auf dem Gebiet des Strafrechts versucht, in Abgrenzung von den Strafen (*peines*) solche Maßnahmen zusammenzufassen, die das Strafgericht zu dem rein präventiven Zweck anordnen kann, der Begehung von Straftaten oder einem Rückfall vorzubeugen, *Matsopoulou*, D. 2007, chron. 1607-1612; *Pradel*, Droit pénal général[19] (Paris 2012) nos 559, 567.

1471 C. com., artt. L. 654-6; L. 654-1; *Cerf-Hollender* (Fn. 276), n° 101. Zum persönlichen Anwendungsbereich der Bankrottvorschriften s.o. § 4 A VII 2.

1472 Cons. const. 29.9.2016, déc. n° 2016-573 QPC, JO n° 229 du 1 octobre 2016, texte n° 58, n° 17 = JCP 2016, éd. E, 1632, note *Cerf-Hollender* = Rev. proc. coll. 2016-6, alerte 34, obs. *Roussel Galle* = Dr. sociétés 2017, comm. 15, note *Salomon*.

1473 C. com., art. L. 654-6; *Le Corre* (Fn. 46), n° 911.36; *Pérochon* (Fn. 272), n° 1775; *Jacquemont/Vabres* (Fn. 1470).

1474 Cons. const. 29.9.2016, déc. n° 2016-573 QPC, JO n° 229 du 1 octobre 2016, texte n° 58, n° 16.

Eine verfassungsrechtliche Rechtfertigung dieser Ungleichbehandlung hat der *Conseil contitutionnel* nicht erkennen können.[1475]

Die gesetzliche Strafrahmenregelung und der Nebenstrafenkatalog bedeuten nicht, dass das Gericht auf die Verhängung der entsprechenden Strafen beschränkt ist. Im französischen Strafgesetzbuch sind verschiedene Strafen geregelt, die alternativ zu dem *emprisonnement* oder der *amende* verhängt werden können.[1476] Von den alternativen Strafen kommt für den Fall des Bankrotts insbesondere ein Verbot zur Ausübung eines kaufmännischen oder industriellen Berufs sowie zur Leitung oder Kontrolle eines kaufmännischen oder industriellen Unternehmens oder einer Handelsgesellschaft[1477] in Betracht.[1478]

b) Juristische Personen

Für die juristischen Personen ist in einer Spezialvorschrift geregelt, dass sie mit einer Geld- und einer Reihe von anderen im französischen Strafgesetzbuch gelisteten Strafen belegt werden können.[1479] Die Obergrenze für die Geldstrafe fällt im Vergleich zu den natürlichen Personen höher aus.[1480] Die anderen, teilweise an den Nebenstrafen für die natürlichen Personen orientierten Strafen reichen bis zur Auflösung der juristischen Person;[1481] Letztere ist freilich nur zulässig, wenn die juristische Person zu dem Zweck gegründet wurde, den Straftatbestand zu verwirklichen, oder eine entsprechende Zweckänderung erfolgt ist[1482]. Erwähnenswert erscheinen darüber hinaus folgende, nicht in dem Katalog für die natürlichen Personen enthaltene Nebenstrafen: die Stellung der juristischen Person unter gerichtliche Aufsicht, die Schließung von Betrieben des

1475 Cons. const. 29.9.2016, déc. n° 2016-573 QPC, JO n° 229 du 1 octobre 2016, texte n° 58, n° 17.

1476 C. pén., artt. 131-4-1 - 131-9; *Maréchal*, J.-Cl. Pénal, Code, Art. 131-3 à 131-9, Fasc. 20 (November 2015) n°s 31-37.

1477 C. pén., art. 131-6, 15°.

1478 *Cerf-Hollender* (Fn. 272), n° 7.

1479 C. com., art. L. 654-7 i.V.m. C. pén., artt. 131-38 f.; *Cerf-Hollender* (Fn. 276), n° 96; *Kindler/Nachmann(-Bauerreis)* (Fn. 1443); *Saint-Alary-Houin* (Fn. 25), n° 1501; vgl. auch *Wallmann* (Fn. 262), 239.

1480 C. com., art. L. 654-7, 1°; C. pén., art. 131-38.

1481 C. com., art. L. 654-7, 2°; C. pén., art. 131-39. Zum Ganzen *Cerf-Hollender* (Fn. 1479); *Kindler/Nachmann(-Bauerreis)* (Fn. 1443); *Le Corre* (Fn. 46), n° 932.41; vgl. auch *Wallmann* (Fn. 1479).

1482 C. pén., art. 131-39, 1°; *Cerf-Hollender* (Fn. 1479); *Le Corre* (Fn. 1481).

Unternehmens, welche der Tatbegehung gedient haben, sowie die Versagung oder Beschränkung des Zugangs zu den Kapitalmärkten und öffentlichen Hilfen.[1483]

VIII. *Faillite personnelle* und *interdiction de gérer*

1. Verletzung der Antragfrist

Anders als noch unter den Gesetzen vom 13. Juli 1967 und vom 25. Januar 1985 ist die Verletzung der Frist für den Antrag auf Eröffnung des *redressement* oder der *liquidation judiciaire* seit der Reform von 2005 nicht mehr ein Grund für die Anordnung der *faillite personnelle*, sondern nur noch für die fakultative Verhängung einer *interdiction de gérer* durch das Insolvenzgericht.[1484] In dieser Änderung kommt die Tendenz der *loi de sauvegarde* zur weiteren Entschärfung der Bestimmungen zu *faillite personnelle* und *interdiction de gérer* zum Ausdruck.[1485] In der Änderung wird eine Realisierung des legislatorischen Anliegens gesehen, zwischen unredlichen Schuldnern einerseits und glücklosen sowie ungeschickten andererseits zu differenzieren.[1486] In der Annahme, dass die Verletzung der Antragsfrist häufig genug bloß einem Mangel an Wachsamkeit geschuldet sei, erschien die *faillite personnelle* nicht mehr als angemessenes Mittel.[1487] Letztere

1483 Zu diesen Strafen C. pén., art. 131-39, 3°, 4°, 6°, 8°, 12°; *Cerf-Hollender* (Fn. 1479); *Le Corre* (Fn. 1481); vgl. auch *Wallmann* (Fn. 1479).

1484 Loi n° 2005-845 du 26 juillet 2005, art. 138-II; C. com., art. L. 653-8, al. 3 („[L'interdiction de diriger, gérer, administrer ou contrôler, directement ou indirectement, soit toute entreprise commerciale ou artisanale, toute exploitation agricole et toute personne morale, soit une ou plusieurs de celles-ci] peut également être prononcée à l'encontre de toute personne mentionnée à l'article L. 653-1 qui a omis sciemment de demander l'ouverture d'une procédure de redressement ou de liquidation judiciaire dans le délai de quarante-cinq jours à compter de la cessation des paiements, sans avoir, par ailleurs, demandé l'ouverture d'une procédure de conciliation"); *Hirte/Lanzius/Mock*, in: *Lutter* (Hrsg.), Das Kapital der Aktiengesellschaft in Europa (2006), 301, 318, 320; *Robbe-Grillet* (Fn. 50), 147; *Sonnenberger/Dammann* (Fn. 27), Rn. VIII 51 Fn. 123. Zur Rechtslage unter dem Gesetz vom 25. Januar 1985 loi n° 85-98 du 25 janvier 1985, art. 189, 5°; C. com., art. L. 625-5, 5° i.d.F. der ordonnance n° 2000-912 du 18 septembre 2000; *Kremer* (Fn. 47), 74; *Karl-Heinz Weber/Hoffmann* (Fn. 1405); *Pernice* (Fn. 115), 181, zu derjenigen unter dem Gesetz vom 13. Juli 1967 s.o. § 4 A I 6 e) bb).

1485 *Cerf-Hollender* (Fn. 272), n°s 3, 65; *Martin-Serf* (Fn. 1428). Zu dieser Tendenz s.o. § 3 B IX.

1486 *Lienhard* (Fn. 501), n° 134.45.

1487 S. den entsprechenden Nachweis bei *Le Corre* (Fn. 46), n° 913.12.

wurde bereits vor dem Inkrafttreten der *loi de sauvegarde* nur selten verhängt.[1488] Dies versucht man sich damit zu erklären, dass die Gerichte die Verantwortlichen nicht davon abbringen wollten, die – die Verhängung ermöglichende – Verfahrenseröffnung zu beantragen.[1489]

Die Anordnung einer *interdiction de gérer* aus dem Grund der Verletzung der Antragsfrist kommt nicht in Betracht, wenn der Verantwortliche rechtzeitig um die Eröffnung des Schlichtungsverfahrens ersucht.[1490] Der darauf gerichtete Antrag wird in der Literatur von der Wirkung her teilweise mit einem strafrechtlichen Rechtfertigungsgrund (*fait justificatif pénal*) verglichen.[1491]

Die unterlassene Einreichung der begleitenden Unterlagen wird nicht als ausreichend für die Verwirklichung des Tatbestands der Antragsfristverletzung erachtet.[1492] Diese Bewertung deckt sich mit der bereits unter dem Gesetz vom 13. Juli 1967 herrschenden Ansicht.[1493] Der Wortlaut der einschlägigen Vorschrift weicht in dieser Hinsicht nicht entscheidend von ihrer Vorgängerin ab.[1494]

Die Reform von 2005 hat die unmissverständliche Anordnung gebracht, dass das Gericht bei seiner Entscheidung über die Verhängung der *interdiction de gérer* aus dem Grund der Antragsfristverletzung das Datum des Eintritts der *cessation des paiements* nicht frei bestimmen kann. Es ist insoweit vielmehr an die nach den allgemeinen Regeln getroffene Feststellung gebunden.[1495] Mit Blick auf die Relevanz des Zeitpunkts für den Ausspruch der *interdiction de gérer* ist der Schuldner berechtigt, zumindest über die Einlegung eines Rechtsmittels gegen

1488 *Kremer* (Fn. 1484); *Andreas Stadler* (Fn. 182), 203; *Wallmann* (Fn. 262), 167.

1489 *Karl-Heinz Weber/Hoffmann* (Fn. 6), 38; *Saint-Alary-Houin* (Fn. 25), n° 1097.

1490 C. com., art. L. 653-8, al. 3; *Robbe-Grillet* (Fn. 50), 146 f.; *Le Corre* (Fn. 1487); *Jacquemont/Vabres* (Fn. 23), n° 1159. Zur Frage nach einer sanktionsbewehrten Antragspflicht im Falle des Ablaufs der für die Antragstellung vorgesehenen fünfundvierzig Tage nach der Eröffnung des Schlichtungsverfahrens s.o. § 4 A II 3 b).

1491 *Cerf-Hollender* (Fn. 272), n° 69.

1492 *Campana/Dizel/Barratin/Fernandez* (Fn. 1483); vgl. auch *Pérochon* (Fn. 272), n° 421 note 4.

1493 S.o. § 4 A I 6 e) bb).

1494 Vgl. C. com., art. L. 653-8, al. 3 (oben Fn. 1217) mit loi n° 67-563 du 13 juillet 1967, art. 108-2° (oben Fn. 1027).

1495 C. com., art. R. 653-1, al. 2; Cass. com. 4.11.2014, Rev. proc. coll. 2014-6, repère 6, obs. *Roussel Galle*; *Le Corre* (Fn. 1487); *Jacquemont/Vabres* (Fn. 23), n°s 243, 284, 1159; *Cerf-Hollender* (Fn. 272), n° 68.

die maßgebliche Entscheidung eine Verlegung des Datums der *cessation des paiements* zu erwirken.[1496]

Die Motive für das Unterlassen der Antragstellung oder das Fehlen eines Vorsatzes waren nach der Rechtsprechung des Kassationshofs zu der entsprechenden Regelung des Gesetzes vom 25. Januar 1985 unbeachtlich für die Frage der Tatbestandsverwirklichung.[1497] Unter Bezugnahme auf diese Rechtsprechung wurde in dem Nachweis einer schuldhaften Verletzung der Antragsfrist auch in der Folge keine Voraussetzung für die Anwendbarkeit der zur Verhängung der *interdiction de gérer* ermächtigenden Bestimmung gesehen.[1498] Seit ihrer jüngst vollzogenen Änderung durch die *loi Macron* verlangt diese nun ausdrücklich ein wissentliches Unterlassen.[1499]

Jedenfalls ist die Ausübung der Befugnis zum Ausspruch der *interdiction de gérer* weiter in das Ermessen des Gerichts gestellt.[1500] Dieses Ermessen bot schon vor der Änderung durch die *loi Macron* Raum für eine – auch das vollständige Absehen von einer Verhängung ermöglichende – Berücksichtigung der besonderen Umstände und des konkreten Verhaltens des Betroffenen.[1501]

1496 *Le Corre* (Fn. 46), n°s 222.36, 233.53, 913.12; *Jacquemont/Vabres* (Fn. 23), n° 1159; *Cerf-Hollender* (Fn. 1495).

1497 Cass. com. 10.10.1995, Bull. civ. 1995 IV, n° 227; 8.10.1996, Bull. civ. 1996 IV, n° 225; 27.10.1998, n° 95-22.246; 13.4.1999, n° 96-19.402; 14.3.2000, n° 97-16.076 und hierzu *Pernice* (Fn. 115), 181-183; *Andreas Stadler* (Fn. 182), 202; *Wallmann* (Fn. 262), 166.

1498 *Jacquemont* (Fn. 950), n° 173 („sans qu'il soit nécessaire d'établir le caractère fautif ou intentionnel de l'abstention du débiteur"); vgl. auch *Hirte/Lanzius/Mock* (Fn. 1484), 318; *Cerf-Hollender* (Fn. 272), n° 70 („La jurisprudence apprécie l'omission de déclarer la cessation des paiements (aujourd'hui de demander l'ouverture de la procédure) de manière objective, […]").

1499 S.o. Fn. 1484 sowie *Delattre*, Rev. proc. coll. 2015-5, étude 19, n° 2; *Martin-Serf*, Rev. proc. coll. 2015-6, comm. 193; *Rossi*, Rev. proc. coll. 2015-5, étude 15, n° 6. Zur Übertragbarkeit der genannten Rechtsprechung auf diese Vorschrift in der vor der Änderung durch die *loi Macron* geltenden Fassung s. auch *Pérochon* (Fn. 272), n° 1756; *Jacquemont/Vabres* (Fn. 23), n°s 1142, 1158; *Martin-Serf* (Fn. 341), n° 21.

1500 *Hirte/Lanzius/Mock* (Fn. 1484), 320; *Robbe-Grillet* (Fn. 50), 147; *Klein*, RIW 2010, 352, 357. Zum gerichtlichen Ermessen bei der Ausgestaltung des Verbots s. noch unten § 4 A VIII 5, zur Rechtslage unter dem Gesetz vom 13. Juli 1967 s.o. § 4 A I 6 e) bb).

1501 CA Douai 18.12.2008, Dr. sociétés 2009, comm. 167, obs. *Legros*. Zum Ganzen *Le Corre* (Fn. 46), n° 911.11; *Jacquemont/Vabres* (Fn. 23), n°s 1142, 1158 f. *Cerf-Hollender* (Fn. 272), n°s 70, 96, 99; vgl. auch *Pernice* (Fn. 115), 182, 186; *Andreas Stadler* (Fn. 182), 202, 203 Fn. 106; *Wallmann* (Fn. 262), 166 f. Zur entsprechenden Behandlung des Falls eines gutgläubigen Irrtums des Schuldners hinsichtlich des Datums des

2. Faillite personnelle

Bereits mit der Reform von 1985 sind im Rahmen der Überarbeitung des Regelwerks zu *faillite personnelle* und *interdiction de gérer* verschiedene der zum Ausspruch der *faillite personnelle* ermächtigenden Fälle gestrichen worden.[1502] Von den hier relevanten Tatbeständen der *faillite personnelle* hat sich bis heute – wie das Beiseiteschaffen – das Verheimlichen des Schuldnervermögens oder eines Teils davon sowie die betrügerische Erhöhung der Schulden erhalten.[1503] Auch auf das Absehen von einer obligatorischen Buchführung, das Verschwindenlassen von Buchführungsunterlagen sowie eine fiktive, offenkundig unvollständige oder irreguläre Buchführung kann das Insolvenzgericht mit der Verhängung der *faillite personnelle* reagieren.[1504] In der Beschreibung des relevanten Verhaltens decken sich die einschlägigen Vorschriften insoweit im Wesentlichen mit der gesetzlichen Ausgestaltung der entsprechenden Bankrotthandlungen.[1505]

3. *Verfahrenseröffnung*

Wie der gerichtliche Ausspruch von *faillite personnelle* und *interdiction de gérer* unter dem Gesetz vom 13. Juli 1967 die Eröffnung eines *règlement judiciaire* oder einer *liquidation des biens* erforderte, setzt er seit der Reform von 1985 diejenige eines *redressement* oder einer *liquidation judiciaire* voraus.[1506] Die Eröffnung

---

Eintritts der *cessation des paiements Campana/Dizel/Barratin/Fernandez* (Fn. 766), n° 519.

1502 *Guyon* (Fn. 18), n° 1409; *Ripert/Roblot/Delebecque/Germain* (Fn. 15), n°s 3302, 3306; vgl. auch *Andreas Stadler* (Fn. 182), 203-206; *Cerf-Hollender* (Fn. 272). Zu dieser Überarbeitung s. bereits oben § 3 B VII.

1503 C. com., artt. L. 653-3-I, 3°; L. 653-4, 5°; *Urbain-Paleani*, in: *Lutter* (Fn. 1484), 575, 602; *Kindler/Nachmann(-Bauerreis)* (Fn. 26), Rn. 235 f. (2014); *Saint-Alary-Houin* (Fn. 25), n°s 1476, 1478.

1504 C. com., art. L. 653-5, 6° („Avoir fait disparaître des documents comptables, ne pas avoir tenu de comptabilité lorsque les textes applicables en font obligation, ou avoir tenu une comptabilité fictive, manifestement incomplète ou irrégulière au regard des dispositions applicables"); *Jaspers* (Fn. 1460), 494; *Kindler/Nachmann(-Bauerreis)* (Fn. 1503); vgl. auch *Sonnenberger/Dammann* (Fn. 27), Rn. VIII 91.

1505 Vgl. C. com., artt. L. 653-3-I, 3°; L. 653-4, 5°; L. 653-5, 6° mit C. com., artt. L. 654-2, 2°, 3°, 4°, 5°. Zum Ganzen *Le Corre* (Fn. 46), n°s 912.12 f.; *Jacquemont/Vabres* (Fn. 23), n°s 1152, 1154, 1156; *Cerf-Hollender* (Fn. 272), n°s 7, 41 f., 47, 49-51.

1506 Loi n° 85-98 du 25 janvier 1985, art. 185; C. com., artt. L. 625-1 i.d.F. der ordonnance n° 2000-912 du 18 septembre 2000; L. 653-1-I. Zur Rechtslage unter dem Gesetz vom 13. Juli 1967 s.o. § 3 B VI 1 b).

einer *procédure de sauvegarde* genügt nicht.[1507] Diese Entscheidung korrespondiert mit dem gesetzgeberischen Anliegen, die *procédure de sauvegarde* im Interesse ihrer Nutzung in der Praxis attraktiver zu machen.[1508] Die freiwillige Initiierung dieses Verfahrens soll belohnt werden.[1509]

Doch kann – und muss – das vorgeworfene Verhalten in den genannten Fällen aus der Zeit vor der Verfahrenseröffnung stammen.[1510] Gefordert wird freilich ebenso, dass es zu den Schwierigkeiten des Unternehmens beigetragen hat.[1511] *Faillite personnelle* und *interdiction de gérer* knüpfen an Fehlverhalten an, welches im Zusammenhang mit der *cessation des paiements* steht.[1512]

4. Persönlicher Anwendungsbereich

Begleitend zu der schrittweisen Ausdehnung des persönlichen Anwendungsbereichs der Unternehmensinsolvenzverfahren ist beginnend mit der Reform von 1985 auch derjenige von *faillite personnelle* und *interdiction de gérer* erweitert worden.[1513] Allerdings ist die Verhängung durch das Insolvenzgericht – anders als es der Ausspruch als Nebenstrafe bei einer Verurteilung wegen Bankrotts war – ausgeschlossen im Falle von natürlichen Personen oder Leitern von

---

1507 *Jaspers* (Fn. 1460); *Kindler/Nachmann(-Bauerreis)* (Fn. 26), Rn. 74, 235 (2014); *Saint-Alary-Houin* (Fn. 25), n°s 1424, 1472.

1508 *Roussel Galle* (Fn. 307), n° 841; *Kindler/Nachmann(-Bauerreis)* (Fn. 26), Rn. 73 f. (2014); *Le Corre* (Fn. 46), n° 911.24.

1509 *Hyest* (Fn. 299), 461; *Voinot*, Droit économique des entreprises en difficulté (Paris 2007) n° 715; *Lienhard* (Fn. 501), n° 134.13. Zu der entsprechenden Argumentation hinsichtlich der Eröffnung eines *redressement* oder einer *liquidation judiciaire* als Voraussetzung für eine Bestrafung wegen Bankrotts s.o. § 4 A VII 3.

1510 Cass. com. 17.10.2000, n° 98-13.106; 28.4.2009, n° 08-10.145; 22.9.2009, n° 08-14.885; 12.1.2010, n° 08-19.787; CA Aix-en-Provence 27.6.2013, JurisData n° 2013-015255; CA Amiens 24.10.2013, JurisData n° 2013-025276; CA Besançon 21.7.2014, JurisData n° 2014-017937; *Lienhard* (Fn. 1213), 489; *Vallansan/Cagnoli/Fin-Langer*, Difficultés des entreprises[6] (Paris 2012) 484; *Jacquemont/Vabres* (Fn. 23), n°s 1140, 1156; *Cerf-Hollender* (Fn. 272), n°s 31, 45, 52; a.A. CA Angers 17.11.2015, JurisData n° 2015-027341 (Verheimlichen von Schuldnervermögen nach der Eröffnung). Zu in diesem Zusammenhang nicht relevanten Tatbeständen, die an ein Verhalten nach der Eröffnung anknüpfen, s.u. § 4 G I 1, 2, II 2, 3.

1511 *Cerf-Hollender* (Fn. 272), n° 31.

1512 *Cerf-Hollender* (Fn. 272), n° 30.

1513 *Lienhard* (Fn. 501), n°s 134.11 f.; *Le Corre* (Fn. 46), n°s 911.21 f.; *Cerf-Hollender* (Fn. 272), n° 11. Zur Ausdehnung des Anwendungsbereichs der Bankrottvorschriften parallel zu demjenigen der Unternehmensinsolvenzverfahren s.o. § 4 A VII 2.

juristischen Personen, die eine selbstständige berufliche Tätigkeit ausüben und insoweit Disziplinarregeln unterworfen sind.[1514] Erfasst werden von dieser Ausnahme etwa die Rechtsanwälte, Notare und Ärzte.[1515]

Ansonsten sind die Vorschriften zu *faillite personnelle* und *interdiction de gérer* nach dem durch die Verordnung vom 18. Dezember 2008 modifizierten Wortlaut des Gesetzes heute anwendbar auf jede natürliche Person, welche eine kaufmännische oder handwerkliche Tätigkeit ausübt, die Landwirte und jede andere natürliche Person, die einer selbstständigen beruflichen Aktivität unter Einschluss eines reglementierten oder geschützten freien Berufs nachgeht.[1516] Dasselbe gilt – abgesehen von der genannten Ausnahme – für jede natürliche Person, welche eine juristische Person in der Schuldnerrolle wenn auch nur faktisch leitet und für natürliche Personen, welche dauerhaft eine solche Schuldnerin führende juristische Personen vertreten.[1517] Juristische Personen selbst können, anders als dies für die strafrechtlichen Sanktionen des Code pénal gilt, nicht mit der *faillite personnelle* oder einer *interdiction de gérer* nach den Bestimmungen des Code de commerce belegt werden.[1518]

Nicht unumstritten ist, ob eine *interdiction de gérer* wegen der Verletzung der Antragsfrist gegenüber bloß faktischen Leitern von juristischen Personen

---

1514 C. com., art. L. 653-1-I, al. 5; *Le Corre* (Fn. 1513); *Jacquemont/Vabres* (Fn. 23), n°s 1150, 1158; *Cerf-Hollender* (Fn. 272), n°s 28, 78. Zu dem Fall des Ausspruchs als Nebenstrafe s.o. § 4 A VII 2, 5.

1515 *Lienhard* (Fn. 501), n° 134.14; *Saint-Alary-Houin* (Fn. 25), n° 1481; *Cerf-Hollender* (Fn. 272), n° 29.

1516 C. com., art. L. 653-1-I, 1° („Aux personnes physiques exerçant une activité commerciale ou artisanale, aux agriculteurs et à toute autre personne physique exerçant une activité professionnelle indépendante y compris une profession libérale soumise à un statut législatif ou réglementaire ou dont le titre est protégé" statt „Aux personnes physiques exerçant la profession de commerçant, d'agriculteur ou immatriculées au répertoire des métiers […]" wie noch in der Fassung der *loi de sauvegarde*); *Jacquemont/Vabres* (Fn. 1514); *Cerf-Hollender* (Fn. 272), n°s 11-16; vgl. auch *Jaspers* (Fn. 1460).

1517 C. com., artt. L. 653-1-I, 2° („Aux personnes physiques, dirigeants de droit ou de fait de personnes morales"); L. 653-1-I, 3° („Aux personnes physiques, représentants permanents de personnes morales, dirigeants des personnes morales définies au 2°"); *Lienhard* (Fn. 1515); *Jacquemont/Vabres* (Fn. 1514); *Cerf-Hollender* (Fn. 272), n°s 11, 17-24, 26.

1518 *Jaspers* (Fn. 1460); *Jacquemont/Vabres* (Fn. 1514); *Cerf-Hollender* (Fn. 272), n° 11. Zur Möglichkeit der strafrechtlichen Verfolgung juristischer Personen wegen Bankrotts s.o. § 4 A VII 2.

verhängt werden kann.[1519] Die Gegner einer solchen Möglichkeit heben hervor, dass in den Bestimmungen des Code de commerce zur Eröffnung des *redressement* und der *liquidation judiciaire* die Antragstellung durch den Schuldner angeordnet wird und im Falle einer juristischen Person ausdrücklich die Antragstellung durch den gesetzlichen Vertreter vorgesehen ist.[1520] Weil ein faktischer Leiter deswegen nicht zur Beantragung der Verfahrenseröffnung befugt sei, dürfe er auch nicht für die unterlassene Antragstellung zur Verantwortung gezogen werden.[1521] Von Seiten der Befürworter wird betont, dass der einschlägige Tatbestand[1522] auf die allgemeine gesetzliche Regel zum persönlichen Anwendungsbereich von *faillite personnelle* und *interdiction de gérer* verweist.[1523] Der faktische Leiter müsse den gesetzlichen Vertreter zur Antragstellung bewegen und bei dessen Untätigkeit selbst den Eröffnungsantrag stellen.[1524] Einem im Vorfeld der Reform von 2005 gemachten Vorschlag, den Tatbestand in der Weise abzuändern, dass die faktischen Leiter von seinem Anwendungsbereich unmissverständlich ausgenommen sind,[1525] ist der Gesetzgeber nicht gefolgt.[1526]

Keine Einigkeit besteht ferner hinsichtlich der Frage, ob natürliche Personen, die eine kaufmännische Tätigkeit ausüben, aber entgegen einer bestehenden Verpflichtung hierzu nicht in das Handelsregister eingetragen sind, wegen einer Antragspflichtverletzung mit einer *interdiction de gérer* belegt werden können.[1527] Für die Erfassung solcher faktischer Kaufleute (*commerçants de fait*)

1519 Dagegen *Cerf-Hollender* (Fn. 272), n° 71; dafür *Le Corre* (Fn. 46), n° 231.25; *Jacquemont* (Fn. 950), n°s 158, 175; *Saint-Alary-Houin* (Fn. 25), n°s 1097 note 57, 1430, 1432 sowie – noch zur Rechtslage unter dem Gesetz vom 25. Januar 1985 – Cass. com. 6.1.1998, Bull. civ. 1998 IV, n° 6.

1520 Zu diesen Bestimmungen s.o. § 4 A II 1, VI.

1521 *Cerf-Hollender* (Fn. 1519).

1522 C. com., art. L. 653-8, al. 3. Zu dessen Wortlaut s.o. Fn. 1217.

1523 *Jacquemont* (Fn. 950), n° 175 sowie noch zur entsprechenden Regelung in dem Gesetz vom 25. Januar 1985 (loi n° 85-98 du 25 janvier 1985, artt. 189; 185, 2°) Cass. com. 6.1.1998, Bull. civ. 1998 IV, n° 6.

1524 *Jacquemont* (Fn. 950), n° 158. Ausdrücklich gegen eine aus dem Tatbestand abgeleitete Befugnis des faktischen Leiters zur Antragstellung aber *Le Corre* (Fn. 1519).

1525 *Hyest,* Rapport sur la législation applicable en matière de prévention et de traitement des difficultés des entreprises, Doc. AN n° 3451, enregistré à la Présidence de l'Assemblée nationale le 5 décembre 2001, Doc. Sénat n° 120, annexe au procès-verbal de la séance du 5 décembre 2001, 86.

1526 *Lienhard* (Fn. 1213), 493.

1527 Dagegen *Cerf-Hollender* (Fn. 1519); dafür *Jacquemont/Vabres* (Fn. 23), n°s 1150, 1158 f.

von dem Tatbestand ließe sich wiederum mit der allgemeinen Bestimmung zum Anwendungsbereich der Vorschriften zu *faillite personnelle* und *interdiction de gérer* argumentieren;[1528] genannt werden dort schließlich insbesondere jede natürliche Person, welche eine kaufmännische oder handwerkliche Tätigkeit ausübt, und jede andere natürliche Person, die einer selbstständigen beruflichen Aktivität nachgeht[1529].

Zur Begründung der Gegenansicht wird die Rechtsprechung des Kassationshofs aus der Zeit vor der Reform von 2005 herangezogen,[1530] wonach ein entgegen den rechtlichen Vorgaben nicht eingetragener Kaufmann nicht auf seinen Antrag hin zu einem Unternehmensinsolvenzverfahren zugelassen werden durfte; diesen Standpunkt hat das Gericht darauf gestützt, dass es sich bei dem *redressement* und der *liquidation judiciaire* um Rechtswohltaten handele und nach den Bestimmungen zum Handelsregister[1531] eine der Eintragung unterworfene Person, die diese nicht binnen fünfzehn Tagen ab dem Beginn ihrer Aktivität beantragt, sich bis zu ihrer Eintragung nicht auf ihre Kaufmannseigenschaft berufen kann[1532]. Doch wird diese Rechtsprechung in der Literatur heute vielfach deswegen als überholt erachtet, weil die Unternehmensinsolvenzverfahren im Code de commerce seit dem Inkrafttreten der *loi de sauvegarde* auch „auf jede andere eine selbstständige berufliche Tätigkeit ausübende natürliche Person" und seit der Klarstellung im Zuge der Reform von 2008 ausdrücklich als „auf jede eine kaufmännische Aktivität ausübende Person" anwendbar[1533] erklärt werden.[1534] Diejenigen, die unter dem geltenden Recht dazu neigen, an der Eintragung des eintragungspflichtigen Kaufmannes als Voraussetzung für die Verfahrenseröffnung auf einen Eigenantrag hin festzuhalten, argumentieren dagegen damit, dass von dem Schuldner im Code de commerce begleitend zu

---

1528 *Jacquemont/Vabres* (Fn. 1527).

1529 S.o. Fn. 1516.

1530 *Cerf-Hollender* (Fn. 1519).

1531 Décret n° 84-406 du 30 mai 1984 relatif au registre du commerce et des sociétés, JO, 31 mai 1984, p. 1699, art. 65, al. 1er (heute C. com., art. L. 123-8, al. 1er).

1532 Cass. com. 25.3.1997, Bull. civ. 1997 IV, n° 83; 11.2.2004, Bull. civ. 2004 IV, n° 28; zustimmend *Jeantin/Le Cannu* (Fn. 1177), n° 212; *Saint-Alary-Houin* (Fn. 25), n° 417 note 19 sowie auch in Bezug auf die aktuelle Rechtslage *Legros* (Fn. 761), nos 78-81. Für eine Übertragbarkeit dieser Rechtsprechung auf die *procédure de sauvegarde* unter dem aktuellen Recht *Saint-Alary-Houin*, ebenda, n° 417.

1533 S.o. § 3 B IX, X Fn. 334.

1534 *Vallansan/Cagnoli/Fin-Langer* (Fn. 1510), 299; *Le Corre* (Fn. 46), nos 211.21, 231.12; *Pérochon* (Fn. 272), nos 278, 283; *Jacquemont/Vabres* (Fn. 23), n° 164.

einem solchen Antrag die Einreichung eines Handelsregisterauszuges verlangt wird.[1535]

5. Rechtsfolgen

Die Verhängung der *faillite personnelle* oder einer *interdiction de gérer* steht heute stets im Ermessen des Insolvenzgerichts.[1536] Eine obligatorische Variante der *faillite personnelle* kennt das Gesetz seit der Reform von 1985 nicht mehr.[1537] Im Falle der Verwirklichung eines *faillite personnelle* Tatbestands kann sich das Gericht auch auf die Verhängung einer *interdiction de gérer* beschränken[1538] oder – wie in den Fällen der Tatbestände der *interdiction de gérer* – ganz von einer Sanktionierung absehen[1539].

Aus der Verhängung der *faillite personnelle* resultiert heute stets ein umfassendes Geschäftsleitungsverbot. Dem Betroffenen ist es untersagt, Handels-, Handwerks-, landwirtschaftliche oder sonstige Unternehmen sowie juristische Personen direkt oder indirekt zu führen oder zu kontrollieren.[1540] Darüber hinaus wird die *faillite personnelle* wie auch die *interdiction de gérer* in

---

1535 *Saint-Alary-Houin* (Fn. 25), n° 417; *Legros* (Fn. 761), n° 79. Zu den Registerauszügen als eigenantragsbegleitende Unterlagen s.o. § 4 A III 1 b) aa).

1536 C. com., artt. L. 653-3 - L. 653-6; L. 653-8; *Sonnenberger/Dammann* (Fn. 27), Rn. VIII 91, 93; *Klein*, RIW 2010, 352, 357; *Jaspers* (Fn. 1460), 495 f. S. auch bereits oben § 4 A VIII 1.

1537 *Pernice* (Fn. 115), 182; *Ripert/Roblot/Delebecque/Germain* (Fn. 15), n° 3302; *Wallmann* (Fn. 262), 160. Zur aktuellen Rechtslage *Sonnenberger/Dammann* (Fn. 27), Rn. VIII 91; *Cerf-Hollender* (Fn. 272), n° 96.

1538 C. com., art. L. 653-8, al. 1er; *Sonnenberger/Dammann* (Fn. 27), Rn. VIII 93; *Le Corre* (Fn. 46), n° 913.11; *Saint-Alary-Houin* (Fn. 25), nos 1481 f.

1539 *Hirte/Lanzius/Mock* (Fn. 1484), 319; *Le Corre* (Fn. 46), n° 911.11; *Jacquemont/Vabres* (Fn. 23), n° 1113; missverständlich *Drygala*, ZIP 2005, 423, 424 Fn. 36. Zur Möglichkeit des Absehens von einer *interdiction de gérer* bei Verwirklichung eines zu ihrer Verhängung ermächtigenden Tatbestands s.o. § 4 A VIII 1.

1540 C. com., art. L. 653-2 („La faillite personnelle emporte interdiction de diriger, gérer, administrer ou contrôler, directement ou indirectement, toute entreprise commerciale ou artisanale, toute exploitation agricole ou toute entreprise ayant toute autre activité indépendante et toute personne morale"); *Hirte/Lanzius/Mock* (Fn. 1539); *Le Corre* (Fn. 46), n° 912.41; *Saint-Alary-Houin* (Fn. 25), n° 1474; vgl. auch *Robbe-Grillet* (Fn. 50), 307; *Andreas Stadler* (Fn. 182), 193; *Sonnenberger/Dammann* (Fn. 27), Rn. VIII 92.

spezialgesetzlichen Regelungen insbesondere zur Zulassung zu verschiedenen Berufen[1541], aber auch zum aktiven Wahlrecht bei den Wahlen der Mitglieder der Industrie- und Handelskammern (*chambres de commerce et d'industrie*)[1542] als Ausschlussgrund genannt.[1543]

Ferner hat der Ausspruch der *faillite personnelle* den Ausschluss der seit der Reform von 1985 mit der Beendigung der *liquidation judiciaire* wegen Erschöpfung der Aktivmasse verbundenen Restschuldbefreiung[1544] zur Folge: Die Gläubiger erlangen dann *ipso iure* ihr Einzelverfolgungsrecht wieder.[1545] Anders als noch unter dem Gesetz vom 25. Januar 1985 genügt die Verhängung einer *interdiction de gérer* seit der Reform von 2005 hierzu dagegen nicht mehr;[1546] zur Begründung der Änderung ist im Gesetzgebungsverfahren ausgeführt worden, dass die Verbindung der Wiederherstellung des Einzelverfolgungsrechts mit der *interdiction de gérer* in der Praxis zu Vorbehalten auf Seiten der Gerichte gegenüber der Anordnung dieser Maßnahme geführt habe[1547].

Des Weiteren kann das Gericht, welches die *faillite personnelle* ausspricht, die Unfähigkeit, ein öffentliches Wahlamt (*fonction publique élective*) auszuüben, anordnen.[1548] Anders als noch unter dem Gesetz vom 13. Juli 1967[1549] resultiert sie nicht mehr von Gesetzes wegen aus der Eröffnung eines Unternehmensinsolvenzverfahrens. Das Gesetz vom 25. Januar 1985 hatte sie bereits nur noch für den Fall der Anordnung der *liquidation judiciaire* gegenüber einer

---

1541 So etwa décret n°73-609 du 5 juillet 1973 relatif à la formation professionnelle dans le notariat et aux conditions d'accès aux fonctions de notaire, art. 3, 4° (Notar); C. com., artt. L. 811-5, 4°; L. 812-3, 4° (*administrateur* und *mandataire judiciaire*).

1542 C. com., art. L. 713-3-II, 3°.

1543 *Jeantin/Le Cannu* (Fn. 1177), n° 1334; *Le Corre* (Fn. 46), n° 912.42; *Cerf-Hollender* (Fn. 272), n°s 107, 112; vgl. auch *Hirte/Lanzius/Mock* (Fn. 1539); *Robbe-Grillet* (Fn. 1540); *Wallmann* (Fn. 262), 169.

1544 Hierzu oben § 3 B VII, I.

1545 C. com., art. L. 643-11-III, 1°; *Le Corre* (Fn. 46), n°s 592.61, 592.65, 912.42; *Saint-Alary-Houin* (Fn. 25), n°s 1379, 1491; *Cerf-Hollender* (Fn. 272), n° 113; vgl. auch *Sonnenberger/Dammann* (Fn. 27), Rn. VIII 55, 92.

1546 *Le Corre* (Fn. 46), n° 592.65; *Saint-Alary-Houin* (Fn. 25), n° 1379; *Cerf-Hollender* (Fn. 1545). Zur Situation unter dem Regelwerk von 1985 loi n° 85-98 du 25 janvier 1985, art. 169, al. 2; *Klopp*, KTS 1992, 347, 350; *Summ* (Fn. 281), 238; *Wallmann* (Fn. 262), 161.

1547 *Hyest* (Fn. 299), 62; *Le Corre* (Fn. 1546).

1548 Entgegen *Robbe-Grillet* (Fn. 1540) folgt sie nicht automatisch aus der Verhängung der *faillite personnelle*, C. com., art. L. 653-10; *Jaspers* (Fn. 1460), 493 Fn. 1265.

1549 S.o. § 3 B VI 1 b).

natürlichen Person sowie denjenigen des Ausspruchs der *faillite personnelle* oder einer *interdiction de gérer* vorgesehen.[1550] Der Verfassungsrat hat in der Folge die die automatische Auslösung der Unfähigkeit begründende Vorschrift für verfassungswidrig erklärt.[1551] Die *loi de sauvegarde* hat die Anordnung der Unfähigkeit dementsprechend in das Ermessen des Gerichts gestellt und sie zugleich auf den Fall der Verhängung der *faillite personnelle* beschränkt.[1552]

Bei dem Begriff der *interdiction de gérer* handelt es sich wie schon vor der Reform von 1985[1553] um eine in der Literatur verwendete Kurzbezeichnung. Gemeint ist damit das wie unter dem Gesetz vom 13. Juli 1967 neben der *faillite personnelle* geregelte Verbot, direkt oder indirekt Handels-, Handwerks- oder landwirtschaftliche Unternehmen sowie juristische Personen zu leiten oder zu kontrollieren.[1554] Das Gericht kann die *interdiction de gérer* auch auf einzelne oder verschiedene von diesen beschränken.[1555]

Soweit eine juristische Person einem *redressement* oder einer *liquidation judiciaire* als Schuldnerin unterworfen ist, geht entsprechend der unter dem Gesetz vom 13. Juli 1967 bestehenden Rechtslage sowohl mit der *faillite personnelle* als auch mit der *interdiction de gérer* der Verlust des Stimmrechts der betroffenen Leiter in den Versammlungen der juristischen Person einher.[1556] Genauso kann

---

1550 Loi n° 85-98 du 25 janvier 1985, art. 194; *Guyon* (Fn. 18), n°s 1307, 1407, 1413.

1551 Cons. const. 15.3.1999, déc. n° 99-410 DC, JO, 21 mars 1999, p. 4234.

1552 Zum Ganzen *Le Corre* (Fn. 46), n° 912.42; *Jacquemont/Vabres* (Fn. 23), n° 1144; *Saint-Alary-Houin* (Fn. 25), n° 1491; vgl. auch *Andreas Stadler* (Fn. 182), 193 f.; *Sonnenberger/Dammann* (Fn. 27), Rn. VIII 92.

1553 S.o. § 3 B VI 1 b).

1554 *Jacquemont/Vabres* (Fn. 23), n°s 1141, 1158; *Saint-Alary-Houin* (Fn. 25), n°s 1471, 1482; *Cerf-Hollender* (Fn. 272), n°s 3, 107; vgl. auch *Pernice* (Fn. 115), 185; *Robbe-Grillet* (Fn. 50), 147; *Sonnenberger/Dammann* (Fn. 27), Rn. VIII 93.

1555 C. com., art. L. 653-8, al. 1er („l'interdiction de diriger, gérer, administrer ou contrôler, directement ou indirectement, soit toute entreprise commerciale ou artisanale, toute exploitation agricole et toute personne morale, soit une ou plusieurs de celles-ci"); *Hirte/Lanzius/Mock* (Fn. 1484), 320; *Robbe-Grillet* (Fn. 1554); *Jaspers* (Fn. 1460), 496.

1556 C. com., art. L. 653-9, al. 1er; *Jacquemont/Vabres* (Fn. 23), n°s 1148, 1161; *Saint-Alary-Houin* (Fn. 25), n° 1490; *Cerf-Hollender* (Fn. 272), n° 108; vgl. auch *Hirte/Lanzius/Mock* (Fn. 1484), 319; *Sonnenberger/Dammann* (Fn. 27), Rn. VIII 92; *Kindler/Nachmann(-Bauerreis)* (Fn. 26), Rn. 237 (2014). Zur Situation unter dem Gesetz vom 13. Juli 1967 s.o. § 3 B VI 1 b).

das Gericht diesen Leitern weiter auferlegen, ihre Anteile an der juristischen Person abzutreten, oder deren Zwangsveräußerung anordnen.[1557]

Das Gericht, welches die *faillite personnelle* oder die *interdiction de gérer* verhängt, hat die Dauer der jeweiligen Maßnahme festzulegen. Insoweit gilt heute eine Höchstgrenze von fünfzehn Jahren.[1558] Die Unfähigkeit, ein öffentliches Wahlamt auszuüben, ist, wenn sie angeordnet wird, für denselben Zeitraum zu verhängen wie die *faillite personnelle*, höchstens aber für eine Dauer von fünf Jahren.[1559]

Die Verletzung des aus der *faillite personnelle* resultierenden Geschäftsleitungsverbots sowie der *interdiction de gérer* ist unter Strafe gestellt. Vorgesehen sind wiederum Freiheits- und Geldstrafen.[1560]

Das Urteil, mit dem die *faillite personnelle* oder die *interdiction de gérer* ausgesprochen wird, ist nicht nur dem Sanktionierten zuzustellen, sondern gleich dem Eröffnungsurteil dem *administrateur*, dem *mandataire judiciaire* oder *liquidateur*, der Staatsanwaltschaft und dem Departements- oder Regionaldirektor für öffentliche Finanzen der Departements am Sitz des Schuldners und seiner Hauptniederlassung zu übermitteln.[1561] Auch wie das Eröffnungsurteil wird es im *BODACC* und in einem lokalen Publikationsorgan veröffentlicht sowie je nach Art des schuldnerischen Unternehmens bzw. Unternehmensträgers im Handelsregister, der Handwerksrolle oder einem gesonderten, beim *tribunal de grande instance* geführten Register publiziert.[1562] Dass der Ausspruch von *faillite*

1557 C. com., art. L. 653-9, al. 2; *Jacquemont/Vabres* (Fn. 1556); *Saint-Alary-Houin* (Fn. 1556); *Cerf-Hollender* (Fn. 272), n° 109; vgl. auch *Hirte/Lanzius/Mock* (Fn. 1556); *Sonnenberger/Dammann* (Fn. 1556); *Kindler/Nachmann(-Bauerreis)* (Fn. 1556).

1558 C. com., art. L. 653-11, al. 1er; *Sonnenberger/Dammann* (Fn. 27), Rn. VIII 94; *Klein*, RIW 2010, 352, 357; *Kindler/Nachmann(-Bauerreis)* (Fn. 26), Rn. 238 (2014).

1559 C. com., art. L. 653-10; *Sonnenberger/Dammann* (Fn. 27), Rn. VIII 92; *Jaspers* (Fn. 1460), 493; *Saint-Alary-Houin* (Fn. 25), n° 1491.

1560 C. com., art. L. 654-15; *Hirte/Lanzius/Mock* (Fn. 1484), 321; *Jaspers* (Fn. 1460), 493, 496 f.; *Jacquemont/Vabres* (Fn. 23), nos 1147, 1163.

1561 C. com., artt. R. 653-3; R. 621-7; R. 631-7; R. 641-6, al. 2.

1562 C. com., artt. R. 653-3, al. 1er; R. 621-8, al. 1-3, 5, 6; R. 631-7; R. 641-7, al. 1er. In den Departements Niederrhein, Oberrhein und Mosel tritt entgegen *Jaspers* (Fn. 1460), 496 Fn. 1280 nur an die Stelle des *répertoire des métiers* wiederum der *répertoire des entreprises*, C. com., art. R. 621-8, al. 2. Zum Ganzen *Le Corre* (Fn. 46), n° 911.52; *Saint-Alary-Houin* (Fn. 25), n° 1490; *Cerf-Hollender* (Fn. 272), n° 104; vgl. auch *Wallmann* (Fn. 262), 168. Zur Veröffentlichung im *BODACC* – zu diesem oben § 3 D – und im Handelsregister s. auch *Pernice* (Fn. 115), 184; *Hirte/Lanzius/Mock* (Fn. 1484), 319; *Jaspers* (Fn. 1460), 495 f.

personnelle und *interdiction de gérer* durch das Insolvenzgericht in den *casier judiciaire* aufzunehmen ist, erscheint nicht ganz unumstritten.[1563]

Endlich ist heute die Erfassung von *faillite personnelle* und *interdiction de gérer* – genauso wie ausschließlich als Kriminalstrafe verhängter Geschäftsleitungsverbote – unter Angabe der zugrunde liegenden Entscheidung in der nationalen Kartei der Geschäftsleitungsverbote (*fichier national des interdits de gérer*) vorgesehen.[1564] Die Einrichtung dieser durch ein Gesetz vom 22. März 2012 geschaffenen[1565] Kartei soll der Betrugsbekämpfung, der Prävention der strafbewehrten Zuwiderhandlung gegen die Verbote und der Förderung ihrer Vollstreckung dienen.[1566] Ihr Betrieb – durch den Nationalrat der Handelsgerichtskanzler (*Conseil national des greffiers des tribunaux de commerce*)[1567] – konnte mit dem Inkrafttreten des einschlägigen Ausführungsdekrets[1568] am 1. Januar 2016 aufgenommen werden.[1569]

1563 Dafür auf der Grundlage von Artikel 768, 5° des Code de procédure pénal (C. pr. pén.) *Jeantin/Le Cannu* (Fn. 1177), n° 1323; *Wallmann* (Fn. 1562); *Lorho*, J.-Cl. Proc. pén., Art. 768 à 781, Fasc. 20 (Februar 2015) n° 14; *Saint-Alary-Houin* (Fn. 1562); *Cerf-Hollender* (Fn. 1562); dagegen wohl *Le Corre* (Fn. 1562) sowie für den Fall von Kaufleuten *Mascala/Salomon*, Rev. proc. coll. 2013-1, dossier 11, n° 6; *Jaspers* (Fn. 1460), 496. *Guyon* (Fn. 18), n° 1410 hält die gesetzliche Anordnung der Aufnahme für verfehlt, weil es sich bei der *faillite personnelle* nicht um eine strafrechtliche Sanktion handele. Zur Frage der Einordnung von *faillite personnelle* und *interdiction de gérer* s. noch unten § 4 A VIII 7.

1564 C. com., art. L. 128-1, al. 3, 4; *Mascala/Salomon*, Rev. proc. coll. 2013-1, dossier 11, n°s 8, 12.

1565 Loi n° 2012-387 du 22 mars 2012 relative à la simplification du droit et à l'allègement des démarches administratives, JO n° 71 du 23 mars 2012, p. 5226, texte n° 1, art. 71; *Pérochon* (Fn. 272), n° 1727 note 13; *Jacquemont/Vabres* (Fn. 23), n° 1147; *Saint-Alary-Houin* (Fn. 1562).

1566 C. com., art. L. 128-1, al. 1er; *Mascala/Salomon*, Rev. proc. coll. 2013-1, dossier 11, n° 8; *Pérochon* (Fn. 272), n° 1727.

1567 C. com., art. L. 128-1, al. 2; *Jacquemont/Vabres* (Fn. 1565); *Saint-Alary-Houin* (Fn. 1562).

1568 Décret n° 2015-194 du 19 février 2015 relatif au fichier national des interdits de gérer, JO n° 44 du 21 février 2015, p. 3231, texte n° 10.

1569 Zum Ganzen *Martin-Serf*, Rev. proc. coll. 2015-6, comm. 192, zum Inkrafttreten des Ausführungsdekrets s. décret n° 2015-194 du 19 février 2015, art. 3.

6. *Vorzeitige Befreiung*

Anders als noch unter dem Gesetz vom 13. Juli 1967[1570] bewirkt die Anordnung der *clôture pour extinction du passif* seit der Reform von 1985 unmissverständlich *ipso iure* die Wiedereinsetzung des Betroffenen in all seine Rechte unabhängig davon, ob er als Schuldner oder als Leiter einer juristischen Person mit der *faillite personnelle* oder einer *interdiction de gérer* belegt worden ist. Das entsprechende Gerichtsurteil befreit von allen persönlichen Rechtsnachteilen, Verboten und der Unfähigkeit, ein öffentliches Wahlamt auszuüben.[1571] Raum für eine Versagung der an die Verfahrensbeendigung wegen Tilgung der Schulden geknüpften Wiedereinsetzung als Ausdruck einer rechtlichen Missbilligung schuldnerischen Fehlverhaltens bei der Sachverhaltsaufklärung bleibt damit nicht unter dem geltenden Recht. Mit der gesetzlichen Anordnung der Wiedereinsetzung als Folge der *clôture pour extinction du passif* soll ein Anreiz zur Befriedigung der Gläubiger geschaffen werden, auch wenn *faillite personnelle* und *interdiction de gérer* keineswegs nur als Instrument des Gläubigerschutzes konzipiert sind.[1572]

Auf Antrag des Betroffenen kann das Gericht diesen heute auch ganz oder teilweise von den persönlichen Rechtsnachteilen, Verboten und der Unfähigkeit, ein öffentliches Wahlamt auszuüben, befreien, wenn er nur einen ausreichenden Beitrag zum Schuldenausgleich geleistet hat;[1573] bei einer vollständigen Befreiung ist der Betroffene rehabilitiert[1574]. In diese ebenfalls auf das Gesetz

---

1570 Hierzu oben § 4 A I 6 f).

1571 C. com., art. L. 653-11, al. 2 („Le jugement de clôture pour extinction du passif […] rétablit le débiteur personne physique ou les dirigeants de la personne morale dans tous leurs droits. Il les dispense ou relève de toutes les déchéances, interdictions et incapacité d'exercer une fonction publique élective"); *Le Corre* (Fn. 46), n°s 592.26, 911.91; *Saint-Alary-Houin* (Fn. 25), n° 1493; *Cerf-Hollender* (Fn. 272), n° 118; vgl. auch *Hirte/Lanzius/Mock* (Fn. 1484), 320; *Sonnenberger/Dammann* (Fn. 27), Rn. VIII 94. Zur Rechtslage nach der Reform von 1985 loi n° 85-98 du 25 janvier 1985, art. 195, al. 3; *Pernice* (Fn. 1562); *Wallmann* (Fn. 262), 170; *Cerf-Hollender*, ebenda.

1572 *Saint-Alary-Houin* (Fn. 1571); vgl. auch *Pernice* (Fn. 1562); *Hirte/Lanzius/Mock* (Fn. 1484), 321. Zur Einordnung von *faillite personnelle* und *interdiction de gérer* s. sogleich unten § 4 A VIII 7.

1573 C. com., art. L. 653-11, al. 3; *Le Corre* (Fn. 46), n° 911.91; *Saint-Alary-Houin* (Fn. 1571); *Cerf-Hollender* (Fn. 272), n° 119; vgl. auch *Hirte/Lanzius/Mock* (Fn. 1484), 320; *Andreas Stadler* (Fn. 182), 194; *Sonnenberger/Dammann* (Fn. 1571).

1574 C. com., art. L. 653-11, al. 5 („Lorsqu'il y a relèvement total des déchéances et interdictions et de l'incapacité, la décision du tribunal emporte réhabilitation"); *Le Corre* (Fn. 46), n° 911.92; *Jacquemont/Vabres* (Fn. 23), n° 1146; *Cerf-Hollender* (Fn. 272), n° 104.

vom 25. Januar 1985 zurückgehende Regelung ist die anerkannte Rechtschaffenheit, welche im Gesetz vom 13. Juli 1967 noch als Bedingung für die fakultative Rehabilitation vorgesehen war, nicht als tatbestandliche Voraussetzung für die gerichtliche Bewilligung übernommen worden.[1575] Auch wird die Einschätzung geäußert, dass das gesetzliche Angebot der vorzeitigen Befreiung von der *faillite personnelle*, der *interdiction de gérer* und ihren Wirkungen bei einem ausreichenden Beitrag zum Schuldenausgleich in dieselbe Richtung wie die gesetzliche Anordnung der Wiedereinsetzung als Folge der *clôture pour extinction du passif* ziele.[1576] Nichtsdestotrotz wird angenommen, dass bei der Beantwortung der Frage, was ein ausreichender Beitrag ist, die Bewertung des der verhängten Maßnahme zugrunde liegenden Verhaltens durchaus Berücksichtigung finden kann. Dasselbe gilt für strafrechtliche Verurteilungen wegen das Geschäftsleben betreffender Taten.[1577] Das Gericht kann also mit der Ablehnung der Bewilligung die Missbilligung eines Fehlverhaltens des Betroffenen zum Ausdruck bringen.

Endlich kann der Betroffene seit der Reform von 2005 von einer *interdiction de gérer* befreit werden, wenn er seine Eignung zur Führung oder Kontrolle eines oder mehrerer der von dem Verbot erfassten Unternehmen nachweist.[1578] Genügen kann insoweit unter Umständen der Abschluss einer Berufs- oder

---

1575 C. com., art. L. 653-11, al. 3 („L'intéressé peut demander au tribunal de le relever, en tout ou partie, des déchéances et interdictions et de l'incapacité d'exercer une fonction publique élective s'il a apporté une contribution suffisante au paiement du passif"); *Hirte/Lanzius/Mock* (Fn. 1573); *Sonnenberger/Dammann* (Fn. 1571); *Jaspers* (Fn. 1460), 495, 497. Zu dem Gesetz vom 25. Januar 1985 als Ausgangspunkt der Regelung loi n° 85-98 du 25 janvier 1985, art. 195, al. 4, 5 und hierzu *Pernice* (Fn. 1562). Zur anerkannten Rechtschaffenheit als Bedingung für die fakultative Rehabilitation unter dem Gesetz vom 13. Juli 1967 s.o. § 4 A I 6 f).

1576 *Saint-Alary-Houin* (Fn. 1571).

1577 CA Douai 16.9.2008, JCP 2008, éd. E, 2474, note *Delattre* (Versagung der Bewilligung u.a. gestützt auf Verheimlichen von Aktiva, welches zur Verhängung der *faillite personnelle* geführt hatte, von der der Antragsteller in dem entschiedenen Fall die Befreiung beantragte, Verletzung der Frist für die Erklärung der *cessation des paiements* und fehlende oder irreguläre Buchführung, welche einen Ausspruch der *faillite personnelle* gegenüber dem Antragsteller in einem anderen Verfahren in seiner Eigenschaft als Leiter einer Gesellschaft gezeitigt hatte, sowie mehrere strafrechtliche Verurteilungen wegen das Geschäftsleben betreffender Taten); *Le Corre* (Fn. 46), n° 911.92; *Jacquemont/Vabres* (Fn. 1574); vgl. auch *Cerf-Hollender* (Fn. 272), n° 119.

1578 C. com., art. L. 653-11, al. 4 („Lorsqu'il a fait l'objet de l'interdiction prévue à l'article L. 653-8, il peut en être relevé s'il présente toutes garanties démontrant sa capacité à diriger ou contrôler l'une ou plusieurs des entreprises ou personnes visées par le même article"); *Hirte/Lanzius/Mock* (Fn. 1484), 321.

Fachausbildung.[1579] Wenigstens teilweise wird angenommen, dass der Nachweis der Eignung in solchen Fällen ausgeschlossen sein sollte, in denen das Verbot nicht auf Inkompetenz, sondern auf unredliches Verhalten gestützt worden ist.[1580] Die Versagung der Befreiung resultierte bei einer *interdiction de gérer*, die auf entsprechende Mängel bei der Sachverhaltsaufklärung zurückgeht, in der Konsequenz aus der mangelnden Heilbarkeit dieser Mängel. Raum für eine eigene Bewertung des entsprechenden Verhaltens böte sich bei dieser Entscheidung dann hingegen nicht.

7. Einordnung

Die Frage, ob *faillite personnelle* und *interdiction de gérer* Mittel der Repression oder der Prävention darstellen, wurde schon unter dem Gesetz vom 13. Juli 1967 aufgeworfen.[1581] Handelte es sich um ausschließlich zukunftsgerichtete Instrumente der Gefahrenabwehr, fiele die Ableitung einer rechtlichen Missbilligung mangelnder Sachverhaltsaufklärung aus den einschlägigen Vorschriften und damit deren Heranziehung zur Begründung einer Aufklärungspflicht zumindest ungleich schwerer, als wenn die Maßnahmen (auch) der Ahndung eines Fehlverhaltens dienten.

Dass sie eine präventive Seite haben, wird angenommen.[1582] Zum Schutz der Geschäftswelt wird mit ihnen der Betroffene, der sich als gefährlich erwiesen hat, ausgeschlossen.[1583]

Der Kassationshof bezeichnet *faillite personnelle* und *interdiction de gérer* als Maßnahme des öffentlichen Interesses (*mesure d'intérêt public*), um damit die Unanwendbarkeit des Grundsatzes der rückwirkenden Anwendung des milderen Strafgesetzes auf ihre Verhängung durch das – „nicht repressive" – Insolvenzgericht zu erklären.[1584] Genauso hat er diese Qualifizierung in der Vergangenheit

---

1579 C. com., art. R. 653-4, al. 1er; *Jaspers* (Fn. 1460), 497; *Jacquemont/Vabres* (Fn. 23), n° 1162; *Cerf-Hollender* (Fn. 1577).

1580 *Le Corre* (Fn. 46), n° 911.91.

1581 S.o. § 4 A I 6 e) bb) Fn. 1031, h) cc), i) Fn. 1094.

1582 *Lienhard* (Fn. 501), n° 134.16; *Pérochon* (Fn. 272), n°s 1722, 1725; *Cerf-Hollender* (Fn. 272), n° 7.

1583 CA Aix-en-Provence 17.10.2013, Rev. proc. coll. 2014-6, comm. 178 m. zust. Anm. *Martin-Serf*; *Le Corre* (Fn. 46), n° 911.11; *Pérochon* (Fn. 272), n° 1722; *Cerf-Hollender* (Fn. 1582). Zum Ganzen auch *Pernice* (Fn. 115), 180 f., 186; *Hirte/Lanzius/Mock* (Fn. 1578); *Wallmann* (Fn. 262), 159-161.

1584 Cass. com. 19.12.2006, Bull. civ. 2006 IV, n° 259; 16.10.2007, Bull. civ. 2007 IV, n° 219 und hierzu *Jacquemont/Vabres* (Fn. 23), n° 1141. S. auch schon Cass. com. 28.4.1998, n° 95-13.626; 5.1.1999, n° 96-15.543; 23.11.1999, n° 97-13.285; LK StGB[12](-*Tiedemann*) (Fn. 1431), Vor § 283 StGB Rn. 198 sowie oben § 4 A I 6 e) bb) Fn. 103.

zur Begründung der Ausnahme dieser Maßnahmen vom Anwendungsbereich eines Amnestiegesetzes gewählt.[1585]

Gleichzeitig werden die – allesamt in der partie législative des Code de commerce normierten – Tatbestände für die Anordnung von *faillite personnelle* und *interdiction de gérer* auch von der Rechtsprechung als abschließend erachtet.[1586] Ein Teil der Literatur will insoweit eine Übereinstimmung mit dem Strafrecht und seinem Gesetzlichkeitsprinzip erkennen.[1587]

Der Verfassungsrat hat in seiner bereits angesprochenen Entscheidung vom 29. September 2016 und einer weiteren vom selben Tage nunmehr befunden, dass der Gesetzgeber mit der *faillite personnelle* und *interdiction de gérer* dem Zivil- oder Handelsrichter Handhabe für eine Repression des tatbestandsmäßigen Verhaltens gegeben hat, weshalb das Gericht sie als „Sanktionen mit Strafcharakter" bewertet.[1588] Auf solche will es über die von den Strafgerichten verhängten Strafen hinaus das Prinzip der Verhältnismäßigkeit der Strafe des Artikels 8 der Erklärung der Menschen- und Bürgerrechte von 1789[1589] angewendet wissen. Zugleich hat der Verfassungsrat zu verstehen gegeben, dass diese Anwendbarkeit genauso für die in der Vorschrift angelegten Aspekte des Gesetzlichkeitsprinzips[1590] gelten soll, wenn es hierauf in den Entscheidungen auch nicht ankam.[1591]

1585 Cass. com. 26.1.1984, Bull. civ. 1984 IV, n° 41; 3.4.1984, Bull. civ. 1984 IV, n° 126; 22.1.1985, Bull. civ. 1985 IV, n° 31; 8.11.1988, Bull. civ. 1988 IV, n° 229. Zur mangelnden Erfassung dieser Maßnahmen von Amnestiegesetzen s. auch *Le Corre* (Fn. 1583); *Saint-Alary-Houin* (Fn. 25), n° 1475.

1586 Cass. com. 4.2.1992, Bull. civ. 1992 IV, n° 63; 17.11.1992, Bull. civ. 1992 IV, n° 359; 27.4.1993, Bull. civ. 1993 IV, n° 149; 13.5.2003, Dr. sociétés 2004, comm. 25, obs. *Legros*; 3.5.2006, n° 04-20.526; 12.1.2010, n° 08-19.787; *Hirte/Lanzius/Mock* (Fn. 1484), 318; *Klein*, RIW 2010, 352, 357; *Jaspers* (Fn. 1460), 493 f.

1587 *Cerf-Hollender* (Fn. 272), n° 9. Gegen die Anwendbarkeit dieses Prinzips auf *faillite personnelle* und *interdiction* in Ermangelung eines strafrechtlichen Charakters *Le Corre* (Fn. 1583); *Saint-Alary-Houin* (Fn. 1585).

1588 Cons. const. 29.9.2016, déc. n° 2016-570 QPC, JO n° 229 du 1 octobre 2016, texte n° 57, n° 5; déc. n° 2016-573 QPC, JO n° 229 du 1 octobre 2016, texte n° 58, n° 10 („sanctions ayant le caractère de punition") = JCP 2016, éd. E, 1632, note *Cerf-Hollender* = Dr. pén. 2016, comm. 165, note *Peltier*. Zu der zweitgenannten Entscheidung s. bereits oben § 4 A VII 5 a).

1589 „La loi ne doit établir que des peines strictement et évidemment nécessaires […]".

1590 „[…] et nul ne peut être puni qu'en vertu d'une loi établie et promulgué antérieurement au délit, et légalement appliquée".

1591 Cons. const. 29.9.2016, déc. n° 2016-570 QPC, JO n° 229 du 1 octobre 2016, texte n° 57, n° 3; déc. n° 2016-573 QPC, JO n° 229 du 1 octobre 2016, texte n° 58, n° 8.

Im Schrifttum ist die Einschätzung verbreitet, dass *faillite personnelle* und *interdiction de gérer* auch im Falle einer Verhängung durch das Insolvenzgericht nicht nur präventive, sondern zugleich repressive Züge aufweisen.[1592] Sie werden in Übereinstimmung mit dem Sprachgebrauch des Code de commerce als – persönliche[1593], zivilrechtliche[1594] oder berufliche[1595] – Sanktionen bezeichnet.[1596] Teilweise wird aufgrund der Schwere des Eingriffs zumindest eine gewisse Ähnlichkeit mit den Sanktionen des Strafrechts konstatiert.[1597]

1592 *Delattre*, JCP 2008, éd. E, 2334; *Lienhard* (Fn. 1582); *Pérochon* (Fn. 272), n°s 1668, 1722, 1725, 1757; *Saint-Alary-Houin* (Fn. 25), n°s 1474 f., 1482; *Cerf-Hollender* (Fn. 272), n°s 7, 9; vgl. auch *Pernice* (Fn. 115), 180; *Ulrich/Poertzgen/Pröm*, ZInsO 2006, 64, 68; gegen einen repressiven Charakter *Le Corre* (Fn. 46), n° 911.35.

1593 CA Paris 23.10.2014, JurisData n° 2014-025853, die den Zweck der *faillite personnelle* in der Wiedergutmachung eines Schadens für die öffentliche Wirtschaftsordnung (*ordre public économique*) sieht; *Klein*, RIW 2010, 352, 357; *Kindler/Nachmann*(-*Bauerreis*) (Fn. 26), Rn. 235 (2014); *Pérochon* (Fn. 272), n°s 1668, 1722; *Saint-Alary-Houin* (Fn. 25), n° 1475; *Cerf-Hollender* (Fn. 272), n°s 11, 29. Der Begriff der persönlichen Sanktion wurde auch noch im Gesetz vom 13. Juli 1967 und in der darunter ergangenen höchstrichterlichen Rechtsprechung verwendet, loi n° 67-563 du 13 juillet 1967, art. 126, al. 2 und hierzu oben § 4 A I 6 e) aa) bzw. Cass. com. 12.1.1988, Bull. civ. 1988 IV, n° 18.

1594 *Summ* (Fn. 281), 238 Fn. 7; *Sonnenberger/Dammann* (Fn. 27), Rn. VIII 90 f.; *Pérochon* (Fn. 272), n° 1725; *Saint-Alary-Houin* (Fn. 25), n° 1471; *Cerf-Hollender* (Fn. 272), n°s 11, 78.

1595 *Pérochon* (Fn. 272), n°s 1668, 1722; *Cerf-Hollender* (Fn. 272), n°s 3, 7 f.; dagegen *Vallens*, RTD com. 1997, 567, 589.

1596 Zur Verwendung des Begriffs der Sanktion im Code de commerce C. com., artt. L. 128-1, al. 3; L. 131-13, 2°; L. 645-9, al. 1er; L. 713-3-II, 5°; 713-9, 5°; R. 653-2; R. 653-3, al. 2.

1597 *Guyon* (Fn. 18), n° 1412; *MEDEF*, Encourager l'inititiative économique grace à une politique raisonée de la sanction en cas d'échec (2003) 4, 7; *Bénéjat*, Rev. proc. coll. 2010-5, étude 27, n° 22. *Delattre*, JCP 2007, éd. E, 2401; *ders.*, JCP 2008, éd. E, 2334; *ders.*, Rev. proc. coll. 2010-3, étude 15, n° 4 spricht bei den Tatbeständen der *faillite personnelle* und der *interdiction de gérer* jeweils von einer „infraction" und *Dumont-Lefrand* (Fn. 1459), n° 60 bei diesen Maßnahmen von einer „sanction pénale", während das Appellationsgericht von Aix-en-Provence in der *faillite personnelle* bzw. den mit ihr einhergehenden Konsequenzen immerhin sehr deutlich „Strafen" („pénalités"), die „als Sanktion persönlicher von einem Leiter einer Gesellschaft begangener Geschäftsführungsfehler zum Einsatz kommen", sieht, CA Aix-en-Provence 17.10.2013, Rev. proc. coll. 2014-6, comm. 178 m. zust. Anm. *Martin-Serf*. Gegen eine strafrechtliche Qualifizierung etwa *Le Corre* (Fn. 46), n° 911.11; *Jacquemont/Vabres* (Fn. 1584); *Saint-Alary-Houin* (Fn. 25), n° 1475.

Die Ablehnung der Geltung des Grundsatzes der rückwirkenden Anwendung des milderen Strafgesetzes durch den Kassationshof sieht sich durchaus Kritik ausgesetzt.[1598] Insoweit wird die „strafende" Wirkung für den Betroffenen geltend gemacht.[1599] Ferner wird in diesem Zusammenhang mit Blick auf die Schwere der Sanktionen auf das weite Strafrechtsverständnis des Europäischen Gerichtshofs für Menschenrechte hingewiesen;[1600] nach dessen jüngerer Rechtsprechung garantiert Artikel 7 Abs. 1 EMRK (*No punishment without law/ Pas de peine sans loi*) implizit auch das Prinzip der Rückwirkung des milderen Strafgesetzes[1601]. Dieser Hinweis liegt auf einer Linie mit einer in der österreichischen Lehre vertretenen Ansicht. Bei Zugrundelegung des Strafrechtsverständnisses des Europäischen Gerichtshofs für Menschenrechte ist danach die Beugehaft nach § 101 Abs. 1 S. 2 der österreichischen Insolvenzordnung (IO) in Anbetracht der Schwere des Eingriffs als *criminal charge* im Sinne des Artikels 6 Abs. 1 EMRK einzustufen.[1602]

Den Ausschlag für die Ableitung einer rechtlichen Missbilligung aus der Anordnung von *faillite personnelle* und *interdiction de gérer* sollte am Ende zum einen die Formulierung ihrer tatbestandlichen Voraussetzungen geben. In den einschlägigen Bestimmungen wird gleich einem Straftatbestand ein Fehlverhalten definiert, von dem die – freilich in das gerichtliche Ermessen gestellte – Verhängung der Maßnahmen abhängig gemacht wird.[1603] Im Gesetzgebungsverfahren

---

1598 *Le Corre* (Fn. 1597); *Pérochon* (Fn. 272), n° 1725; *Cerf-Hollender* (Fn. 272), n° 65.

1599 *Pérochon* (Fn. 1598).

1600 *Bénéjat*, Rev. proc. coll. 2010-5, étude 27, n° 22; *Cerf-Hollender* (Fn. 272), n°s 9, 65. *Vallens,* RTD com. 1997, 567, 589, hält die Ablehnung der Geltung des Grundsatzes der rückwirkenden Anwendung des milderen Strafgesetzes wegen des weiten Strafrechtsverständnisses des Gerichtshofs für diskussionswürdig, spricht sich wegen der engen Verbindung zwischen *faillite personnelle* und *interdiction de gérer* und den Unternehmensinsolvenzverfahren sowie der angewendeten Verfahrensregeln im Ergebnis freilich für die Qualifizierung als Streitigkeiten in Bezug auf zivilrechtliche Ansprüche und Verpflichtungen (*contestations sur ses droits et obligations de caractère civil*) im Sinne des Artikels 6 Abs. 1 S. 1 EMRK aus.

1601 EGMR (GK), *Scoppola ./. Italien* (Nr. 2), Individualbeschwerde Nr. 10249/03, Rn. 109, 17.9.2009. Zur Auslegung des Begriffs der Strafe („peine" bzw. „penalty") in Art. 7 Abs. 1 S. 2 EMRK EGMR, *Welch ./. Vereinigtes Königreich*, 9.2.1995, Rn. 27 f., 32, Serie A Band 307-A; *Scoppola* (Nr. 2), Rn. 96 f.; *M. ./. Deutschland*, Individualbeschwerde Nr. 19359/04, Rn. 120, 17.12.2009.

1602 *Oberhammer*, ÖJZ 1994, 265, 267; *Puschner*, Konkurs und Europäische Menschenrechtskonvention (Wien 2000) 71 f.; *Bartsch/Pollak/Buchegger*^{4}(*-Kodek*) (Fn. 18), § 101 östKO Rn. 13.

1603 Vgl. *Andreas Stadler* (Fn. 182), 206; *Wallmann* (Fn. 262), 165.

zur *loi de sauvegarde* wurde zum Ausdruck gebracht, dass die *faillite personnelle* und *interdiction de gérer* Tatbestände ein Mittel seien, die Einhaltung der gesetzlichen Anforderungen an das Verhalten des Betroffenen zu garantieren.[1604] Zum Teil decken sich die Tatbestände der *faillite personnelle* zumindest im Wesentlichen mit denjenigen des Bankrotts.[1605] Die offenkundige Inkompetenz und die gescheiterte Abwendung der Liquidation zählen seit der Reform von 1985 dagegen nicht mehr zu den Gründen für den Ausspruch von *faillite personnelle* und *interdiction de gérer.*[1606]

Zum anderen ergibt sich die rechtliche Missbilligung aus den einschneidenden Rechtsfolgen, die aus der Anordnung dieser Maßnahmen resultieren.[1607] Man schreibt ihnen auch heute eine entehrende Wirkung zu;[1608] die fortgesetzte Verwendung der Begriffe des (persönlichen) Falliments und der Rehabilitation im Gesetz spricht für sich.[1609]

Im Übrigen sollte die Einordnung als ausschließlich zukunftsgerichtete Instrumente der Gefahrenabwehr erschwert werden durch die gesetzlich angeordnete Verjährung der Verfolgung.[1610] Die Ausgestaltung des Kreises derjenigen,

---

1604 *De Roux* (Fn. 299), 221.

1605 S.o. § 4 A VIII 2 und vgl. C. com., art. L. 653-5, 2° mit C. com., art. L. 654-2, 1°. Aus diesen Gründen spricht die Ausgestaltung der Tatbestände nach *Cerf-Hollender* (Fn. 272), n° 7 für den repressiven Aspekt von *faillite personnelle* und *interdiction de gérer.*

1606 Loi n° 85-98 du 25 janvier 1985, artt. 187-190; 182; 192; C. com., artt. L. 653-3 - L. 653-6; L. 653-8; *Ripert/Roblot/Delebecque/Germain* (Fn. 15), n°s 3302, 3304-3306; s. auch bereits oben § 4 A VIII 2. Zur Rechtslage unter dem Gesetz vom 13. Juli 1967 s.o. § 4 A I 6 e) bb), h) cc), i).

1607 Cons. const. 29.9.2016, déc. n° 2016-573 QPC, JO n° 229 du 1 octobre 2016, texte n° 58, n° 10. Zu diesen Rechtsfolgen s.o. § 4 A VIII 5.

1608 *Lienhard* (Fn. 1213), 485; *Cerf-Hollender* (Fn. 1605). In der deutschsprachigen Literatur wird im Falle der *faillite personnelle* verbreitet von einer (persönlichen Insolvenz-)Ächtung gesprochen, *Zahn* (Fn. 121), 25 f.; *Karl-Heinz Weber/Hoffmann* (Fn. 6), 103; *Andreas Stadler* (Fn. 182), 193; *Wallmann* (Fn. 262), 159; *Jaspers* (Fn. 1460), 493.

1609 *MEDEF* (Fn. 1597), 14, wo eine Umbenennung der *faillite personnelle* gefordert wird, auch um der Maßnahme ihre entehrende Wirkung zu nehmen. Zur fortgesetzten Verwendung des Begriffs der Rehabilitation im Gesetz s.o. § 4 A VIII 6.

1610 Diese tritt drei Jahre nach Eröffnung des *redressement* bzw. der *liquidation judiciaire* ein, C. com., art. L. 653-1-II; *Klein*, RIW 2010, 352, 357; *Kindler/Nachmann(-Bauerreis)* (Fn. 26), Rn. 238 (2014); *Saint-Alary-Houin* (Fn. 25), n° 1486.

welche die Verhängung der Maßnahmen bei dem Insolvenzgericht beantragen können, steht der Ablehnung einer solchen Einordnung zumindest nicht entgegen. Antragsberechtigt sind der *mandataire judiciaire*, der *liquidateur*, die Staatsanwaltschaft sowie seit dem Inkrafttreten der *loi de sauvegarde* – im kollektiven Interesse der Gläubiger bei einer Säumnis des *mandataire judiciaire* – eine Mehrheit der zu Kontrolleuren berufenen Gläubiger.[1611]

IX. Ausschluss der Restschuldbefreiung

1. *Gründe*

Der Ausspruch der *faillite personnelle* zeitigt *ipso iure* den Ausschluss der mit der *clôture pour insuffisance d'actif* verbundenen Restschuldbefreiung.[1612] Dasselbe gilt ebenfalls schon seit der Reform von 1985 für Verurteilungen wegen Bankrotts.[1613]

Für den Fall einer *fraude* gegenüber einem oder mehreren Gläubigern ist darüber hinaus die Wiederherstellung des Einzelverfolgungsrechts aller Gläubiger auf Anordnung des Insolvenzgerichts vorgesehen.[1614] Auch dieser Grund geht auf das Gesetz vom 25. Januar 1985 zurück.[1615] Zuvor hatte bei einer *fraude* seitens des Schuldners bereits der Code de commerce von 1807 das Gericht ermächtigt, die Bestätigung des Vergleichs zu versagen, und das Gesetz vom 4. März 1889 die obligatorische *conversion en faillite* angeordnet.[1616]

1611 C. com., artt. L. 653-7; R. 653-2; *Saint-Alary-Houin* (Fn. 25), n° 1484 sowie – auch zur Einführung des Antragsrechts der Kontrolleure durch die *loi de sauvegarde* – *Le Corre* (Fn. 46), n° 911.31; vgl. auch *Sonnenberger/ Dammann* (Fn. 27), Rn. VIII 91; *Klein*, RIW 2010, 352, 357.

1612 S.o. § 4 A VIII 5.

1613 Loi n° 85-98 du 25 janvier 1985, art. 169, al. 2; C. com., art. L. 643-11-III, 2°; *Klopp*, KTS 1992, 347, 350; *Forsblad*, Restschuldbefreiung und Verbraucherinsolvenz im künftigen deutschen Insolvenzrecht (1997) 173; *Sonnenberger/Dammann* (Fn. 27), Rn. VIII 55.

1614 C. com., art. L. 643-11-IV: „En outre, en cas de fraude à l'égard d'un ou de plusieurs créanciers, le tribunal autorise la reprise des actions individuelles de tout créancier à l'encontre du débiteur"; *Delzant/Pascal Schütze* ZInsO 2008, 540, 546 f.; *Mehring*, ZInsO 2012, 1247, 1251; *Paternot* (Fn. 163), 350.

1615 Loi n° 85-98 du 25 janvier 1985, art. 169, al. 2; *Klopp*, KTS 1992, 347, 350; *Schulte* (Fn. 410), 59; *Köhler*, Entschuldung und Rehabilitierung vermögensloser Personen im Verbraucherinsolvenzverfahren (2003) 114.

1616 S.o. § 4 A I 1 g), 3 d).

Auch ein Verhalten aus der Zeit vor der Verfahrenseröffnung kann für die Bejahung einer die Wiederherstellung des Einzelverfolgungsrechts rechtfertigenden *fraude* genügen.[1617] Wenigstens ein Teil der Literatur will darin ganz allgemein ein Mittel zur Begegnung missbräuchlicher Schuldneranträge auf Eröffnung des *redressement* oder der *liquidation judiciaire* sehen. Der Gestaltung des Eigenantrags soll auf diese Weise Grenzen gesetzt werden. Kommt es zur Beendigung des Liquidationsverfahrens wegen Erschöpfung der Aktivmasse, soll ein Antrag des Schuldners auf Eröffnung des *redressement* oder der *liquidation judiciaire*, der einzig darauf abzielte, eine Einstellung der Einzelrechtsverfolgung zu erreichen und sich seiner Gläubiger zu entledigen, danach als *fraude* verstanden werden können.[1618]

Konkret wird ein Anwendungsfall der Wiederherstellung des Einzelverfolgungsrechts wegen *fraude* – dem Überleitungstatbestand des Gesetzes vom 4. März 1889 entsprechend – nicht nur in dem Beiseiteschaffen, sondern auch in dem Verheimlichen von Aktiva gesehen.[1619] Ferner kann die *fraude* in einem die Aufforderung des Gläubigers zur Anmeldung verhindernden Verheimlichen einer Forderung bestehen.[1620] Das bloße Unterlassen der Benennung des Gläubigers will der Kassationshof freilich nicht ausreichen lassen.[1621] Vielmehr bedarf es des Nachweises eines auf das Verheimlichen gerichteten Vorsatzes.[1622] Der Rechtsprechung zur *actio Pauliana* (*action paulienne*)[1623] entsprechend will man zur Bejahung dieses subjektiven Elements das einfache Bewusstsein der Gläubigerschädigung genügen lassen, ohne dass es auf eine darauf abzielende Absicht ankäme.[1624] Diese Sichtweise liegt auf einer Linie mit dem Überleitungstatbestand

---

1617 Cass. com. 15.2.2005, Bull. civ. 2005 IV, n° 26; *Mehring*, ZInsO 2012, 1247, 1252; *Le Corre* (Fn. 46), n° 592.66; *Vallansan* (Fn. 273), n° 107. *Pétel*, JCP 2011, éd. E, 1071, n° 17 fordert eine „während des Verfahrens eingetretene fraude" („fraude intervenue durant la procédure").

1618 *Saint-Alary-Houin* (Fn. 25), n° 1097 note 60; vgl. auch *de Roux* (Fn. 299), 414.

1619 *Soinne* (Fn. 382), n° 2532; *Jeantin/Le Cannu* (Fn. 1177), n° 1232; *Le Corre* (Fn. 1617). Zu dem Überleitungstatbestand des Gesetzes vom 4. März 1889 s. insoweit § 4 A I 3 d).

1620 *De Roux* (Fn. 299), 417; Cass. com. 16.11.1993, Bull. civ. 1993 IV, n° 407; 26.10.1999, Bull. civ. 1999 IV, n° 186; *Saint-Alary-Houin* (Fn. 25), n° 1379.

1621 Cass. com. 26.10.1999, n° 96-18.214; 27.11.2012, n° 11-23.831.

1622 Cass. com. 12.7.2011, n° 10-21.726; *Vallansan/Cagnoli/Fin-Langer* (Fn. 1510) 448; *Pérochon* (Fn. 272), n° 1382; *Saint-Alary-Houin* (Fn. 1620).

1623 C. civ., art. 1167.

1624 *De Roux* (Fn. 1620); *Le Corre* (Fn. 1617); vgl. auch *Jacquemont/Vabres* (Fn. 23), n° 1068. Nach *Pérochon* (Fn. 1622) soll sich der auf das Verheimlichen gerichtete Vorsatz etwa aus der Höhe der Forderung ergeben können. Zur fehlenden Notwendigkeit des Nachweises einer Schädigungsabsicht bei der *action paulienne* nach

des Gesetzes vom 4. März 1889, wonach die die *conversion en faillite* zeitigende *fraude* sich auch in Gestalt eines wissentlichen Unterlassens der Benennung von Gläubigern zeigen können sollte[1625]. Sie deckt sich endlich mit dem Verständnis von der fraudulösen Intention, die unter dem Gesetz vom 13. Juli 1967 als Bedingung für die obligatorische gerichtliche Anordnung der *faillite personnelle* gefordert wurde.[1626]

Desgleichen ist die *fraude* als Voraussetzung für die Wiederherstellung des Einzelverfolgungsrechts von der Rechtsprechung bejaht worden bei einem Vortäuschen der Verlegung des Schuldnerdomizils von Deutschland ins Elsass.[1627] Die Unternehmensinsolvenzverfahren des Code de commerce finden in den Departements Niederrhein, Oberrhein und Mosel mit Einschränkungen Anwendung auf Privatpersonen mit Domizil vor Ort (*faillite civile*).[1628] Der im Vergleich zum deutschen Recht schnellere Weg zur Restschuldbefreiung, den die Durchführung einer *liquidation judiciaire* ermöglichen kann, hat in der Vergangenheit zu dem als Restschuldbefreiungstourismus in diese Departements beschriebenen Phänomen geführt.[1629]

Genauso kann es für die Annahme einer die Restschuldbefreiung ausschließenden *fraude* genügen, wenn der Schuldner aus einer wirtschaftlichen Tätigkeit in Deutschland resultierende Forderungen des deutschen Fiskus verheimlicht, um Zweifeln an der Belegenheit des COMI in Frankreich vorzubeugen.[1630]

2. Einordnung

Wie auch *faillite personnelle* und *interdiction de gérer* lässt sich der Ausschluss der Restschuldbefreiung nicht auf ein zukunftsgerichtetes Instrument der

---

der Rechtsprechung Cass. civ. 17.10.1979, Bull. civ. 1979 I, n° 249; 29.5.1985, Bull. civ. 1985 I, n° 163; *von Campe*, Insolvenzanfechtung in Deutschland und Frankreich (1995) 248 f.; *Städtler* (Fn. 156), 141 f.; *Paternot* (Fn. 163), 196.

1625 S.o. § 4 A I 3 d).

1626 S.o. § 4 A I 6 e) aa).

1627 CA Colmar 13.12.2011, BeckRS 2012, 03424 (frz. Originalfassung) = BeckRS 2012, 03332 = ZInsO 2012, 441, 443 f. = NZI 2012, 131, 134 m. Anm. *Hübler*. Hierzu auch *Mehring*, ZInsO 2012, 1247, 1251.

1628 C. com., artt. L. 670-1 - L. 670-7; *Delzant/Pascal Schütze*, ZInsO 2008, 540-547; *Sonnenberger/Dammann* (Fn. 27), Rn. VIII 4; *Kindler/Nachmann(-Bauerreis)* (Fn. 26), Rn. 241-248 (2014).

1629 *Delzant/Pascal Schütze*, ZInsO 2008, 540 f.; *Hergenröder*, DZWIR 2009, 309, 310 f.; *Koch/Magnus/Winkler von Mohrenfels*, IPR und Rechtsvergleichung[4] (2010) § 12 B Rn. 26-28.

1630 Cass. com. 27.5.2014, n° 13-14.425 und hierzu *Le Corre* (Fn. 1617).

Gefahrenabwehr reduzieren. Zwar soll es den Betroffenen mit der Restschuldbefreiung nach der Konzeption des französischen Gesetzgebers gerade auch im Interesse der Gründung von Unternehmen und der Schaffung von Arbeitsplätzen ermöglicht werden, sich unbelastet von ihren Schulden unternehmerisch zu betätigen.[1631] Dass es bei dem Ausschluss der Restschuldbefreiung umgekehrt (auch) um den vorbeugenden Schutz der Geschäftswelt vor gefahrenträchtiger unternehmerischer Betätigung geht, wird durchaus angenommen;[1632] schließlich erlangen die Gläubiger ihr Einzelverfolgungsrecht mit der *clôture pour insuffisance d'actif* nach dem Gesetz auch dann wieder, wenn der Schuldner oder eine juristische Person, deren Leiter er gewesen ist, in der Vergangenheit einer *liquidation judiciaire* unterworfen gewesen ist, welche weniger als fünf Jahre vor der Eröffnung des aktuellen Verfahrens wegen Erschöpfung der Aktiva beendet worden ist[1633].

Doch sieht der Gesetzgeber in der Restschuldbefreiung wenigstens gleichermaßen eine Rechtswohltat,[1634] welcher der unredliche Schuldner nicht würdig

---

1631 *Klopp*, KTS 1988, 267, 280; *de Roux* (Fn. 299), 414, 416; *Vallansan* (Fn. 273).

1632 *Jacquemont/Vabres* (Fn. 23), n° 1064 sehen in dem Schuldner in den Fällen der Ausschlussgründe des Artikels L. 643-11-III, 1°, 2° und 3° des Code de commerce eine Gefahrenquelle („homme à risques"). Die Verweigerung der Erleichterung eines Neuanfangs durch den Ausschluss der Restschuldbefreiung bei der Verhängung der *faillite personnelle* wird als logische Konsequenz des Umstands erachtet, dass die *faillite personnelle* auf den Aussschluss aus dem Geschäftsleben zielt, *de Roux* (Fn. 299), 416; *Jacquemont/Vabres*, ebenda, n° 1065.

1633 Dasselbe gilt, wenn der Schuldner in den fünf Jahren vor diesem Zeitpunkt in den Genuss der schuldbefreienden Wirkung eines *rétablissement professionnel* gekommen ist. Zum Ganzen C. com., art. L. 643-11-III, 3°; *Delzant/Pascal Schütze*, ZInsO 2008, 540, 546 f.; *Sonnenberger/Dammann* (Fn. 27), Rn. VIII 55; *Saint-Alary-Houin* (Fn. 1620). Dass der Ausschluss der Restschuldbefreiung bei wiederholter *clôture pour insuffisance d'actif* unabhängig von einem Fehlverhalten erfolgt, wird angenommen von *Pérochon* (Fn. 272), n° 1670 note 3, die freilich auch die Möglichkeit der Annahme erkennt, dass die Frequenz der Beendigungen wegen Erschöpfung der Aktivmasse ein Verschulden offenbaren könne. *Städtler* (Fn. 156), 27 will den Grund für den Ausschluss der Restschuldbefreiung auch im Falle der wiederholten Beendigung wegen Erschöpfung der Aktivmasse in einer „persönlichen Verfehlung" sehen, derer sich der Schuldner „schuldig" gemacht habe.

1634 *Klopp*, KTS 1988, 267, 280; *Le Corre* (Fn. 46), n°s 592.65 f.; *Vallansan* (Fn. 273), n° 101. Von einem „faveur" sprechen *de Roux* (Fn. 299), 415; *Pérochon* (Fn. 272), n° 1382; *Jacquemont/Vabres* (Fn. 23), n°s 1064 f.

ist[1635]. Der Ausschluss wegen Bankrotts, *faillite personnelle* und *fraude* bringt demnach durchaus eine rechtliche Missbilligung des erfassten Verhaltens zum Ausdruck.[1636] Dies gilt für den letztgenannten Fall umso mehr, als es insoweit einer gesonderten Subsumtion unter den Begriff des Betruges durch das Insolvenzgericht bedarf, während die Wiedereinsetzung der Gläubiger in ihr Einzelverfolgungsrecht bei dem Ausspruch der *faillite personnelle* und der Verurteilung wegen Bankrotts *ipso iure* eintritt.

X. Verwalterbestellung, -aufgaben und -befugnisse

Als Beispiele eines besonderen Grundes für die ausnahmsweise Bestellung eines Insolvenzverwalters (*trustee*) in dem Verfahren nach Chapter 11 nennt der Bankruptcy Code ausdrücklich Betrug (*fraud*) und Unredlichkeit (*dishonesty*).[1637] Im Code de commerce findet sich dagegen keine ausdrückliche Anknüpfung der Insolvenzverwalterbestellung oder der Bestimmung ihrer Aufgaben und Befugnisse an Verfehlungen des Schuldners. Das aktuelle französische Recht liegt insoweit auf einer Linie mit den Regelungen zu den Kuratoren des Sanierungsverfahrens nach der Verordnung vom 23. September 1967.[1638]

Im Liquidationsverfahren ist der *liquidateur* genauso ausnahmslos zu bestellen wie ein *mandataire judiciaire* in der *procédure de sauvegarde* und im *redressement judiciaire*.[1639] Ist der Schuldner eine juristische Person, kann der Gerichtspräsident im Liquidationsverfahren anstelle der bei der Verfahrenseröffnung im

---

1635 *De Roux* (Fn. 1634); *Pérochon* (Fn. 272), n° 1381; *Jacquemont/Vabres* (Fn. 1634); *Vallansan* (Fn. 273), n° 88; vgl. auch *Le Corre* (Fn. 46), n° 592.65.

1636 *De Roux* (Fn. 299), 414 f.; *Städtler* (Fn. 1633); *Lienhard* (Fn. 501), n° 126.30; *Le Corre* (Fn. 46), n° 592.66; *Jacquemont/Vabres* (Fn. 1634); *Saint-Alary-Houin* (Fn. 25), n°s 1378 f.

1637 11 U.S.C. § 1104(a)(1); *Kemper* (Fn 1273), 64; *Fassbach*, Die *cram down power* des amerikanischen Konkursgerichts im Reorganisationsverfahren nach Chapter 11 des Bankruptcy Code (1997) 16 Fn. 69; *Seibel* (Fn. 1189), 63. Freilich ist umstritten, ob die Bestellung eines *trustee* obligatorisch ist, wenn sich der besondere Grund für die Bestellung aus einem inkompetenten oder unredlichen Management ergibt. Dafür wird der Gesetzeswortlaut („[…] the court s h a l l order the appointment of a trustee“ (Hervorhebung durch den Verfasser)) ins Feld geführt, dagegen wird vorgebracht, dass auf diese Weise die fehlende Wahrscheinlichkeit eines zukünftigen Fehlverhaltens keine Berücksichtigung finde, zum Ganzen *Feeney/Williamson/Stepan* (Fn. 1262), 811 f. (§ 11:12).

1638 S.o. § 4 A I 7 c).

1639 S.o. § 3 D.

Amt befindlichen Leiter nötigenfalls einen Bevollmächtigten berufen.[1640] Die Bejahung der Notwendigkeit wird im Schrifttum etwa für möglich gehalten bei einem Leiter, der unauffindbar, krankheitsbedingt verhindert oder dem die Leitung aus welchem Grund auch immer untersagt worden ist.[1641] Manche halten es (darüber hinaus) für wahrscheinlich, dass die einschlägige Vorschrift (auch) auf die Inkompetenz oder ein Fehlverhalten des Leiters abzielt.[1642] Jedenfalls aber ist die Bestimmung mit ihrer Anknüpfung an den Fall der Notwendigkeit so offen formuliert, dass sie nicht geeignet erscheint, zur Begründung einer Verhaltenspflicht herangezogen zu werden.

Ob die Bestellung eines *administrateur judiciaire* zu Beginn der *procédure de sauvegarde* oder des *redressement judiciaire* obligatorisch ist, macht das Gesetz von der Größe des Unternehmens abhängig.[1643] Für den Fall, dass die entsprechenden Anforderungen nicht erreicht werden, werden im Code de commerce keine Kriterien für die Entscheidung über das Ob der Bestellung genannt.[1644] Erwogen werden in der Literatur insoweit die Vermeidung von aus der Fortführung des Betriebes durch den Schuldner selbst resultierenden Schwierigkeiten[1645] bzw. dessen Fähigkeit, die Unternehmensleitung weiter allein zu gewährleisten, einerseits sowie die Höhe der Verfahrenskosten andererseits[1646]. Die Berufung

---

1640 C. com., art. L. 641-9-II: „Lorsque le débiteur est une personne morale, un mandataire peut être désigné, en cas de nécessité, au lieu et place des dirigeants sociaux par ordonnance du président du tribunal sur requête de tout intéressé, du liquidateur ou du ministère public."

1641 *Le Corre* (Fn. 46), n° 553.22; *Jacquemont/Vabres* (Fn. 23), n° 880; *Legros*, J.-Cl. Commercial, Fasc. 2392 (Februar 2017) n° 262.

1642 *Le Corre* (Fn. 1641); *Saint-Alary-Houin* (Fn. 25), n° 1247. *Legros* (Fn. 1641) kann sich auch die Ableitung der Notwendigkeit aus einem Interessenkonflikt zwischen dem *liquidateur* und dem Leiter vorstellen.

1643 Entsprechendes gilt für die Bestellung von Sachverständigen zur Unterstützung des *administrateur* im *redressement judiciaire* in solchen Fällen, in denen dieser allein und vollständig damit betraut ist, die Leitung des Unternehmens zu gewährleisten, s. zum Ganzen oben § 3 D. Auch die durch die *loi Macron* eingeführte obligatorische Bestellung eines zweiten *administrateur, mandataire judiciaire* oder *liquidateur* knüpft nicht an schuldnerische Verfehlungen an, s.o. § 3 B XIII.

1644 Dasselbe gilt auch für die nachträgliche Bestellung eines *administrateur* bis zu dem Urteil, mit welchem der Plan festgesetzt wird, C. com., artt. L. 621-4, al. 3, 4; L. 631-9, al. 1er, sowie für die oben Fn. 1643 genannte Sachverständigenbestellung, C. com., art. L. 631-12, al. 2.

1645 *Jeantin/Le Cannu* (Fn. 1177), n° 432.

1646 *Friedrichs* (Fn. 24), 169 Fn. 1000; *Jacquemont/Vabres* (Fn. 23), n° 303.

eines *administrateur judiciaire* bei Zulassung der vorläufigen Fortführung des Unternehmens im Liquidationsverfahren erfolgt ab einer bestimmten Unternehmensgröße sowie im Falle ihrer im Einzelfall festgestellten Notwendigkeit.[1647] Und auch die nachträgliche Bestellung eines *administrateur* im *redressement judiciaire* zur Vorbereitung und Durchführung der vollständigen oder teilweisen Übertragung des Unternehmens sowie im Sanierungs- und im Schutzverfahren bei Anordnung der Anwendung der Bestimmungen zu den Gläubigerausschüssen durch den *juge-commissaire* knüpft nicht an ein Fehlverhalten des Schuldners an.[1648]

Vergleichbar der Rechtslage unter der Sanierungsverordnung von 1967 hat der Gesetzgeber davon abgesehen, Gründe für die Wahl der *surveillance*, der *assistance* oder der *représentation* durch den oder die *administrateurs judiciaires* im *redressement judiciaire* respektive der *procédure de sauvegarde* zu definieren.[1649] Das aktuelle Recht bietet damit keine Anhaltspunkte dafür, dass mit der Ausgestaltung der Aufgaben und Befugnisse der Verwalter einer rechtlichen Missbilligung schuldnerischen Fehlverhaltens Ausdruck verliehen werden soll.

Letztlich dürfte es unvereinbar mit dem in der Reform von 1967 aufgegriffenen und im Rahmen der sich anschließenden Gesetzgebung weiterverfolgten Grundsatz der Trennung zwischen Mensch und Unternehmen[1650] sein, die Verwalterbestellung und die Bestimmung ihrer Aufgaben und Befugnisse als Mittel der Sanktionierung wegen mangelhafter Sachverhaltsaufklärung seitens des Schuldners zu begreifen. Vielmehr erscheinen die in dieser Hinsicht zu der Sanierungsverordnung angestellten Erwägungen[1651] übertragbar auf die aktuellen Regelungen. Auch heute bedarf es selbstredend einer Ausbalancierung der Rechte der Betroffenen unter Berücksichtigung der vom Gesetzgeber gesetzten Schwerpunkte bei der Zielsetzung des Verfahrens. Eine zukunftsorientierte Betrachtungsweise ist in der Praxis durchaus zu beobachten.[1652] Freilich sollte eine Verletzung der rechtlichen Anforderungen an die Sachverhaltsaufklärung durch den Schuldner auch jetzt noch relevant werden können für die Prognose,

---

1647 S.o. §§ 3 I; 4 A III 1 b) cc).

1648 S.o. § 3 F, G.

1649 C. com., artt. L. 622-1-II, -IV; L. 631-12, al. 1er, 2, 4. Zur Verordnung vom 23. September 1967 s. insoweit oben § 4 A I 7 c).

1650 S.o. § 3 B VI 1 b), VII, IX.

1651 Zu diesen s.o. § 4 A I 7 c).

1652 CA Paris 25.10.2011, Rev. proc. coll. 2012-2, comm. 30, obs. *Lebel*, welche die Anordnung der *surveillance* in erster Linie mit den im konkreten Fall günstigen Erfolgsaussichten der *procédure de sauvegarde* begründet.

ob mit einem den Verfahrenszielen zuwiderlaufenden (Fehl-)Verhalten zu rechnen ist, welches eine Stärkung der Position des Verwalters erforderlich machen könnte.[1653]

Nicht im Widerspruch zu dem Befund, dass die Verwalterbestellung nicht zum Zweck der Sanktionierung wegen mangelhafter Sachverhaltsaufklärung seitens des Schuldners erfolgt, steht eine durch die Verordnung vom 26. September 2014 eingeführte[1654] Neuerung. Danach kann der *liquidateur* bei dem Gerichtspräsidenten um die Bestellung eines – nicht mit dem auf Antrag des Schuldners zu dessen beratender Unterstützung berufenen *mandataire ad hoc* zu verwechselnden – *Ad-hoc*-Beauftragten ersuchen, wenn die Leiter der juristischen Person in der Schuldnerrolle ihre Verpflichtungen auf dem Gebiet der Vorlage und der Feststellung des Jahresabschlusses nicht einhalten.[1655] Die Regelung knüpft nicht an die Missachtung von Vorgaben an, welche den Schuldner eines Unternehmensinsolvenzverfahrens als solchen, sondern welche die Leiter einer juristischen Person unabhängig von deren Insolvenz treffen. Sie führt bezeichnenderweise weder zu einer Erweiterung der Aufgaben und Befugnisse des *liquidateur* oder eines *administrateur* noch zur Bestellung eines solchen.

1653 Vgl. CA Paris 25.10.2011, Rev. proc. coll. 2012-2, comm. 30, obs. *Lebel*, wo zur Begründung der Entscheidung für die *surveillance* auch ausgeführt wird, dass im Falle des Leiters der Schuldnerin kein Vertrauens- oder Kompetenzproblem zu konstatieren sei; *Martin-Serf*, J.-Cl. Commercial, Fasc. 2330 (Juli 2013) n° 48; *Kindler/Nachmann(-Bauerreis)* (Fn. 26), Rn. 124 (2014), der in „Konfliktsituationen" zwischen dem Schuldner und dem *administrateur* eine Hauptursache für die nachträgliche Änderung der Aufgaben und Befugnisse des letzeren erkennt; *Pérochon* (Fn. 272), n° 685, die in einem entsprechenden Antrag des *administrateur* einen Ausweg für den Fall erblickt, dass nicht mehr mit einem bestimmten vom Schuldner erwarteten Verhalten zu rechnen ist; *Dumont-Lefrand* (Fn. 1459); *Saint-Alary-Houin* (Fn. 25), n° 576, die in einem solchen Antrag ein Mittel erkennen, einem Missbrauch ihrer Befugnisse durch den Schuldner bzw. die Leiter der juristischen Person zu begegnen; *Le Corre* (Fn. 46), n°s 421.32 f., der die Inkompetenz und die Unredlichkeit als maßgebliche Faktoren für die Entscheidung zwischen der *assistance* und der *représentation* erachtet und in dem vollständigen Vertrauen des Gerichts in diese Personen eine Bedingung für die Beschränkung auf die *surveillance* im *redressement judiciaire* unter dem vor der Reform von 2005 geltenden Recht sehen will.

1654 Ordonnance n° 2014-1088 du 26 septembre 2014, art. 8.

1655 C. com., art. L. 641-3, al. 3: „Lorsque les dirigeants de la personne morale débitrice ne respectent pas leurs obligations en matière d'arrêté et d'approbation des comptes annuels, le liquidateur peut saisir le président du tribunal aux fins de désignation d'un mandataire ad hoc"; *Roussel Galle*, Rev. proc. coll. 2014-5, alerte 20, n° 7. Zu dem auf Antrag des Schuldners berufenen *mandataire ad hoc* s.o. §§ 3 A; 4 A II 3 a).

XI. Plan

1. Festsetzung

Für die Begründung einer Pflicht zur Sachverhaltsaufklärung in oder mit dem schuldnerischen Eröffnungsantrag bieten die Bestimmungen des Code de commerce zur gerichtlichen Festsetzung des Plans in den Unternehmensinsolvenzverfahren keine Argumentationsgrundlage. Sie knüpfen die Entscheidung anders als insbesondere noch der Code de commerce von 1807 diejenige über die Vergleichsbestätigung nicht daran, ob dem Schuldner bzw. den Leitern der juristischen Person in der Schuldnerrolle ein Fehlverhalten bei der Sachverhaltsaufklärung vorzuwerfen ist.[1656] Es soll nicht auf die Redlichkeit ankommen.[1657] Bereits die Sanierungsverordnung vom 23. September 1967 hat an der noch unter dem Gesetz vom 13. Juli 1967 bestehenden Formel, wonach der Vergleich nur dann vom Gericht bestätigt werden durfte, wenn ihm keine aus dem öffentlichen Interesse resultierenden Gründe entgegenzustehen schienen, nicht mehr festgehalten.[1658]

Zwar kann das Gericht im *redressement judiciaire* die Annahme des Plans auf Antrag der Staatsanwaltschaft abhängig machen vom Austausch eines oder mehrerer Leiter des Unternehmens, wenn der Schuldner nicht eine reglementierte freiberufliche Tätigkeit ausübt.[1659] Doch ist diese Anordnung allein für den Fall vorgesehen, dass die Sanierung des Unternehmens sie „erfordert".[1660] Diese Anforderung deckt sich im Wesentlichen mit der seit der Novelle von 1981 an die entsprechende gerichtliche Befugnis unter der Sanierungsverordnung vom 23. September 1967 und dem Gesetz vom 13. Juli 1967 geknüpfte Voraussetzung;

1656 Zu den maßgeblichen Kriterien s.o. § 3 F, G, I, zur Auswirkung schuldnerischen Fehlverhaltens bei der Sachverhaltsaufklärung auf die Vergleichsbestätigung unter dem Code de commerce von 1807 s.o. § 4 A I 1 g), 2 a) dd), b) gg).

1657 *Teboul*, Gaz. Pal. 2009, doctr. 909, 914; vgl. auch *Köhler* (Fn. 1615).

1658 S.o. § 4 A I 7 b).

1659 C. com., art. L. 631-19-1, al. 1er, 4; *Le Corre* (Fn. 46), no 531.31; *Jacquemont/Vabres* (Fn. 23), no 763; *Saint-Alary-Houin/Houin-Bressand* (Fn. 365), nos 15-17, 19. S. auch bereits oben § 3 F.

1660 C. com., art. L. 631-19-1, al. 1er („Lorsque le redressement de l'entreprise le requiert, [...]"); *Le Corre* (Fn. 1659); *Jacquemont/Vabres* (Fn. 1659); *Saint-Alary-Houin/Houin-Bressand* (Fn. 365), no 18. Zu diesem Zweck und unter denselben Bedingungen kann das Gericht im Rahmen der Entscheidung über den Plan auch die Unabtretbarkeit einer Beteiligung an dem Träger des Schuldnerunternehmens der ordnungsgemäß bestellten oder faktischen Leiter desselben anordnen, beschließen, dass das an die Beteiligung geknüpfte Stimmrecht für eine von dem Gericht festgelegte Dauer von einem hiermit gerichtlich Beauftragten ausgeübt wird, und die Abtretung einer

Letztere hat die ursprünglich in der Sanierungsverordnung vorgesehene und dem Wortlaut nach noch eher rückwärtsgewandte und verhaltensbezogene Bedingung ersetzt[1661]. Der gesetzliche Zweck der Anordnung des Leiteraustauschs besteht damit nicht in der Sanktionierung eines Fehlverhaltens,[1662] sondern in der zukunftsgerichteten Abwehr einer Gefährdung der Sanierung,[1663] wenngleich zumindest teilweise angenommen wird, dass die Anordnung faktisch schwere Fehler des Betroffenen voraussetzt[1664] oder es im Wesentlichen um den Ausschluss des Einflusses inkompetenter oder unredlicher Leiter geht[1665].

Des Weiteren ist der Einwand der *fraude* in den Unternehmensinsolvenzverfahren heute zwar durchaus als – auch für den Schuldner – geltende Schranke anerkannt.[1666] Doch ist keine Neigung ersichtlich, den Betrugseinwand konkret zur Ablehnung der Festsetzung eines Plans wegen Nichtbeachtung von Anforderungen an die Sachverhaltsaufklärung in oder mit dem Eigenantrag heranzuziehen. Im Falle des *redressement judiciaire* mit Ernennung eines *administrateur judiciaire* sowie im Falle des *plan de cession* erscheint dies umso verständlicher,

---

solchen Beteiligung verfügen, C. com., art. L. 631-19-1, al. 2; *Le Corre*, ebenda, n°s 531.41-531.53; *Pérochon* (Fn. 272), n° 1137; *Jacquemont/Vabres*, ebenda, n°s 765 f.

1661 S.o. §§ 3 B VI 1 c), 2; 4 A I 6 h) aa), 7 b).

1662 *Soinne* (Fn. 382), n°s 1491, 1494; *Vallansan/Cagnoli/Fin-Langer* (Fn. 1510), 327; *Le Corre* (Fn. 46), n° 531.31; *Martin-Serf* (Fn. 1271), n° 96. Wenigstens missverständlich *Dammann/Undritz*, NZI 2005, 198, 203; *Sonnenberger/Dammann* (Fn. 27), Rn. VIII 48 Fn. 120.

1663 CA Colmar 12.9.1990, JurisData n° 1990-600668; *Pujol*, Die Sanierung der Schuldnergesellschaft vor dem Hintergrund der gesellschaftsrechtlichen Neutralität des Insolvenzrechts nach deutschem und französischem Recht (2007) 261; *Robbe-Grillet* (Fn. 50), 304; *Saint-Alary-Houin/Houin-Bressand* (Fn. 1660).

1664 *Dumont-Lefrand* (Fn. 1459), n° 25. In der achten Auflage des aktuellen Werks von *Pérochon* zum Unternehmensinsolvenzrecht wird noch ausdrücklich ausgeführt, dass die Maßnahme, obwohl sie keine Sanktion darstelle und ihren Grund nicht in einem Fehlverhalten habe, faktisch im Wesentlichen bei schweren Fehlern des Leiters, manchmal aber auch im Falle einer Verhinderung in Betracht komme, *Pérochon/Bonhomme*, Entreprises en difficulté, instruments de crédit et de paiement[8] (Paris 2009) n° 560.

1665 *Le Corre* (Fn. 1662).

1666 S. bereits oben § 4 A IX 1, unten § 4 A XIII 6 sowie C. com., art. L. 631-8, al. 2; Cass. com. 8.3.2011, Bull. civ. 2011 IV, n° 33; 23.9.2014, n°s 13-19.713, 13-25.708; CA Lyon 31.5.2006, RG n° 06/02245; CA Paris 29.11.2007, JurisData n°s 2007-346870, 2007-354294; *Scholastique*, JCP 2008, éd. E, 1087, n° 6; *Fricero*, Gaz. Pal. 2009, jur. 2564, 2565 (Anm. zu Cass. com. 30.6.2009, Bull. civ. 2009 IV, n° 88); *Teboul*, Gaz. Pal. 2009, doctr. 909, 910.

als der Plan in diesen Fällen wenigstens im Prinzip vom *administrateur* bzw. *liquidateur* ausgearbeitet oder vorbereitet wird[1667].

Endlich wird darauf hingewiesen, dass der Grundsatz der Trennung zwischen Mensch und Unternehmen dadurch eingeschränkt werde, dass ein Fortführungsplan ausgeschlossen sei, wenn der Schuldner mit der *faillite personnelle* oder einer *interdiction de gérer* belegt wird.[1668] Diese Konsequenz wird im Gesetz jedoch nicht im Sinne einer rechtlichen Missbilligung des tatbestandsmäßigen Verhaltens angeordnet, wenn dem Betroffenen bei Verhängung dieser Sanktionen auch die Leitung des Unternehmens untersagt ist.

2. *Auflösung*

Die Aufhebung des Plans wurde schon unter der Verordnung vom 23. September 1967 nicht als Mittel der Sanktionierung mangelhafter Sachverhaltsaufklärung durch den Schuldner bei der Antragstellung diskutiert. Die Planauflösung war bei Nichterfüllung von Bestimmungen des Plans oder des Urteils, mit welchem das Gericht denselben angenommen hatte, durch den Schuldner vorgesehen.[1669]

Das aktuelle Recht folgt dieser Weichenstellung. Das Gericht kann die Auflösung des *plan de sauvegarde* und des *plan* de *redressement* beschließen, wenn der Schuldner seine Verpflichtungen nicht in den im Plan fixierten Fristen erfüllt.[1670] Ferner ist die Auflösung vorgesehen für den Fall des Eintritts der *cessation des paiements* während der Ausführung eines solchen Plans.[1671] Einen *plan de cession* kann das Gericht auflösen, wenn der Zessionar seine Verpflichtungen nicht einhält.[1672]

Die rechtliche Unabhängigkeit der Planauflösung wie der -festsetzung von Verfehlungen des Schuldners bei der Sachverhaltsaufklärung bedeutet wie unter der Sanierungsverordnung vom 23. September 1967 eine noch konsequentere

1667 S.o. § 3 F, G, I. Zur Beteiligung des Schuldners an der Ausarbeitung des *plan de redressement* durch den *administrateur* und der Frage nach der Zulässigkeit der Vorlage eines Planentwurfs durch den Schuldner in Sanierungsverfahren mit einem solchen Verwalter s. noch unten § 4 F I 3.

1668 *Jeantin/Le Cannu* (Fn. 1177), n° 1319 note 2.

1669 S.o. §§ 3 B VI 2; 4 A I 7 b).

1670 S.o. § 3 H.

1671 S.o. § 4 A II 3) c) cc).

1672 S.o. § 3 I. Dass es für die Auflösung des *plan de cession* bei Kündigung eines mit dem den *plan de cession* festsetzenden Urteil autorisierten Unternehmenspachtvertrages nicht auf eine mangelhafte Sachverhaltsaufklärung durch den Schuldner ankommt, vgl. C. com., artt. L. 642-16, al. 2; L. 642-17, al. 1er; L. 631-22, al. 1er; *Sonnenberger/*

Verfolgung des Grundsatzes der Trennung zwischen Mensch und Unternehmen als bei der Bestätigung und Aufhebung des Vergleichs unter dem Gesetz vom 13. Juli 1967.[1673] Faktisch freilich will man in der Redlichkeit des Schuldners durchaus eine Voraussetzung für den Erfolg des Plans sehen. Wenigstens teilweise wird ausdrücklich die Erkenntnis formuliert, dass bewusst unwahre Angaben zu entscheidenden Umständen die Umsetzung der in dem Plan zum Ausdruck kommenden Übereinkunft *de facto* gefährden.[1674]

XII. Anordnung von *redressement* oder *liquidation judiciaire*

Die Regelungen zur gerichtlichen Anordnung des *redressement* und der *liquidation judiciaire* bieten keinen Anhaltspunkt für eine schuldnerische Pflicht zur Sachverhaltsaufklärung. Die Überleitung der *procédure de sauvegarde* in eines dieser Verfahren oder des *redressement* in die *liquidation judiciaire* erfolgt – wie schon diejenige des Sanierungsverfahrens nach der Verordnung vom 23. September 1967 in die Unternehmensinsolvenzverfahren des Gesetzes vom 13. Juli 1967[1675] – aus wirtschaftlichen Gründen und nicht wegen eines missbilligenswerten Verhaltens auf Seiten des Schuldners. Dasselbe gilt für die anfängliche Anordnung des *redressement* sowie prinzipiell auch für diejenige der *liquidation judiciaire.*[1676] Wie die Eröffnung eines dieser Verfahren ist auch die Überleitung von der *procédure de sauvegarde* in den *redressement judiciaire* grundsätzlich an die *cessation des paiements* geknüpft;[1677] der bevorstehende Eintritt genügt ausnahmsweise bei offenkundiger Unmöglichkeit der Annahme eines Plans, wenn mit dem Eintritt im Falle der Beendigung des Verfahrens mit Sicherheit und kurzfristig zu rechnen wäre[1678]. Die Anordnung der *liquidation judiciaire* setzt darüber hinaus regelmäßig die Feststellung der Unmöglichkeit der Sanierung respektive der fehlenden Erreichbarkeit eines *plan* de *redressement*

Dammann (Fn. 27), Rn. VIII 63; *Teboul*, Gaz. Pal. 2009, doctr. 909, 914; *Fraimout*, J.-Cl. Commercial, Fasc. 2760 (Juni 2012) n°s 18, 69, 75, ist genauso naheliegend.

1673 S.o. § 4 A I 6 h) aa), bb). Zur Situation unter der Sanierungsverordnung s.o. § 4 A I 7 b).

1674 *Teboul*, Gaz. Pal. 2009, doctr. 909, 914.

1675 S.o. § 4 A I 7 b).

1676 Vgl. *Campana/Dizel/Barratin/Fernandez* (Fn. 766), n° 524; *Teboul*, Gaz. Pal. 2009, doctr. 909, 914; *Jacquemont* (Fn. 950), n° 169; *Pérochon* (Fn. 272), n° 424; *Jacquemont/ Vabres* (Fn. 23), n° 867.

1677 S.o. §§ 3 D, F, H; 4 A II 3 c) cc).

1678 S.o. § 3 F.

voraus;[1679] bereits für sich genommen genügt der die Planauflösung zeitigende Eintritt der *cessation des paiements* während der Planausführung für die Anordnung der *liquidation judiciaire* im Falle des *redressement judiciaire*[1680].

Ein Sonderfall findet sich in den gesetzlichen Bestimmungen zu dem durch die Verordnung vom 12. März 2014 eingeführten Entschuldungsverfahren. Zu jedem Zeitpunkt des *rétablissement professionnel* kann das Gericht die *liquidation judiciaire* insbesondere auch dann eröffnen, wenn dem Schuldner die fehlende Redlichkeit nachgewiesen wird. Dasselbe gilt, wenn das Verfahren die Existenz von Tatsachen zum Vorschein gebracht hat, welche geeignet sind, zur Verhängung der *faillite personnelle* oder einer *interdiction de gérer* oder zu einer Bestrafung wegen Bankrotts zu führen.[1681] Doch handelt es sich bei dem *rétablissement professionnel* nicht um ein Insolvenzverfahren,[1682] sodass die Regelung auch keine Argumentationsgrundlage für eine schuldnerische Pflicht zur Sachverhaltsaufklärung in einem solchen bieten kann.

Ansonsten wird weder die Anordnung der *liquidation* noch des *redressement judiciaire* als Sanktion begriffen,[1683] selbst wenn Erstere im Falle von natürlichen Personen in den *casier judiciaire* aufzunehmen ist[1684]. Dass die *procédure de*

1679 S.o. § 3 D, F, H.

1680 S.o. §§ 3 H; 4 A II 3 c) cc).

1681 C. com., art. L. 645-9, al. 1er („A tout moment de la procédure de rétablissement professionnel, le tribunal peut [...] ouvrir la procédure de liquidation judiciaire [...], s'il est établi que le débiteur qui en a sollicité le bénéfice n'est pas de bonne foi ou si l'instruction a fait apparaître l'existence d'éléments susceptibles de donner lieu aux sanctions prévues par le titre V du présent livre [...]"); *Degenhardt*, NZI 2014, 433, 438; *Jacquemont/Vabres* (Fn. 23), n° 1091; *Saint-Alary-Houin* (Fn. 25), n° 1416.

1682 S.o. § 3 A.

1683 Vgl. *Guyon* (Fn. 18), n° 1407; *Pérochon* (Fn. 272), n° 1153; *Saint-Alary-Houin* (Fn. 25), n° 1406.

1684 C. pr. pén., art. 768, 5°; *Lorho* (Fn. 1563); *Diesbecq*, Cah. dr. entr. 2017-1, dossier 2, der sich für die schnellstmögliche, nach seiner Einschätzung bis jetzt bloß versehentlich unterlassene Streichung dieser Bestimmung ausspricht, weil sie im Widerspruch zur aktuellen Ausrichtung des Unternehmensinsolvenzrechts und insbesondere zur Ermöglichung eines Neuanfangs stehe. Allerdings hat sich der Gesetzgeber jüngst bewusst gegen eine solche, im Gesetzgebungsverfahren zur *loi de modernisation de la justice du XXIe siècle* – s. zu dieser oben § 3 B XIII – vorgeschlagene (Projet de loi relatif à l'action de groupe et à l'organisation judiciaire, Doc. AN n° 3204, enregistré à la Présidence de l'Assemblée nationale le 6 novembre 2015, art. 50-XIII, 1°) Streichung entschieden. Im Schrifttum findet sich der Versuch, die Existenz der Vorschrift mit einem im Falle der *liquidation judiciaire* gegenüber dem Schuldner fortbestehenden,

sauvegarde als Rechtswohltat qualifiziert wird, steht hierzu auch deswegen nicht im Widerspruch, weil man den *redressement* und die *liquidation judiciaire* gleichsam als solche versteht.[1685] Desgleichen ändert der Umstand, dass das Gesetz vergleichbar der Situation unter der Verordnung vom 23. September 1967 an die Eröffnung von *redressement* und *liquidation judiciaire* unmittelbar die Unwählbarkeit des Schuldners bzw. der an der Spitze der juristischen Person in der Schuldnerrolle stehenden natürlichen Person zum Amt eines Handelsrichters knüpft, nichts an diesem Befund, da diese Regel auch für die *sauvegarde* gilt.[1686]

Letztlich realisiert sich in der gesetzlichen Bestimmung der maßgeblichen Kriterien für die Wahl zwischen den verschiedenen Arten der Unternehmensinsolvenzverfahren wiederum der Grundsatz der Trennung zwischen Mensch und Unternehmen.[1687] Hierin unterscheidet sich diese Wahl in der beschriebenen zwischen *liquidation judiciaire* und *rétablissement professionnel*. Weil es in Letzterem nicht mehr um das Schicksal des Unternehmens, sondern um die Entschuldung der natürlichen Person des Schuldners geht,[1688] spielt dieses Prinzip bei der Entscheidung zwischen den beiden Verfahrensarten keine Rolle.

Freilich geht man davon aus, dass schuldnerische Verfehlungen bei der Sachverhaltsaufklärung die Wahl zwischen der *procédure de sauvegarde*, dem *redressement* und der *liquidation judiciaire* faktisch beeinflussen können. Sie sollen die Feststellung der maßgeblichen Sanierungsaussichten entscheidend erschweren[1689] oder derjenigen des Eintritts der *cessation des paiements* auf Antrag des *administrateur* wahrscheinlicher machen können[1690].

---

sich aus der Störung des Geschäftsverkehrs durch das Zurücklassen unbefriedigter Forderungen speisenden Verdacht zu erklären, *Guyon* (Fn. 18), n° 1307.

1685 Zu der Qualifizierung der Unternehmensinsolvenzverfahren als Rechtswohltaten s.o. § 4 A IV, VIII 4.

1686 Zu dieser Unwählbarkeit als Folge der Eröffnung der Unternehmensinsolvenzverfahren C. com., artt. L. 723-4, 3°, 4°; L. 713-7, 1°, 2°; vgl. auch *Le Corre* (Fn. 46), n° 233.44. Zur Situation unter der Verordnung vom 23. September 1967 s.o. § 3 B VI 2.

1687 Vgl. *Saint-Alary-Houin* (Fn. 25), n° 87.

1688 *Pérochon* (Fn. 272), n°s 1388 f.; *Jacquemont/Vabres* (Fn. 23), n° 1092; *Vallansan* (Fn. 350), n° 173.

1689 Cass. com. 25.11.1997, n° 95-17.796.

1690 *Dumont-Lefrand* (Fn. 1459); *Pérochon* (Fn. 272), n° 685.

XIII. Zurückweisung des Antrags?

1. Rechtsvergleichende und -historische Umschau

Unter dem Bankruptcy Code kann die Missachtung von Vorgaben zur Sachverhaltsaufklärung durch den Schuldner zur Bejahung eines Grundes für die vorzeitige Beendigung (*dismissal*) eines von diesem angestrengten Verfahrens führen. Dies gilt sowohl für das Verfahren nach Chapter 11 als auch für das Liquidationsverfahren nach Chapter 7 (*Liquidation*).[1691] Die entsprechende Anordnung wird durchaus als Strafe (*penalty*) verstanden; schuldnerische Aufklärungspflichten ergeben sich unter dem US-amerikanischen Insolvenzrecht gerade im Gegenzug zu den Vorteilen, welche das Verfahren dem Schuldner bietet.[1692] Ausdrücklich nennt das Gesetz als einen Fall des *dismissal* bei einer Verfahrensinitiierung im Wege eines Eigenantrags die Verletzung der Frist für die Einreichung verschiedener Informationen, die von dem Schuldner begleitend zu seinem Antrag verlangt werden;[1693] die Frist beginnt im Zeitpunkt der Einreichung des Antrags,[1694] Letztere löst bereits selbst die Unterwerfung des Schuldners unter die Verfahrenswirkungen sowie den *automatic stay* aus[1695].

Unter dem Gesetz vom 4. März 1889 konnte die Missachtung der Vorgaben an die Sachverhaltsaufklärung durch den Schuldner zur sanktionierenden Zurückweisung des Antrags auf Anordnung der *liquidation judiciaire* führen.[1696]

1691 11 U.S.C. §§ 521(i); 707(a); 1112(b)(1), (4)(E), (F), (G), (H), (J), (L), (e); *Heese* (Fn. 1188), 223; *Ferriell/Janger* (Fn. 1185), 176 f. (§ 6.02[C]), 610 (§ 17.03[A]), 727 f. (§ 19.05[B][2]); *Feeney/Williamson/Stepan* (Fn. 1273), 595 (§ 3:12); *dies.*, (Fn. 1262), 609-614 (§ 10:17); 913-915 (§ 11:43).

1692 *Feeney/Williamson/Stepan* (Fn. 1273), 595 (§ 3:12).

1693 11 U.S.C. §§ 521(i); 707(a)(3); 1112(e); *Heese* (Fn. 1691); *Ferriell/Janger* (Fn. 1185), 177 (§ 6.02[C]), 610 (§ 17.03[A]); *Feeney/Williamson/Stepan* (Fn. 1692); *dies.*, (Fn. 1262), 609 (§ 10:17); 914 (§ 11:43). Im Falle eines Verfahrens nach Chapter 11 kommt auch bei Bejahung dieses Grundes anstelle der vorzeitigen Verfahrensbeendigung grundsätzlich auch die Überleitung in ein Verfahren nach Chapter 7 in Betracht, 11 U.S.C. § 1112(e); *Feeney/Williamson/Stepan* (Fn. 1262), 914 (§ 11:43).

1694 S.o. § 4 A III.

1695 11 U.S.C. §§ 301, 362(a); BGH 13.10.2009, RIW 2009, 871, 872 f.; *Kemper* (Fn. 1273), 16, 24, 41, 90 f.; *Heese* (Fn. 1188), 115 f.; MünchKomm InsO^3(-*Grauke/Horwitz*) (Fn. 1185), Rn. 18, 22, 24 f. Diese Auslösung erinnert an die Bindung des Gerichts an die schuldnerische Erklärung der *cessation des paiements* bei der Feststellung der *faillite* unter dem Code de commerce von 1807 – s. dazu oben § 4 A I 1 c), 2 b) ee) –, wenn sich die Verfahren in ihrer Ausrichtung auch erheblich unterscheiden.

1696 S.o. § 4 A I 3 e).

Ansonsten ist dem französischen Unternehmensinsolvenzrecht bis zum Inkrafttreten des Gesetzes vom 25. Dezember 1985 der Gedanke aber fremd gewesen, einem Eigenantrag nicht stattzugeben, um damit die rechtliche Missbilligung einer Antragsfristverletzung, einer Nichtbeachtung der Vorgaben zu den begleitenden Unterlagen oder eines den Anforderungen nicht genügenden Vortrags zur Situation des Schuldners und den daraus resultierenden Erfolgsaussichten des Verfahrens zum Ausdruck zu bringen.[1697] Von diesem Befund weicht die Zurückweisung des Antrags auf Anordnung der *liquidation judiciaire* wegen eines Fehlverhaltens bei der Sachverhaltsaufklärung unter dem Gesetz vom 4. März 1889 bei näherer Betrachtung auch gar nicht so sehr ab. Das Gericht hatte in einem solchen Fall die *faillite* festzustellen[1698] und damit das Konkursverfahren nach den Bestimmungen des Handelsgesetzbuchs in die Wege zu leiten[1699]; der Antrag barg eben die diese Feststellung auslösende Erklärung der *cessation des paiements*[1700].

2. Antragsfrist, begleitende Unterlagen und Zulässigkeit

a) Redressement *und* liquidation judiciaire

Die Fünfundvierzigtagefrist regelt der Code de commerce im Zusammenhang mit den Voraussetzungen für die Eröffnung des *redressement* und der *liquidation judiciaire*.[1701] Nichtsdestotrotz wird in der Antragsfrist auch seit der Reform von 1985 keine Anforderung an die Zulässigkeit (*recevabilité*) eines Eigenantrags gesehen.[1702] Der Fristablauf ist kein Grund für die Zurückweisung. Als

1697 S.o. § 4 A I 1 c), 2 b) ee), 5) j), 6 j), 7 d).

1698 S.o. § 4 A I 3 e).

1699 S.o. § 3 B I, II.

1700 S.o. § 4 A I 3 a).

1701 Die Vorschrift des Artikels L. 631-4 des Code commerce, in der angeordnet wird, dass die Eröffnung eines *redressement judiciaire* Verfahrens von dem Schuldner innerhalb der Frist beantragt werden muss, wenn er nicht rechtzeitig die Eröffnung eines Schlichtungsverfahrens beantragt hat, findet sich im ersten Kapitel des dritten Titels des sechsten Buchs des Code de commerce, welches überschrieben ist mit „De l'ouverture et du déroulement du redressement judiciaire". Die Vorschrift des Artikels L. 640-4, welche die entsprechende Fristenregelung für die *liquidation judiciaire* enthält, findet sich im einleitenden Kapitel des vierten Titels, welches überschrieben ist mit „Des conditions d'ouverture de la liquidation judiciaire". In der jeweils folgenden Vorschrift werden die Bedingungen behandelt, unter denen die Eröffnung von der Staatsanwaltschaft oder einem Gläubiger beantragt werden kann, C. com., artt. L. 631-5; L. 640-5.

1702 *Guyon* (Fn. 18), n° 1147; *Martin-Serf* (Fn. 341), n° 106.

bedeutsam wird insoweit insbesondere die Bewehrung der Frist mit dem einschlägigen *interdiction de gérer* Tatbestand erachtet.[1703] Die Verhängung dieser Sanktion setzt die Eröffnung eines der an die *cessation des paiements* anknüpfenden Verfahren voraus.[1704] Die Verletzung der Frist kann zwar gemessen an den gesetzlichen Zielen zu einer Beeinträchtigung der Ergebnisse des Verfahrens führen,[1705] an der vom Gesetzgeber erkannten Notwendigkeit der Durchführung des *redressement* oder der *liquidation judiciaire* ändert sie jedoch nichts.

Gleichsam führt die Unvollständigkeit der den Eigenantrag begleitenden Unterlagen im Falle der an die *cessation des paiements* anknüpfenden Verfahren nicht zur Unzulässigkeit.[1706] Schon gar nicht will man – im Einklang mit der entsprechenden Stellungnahme des Justizministers zur Auslegung des Dekrets vom 22. Dezember 1967[1707] – es der Gerichtskanzlei gestatten, aus diesem Grund die Annahme eines solchen Antrags zu verweigern. Es ist weiter Sache des Gerichts, über die Konsequenzen zu befinden.[1708] Auch heute wird in diesem Zusammenhang darauf hingewiesen, dass für den Fall der unterlassenen oder unvollständigen Vorlage der einen oder anderen begleitenden Unterlage die Benennung der Gründe vorgeschrieben ist.[1709] Mit dieser Regelung soll einer Verzögerung der Antragstellung entgegengewirkt werden.[1710] Im Schrifttum wird die Einschätzung geäußert, dass der Schuldner sehr häufig nicht in der Lage sei, alle geforderten Angaben zu machen und insbesondere den *état chiffré des créances et des dettes* vorzulegen.[1711]

Ferner wird weiter mit der auch unter dem geltenden Recht bestehenden Möglichkeit zur Durchführung einer Voruntersuchung vor der Entscheidung

---

1703 CA Aix-en-Provence 16.12.1988, JurisData n° 1988-049460, die auf den entsprechenden *faillite personnelle* Tatbestand des Gesetzes vom 25. Januar 1985 verweist; *Bruschi* (Fn. 1128); *Le Corre* (Fn. 46), n° 231.21.

1704 S.o. § 4 A VIII 3.

1705 S.o. § 4 A II 2.

1706 *Guyon* (Fn. 1702); *Le Corre* (Fn. 46), n° 231.24; *Martin-Serf* (Fn. 1702); wenigstens missverständlich *Robbe-Grillet* (Fn. 50), 148.

1707 Zu dieser Stellungnahme s.o. § 4 A I 6 j).

1708 *Soinne* (Fn. 382), n° 557; *Bruschi* (Fn. 1128), n° 71.

1709 *Soinne* (Fn. 1708); *Bruschi* (Fn. 1708); *Roussel Galle* (Fn. 307), n° 321. Zur Anordnung der Benennung der Gründe unter dem aktuellen und dem alten Recht s.o. § 4 A III bzw. § 4 A I 2 a) aa), b) ee), 5 b) j), 6 b), j), 7 a), d).

1710 Zum Ganzen *Le Corre* (Fn. 1706).

1711 *Soinne* (Fn. 1708).

über die Eröffnung eines der Unternehmensinsolvenzverfahren argumentiert.[1712] Die Unvollständigkeit der begleitenden Unterlagen kann dem Gericht Anlass zur Anordnung einer solchen *enquête préalable* geben.[1713]

b) Procédure de sauvegarde

Was die Frage nach der Unzulässigkeit eines *sauvegarde* Antrags wegen eines Fehlens von begleitenden Unterlagen betrifft, fällt das Meinungsbild weniger deutlich aus.[1714] Vereinzelt wird in der Literatur für den Fall der unterlassenen Einreichung einer den Antrag begleitenden Aufstellung der Gläubiger im Besonderen eine Neigung zur Zurückweisung geäußert, zumindest aber eine gewisse Strenge bei der Bewertung der vom Schuldner genannten Gründe für die unterlassene Einreichung der begleitenden Unterlagen im Allgemeinen postuliert.[1715] Zur Begründung wird auf den freiwilligen Charakter des Verfahrens verwiesen;[1716] die *procédure de sauvegarde* kann nur auf Antrag des Schuldners eröffnet werden, eine sanktionsbewehrte Anordnung zur Stellung eines solchen fehlt[1717]. Zudem erfolgt in diesem Zusammenhang der Hinweis darauf, dass

---

1712 Zu diesem Argument unter dem Gesetz vom 13. Juli 1967 s.o. § 4 A I 6 j). Näher zur Voruntersuchung unter dem geltenden Recht s. noch unten § 4 A XIII 3 c) bb), cc), G II 2 b).

1713 *Soinne* (Fn. 1708); *Le Corre* (Fn. 1706); vgl. auch *Robbe-Grillet* (Fn. 1706); *Martin-Serf* (Fn. 1702), wonach sich heute der mit der Voruntersuchung beauftragte Richter die zur Identifizierung des Schuldners erforderlichen Auskünfte beschaffen können soll, soweit sie dem Gericht nicht erteilt worden sind. Zu einem „dilatorischen Verhalten" des Schuldners als Grund für die Anordnung einer Voruntersuchung s. den Nachweis aus der Zeit vor der Reform von 2005 bei *Saint-Alary-Houin*, Droit des entreprises en difficulté[4] (Paris 2001) n° 393 note 92.

1714 *Martin-Serf* (Fn. 1702) nimmt die Einreichung der begleitenden Unterlagen nicht auf in ihre auch die *procédure de sauvegarde* betreffende Benennung der vom Gericht zu prüfenden Zulässigkeitsvoraussetzungen. *Le Corre* (Fn. 46), n° 231.12 beschränkt sich bei der *procédure de sauvegarde* auf den Hinweis, dass der Eröffnungsantrag im Falle der Unvollständigkeit der begleitenden Unterlagen den Grund dafür zu benennen habe und der Leser auch seine Ausführungen zu dem auf die Eröffnung des *redressement* oder der *liquidation judiciaire* gerichteten Eigenantrag (hierzu oben Fn. 1710, 1713) beachten möge.

1715 *Roussel Galle* (Fn. 307), n°s 433, 321. *Medla* (Fn. 3), 167-169, 173, 433 f. meint, was die begleitenden Unterlagen betrifft, von vom Gericht zu prüfenden „formalen Anforderungen an den Eröffnungsantrag", „Antragsvoraussetzungen" sowie „strengen Formvorgaben" sprechen zu können.

1716 *Roussel Galle* (Fn. 1715).

1717 S.o. §§ 3 D; 4 A II 1.

eine – im Zuge der Reform von 1994 geschaffene – Bestimmung des Dekrets vom 27. Dezember 1985, wonach der Leiter des Schuldnerunternehmens ab dem Eröffnungsurteil gehalten war, eine Gläubigerliste zu erstellen und einzureichen, wenn sie nicht bereits einer Erklärung der *cessation des paiements* beigefügt worden war,[1718] nicht in das Regelwerk zur *procédure de sauvegarde* übernommen worden ist.[1719]

Allerdings findet sich seit der Reform von 2005 auch keine entsprechende Vorschrift mehr für den *redressement* und die *liquidation judiciaire*.[1720] Ferner stünde eine Zurückweisung des Eröffnungsantrags gestützt auf eine unzureichende Entschuldigung der Unvollständigkeit der begleitenden Unterlagen und damit auf ein Fehlverhalten seitens des Schuldners in einem Spannungsverhältnis zum Grundsatz der Trennung zwischen Mensch und Unternehmen. Sie läge auch nicht auf einer Linie mit dem historischen Ursprung der Anordnung der Angabe der Gründe für die unterlassene Einreichung.[1721] Endlich sieht der Code de commerce vergleichbar der Rechtslage unter dem Gesetz vom 13. Juli 1967 vor, dass nicht nur der *liquidateur* im Liquidationsverfahren und ein im *redressement judiciaire* bestellter *administrateur*, sondern auch ein solcher in der *procédure de sauvegarde* auf der Grundlage der verfügbaren Informationsquellen einen Situationsbericht (*état de la situation*) verfasst, wenn ein Jahresabschluss nicht erstellt oder ihm nicht zur Verfügung gestellt worden ist.[1722]

Letztlich wird auch die im Schrifttum vereinzelt geäußerte, zu einer Zurückweisung des *sauvegarde* Antrags neigende Ansicht zumindest nicht frei von Einschränkungen vertreten. Die Unvollständigkeit der begleitenden Unterlagen soll danach jedenfalls nicht *per se* zur Unzulässigkeit führen und die Strenge bei der Bewertung der die Einreichung hindernden Gründe gemäßigt ausfallen.[1723]

Wenn die Rechtsprechung keine größeren Beiträge zur Klärung der Frage nach den Auswirkungen eines solchen Mangels auf die Zulässigkeit des *sauvegarde* Antrags liefert, sollte dies schon deswegen nicht überraschen, weil mit Blick auf die Freiwilligkeit dieses Verfahrens und das von dem Schuldner verfolgte

1718 Décret n° 85-1388 du 27 décembre 1985, art. 46 i.d.F. der ordonnance n° 2000-912 du 18 septembre 2000.

1719 *Roussel Galle* (Fn. 307), n° 433.

1720 *Roussel Galle* (Fn. 1719).

1721 S.o. § 4 A I 2 a) aa)-ee).

1722 C. com., artt. R. 622-3; R. 631-18, al. 1er; R. 641-14, al. 1er; *Le Corre* (Fn. 46), n° 462.41; *Martin-Serf* (Fn. 1271), n° 49. Zur Rechtslage unter dem Gesetz vom 13. Juli 1967 s.o. § 4 A I 6 j).

1723 *Roussel Galle* (Fn. 307), n° 321.

Rechtsschutzziel die Vermutung nahe liegt, dass der Antrag regelmäßig unter Hinzuziehung qualifizierter Berater mit einiger Sorgfalt vorbereitet wird[1724].

3. *Konkretisierung einer Darlegungs- oder Beweisführungslast?*

Mit einer Zurückweisung des Eigenantrags bei Nichterfüllung der Vorgaben des Code de commerce zu den begleitenden Unterlagen und den Angaben in dem Antrag würde heute jedenfalls dann keine rechtliche Missbilligung der Nichterfüllung zum Ausdruck gebracht werden, wenn sich diese Vorgaben auf die Konkretisierung einer Darlegungs- oder Beweisführungslast des Schuldners zu den Eröffnungsvoraussetzungen reduzieren ließen. Die Zurückweisung böte dann keine Argumentationsgrundlage für die Begründung einer Pflicht zur Sachverhaltsaufklärung in oder mit dem Eigenantrag.

a) Darlegungs- und Beweislasten im Zivilprozess

Der Code de commerce sieht vor, dass die Vorschriften der französischen Zivilprozessordnung (Code de procédure civile) auf die Unternehmensinsolvenzverfahren Anwendung finden, soweit im sechsten Buch des Handelsgesetzbuchs nicht etwas anderes bestimmt ist.[1725] Dem französischen Zivilprozess sind die Kategorien der Darlegungs- und der Beweislast nicht fremd.[1726] Nach

1724 Dass im Falle der Stellung des Antrags auf Eröffnung der *procédure de sauvegarde* „der Schuldner Rat bei Anwälten und Wirtschaftsprüfern suchen wird", nimmt an *Pascal Schütze* (Fn. 3), 145 Fn. 961. Davon, dass es zur Überzeugung des Gerichts von den unüberwindbaren, aber noch nicht den Eintritt der *cessation des paiements* begründenden Schwierigkeiten der sorgfältigen Vorbereitung eines solchen Antrags bedarf und dieser meist die Hinzuziehung von Beratern voraussetzt, geht aus *Saint-Alary-Houin* (Fn. 25), n° 472. Nach *Jeantin/Le Cannu* (Fn. 1177), n° 261 soll die sorgfältige Vorbereitung eines Eintritts in die *procédure de sauvegarde* durch den Schuldner unverzichtbar sein und entsprechende Bemühungen ein Gelingen des Verfahrens und damit die Abwendung der *cessation des paiements* erlauben.

1725 C. com., art. R. 662-1, 1°; *Fricero*, in: *Roussel Galle* (Hrsg.), Entreprises en difficulté (Paris 2012) 433, 434 f. Aufgenommen wurde diese ausdrückliche Anordnung in das Regelwerk zu den Unternehmensinsolvenzverfahren im Zuge der Reform von 2005, décret n° 2005-1677 du 28 décembre 2005, art. 336, 1°; hierzu *Vallens*, RTD com. 2006, 484, 485 (Anm. zu Cass. com. 10.1.2006, n° 03-14.923). Für die Geltung einer entsprechenden Regel bereits unter dem Gesetz vom 25. Januar 1985 etwa *Derrida*, D. 1989, chron. 77, 81 bzw. eine Klarstellung seitens des Gesetzgebers *Vallens* (Fn. 15), 253.

1726 *Schilling*, Die „principes directeurs" des französischen Zivilprozesses (2002) 199; *Adloff* (Fn. 20), 87, 119-121; *Bunge* (Fn. 564), 84 (§ 56 III).

Artikel 1315 des Code civil hat derjenige, der die Erfüllung eines schuldrechtlichen Anspruchs verlangt, diesen zu beweisen.[1727] Damit wird jedenfalls eine allgemeine Regel zur Verteilung der objektiven Beweislast formuliert, die ungeachtet des Wortlauts und der systematischen Stellung der Vorschrift auf alle Arten von zivilrechtlichen Ansprüchen Anwendung findet. In der französischen Lehre spricht man bei der objektiven Beweislast von dem Beweisrisiko (*risque de la preuve*).[1728] Eine Differenzierung zwischen der (subjektiven) Beweislast und der Darlegungslast (*charge de l'allégation*) lässt sich aus den einleitenden Bestimmungen des ersten Buchs des Code de procédure civile zu den Verfahrensgrundsätzen (*principes directeurs du procès*) ableiten;[1729] dass auch die Handelsgerichte Letztere befolgen, wird im Code de commerce ausdrücklich angeordnet[1730].

Erschwerend für das Verständnis aus deutscher Sicht wirkt sich aus, dass in Frankreich terminologisch nicht einheitlich unterschieden wird zwischen dem Beibringungsgrundsatz auf der einen und dem Dispositionsgrundsatz auf der anderen Seite. Unter dem Begriff des *principe dispositif* werden häufig Aspekte beider Maximen behandelt.[1731] Ferner wird oft genug nicht deutlich zwischen objektiver und subjektiver Beweislast differenziert bzw. das Problem der Beweislast auf dasjenige des Beweisrisikos reduziert.[1732] Wird von der *charge de la preuve* gesprochen, muss damit dementsprechend nicht notwendigerweise die subjektive Beweislast gemeint sein.[1733]

1727 C. civ., art. 1315, al. 1er („Celui qui réclame l'exécution d'une obligation doit la prouver").

1728 Zum Ganzen *Schilling* (Fn. 1726), 199 f.; *Adloff* (Fn. 20), 119 f.; *Bunge* (Fn. 1726).

1729 CPC, artt. 6 („A l'appui de leurs prétentions, les parties ont la charge d'alléguer les faits propres à les fonder"); 9 („Il incombe à chaque partie de prouver conformément à la loi les faits nécessaires au succès de sa prétention"); *Adloff* (Fn. 20), 87, 96 f., 121; vgl. auch *Lang*, Die Aufklärungspflicht der Parteien des Zivilprozesses vor dem Hintergrund der europäischen Rechtsvereinheitlichung (1999) 99; *Cagnoli* (Fn. 1191), nos 223, 233 f.; *Schilling* (Fn. 1726), 171 f., 199 f. Die Verwendung des Begriffs der *charge de l'allégation* für die Darlegungslast ist weit verbreitet, *Cagnoli*, ebenda, nos 223, 227; *Adloff*, ebenda, 87, 121; *Bunge* (Fn. 1726).

1730 C. com., art. R. 721-1; *Fricero* (Fn. 1725), 435.

1731 *Cagnoli* (Fn. 1191), no 213; *Schilling* (Fn. 1726), 45, 171, 199; *Adloff* (Fn. 20), 50.

1732 Hierzu *Cagnoli* (Fn. 1191), nos 233 f., der eine solche Reduktion ablehnt; *Schilling* (Fn. 1726), 199 Fn. 158; *Adloff* (Fn. 20), 121 Fn. 14; vgl. auch *Bunge* (Fn. 1726).

1733 Vgl. *Cagnoli* (Fn. 1732); *Schilling* (Fn. 1726), 199; *Bunge* (Fn. 1726). Den Begriff reduzieren auf die subjektive Beweislast will dagegen offenbar *Adloff* (Fn. 20), 121.

b) *Charge de la preuve des Antragstellers*

aa) *Redressement* und *liquidation judiciaire*

Nach der Rechtsprechung des Kassationshofs hat derjenige, welcher die Eröffnung eines *redressement* oder einer *liquidation judiciaire* beantragt, die *cessation des paiements* zu beweisen.[1734] Das Gericht beruft sich dabei ausdrücklich auf Artikel 1315 des Code civil.[1735] Es hat es wiederholt als mit der Vorschrift unvereinbare Umkehr der *charge de la preuve* gewertet, von dem Schuldner im Falle eines Gläubigerantrags die Erbringung des Beweises der Abwesenheit der *cessation des paiements* zu verlangen.[1736] Die Feststellung durchsetzbarer Forderungen allein soll nicht für die Bestätigung der Verfahrenseröffnung auf einen Gläubigerantrag hin mit der Begründung genügen, dass der Schuldner keinen ausreichenden Beitrag zur Sachverhaltsaufklärung geleistet habe, welcher die Feststellung seiner Fähigkeit erlauben würde, die Forderungen mit seinem verfügbaren Vermögen auszugleichen.[1737] Die einfache und bestrittene Behauptung der Vermögenslosigkeit des Schuldners durch den antragstellenden Gläubiger soll nicht für die Feststellung der Abwesenheit verfügbaren Vermögens genügen.[1738] Bestreitet der Schuldner den Eintritt der *cessation des paiements* dagegen nicht, soll das Tatsachengericht diesen bei Feststellung durchsetzbarer Schulden und in Ermangelung jeglicher Beiträge des Schuldners zur Sachverhaltsaufklärung in Bezug auf die Beschaffenheit seines verfügbaren Vermögens annehmen können, ohne die Beweislast umzukehren.[1739] Für von den Gläubigern gewährte

---

1734 Cass. com. 27.4.1993, Bull. civ. 1993 IV, n° 154; 25.2.1997, n° 95-18.607; 10.5.2005, n° 04-11.453; 22.1.2008, n° 07-10.117 („la cessation des paiements doit être prouvée par celui qui demande l'ouverture du redressement judiciaire"); 30.6.2009, n° 08-14.121 („il incombe au demandeur à l'ouverture d'une procédure collective de faire la preuve de l'état de cessation des paiements"); im Einklang hiermit aus der Literatur etwa *Le Corre* (Fn. 46), n° 221.21; *Jacquemont/Vabres* (Fn. 23), n° 238; *Saint-Alary-Houin* (Fn. 25), n°s 443 note 189, 1219. Hierzu auch *Theus Simoni* (Fn. 54), 179; *Rossbach* (Fn. 7), 111, *Robbe-Grillet* (Fn. 50), 150 Fn. 452.

1735 S. die Nachweise oben Fn. 1734; vgl. auch Cass. com. 2.4.1996, Bull. civ. 1996 IV, n° 111; 24.3.2009, n° 08-13.017; 19.11.2013, n° 11-27.849.

1736 Cass. com. 2.4.1996, Bull. civ. 1996 IV, n° 111; 24.6.2003, n° 01-02.890; 24.3.2009, n° 08-13.017; 30.6.2009, n° 08-14.121; 19.11.2013, n° 11-27.849.

1737 Cass. com. 24.5.2005, n° 04-10.901; 24.3.2009, n° 08-13.017; 19.11.2013, n° 11-27.849; vgl. auch Cass. com. 22.1.2008, n° 07-10.117.

1738 CA Besançon 2.10.2001, RJ com. 2002, 124, 126, m. krit. Anm. *Haennig*; *Le Corre* (Fn. 46), n° 221.22.

1739 Cass. com. 20.1.2009, n° 07-15.882; *Le Corre* (Fn. 46), n° 221.21.

Kreditreserven oder Moratorien, die es dem Schuldner ermöglichen, den durchsetzbaren Verbindlichkeiten mit seinen verfügbaren Aktiva zu begegnen, sieht der Code commerce seit der Reform von 2008 ausdrücklich vor, dass es Sache des Schuldners ist, das Bestehen dieser Einwände zu beweisen.[1740]

Im Schrifttum spricht man durchaus davon, dass den Steller eines Antrags auf Eröffnung des *redressement* oder der *liquidation judiciaire* hinsichtlich der *cessation des paiements* die *charge de la preuve* treffe.[1741] Die auf die Reform von 2005 zurückgehende Anordnung des Code de commerce, dass der Gläubigerantrag alle Beweismittel für das Vorliegen der *cessation des paiements* enthält,[1742] wird mit diesem Grundsatz zu erklären versucht.[1743] Was den Eröffnungsantrag der Staatsanwaltschaft betrifft, ist im französischen Handelsgesetzbuch die Benennung der antragsbegründenden Tatsachen vorgesehen.[1744]

Für den Fall der Eröffnung des *redressement judiciaire* von Amts wegen durch das Appellationsgericht im Anschluss an die Aufhebung der erstinstanzlichen Eröffnung eines solchen Verfahrens wird in der Literatur angenommen, dass

---

1740 C. com., art. L. 631-1, al. 1er; *Pascal Schütze* (Fn. 3), 244; *Kindler/Nachmann* (*Bauerreis*) (Fn. 26), Rn. 95 (2014) sowie *Jacquemont* (Fn. 950), n° 68; *Le Corre* (Fn. 46), nos 221.21 f., die in dieser Hinsicht eine Zuweisung der *charge de la preuve* an den Schuldner erkennen. Zum Hintergrund dieser Gesetzesänderung s. auch *Medla* (Fn. 3), 89; *Sonnenberger/Dammann* (Fn. 27), Rn. VIII 16 Fn. 35; *Dammann*, NZI 2009, 502, 503.

1741 *Jacquemont* (Fn. 950), nos 66-68, 74; *Le Corre* (Fn. 46), n° 221.21; vgl. auch *Cagnoli* (Fn. 1191), n° 235. Für unpassend in Bezug auf die Frage der Verfahrenseröffnung hält diesen Grundsatz hingegen *Vallens*, Rev. proc. coll. 2009-5, étude 25, nos 12, 18, 22 f., 28-30.

1742 C. com., artt. R. 631-2, al. 1er („L'assignation d'un créancier […] contient tout élément de preuve de nature à caractériser la cessation des paiements du débiteur)"; R. 640-1, al. 1er. Hierzu *Robbe-Grillet* (Fn. 50), 150; *Pascal Schütze* (Fn. 3), 51 Fn. 306; *Jacquemont/Vabres* (Fn. 23), n° 267. Zur Reform von 2005 als Ausgangspunkt dieser Anordnung s. auch décret n° 2005-1677 du 28 décembre 2005, art. 171, al. 1er.

1743 *Reille*, Gaz. Pal. 2009, jur. 3998 (Anm. zu Cass. com. 30.6.2009, n° 08-14.121); *Jacquemont* (Fn. 950), n° 68; vgl. auch *Robbe-Grillet* (Fn. 50), 150 Fn. 452; *Vallens*, Rev. proc. coll. 2009-5, étude 25, nos 11 f., der den Grundsatz freilich nichtsdestotrotz genausowenig für passend hält in der Situation des Gläubigerantrags wie in derjenigen des Eigen- oder des Eröffnungsantrags der Staatsanwaltschaft, ebenda, nos 12, 18, 22 f., 28-30.

1744 C. com., art. R. 631-4, al. 1er („Lorsque le ministère public demande l'ouverture de la procédure, il présente au tribunal une requête indiquant les faits de nature à motiver cette demande"); *Jacquemont* (Fn. 950), n° 76; *Le Corre* (Fn. 46), n° 231.61; *Saint-Alary-Houin* (Fn. 25), n° 1104.

es Sache des Gerichts sei, die *cessation des paiements* zu beweisen.[1745] Der Kassationshof hat die Forderung nach dem Beweis des Fehlens der *cessation des paiements* durch den Schuldner auch in dieser Konstellation – wiederum unter Berufung auf Artikel 1315 des Code civil – bereits als unzulässige Beweislastumkehr gewertet.[1746]

Was nun den auf die Eröffnung von *redressement* oder *liquidation judiciaire* gerichteten Eigenantrag angeht, wird im Schrifttum teilweise ausdrücklich formuliert, dass den Schuldner – im Prinzip – die *charge de la preuve* hinsichtlich des Eintritts der *cessation des paiements* treffe.[1747] Praktisch misst man ihr in diesem Fall allerdings keine erhebliche Bedeutung bei:[1748] Der Beweis der Zahlungseinstellung soll keine Schwierigkeiten aufwerfen, wenn der Schuldner das Gericht anruft und seine *cessation des paiements* erklärt; dieses Geständnis nebst den begleitenden Buchführungsunterlagen – namentlich dem Liquiditätsstatus – soll meist ausreichen, um das Gericht zu überzeugen.[1749] Dieser Befund wird heute zum einen – wie schon früher die Bindung des Gerichts an die Erklärung der *cessation des paiements* unter dem Code de commerce von 1807[1750] – auf den obligatorischen Charakter des schuldnerischen Akts der Verfahrensinitiierung zurückgeführt. Zum anderen soll hier der repressive Charakter der *faillite* fortwirken, der es ursprünglich wohl für wenig wahrscheinlich

1745 *Jacquemont* (Fn. 950), n° 66. Zu dieser Eröffnung von Amts wegen s.o. § 3 D.

1746 Cass. com. 28.1.2004, n° 01-10.005.

1747 *Jacquemont* (Fn. 950), n° 67. *Vallens* bezeichnet die *charge de la preuve* des Antragstellers hinsichtlich des Eröffnungsgrundes als „traditionelle Grundlage“ für die Eröffnungsentscheidung, hält sie aber für ungeeignet und will sich von ihr lösen, Rev. proc. coll. 2009-5, étude 25, n°s 2, 10, 22 f., 28-30.

1748 Die oben (Fn. 1734) genannten höchstrichterlichen Entscheidungen, wonach derjenige, welcher die Eröffnung eines *redressement* oder einer *liquidation judiciaire* beantragt, die *cessation des paiements* zu beweisen hat, sind allesamt in Verfahren ergangen, die auf einen Gläubigerantrag zurückgehen.

1749 *Jacquemont/Vabres* (Fn. 23), n° 238. Nach der Einschätzung von *Saint-Alary-Houin* (Fn. 25), n° 1090 ergibt sich die *cessation des paiements* in der Praxis häufig aus der Erklärung der *cessation des paiements* und damit aus dem schuldnerischen Geständnis. *Vallens* spricht davon, dass diese Erklärung des Schuldners – der sich freilich nicht mit einfachen Behauptungen begnügen könne, sondern zur Stützung seines Antrags seit langem Buchführungs- und geschäftliche Belege, wie sie in dem Katalog der begleitenden Unterlagen aufgeführt sind, vorzulegen habe – gewissermaßen eine Vermutungswirkung auslöse, sowie von einer „leichten Beweislast“ („charge de la preuve […] légère“), Rev. proc. coll. 2009-5, étude 25, n°s 8, 10.

1750 S.o. § 4 A I 1 c).

hat erscheinen lassen, dass ein Schuldner seine Zahlungseinstellung einmal zu Unrecht erklärte.[1751] Es wird nicht so sehr beklagt, dass es bei den an die *cessation des paiements* anknüpfenden Eigenanträgen in der Praxis an einem Tatsachenvortrag oder an Beweismitteln zum Vorliegen der Eröffnungsvoraussetzungen mangele, sondern vielmehr, dass die Anträge in den meisten Fällen zu spät gestellt werden und aufgrund der schlechten wirtschaftlichen Verfassung des Schuldners in der Konsequenz häufig nur noch Raum für das Liquidationsverfahren bleibt.[1752]

Beantragt der Schuldner die Eröffnung der *liquidation judiciaire*, so verlangt der Code de commerce, dass er dem Antrag die Grundlagen für die Feststellung der offenkundigen Unmöglichkeit der Sanierung anschließt.[1753] Die Quellenlage zu der Frage, ob ihn in dieser Hinsicht die *charge de la preuve* trifft, fällt allerdings dünn aus. In der Literatur wird unter diesem Schlagwort vereinzelt formuliert, dass der Beweis der offenkundigen Unmöglichkeit der Sanierung Sache des Antragstellers sei.[1754]

1751 *Vallens*, Rev. proc. coll. 2009-5, étude 25, n° 8. Zu dieser Überlegung in Bezug auf die Rechtslage unter dem Code de commerce von 1807 s. wiederum oben § 4 A I 1 c).

1752 *Saint-Alary-Houin* (Fn. 25), n° 1097.

1753 S.o. § 4 A III 2 e).

1754 *Vallansan* (Fn. 1302), n° 19, wo zugleich eine Entscheidung des Kassationshofs vom 22. Mai 2013 so interpretiert wird, dass bei einem auf die Eröffnung der *liquidation judiciaire* gerichteten Eigenantrag dem Schuldner nicht aufzuerlegen sei, die Unmöglichkeit der Sanierung zu beweisen, wenn und weil seine Aktivität seit der Eröffnung nicht mehr fortgesetzt worden ist und die *cessation des paiements* im Zeitpunkt des Urteils zu bejahen war. In dem entschiedenen Fall, Cass. com. 22.5.2013, n° 12-16.610, hatte das Appellationsgericht die im Namen der Belegschaftsvertreter eingelegte Berufung gegen die auf Antrag der Schuldnerin erfolgte Eröffnung der *liquidation judiciaire* zurückgewiesen. Mit dem gegen die zweitinstanzliche Entscheidung eingelegten Rechtsmittel ist dann unter anderem geltend gemacht worden, dass es im Falle eines auf die Eröffnung der *liquidation judiciaire* gerichteten Eigenantrags Sache des Schuldners sei, die offenkundige Unmöglichkeit der Sanierung zu beweisen, und das Appellationsgericht unter Verletzung des Artikels 1315 des Code civil die *charge de la preuve* umgekehrt habe. In seiner Entscheidung, mit welcher er dieses Rechtsmittel zurückweist, führt der Kassationshof aus, dass das Appellationsgericht seine Entscheidung, ohne die *charge de la preuve* umzukehren, rechtsfehlerfrei begründet habe. Er beruft sich insoweit zum einen auf Ausführungen des Appellationsgerichts zur wirtschaftlichen Situation der Schuldnerin – einschließlich der geäußerten Annahme einer fehlenden Sanierungs- oder Übertragungsperspektive im Zeitpunkt der Verfahrenseröffnung –, welche aus der Sicht des Kassationshofs für die Begründung der *cessation des paiements* im Zeitpunkt der Entscheidung des

bb) *Procédure de sauvegarde*

Ausdrücklich postuliert wird im französischen Schrifttum, dass den Schuldner, welcher die Eröffnung der *procédure de sauvegarde* beantragt, die *charge de la preuve* hinsichtlich der Abwesenheit der *cessation des paiements* treffe.[1755] Die Eröffnung soll den von dem Schuldner zu erbringenden Beweis voraussetzen, dass er seinen durchsetzbaren Verbindlichkeiten mit seinem verfügbaren Vermögen begegnen kann.[1756] Es sei seine Sache, die Zusammensetzung des Letzteren sowie den Stand der Ersteren zu beweisen.[1757] Die Regel, wonach der Schuldner die *cessation des paiements* ausschließende Kreditreserven oder Moratorien zu beweisen hat, soll gerade auch hier greifen.[1758]

Gleichsam wird dem Schuldner, was die Eröffnungsvoraussetzung der unüberwindbaren Schwierigkeiten betrifft, in der Literatur *expressis verbis* die *charge de la preuve* zugewiesen.[1759] Bestätigt sieht man diese Annahme in der Bestimmung des Code de commerce, nach der der Eröffnungsantrag Angaben zu den Schwierigkeiten des Schuldners sowie zu den Gründen ihrer Unüberwindbarkeit enthält.[1760]

Appellationsgerichts genügen. Zum anderen weist er darauf hin, dass die Aktivität der Schuldnerin seit der Eröffnung des Liquidationsverfahrens nicht mehr fortgesetzt worden sei.

1755 *Saint-Alary-Houin* (Fn. 25), n° 443.

1756 *Le Corre* (Fn. 46), n° 223.11; *Jacquemont/Vabres* (Fn. 23), n° 237; *Saint-Alary-Houin* (Fn. 25), n° 442; vgl. auch *Pascal Schütze* (Fn. 3), 142, 145 Fn. 961; *Friedrichs* (Fn. 24), 163.

1757 *Saint-Alary-Houin* (Fn. 25), n° 443.

1758 *Vallens*, Rev. proc. coll. 2009 5, étude 25, n° 5; *Roedig* (Fn. 5), 334 f.; *Saint-Alary-Houin* (Fn. 1757). Zu dieser Regel s.o. § 4 A XIII 3 b) aa).

1759 *Saint-Alary-Houin*, Rev. proc. coll. 2008-2, dossier 3, n° 7; *Vallens*, Rev. proc. coll. 2009-5, étude 25, n°s 5 f., welcher letztlich freilich in der *charge de la preuve* des Antragstellers hinsichtlich des Eröffnungsgrundes eine ungeeignete Entscheidungsgrundlage sieht, ebenda, n°s 22 f., 28-30; vgl. auch *Pascal Schütze* (Fn. 1756); *Kindler/Nachmann(-Bauerreis)* (Fn. 26), Rn. 89 (2014). In Artikel L. 620-1, al. 1er des Code de commerce heißt es: „Il est institué une procédure de sauvegarde ouverte sur demande d'un débiteur mentionné à l'article L. 620-2 qui, sans être en cessation des paiements, justifie de difficultés qu'il n'est pas en mesure de surmonter".

1760 *Saint-Alary-Houin*, Rev. proc. coll. 2008-2, dossier 3, n° 7; *Le Corre* (Fn. 46), n° 223.41; vgl. auch *Friedrichs* (Fn. 24), 163 Fn. 953; *Jacquemont/Vabres* (Fn. 1756). Zu dieser Anordnung des Code de commerce s. bereits oben § 4 A II 5.

c) Untersuchungsgrundsatz

Die Angaben und begleitenden Unterlagen sollten sich nicht auf eine Konkretisierung einer Darlegungs- oder Beweisführungslast zu den Voraussetzungen für die Verfahrenseröffnung reduzieren lassen können, wenn bei deren Prüfung – unabhängig davon, ob die Anforderungen an die Angaben und begleitenden Unterlagen erfüllt sind – der Untersuchungsgrundsatz gälte. Mit diesem sind, anders als die objektive Beweislast, Darlegungs- und Beweisführungslasten unvereinbar.[1761] Sie sind auch im französischen Zivilprozess letztlich Ausfluss des Miteinanders zwischen objektiver Beweislast und Beibringungsgrundsatz.[1762]

Eine dem § 5 Abs. 1 S. 1 InsO entsprechende explizite Anordnung des Untersuchungsgrundsatzes ist im Code de commerce nicht enthalten. Für die Begründung der Geltung dieser Maxime kommen zwei im Folgenden näher zu beleuchtende Erklärungsansätze in Betracht: Die Zuordnung der Unternehmensinsolvenzverfahren zur nichtstreitigen Gerichtsbarkeit (*matière gracieuse*) einerseits und die Bestimmungen des Code de commerce zu den zwischen der Antragstellung und der Entscheidung über die Verfahrenseröffnung verfügbaren Maßnahmen der Sachverhaltsaufklärung andererseits.[1763]

Auf die gerichtliche Befugnis, den *redressement* oder die *liquidation judiciaire* von Amts wegen zu eröffnen, lässt sich spätestens seit ihrer weitgehenden Beseitigung nicht mehr rekurrieren.[1764] Zuvor hatte bereits die Einführung der *procédure de sauvegarde* die Tauglichkeit dieses Erklärungsansatzes ganz erheblich gemindert, weil das Schutzverfahren nur auf Antrag des Schuldners eröffnet wird[1765].

Greift der Untersuchungsgrundsatz in den französischen Unternehmensinsolvenzverfahren, bliebe freilich dann noch Raum für eine Reduzierung der Angaben in und der begleitenden Unterlagen zu dem Eröffnungsantrag auf die Konkretisierung einer Darlegungs- oder Beweisführungslast, wenn die Geltung

---

1761 *Adloff* (Fn. 20), 56; *Stein/Jonas(-Leipold)*, ZPO IV: §§ 253-327 ZPO[22] (2008) § 286 ZPO Rn. 51 f.; *Wieczorek/Schütze(-Hans-Jürgen Ahrens)*, ZPO II/2: §§ 253-299a ZPO[4] (2013) Vor § 286 ZPO Teil A Rn. 21 f., 36; in diesem Sinne auch *Cagnoli* (Fn. 1191), n°s 234-237; *Vallens*, Rev. proc. coll. 2009-5, étude 25, n°s 20 f. Zur Vereinbarkeit der objektiven Beweislast mit dem Untersuchungsgrundsatz *Cagnoli*, ebenda, n°s 238 f.; *Adloff*, ebenda, 56 f.

1762 *Schilling* (Fn. 1726), 45, 171 f., 199 f.; *Adloff* (Fn. 20), 120 f.; *Bunge* (Fn. 564), 51 (§ 24).

1763 Hierzu sogleich § 4 A XIII 3 c) aa), bb).

1764 In diesem Sinne vor der Beseitigung – s. zu dieser oben § 3 B XII – aber noch *Cagnoli* (Fn. 1191), n°s 234-237.

1765 S.o. § 3 D.

dieser Maxime wie im deutschen Recht an einen entsprechenden Mindestsachvortrag des Antragstellers geknüpft wäre.[1766]

aa) *Matière gracieuse*

Der Untersuchungsgrundsatz ist in Frankreich im Unterschied zum streitigen Zivilverfahren auf dem Gebiet der nichtstreitigen Gerichtsbarkeit vorherrschend.[1767] Die einleitenden Bestimmungen des ersten Buchs des Code de procédure civile enthalten für die *matière gracieuse* die Sonderregelung, dass der Richter seine Entscheidung auf alle entscheidungserheblichen Tatsachen stützen kann, einschließlich derer, welche nicht geltend gemacht worden sind.[1768] Er führt in diesen Verfahren auch von Amts wegen sämtliche nützlichen Ermittlungen durch.[1769]

Trägt das deutsche Insolvenzverfahren (auch) Züge der freiwilligen Gerichtsbarkeit,[1770] so will ein Teil der französischen Lehre wenigstens den *redressement* und die *liquidation judiciaire* in der Tat der nichtstreitigen Gerichtsbarkeit (*juridiction gracieuse*) zurechnen;[1771] weil der französische Gesetzgeber – anders als

---

1766 Hierzu unten § 4 A XIII 3 c) cc). Zur Situation im deutschem Recht s. etwa *Bork* (Fn. 46), Rn. 55 Fn. 12, 95 Fn. 10.

1767 *Schilling* (Fn. 1726), 174; *Bunge* (Fn. 564), 51 (§ 24); *Ferrand*, in: *Sonnenberger/Classen* (Fn. 29), 498. Zu den Gemeinsamkeiten und Unterschieden der *matière gracieuse* und der deutschen freiwilligen Gerichtsbarkeit *Schilling*, ebenda, Fn. 25; *Ferrand*, ebenda, 497.

1768 CPC, art. 26 („Le juge peut fonder sa décision sur tous les faits relatifs au cas qui lui est soumis, y compris ceux qui n'auraient pas été allégués"); *Cagnoli* (Fn. 1191), n° 225; *Ferrand* (Fn. 1767); *Le Ninivin/Strickler*, J.-Cl. Proc. civ., Fasc. 116 (Juli 2013) n°s 100 f.

1769 CPC, art. 27, al. 1er („Le juge procède, même d'office, à toutes les investigations utiles"); *Schilling* (Fn. 1726), 174; *Guinchard/Chainais/Ferrand*, Procédure civile[31] (Paris 2012) n° 2068; *Le Ninivin/Strickler* (Fn. 1768), n° 100.

1770 Dies zeigt sich insbesondere in der in § 5 Abs. 1 InsO angeordneten Geltung des Untersuchungsgrundsatzes, *Bork* (Fn. 46), Rn. 55; vgl. auch *Baur/Stürner* (Fn. 34), Rn. 1.11.

1771 *Wiederkehr*, Justices 1996-4, 266, 271; dagegen etwa *Cagnoli* (Fn. 1191), n°s 81, 302. Nach *Vallens* sind im Laufe eines Unternehmensinsolvenzverfahrens auch der *matière gracieuse* zuzurechnende Entscheidungen zu treffen, RTD com. 2002, 377, 378 (Anm. zu CA Caen 7.2.2002, JurisData n° 2002-174055); so auch schon *Percerou/Dessertaux* (Fn. 65), n° 1125, und hat das Verfahren vor der erstinstanzlichen Entscheidung über die Eröffnung von *redressement* und *liquidation judiciaire* einen „gütlichen und nichtstreitigen Charakter" („caractère amiable et non contentieux"), Rev. proc. coll. 2009-5, étude 25, n° 10. Für eine Zurechnung der *faillite civile* zur *matière gracieuse* und die Anwendbarkeit von CPC, artt. 26 f. auf das Verfahren

der deutsche mit dem FamFG für die freiwillige Gerichtsbarkeit – kein Spezialgesetz für die *matière gracieuse* außerhalb des Code de procédure civile geschaffen hat, sondern diese dort mitregelt, lässt sich die Zuordnung der französischen Unternehmensinsolvenzverfahren zu dieser Materie nicht schon von vornherein mit der Verweisung des Code de commerce auf die Vorschriften der französischen Zivilprozessordnung ausschließen.[1772] Für die Zurechnung von *redressement* und *liquidation judiciaire* zur *matière gracieuse* wird geltend gemacht, dass der Schuldner mit seinem Eröffnungsantrag keine Streitigkeit vor das Gericht bringe, sondern eine ihm auferlegte Pflicht erfülle.[1773] Er leiste einen Beitrag zu dem Versuch, ein Unternehmen zu bewahren oder unter den bestmöglichen Bedingungen zu liquidieren.[1774]

Nach anderer Ansicht steht einer globalen Zurechnung der Unternehmensinsolvenzverfahren zur *matière gracieuse* der freiwillige Charakter der Verfahren auf dem Gebiet der nichtstreitigen Gerichtsbarkeit entgegen.[1775] Gegenstand dieser sind die Kontrolle der Rechtmäßigkeit und die Bestätigung einer aus freien Stücken angestrebten Rechtsgestaltung, die in Abwesenheit eines Streits auf einen freiwilligen – einseitig oder gemeinsam gestellten – Antrag hin erfolgen.[1776] Die alternative Bezeichnung als freiwillige Gerichtsbarkeit (*juridiction*

---

vor der Eröffnungsentscheidung *Sander*, J.-Cl. Alsace-Moselle, Fasc. 647 (Oktober 2011) n° 20.

1772 Zu dieser Verweisung s.o. § 4 A XIII 3 a). Die deutsche Lehre könnte es sich eigentlich leisten, die Frage, ob bei dem Insolvenzverfahren die Aspekte der freiwilligen oder der streitigen Gerichtsbarkeit überwiegen, unbeantwortet zu lassen, weil der Gesetzgeber sich in § 4 InsO für die entsprechende Anwendbarkeit der Vorschriften der ZPO entschieden hat, vgl. *Bork* (Fn. 1770) sowie noch zu § 72 KO *Baur/Stürner* (Fn. 1770).

1773 *Wiederkehr*, Justices 1996-4, 266, 271 f. Zur Existenz eines Streit(-gegner)s als Kriterium der Abgrenzung zwischen streitiger Gerichtsbarkeit und *matière gracieuse* CPC, art. 25 („Le juge statue en matière gracieuse lorsqu'en l'absence de litige il est saisi d'une demande dont la loi exige, en raison de la nature de l'affaire ou de la qualité du requérant, qu'elle soit soumise à son contrôle"); *Couchez/Lagarde*, Procédure civile[16] (Paris 2011) n°s 216, 319; *Ferrand* (Fn. 1767), 497; *Le Ninivin/Strickler* (Fn. 1768), n°s 2, 5 f., 11, 37.

1774 *Wiederkehr*, Justices 1996-4, 266, 272; vgl. auch *Jeantin/Le Cannu* (Fn. 1177), n° 408.

1775 *Cagnoli* (Fn. 1191), n° 302. Für eine Zurechnung der Entscheidung über die Eröffnung der *procédure de sauvegarde* zur streitigen Gerichtsbarkeit CA Lyon 31.5.2006, RG n° 06/02245, für eine Qualifizierung der *faillite* unter dem Code de commerce von 1807 als „streitige Maßnahme" („mesure contentieuse") *Wahl* (Fn. 565), n° 2160.

1776 *Cornu/Foyer*, Procédure civile[3] (Paris 1996) 127-130; *Ferrand* (Fn. 1773); *Le Ninivin/Strickler* (Fn. 1768), n°s 1 f., 11.

volontaire) ist in der französischen Lehre in Anknüpfung an die römisch-rechtlichen Wurzeln dementsprechend durchaus nicht ungebräuchlich.[1777] Der Schuldner, so wird gegen die Freiwilligkeit zumindest im Falle des *redressement* und der *liquidation judiciaire* argumentiert, sei dem Verfahren dagegen zwangsweise unterworfen.[1778] Es sei von dem besonderen Fall einer obligatorischen Streitsache (*contentieux obligatoire*) nicht nur im engeren Sinne, sondern in doppelter Hinsicht auszugehen, weil ab dem Eintritt der *cessation des paiements* die Frage nach dem Schicksal des schuldnerischen Unternehmens nicht mehr ohne die gerichtliche Intervention beantwortet werden könne und das Gesetz dem Schuldner auch die fristgerechte Beantragung der Verfahrenseröffnung auferlege.[1779]

bb) Voruntersuchung und andere Aufklärungsmaßnahmen

Der Rechtslage unter dem Gesetz vom 13. Juli 1967 entsprechend[1780] kann das Gericht vor der Entscheidung über die Eröffnung der *procédure de sauvegarde*, des *redressement* und der *liquidation judiciaire* eine Voruntersuchung anordnen. Als deren Gegenstand ist wie schon unter dem Regelwerk von 1985 die finanzielle, wirtschaftliche und soziale Lage des Unternehmens vorgesehen.[1781] Sie soll das Gericht im Wesentlichen aufklären über das Vorliegen der Eröffnungsvoraussetzungen.[1782] Genannt werden im Besonderen die Begründetheitsvoraussetzungen[1783] – im Falle eines *sauvegarde* Antrags namentlich die Abwesenheit der *cessation des paiements*[1784] sowie die unüberwindbaren Schwierigkeiten,[1785] im Falle des *redressement* und der *liquidation judiciaire* das Vorliegen der

---

1777 *Guinchard/Chainais/Ferrand* (Fn. 1769), n°s 2044, 2049. Zu diesen Wurzeln s. auch *Cornu/Foyer* (Fn. 1776), 127; *Le Ninivin/Strickler* (Fn. 1768), n° 2.

1778 *Cagnoli* (Fn. 1775).

1779 *Cagnoli* (Fn. 1191), n°s 81 note 262, 303, 314 note 1098.

1780 S.o. § 4 A I 6 j).

1781 C. com., artt. L. 621-1, al. 3; L. 631-7, al. 1er; L. 641-1-I, al. 1er; *Robbe-Grillet* (Fn. 50), 157, 356; *Medla* (Fn. 3), 176; *Le Corre* (Fn. 46), n°s 233.11, 233.22. Zur Situation unter dem Regelwerk von 1985 décret n° 85-1388 du 27 décembre 1985, art. 13; *Chaput* (Fn. 263), n° 65; *Schällig* (Fn. 267), 12. Zur Änderung des Gegenstands der Voruntersuchung unter dem Regelwerk von 1967 durch das Dekret vom 9. April 1982 s.o. Fn. 1121.

1782 *De Roux* (Fn. 299), 197; *Delattre*, Rev. proc. coll. 2011-2, alerte 8; *Saint-Alary-Houin* (Fn. 25), n°s 494, 1092, 1219; vgl. auch *Medla* (Fn. 3), 174, 176.

1783 *Ripert/Roblot/Delebecque/Germain* (Fn. 15), n° 2897; *Martin-Serf* (Fn. 341), n° 94.

1784 *Le Corre* (Fn. 46), n° 221.24; *Jacquemont/Vabres* (Fn. 1756); *Saint-Alary-Houin* (Fn. 25), n° 494.

1785 *Le Corre* (Fn. 46), n° 233.22; *Jacquemont/Vabres* (Fn. 1756).

Zahlungseinstellung[1786] genauso wie die (Un-)Möglichkeit der Sanierung[1787]. Aber auch zu den Voraussetzungen der Zuständigkeit des Gerichts und zur vollständigen Identifizierung des Schuldners soll sie einen Erkenntnisgewinn erlauben.[1788] Darüber hinaus sieht man in der Voruntersuchung ein Instrument zur Aufklärung der Größe des Unternehmens, soweit sich aus dieser ergibt, ob die Bestellung eines *administrateur* und die Einrichtung von Gläubigerausschüssen in der *procédure de sauvegarde* oder im *redressement judiciaire* obligatorisch ist.[1789]

Durchgeführt wird die Voruntersuchung von einem Richter, den das Gericht beauftragen kann, sämtliche von ihrem Gegenstand erfassten Informationen zu sammeln.[1790] Dieser Richter (*juge enquêteur*) ist – vergleichbar dem Gericht vor der Eröffnungsentscheidung unter der Sanierungsverordnung vom 23. September 1967 – befugt, wie der *juge-commissaire* im eröffneten Verfahren bei dem beschriebenen Kreis von Stellen und Personen Auskünfte einzuholen.[1791] Zu seiner Unterstützung kann der *juge enquêteur* nach seiner Wahl Sachverständige hinzuziehen.[1792]

In der Möglichkeit zur Durchführung der *enquête préalable* wird in der Tat ein Nachweis für die Geltung des Untersuchungsgrundsatzes bei der Prüfung der Voraussetzungen für die Verfahrenseröffnung gesehen.[1793] Dasselbe gilt für verschiedene andere Regelungen zur Sachverhaltsaufklärung zwischen der Stellung

---

1786 *Kremer* (Fn. 47), 84; *Robbe-Grillet* (Fn. 50), 157; *Jacquemont* (Fn. 950), n° 56.

1787 *Le Corre* (Fn. 1785); *Saint-Alary-Houin* (Fn. 25), n° 1218; *Martin-Serf* (Fn. 1783).

1788 *Martin-Serf* (Fn. 341), n°s 94, 106. Zu dem Erkenntnisgewinn in Bezug auf die Zuständigkeitsvoraussetzungen s. auch *Chaput* (Fn. 1781); *Ripert/Roblot/Delebecque/Germain* (Fn. 1783).

1789 *Le Corre* (Fn. 1785); *Martin-Serf* (Fn. 341), n° 94; vgl. auch *Kremer* (Fn. 1786). Zur Größe des Unternehmens als maßgeblichem Faktor für den obligatorischen Charakter der Verwalterbestellung und der Ausschusseinrichtung s.o. § 3 B IX, D, G.

1790 C. com., artt. L. 621-1, al. 3; L. 631-7, al. 1er; L. 641-1-I, al. 1er; *Medla* (Fn. 3), 176; *Friedrichs* (Fn. 24), 164; *Saint-Alary-Houin* (Fn. 25), nos 487, 494, 1092, 1215, 1218 f.; *Martin-Serf* (Fn. 341), nos 93, 95.

1791 C. com., artt. L. 621-1, al. 3; L. 623-2; L. 631-7, al. 1er; L. 641-1-I, al. 1er; *Medla* (Fn. 1790); *Friedrichs* (Fn. 1790); *Martin-Serf* (Fn. 341), n° 97. Zur Situation unter der Sanierungsverordnung vom 23. September 1967 s.o. § 3 B VI 2, zu dem genannten Kreis von Stellen und Personen s.o. § 3 F.

1792 C. com., artt. L. 621-1, al. 3; L. 631-7, al. 1er; L. 641-1-I, al. 1er; *Robbe-Grillet* (Fn. 50), 157, 356; *Medla* (Fn. 1790); *Pérochon* (Fn. 272), n° 471.

1793 *Cagnoli* (Fn. 1191), n° 232; *Jacquemont* (Fn. 950), nos 56, 73; in diesem Sinne auch *Vallens*, Rev. proc. coll. 2009-5, étude 25, nos 23 f.

des Eröffnungsantrags und der Entscheidung über denselben.[1794] So hat das Gericht vor dieser Entscheidung nicht nur den Schuldner zu hören,[1795] sondern auch hierzu berufene Arbeitnehmervertreter sowie im Falle eines Schuldners, der einen reglementierten oder geschützten freien Beruf ausübt, die zuständige aufsichtführende Stelle[1796]. Ferner kann das Gericht jede Person hören, deren Anhörung ihm nützlich erscheint.[1797] Endlich kann es sich in gewissen Grenzen die Akten und Unterlagen zu einem vorangegangenen Schlichtungsverfahren oder *mandat ad hoc* vorlegen lassen.[1798]

Zurückgeführt werden diese zwischen der Antragstellung und der Entscheidung über die Verfahrenseröffnung verfügbaren Mittel der Sachverhaltsaufklärung auf das besondere Wesen der Unternehmensinsolvenzverfahren.[1799] Mit ihnen soll mit Blick auf die Verwirklichung der Verfahrensziele ein Ausgleich geschaffen werden zwischen dem Anspruch einer gut informierten und demjenigen einer zügigen Entscheidung;[1800] als von maßgeblicher Bedeutung angesehen werden in diesem Zusammenhang die schwerwiegenden Folgen der Entscheidung für die betroffenen Interessen sowie die Vielzahl dieser Interessen

---

1794 Einen Ausfluss der Geltung des Amtsermittlungsgrundsatzes auch hierin erkennen *Schällig* (Fn. 1781); *Medla* (Fn. 3), 173-176, 436 und *Pascal Schütze* (Fn. 3), 53; vgl. auch *Karl-Heinz Weber/Hoffmann* (Fn. 6), 41 f.; *Guyon* (Fn. 18), n°s 1133, 1147 f.; *Robbe-Grillet* (Fn. 50), 148, 156 f., 356; *Saint-Alary-Houin* (Fn. 25), n° 443.

1795 C. com., artt. L. 621-1, al. 1er; L. 631-7, al. 1er; L. 641-1-I; *Robbe-Grillet* (Fn. 50), 156, 356; *Pascal Schütze* (Fn. 1794); *Friedrichs* (Fn. 24), 164 f. Zur Aufforderung des Schuldners durch das Gericht, Stellung zu nehmen zu den Voraussetzungen für die Eröffnung der *liquidation* bzw. des *redressement judiciaire*, wenn er erklärt hat, sich im Zustand der *cessation des paiements* zu befinden, und seine Lage die Sanierung offenkundig auszuschließen bzw. nicht offenkundig auszuschließen scheint, s. bereits oben § 4 A III 2 a).

1796 S.o. § 4 A III 1 b) bb), dd).

1797 C. com., art. L. 662-3, al. 3; *Vallansan* (Fn. 1302), n° 34. Diese allgemeine Verfahrensregel wurde geschaffen durch Artikel 91 der Verordnung vom 12. März 2014, *Martin-Serf* (Fn. 341), n°s 77, 90. Davor war sie – wie bereits in Artikel 6, al. 2 des Gesetzes vom 25. Januar 1985, *Kremer* (Fn. 1786); *Karl-Heinz Weber/Hoffmann* (Fn. 6), 42; *Schällig* (Fn. 1781) – speziell für die Eröffnungsentscheidung in den Artikeln L. 621-1, al. 1er, L. 631-7, al. 1er und L. 641-1-I des Code de commerce statuiert worden, *Robbe-Grillet* (Fn. 50), 157, 356; *Medla* (Fn. 3), 175; *Pascal Schütze* (Fn. 3), 53 Fn. 316.

1798 S.o. § 4 A III 1 b) ee).

1799 *Vallens*, Rev. proc. coll. 2009-5, étude 25, n°s 1, 23 f.; *Martin-Serf* (Fn. 341), n° 76; vgl. auch *Saint-Alary-Houin* (Fn. 25), n°s 463, 1092, 1215, 1219.

1800 *Martin-Serf* (Fn. 1799).

einerseits[1801], und die aus der Situation des Unternehmens resultierende Eilbedürftigkeit andererseits[1802].

cc) Mindestsachvortrag des Schuldners?

Nach dem Gesetzeswortlaut ist die Anhörung des Schuldners, der hierzu berufenen Arbeitnehmervertreter sowie der zuständigen aufsichtführenden Stelle bei Schuldnern, die einen reglementierten oder geschützten freien Beruf ausüben, nicht an einen Mindestsachvortrag des Schuldners geknüpft.[1803] Sie ist vorbehaltlos und zwingend vorgeschrieben.[1804]

Ebenso wenig definiert der Code de commerce tatbestandliche Voraussetzungen für die sonstigen, dem Gericht nützlich erscheinenden Anhörungen oder die Anordnung der Voruntersuchung, die auf das Erfordernis eines Mindestsachvortrags hindeuten würden.[1805] Dasselbe gilt für die Vorlage der Akten und

---

1801 *Vallens*, Rev. proc. coll. 2009-5, étude 25, n°s 23 f.; *Pérochon* (Fn. 272), n° 468; *Saint-Alary-Houin* (Fn. 25), n°s 463, 487, 1092, 1215, 1219.

1802 *Vallens* (Fn. 15), 245 f.; *ders.*, Rev. proc. coll. 2009-5, étude 25, n° 1; *Cagnoli* (Fn. 1191), n° 161. *Martin-Serf* (Fn. 1799), spricht davon, dass sich das Bedürfnis einer schnellstmöglichen Entscheidung aus dem öffentlichen Interesse ergebe.

1803 C. com., art. L. 621-1, al. 1er („Le tribunal statue sur l'ouverture de la procédure, après avoir entendu ou dûment appelé en chambre du conseil le débiteur et les représentants du comité d'entreprise ou, à défaut, des délégués du personnel"), al. 2 („En outre, lorsque le débiteur exerce une profession libérale soumise à un statut législatif ou réglementaire ou dont le titre est protégé, le tribunal statue après avoir entendu ou dûment appelé, dans les mêmes conditions, l'ordre professionnel ou l'autorité compétente dont, le cas échéant, il relève"); L. 631-7, al. 1er; L. 641-1-I, al. 1er.

1804 *Medla* (Fn. 3), 174 f.; *Pascal Schütze* (Fn. 3), 53; *Jacquemont/Vabres* (Fn. 23), n° 275.

1805 C. com., art. L. 662-3, al. 3 („Le tribunal peut entendre toute personne dont l'audition lui paraît utile, et notamment, il peut entendre le représentant de l'Etat à sa demande") bzw. artt. L. 621-1, al. 3 („Le tribunal peut, avant de statuer, commettre un juge pour recueillir tous renseignements sur la situation financière, économique et sociale de l'entreprise"); L. 631-7, al. 1er; L. 641-1-I, al. 1er. Nicht abschließend geklärt scheint dagegen die Frage, ob vor dem Hintergrund der Vorschrift des Artikels R. 621-3, al. 1er des Code de commerce („La décision du tribunal de commettre un juge, avant de statuer, en application de l'article L. 621-1, pour recueillir tous les renseignements sur la situation financière, économique et sociale de l'entreprise, est rendue dans les mêmes conditions que celles prévues aux deux premiers alinéas du même article, pour l'ouverture de la procédure"), die Anordnung der Voruntersuchung die vorherige Anhörung des Schuldners und der berufenen Arbeitnehmervertreter voraussetzt, dafür *Le Corre* (Fn. 1785); vgl. auch *Saint-Alary-Houin* (Fn. 25), n° 494 note 85; dagegen wohl *Jeantin/Le Cannu* (Fn. 1177), n° 271.

Unterlagen zu einem vorangegangenen Schlichtungsverfahren oder *mandat ad hoc*; die einschlägigen Bestimmungen knüpfen schlicht an das tatsächliche Vorliegen eines solchen Verfahrens an.[1806]

Auch die Ausgestaltung der Rechtsgrundlagen für diese Instrumente als Kann-Vorschriften führt nicht erkennbar dazu, dass für eine (ermessens-)fehlerfreie Anordnung einer solchen Vorlage oder der fakultativen Anhörungen im Falle eines Eigenantrags ein Mindestsachvortrag zu den Eröffnungsvoraussetzungen gefordert würde.[1807] Entsprechendes gilt, zumindest was den *redressement* und die *liquidation judiciaire* betrifft, für die Voruntersuchung, wenngleich diejenige unter der Sanierungsverordnung vom 23. September 1967 noch obligatorisch war[1808]. Man will dem Gericht auch die Anordnung der Voruntersuchung zugestehen, soweit es sie als nützlich erachtet.[1809] Der mit ihr beauftragte Richter soll sich heute sogar die zur Identifizierung des Schuldners erforderlichen Auskünfte beschaffen können, soweit sie dem Gericht nicht erteilt worden sind.[1810] Sie wird insbesondere auch für den Fall, dass die begleitenden Unterlagen nicht vollständig eingereicht werden, in Betracht gezogen.[1811]

Die Ermittlung der Haltung der Rechtsprechung zur Frage nach einem Mindestsachvortrag des Schuldners als Bedingung für die Geltung des

---

1806 C. com., artt. L. 621-1, al. 4 („L'ouverture d'une procédure de sauvegarde à l'égard d'un débiteur qui bénéficie ou a bénéficié d'un mandat ad hoc ou d'une procédure de conciliation dans les dix-huit mois qui précèdent doit être examinée en présence du ministère public, à moins qu'il ne s'agisse de patrimoines distincts d'un entrepreneur individuel à responsabilité limitée"), 5 („Dans ce cas, le tribunal peut, d'office ou à la demande du ministère public, obtenir communication des pièces et actes relatifs au mandat ad hoc ou à la conciliation, non-obstant les dispositions de l'article L. 611-15"); L. 631-7, al. 1er; L. 641-1-I, al. 1er. Hierzu auch bereits oben § 4 A III 1 b) ee), XIII 3 c) bb).

1807 S. etwa *Medla* (Fn. 3), 175 f.; *Jacquemont/Vabres* (Fn. 23), nos 237, 275, 277; *Martin-Serf* (Fn. 341), nos 77, 90, 102. Zu der Ausgestaltung als Kann-Vorschriften s.o. Fn. 1805 f.

1808 Zu dem obligatorischen Charakter der Voruntersuchung unter der Sanierungsverordnung s.o. § 3 B VI 2.

1809 *Jacquemont/Vabres* (Fn. 23), n° 276. Die Formulierung „s'il l'estime utile" war unter dem Regelwerk von 1985 auch noch in der einschlägigen Vorschrift gewählt worden, décret n° 85-1388 du 27 décembre 1985, art. 13, al. 1er und hierzu CA Paris 15.5.1998, JurisData n° 1998-021167.

1810 S.o. Fn. 1713. Zur Rechtslage unter dem Dekret vom 20. Mai 1955 und dem Gesetz vom 13. Juli 1967 s.o. § 4 A I 5 j), 6 j).

1811 S.o. § 4 A XIII 2 a).

Untersuchungsgrundsatzes wird freilich durch verschiedene Umstände erschwert. Zunächst einmal braucht die Anordnung der Voruntersuchung nicht begründet zu werden, weil sie nicht in Gestalt eines Urteils im Sinne des Artikels 455 des Code de procédure civile ergeht.[1812] Sodann wird beklagt, dass einige Gerichte von der Voruntersuchung allgemein keinen Gebrauch machen.[1813]

Zumindest was die *procédure de sauvegarde* betrifft, liegt zudem die Vermutung nahe, dass der Eröffnungsantrag regelmäßig unter Hinzuziehung qualifizierter Berater mit einiger Sorgfalt vorbereitet wird.[1814] Faktisch sollte deshalb unabhängig von einer rechtlichen Knüpfung der Geltung des Untersuchungsgrundsatzes an einen Mindestsachvortrag zu den Eröffnungsvoraussetzungen wenigstens nicht mit einer Zurückweisung eines *sauvegarde* Antrags ohne vorherigen Rückgriff auf die genannten Aufklärungsmaßnahmen zu rechnen sein. Die Richtigkeit der Annahme unterstellt, dass der Beweis der *cessation des paiements* im Falle eines auf die Eröffnung des *redressement* oder der *liquidation judiciaire* gerichteten Eigenantrags mit Blick auf das der Zahlungseinstellungserklärung innewohnende Geständnis und den häufig späten Zeitpunkt der Antragstellung in der Praxis keine Schwierigkeiten aufwirft,[1815] würde endlich auch dieser Umstand die Aussichten auf eine Definition von Mindestanforderungen an den Vortrag des Schuldners als Voraussetzung für die Geltung des Untersuchungsgrundsatzes durch die Rechtsprechung schmälern.

Die Vorschriften des Code de procédure civile zur *matière gracieuse* bieten keineswegs mehr Orientierung zu der Frage nach solchen Mindestanforderungen als die besonderen Bestimmungen des Code de commerce zum Verfahren der Sachverhaltsaufklärung im Vorfeld der Eröffnungsentscheidung.[1816]

1812 CA Paris 15.5.1998, JurisData n° 1998-021167; *Martin-Serf* (Fn. 341), n° 95.

1813 *Delattre*, Rev. proc. coll. 2012-6, comm. 171. S. auch *Le Corre* (Fn. 46), n° 231.24, der den Standpunkt des Vorgenannten erwähnt und ihm attestiert, in dieser Beziehung gut informiert zu sein.

1814 S.o. § 4 A XIII 2 b).

1815 S. zu dieser Annahme oben § 4 A XIII 3 b) aa).

1816 Namentlich gilt dies für die besonderen Regeln zur *matière gracieuse* in den einleitenden Bestimmungen des Code de procédure civile sowie die knappen Regelungen zum einleitenden Antrag auf diesem Gebiet (CPC, artt. 25-29; 60 f.), vgl. *Guinchard/Chainais/Ferrand* (Fn. 1769), n° 2062, wonach die französische Zivilprozessordnung nichts zu dem Inhalt dieses Antrags sagen soll, wenigstens aber die Angabe des Gerichts und die Identifizierung des Antragstellers zu fordern seien; *Desdevises/Staes*, J.-Cl. Proc. civ., Fasc. 600-5 (September 2016) n° 45, nach denen die die Sonderregelungen zur *matière gracieuse* enthaltenden einleitenden Bestimmungen des Code de procédure civile kaum etwas zur Klärung der Frage nach inhaltlichen Anforderungen an diesen Antrag beitragen sollen, man aus ihnen ableiten könne,

d) *Gegenstand der Angaben und begleitenden Unterlagen*

Reduzieren auf die Konkretisierung einer Darlegungs- oder Beweisführungslast zu den Eröffnungsvoraussetzungen ließen sich die geforderten Angaben und begleitenden Unterlagen jedenfalls nicht, soweit sie nicht oder nicht nur für die Feststellung dieser Voraussetzungen bestimmte Informationen liefern sollen. Zu einem erheblichen Teil weisen sie zwar einen Bezug zu den Eröffnungsvoraussetzungen auf. Augenfällig ist dies bei den Ausführungen zu den Schwierigkeiten des Schuldners und den Gründen für ihre Unüberwindbarkeit in dem Antrag auf Eröffnung der *procédure de sauvegarde*,[1817] der Erklärung der *cessation des paiements*[1818] sowie dem Anschluss der Grundlagen für die Feststellung der offenkundigen Unmöglichkeit der Sanierung an den Antrag auf Eröffnung der *liquidation judiciaire*[1819]. Desgleichen gilt dies für andere der begleitenden Unterlagen zur wirtschaftlichen und finanziellen Situation des Schuldners.[1820]

Doch muss der Bezug zu den Eröffnungsvoraussetzungen nicht notwendigerweise einen Nutzen für das eröffnete Verfahren ausschließen.[1821] Dies sollte auch für die Angaben zu den unüberwindbaren Schwierigkeiten des Schuldners und ihren Ursachen im *sauvegarde* Antrag gelten; bewältigen lassen sollten sich diese im Wege des präventiven Verfahrens nur, wenn sie auch hinlänglich erfasst sind. Zudem werden teilweise Angaben und begleitende Unterlagen verlangt, die offenkundig nicht der Aufklärung der für die Eröffnungsvoraussetzungen maßgeblichen Sachverhalte dienen müssen.[1822]

---

dass der einleitende Antrag auf diesem Gebiet zur Begrenzung der Anrufung des Gerichts einen Anspruch des Antragstellers zum Ausdruck bringen müsse und, wenn es dessen Sache sei, die begründenden Tatsachen zu behaupten, diese Vorgabe jedoch im Hinblick auf die Artikel 26 und 27 der französischen Zivilprozessordnung – s. zu diesen oben Fn. 1768 f. – viel weniger bedeutsam erscheine als auf dem Gebiet der streitigen Gerichtsbarkeit.

1817 Hierzu oben § 4 A II 5.

1818 Hierzu oben § 4 A III 2 a).

1819 Hierzu oben § 4 A III 2 e).

1820 S.o. § 4 A III 1 a), b) gg), 2 b), 3, XIII 3 b) aa) sowie *Vallens*, RTD com. 2008, 188, 189 (Anm. zu CA Paris 2.10.2007, JurisData n° 2007-350699); *Friedrichs* (Fn. 24), 163; *Pérochon* (Fn. 272), n° 427. Für den Handelsregisterauszug gilt dies besonders dann, wenn man in der Eintragung des eintragungspflichtigen Kaufmanns eine Voraussetzung für die Verfahrenseröffnung auf einen Eigenantrag hin erkennen will, zu dieser Streitfrage s.o. § 4 A VIII 4.

1821 S.o. § 4 A III 1 a).

1822 S.o. § 4 A II 5, III 1 b) bb), cc), dd), ee), ff), 2 c), d), 3.

Aus historischer Sicht erscheint es konsequent, die begleitenden Unterlagen, auch soweit sie die wirtschaftliche und finanzielle Situation des Schuldners betreffen, nicht insgesamt auf ein Mittel der Aufklärung der für die Frage der Verfahrenseröffnung maßgeblichen Sachverhalte zu beschränken. Im Kern gehen die begleitenden Unterlagen zurück auf die Bilanz des Code de commerce von 1807. Diese wurde vom Schuldner verlangt, obwohl das Gericht an die Erklärung der *cessation des paiements* gebunden war.[1823] Unter der Ausgangsfassung des napoleonischen Handelsgesetzbuchs war noch ausdrücklich die Möglichkeit einer Übergabe der Bilanz durch den Schuldner an die erst mit der gerichtlichen Feststellung der *faillite* bestellten Fallimentsagenten sowie einer nachträglichen Anfertigung der Bilanz durch den Falliten in deren Anwesenheit vorgesehen.[1824]

4. Rechtsschutzinteresse

Im Schrifttum wird dem Grundsatz, wonach den Antragsteller hinsichtlich der *cessation des paiements* respektive der unüberwindbaren Schwierigkeiten bei Abwesenheit der Zahlungseinstellung die *charge de la preuve* treffen soll, vereinzelt die Eignung als Grundlage für die Entscheidung über die Eröffnung der Unternehmensinsolvenzverfahren abgesprochen.[1825] Zwar gelte es, was den Eigenantrag betrifft, zu verhindern, dass der Schuldner sich unter Missachtung der grundlegenden Pflichten eines Kaufmanns und der Regeln eines fairen Wettbewerbs unkontrolliert Zugang zu den Vorteilen verschaffen kann, die ihm die Unternehmensinsolvenzverfahren bieten.[1826] Bedient würden die der Zuweisung der *charge de la preuve* zugrunde liegenden Bedürfnisse jedoch mit der Anforderung des im Code de procédure civile zur Zulässigkeitsvoraussetzung erhobenen[1827] Rechtsschutzinteresses. Dieses sei im Falle eines Eigenantrags dann zu bejahen, wenn der Schuldner einem Liquiditätsmangel ausgesetzt ist, welcher die Einstellung der Einzelrechtsverfolgung und eine Umschuldung unverzichtbar macht, um eine Restrukturierung seines Unternehmens oder eine Bereinigung seiner Schulden zu erreichen. Zu fordern sei wegen der Vielfalt der vom Gesetzgeber bereitgestellten Verfahrensoptionen von dem Antragsteller aber

---

1823 S.o. § 4 A I 1 b), c), 2 b) ee).

1824 S.o. § 4 A I 1 b).

1825 *Vallens*, Rev. proc. coll. 2009-5, étude 25, n°s 12, 18, 22 f., 28-30.

1826 *Vallens*, Rev. proc. coll. 2009-5, étude 25, n°s 9, 25.

1827 CPC, art. 31 („L'action est ouverte à tous ceux qui ont un intérêt légitime au succès ou au rejet d'une prétention, […]") und hierzu *Bunge* (Fn. 564), 49 (§ 23 I); *Guinchard/Chainais/Ferrand* (Fn. 1769), n°s 87, 122 f., 127 f.

auch die Glaubhaftmachung der gesetzlichen Anforderungen für die Anordnung des einen oder des anderen Verfahrens.[1828]

Aus der Zurückweisung eines Eigenantrags auf der Grundlage dieses Ansatzes sollte sich allerdings keine rechtliche Missbilligung der Nichterfüllung der Vorgaben des Code de commerce zu den Angaben im Eigenantrag und den begleitenden Unterlagen ableiten lassen. Der Grund für die Erfolglosigkeit des Antrags bestünde schlicht darin, dass das Gericht von einer seine Anrufung rechtfertigenden Situation des Schuldners nicht überzeugt ist bzw. ihm eine solche nicht hinreichend wahrscheinlich erscheint. Die Zurückweisung böte damit keine Argumentationsgrundlage für die Begründung einer Pflicht zur Sachverhaltsaufklärung in oder mit dem Eigenantrag.

5. Bonne foi

Die *liquidation judiciaire* nach dem Gesetz vom 4. März 1889 war noch als Rechtswohltat für den redlichen Schuldner geschaffen worden.[1829] Ein unredliches Verhalten des Schuldners konnte diesen auch noch von dem *règlement judiciaire* des Dekrets vom 20. Mai 1955 ausschließen.[1830]

Heute ist die *bonne foi* des Schuldners dagegen weder eine Voraussetzung für die Eröffnung des *redressement* oder der *liquidation judiciaire* noch für diejenige der *procédure de sauvegarde*.[1831] Hierin realisiert sich einmal mehr der mit der Reform von 1967 aufgegriffene Gedanke der Trennung zwischen Mensch und Unternehmen.[1832]

Zwar macht der Code de commerce die Anwendbarkeit der Vorschriften zur *faillite civile* ausdrücklich von der Redlichkeit des Schuldners abhängig.[1833] Doch lässt sich diese Bestimmung ohne Weiteres als die Regel bestätigende Ausnahme einordnen. Wie bei dem ebenfalls an die *bonne foi* des Schuldners anknüpfenden *rétablissement professionnel* geht es bei der *faillite civile* schließlich nicht um das

---

1828 *Vallens*, Rev. proc. coll. 2009-5, étude 25, n° 28.

1829 S.o. §§ 3 B III; 4 A I 3 e) bb).

1830 S.o. § 4 A I 5 h) bb), i).

1831 *Teboul*, Gaz. Pal. 2009, doctr. 909, 914; *Cerati-Gauthier*, JCP 2012, éd. E, 1509; *Le Corre* (Fn. 46), n°s 233.23, 233.11. Zum *redressement* und zur *liquidation judiciaire* s. auch *Köhler* (Fn. 1615).

1832 *Teboul*, Gaz. Pal. 2009, doctr. 909.

1833 C. com., art. 670-1, al. 1er; *Delzant/Pascal Schütze*, ZInsO 2008, 540, 543; *Mehring*, ZInsO 2012, 1247, 1248; *Kindler/Nachmann(-Bauerreis)* (Fn. 26), Rn. 248 (2014). Näher zu dieser Anforderung *Sander* (Fn. 1771), n°s 19 f.

Schicksal eines Unternehmens.[1834] Mit der Statuierung des Redlichkeitserfordernisses hat der Gesetzgeber denn auch das Ziel verfolgt, das Regelwerk zur *faillite civile* an das allgemeine Recht der organisierten Regulierung von Privatschulden (*traitement des situations de surendettement*) anzugleichen,[1835] in dem es nach den einschlägigen Vorschriften des französischen Verbrauchergesetzbuchs (Code de la consommation) bei der Verfahrenseröffnung entscheidend auf die *bonne foi* des Schuldners ankommt[1836].

6. Fraude

Das Gesetz vom 4. März 1889 zählte die *fraude* – etwa in Gestalt des Verheimlichens von Vermögen oder des wissentlichen Unterlassens der Benennung von Gläubigern – noch eigens zu den Gründen für die *conversion en faillite* und damit zugleich für die anfängliche Zurückweisung des schuldnerischen Antrags auf Anordnung der *liquidation judiciaire*.[1837] Eine entsprechende Vorschrift findet sich im Code de commerce heute weder für den *redressement* oder die *liquidation judiciaire* noch für die *procédure de sauvegarde*.

Allerdings gilt der allgemeine Grundsatz *fraus omnia corrumpit* im französischen Recht unabhängig davon, ob er im Gesetz ausdrücklich angeordnet ist.[1838] Mit dem *fraude* Einwand bietet sich, ob im Zivil- oder im Handelsrecht, ein Instrument, dem Einsatz unlauterer Mittel zu dem Zweck, einen unberechtigten Vorteil zu erlangen, zu begegnen.[1839]

Tatsächlich wird die *fraude* in den Unternehmensinsolvenzverfahren heute durchaus als – gerade auch für den Schuldner – geltende Schranke anerkannt.[1840] Der Kassationshof hat sie bereits ausdrücklich für relevant erklärt bei der Entscheidung über den Antrag auf Eröffnung der *procédure de sauvegarde*. Schon zur Rechtslage vor der Reform von 2008 hat er am 8. März 2011 erkannt, „dass a u ß e r i n d e m F a l l e i n e r f r a u d e, die Eröffnung der procédure de sauvegarde

---

1834 S.o. § 4 A IX 1, XII.

1835 *Vallens*, J.-Cl. Commercial, Fasc. 3115 (Januar 2016) n° 26.

1836 C. consom., artt. L. 330-1, al. 1er; L. 331-7-3; L. 332-6, al. 1er; *Sonnenberger/Dammann* (Fn. 27), Rn. VIII 6; *Cerati-Gauthier*, JCP 2012, éd. E, 1509; MünchKomm InsO³(-*Niggemann*) (Fn. 23), Rn. 18.

1837 S.o. § 4 A I 3 d), e).

1838 *Holthausen*, Theorie und Praxis einer allgemeinen Rechtsmissbrauchsschranke für Prozessparteien (2005) 58; *Teboul*, Gaz. Pal. 2009, doct. 909, 910.

1839 Cass. com. 16.10.2012, Bull. civ. 2012 IV, n° 186; CA Poitiers 16.9.2014, JurisData n° 2014-024816; *Zimmermann* (Fn. 121), 16.

1840 S.o. § 4 A XI 1.

[bei Bejahung des Eröffnungsgrundes] dem Schuldner nicht verweigert werden kann mit der Begründung, dass er sich auf diese Weise seinen vertraglichen Pflichten zu entziehen suchen würde".[1841] Vereinzelt wird in der Literatur vertreten, das die *fraude* begründende unlautere Verhalten könne nicht nur in einer willentlichen Herbeiführung, sondern auch in einer Simulierung von Schwierigkeiten im Sinne des Eröffnungsgrundes bestehen.[1842] Doch ist bislang nicht ersichtlich, dass der *fraude* Einwand in der Praxis eingesetzt würde, um einer Missachtung der Anforderungen an die Sachverhaltsaufklärung in oder mit dem *sauvegarde* Antrag zu begegnen. Ist der Schuldner tatsächlich keinen Schwierigkeiten ausgesetzt, welche die Eröffnung der *procédure de sauvegarde* rechtfertigen würden, so sollte es zur Zurückweisung eines darauf gerichteten Antrags auch keines Rückgriffs auf diesen Einwand bedürfen.

Bemerkenswert ist, dass der Kassationshof den *fraude* Vorbehalt in einer der genannten Entscheidung vom 8. März 2011 ähnlichen Entscheidung vom 3. Juli 2012 zu den an die *cessation des paiements* anknüpfenden Unternehmensinsolvenzverfahren nicht formuliert hat.[1843] In Übereinstimmung mit dem überwiegenden Teil des Schrifttums hat er dort schlicht erkannt, dass bei Erwiesenheit der Zahlungseinstellung der Antrag auf Eröffnung eines solchen Verfahrens nicht gestützt auf die Motive des Schuldners zurückgewiesen werden kann.[1844] Einzelne Stimmen aus der Literatur kritisieren dieses Ergebnis mit Blick auf den allgemeinen Charakter des *fraude* Korrektivs.[1845] Zur Rechtfertigung der Entscheidung des Kassationshofs wird dagegen die gesetzliche Anordnung der

---

1841 Cass. com. 8.3.2011, Bull. civ. 2011 IV, n° 33: „Attendu que, hors le cas de fraude, l'ouverture de la procédure de sauvegarde ne peut être refusée au débiteur, au motif qu'il chercherait ainsi à échapper à ses obligations contractuelles, dès lors qu'il justifie, par ailleurs, de difficultés qu'il n'est pas en mesure de surmonter et qui sont de nature à le conduire à la cessation des paiements" (Hervorhebung durch den Verfasser).

1842 *Legros*, Dr. sociétés 2011, comm. 160 (Anm. zu Cass. com. 8.3.2011, Bull. civ. 2011 IV, n° 33); *Menjucq*, Rev. proc. coll. 2011-2, repère 2.

1843 *Demeyere*, Gaz. Pal. 2012, jur. 2694, 2696 (Anm. zu Cass. com. 3.7.2012, Bull. civ. 2012 IV, n° 146); *Lecaroz*, D. 2012, 2548, 2550 (Anm. zu Cass. com. 3.7.2012, Bull. civ. 2012 IV, n° 146); *Pétel*, JCP 2012, éd. E, 1757, n° 1.

1844 Cass. com. 3.7.2012, Bull. civ. 2012 IV, n° 146; *Cerati-Gauthier*, JCP 2012, éd. E, 1509; *Pétel*, JCP 2012, éd. E, 1757, n° 1; *Saintourens*, Rev. proc. coll. 2013-1, comm. 6 (Anm. zu Cass. com. 3.7.2012, Bull. civ. 2012 IV, n° 146); *Jacquemont* (Fn. 950), n° 177; *Le Corre* (Fn. 46), n° 221.09.

1845 *Fabre*, JCP 2012, éd. G, 1073; *Legros*, Dr. sociétés 2012, comm. 189 (Anm. zu Cass. com. 3.7.2012, Bull. civ. 2012 IV, n° 146). Zu dem Meinungsstand s. auch *Lecaroz*, D. 2012, 2548, 2549.

Stellung des Eigenantrags für den Fall des Eintritts der *cessation des paiements* geltend gemacht.[1846] Es sei zu berücksichtigen, dass es sich bei dem *redressement* und der *liquidation judiciaire* um notwendige Maßnahmen wirtschaftsrechtlicher Art zur Begegnung der von der Zahlungseinstellung ausgehenden Störung des schuldnerischen Umfeldes handele.[1847] Ferner verweist man auch insoweit auf den Grundsatz der Trennung zwischen Mensch und Unternehmen bzw. auf die im Falle des *redressement* und der *liquidation judiciaire* bestehenden Möglichkeiten, die verantwortlichen Geschäftsleiter zur Rechenschaft zu ziehen.[1848]

7. Zwischenergebnis

a) Redressement *und* liquidation judiciaire

Das aktuelle französische Recht bietet keine Anhaltspunkte dafür, dass mit der Zurückweisung eines auf die Eröffnung des *redressement* oder der *liquidation judiciaire* gerichteten Eigenantrags der rechtlichen Missbilligung mangelhafter Sachverhaltsaufklärung durch den Schuldner Ausdruck verliehen werden könnte. Die der Zurückweisung zugrunde liegenden Bestimmungen lassen sich damit nicht zur Begründung einer Aufklärungspflicht heranziehen. Dieses Ergebnis leuchtet aus verschiedenen Gründen ein.

Die Eröffnung des *redressement* und der *liquidation judiciaire* erfolgt nicht, um den Schuldner zu schützen, weil er sich redlich verhalten hat. Der *redressement judiciaire* ist ausweislich der einschlägigen Bestimmung des Code de commerce darauf ausgerichtet, die Fortsetzung der wirtschaftlichen Aktivität des Unternehmens, den Erhalt der Arbeitsplätze und die Schuldenbereinigung zu ermöglichen. Ziel des Liquidationsverfahrens ist es nach dem Wortlaut des Gesetzes, die Aktivität des Unternehmens zu beenden oder das Vermögen des Schuldners zu realisieren. Es geht darum, die von der Situation des Schuldners betroffenen schützenswerten Belange unter Beachtung des vom Gesetzgeber bestimmten Rangverhältnisses zum Ausgleich zu bringen, zu denen auch das Gläubigerinteresse und dasjenige der Wettbewerber gerechnet werden.[1849] Wenngleich nach dem Grundsatz der Trennung zwischen Mensch und Unternehmen keines der französischen Unternehmensinsolvenzverfahren mehr der Sanktionierung eines

1846 Cass. com. 3.7.2012, Bull. civ. 2012 IV, n° 146; *Demeyere*, Gaz. Pal. 2012, jur. 2694, 2695; *Lecaroz*, D. 2012, 2548, 2549; *Saintourens*, Rev. proc. coll. 2013-1, comm. 6.

1847 *Pétel*, JCP 2012, éd. E, 1757, n° 1.

1848 *Demeyere*, Gaz. Pal. 2012, jur. 2694, 2696; *Lecaroz*, D. 2012, 2548, 2550; *Pétel*, JCP 2012, éd. E, 1757, n° 1.

1849 Zum Ganzen oben §§ 3 C; 4 A II 2.

Fehlverhaltens dient, erscheint in diesem Zusammenhang der Umstand nicht irrelevant, dass sowohl die Verhängung von *faillite personnelle* und *interdiction de gérer* als auch eine Verurteilung wegen Bankrotts heute zwingend die Eröffnung eines *redressement* oder einer *liquidation judiciaire* voraussetzen[1850].

Dass die Eröffnung auch von der Staatsanwaltschaft und den Gläubigern beantragt werden kann, passt zu der Ausrichtung der Verfahren.[1851] Dass die gerichtliche Befugnis zur Verfahrenseinleitung von Amts wegen heute weitgehend beseitigt ist, konfligiert damit nicht. Deren Verschwinden ist schlicht auf Bedenken hinsichtlich der richterlichen Unparteilichkeit zurückzuführen.[1852]

Die Zurückweisung eines auf die Eröffnung des *redressement* oder der *liquidation judiciaire* gerichteten Eigenantrags als Ausdruck der rechtlichen Missbilligung einer mangelhaften Sachverhaltsaufklärung seitens des Schuldners würde nicht harmonieren mit der im Code de commerce enthaltenen Anordnung der Stellung eines solchen Antrags. Vorherrschend ist die Einschätzung, wonach diese Anordnung deutlich macht, dass die Eröffnung auf den Eigenantrag hin bei Erwiesenheit der *cessation des paiements* auch erfolgen soll. Der Kassationshof hat sich gemeinsam mit dem überwiegenden Teil des Schrifttums bereits auf den Standpunkt gestellt, dass dies unabhängig von den Motiven des Schuldners bei der Antragstellung gilt.[1853] Es wäre nur konsequent, diesen Satz auf die Einhaltung der Vorgaben des Code de commerce zur Sachverhaltsaufklärung durch den Schuldner zu erweitern.

Um einem sanktionswürdigen Fehlverhalten der Verantwortlichen zu begegnen, hält der Code de commerce andere Mittel als die Zurückweisung des Eigenantrags bereit.[1854] Die Ablehnung der Zurückweisung eines auf die Eröffnung des *redressement* oder der *liquidation judiciaire* gerichteten Eigenantrags als Ausdruck der rechtlichen Missbilligung einer mangelhaften Sachverhaltsaufklärung seitens des Schuldners steht für eine konsequente Umsetzung des Grundsatzes der Trennung zwischen Mensch und Unternehmen.[1855]

Schutz vor einer ungerechtfertigten Durchführung der Unternehmensinsolvenzverfahren bietet nach der französischen Konzeption auch für den Fall des Eigenantrags die Notwendigkeit der gerichtlichen Feststellung des jeweiligen

---

1850 S.o. § 4 A VII 3, VIII 3.

1851 S.o. § 3 C, D.

1852 S.o. § 3 B XII.

1853 S.o. § 4 A XIII 6.

1854 S.o. § 4 A VII, VIII, IX, XIII 2.

1855 S. bereits oben § 4 A XIII 5, 6.

Eröffnungsgrundes.[1856] Das Gericht ist heute nicht an die schuldnerische Erklärung der *cessation des paiements* gebunden.[1857]

Wenn die Unternehmensinsolvenzverfahren heute Rechtswohltaten verkörpern,[1858] so wäre der Schuldner ihrer – anders als unter dem Gesetz vom 4. März 1889, aber vergleichbar der Situation unter der Sanierungsverordnung vom 23. September 1967[1859] – würdig aufgrund seiner Eigenschaft als Träger eines Unternehmens in Schwierigkeiten. Die Argumentation des Kassationshofs mit dem Rechtswohltatcharakter von *redressement* und *liquidation judiciaire* bei der Verweigerung der Zulassung eines entgegen den rechtlichen Vorgaben nicht eingetragenen Kaufmanns vor der Reform von 2005[1860] steht dazu nicht in einem unauflösbaren Widerspruch. Im Ergebnis beruht diese Verweigerung auf der Verneinung der Kaufmannseigenschaft – wenn die Verneinung auch der Verletzung der Bestimmungen zum Handelsregister geschuldet ist.

Die Zurückweisung des Eigenantrags als Ausdruck der rechtlichen Missbilligung unzureichender Sachverhaltsaufklärung durch den Schuldner stünde in einem Spannungsverhältnis zu den Aufklärungsmaßnahmen, die das Gericht – unabhängig davon, ob die Unternehmensinsolvenzverfahren der *matière gracieuse* zuzurechnen sind – im Vorfeld der Entscheidung über die Verfahrenseröffnung ergreifen kann oder muss. Es ist nicht ersichtlich, dass bislang Anforderungen an den Sachvortrag des Schuldners als Voraussetzung für die Durchführung der Voruntersuchung, der fakultativen und obligatorischen Anhörungen sowie der Vorlage der Akten und Unterlagen zu einem vorangegangenen Schlichtungsverfahren oder *mandat ad hoc* formuliert worden wären.[1861]

Der Gegenstand der Voruntersuchung ist heute, da der Grundsatz der Trennung zwischen Mensch und Unternehmen im historischen Vergleich das höchste Maß an Verwirklichung erreicht hat,[1862] weit angelegt. War es unter dem Dekret vom 20. Mai 1955 noch umstritten, ob die Frage nach dem Eintritt der *cessation des paiements* im Falle eines Eigenantrags dazugehörte, so soll der Gegenstand der *enquête préalable* die Eröffnungsvoraussetzungen heute

---

1856 S.o. § 4 A I 6 j), II 5 sowie *Le Corre* (Fn. 46), n° 221.21. Nach *Vallens*, Rev. proc. coll. 2009-5, étude 25, n°s 9, 25, 28 kommt hier bereits das von ihm geforderte Rechtsschutzinteresse ins Spiel, s. dazu oben § 4 A XIII 4.

1857 S.o. § 4 A III 2 a).

1858 Hierzu oben § 4 A IV, VIII 4.

1859 S.o. § 3 B III bzw. § 4 A I 7 d).

1860 S.o. § 4 A VIII 4.

1861 S.o. § 4 A XIII 3 c) cc).

1862 S.o. §§ 3 B VI 1 b), VII, IX; 4 A VIII 5, XI 2, XII, XIII 5 sowie unten § 4 A XIV.

offenbar uneingeschränkt umfassen.[1863] Und wenn noch unter dem Gesetz vom 13. Juli 1967 wenigstens Teile der Literatur und der Rechtsprechung die Prüfung der Verfahrenseröffnung davon abhängig machen wollten, dass der darauf gerichtete Antrag die für die Identifizierung des Schuldners benötigten und als solche in das entsprechende Urteil aufzunehmenden Daten enthielt, so wird in der Voruntersuchung heute auch eine Maßnahme zur Schließung insoweit bestehender Lücken gesehen.[1864]

Wenn mit den Bestimmungen des Code de commerce zu den Angaben in und den begleitenden Unterlagen zu den Eigenanträgen, soweit sie relevant sind für die Eröffnungsvoraussetzungen, wegen der Geltung des Untersuchungsgrundsatzes nicht eine Darlegungs- oder Beweisführungslast konkretisiert wird,[1865] so bliebe bei mangelnder Sachverhaltsaufklärung durch den Schuldner dennoch Raum für eine Zurückweisung eines Eigenantrags, mit der nicht eine rechtliche Missbilligung seines Verhaltens zum Ausdruck gebracht würde. Auch in Verfahren, die von dieser Maxime beherrscht sind, kann ein Antragsteller mit seinem Begehren scheitern, weil sich für ihn ein Beweis- oder Feststellungsrisiko hinsichtlich der Voraussetzungen für sein Rechtsschutzziel realisiert. Die Zuweisung des Risikos der Unaufklärbarkeit des Sachverhalts gibt dem Adressaten ohne Begründung einer Pflicht auch in solchen Verfahren Veranlassung, seinen Beitrag zur Tatsachenfeststellung zu leisten.[1866]

Des Weiteren ist für den Fall der unterlassenen oder unvollständigen Vorlage der einen oder anderen begleitenden Unterlage zu einem Schuldnerantrag auf Eröffnung eines Unternehmensinsolvenzverfahrens heute in alter Tradition die Benennung der Gründe vorgeschrieben.[1867] Endlich erscheint auch in diesem Zusammenhang die Anordnung der verwalterseitigen Erstellung eines *état de la situation* im eröffneten Verfahren bei fehlender Übermittlung eines Jahresabschlusses[1868] von Belang.

b) Procédure de sauvegarde

Die vorstehenden Erwägungen gelten für die *procédure de sauvegarde* nicht uneingeschränkt. Sie wird nur auf Antrag des Schuldners eröffnet, der Code de

---

1863 S.o. § 4 A I 5 j), XIII 3 c) bb).

1864 S.o. § 4 A I 6 j), XIII 3 c) bb).

1865 S. zu dieser Frage oben § 4 A XIII 3.

1866 *Adloff* (Fn. 20), 56 f.; *Wieczorek/Schütze*[4]*(-Hans-Jürgen Ahrens)* (Fn. 1761), Vor § 286 ZPO Teil A Rn. 22.

1867 S.o. § 4 A III.

1868 S. zu dieser oben § 4 A XIII 2 b).

commerce schreibt diesem die Antragstellung nicht vor und die Eröffnung der *sauvegarde* ermöglicht weder eine Verhängung von *faillite personnelle* oder *interdiction de gérer* noch eine Verurteilung wegen Bankrotts.[1869] Der Gesetzgeber erachtet die Durchführung des Verfahrens bei Vorliegen des Eröffnungsgrundes nicht als genauso dringlich wie diejenige des *redressement* oder der *liquidation judiciaire*.

Ferner bietet die *procédure de sauvegarde* im Vergleich zum *redressement judiciaire* weitere Vorteile, die sie für den Schuldner attraktiver machen sollen.[1870] Insbesondere kann das Gericht im Falle der *sauvegarde* seit dem Inkrafttreten der Verordnung vom 18. Dezember 2008 die Annahme des Plans nicht mehr abhängig machen vom Austausch eines oder mehrerer Leiter des Unternehmens.[1871] Eine Qualifizierung als Rechtswohltat erscheint vor diesem Hintergrund noch verständlicher als bei dem *redressement* und der *liquidation judiciaire*.

Im Übrigen gelten die in Bezug auf den *redressement* und die *liquidation judiciaire* genannten Gründe dafür, dass die Zurückweisung eines Eigenantrags als Ausdruck einer rechtlichen Missbilligung mangelhafter Sachverhaltsaufklärung durch den Schuldner nicht mit der aktuellen Ausgestaltung des französischen Unternehmensinsolvenzrechts harmonieren würde, jedoch *grosso modo* auch für die *procédure de sauvegarde*.[1872] Insbesondere deckt sich der gesetzliche Verfahrenszweck im Wesentlichen mit demjenigen des *redressement judiciaire*.[1873] Mehr als den Schuldner geht es darum, das Unternehmen unter Schutz zu stellen[1874] und so den gesetzlich angestrebten Interessenausgleich zu ermöglichen. Aus diesem Grund sollen die Vorzüge, welche die *sauvegarde* dem Schuldner bzw. den Geschäftsleitern bietet, einen Anreiz schaffen, die Eröffnung zu beantragen.[1875]

Es wäre nur konsequent, dem Grundsatz der Trennung zwischen Mensch und Unternehmen auch im Falle der *sauvegarde* zur Durchsetzung zu verhelfen und in der Eigenschaft als Träger eines Unternehmens in Schwierigkeiten den maßgeblichen Anknüpfungspunkt für den Zugang zu dem Verfahren zu sehen.

1869 S.o. §§ 3 C; 4 A II 1, VII 3, VIII 3).

1870 S.o. §§ 3 B IX, X, D, F, H.

1871 S.o. § 3 F.

1872 S.o. § 4 A XIII 3 c), 7 a).

1873 S.o. § 3 C.

1874 *Lucas*, D. 2011, pan. 2069, 2071 (Anm. zu Cass. com. 8.3.2011, Bull. civ. 2011 IV, n° 33). Zu diesem Aspekt s.o. § 4 A II 1.

1875 S.o. § 3 B IX, X.

Tatsächlich wird heute gerade bei diesem Verfahren die Schutzfunktion des Eröffnungsgrundes betont.[1876]

Allerdings hat sich der Kassationshof für die *sauvegarde* als weiteres Korrektiv ausdrücklich den *fraude* Einwand vorbehalten. Ob dieser, wozu im Schrifttum offenbar einzelne Stimmen neigen, in der Praxis noch eingesetzt werden wird, um einem rechtlich missbilligenswerten Verhalten des Schuldners bei der Sachverhaltsaufklärung zu begegnen, bleibt abzuwarten, erscheint aber zweifelhaft.[1877]

Nicht ersichtlich ist, dass sich die in der Literatur vereinzelt geäußerte und im Wesentlichen mit der Freiwilligkeit des Verfahrens begründete Neigung zur Zurückweisung des *sauvegarde* Antrags bei einem unentschuldigten Fehlen von begleitenden Unterlagen durchgesetzt hätte. Die Aussichten auf eine Klärung dieser Frage durch die Rechtsprechung wären als gering einzuschätzen, wenn die Vorbereitung des Verfahrens auf Seiten des Schuldners in der Praxis tatsächlich sorgfältig betrieben wird.[1878]

XIV. Wiederaufnahme des Verfahrens

Die Regelungen zur Wiederaufnahme des Liquidationsverfahrens bieten heute keine Grundlage für die Begründung einer Aufklärungspflicht des Schuldners. Das Gesetz vom 25. Dezember 1985 hatte zunächst zwar noch vorgesehen, dass die *liquidation judiciaire* nach einer Beendigung wegen Erschöpfung der Aktivmasse wieder aufgenommen werden konnte bei einem Verheimlichen von Aktiva oder allgemein im Falle einer *fraude* der Verantwortlichen auf Schuldnerseite.[1879] Bereits mit dem Gesetz vom 10. Juni 1994 wurden diese Gründe jedoch ersetzt.[1880] Die Wiederaufnahme des Liquidationsverfahrens ist heute schlicht vorgesehen für den Fall der unterbliebenen Realisierung von Aktiva oder der unterlassenen Betreibung von Verfahren im Gläubigerinteresse im Laufe des

---

1876 S.o. § 4 A II 5.

1877 S.o. § 4 A XIII 6.

1878 S. zum Ganzen oben § 4 A XIII 2 b).

1879 Loi n° 85-98 du 25 janvier 1985, art. 170 („Si la clôture de la liquidation judiciaire est décidée pour insuffisance d'actif et s'il apparaît que des actifs ont été dissimulés ou, plus généralement, en cas de fraude commise par le chef d'entreprise ou les dirigeants sociaux la procédure de liquidation judiciaire peut être reprise […]"); *Derrida/Godé/Sortais*, Redressement et liquidation judiciaires des entreprises[3] (Paris/Nizza 1991) n° 194; *Klopp*, KTS 1992, 347, 350; *Laut*, Universalität und Sanierung im internationalen Insolvenzrecht (1997) 221.

1880 Loi n° 94-475 du 10 juin 1994, art. 76; *Chaput*, JCP 1994, éd. E, I 3786, n° 72.

Insolvenzverfahrens.[1881] Damit wird nicht mehr an schuldnerisches Fehlverhalten bei der Sachverhaltsaufklärung angeknüpft[1882] und dem Grundsatz der Trennung zwischen Mensch und Unternehmen Genüge getan.

XV. Zwischenergebnis

1. Antrag

Eine gesetzliche Pflicht, einen Antrag auf Eröffnung eines Unternehmensinsolvenzverfahrens zu stellen, trifft den Schuldner – bzw. im Falle einer juristischen Person seine gesetzlichen Vertreter – nach dem Eintritt der *cessation des paiements*. Binnen fünfundvierzig Tagen hat der Verantwortliche dann die Eröffnung eines *redressement* oder einer *liquidation judiciaire* zu beantragen, wenn er nicht bis dahin um die Eröffnung eines Schlichtungsverfahrens ersucht.[1883]

Der Pflichtcharakter ergibt sich aus der gesetzlichen Anordnung in den Regelungen zur Verfahrenseröffnung sowie dem einschlägigen *interdiction de gérer* Tatbestand. Die gesetzliche Anordnung ist als Mussvorschrift ausgestaltet.[1884] Die Verhängung der *interdiction de gérer* dient auch der Sanktionierung eines Fehlverhaltens; die einschlägige Bestimmung bringt die rechtliche Missbilligung des tatbestandsmäßigen Verhaltens zum Ausdruck.[1885]

Der Eigenantrag auf Eröffnung des *redressement* und der *liquidation judiciaire* ist auch ein Akt der Sachverhaltsaufklärung. Mit ihm soll der Wissensvorsprung des Schuldners zu seiner Situation nutzbar gemacht werden.[1886] Seit dem Code de commerce von 1807 wird in der Erklärung der *cessation des paiements* das Geständnis derselben gesehen.[1887] Der Gesetzgeber schreibt den Verantwortlichen auf Seiten des Schuldners vor, dieses Beweismittel auch dann noch zu liefern, wenn die gerichtliche Prüfung der Verfahrenseröffnung von anderer Seite initiiert worden ist.[1888] Zwar unterscheidet der Text des französischen Handelsgesetzbuchs heute zwischen dem schuldnerischen Antrag auf Eröffnung des *redressement* oder der *liquidation judiciaire* einerseits und der Erklärung der *cessation*

1881 S.o. § 3 I.

1882 *Pérochon* (Fn. 272), n° 1339; *Jacquemont/Vabres* (Fn. 23), n° 1074; *Vallansan* (Fn. 273), n° 124.

1883 S.o. § 4 A II 1.

1884 S.o. § 4 A II 1.

1885 S.o. § 4 A VIII 7.

1886 S.o. § 4 A II 2, 3 c) ee).

1887 S.o. § 4 A I 1 a), 2 b) ee), 6 j), III 2 a).

1888 S.o. § 4 A II 3 c) ee).

des paiements als begleitende Unterlage zu dem Antrag andererseits; diese Differenzierung ermöglicht die einheitliche Verwendung des Antragsbegriffs zur Umschreibung des Akts der Anrufung des Gerichts durch den Schuldner bei allen Unternehmensinsolvenzverfahren des französischen Rechts und führt zu einer grenzüberschreitenden sprachlichen Harmonisierung.[1889] Doch darf man die Unterscheidung in der Sache nicht überbewerten.[1890] Das Geständnis ist seit dem Code de commerce von 1807 immer an den Akt geknüpft worden, mit welchem der Schuldner die gerichtliche Feststellung der Voraussetzungen für die Durchführung eines die *cessation des paiements* bedingenden Unternehmensinsolvenzverfahrens initiiert;[1891] dies gilt auch für die auf „Antrag" des Schuldners angeordnete *liquidation judiciaire* des Gesetzes vom 4. März 1889[1892]. In Literatur und Praxis wird die sprachliche Unterscheidung zwischen Eröffnungsantrag und Erklärung der *cessation des paiements* weitgehend nicht nachvollzogen. Der Antrag auf Eröffnung des *redressement* oder der *liquidation judiciaire* wird als Erklärung der *cessation des paiements* bezeichnet,[1893] beide als Einheit verstanden[1894] und das Geständnis an den Eröffnungsantrag geknüpft[1895]. Insoweit besteht eine Übereinstimmung mit Formulierungen, an denen der Gesetzgeber zunächst noch über die Reformen von 1985 und 2005 hinaus festgehalten hatte. In seiner Verordnung vom 26. September 2014 hat er sich wieder auf eine begriffliche Einheit von Erklärung der *cessation des paiements* und Antrag auf Eröffnung des *redressement* respektive der *liquidation judiciaire* zubewegt.[1896]

2. *Begleitende Unterlagen*

Der Sachverhaltsaufklärung dienen auch die anderen begleitenden Unterlagen zu den Schuldneranträgen auf Eröffnung des *redressement*, der *liquidation judiciaire* und der *procédure de sauvegarde*. Die gesetzliche Anordnung ihrer Einreichung im Code de commerce begründet wie diejenige der Stellung des Antrags auf Eröffnung des *redressement* oder der *liquidation judiciaire* zugleich eine

1889 S.o. § 4 A III 2 a).

1890 S. die Nachweise oben Fn. 1221.

1891 S.o. § 4 A I 1 a), 2 b) ee), 3 a), 6 j), III 2 a).

1892 S.o. § 4 A I 3 a).

1893 S.o. § 4 A III 2 a).

1894 Eine klare Trennung zwischen Eröffnungsantrag und Erklärung der *cessation des paiements* findet sich letztlich auch nicht bei *Jacquemont* (Fn. 950), n° 96.

1895 CA Paris 22.1.1991, JurisData n° 1991-021385.

1896 Zum Ganzen oben § 4 A III 2 a).

Pflicht.[1897] Dass die unterlassene Einreichung der begleitenden Unterlagen nicht für die Verwirklichung des *interdiction de gérer* Tatbestands der Antragsfristverletzung genügt,[1898] ist insoweit nicht entscheidend.

Zwar kommt die Zurückweisung eines Eigenantrags zumindest im Falle des *redressement* und der *liquidation judiciaire* nicht als Mittel in Betracht, der rechtlichen Missbilligung mangelhafter Sachverhaltsaufklärung durch den Schuldner Ausdruck zu verleihen.[1899] Doch lassen sich die Vorgaben des Code de commerce zu den begleitenden Unterlagen genauso wenig auf die Konkretisierung einer Darlegungs- oder Beweisführungslast zu den Eröffnungsvoraussetzungen reduzieren. Hiergegen spricht schon der über diese Bedingungen hinausreichende Gegenstand der Unterlagen.[1900] Eine solche Reduzierung stünde zudem – gleich der Zurückweisung eines Eigenantrags als Ausdruck der rechtlichen Missbilligung unzureichender Sachverhaltsaufklärung[1901] – in einem Spannungsverhältnis zu den Aufklärungsmaßnahmen, die das Gericht im Vorfeld der Entscheidung über die Verfahrenseröffnung ergreifen kann oder muss. Es ist nicht erkennbar, dass die Durchführung dieser Maßnahmen an die Einhaltung der Vorgaben bezüglich der begleitenden Unterlagen geknüpft würde. Vielmehr zieht man die Anordnung einer Voruntersuchung gerade auch für den Fall, dass die begleitenden Unterlagen nicht vollständig eingereicht werden, in Betracht.[1902]

Wenn sich die Vorgaben zu den begleitenden Unterlagen nicht auf die Konkretisierung einer Darlegungs- oder Beweisführungslast reduzieren lassen, so erlaubt der Wortlaut der einschlägigen Vorschriften, wonach diese Unterlagen begleitend zu dem Eigenantrag eingereicht „werden",[1903] den Rückschluss auf eine rechtliche Missbilligung abweichenden Verhaltens und damit auf eine Pflicht. Zudem soll mit dem Weglassen bestimmter der begleitenden Unterlagen

---

1897 *Robbe-Grillet* (Fn. 50), 146 Fn. 435 („sind […] vorzulegen"), 148 („Liste von zwingend vorzulegenden Unterlagen"); *Medla* (Fn. 3), 168 f. („müssen […] beiliegen", „muss […] beiliegen"); *Pascal Schütze* (Fn. 3), 51 Fn. 305 („Die dem Antrag beizufügenden Unterlagen […]"), 144 („hat seinem Antrag […] beizufügen"); *Kindler/Nachmann(-Bauerreis)* (Fn. 26), Rn. 98 (2014) („sind […] beizufügen"); *Le Corre* (Fn. 46), n° 231.24 („doit communiquer"); *Pérochon* (Fn. 272), n°s 421, 427 („doit être accompagnée"); *Jacquemont/Vabres* (Fn. 23), n°s 262 („doit […] joindre"), 266 („doit figurer"); *Martin-Serf* (Fn. 341), n° 94 („communication obligatoire").

1898 S.o. § 4 A VIII 1.

1899 S.o. § 4 A XIII 7.

1900 S.o. § 4 A XIII 3 d).

1901 S.o. § 4 A XIII 7 a).

1902 S.o. § 4 A XIII 3 c) cc).

1903 S.o. § 4 A III.

die Bankrotthandlung des Verheimlichens von Schuldnervermögen verwirklicht werden können.[1904] Letztere zählt zugleich zu den Gründen für die Verhängung der *faillite personnelle*.[1905] In ihr wird genauso wie in dem die Aufforderung eines Gläubigers zur Anmeldung verhindernden Verheimlichen einer Forderung ein Anwendungsfall des Ausschlusses der Restschuldbefreiung wegen *fraude* gesehen.[1906]

Vor diesem Hintergrund sollte der Annahme einer Pflicht nicht entgegenstehen, dass der Code commerce heute keine negativen Rechtsfolgen der unterlassenen Einreichung der begleitenden Unterlagen als solcher definiert[1907]. Zwar hat das französische Recht die rechtliche Missbilligung der unterlassenen Einreichung in der Vergangenheit noch deutlicher zum Ausdruck gebracht: Nach der Reform von 1838 sollte das Gericht den Schuldner bei Einhaltung der – auch für die Einreichung der Bilanz bzw. den Hinweis auf die Hinderungsgründe geltenden – Dreitagefrist von vornherein von der Haft und der Bewachung ausnehmen können.[1908] Und noch unter dem Dekret vom 20. Mai 1955 zählte zu den Voraussetzungen für die verbindliche anfängliche Anordnung des schuldnerfreundlicheren *règlement judiciaire* der Umstand, dass der Schuldner die gesetzlichen Anforderungen hinsichtlich der Erklärung der *cessation des paiements* und der sie begleitenden Unterlagen beachtete.[1909] Doch liegen die Gründe für die Abschaffung dieser Regelungen weniger in einem Streben nach der Beseitigung des obligatorischen Charakters der begleitenden Unterlagen als in dem Bemühen um die Realisierung des Grundsatzes der Trennung zwischen Mensch und Unternehmen[1910] respektive darin, dass man die Haft und Bewachung des Schuldners im Insolvenzverfahren mit der Zeit nicht mehr als angemessenes Mittel bewertete[1911].

3. *Angaben im Eigenantrag*

Die Argumente, die für den obligatorischen Charakter der begleitenden Unterlagen sprechen, lassen sich auf die in dem Antrag auf Eröffnung der *procédure de*

1904 S.o. § 4 A VII 1.
1905 S.o. § 4 A VIII 2.
1906 S.o. § 4 A IX 1.
1907 *Campana/Dizel/Barratin/Fernandez* (Fn. 1676).
1908 S.o. § 4 A I 2 a) cc).
1909 S.o. § 4 A I 5 i).
1910 S.o. § 4 A I 6 i), XII.
1911 S.o. § 4 A I 2 a) cc), 6 g).

sauvegarde zu machenden und der Sachverhaltsaufklärung dienenden Angaben nicht uneingeschränkt übertragen. Dennoch erscheint es gerechtfertigt, insoweit von Pflichtangaben zu sprechen. Der Wortlaut der einschlägigen Vorschrift des Code de commerce[1912] steht einer solchen Einordnung wiederum zumindest nicht entgegen.

Zwar spricht der Gegenstand der Angaben nicht in gleichem Maße gegen eine Reduzierung auf die Konkretisierung einer Darlegungs- oder Beweisführungslast wie der Gegenstand der begleitenden Unterlagen; bei dem Aufzeigen der Natur der Schwierigkeiten, denen der Schuldner ausgesetzt ist, und der Gründe dafür, warum er nicht in der Lage ist, diese zu überwinden, handelt es sich wenigstens in erster Linie um einen Vortrag zu dem Eröffnungsgrund der *procédure de sauvegarde.*[1913] Auch lässt sich die Frage, ob die gerichtlichen Aufklärungsmaßnahmen im Vorfeld der Eröffnungsentscheidung an die Erfüllung der Vorgaben zu den Angaben in dem *sauvegarde* Antrag geknüpft werden, ungleich schwerer beantworten als diejenige danach, ob die Durchführung dieser Aufklärungsmaßnahmen die Einreichung der begleitenden Unterlagen voraussetzt. Mit einem Beitrag der Rechtsprechung zur Klärung dieser Frage ist kaum zu rechnen. Mit Blick auf die Freiwilligkeit der *sauvegarde* und das von dem Schuldner verfolgte Rechtsschutzziel sollte man davon ausgehen können, dass ein entsprechender Eröffnungsantrag regelmäßig sorgfältig vorbereitet wird. Eine Ablehnung der Eröffnung ohne vorherigen Rückgriff auf die gerichtlichen Aufklärungsmaßnahmen ist damit in der Praxis *de facto* nicht zu erwarten.[1914]

Doch ist bislang nicht ersichtlich, dass für die Durchführung dieser Aufklärungsmaßnahmen Mindestanforderungen an den Sachvortrag des Schuldners in seinem *sauvegarde* Antrag als Voraussetzung formuliert worden wären.[1915] Dies passt zu der Ausrichtung des französischen Unternehmensinsolvenzrechts. Die Ablehnung einer Disposition des Schuldners über die maßgeblichen Tatsachen ab dem Zeitpunkt, in dem er den Eröffnungsantrag stellt, erschiene durchaus konsequent, weil es auch im Falle der *sauvegarde* wie schon in demjenigen des Sanierungsverfahrens der Verordnung vom 23. September 1967 letzten Endes eher darum geht, das Unternehmen als dessen Träger oder Leiter unter Schutz zu stellen.[1916]

1912 S. dazu oben § 4 A II 5.

1913 S.o. § 4 A II 5.

1914 S.o. § 4 A XIII 3 c) cc).

1915 S.o. § 4 A XIII 3 c) cc).

1916 S.o. §§ 3 B VI 2; 4 A I 7 d), XIII 7 b). Freilich sollten trotz der Verfügbarkeit der genannten Aufklärungsmaßnahmen und des Pflichtcharakters der Angaben in dem Eröffnungsantrag die zügige Feststellung der Eröffnungsvoraussetzungen und der

B. Vernehmung vor der Eröffnungsentscheidung?

Unter dem Gesetz vom 4. März 1889 musste der Schuldner vor der Entscheidung über den Antrag auf Zulassung zur *liquidation judiciaire* persönlich gehört werden, wenn nicht ein hinreichender Entschuldigungsgrund vorlag.[1917] Aus dieser gesetzlichen Anordnung wurde durchaus eine Pflicht zum persönlichen Erscheinen abgeleitet.[1918] Man erklärte sich die Bestimmung damit, dass es im Falle der *liquidation judiciaire* nicht nur der gerichtlichen Feststellung der *cessation des paiements*, sondern auch der für dieses Verfahren spezifischen Voraussetzungen bedurfte;[1919] die *liquidation judiciaire* war geschaffen worden für den bloß glücklosen und redlichen Schuldner, welcher sich den Zugang zu dieser Rechtswohltat verdient haben musste[1920].

Die genannte Anordnung des Gesetzes vom 4. März 1889 wurde abgeschafft im Zuge der Reform von 1955.[1921] Das Dekret vom 20. Mai 1955 regelte das Verfahren bis zur anfänglichen Entscheidung zwischen *faillite* und *règlement judiciaire* einheitlich.[1922]

Heute gilt für alle Unternehmensinsolvenzverfahren, dass das Gericht über die Eröffnung entscheidet, nachdem es den Schuldner gehört oder ihn ordnungsgemäß geladen hat.[1923] Der Zweck dieser auf die Sanierungsverordnung vom 23. September 1967 zurückgehenden Regelung besteht nicht nur in der Information des Gerichts, sondern gerade auch in der Wahrung des rechtlichen Gehörs;[1924] hierfür spricht der obligatorische Charakter der gesetzlichen

---

Erfolg des *sauvegarde* Verfahrens selbstredend von der Bereitschaft des Schuldners, seinen Beitrag zur Aufklärung der relevanten Sachverhalte zu leisten, abhängig sein.

1917 Loi du 4 mars 1889, art. 4, al. 1er („Le jugement qui statue sur une demande d'admission à la liquidation judiciaire, est délibéré en chambre du conseil et rendu en audience publique. Le débiteur doit être entendu en personne à moins d'excuses reconnues valables par le tribunal"); *Mittermaier*, ZHR 38, N.F. 23 (1891), 467, 483; *Lacour/Bouteron* (Fn. 947); *Ripert* (Fn. 37), n° 2573.

1918 *Malapert* (Fn. 93), n°s 145-149.

1919 *Malapert* (Fn. 93), n°s 146 f.; *Lyon-Caen/Renault* (Fn. 947). Zu diesen Voraussetzungen s.o. §§ 3 B III; 4 A I 3 d), e).

1920 S.o. § 3 B III.

1921 *Houin*, RTD com. 1955, 481, 494.

1922 C. com. 1807, artt. 437-444 i.d.F. der ordonnance n° 58-1299 du 23 décembre 1958.

1923 C. com., artt. L. 621-1, al. 1er („Le tribunal statue sur l'ouverture de la procédure, après avoir entendu ou dûment appelé en chambre du conseil le débiteur [...]"); L. 631-7, al. 1er; L. 641-1-I. Hierzu auch bereits oben § 4 A XIII 3 c) bb).

1924 *Robbe-Grillet* (Fn. 50), 156 f.; *Saint-Alary-Houin* (Fn. 25), n° 490; *Martin-Serf* (Fn. 341), n° 79. Zu dem Informationszweck s. bereits oben § 4 A XIII 3 c) bb). Zur

Anordnung gegenüber dem Gericht[1925] sowie die Alternative der ordnungsgemäßen Ladung. Eine Aufklärungspflicht wird mit der Bestimmung nicht begründet. Sie bietet keine Anhaltspunkte für die rechtliche Missbilligung des Fernbleibens der Verantwortlichen auf der Schuldnerseite als solchem, wenngleich in der Literatur – unter dem Vorbehalt der Möglichkeit – vereinzelt ein persönliches Erscheinen des Schuldners gefordert wird[1926]. Insbesondere ist keine zwangsweise Durchsetzung der Ladung vorgesehen. Die Zurückweisung eines Eigenantrags gestützt auf ein Fehlverhalten des Schuldners bei der Sachverhaltsaufklärung wie unter dem Gesetz vom 4. März 1889 würde nicht zu der aktuellen Ausrichtung der Unternehmensinsolvenzverfahren passen.[1927]

C. Karenzprotokoll zur Bestellung des *représentant des salariés*

Mit der Eröffnung der Unternehmensinsolvenzverfahren fordert das Gericht den Unternehmensausschuss oder in Ermangelung eines solchen die Personalvertreter auf, einen Mitarbeiter des Unternehmens zum *représentant des salariés* zu ernennen. Besteht kein Unternehmensausschuss und fehlt es an Personalvertretern, wählen die Arbeitnehmer diesen Repräsentanten.[1928] Kann kein *représentant des salariés* ernannt oder gewählt werden, so hat der Schuldner dies in einem Karenzprotokoll (*procès-verbal de carence*) zu dokumentieren.[1929] Letzteres ist umgehend bei der Gerichtskanzlei einzureichen.[1930]

Verordnung vom 23. September 1967 als Ausgangspunkt dieser Regelung ordonnance n° 67-820 du 23 septembre 1967, art. 10, al. 1er („Le tribunal statue [sur l'ouverture de la procédure] en chambre du conseil, le débiteur entendu ou dûment appelé") und hierzu *Rives* (Fn. 209), 112; *Ripert/Roblot* (Fn. 130), n° 3342. Eine inhaltsgleiche Bestimmung wurde später in das Gesetz vom 25. Januar 1985 aufgenommen, loi n° 85-98 du 25 janvier 1985, art. 6, al. 1er.

1925 Vgl. *Cagnoli*, JCP 2000, éd. E, 996.

1926 *Jeantin/Le Cannu* (Fn. 1177), n° 261.

1927 S.o. § 4 A XIII 7. Zur Ablehnung der Erfassung des Ausbleibens in der der Verfahrenseröffnung vorausgehenden Verhandlung von dem im Zuge der Reform von 2005 eingeführten *faillite personnelle* Tatbestand der unterlassenen Kooperation mit den Organen des Verfahrens s. noch unten § 4 G II 2 b).

1928 S.o. § 3 D.

1929 C. com., artt. L. 621-4, al. 2; L. 631-9, al. 1er; L. 641-1-II, al. 5; *Le Corre* (Fn. 46), n° 392.11; *Jacquemont/Vabres* (Fn. 23), n° 299.

1930 C. com., artt. R. 621-14, al. 2; R. 631-7; R. 641-1; *Pérochon* (Fn. 272), n° 493; *Saint-Alary-Houin* (Fn. 25), n° 539; *Fin-Langer*, J.-Cl. Commercial, Fasc. 2240 (Februar 2017) n° 13.

Der Wortlaut der einschlägigen Vorschriften lässt auch mit Blick darauf, dass der Gesetzgeber der Berücksichtigung der Arbeitnehmerinteressen in den Unternehmensinsolvenzverfahren einen besonderen Wert beimisst, die Annahme einer rechtlichen Missbilligung von Zuwiderhandlungen und damit einer Pflicht zu.[1931]

D. *Mesures conservatoires*

Wichtige Vorgaben zur Sachverhaltsaufklärung durch den Schuldner enthalten die Bestimmungen des Code de commerce zu verschiedenen Sicherungsmaßnahmen (*mesures conservatoires*) in den Unternehmensinsolvenzverfahren.

I. Begriff

Der Begriff der *mesures conservatoires* wurde durch das Dekret vom 20. Mai 1955 eingeführt in das Regelwerk zu den an die *cessation des paiements* anknüpfenden Unternehmensinsolvenzverfahren. Dieses enthielt seither in den Kapiteln zu den Wirkungen des das Verfahren anordnenden Urteils einen mit diesem Begriff überschriebenen Abschnitt.[1932] Im Rahmen der Reform von 1985 blieb der Gesetzgeber dieser Linie treu und nahm in die Regelungen zur Beobachtungsphase einen entsprechend betitelten Unterabschnitt auf.[1933]

1931 C. com., artt. L. 621-4, al. 2: „[...] Lorsque aucun représentant des salariés ne peut être désigné ou élu, un procès-verbal de carence e s t établi par le débiteur"; R. 621-14, al. 2: „[...] le procès-verbal de carence établi dans les conditions du deuxième alinéa de l'article L. 621-4, e s t immédiatement déposé au greffe du tribunal" (Hervorhebungen durch den Verfasser). Zu dem Stellenwert der Arbeitnehmerinteressen s.o. § 3 B VII, C - F, I.

1932 C. com. 1807, Livre troisième, Titre premier, Chapitre V, Section II i.d.F. der ordonnance n° 58-1299 du 23 décembre 1958; loi n° 67-563 du 13 juillet 1967, Titre Ier, Chapitre III, Section 2 und hierzu *Soinne* (Fn. 382), n° 1237; décret n° 67-1120 du 22 décembre 1967, Titre Ier, Chapitre III, Section 1. In der Literatur wurde der Begriff in dem hier beschriebenen Kontext bereits vor dem Inkrafttreten des Dekrets vom 20. Mai 1955 verwendet, *Renouard* (Fn. 62), 420 f.; *Percerou* (Fn. 683), n° 1091 und im Gesetz außerhalb dieses Zusammenhangs, C. com. 1807, art. 521 i.d.F. der loi du 28 mai 1838.

1933 Loi n° 85-98 du 25 janvier 1985, Titre Ier, Chapitre Ier, Section III, Sous-section 1 und hierzu *Soinne* (Fn. 1932). Das Dekret vom 27. Dezember 1985 folgte dem Aufbau des Gesetzes insoweit, décret n° 85-1388 du 27 décembre 1985, Titre Ier, Chapitre Ier, Section IV, Sous-section 1. Keine erhebliche Abweichung brachten insoweit die Reform von 1994 und die Verordnung vom 18. September 2000, C. com., Livre VI,

Die Menge der unter dem Begriff der *mesures conservatoires* behandelten Fragen wuchs dabei stetig an. Sie reichte unter dem Regelwerk von 1985 von dem Inventar über die Siegelanlegung, die Postsperre, das Verbot der Übertragung von Anteilen an der Schuldnerin bis zur Festlegung der Vergütung oder eines Unterhalts der Geschäftsleiter. Erfasst waren ferner in der Tradition des Code de commerce von 1807 bis heute als Sicherungsakte (*actes conservatoires*) bezeichnete Maßnahmen zur Erhaltung der Produktionskapazitäten und Wahrung der Rechte des Unternehmens gegen dessen Schuldner.[1934] Aber auch die Erstellung eines Situationsberichts bei Fehlen eines Jahresabschlusses und die Aushändigung der Buchführungsunterlagen zwecks ihrer Untersuchung an den Verwalter zählte das Dekret vom 27. Dezember 1985 dazu.[1935]

Gegenwärtig ist den *mesures conservatoires* der Beobachtungsphase in den Bestimmungen der partie réglementaire des Code de commerce zur *procédure de sauvegarde* und zum *redressement judiciaire* jeweils ein entsprechend titulierter (Unter-)Abschnitt gewidmet;[1936] für die partie législative gilt dies seit dem Inkrafttreten der *loi de sauvegarde* nicht mehr[1937]. Zu diesen Maßnahmen gehören weiter insbesondere der *état de la situation*, das Inventar und verschiedene (andere) Schuldnerbeiträge zur Sachverhaltsaufklärung,[1938] die teilweise auf die Reform von 1994 zurückgehen[1939].

Titre II, Chapitre Ier, Section 1, Sous-section 2, Paragraphe 1 i.d.F. der ordonnance n° 2000-912 du 18 septembre 2000.

1934 Loi n° 85-98 du 25 janvier 1985, artt. 26-30; décret n° 85-1388 du 27 décembre 1985, artt. 48-53; *Soinne* (Fn. 382), n°s 1238 f., 1244, 1249, 1254, 1258; *Spickerhoff* (Fn. 253), 22 f. Zu den *actes conservatoires Geiger* (Fn. 3), 156, 175; *Kindler/Nachmann(-Bauerreis)* (Fn. 26), Rn. 163 (2014); *Martin-Serf* (Fn. 1271), n°s 5-15, zur Verwendung des Begriffs – freilich noch unter anderen konzeptionellen Vorzeichen (hierzu oben § 3) – im Code de commerce von 1807 vor und nach der Reform von 1838 C. com. 1807, Livre troisième, Titre premier, Chapitre VII, Section III bzw. Chapitre V, Section IV i.d.F. der loi du 28 mai 1838; *Ripert* (Fn. 37), n° 2614.

1935 Décret n° 85-1388 du 27 décembre 1985, artt. 46 f.; *Soinne* (Fn. 382), n°s 1238, 1240-1242; *Spickerhoff* (Fn. 253), 22. Zu diesem *état de la situation* s. bereits oben § 4 A XIII 7 a).

1936 C. com., Livre VI, Titre II, Chapitre II, Section 1; Titre III, Chapitre Ier, Section 2, Sous-section 2.

1937 Zur Situation davor s.o. Fn. 1933.

1938 C. com., artt. R. 622-2 - R. 622-5; R. 631-18. Zum Inventar s. bereits oben § 4 A II 5, III 1 b) bb).

1939 Décret n° 94-910 du 21 octobre 1994, art. 35.

Gleichsam enthalten die Regelungen der partie réglementaire zum eröffneten Liquidationsverfahren einen seiner Überschrift nach speziell von den *mesures conservatoires* handelnden Abschnitt.[1940] Dort wird unter gewissen Anpassungen auf das Gros der genannten Vorschriften zu den Sicherungsmaßnahmen in der Beobachtungsphase des *redressement judiciaire* verwiesen und die Siegelanlegung an Gegenstände des Schuldnervermögens geregelt;[1941] diese kann seit der Reform von 2005 nur im Falle der *liquidation judiciaire* angeordnet werden[1942].

Anknüpfend an die Terminologie des Regelwerks von 1985 wird zu den *mesures conservatoires* in Teilen der Literatur darüber hinaus insbesondere auch die Aushändigung der Buchführungsunterlagen gerechnet.[1943] Dasselbe gilt für die Postsperre und den Zugang zum elektronischen Schriftverkehr auf Anordnung des *juge-commissaire*,[1944] welche beide wiederum seit dem Inkrafttreten der *loi de sauvegarde* in ihrem Anwendungsbereich auf das Liquidationsverfahren beschränkt sind[1945]. Ihre Rechtsgrundlage finden diese Instrumente heute (primär) in Vorschriften der partie législative zu dem Verfahren ab dem Eröffnungsurteil, welche keine gesonderten (Unter-)Abschnitte zu den *mesures conservatoires* aufweisen.[1946]

1940 C. com., Livre VI, Titre IV, Chapitre Ier, Section 4.

1941 C. com., artt. R. 641-14 - R. 641-17.

1942 Décret n° 2005-1677 du 28 décembre 2005, art. 228, al. 1er; C. com., art. R. 641-15, al. 1er; *Lebel*, in: *Roussel Galle* (Fn. 1725), 43, 55; *Martin-Serf* (Fn. 1271), n° 16.

1943 *Lienhard* (Fn. 501), n° 74.12; *Le Corre* (Fn. 46), Titre 460, section 461.20; *Martin-Serf* (Fn. 1271), n°s 45-48; *Jacquemont/Vabres* (Fn. 23), n° 346. Vermieden wird die Verwendung dieses Begriffs nicht nur insoweit etwa bei *Pérochon* (Fn. 272), n° 681, die in diesem Zusammenhang allerdings auf den „caractère conservatoire" der Beobachtungsphase hinweist, ebenda, n° 671 und *Saint-Alary-Houin* (Fn. 25), n° 846.

1944 *Martin-Serf* (Fn. 1271), n°s 54-64. Vermieden wird die Verwendung des Begriffs der *mesures conservatoires* in diesem Kontext bei *Le Corre* (Fn. 46), n°552.51; *Pérochon* (Fn. 272), n° 1161 und *Jacquemont/Vabres* (Fn. 23), n° 871, welche die Postsperre und den Zugang zum elektronischen Schriftverkehr im Zusammenhang mit dem *dessaisissement* (s. zu diesem oben § 3 I) behandeln, ohne Erstere freilich als Aspekt des Letzteren zu deklarieren, sowie *Lienhard* (Fn. 501), n°s 122.33 f., 122.63 und *Saint-Alary-Houin* (Fn. 25), n° 1229. Gegen eine Einordnung der Postsperre als Aspekt des *dessaisissement* ausdrücklich *Derrida/Godé/Sortais* (Fn. 1879), n° 337; *Vallens*, RTD com. 1997, 567, 577, dafür noch *Percerou/Dessertaux* (Fn. 569), n° 1416.

1945 Loi n° 2005-845 du 26 juillet 2005, art. 110; C. com., art. L. 641-15, al. 1er, 3; *Martin-Serf* (Fn. 1271), n°s 54 f., 62.

1946 Für die Aushändigung der Buchführungsunterlagen C. com., artt. L. 622-5; L. 631-14, al. 1er, für die Postsperre und den Zugang zum elektronischen Schriftverkehr C. com.,

Keinesfalls von Interesse sind hier andere im sechsten Buch des Code de commerce außerhalb des beschriebenen Zusammenhangs vorgesehene Maßnahmen, welche ebenfalls als *mesures conservatoires* bezeichnet werden. Zu diesen gehören die bereits angesprochenen Sicherungsmaßnahmen in Bezug auf Bestandteile des Vermögens der unbegrenzt und solidarisch haftenden Mitglieder der Schuldnerin.[1947] Dasselbe gilt für diejenigen *mesures conservatoires*, die der Gerichtspräsident zu dem Zweck anordnen kann, die Realisierung der Geschäftsleiterhaftung für Fehler zu sichern, die zu einer fehlenden Schuldendeckung bzw. dem Eintritt der *cessation des paiements* beigetragen haben[1948]. Ferner weisen die Sicherungsmaßnahmen, die in Bezug auf das Vermögen von Personen ergehen können, denen gegenüber wegen Vermischung ihres Vermögens mit dem Schuldnervermögen oder aus dem Grund der Fiktivität der juristischen Person in der Schuldnerrolle die Ausdehnung des Verfahrens beantragt wird, keine Relevanz für den Gegenstand dieser Untersuchung auf.[1949] Endlich bedürfen hier die Vorschriften zu den *mesures conservatoires* der französischen Zwangsvollstreckungsordnung (Code de procédure civile d'exécution), deren

---

art. L. 641-15. Nähere Regelungen zur Anordnung dieses Zugangs finden sich in der partie réglementaire freilich nicht in dem Abschnitt zu den *mesures conservatoires* des Liquidationsverfahrens, sondern in einem mit „Dispositions diverses" überschriebenen, C. com., Livre VI, Titre IV, Chapitre Ier, Section 12, art. R. 641-40.

1947 Zu diesen oben § 4 A III 2 d).

1948 Zu diesen C. com., art. L. 651-4, al. 2; *Droege Gagnier*, NZI 2012, 449, 450 f.; *Lienhard* (Fn. 501), n° 131.35; *Martin-Serf* (Fn. 1271), n°s 148 f. bzw. C. com., art. L. 631-10-1; *Droege Gagnier*, ebenda, 451 f.; *Lienhard*, ebenda, n°s 115.14 f.; *Saint-Alary-Houin* (Fn. 25), n° 838. Zu der Geschäftsleiterhaftung auch *Sonnenberger/Dammann* (Fn. 27), Rn. VIII 88; *Klein*, RIW 2010, 352-354, 356 f.; *Kindler/Nachmann(-Bauerreis)* (Fn. 26), Rn. 233 f. (2014) sowie die Arbeiten von *Andreas Stadler* (Fn. 182) und *Jaspers* (Fn. 1460).

1949 Zu diesen Maßnahmen C. com., artt. L. 621-2, al. 4, 2; L. 631-7, al. 1er; L. 641-1-I, al. 1er; R. 662-1-1; *Droege Gagnier*, NZI 2012, 449, 451; *Lienhard* (Fn. 501), n°s 64.24, 114.11, 122.11; *Martin-Serf* (Fn. 1271), n° 71. Zu dieser Verfahrensausdehnung auch *Medla* (Fn. 3), 171-173; *Sonnenberger/Dammann* (Fn. 27), Rn. VIII 87; *Kindler/Nachmann(-Bauerreis)* (Fn. 26), Rn. 86 f. (2014), zu ihren historischen Ursprüngen s. bereits oben Fn. 802. Zu weiteren hier nicht interessierenden Fällen der Anordnung von als *mesures conservatoires* bezeichneten Maßnahmen C. com., artt. L. 621-2, al. 4, 3; L. 631-7, al. 1er; L. 641-1-I, al. 1er; R. 662-1-1 sowie L. 622-28, al. 3; L. 631-14, al. 1er und hierzu *Medla*, ebenda, 214; *Lienhard*, ebenda, n°s 64.24, 78.38, 114.11, 122.11; *Martin-Serf*, ebenda, n°s 77-80, 164-166.

sich ein Gläubiger außerhalb eines Insolvenzverfahrens zum Schutz seiner Rechte bedienen kann,[1950] auch insoweit keiner Erörterung, als sie bei den vorstehend genannten Sicherungsmaßnahmen des *droit des entreprises en difficulté* zur Anwendung gelangen[1951]. Aufklärungspflichten des Schuldners im Unternehmensinsolvenzverfahren begründen die Bestimmungen zu all diesen Instrumenten nicht.

II. Beschränkung auf das eröffnete Verfahren

Kennzeichnend für die hier interessierenden Sicherungsmaßnahmen ist, dass ihr Anwendungsbereich im Gegensatz zu den vorläufigen Maßnahmen des § 21 InsO auf das eröffnete Verfahren beschränkt ist.[1952] Das aktuelle Recht liegt insoweit auf einer Linie mit seinen historischen Vorläufern.[1953] In den Fällen der *procédure de sauvegarde* und des *redressement judiciaire* kommen solche *mesures conservatoires* in der Beobachtungsphase zum Einsatz.[1954] Und genauso setzen sie in demjenigen des Liquidationsverfahrens ein Eröffnungsurteil voraus.[1955]

Zwar kann das Gericht, wenn es sich für unzuständig erklärt, von als vorläufige (*mesures provisoires*) und als Sicherungsmaßnahmen bezeichneten Instrumenten Gebrauch machen.[1956] Dasselbe gilt für die Zeit bis zur Bestimmung des Gerichts, an welches das Verfahren im Wege des *renvoi* verwiesen werden soll, durch den ersten Präsidenten des Appellationsgerichts oder des

---

1950 Zu diesen *Baur/Stürner/Bruns* (Fn. 55), Rn. 59.28 f.; *Bunge* (Fn. 564), 106 f. (§ 79); *Paternot* (Fn. 163), 197 f.; *du Rusquec/Défossez*, J.-Cl. Voies d'exécution, Fasc. 501 (Oktober 2016).

1951 Zu der Frage der Anwendbarkeit in diesem Zusammenhang C. com., artt. R. 622-26, al. 2; R. 631-27; R. 641-26, al. 2; R. 662-1-1; *Medla* (Fn. 3), 214; *Hübler*, NZI 2013, 124, 128; *Lienhard* (Fn. 501), n°s 64.24, 78.38, 114.11, 115.14 f., 122.11, 131.35; *Martin-Serf* (Fn. 1271), n°s 71, 79, 149, 166.

1952 Vgl. *Schällig* (Fn. 267), 44; *Robbe-Grillet* (Fn. 50), 159; *Medla* (Fn. 3), 437 f.

1953 Vgl. *Jaeger/Weber*[8]*(-Jahr)* (Fn. 79), § 106 KO Anm. 16.

1954 C. com., artt. L. 622-5; L. 622-6, al. 1er, 2; L. 631-14, al. 1er; R. 622-2; R. 622-4, al. 2, 3; R. 622-5, al. 1er, 2; R. 631-18, al. 1er.

1955 C. com., artt. L. 641-10, al. 7; L. 641-15, al. 3; R. 641-14, al. 1er; R. 641-40, al. 1er, 3.

1956 C. com., art. R. 662-5. Entgegen *Schällig* (Fn. 1952) galt dies bereits vor dem Inkrafttreten der Reform von 2005, décret n° 85-1388 du 27 décembre 1985, art. 4 und entgegen *Robbe-Grillet* (Fn. 1952) auch danach, décret n° 2005-1677 du 28 décembre 2005, art. 341; *Le Corre* (Fn. 46), n° 232.21.

Kassationshofs.[1957] Doch gehen mit diesen Maßnahmen wiederum keine Aufklärungspflichten des Schuldners einher. Konkret ist als *mesure conservatoire* insoweit die Bestellung eines Verwalters vorgesehen, namentlich zu dem Zweck, die Durchführung von ansonsten im eröffneten Verfahren vorzunehmenden Sicherungsakten zu gewährleisten.[1958] Als *mesure provisoire* in diesem Sinne wird in den einschlägigen Vorschriften die Erstellung eines Inventars genannt. Hinzu kommt für den Fall der *liquidation judiciaire* die Siegelanlegung.[1959]

III. Zweck

Den hier interessierenden Sicherungsmaßnahmen wird der Zweck zugeschrieben, dem Schutz der Strukturen, der Produktionskapazitäten sowie der Vermögensbestandteile des schuldnerischen Unternehmens zu dienen.[1960] Auf dem Weg dorthin und zur Information sowohl der Verwalter als auch des *juge-commissaire* sollen sie die schnelle, aber auch sichere Erfassung des Aufbaus sowie der Finanz- und Vermögenslage des Unternehmens fördern.[1961]

Soweit die *mesures conservatoires* in der Beobachtungsphase der *procédure de sauvegarde* und des *redressement judiciaire* zur Anwendung gelangen, nimmt man an, dass sie, im Einklang mit den Verfahrenszielen, im Zeichen der grundsätzlichen Fortführung des Schuldnerunternehmens stehen.[1962] Die Informationen, welche die Organe des Verfahrens von dem Schuldner erhalten können, sollen bei der Erstellung der Wirtschaftsbilanz und der Vorbereitung des Plans

---

1957 C. com., art. R. 662-7, al. 8. Dies verkennt offenbar MünchKomm InsO³(-*Niggemann*) (Fn. 23), Rn. 22. Auch insoweit hatte die Reform von 2005 entgegen *Robbe-Grillet* (Fn. 1952) keine Veränderung gebracht, décret n° 2005-1677 du 28 décembre 2005, art. 343 und das Regelwerk von 1985 – auch nach der Reform von 1994 – entgegen *Schällig* (Fn. 1952) keine erheblichen Abweichungen aufgewiesen, décret n° 85-1388 du 27 décembre 1985, art. 3, al. 4 bzw. al. 5 i.d.F. des décret n° 94-910 du 21 octobre 1994; *Le Corre* (Fn. 46), n° 232.14. Zu diesem *renvoi* s.o. § 4 A II 4.

1958 C. com., artt. R. 662-5; R. 662-7, al. 8 i.V.m. art. L. 622-4.

1959 C. com., artt. R. 662-5; R. 662-7, al. 8. Zum Ganzen *Le Corre* (Fn. 46), n° 232.21; *Saint-Alary-Houin* (Fn. 25), n° 485; *Martin-Serf* (Fn. 1250), n°s 61, 128.

1960 *Le Corre* (Fn. 46), n° 462.11; *Martin-Serf* (Fn. 1271), n°s 4 f.; *Saint-Alary-Houin* (Fn. 25), n°s 733, 1109 f.

1961 *Dumont-Lefrand* (Fn. 1459), n° 8; *Martin-Serf* (Fn. 1271), n° 5; *Saint-Alary-Houin* (Fn. 25), n°s 570, 572, 733, 763, 1109.

1962 *Dumont-Lefrand* (Fn. 1961); *Le Corre* (Fn. 1960); *Martin-Serf* (Fn. 1271), n° 1; *Saint-Alary-Houin* (Fn. 25), n°s 566, 572, 584, 733, 1109 f. Zu den Verfahrenszielen im Falle der *procédure de sauvegarde* und des *redressement judiciaire* s.o. § 3 C.

helfen.[1963] Für den Fall der *liquidation judiciaire* wird ihnen dagegen der Zweck zugeschrieben, die auf die Realisierung der Aktiva zum Zwecke der Schuldenbereinigung gerichteten Maßnahmen zu erleichtern.[1964]

Ob die Angaben auch dem Gläubigerschutz dienen, wird in der Literatur durchaus unterschiedlich beurteilt. Manche sparen diesen Aspekt unter Betonung des Interesses am Schutz des Unternehmens aus.[1965] Teilweise wird bemängelt, dass der Gesetzgeber seit der Reform von 1985 die *mesures conservatoires* im Wesentlichen unter letzterem Gesichtspunkt gesehen und dabei den Gedanken des Gläubigerschutzes vergessen habe. Diese Kritik bezieht sich insbesondere auf die Fälle des Liquidationsverfahrens, für welche die meisten der Sicherungsmaßnahmen nicht minder bedeutsam seien als für die *sauvegarde* und den *redressement judiciaire*.[1966] Andere machen mit Blick auf die Entwicklung seit der Novelle von 1994 dagegen ausdrücklich geltend, die Offenlegung der Daten in der Beobachtungsphase solle auch die Anerkennung sowie die spätere Ausübung der Gläubigerrechte fördern.[1967]

IV. Schuldnerische Aufklärungspflichten

In den Bestimmungen des Code de commerce zu den *mesures conservatoires* werden schuldnerische Pflichten zur Vornahme verschiedener einzeln benannter Aufklärungshandlungen begründet. Der Wortlaut der Vorschriften, in denen das jeweilige Verhalten angeordnet wird, lässt die Annahme des Pflichtcharakters zu. Spezielle im Einzelnen noch zu beleuchtende Tatbestände der *faillite personnelle* respektive der *interdiction de gérer* unterstreichen ihn.[1968]

1. Niederlassungen und Arbeitnehmer

In der *procédure de sauvegarde* und dem *redressement judiciaire* hat der Schuldner ab dem Eröffnungsurteil dem *administrateur* oder in Ermangelung eines

---

1963 *Monsèrié-Bon*, Rép. com., IV: Effets de commerce – Entreprises du secteur public (Paris 1972 ff.), v° Entreprises en difficulté (Période d'observation) (Oktober 2014) n°s 99, 113; *Jacquemont/Vabres* (Fn. 23), n° 341.

1964 *Saint-Alary-Houin* (Fn. 25), n° 733 note 3.

1965 *Monsèrié-Bon* (Fn. 1963), n°s 10, 27, 98 f., 113; *Saint-Alary-Houin* (Fn. 25), n°s 566, 572, 733, 1109 f.

1966 *Le Corre* (Fn. 1960); *Martin-Serf* (Fn. 1271), n° 10.

1967 *Jacquemont/Vabres* (Fn. 1963). *Dumont-Lefrand* (Fn. 1459), n° 9 spricht von dem Schutz und der späteren Ausübung der „Rechte von Dritten".

1968 S.u. § 4 G I 1, II 2.

solchen dem *mandataire judiciaire* all seine Niederlassungen zu melden und ihm den Zugang zu diesen zu erleichtern. Desgleichen ist er gehalten, eine Liste seiner Arbeitnehmer sowie sämtliche Informationen für die Bestimmung der zu zahlenden Gehälter und Entschädigungen zur Verfügung zu stellen.[1969] Die Anordnungen gelten auch für das Liquidationsverfahren, wobei insoweit der *liquidateur* an die Stelle des *mandataire judiciaire* tritt.[1970]

Die einschlägigen Vorschriften gehen zurück auf die um eine Verbesserung der Sachverhaltsaufklärung bemühte Reform von 1994.[1971] Die genannten Angaben werden als relevant erachtet für die Aufstellung von Entlassungsplänen und die Auslösung der Deckung durch die Insolvenzausfallversicherung.[1972] Ihr Nutzen für die Erstellung des *état de la situation* wird genauso herausgestrichen wie derjenige des Zugangs zu den Geschäftsräumen.[1973] Desgleichen betont man die Bedeutung des Letzteren für die abhängig vom Einzelfall vorzunehmende Durchführung von Sicherungsakten.[1974]

2. *Gläubiger und laufende Verträge*

Vorgesehen ist gleichsam, dass der Schuldner in der *procédure de sauvegarde* und im *redressement judiciaire* dem *administrateur* und dem *mandataire judiciaire* eine Liste seiner Gläubiger, des Betrags seiner Schulden sowie der wichtigsten laufenden Verträge übergibt.[1975] Auch diese Bestimmung ist, mit der Maßgabe,

1969 C. com., artt. R. 622-2 („Dès le jugement d'ouverture, le débiteur est tenu de signaler à l'administrateur ou, à défaut, au mandataire judiciaire, tous ses établissements et d'en faciliter l'accès, de communiquer la liste du personnel ainsi que tous éléments permettant de déterminer les salaires et indemnités à payer"); R. 631-18, al. 1er; *Lienhard* (Fn. 501), n°s 74.18, 115.11; *Dumont-Lefrand* (Fn. 1459), n° 16; *Saint-Alary-Houin* (Fn. 25), n°s 572, 1073, 1076, 1109.

1970 C. com., art. R. 641-14, al. 1er; *Lienhard* (Fn. 501), n° 122.36. Zum Ganzen *Martin-Serf* (Fn. 1271), n° 51.

1971 Décret n° 85-1388 du 27 décembre 1985, artt. 46, al. 1er; 118-2, al. 2; 119-1 i.d.F. des décret n° 94-910 du 21 octobre 1994; *Chaput*, JCP 1995, éd. E, I 440, n° 25; *Soinne* (Fn. 382), n° 1240. Zu dem Aspekt der Ausweitung des Informationsflusses bei der Reform von 1994 s.o. § 3 B VIII.

1972 *Soinne* (Fn. 1971); *Martin-Serf* (Fn. 1970). Zu dieser Deckung *Sonnenberger/Dammann* (Fn. 27), Rn. VIII 73; *Saint-Alary-Houin* (Fn. 25), n°s 1129-1145.

1973 *Le Corre* (Fn. 46), n°s 462.11-462.13, 462.41.

1974 *Le Corre* (Fn. 46), n°s 462.11-462.13. Zu dem Begriff der Sicherungsakte s.o. § 4 D I.

1975 C. com., artt. L. 622-6, al. 2 („Le débiteur remet à l'administrateur et au mandataire judiciaire la liste de ses créanciers, du montant de ses dettes et des principaux contrats

dass der *liquidateur* an die Stelle der genannten Verwalter tritt, genauso anwendbar auf den Fall des Liquidationsverfahrens.[1976]

Die Liste geht zurück auf die Reform von 1985.[1977] Um die laufenden Verträge wurde sie mit der *loi de sauvegarde* erweitert.[1978] Anders als das Gesetz vom 25. Januar 1985 verlangt der Code de commerce seither keine Zertifizierung der Liste mehr;[1979] weil dem Gesetzgeber die Heranziehung eines *commissaire aux comptes* oder eines *expert-comptable* zu kosten- und zeitaufwendig erschien, hat er von ihrer Anordnung abgesehen[1980].

Der Zweck der Angaben wird zunächst einmal in der Förderung des Verfahrens der Forderungsfeststellung gesehen.[1981] Und so können die Gläubiger, die ihre Forderung deswegen nicht fristgerecht angemeldet haben, bei ihrer Auslassung in der Gläubigerliste – welche seit dem Inkrafttreten der Verordnung vom 12. März 2014 nicht mehr vorsätzlich erfolgt zu sein braucht – heute die Befreiung von ihrer aus der Fristverletzung resultierenden Präklusion erlangen;[1982] das die

---

en cours […]"); L. 631-14, al. 1er; *Dumont-Lefrand* (Fn. 1969); *Le Corre* (Fn. 46), n° 462.32; *Jacquemont/Vabres* (Fn. 23), n° 345; vgl. auch *Medla* (Fn. 3), 190.

1976 C. com., artt. L. 641-1-I, al. 1er; L. 641-4, al. 4; *Martin-Serf* (Fn. 1271), n° 41. Die erstgenannte Vorschrift wurde durch die Verordnung vom 12. März 2014 ergänzt um die ausdrückliche Anordnung der Anwendbarkeit der Bestimmungen zu den schuldnerischen Pflichten in Artikel L. 622-6 des Code de commerce auf das Liquidationsverfahren („Les dispositions […] de l'article L. 622-6 relatives aux obligations incombant au débiteur sont applicables à la procédure de liquidation judiciaire"), ordonnance n° 2014-326 du 12 mars 2014, art. 61; *Pérochon* (Fn. 272), n° 1750.

1977 Vgl. loi n° 85-98 du 25 janvier 1985, art. 52; C. com., art. L. 621-45 i.d.F. der ordonnance n° 2000-912 du 18 septembre 2000; décret n° 85-1388 du 27 décembre 1985, art. 69; *Zierau* (Fn. 6), 80; *Karl-Heinz Weber/Hoffmann* (Fn. 6), 93; *Schällig* (Fn. 267), 191.

1978 Loi n° 2005-845 du 26 juillet 2005, art. 24; *Le Corre* (Fn. 1975).

1979 Loi n° 85-98 du 25 janvier 1985, art. 52 („liste certifiée"); zum seit der Reform von 2005 unveränderten Wortlaut der aktuellen Vorschrift s.o. Fn. 1975. Zum Ganzen *Becqué-Ickowicz*, in: *Lucas/Lécuyer* (Hrsg.), La réforme des procédures collectives (Paris 2006) 99-102; *Monsèrié-Bon* (Fn. 1963), n° 116.

1980 *Lienhard* (Fn. 1213), 111; vgl. auch *Delattre*, JCP 2008, éd. E, 2334.

1981 *Zierau* (Fn. 1977); *Ripert/Roblot/Delebecque/Germain* (Fn. 15), n° 3011; *Pérochon* (Fn. 272), n° 1505; *Jacquemont/Vabres* (Fn. 23), n° 553. Zu diesem Verfahren s. bereits oben § 4 A III 1 a).

1982 C. com., artt. L. 622-26, al. 1er („s[i] leur défaillance […] est due à une omission du débiteur lors de l'établissement de la liste prévue au deuxième alinéa de l'article L. 622-6"); L. 631-14, al. 1er; L. 641-3, al. 2; *Jacquemont/Vabres* (Fn. 23), nos 576, 585 f.; *Saint-Alary-Houin* (Fn. 25), nos 763, 804. Zur Rechtslage vor der Änderung durch die Verordnung vom 12. März 2014 s. auch *Vallender/Heukamp*, InVO 2006, 1, 3; *Medla*

Verordnung begleitende Dekret hat die Regelung gebracht, dass dem Schuldner, der die Forderung nicht in die Gläubigerliste aufgenommen hat, die Kosten des Verfahrens der Befreiung auferlegt werden können[1983].

Doch will man die Liste unter dem geltenden Recht nicht auf ein Hilfsmittel für das Verfahren der Forderungsfeststellung reduzieren.[1984] Vielmehr soll sie auch der Aufklärung der für die Entscheidung über den Ausgang der Unternehmensinsolvenzverfahren maßgeblichen Sachverhalte dienen.[1985] Über einen Plan oder einen Wechsel der Verfahrensart soll bereits vor Abschluss der Forderungsfeststellung auf der Grundlage einer vorläufigen Einschätzung zu den Passiva entschieden werden können.[1986] Freilich werden in der Literatur auch Vorbehalte gegenüber der Belastbarkeit der schuldnerischen Angaben geäußert.[1987]

In die Liste sind die Gläubiger mit ihrem Namen und Sitz oder Domizil aufzunehmen. Anzugeben sind desgleichen der am Tag des Eröffnungsurteils fällige Betrag, die noch fällig werdenden Beträge mit dem Fälligkeitsdatum, die Natur der Forderung sowie die Sicherheiten und Privilegien, mit denen sie versehen ist. Auch der Gegenstand der aufzunehmenden laufenden Verträge ist zu benennen.[1988] Für die Aushändigung der Liste durch den Schuldner, welche der Verwalter bei der Gerichtskanzlei einreicht, ist seit der Reform von 1994 eine Frist von acht Tagen ab dem Eröffnungsurteil vorgesehen.[1989] Die Erstellung

---

(Fn. 3), 225; *Sonnenberger/Dammann* (Fn. 27), Rn. VIII 69, zur Streichung des Vorsatzerfordernisses durch die Verordnung s. auch MünchKomm InsO³(-*Niggemann*) (Fn. 23), Rn. 43 Fn. 104, zu der Präklusion s.o. § 3 E.

1983 C. com., art. R. 622-25, al. 2 i.d.F. des décret n° 2014-736 du 30 juin 2014; *Le Corre* (Fn. 46), n° 665.54; *Vallansan* (Fn. 350), n° 86.

1984 *Vallansan/Cagnoli/Fin-Langer* (Fn. 1510), 86 sowie bereits oben § 4 D III; vgl. auch *Chaput*, JCP 1994, éd. E, I 3786, n° 103; *Saint-Alary-Houin* (Fn. 25), n°s 565-567, 570, 572.

1985 *Derrida/Godé/Sortais* (Fn. 1879), n°s 194-196; *Jeantin/Le Cannu* (Fn. 1177), n° 462.

1986 *Pérochon* (Fn. 272), n° 1507; *Jacquemont/Vabres* (Fn. 23), n° 593; *Saint-Alary-Houin* (Fn. 25), n° 764. Das aktuelle Recht folgt damit einer Grundentscheidung des Gesetzes vom 25. Januar 1985, *Derrida/Godé/Sortais* (Fn. 1879), n°s 194 f.; *Jeantin/Le Cannu* (Fn. 1985).

1987 *Pérochon* (Fn. 272), n° 1505; *Saint-Alary-Houin* (Fn. 25), n° 763.

1988 C. com., artt. R. 622-5, al. 1er; R. 631-18, al. 1er; R. 641-14, al. 1er.

1989 Décret n° 94-910 du 21 octobre 1994, art. 51; C. com., artt. R. 622-5, al. 2; R. 631-18, al. 1er; R. 641-14, al. 1er; *Karl-Heinz Weber/Hoffmann* (Fn. 1977); *Schällig* (Fn. 1977). Zum Ganzen *Jeantin/Le Cannu* (Fn. 1177), n°s 462, 567; *Dumont-Lefrand* (Fn. 1969); *Le Corre* (Fn. 46), n° 462.32; vgl. auch *Medla* (Fn. 3), 190. In dem Regelwerk von 1985 war ursprünglich noch eine Frist von drei Tagen angeordnet, décret n° 85-1388

der Gläubigerliste kann nicht mit der Begründung verweigert werden, dass den Insolvenzverwaltern die Gläubiger zumindest teilweise bekannt seien und der Schuldner das Bestehen der anderen angemeldeten Forderungen bestreite.[1990] Er darf sich nicht auf die Angabe derjenigen Gläubiger beschränken, deren Forderungen er anerkennt.[1991]

Die Benennung der laufenden, d.h. – vereinfachend gesprochen – im Zeitpunkt des Eröffnungsurteils bereits geschlossenen, aber beiderseits noch nicht erfüllten Verträge wird auch als relevant erachtet für die Vorbereitung der Entscheidung über deren Fortführung im Insolvenzverfahren.[1992] Doch sind von diesen Verträgen keineswegs alle, sondern schon nach dem Wortlaut der einschlägigen Vorschrift nur die wichtigsten zu benennen.[1993] Hierunter will man solche verstehen, welche von großer wirtschaftlicher oder strategischer Bedeutung für das Unternehmen sind oder bei denen die Entscheidung über die Fortführung wegen ihrer Auswirkungen auf die Liquidität einer näheren Prüfung bedarf.[1994] Geläufige Verträge wie solche über Telefon, Wasser oder Strom sollen im Normalfall nicht erfasst sein.[1995] Allerdings wird mit Blick auf die Unbestimmtheit des Begriffs der wichtigsten Verträge wenigstens teilweise die Gefahr von Schwierigkeiten bei der Auslegung gesehen.[1996]

3. Vermögensbestandteile mit Sonderstatus

In allen Unternehmensinsolvenzverfahren hat der Schuldner das im eröffneten Verfahren zu erstellende Inventar seit der Reform von 2005 zu ergänzen um die Angabe von Bestandteilen seines Vermögens mit einem besonderen Status.[1997]

---

du 27 décembre 1985, art. 69, al. 2; *Derrida/Godé/Sortais* (Fn. 1879), n° 196; *Zierau* (Fn. 1977).

1990 CA Aix-en-Provence 2.2.2012, JCP 2012, éd. E, 1618, note *Delattre*.

1991 *Delattre*, JCP 2012, éd. E, 1618.

1992 *Monsèrié-Bon* (Fn. 1979); vgl. auch *Le Corre* (Fn. 1989); *Martin-Serf* (Fn. 1976). Näher zum Begriff der laufenden Verträge und der Entscheidung über ihre Fortführung *Medla* (Fn. 3), 204-210; *Sonnenberger/Dammann* (Fn. 27), Rn. VIII 40-44; *Delzant/Ehret*, ZInsO 2009, 990, 994 f.; *Großerichter* (Fn. 1397).

1993 S.o. Fn. 1975 sowie *Lienhard* (Fn. 501), n° 74.18. Dies verkennt *Medla* (Fn. 3), 190.

1994 *Dumont-Lefrand* (Fn. 1969); *Le Corre* (Fn. 1989); *Martin-Serf* (Fn. 1976).

1995 *De Roux* (Fn. 299), 220; *Becqué-Ickowicz* (Fn. 1979), 100; *Martin-Serf* (Fn. 1976).

1996 *Lienhard* (Fn. 1993). Im Gesetzgebungsverfahren zur *loi de sauvegarde* war die – bislang nicht erfüllte – Erwartung einer untergesetzlichen Präzisierung des Begriffs geäußert worden, *de Roux* (Fn. 1995).

1997 *Medla* (Fn. 1993); *Pérochon* (Fn. 272), n° 667.

a) Das Inventar

Die Erstellung eines Inventars im eröffneten Verfahren ist seit der Novelle von 1994 wieder obligatorisch.[1998] Das Gesetz vom 25. Januar 1985 hatte ihre Anordnung noch in das Ermessen des *juge-commissaire* gestellt.[1999] Das Fehlen eines Inventars hatte dann zu Beweisschwierigkeiten für die Aussonderungsberechtigten geführt.[2000]

Man sieht den Zweck des Inventars aber auch in der Abwendung eines unzulässigen Entzugs von Vermögensbestandteilen.[2001] Gleichsam wird der seit der Reform von 2005 ausdrücklich vorgeschriebenen[2002] Aufnahme der das Vermögen belastenden Sicherheiten in das Inventar ein Nutzen für die Bestimmung der teils in besonderer Form auf die Notwendigkeit der fristgerechten Forderungsanmeldung hinzuweisenden Gläubiger zugeschrieben.[2003] Die Frage nach dem

---

1998 Loi n° 85-98 du 25 janvier 1985, artt. 27, al. 1er; 148-3, al. 2 i.d.F. der loi n° 94-475 du 10 juin 1994; C. com., artt. L. 621-18, al. 1er; L. 622-4, al. 2 jeweils i.d.F. der ordonnance n° 2000-912 du 18 septembre 2000; L. 622-6, al. 1er („Dès l'ouverture de la procédure, il est dressé un inventaire du patrimoine du débiteur ainsi que des garanties qui le grèvent"); L. 631-14, al. 1er; L. 641-1-II, al. 7; *Dammann*, ZIP 1996, 300, 302; *Walter Ahrens* (Fn. 289), 40, 46 f.; *Medla* (Fn. 3), 189. Im Falle der *sauvegarde accélérée* kann das Gericht auf Antrag des Schuldners allerdings einen Dispens von der Inventarerstellung erteilen, C. com., art. L. 628-3, al. 2.

1999 Loi n° 85-98 du 25 janvier 1985, art. 27; *Derrida/Godé/Sortais* (Fn. 1879), n° 181. Zum obligatorischen Charakter des Inventars bis zu der Reform von 1985 C. com. 1807, artt. 486; 479 i.d.F. der loi du 28 mai 1838; 493, al. 1er i.d.F. der ordonnance n° 58-1299 du 23 décembre 1958; loi du 4 mars 1889, art. 4, al. 1er; loi n° 67-563 du 13 juillet 1967, art. 18; *Mittermaier*, ZHR 38, N.F. 23 (1891), 467, 483; *Dölle* (Fn. 37), 162; *Lebel*, Rev. proc. coll. 2009-1, dossier 6, n° 5.

2000 *Böckenhoff*, RIW 1994, 1053, 1054; *Niggemann/Gramling*, RIW 1995, 329, 334; *Martin-Serf* (Fn. 1271), n° 28.

2001 *De Roux* (Fn. 299), 219; *Dumont-Lefrand* (Fn. 1459), n° 11; *Martin-Serf* (Fn. 1271), n° 38.

2002 C. com., artt. L. 622-6, al. 1er; L. 631-14, al. 1er; L. 641-1- II, al. 7; *Vallender/Heukamp*, InVo 2006, 1, 5; *Medla* (Fn. 1998); *Le Corre* (Fn. 46), n° 462.33.

2003 *Le Corre*, Gaz. Pal. 2003, doctr. 3600, 3615; *Saint-Alary-Houin* (Fn. 25), n° 845, die betonen, dass der vom Gesetzgeber verwendete Begriff der „garanties", s.o. Fn. 1998, weiter ist als derjenige der „sûreté" und etwa auch Zurückbehaltungsrechte (*droits de rétention*) erfassen soll, *Le Corre*, ebenda; *Saint-Alary-Houin*, ebenda, n° 843. Zu der auf das Gesetz vom 25. Januar 1985 bzw. dasjenige vom 10. Juni 1994 zurückgehenden besonderen Form des Hinweises an Gläubiger, die über publizierte Sicherheiten verfügen oder mit dem Schuldner über einen publizierten Vertrag verbunden sind, loi n° 85-98 du 25 janvier 1985, art. 50, al. 1er; loi n° 94-475 du 10 juin 1994, art. 35-I; C. com., artt. L. 622-24, al. 1er; R. 622-21, al. 3; *Celestine/Felsner*, WM 1996, 425,

Stellenwert des Inventars für die Beurteilung der Sanierungsaussichten wird nicht einheitlich beantwortet.[2004]

Im *redressement* und in der *liquidation judiciaire* erfolgt die Erstellung des Inventars stets durch vom Gericht berufene Amts- oder Hilfspersonen der Justiz.[2005] In der *procédure de sauvegarde* erstellt, soweit nicht in dem Eröffnungsurteil gleichsam eine solche Berufung erfolgt, seit dem Inkrafttreten der Verordnung vom 18. Dezember 2008 der Schuldner das Inventar. Deswegen hat er in dem Eröffnungsantrag mitzuteilen, ob er sich bereit erklärt, diese Aufgabe zu übernehmen, und die hierfür benötigte Zeitspanne zu kommunizieren. Seinem Antrag, die Realisierung des Inventars in andere Hände zu geben, ist in dem Urteil zu entsprechen;[2006] dem Schuldner kommt damit ein Wahlrecht zu[2007]. Die Möglichkeit der Inventarerstellung durch den Schuldner soll die *procédure de sauvegarde* für ihn attraktiver machen.[2008] Die Verantwortlichen sollen aber eben

---

427 f.; *Sonnenberger/Dammann* (Fn. 27), Rn. VIII 69 Fn. 173; *Le Corre* (Fn. 46), n°s 665.81-665.86.

2004 Vgl. einerseits *Soinne*, Rev. proc. coll. 1988-1, 1, 5; *de Roux* (Fn. 2001); *Dumont-Lefrand* (Fn. 2001); *Le Corre* (Fn. 46), n° 462.31 und andererseits *Martin-Serf* (Fn. 2001), nach der der Zweck des Inventars weniger in der Auflistung aller Vermögensgegenstände des Schuldners als in der Verhinderung eines Entzugs derselben bestehen, ihm im Wesentlichen eine Sicherungsfunktion zukommen und es als Hilfsmittel für die Einschätzung der Sanierungsaussichten an Grenzen stoßen soll, sowie *Pérochon* (Fn. 1996).

2005 C. com., artt. L. 631-9, al. 3; L. 641-1-II, al. 7, wonach namentlich die Beauftragung eines *commissaire-priseur judiciaire*, Gerichtsvollziehers, Notars oder *courtier en marchandises assermenté* in Betracht kommt; *Le Corre* (Fn. 46), n° 462.32; *Martin-Serf* (Fn. 1271), n°s 33 f.; *Monsèrié-Bon* (Fn. 1963), n° 110. Im vereinfachten Liquidationsverfahren besteht seit dem Inkrafttreten der Verordnung vom 12. März 2014 auch die Möglichkeit, den *liquidateur* mit der Erstellung des Inventars zu betrauen, C. com., art., L. 641-2, al. 2.

2006 Zum Ganzen oben § 4 A II 5 sowie speziell zur Bindung des Gerichts an den Antrag C. com., art. L. 621-4, al. 6 („Si le débiteur en fait la demande, le tribunal désigne [...]"); *Martin-Serf* (Fn. 1271), n° 32; *Pérochon* (Fn. 272), n° 670; gegen eine solche Bindung, aber *contra legem* offenbar *Lienhard* (Fn. 501), 74.13.

2007 *Pételˌ* JCP 2009, éd. E, 1049, n° 15; *ders.* (Fn. 1175), n° 37; *Pascal Schütze* (Fn. 3), 240; *Le Corre* (Fn. 2005); *Kindler/Nachmann(-Bauerreis)* (Fn. 26), Rn. 162 (2014); *Jacquemont/Vabres* (Fn. 23), n° 343.

2008 Ministère de la Justice, Rapport au Président de la République relatif à l'ordonnance n° 2008-1345 du 18 décembre 2008 portant réforme du droit des entreprises en difficulté, JO n° 295 du 19 décembre 2008, p. 19457, texte n° 28; *Delzant/Ehret*, ZInsO 2009, 990, 991; *Pascal Schütze* (Fn. 3), 229, 238-240.

auch etwaigen Schwierigkeiten bei der eigenen Erstellung und einer am Ende daraus resultierenden Haftung aus dem Wege gehen können.[2009] Hält der Schuldner die in dem Fall, dass die Inventarerstellung in dem Eröffnungsurteil nicht in andere Hände gegeben worden ist, für die (Aufnahme) der Erstellung des Inventars geltende Frist nicht ein, verfügt der *juge-commissaire* auf Antrag oder von Amts wegen einen Rückgriff auf die gesetzlich vorgesehenen Amts- und Hilfspersonen der Justiz.[2010]

Im Falle des *redressement* und der *liquidation judiciaire* haben Letztere begleitend zu dem Inventar auch eine Schätzung der Aktiva vorzunehmen.[2011] In der *procédure de sauvegarde* ist eine solche seit der Reform von 2008 nicht mehr verbindlich vorgeschrieben.[2012] Unter Betonung der mangelnden Ausrichtung der *procédure de sauvegarde* auf die Veräußerung des Schuldnervermögens wird die Schätzung in diesem Verfahren für verzichtbar gehalten.[2013]

In der partie réglementaire des Code de commerce findet sich die Anordnung, dass das Inventar in Gegenwart oder nach Ladung des Schuldners bzw. der bekannten an seiner Stelle zu berücksichtigenden Personen erstellt wird.[2014] Diese Regelung begründet keine Pflicht des Schuldners, sondern dient dem Schutz seiner Verfahrensrechte.[2015]

Übt er einen reglementierten oder geschützten freien Beruf aus, erfolgt die Erstellung, soweit er sie nicht selbst vornimmt, im Beisein eines Vertreters der

---

2009 *Lebel*, Rev. proc. coll. 2009-1, dossier 6, n° 9; *Pétel*, JCP 2009, éd. E, 1049, n° 15; *ders.* (Fn. 2007).

2010 C. com., art. L. 622-6-1, al. 2, wonach auch insoweit die Beauftragung eines der oben Fn. 2005 Genannten in Betracht kommt; *Lienhard* (Fn. 2006); *Le Corre* (Fn. 2005); *Martin-Serf* (Fn. 2006); vgl. auch *Kindler/Nachmann(-Bauerreis)* (Fn. 2007).

2011 C. com., artt. L. 631-9, al. 3; L. 631-14, al. 2; L. 641-1-II, al. 7; *Lebel*, Rev. proc. coll. 2009-1, dossier 6, n°s 12 f.; *Martin-Serf* (Fn. 1271), n° 43; *Saint-Alary-Houin/Houin-Bressand* (Fn. 365), n°s 9 f.

2012 *Delzant/Ehret*, ZInsO 2009, 990, 991; *Martin-Serf* (Fn. 2011); *Saint-Alary-Houin* (Fn. 25), n° 843.

2013 *Delzant/Ehret*, ZInsO 2009, 990, 991 Fn. 8; *Pétel*, JCP 2009, éd. E, 1049, n° 15; *Lienhard* (Fn. 2006).

2014 C. com., artt. R. 622-4, al. 1er („L'inventaire prévu à l'article L. 622-6 est réalisé, le débiteur ou ses ayants droit connus, présents ou appelés"); R. 631-18, al. 1er; R. 641-14, al. 1er.

2015 *Le Corre* (Fn. 2005); *Martin-Serf* (Fn. 1271), n° 35; *Saint-Alary-Houin* (Fn. 25), n° 844. Zum *faillite personnelle* Tatbestand der unterlassenen Kooperation mit den Organen des Verfahrens s. noch unten § 4 G II 2.

aufsichtführenden Stelle.[2016] Auf diese Weise sollen etwaige Berufsgeheimnisse geschützt werden.[2017]

Das Inventar wird von seinem Ersteller bei der Gerichtskanzlei eingereicht. Im Falle der *sauvegarde* und des *redressement judiciaire* erhalten der gegebenenfalls bestellte *administrateur* und der *mandataire judiciaire* eine Kopie, im Liquidationsverfahren der *liquidateur*.[2018]

Erstellt der Schuldner in der *procédure de sauvegarde* das Inventar selbst, hat er, wenn ein solcher bestellt worden ist, den *administrateur* sowie den *mandataire judiciaire* auf dem Laufenden zu halten über den Gang der entsprechenden Arbeiten. Ausdrücklich angeordnet ist für diesen Fall ferner, dass die Verwalter, der *juge-commissaire* und die Staatsanwaltschaft Einsicht in alle das Inventar betreffenden Akte und Dokumente verlangen können.[2019]

b) Die Ergänzung des Inventars

Zu ergänzen hat der Schuldner das Inventar um die Angabe derjenigen Vermögensgegenstände in seinem Besitz, die einem Herausgabeanspruch Dritter ausgesetzt sind.[2020] Diese Gegenstände hat er in eine Liste aufzunehmen, die er der

---

2016 S.o. § 4 A III 1 b) bb).

2017 C. com., artt. L. 622-6, al. 4; L. 631-14, al. 1er; L. 641-1-II, al. 7; *Medla* (Fn. 3), 190; *Le Corre* (Fn. 2005); *Martin-Serf* (Fn. 1271), n° 36.

2018 C. com., artt. R. 622-4, al. 4; R. 622-4-1, al. 3; R. 631-18, al. 1er; R. 641-14, al. 1er; *Lienhard* (Fn. 501), nos 74.15, 115.11, 122.36; *Martin-Serf* (Fn. 1271), n° 42; *Monsèrié-Bon* (Fn. 1963), n° 111.

2019 C. com., art. R. 622-4-1, al. 1er; *Le Corre* (Fn. 2005); *Martin-Serf* (Fn. 2018); *Monsèrié-Bon* (Fn. 1963), n° 110.

2020 *Lienhard* (Fn. 501), n° 74.13; *Martin-Serf* (Fn. 1271), n° 39; *Saint-Alary-Houin* (Fn. 25), nos 572, 843, 1109; wenigstens missverständlich *Medla* (Fn. 2017) („Zurückbehaltungsrechte"). Ein Einzelunternehmer mit beschränkter Haftung hat gleichermaßen diejenigen im Rahmen der Aktivität, in Bezug auf welche das Insolvenzverfahren eröffnet worden ist, in Besitz genommenen Gegenstände zu benennen, welche zu einem anderen seiner Vermögen gehören und deren Herausgabe er verlangen kann, *Lebel*, Rev. proc. coll. 2011-2, dossier 19, n° 3; *Paternot* (Fn. 163), 356; *Pérochon* (Fn. 272), n° 1631; zum Ganzen C. com., artt. L. 622-6, al. 1er („Cet inventaire [...] est complété par le débiteur par la mention des biens qu'il détient susceptibles d'être revendiqués par un tiers. Le débiteur entrepreneur individuel à responsabilité limitée y fait en outre figurer les biens détenus dans le cadre de l'activité à raison de laquelle la procédure a été ouverte qui sont compris dans un autre de ses patrimoines et dont il est susceptible de demander la reprise dans les conditions prévues par l'article L. 624-19"); L. 631-14, al. 1er; L. 641-1-I, al. 1er.

zur Erstellung des Inventars berufenen Person zu übergeben oder, wenn er es in der *procédure de sauvegarde* selbst erstellt, dem Inventar als Anhang beizufügen hat.[2021] Der Zweck dieser Anordnung wird einerseits in der Vermeidung von Fehleinschätzungen zum Umfang der schuldnerischen Aktiva[2022] und andererseits in der Erleichterung der Durchsetzung der Aussonderungsrechte[2023] gesehen. Der Schuldner wird für am besten in der Lage gehalten, die geforderten Informationen zu liefern.[2024]

Auch in der Liste aufzuführen sind mit Pfandrechten belastete Güter (*biens gagés, nantis*). Dasselbe gilt für solche, die sich zur Sicherung der Durchführung der zollamtlichen Überwachung in vorübergehender Verwahrung befinden.[2025]

Eine Pflicht des Schuldners zur Abgabe einer eidesstattlichen Versicherung der Vollständigkeit des Inventars nach Art des § 153 Abs. 2 InsO sieht der Code de commerce dagegen nicht vor. Zwar ist von der französischen Berufsvereinigung der Insolvenzpraktiker (*Institut Français des Praticiens des Procédures Collectives, IFPPC*) in einem vor der Einführung der *procédure de sauvegarde* erschienenen Leitfaden die Empfehlung ausgesprochen worden, von dem Schuldner in der Praxis bei Gelegenheit der Inventarisierung eine ehrenwörtliche Erklärung des Inhalts zu verlangen, dass er keine weiteren beweglichen oder unbeweglichen Aktiva hat. Die Empfehlung bezieht sich ausdrücklich auf sämtliche Vermögensgegenstände unabhängig davon, ob sie mit Sicherheiten belastet sind.[2026] Anders als dies für die begleitend zu dem Eigenantrag einzureichende und die Frage nach einem *mandat ad hoc* oder Schlichtungsverfahren betreffende *attestation*

2021 C. com., artt. R. 622-4, al. 2, wo in dieser Hinsicht namentlich verwahrte, gemietete, geleaste und unter Eigentumsvorbehalt stehende Güter genannt werden; R. 622-4-1, al. 2; R. 631-18, al. 1er; R. 641-14, al. 1er; *Lienhard* (Fn. 2020); *Monsèrié-Bon* (Fn. 1963), n° 108; *Dumont-Lefrand* (Fn. 415), n° 34.

2022 *Becqué-Ickowicz* (Fn. 1979), 99; *Vallender/Heukamp*, InVo 2006, 1, 5; *Dumont-Lefrand* (Fn. 2021).

2023 *Medla* (Fn. 2017); *Sonnenberger/Dammann* (Fn. 27), Rn. VIII 38; *Dumont-Lefrand* (Fn. 1459), n° 12.

2024 *Becqué-Ickowicz* (Fn. 1979), 101.

2025 C. com., artt. R. 622-4, al. 2; R. 631-18, al. 1er; R. 641-14, al. 1er; *Monsèrié-Bon* (Fn. 2021); *Saint-Alary-Houin* (Fn. 25), nos 572, 843; *Dumont-Lefrand* (Fn. 2021); vgl. auch *Medla* (Fn. 3), 190 Fn. 1022.

2026 *Bolard* (Hrsg.), Diligences des mandataires de justice et recommandations, IFPPC5 (1999) Recommandations 1070-3, 6008-2; *Le Corre* (Fn. 2005), der sich dieser Empfehlung anschließt.

sur l'honneur gilt, findet sich im Code de commerce jedoch keine Anordnung zur Abgabe einer solchen Erklärung.[2027]

Unter dem Regelwerk von 1985 war in der Literatur noch nach der Novelle von 1994 der Ruf danach zu vernehmen, eine gesetzliche Pflicht des Schuldners zur Abgabe einer Erklärung all seiner Vermögensgegenstände im eröffneten Verfahren zu schaffen sowie deren Unrichtigkeit oder Unvollständigkeit mit der *faillite personnelle* zu belegen. Dieser mit Blick auf die Schwierigkeiten bei der Ermittlung des Schuldnervermögens in der Praxis und unter Verweis auf die Rechtslage in Deutschland erhobenen Forderung[2028] ist der Gesetzgeber jedoch nicht gefolgt. In der *procédure de sauvegarde* ist die Erstellung des Inventars selbst durch den Schuldner möglich, diesem aber nicht zwingend vorgeschrieben.[2029] Wie auch die Entstehungsgeschichte der Reform von 2005 bestätigt, will der Gesetzgeber sich darauf beschränken, dem Schuldner die Ergänzung des Inventars um die Angabe von Vermögensbestandteilen mit einem bestimmten Sonderstatus verbindlich aufzuerlegen.[2030]

Ungeachtet der aktuellen Ausrichtung und systematischen Einordnung der französischen Unternehmensinsolvenzverfahren[2031] ist bemerkenswert, dass insoweit eine Parallele zur Situation im französischen Einzelzwangsvollstreckungsrecht besteht. Dieses kennt keine Pflicht des Schuldners zu einer

---

2027 Vgl. *Martin-Serf* (Fn. 1271), n° 38 sowie zur Rechtslage vor der Reform von 2005 *Guyon* (Fn. 18), n° 1186; *Delebecque*, J.-Cl. Commercial, Fasc. 2300 (März 2004) n° 25. Zu der genannten, den Eigenantrag begleitenden *attestation sur l'honneur* s.o. § 4 A III 1 b) ee).

2028 *Guyon* (Fn. 18).

2029 S.o. § 4 D IV 3 a).

2030 Im Regierungsentwurf der *loi de sauvegarde* war für den neuen Artikel L. 622-6, al. 1er des Code de commerce zunächst noch folgender Wortlaut vorgesehen: „Dès l'ouverture de la procédure, il est dressé un inventaire du patrimoine du débiteur ainsi que des garanties qui le grèvent. Le débiteur en remet un état complet à l'administrateur et au mandataire judiciaire. Cet inventaire est completé par la mention des biens qu'il détient notamment en dépôt, en location ou en crédit-bail et sous réserve de propriété", projet de loi de sauvegarde des entreprises, Doc. AN n° 1596, art. 25. Um die beschriebene Beschränkung deutlich zu machen, sind die letzten beiden Sätze im Gesetzgebungsverfahren dann ausgetauscht worden gegen die Gesetz gewordene, auch heute noch aktuelle Formulierung „Cet inventaire, remis à l'administrateur et au mandataire judiciaire, est complété par le débiteur par la mention […]". Zum Ganzen *de Roux* (Fn. 299), 220 f., 558.

2031 Zu dieser Ausrichtung und systematischen Einordnung s.o. § 3 B VII-XIII, C.

Erklärung all seiner Vermögensgegenstände.[2032] Der französische Gesetzgeber hat sich im Rahmen der umfassenden Reform auf diesem Rechtsgebiet in den Jahren 1991 und 1992 bewusst gegen eine Übernahme des entsprechenden deutschen Modells entschieden.[2033] Letzterem wurde ein naiver Optimismus vorgeworfen.[2034] Man verspricht sich von der gesetzlichen Anordnung einer solchen Erklärung keinen Nutzen, solange an deren Ausbleiben oder falsche Angaben darin keine repressive Reaktion geknüpft ist; der Einsatz entsprechender Mittel zur Förderung der Privatinteressen der Gläubiger sei dem französischen Recht aber fremd.[2035] Auch der Schutz der schuldnerischen Privatsphäre wird betont.[2036]

4. Unpfändbarkeitserklärungen

Ein Schuldner, der nicht in das Handelsregister oder die Handwerksrolle eingetragen ist, hat den *mandataire judiciaire* in Kenntnis zu setzen von einer Unpfändbarkeitserklärung (*déclaration d'insaisissabilité*), die er auf der Grundlage von Artikel L. 526-1 des Code de commerce abgegeben hat.[2037] Im Liquidationsverfahren tritt an die Stelle des *mandataire judiciaire* wiederum der *liquidateur*.[2038]

Das auf die Förderung von Unternehmensgründungen abzielende Institut der *déclaration d'insaisissabilité* geht zurück auf ein Gesetz aus dem Jahr 2003.[2039] Die

---

2032 *Sonnenberger/Autexier*, Einführung in das französische Recht^3 (2000) 247; *Hess*, Study No. JAI/A3/2002/02 on making more efficient the enforcement of judicial decisions within the European Union (2004) 35 Fn. 167; *Holzapfl*, Sachaufklärung und Zwangsvollstreckung in Europa (2009) 108.

2033 *Traichel*, Die Reform des französischen Zwangsvollstreckungsrechts (1995) 3; *Perrot*, J.-Cl. Procédure civile, Fasc. 2010 (Juni 1996) n° 18; *Werth*, Der Ausgleich der Gläubiger- und Schuldnerinteressen im französischen und deutschen Zwangsvollstreckungsrecht (1997) 175.

2034 Vgl. *Perrot* (Fn. 2033).

2035 *Perrot* (Fn. 2033); vgl. auch *Traichel* (Fn. 2033); *Werth* (Fn. 2033); *Hess* (Fn. 2032), 38.

2036 *Vinckel*, J.-Cl. Procédure civile, Fasc. 2010 (März 2017) n° 7.

2037 C. com., artt. R. 622-4, al. 3 („Le cas échéant, lorsqu'il n'est pas immatriculé au registre du commerce et des sociétés ou au répertoire des métiers, il informe le mandataire judiciaire de la déclaration d'insaisissabilité à laquelle il a procédé en application de l'article L. 526-1"); R. 622-4-1, al. 2; R. 631-18, al. 1er; *Monsèrié-Bon* (Fn. 1963), n° 117; *Dumont-Lefrand* (Fn. 1459), n° 16; *Saint-Alary-Houin* (Fn. 25), n°s 572, 847.

2038 C. com., art. R. 641-14, al. 1er.

2039 Loi n° 2003-721 du 1er août 2003 pour l'initiative économique, JO n° 179 du 5 août 2003, p. 13449, texte n° 1, art. 8; *Saint-Alary-Houin* (Fn. 25), n° 1360; *Vallansan* (Fn. 388), n° 28.

loi Macron hat auf diesem Gebiet erhebliche Änderungen gebracht.[2040] Seit ihrem Inkrafttreten sind die Rechte eines Einzelunternehmers an der Immobilie, wo er seinen Hauptwohnsitz (*résidence principale*) hat, von Gesetzes wegen unpfändbar für die Gläubiger, deren Rechte bei Gelegenheit der beruflichen Aktivität des Unternehmers entstanden sind.[2041] Darüber hinaus ist in Artikel L. 526-1 des Code de commerce heute wie schon zuvor vorgesehen, dass ein solcher Einzelunternehmer seine Rechte an bebauten oder unbebauten Grundstücken, die er nicht seiner beruflichen Tätigkeit gewidmet hat, unter Beachtung eines bestimmten Verfahrens für unpfändbar erklären kann.[2042] Die Unpfändbarkeit führt nach herrschender Meinung dazu, dass der betroffene Gegenstand dem Unternehmensinsolvenzverfahren entzogen ist.[2043]

Der Zweck der Kommunikation der Unpfändbarkeitserklärung wird zumindest teilweise darin gesehen, bei dem Verwalter ein Bewusstsein für die aus dem besonderen Status des betroffenen Vermögensgegenstands resultierenden Schwierigkeiten zu schaffen für den Fall der Erwägung eines Verkaufs desselben im weiteren Verlauf des Verfahrens. Für die Ausnahme des eingetragenen Schuldners von der Pflicht zur Mitteilung der Erklärung hat man sich entschieden, weil die Erklärung, wenn der Einzelunternehmer in ein auf die Herstellung von gesetzlicher Publizität gerichtetes Berufsregister eingetragen ist, in dem Register auszuweisen ist.[2044]

2040 Loi n° 2015-990 du 6 août 2015, art. 206; *Roussel Galle*, Rev. proc. coll. 2015-4, repère 4; *Le Corre*, J.-Cl. Commercial, Fasc. 2707 (Februar 2017) n° 4-1.

2041 C. com., art. L. 526-1, al. 1er, wonach diese Regel namentlich für natürliche Personen gilt, die in ein auf die Herstellung von gesetzlicher Publizität gerichtetes Berufsregister eingetragen sind oder eine landwirtschaftliche oder selbstständige berufliche Tätigkeit ausüben; *Roussel Galle*, Rev. proc. coll. 2015-4, repère 4; *Le Corre* (Fn. 2040).

2042 C. com., art. L. 526-1, al. 2, wonach sich die Wirkung der Erklärung auf diejenigen Gläubiger beschränkt, deren Rechte nach der Veröffentlichung der Erklärung in dem einschlägigen Immobiliarregister (*fichier immobilier* bzw. *livre foncier* in den Departements Niederrhein, Oberrhein und Mosel) und bei Gelegenheit der beruflichen Aktivität des Erklärenden entstehen. Die Erklärung der Unpfändbarkeit der Rechte an nicht der beruflichen Tätigkeit gewidmeten Grundstücken geht zurück auf den Artikel 14 der loi n° 2008-776 du 4 août 2008. Zum Ganzen *Roussel Galle*, Rev. proc. coll. 2015-4, repère 4.

2043 Cass. com. 28.6.2011, Bull. civ. 2011 IV, n° 109; *Monsèrié-Bon* (Fn. 2037); *Saint-Alary-Houin* (Fn. 2039); *Le Corre* (Fn. 2040), n° 4.

2044 Zum Ganzen *Dumont-Lefrand* (Fn. 2037); *Le Corre* (Fn. 46), n° 462.33. Zur Ausweisung der Erklärung in dem Register C. com., art. L. 526-2, al. 2.

5. Buchführungsunterlagen

a) Historische Grundlagen

Schon das Dekret vom 20. Mai 1955 enthielt in seinem Abschnitt zu den Sicherungsmaßnahmen eine Regelung zur Verschaffung des Zugangs zu den Buchführungsunterlagen des Schuldners.[2045] In modifizierter Fortführung dieser Bestimmung wurde dem Schuldner in dem Regelwerk von 1967 vorgeschrieben, innerhalb von drei Tagen ab dem Urteil, mit welchem der *règlement judiciaire* oder die *liquidation des biens* angeordnet wurde, mit seinen Büchern zum Zweck der Untersuchung und des Abschlusses derselben bei dem Syndiken vorstellig zu werden.[2046] Bei Vorliegen eines anerkennenswerten Hinderungsgrundes konnte er sich vertreten lassen.[2047] Das ungerechtfertigte Ausbleiben des persönlichen Erscheinens bei dem Syndiken in den vorgeschriebenen Fällen und Fristen erfüllte bei einzelkaufmännischen Schuldnern einen der Tatbestände des fakultativen einfachen Bankrotts.[2048]

Die die Bücher betreffende Pflicht stand unter dem Vorbehalt, dass die – wie schon unter dem Dekret vom 20. Mai 1955 – nur noch fakultative Siegelanlegung unterblieben war.[2049] Für den Fall der Siegelanlegung war die Extraktion und Aushändigung der Buchführungsunterlagen durch den zuständigen Richter nach Arretierung und Feststellung ihres Zustands an den Syndiken vorgesehen.[2050] Für den Fall der *liquidation des biens* verlangte das Dekret vom 22. Dezember 1967 noch ausdrücklich die Aushändigung auch der Bücher und

---

2045 C. com. 1807, art. 482, al. 1er i.d.F. der ordonnance n° 58-1299 du 23 décembre 1958; *Argenson/Toujas/Dutheil* (Fn. 135), 365.

2046 Décret n° 67-1120 du 22 décembre 1967, art. 26, al. 1er; *Bord* (Fn. 1114), n° 341; *Argenson/Toujas* (Fn. 128), 477; *Ripert/Roblot* (Fn. 130), n° 3050.

2047 Décret n° 67-1120 du 22 décembre 1967, art. 26, al. 3; *Bord* (Fn. 2046); *Soinne* (Fn. 1971).

2048 Loi n° 67-563 du 13 juillet 1967, art. 128, al. 1er-4°; *Bord* (Fn. 2046); *Argenson/Toujas* (Fn. 128), 478, welche wie *Bord*, ebenda hiervon ausdrücklich den Fall der Missachtung der Dreitagefrist erfasst sahen; *Ripert/Roblot* (Fn. 130), n° 3320.

2049 Décret n° 67-1120 du 22 décembre 1967, art. 26, al. 1er; *Bord* (Fn. 2046); *Argenson/Toujas* (Fn. 128), 477. Zum fakultativen Charakter der Siegelanlegung unter dem Dekret vom 20. Mai 1955 C. com. 1807, art. 487, al. 1er i.d.F. der ordonnance n° 58-1299 du 23 décembre 1958; *Houin*, RTD com. 1955, 481, 504; *Argenson/Toujas/Dutheil* (Fn. 135), 375.

2050 Décret n° 67-1120 du 22 décembre 1967, art. 33, al. 1er; *Argenson/Toujas* (Fn. 128), 485 auch zum Begriff der Arretierung; *de Juglart/Ippolito* (Fn. 170), n° 1261; *Ripert/Roblot* (Fn. 130), n° 3054.

Papiere des Schuldners an und die Dokumentation der Übernahme durch den Syndiken nach Fertigstellung des Inventars.[2051]

Neu aufgenommen wurde in das Dekret die ausdrückliche Bestimmung, dass jeder dritte Besitzer der schuldnerischen Bücher gehalten war, diese dem Syndiken auf dessen Verlangen auszuhändigen.[2052] Man ging davon aus, dass die Vorschrift geschaffen worden war zur Überwindung des Widerstands namentlich von externen Buchhaltern, die ein Zurückbehaltungsrecht bis zum Ausgleich ihrer Honorar- und Kostenansprüche geltend machen zu können glaubten.[2053]

Das Dekret vom 27. Dezember 1985 ordnete in seinem Abschnitt zu den Sicherungsmaßnahmen sodann für den Schuldner und die Drittbesitzer einheitlich die Aushändigung der Buchführungsunterlagen ab dem Eröffnungsurteil auf Verlangen des *administrateur* an, um deren Untersuchung zu ermöglichen.[2054] Im Zuge der Reform von 1994 wurde der Schuldner aus dem Adressatenkreis dieser Bestimmung gestrichen und ihr die bereits beschriebene Verfügung zu den Niederlassungen und Arbeitnehmern vorangestellt.[2055] Die Verordnung vom 18. September 2000 überführte die Anordnung der Aushändigung der Buchführungsunterlagen aus dem Dekret in die partie législative des Code de commerce;[2056] schon unter dem Regelwerk von 1967 waren Zweifel geäußert worden, ob eine untergesetzliche Bestimmung genügte, um ein nach allgemeinen Grundsätzen begründetes Zurückbehaltungsrecht im Unternehmensinsolvenzverfahren für unbeachtlich zu erklären[2057].

2051 Décret n° 67-1120 du 22 décembre 1967, art. 38; *Bord* (Fn. 1114), n° 350; *Ripert/Roblot* (Fn. 130), n° 3051; *Soinne* (Fn. 382), n° 1248.

2052 Décret n° 67-1120 du 22 décembre 1967, art. 26, al. 2.

2053 *Derrida* (Fn. 157), n° 60; *Argenson/Toujas* (Fn. 128), 477 f.; *Ripert/Roblot* (Fn. 130), n° 3050.

2054 Décret n° 85-1388 du 27 décembre 1985, art. 46; *Soinne* (Fn. 382), n°s 1240 f., 2636.

2055 Décret n° 85-1388 du 27 décembre 1985, art. 46 i.d.F. des décret n° 94-910 du 21 octobre 1994; *Soinne* (Fn. 382), n° 1240. Zu der die Niederlassungen und Arbeitnehmer betreffenden Verfügung s.o. § 4 D IV 1, zu der Streichung des Schuldners aus dem Adressatenkreis vgl. auch *Ripert/Roblot/Delebecque/Germain* (Fn. 15), n° 3028; *Wallmann* (Fn. 262), 67; missverständlich insoweit *Walter Ahrens* (Fn. 289), 40, 187. Von einer etwaigen Siegelanlegung sollten die Buchführungsunterlagen unter dem Regelwerk von 1985 dispensiert und im Falle einer Anordnung der Siegelanlegung weiter an die Verwalter auszuhändigen sein, *Soinne*, ebenda, n° 1256.

2056 C. com., art. L. 621-17 i.d.F. der ordonnance n° 2000-912 du 18 septembre 2000; *Le Corre* (Fn. 46), n° 461.21; vgl. auch *Wallmann* (Fn. 2055).

2057 *Derrida* (Fn. 2053); *Ripert/Roblot* (Fn. 2053); vgl. auch *Argenson/Toujas* (Fn. 2053). Zur Rechtslage unter dem Regelwerk von 1985 bis zur Überführung der Anordnung

b) Aktuelle Rechtslage

Nach Artikel L. 622-5 des Code de commerce hat seit der Reform von 2005 jeder Drittbesitzer ab der Eröffnung der *procédure de sauvegarde* dem *administrateur* oder in Ermangelung eines solchen dem *mandataire judiciaire* auf Verlangen die Buchführungsunterlagen zum Zweck ihrer Untersuchung auszuhändigen.[2058] Die Vorschrift wird im Gesetz auch für anwendbar erklärt auf den *redressement*, nicht hingegen auf die *liquidation judiciaire*.[2059] Mit dem Begriff der Buchführungsunterlagen sollen nicht nur die obligatorisch zu führenden Bücher, sondern jegliche Art von Unterlagen gemeint sein, welche eine Einschätzung der schuldnerischen Geschäftslage ermöglichen.[2060]

In der Literatur wird beklagt, dass die Bestimmung den Schuldner nicht mehr als Adressaten der Pflicht benennt, dieser Umstand im Ergebnis aber gleichzeitig für unschädlich gehalten.[2061] Man argumentiert mit einem Erst-recht-Schluss: Wenn schon der Drittbesitzer zur Aushändigung verpflichtet sei, müsse dies umso mehr für den Schuldner gelten. Weil sich dessen Pflicht geradezu von selbst verstehe, habe der Gesetzgeber auf seine Erwähnung verzichtet.[2062]

---

in den Artikel L. 621-17 des Code de commerce *Soinne* (Fn. 382), 1240; *Martin-Serf* (Fn. 1271), n° 46.

2058 C. com., art. L. 622-5 („Dès le jugement d'ouverture, tout tiers détenteur est tenu de remettre à l'administrateur ou, à défaut, au mandataire judiciaire, à la demande de celui-ci, les documents et livres comptables en vue de leur examen"); *Lienhard* (Fn. 501), n° 74.12; *Jacquemont/Vabres* (Fn. 23), n° 346; *Saint-Alary-Houin* (Fn. 25), n°s 572, 846.

2059 Zur Anwendbarkeit auf den *redressement judiciaire* C. com., art. L. 631-14, al. 1er; *Martin-Serf* (Fn. 1271), n° 45. Dass das Regelwerk von 1985 ursprünglich nichts zur Aushändigung der Buchführungsunterlagen an den *liquidateur* sagte, wurde in der Literatur kritisiert, *Derrida/Godé/Sortais* (Fn. 1879), n° 115. Nach der Reform von 1994 war die Anordnung der Aushändigung dann noch erfasst von den neu in das Dekret vom 27. Dezember 1985 eingeführten Bestimmungen der Artikel 118-2, al. 2 und 119-1, welche den *liquidateur* im Liquidationsverfahren zum Empfänger der in dem Artikel 46 des Dekrets angeordneten Aufklärungsbeiträge erklärten, *Le Corre* (Fn. 2056). Dies änderte sich dann aber mit der Überführung der Aushändigungsanordnung in die partie législative des Code de commerce durch die Verordnung vom 18. September 2000.

2060 *Soinne* (Fn. 2057).

2061 *Soinne* (Fn. 2057) noch zur Vorgängerregelung in Artikel 46 des Dekrets vom 27. Dezember 1985; *Martin-Serf* (Fn. 1271), n° 47; *Monsèrié-Bon* (Fn. 1963), n° 118; vgl. auch *Wallmann* (Fn. 2055).

2062 *Soinne* (Fn. 2057); *Martin-Serf* (Fn. 2061).

Auch ist durchaus bereits ein Besitz der Verwalter an den Büchern des Schuldners kraft des Entzugs der Verwaltungs- und Verfügungsbefugnis[2063] sowie ein Recht auf Zugang zu den Büchern kraft ihrer Aufgaben[2064] angenommen worden. Eine Bestimmung, welche nach Art des älteren Rechts eine Aushändigung und Dokumentation der Übernahme durch den Verwalter nach Fertigstellung des Inventars anordnen würde,[2065] ist in dem Regelwerk zu den Unternehmensinsolvenzverfahren zwar schon seit der Reform von 1985 nicht mehr enthalten; die einschlägige Vorschrift des Dekrets vom 22. Dezember 1967 soll in der Praxis zuvor nie zur Anwendung gelangt sein. Nichtsdestoweniger geht man davon aus, dass die ehemals von der gestrichenen Norm betroffenen Gegenstände im

---

2063 *Hamel/Lagarde* (Fn. 967), n° 251bis zur Rechtslage vor der Reform von 1955. In Artikel 537, al. 5 des Code de commerce von 1807 i.d.F. der loi du 22 février 1941 wie auch in dessen Artikel 597, al. 3 i.d.F. der ordonnance n° 58-1299 du 23 décembre 1958 sowie in Artikel 90, al. 3 des Gesetzes vom 13. Juli 1967 hieß es noch, dass die Syndiken in den fünf auf ihre Abrechnung folgenden Jahren verantwortlich b l i e b e n für die von dem Schuldner ausgehändigten o d e r i h m g e h ö r e n d e n Bücher, Papiere und Effekten („Les syndics r e s t e n t responsables [C. com. 1807, art. 597, al. 3 i.d.F. der ordonnance n° 58-1299 du 23 décembre 1958; loi n° 67-563 du 13 juillet 1967, art. 90, al. 3: Le syndic r e s t e responsable] des livres, papiers et effets remis par le débiteur [C. com. 1807, art. 597, al. 3 i.d.F. der ordonnance n° 58-1299 du 23 décembre 1958: failli] o u l u i a p p a r t e n a n t pendant cinq ans à partir du jour de la reddition des comptes" (Hervorhebungen durch den Verfasser)); Artikel L. 643-10 des Code de commerce regelt heute freilich wie schon Artikel 168 des Gesetzes vom 25. Januar 1985 nur, dass der *liquidateur* in demselben Zeitraum verantwortlich ist für die ihm im Laufe des Verfahrens ausgehändigten Dokumente („[Le liquidateur] est responsable des documents qui lui ont été remis au cours de la procédure pendant cinq ans à compter de [la] reddition [des comptes]"), *Vallansan* (Fn. 273), n° 59.

2064 CA Alger 1.7.1958, JCP 1958, éd. G, II 10853, obs. *F. D.*; *Percerou/Dessertaux* (Fn. 65), n° 1165 note 3 (zur *liquidation judiciaire* nach dem Gesetz vom 4. März 1889); *Derrida*, JCP 1958, éd. G, I 1460, n° 3; s. auch bereits *Lyon-Caen/Renault* (Fn. 677), n° 293b. Ohne auf die Rechtsgrundlage einzugehen, nehmen heute *Jacquemont/Vabres* (Fn. 23), n° 730 an, dass die schuldnerische Buchführung dem *administrateur* bei der Erstellung der Wirtschafts- und Sozialbilanz im Schutz- und im Sanierungsverfahren zur Verfügung stehe.

2065 Die in Artikel 38 des Dekrets vom 22. Dezember 1967 vorgesehene Übernahme, hierzu oben Fn. 2051, soll den Entzug der Verwaltungs- und Verfügungsbefugnis bestätigt haben, *Argenson/Toujas* (Fn. 128), 487; zur entsprechenden Interpretation von Artikel 496 des Code de commerce von 1807 i.d.F. der der ordonnance n° 58-1299 du 23 décembre 1958 *Argenson/Toujas/Dutheil* (Fn. 135), 378. Der Verwalter soll auf diese Weise im strafrechtlichen Sinne zum Verwahrer (*dépositaire*) bestimmt worden sein, *Soinne* (Fn. 382), n° 1248.

Falle des Liquidationsverfahrens in den Verantwortungsbereich des *liquidateur* und im Falle des *redressement judiciaire* bei einer Zuweisung der Verwaltung des Schuldnerunternehmens in denjenigen des *administrateur* fallen.[2066] Kommt es in der *liquidation judiciaire* zu der auch heute nur noch fakultativen Siegelanlegung,[2067] so sollen die Buchführungsunterlagen nach dem Vorbild der für die Extraktion geltenden Bestimmung des Regelwerks von 1967 dem *liquidateur* auszuhändigen sein.[2068]

Im Übrigen scheint man davon auszugehen, dass die Verwalter über die von dem Schuldner geforderte Erleichterung des Zugangs zu den Niederlassungen und Bereitstellung der Informationen für die Bestimmung der zu zahlenden Gehälter und Entschädigungen einen Zugang zu dessen Buchführungsunterlagen erlangen können: Der Anordnung dieser Aufklärungsbeiträge wird ein Nutzen für den von Verwalterseite in Ermangelung eines Jahresabschlusses zu verfassenden Situationsbericht zugeschrieben.[2069] Und als Quellen, auf deren Grundlage der Bericht zu verfassen ist, nennt der Code de commerce namentlich auch alle verfügbaren Unterlagen.[2070] Bezeichnenderweise ist die Anordnung begleitend zu der Reduzierung des Adressatenkreises der Regelung zur Aushändigung der Buchführungsunterlagen auf die Drittbesitzer eingeführt worden.[2071]

Keine Rolle spielt in der gegenwärtigen Diskussion um den Verwalterzugang die in den Vorschriften zu den kaufmännischen Buchführungspflichten im ersten Buch des Code de commerce behandelte Einsicht in die Buchführungsunterlagen

---

2066 Zum Ganzen *Soinne* (Fn. 2065). Zur Einschaltung der *gendarmerie* durch den *liquidateur* zum Zweck der Durchsetzung einer Aushändigung durch den Geschäftsführer der Schuldnerin vgl. Cass. com. 30.6.2015, n° 13-23.026.

2067 Zur gegenwärtigen Beschränkung des Anwendungsbereichs der Siegelanlegung auf die *liquidation judiciaire* s.o. § 4 D I, zu ihrem fakultativen Charakter C. com., art. R. 641-15, al. 1er; *Lebel* (Fn. 1942); *Martin-Serf* (Fn. 1271), n° 17.

2068 *Soinne* (Fn. 382), n° 1256, nach dem es darauf, dass dies bereits seit der Reform von 1985 nicht besonders geregelt ist, nicht ankommen soll, und die Buchführungsunterlagen, wenn es hierzu überhaupt einer richterlichen Anordnung bedarf, durch den *juge-commissaire* von der Siegelanlegung zu dispensieren sein sollen; vgl. auch *Martin-Serf* (Fn. 1271), n° 25, wonach im Falle der Erteilung eines Dispenses für Vermögensgegenstände aus der Vorschrift des Artikels R. 641-15 des Code commerce zum Dispens und zur Extraktion von Vermögensgegenständen, Unterlagen und Effekten durch den *juge-commissaire* in der Praxis die Notwendigkeit der Anwesenheit des *liquidateur* bei der Siegelanlegung folgen soll.

2069 S.o. § 4 D IV 1.

2070 C. com., art. R. 622-3 („à l'aide de tout document ou renseignement disponible").

2071 S.o. § 4 D IV 1, 5 a).

(*communication des documents comptables*).[2072] Dort heißt es, dass die – nicht auf die gesetzlich geregelten Bücher beschränkte[2073] – Einsicht nur in bestimmten Angelegenheiten sowie im Falle des *redressement* und der *liquidation judiciaire* angeordnet werden kann; die *procédure de sauvegarde* wird nicht genannt.[2074] Auch heute wird die Ansicht geäußert, dass im Verhältnis zu den Verwaltern die Gläubiger Einsicht in die Bücher und Unterlagen des Schuldners verlangen können.[2075] Die Ableitung eines Verwalterrechts aus der Regelung zu der Einsicht ist dagegen – mit Blick auf eine aus den Verwalteraufgaben resultierende Befugnis zur Prüfung der schuldnerischen Buchführung – bereits unter dem Dekret vom 20. Mai 1955 abgelehnt worden.[2076]

6. *Elektronischer Schriftverkehr*

Im Liquidationsverfahren kann der *juge-commissaire* seit der Reform von 2005 den Zugang des *liquidateur* zu dem vom Schuldner empfangenen elektronischen Schriftverkehr erlauben; seit dem Inkrafttreten der Verordnung vom 18. Dezember 2008 gilt dies, wenn ein solcher bestellt ist, auch für den *administrateur*.[2077]

2072 Wenigstens missverständlich *Adloff* (Fn. 20), 399.

2073 Cass. req., 5.12.1922, S. 1924, 1, 77; *Lyon-Caen/Renault* (Fn. 677), n° 293e.

2074 C. com., art. L. 123-23, al. 3: „La communication des documents comptables ne peut être ordonnée en justice que dans les affaires de succession, communauté, partage de société et en cas de redressement ou de liquidation judiciaires"; vgl. hierzu auch *Ripert/Roblot/Germain/Vogel* (Fn. 677), n° 319; *Adloff* (Fn. 20), 398 f. Diese Einsicht kann in den Fällen der Unternehmensinsolvenzverfahren nur nach deren Eröffnung angeordnet werden und soll nicht der Sachverhaltsaufklärung zu deren Voraussetzungen dienen, *Derrida*, JCP 1958, éd. G, I 1460, n° 7; *Argenson/Toujas/Dutheil* (Fn. 135), 373; *Daigre*, La production forcée de pièces dans le procès civil (Paris 1979) 99.

2075 *Soinne* (Fn. 382), n° 1071; *Le Corre* (Fn. 46), n° 611.11.

2076 CA Alger 1.7.1958, JCP 1958, éd. G, II 10853, obs. *F. D.*; *Derrida*, JCP 1958, éd. G, I 1460, n° 3 zu der Vorgängerregelung von C. com., art. L. 123-23, al. 3 in C. com. 1807, art. 14 in ihrer Ausgangsfassung („La communication des livres et inventaires ne peut être ordonnée en justice que [...] et en cas de faillite"). Für die Ableitung eines Verwalterrechts aus dieser Vorschrift vor der Reform von 1955 Cass. req., 5.12.1922, S. 1924, 1, 77 (zur *liquidation judiciaire*); *Thaller/Percerou*, Traité élémentaire de droit commercial[7] (Paris 1925) n°s 210 f. (zur *faillite*); *Hamel/Lagarde* (Fn. 2063); dagegen *Lyon-Caen/Renault* (Fn. 677), n° 293b (zur *faillite*).

2077 C. com., art. L. 641-15, al. 3; ordonnance n° 2008-1345 du 18 décembre 2008, art. 109; *Le Corre* (Fn. 46), n° 552.52; *Martin-Serf* (Fn. 1271), n° 56; *Pérochon* (Fn. 272), n° 1161.

Ausgenommen von dieser Regelung sind Schuldner, die eine Aktivität ausüben, deretwegen sie einem Berufsgeheimnis unterworfen sind.[2078]

Genauso wie in der Postsperre wird in dem Zugang zum elektronischen Schriftverkehr ein Mittel zur Auffindung von vorenthaltenen Vermögensbestandteilen gesehen.[2079] Anders als bei der ebenfalls fakultativen Postsperre jedoch, bei der der Verwalter richterlich zum Empfänger der an den Schuldner adressierten Sendungen bestimmt und auf das postalische Nachsendeverfahren zurückgegriffen wird,[2080] wird von dem Schuldner zur Realisierung des Zugangs ein aktiver Beitrag gefordert: Auf die entsprechende Anordnung des *juge-commissaire* kann der *liquidateur* von dem gesetzlichen Vertreter der juristischen Person oder von der natürlichen Person in der Schuldnerrolle die automatische Weiterleitung des elektronischen Schriftverkehrs von ihren beruflichen Konten verlangen.[2081]

Nachrichten, die keinen beruflichen Charakter haben, haben die Verwalter umgehend zu löschen.[2082] Die bei Abschluss seines Einsatzes noch in seinem Besitz befindlichen Nachrichten gibt der *administrateur* weiter an den *liquidateur*, welcher bei Beendigung des Verfahrens die bei ihm noch vorhandenen löscht.[2083]

2078 C. com., art. L. 641-15, al. 4; *Martin-Serf* (Fn. 1271), n° 59; *Pérochon* (Fn. 2077); *Vallansan* (Fn. 388), n° 62.

2079 *Pérochon* (Fn. 2077) sowie zur Postsperre *Derrida/Godé/Sortais* (Fn. 1879), n° 337; *Vallens*, RTD com. 1997, 567, 578.

2080 C. com., art. L. 641-15, al. 1er („Pendant la procédure de liquidation judiciaire, le juge-commissaire peut ordonner que le liquidateur ou l'administrateur, lorsqu'il en a été désigné, soit le destinataire du courrier adressé au débiteur") sowie, jeweils auch zum Rückgriff auf das Nachsendeverfahren, *Le Corre* (Fn. 46), n° 552.51; *Martin-Serf* (Fn. 1271), n°s 60 f.; *Perruchot/Salgado* (Fn. 493), n° 71.

2081 C. com., art. R. 641-40, al. 1er, wonach dies auch für jeden anderen Arbeitnehmer des Schuldners, der nützliche Informationen empfangen kann, gilt („En application de l'article L. 641-15, le liquidateur peut, sur ordonnance du juge-commissaire, demander au représentant légal de la personne morale ou au débiteur personne physique ou à tout autre salarié du débiteur pouvant recevoir des informations utiles de transférer de façon automatique le courrier électronique de leurs messageries professionnelles vers l'adresse électronique qu'il leur désigne"). Der *liquidateur* und gegebenenfalls der *administrateur* können zu diesem Zweck gleichsam die Mitwirkung von jedem Arbeitnehmer des Schuldners einfordern, C. com., art. R. 641-40, al. 2. Zum Ganzen *Le Corre* (Fn. 46), n° 552.52; *Martin-Serf* (Fn. 1271), n° 62; *Vallansan* (Fn. 388), n° 61.

2082 C. com., art. R. 641-40, al. 4; *Lienhard* (Fn. 501), n° 122.33; *Martin-Serf* (Fn. 2081); *Vallansan* (Fn. 2081).

2083 C. com., art. R. 641-40, al. 5; *Le Corre* (Fn. 2081); *Martin-Serf* (Fn. 2081); *Vallansan* (Fn. 2081).

E. Anhängige Verfahren

Mit der *loi de sauvegarde* hat der Gesetzgeber die allgemeine Regel eingeführt, dass der Schuldner den *administrateur* und den *mandataire judiciaire* über die anhängigen Gerichtsverfahren informiert, an denen er als Partei beteiligt ist. Im Falle der *liquidation judiciaire* gilt dies mit der Maßgabe, dass an die Stelle des *mandataire judiciaire* der *liquidateur* tritt.[2084] Ob den Gerichtsverfahren eine besondere Bedeutung zukommt, soll anders als bei den laufenden Verträgen nicht entscheidend sein.[2085]

In den Vorschriften zur Regelung der Arbeitnehmerforderungen ist ferner besonders vorgesehen, dass der Schuldner dem *mandataire judiciaire* respektive dem *liquidateur* und, wenn ein solcher bestellt worden ist, dem *administrateur* sämtliche nützlichen Informationen zu den am Tag der Eröffnungsentscheidung anhängigen arbeitsgerichtlichen Verfahren erteilt.[2086] Diese Vorgabe geht bereits zurück auf das Dekret vom 27. Dezember 1985 bzw. dessen Modifizierung im Zuge der Reform von 1994.[2087]

Der Wortlaut der einschlägigen Bestimmungen lässt die Annahme einer Pflicht zu.[2088] Die allgemeine Regel zur Information über die anhängigen Gerichtsverfahren ist zudem mit einem besonderen *interdiction de gérer* Tatbestand bewehrt.[2089]

2084 C. com., artt. L. 622-6, al. 2 („Le débiteur […] informe [l'administrateur et le mandataire judiciare] des instances en cours auxquelles il est partie"); L. 631-14, al. 1er; L. 641-1-I, al. 1er; *Lienhard* (Fn. 501), nos 74.18, 115.11, 122.11 note 1; *Le Corre* (Fn. 46), no 462.32; *Martin-Serf* (Fn. 1271), no 41.

2085 *De Roux* (Fn. 299), 220; *Becqué-Ickowicz* (Fn. 1979), 100; *Lienhard* (Fn. 501), no 74.18. Allerdings wird vertreten, dass eine Differenzierung je nachdem, ob ein als höchstpersönlich verstandener Anspruch verfolgt wird, gerechtfertigt sei, *Jeantin/Le Cannu* (Fn. 1177), no 567. Die Ausübung von Rechten solcher Art ist selbst vom Entzug der Verwaltungs- und Verfügungsbefugnis im Liquidationsverfahren ausgenommen, *Le Corre* (Fn. 46), nos 552.31, 552.33; *Jacquemont/Vabres* (Fn. 23), no 886; *Saint-Alary-Houin* (Fn. 25), no 1242.

2086 C. com., artt. R. 625-5 („Le débiteur donne toutes les informations utiles au mandataire judiciaire et à l'administrateur, s'il en a été désigné, sur les instances en cours devant la juridiction prud'homale à la date du jugement d'ouverture"); R. 631-32; R. 641-33.

2087 Décret no 85-1388 du 27 décembre 1985, art. 81 bzw. artt. 81, al. 1er; 118-2, al. 2; 119-1 i.d.F. des décret no 94-910 du 21 octobre 1994; *Lienhard* (Fn. 1980).

2088 S.o. Fn. 2084, 2086. Zu dem Pflichtcharakter s. auch *Lienhard* (Fn. 2085); *Le Corre* (Fn. 46), no 462.32; *Saint-Alary-Houin* (Fn. 25), no 572.

2089 C. com., art. L. 653-8, al. 2 und hierzu unten § 4 G I 1.

Auch enthält der Code de commerce für die *procédure de sauvegarde*, den *redressement* und die *liquidation judiciaire* seit dem Inkrafttreten der Verordnung vom 12. März 2014 die ausdrückliche Anordnung, dass der Schuldner in den durch das Eröffnungsurteil unterbrochenen Passivprozessen den die Rechtsverfolgung betreibenden Gläubiger innerhalb von zehn Tagen von der Eröffnung unterrichtet.[2090]. Bei wissentlicher Verletzung dieser – im Gesetz ausdrücklich als solche bezeichneten – Informationspflicht des Schuldners steht wiederum das freilich die Eröffnung des *redressement* oder der *liquidation judiciaire* voraussetzende Sanktionsmittel der *interdiction de gérer* bereit.[2091]

F. *Plan de sauvegarde* und *plan de redressement*

I. Vorbereitung

1. *Beteiligung bei der Erstellung der Wirtschafts- und Sozialbilanz*

Die Erstellung der Wirtschafts- und Sozialbilanz ist sowohl im Verfahren des *redressement judiciaire* als auch in der *procédure de sauvegarde* Sache des *administrateur*, gegebenenfalls unter Mitwirkung eines oder mehrerer Sachverständiger.[2092] Den Grund hierfür sieht man in der mangelnden Objektivität des Schuldners[2093] und der fachlichen Qualifikation der Verwalter[2094]. Ist kein *administrateur* bestellt, unterbleibt die Erstellung.[2095]

2090 C. com., artt. L. 622-22, al. 2 („Le débiteur, partie à l'instance, informe le créancier poursuivant de l'ouverture de la procédure dans les dix jours de celle-ci"); L. 631-14, al. 1er; L. 641-3, al. 1er; *Pérochon* (Fn. 272), n° 632; *Saint-Alary-Houin* (Fn. 25), n° 705; *Vallansan* (Fn. 431), nos 38, 52. Zur Unterbrechung der Passivprozesse durch das Eröffnungsurteil und zu ihrer Fortsetzung s.o. § 3 E.

2091 C. com., art. L. 653-8, al. 2 („L'interdiction mentionnée au premier alinéa peut également être prononcée à l'encontre de toute personne mentionnée à l'article L. 653-1 […] qui aura, sciemment, manqué à l'obligation d'information prévue par le second alinéa de l'article L. 622-22"); *Pérochon* (Fn. 272), n° 1752; *Saint-Alary-Houin* (Fn. 25), n° 1482; *Vallansan* (Fn. 431), n° 52. Zu den allgemeinen Voraussetzungen der *interdiction de gérer* und zum gerichtlichen Ermessen bei der Verhängung s. bereits oben § 4 A VIII 3-5.

2092 S.o. § 3 F.

2093 *Vallansan/Cagnoli/Fin-Langer* (Fn. 1510), 175; *Vinckel* (Fn. 382), n° 8.

2094 *Kremer* (Fn. 47), 122; *Lienhard* (Fn. 501), n° 73.14; *Pérochon* (Fn. 272), nos 855, 860; vgl. auch *Friedrichs* (Fn. 24), 166.

2095 S.o. § 3 F.

Das Gesetz sieht freilich auch eine Beteiligung des Schuldners vor.[2096] Der *administrateur* konsultiert den *mandataire judiciaire* und hört jede Person an, die in der Lage erscheint, Erhellendes zu der Situation und den Sanierungsperspektiven des Unternehmens, den Modalitäten der Schuldenregulierung und den sozialen Bedingungen der Fortführung der Aktivität beizutragen. Er informiert hierüber den Schuldner und gibt ihm Gelegenheit zur Stellungnahme.[2097] Es soll in ausreichendem Maße rechtliches Gehör gewährt werden.[2098]

Doch folgt aus den beschriebenen Regelungen zur Beteiligung des Schuldners bei der Erstellung der Wirtschafts- und Sozialbilanz – zumindest für sich genommen – noch keine Mitwirkungspflicht.[2099] Und auch die Bestimmungen des Code de commerce zur gerichtlichen Entscheidung über die Planfestsetzung bieten keine Argumentationsgrundlage für die Begründung einer solchen.[2100]

Die Entbehrlichkeit einer Pflicht zur Kooperation mit dem *administrateur* bei der Erstellung der Wirtschafts- und Sozialbilanz wird wenigstens für die *procédure de sauvegarde* mit dem eigenen Interesse des Schuldners an der Zusammenarbeit erklärt.[2101] In diesem Kontext erfolgt der Hinweis auf den Umstand, dass das Verfahren stets auf einen Eigenantrag zurückgeht und der Schuldner den Verwalter selbst vorgeschlagen haben kann[2102].

Zwar ist das schuldnerische Eigeninteresse an der Mitwirkung vor dem Inkrafttreten der *loi de sauvegarde* auch damit begründet worden, dass in

---

2096 C. com., artt. L. 623-1, al. 1er: „L'administrateur, avec le concours du débiteur […], est chargé de dresser dans un rapport le bilan économique et social de l'entreprise"; L. 631-18, al. 1er; *Geiger* (Fn. 3), 145, 160; *Friedrichs* (Fn. 2094); *Kindler/Nachmann*(-*Bauerreis*) (Fn. 26), Rn. 170 (2014).

2097 C. com., artt. L. 623-3, al. 3: „L'administrateur consulte le mandataire judiciaire et entend toute personne susceptible de l'informer sur la situation et les perspectives de redressement de l'entreprise, les modalités de règlement du passif et conditions sociales de la poursuite de l'activité. Il en informe le débiteur et recueille ses observations"; L. 631-18, al. 1er; *Robbe-Grillet* (Fn. 50), 191; *Medla* (Fn. 3), 191 f.; *Lienhard* (Fn. 501), n° 73.22.

2098 *Saint-Alary-Houin* (Fn. 25), n° 924.

2099 *Pérochon* (Fn. 272), n° 856; vgl. auch *Vallansan/Cagnoli/Fin-Langer* (Fn. 1510), 176, 323; *Le Corre* (Fn. 46), n° 491.22; *Jacquemont/Vabres* (Fn. 23), n° 730; *Vinckel* (Fn. 382), n° 11; wenigstens missverständlich *Robbe-Grillet* (Fn. 50), 190. Zum *faillite personnelle* Tatbestand der unterlassenen Kooperation mit den Organen des Verfahrens s. wiederum noch unten § 4 G II 2.

2100 S.o. § 4 A XI 1.

2101 *Pérochon* (Fn. 2099).

2102 *Pérochon* (Fn. 2099); *Vinckel* (Fn. 2099).

Ermangelung einer Kooperation bei dem Gericht beantragt werden könnte, die Annahme des Plans vom Austausch der Unternehmensleitung abhängig zu machen.[2103] Doch besteht der gesetzliche Zweck der entsprechenden Anordnung nicht in der Sanktionierung eines Fehlverhaltens, sondern in der zukunftsgerichteten Abwehr einer Gefährdung der Sanierung. Im Übrigen kann den Antrag heute nicht mehr der *administrateur*, sondern nur noch die Staatsanwaltschaft stellen[2104] und ist die Anwendbarkeit dieses Instruments aktuell auf das Verfahren des *redressement judiciaire* beschränkt. Schuldner, die eine reglementierte freiberufliche Tätigkeit ausüben, sind von der Regelung schon seit der Reform von 2005 ganz ausgenommen.[2105]

2. *Erstellung der Umweltbilanz*

Für den Fall, dass das Schuldnerunternehmen eine klassifizierte Anlage betreibt, sieht der Code de Commerce eine Ergänzung der Wirtschafts- und Sozialbilanz um eine Umweltbilanz vor.[2106] Deren Erstellung wird vom *administrateur* veranlasst.[2107] Sie erfolgt auf dessen Verlangen durch den Schuldner oder durch einen vom *juge-commissaire* bestellten Sachverständigen (*technicien*), wenn dieser Richter eine solche Beiziehung für erforderlich hält.[2108] Man nimmt an, dass der *administrateur* auf die Befolgung seiner Aufforderung zu achten hat.[2109] Ist kein *administrateur* bestellt, unterbleibt auch die Erstellung der Umweltbilanz.[2110]

Die Umweltbilanz soll der Einschätzung einschlägiger Risiken und Lasten dienen.[2111] Ihr Gegenstand besteht in der Identifizierung und Beschreibung der

---

2103 *Delebecque* (Fn. 2027), n° 11.

2104 Vor der Reform von 2005 konnte die Anordnung auch auf Antrag des *administrateur* oder von Amts wegen ergehen, C. com., art. L. 651-59, al. 1er i.d.F. der ordonnance n° 2000-912 du 18 septembre 2000; *Klopp*, KTS 1988, 267, 277; *Robbe-Grillet* (Fn. 50), 305.

2105 C. com., artt. L. 626-4, al. 1er; L. 631-19-I jeweils i.d.F. der loi n° 2005-845 du 26 juillet 2005; *Medla* (Fn. 3), 232. Zum Ganzen auch bereits oben § 4 A XI 1, XIII 7 b).

2106 S.o. § 3 F.

2107 C. com., artt. L. 623-1, al. 3; L. 631-18, al. 1er; *Robbe-Grillet* (Fn. 50), 191; *Kindler/Nachmann(-Bauerreis)* (Fn. 2096).

2108 C. com., artt. R. 623-2, al. 1er; R. 631-28; *Le Corre* (Fn. 46), n° 491.41; *Saint-Alary-Houin* (Fn. 2098); *Vinckel* (Fn. 382), nos 8, 12; wenigstens missverständlich MünchKomm InsO³(-*Niggemann*) (Fn. 23), Rn. 45.

2109 *Vinckel* (Fn. 382), n° 11.

2110 S.o. § 3 F.

2111 *Pérochon* (Fn. 272), n° 855; *Saint-Alary-Houin* (Fn. 25), n° 926; *Vinckel* (Fn. 382), n° 15.

Standorte, an denen das Unternehmen klassifizierte Anlagen betreibt, mit deren Umgebung. Ferner behandelt sie die Frage nach potentiellen Verschmutzungen, die bereits vollzogenen, vorgesehenen oder zu treffenden Sofortmaßnahmen zur Sicherung sowie die umgesetzten Maßnahmen zur Überwachung der Auswirkungen des Betriebs auf die Umwelt.[2112] Sie wird nach einem im Code de commerce vorgegebenen Muster erstellt.[2113]

Die Ermächtigung des *administrateur*, vom Schuldner die Erstellung der Umweltbilanz zu verlangen, lässt die Annahme einer Pflicht zu.[2114] Die Nichtbeachtung einer entsprechenden Aufforderung wird rechtlich missbilligt. Der Gesetzgeber hat erkannt, dass es im Falle des Betriebs klassifizierter Anlagen für die im Insolvenzverfahren zu treffenden Entscheidungen maßgeblich auf besonderes (Fach-)Wissen des Schuldners zu diesen Anlagen ankommen kann und will ihn nicht darüber disponieren lassen, ob er es zur Verfügung stellt.

3. *Beteiligung bei der Ausarbeitung des Planentwurfs*

Im Verfahren des *redressement judiciaire* ist es, wenn ein *administrateur* bestellt ist, an diesem, den Entwurf eines Plans auszuarbeiten.[2115] Wie im Falle der Wirtschafts- und Sozialbilanz sieht das Gesetz eine Beteiligung des Schuldners vor.[2116] Auch diese Regelung wird jedoch weniger als Anordnung gegenüber dem Schuldner denn als Mittel zur Wahrung seiner Verfahrensrechte verstanden: Zum einen sucht man die Unverzichtbarkeit der Beteiligung damit zu begründen, dass auch die Umsetzung des Plans grundsätzlich auf dem Schuldner lastet.[2117] Zum anderen war es dem Schuldner im *redressement judiciaire* nach

---

2112 C. com., artt. R. 623-2, al. 2; R. 631-28; *Le Corre* (Fn. 2108); *Saint-Alary-Houin* (Fn. 25), n° 926 note 16; vgl. auch *Robbe-Grillet* (Fn. 50), 191 f.

2113 C. com., artt. R. 623-2, al. 3; R. 631-28; A. 623-1; Annexe 6-1. Zum Ganzen *Rolland*, in: *Roussel Galle* (Fn. 1725), 681, 685; *dies.* (Fn. 3250), n° 13; *Vinckel* (Fn. 2111).

2114 Zum *faillite personnelle* Tatbestand der unterlassenen Kooperation mit den Verfahrensorganen s. wiederum noch unten § 4 G II 2. Zur Frage einer Haftung des Schuldners im Falle der Verletzung der Pflicht *Vinckel* (Fn. 382), n° 8.

2115 S.o. § 3 F. Sind Gläubigerausschüsse eingerichtet, gilt Entsprechendes für die Unterbreitung der an diese gerichteten Vorschläge, wobei allerdings auch jedes Ausschussmitglied einen Planentwurf vorlegen kann, s.o. § 3 G.

2116 C. com., art. L. 631-19-I, al. 2: „Il incombe à l'administrateur, avec le concours du débiteur, d'élaborer le projet de plan et, le cas échéant, de présenter aux comités de créanciers les propositions prévues au premier alinéa de l'article L. 626-30-2". Zur Wirtschafts- und Sozialbilanz insoweit oben § 4 F I 1.

2117 *Pérochon* (Fn. 272), n° 1123.

der Rechtsprechung des Kassationshofs vor der Reform von 2005 ungeachtet der Tatsache, dass das Gesetz nur den Vorschlag eines Plans durch den *administrateur* regelte,[2118] erlaubt, seinen eigenen Planentwurf vorzulegen;[2119] diese Judikatur wird teilweise durchaus für übertragbar gehalten auf die Situation nach dem Inkrafttreten der *loi de sauvegarde*,[2120] und für den Fall, dass der Schuldner von dieser Möglichkeit Gebrauch macht, ist bereits die Entbehrlichkeit seiner Beteiligung bei der Ausarbeitung eines Plans durch den *administrateur* angenommen worden[2121].

4. *Liste der Lieferantenforderungen*

Ist der Schuldner den Vorschriften zu den Gläubigerausschüssen unterworfen, so hat er dem *administrateur* umgehend eine Liste der Forderungen seiner Lieferanten auszuhändigen. Die Liste dient der Bestimmung der Zusammensetzung des Ausschusses der Hauptlieferanten. Sie ist nicht auf solche beschränkt, welche den für die Mitgliedschaft maßgeblichen Prozentsatz erreichen.[2122]

In die Liste sind die Forderungen mit ihrem Betrag aufzunehmen. Sie muss anders als die in den Bestimmungen zu den *mesures conservatoires* vorgesehene Gläubigerliste von dem oder den *commissaires aux comptes* zertifiziert oder, wenn ein solcher nicht bestellt ist, von dem *expert-comptable* des Schuldners erstellt

---

2118 C. com., art. L. 621-54, al. 1er i.d.F. der ordonnance n° 2000-912 du 18 septembre 2000; *Kremer* (Fn. 47), 121 f., 126; *Schällig* (Fn. 267), 19; *Ulrich/Poertzgen/Pröm*, ZInsO 2006, 64, 66. Für das vereinfachte Verfahren ordnete das Gesetz an, dass der Schuldner oder der *administrateur*, wenn ein solcher bestellt war, einen Entwurf eines *plan de redressement* erstellte, C. com., art. L. 621-139, al. 1er i.d.F. der ordonnance n° 2000-912 du 18 septembre 2000; *Schällig*, ebenda, 25.

2119 Cass. com. 6.10.1992, Bull. civ. 1992 IV, n° 286; 10.10.1995, n° 93-16.310; 8.6.1999, n° 96-11.926; 29.4.2002, n° 00-13.068.

2120 *Vinckel* (Fn. 382), n° 40 zu den Verfahren der *sauvegarde* vor dem Inkrafttreten der Verordnung vom 18. Dezember 2008, für die das Gesetz statt des Vorschlags eines Plans durch den Schuldner auch nur denjenigen des *administrateur* regelte, C. com., art. L. 623-1, al. 4 i.d.F. der loi n° 2005-845 du 26 juillet 2005; *Le Corre* (Fn. 46), n° 492.11. Gegen die Übertragbarkeit auf den *redressement judiciaire* unter dem geltenden Recht mit Blick auf den Umstand, dass das Gesetz seit der Reform von 2008 für das präventive Verfahren im Unterschied zu dem des *redressement judiciaire* ausdrücklich den Vorschlag eines Plans durch den Schuldner vorsieht, *Saint-Alary-Houin/Houin-Bressand* (Fn. 365), n° 11, welche aber darauf hinweisen, dass die Frage von der Rechtsprechung noch nicht entschieden ist.

2121 *Pérochon/Bonhomme* (Fn. 1664), n° 332.

2122 Dies verkennt *Medla* (Fn. 3), 245 f.

sein.[2123] Diese Anforderung ist im Kontext damit zu sehen, dass das Gesetz die Anwendbarkeit der Vorschriften zu den Gläubigerausschüssen davon abhängig macht, ob die Konten des Schuldners von einem *commissaire aux comptes* geprüft oder von einem *expert-comptable* erstellt worden sind.[2124] Es wird angenommen, dass mit diesem Erfordernis der Gefahr eines Verheimlichens durch den Schuldner begegnet werden soll.[2125] Man will anders als früher bei der Einberufung der Gläubigerversammlung zur Abstimmung über den Vergleich[2126] nicht auf Erkenntnisse aus dem Verfahren der Forderungsfeststellung warten,[2127] sich aber auch nicht ganz auf den Schuldner verlassen[2128].

Dass zur Bestimmung des Gesamtbetrags der Forderungen der abstimmenden Mitglieder auch des Ausschusses der Kreditinstitute vom *commissaire aux comptes* zertifizierte Angaben des Schuldners bzw. solche seines *expert-comptable* vorliegen, wird in den Vorschriften zur Abstimmung in den Ausschüssen vorausgesetzt;[2129] die Annahme der Planentwürfe durch die Ausschüsse ist an eine Zweidrittel-Summenmehrheit geknüpft.[2130] Von der ausdrücklichen Statuierung einer entsprechend weiten Handlungsanweisung an den Schuldner hat man jedoch abgesehen.

5. *Diskussion des Planentwurfs mit den Gläubigerausschüssen*

Noch in den Bestimmungen zum *règlement judiciaire* des Gesetzes vom 13. Juli 1967 war dem Schuldner respektive den Leitern der Gesellschaft, welche

---

2123 Zum Ganzen C. com., art. R. 626-56, al. 2; R. 631-37; *Lienhard* (Fn. 501), n° 82.26; *Le Corre* (Fn. 46), n° 513.23; *Saint-Alary-Houin* (Fn. 25), n° 952, zur fehlenden Notwendigkeit der Zertifizierung der in den Vorschriften zu den *mesures conservatoires* vorgesehenen Gläubigerliste s.o. § 4 D IV 2.

2124 *Jeantin/Le Cannu* (Fn. 1177), n° 859. Zu dieser Bedingung für die Anwendbarkeit der Vorschriften zu den Gläubigerausschüssen s.o. § 3 G.

2125 *Vinckel* (Fn. 382), n° 113.

2126 S.o. § 4 A I 2 b) aa).

2127 *Dumont-Lefrand*, J.-Cl. Commercial, Fasc. 2248 (Juli 2015) n° 23.

2128 *Roussel Galle* (Fn. 307), n° 664; vgl. auch *Medla* (Fn. 3), 244.

2129 Vgl. hierzu auch *Medla* (Fn. 3), 244, 247.

2130 Zum Ganzen C. com., artt. L. 626-30-2, al. 4 („La décision est prise par chaque comité à la majorité des deux tiers du montant des créances détenues par les membres ayant exprimé un vote, tel qu'il a été indiqué par le débiteur et certifié par son ou ses commissaire aux comptes ou, lorsqu'il n'en a pas été désigné, établi par son expert-comptable"); L. 631-19-I, al. 1er; *Jacquemont/Vabres* (Fn. 23), n° 754; *Saint-Alary-Houin* (Fn. 25), n° 955; *Vinckel* (Fn. 382), n° 118. Zu dem Erfordernis der Zweidrittel-Summenmehrheit s. auch bereits oben § 3 G.

zu der für die Abstimmung über den Vergleich vorgesehenen Gläubigerversammlung geladen waren, ausdrücklich ihr persönliches Erscheinen vorgeschrieben. Vertreten lassen konnten sie sich nur im Falle von Gründen, welche der *juge-commissaire* als legitim anerkannte.[2131] Auf diese Weise sollte auch gewährleistet werden, dass sie für die Beantwortung etwaiger Fragen bereitstanden.[2132]

Bei Missachtung der Vorgaben zum Erscheinen drohte letztlich die Überleitung in die *liquidation des biens*.[2133] Die Wirksamkeit des Vergleichs setzte voraus, dass seine Unterzeichnung noch in der Versammlung erfolgte.[2134] Und so wurde der Versuch unternommen, die Anordnung der Anwesenheit in erster Linie mit diesem Erfordernis zu erklären.[2135] Eine allzu strenge Handhabung der Regelungen ohne Möglichkeit einer Vertagung der Versammlung wurde in der Literatur allerdings mit Blick auf das gemeinsame Interesse aller Beteiligten als unangemessen bewertet.[2136]

In den Vorschriften zu den Gläubigerausschüssen heißt es heute schlicht, dass deren Abstimmung über die Planentwürfe nach Diskussion mit dem Schuldner und dem *administrateur* erfolgt.[2137] Diese Diskussion wird als Austausch zwischen dem Schuldner und dem *administrateur* auf der einen und den Gläubigern

---

2131 Décret n° 67-1120 du 22 décembre 1967, art. 65, al. 2; *Argenson/Toujas* (Fn. 170), 91 f., 96; *de Juglart/Ippolito* (Fn. 170), n° 1306; *Ripert/Roblot* (Fn. 130), n° 3202. Zu den historischen Vorläufern dieser Vorschrift Motive GemeinschuldO, II, 155; *Dölle* (Fn. 37), 179; *Jaeger/Weber*[8]*(-Jahr)* (Fn. 79), § 175 KO Anm. 13.

2132 *Argenson/Toujas* (Fn. 170), 96; *Toujas*, J.-Cl. Commercial, Anciens art. 437 à 614-26, Loi du 13 juillet 1967, Fasc. I-30 (September 1980) n° 32.

2133 *Argenson/Toujas* (Fn. 170), 97 unter Verweis auf loi n° 67-563 du 13 juillet 1967, art. 79, al. 1er; zu dieser Vorschrift oben Fn. 170; *Toujas* (Fn. 2132), n°s 38 f. Zur entsprechenden Rechtslage unter dem Dekret vom 20. Mai 1955 *Jaeger/Weber*[8]*(-Jahr)* (Fn. 79), § 175 KO Anm. 13, § 179 KO Anm. 5.

2134 Décret n° 67-1120 du 22 décembre 1967, art. 66, al. 5; *Argenson/Toujas* (Fn. 170), 92, 97; *Houin/Derrida(-Derrida)* (Fn. 1008), n° 2467; *Toujas* (Fn. 2132), n°s 32, 38. Zur entsprechenden Vorgängerregelung im Dekret vom 20. Mai 1955 *Jaeger*[8]*(-Jahr)* (Fn. 79), § 175 KO Anm. 13.

2135 *Argenson/Toujas* (Fn. 170), 96; *Toujas* (Fn. 2132), n° 32.

2136 *Toujas* (Fn. 2132), n°s 38 f. 54.

2137 C. com., artt. L. 626-30-2, al. 3 („Après discussion avec le débiteur et l'administrateur, les comités se prononcent sur ce projet […]"); L. 631-19-I, al. 1er; *Pascal Schütze* (Fn. 3), 68 Fn. 421; *Le Corre* (Fn. 46), n° 513.31; *Dumont-Lefrand* (Fn. 2127), n°s 31, 50. Zu dieser Abstimmung und Diskussion s. bereits oben § 3 G.

auf der anderen Seite verstanden.[2138] Ihr Zweck soll durchaus auch in der Information der Ausschüsse bestehen.[2139]

Doch bietet sich mit der einschlägigen Bestimmung keine Rechtsgrundlage für eine Aufklärungspflicht des Schuldners. Die Anordnung bestimmter Aufklärungshandlungen lässt sich aus ihr nicht ableiten. Man hat darauf verzichtet, den angestrebten Austausch näher auszugestalten, und es bei einem informellen Charakter belassen.[2140] Der Begriff der Diskussion bleibt so recht weich[2141] und soll den Beteiligten einen Handlungsspielraum lassen[2142]. Die Bedeutung der Rolle des *administrateur* wird in der Literatur hervorgehoben.[2143]

Auch muss die fehlende Zustimmung der Ausschüsse oder die Ablehnung des von diesen abgesegneten Planentwurfs durch das Gericht nicht zu einem Scheitern der *procédure de sauvegarde* oder des *redressement judiciaire* führen. Ein Plan kann von dem Gericht dann immer noch nach Konsultation der Gläubiger nach den allgemeinen, für Verfahren ohne Gläubigerausschüsse vorgesehenen Bestimmungen festgesetzt werden.[2144]

II. Ausführung

In den Bestimmungen zur Ausführung des *plan de sauvegarde* und des *plan de redressement* ist – zurückgehend auf die Reform von 1985 – vorgesehen, dass

2138 *Jeantin/Le Cannu* (Fn. 1177), n° 863; *Vinckel* (Fn. 382), n° 55.

2139 *Vinckel* (Fn. 382), n° 116.

2140 *Hyest* (Fn. 299), 294; *Robbe-Grillet* (Fn. 50), 214; *Medla* (Fn. 3), 247.

2141 *Vinckel* (Fn. 382), n° 55.

2142 *De Roux*, Rapport d'information déposé en application de l'article 86, alinéa 8, du Règlement par la commission des Lois constitutionnelles, de la législation et de l'administration générale de la République sur la mise en application de la loi n° 2005-845 du 26 juillet 2005 de sauvegarde des entreprises, Doc. AN n° 3651, enregistré à la Présidence de l'Assemblée nationale le 31 janvier 2007, 55.

2143 *Dumont-Lefrand* (Fn. 2127), n° 31; *Vinckel* (Fn. 382), n° 116.

2144 C. com., art. L. 626-34; *Dumont-Lefrand* (Fn. 2127), n°s 68 f.; *Perruchot/Salgado* (Fn. 493), n° 100 sowie *Le Corre*, J.-Cl. Commercial, Fasc. 2190 (November 2015) n° 45 mit dem Hinweis darauf, dass es in Abwesenheit eines befürwortenden Votums der Ausschüsse zu deren Auflösung und deswegen zum Rückgriff auf die allgemeinen Bestimmungen kommt; die Streichung der Variante der Ablehnung der von dem Schuldner gemachten Vorschläge aus dem Artikel L. 626-34 des Code de commerce durch die Verordnung vom 12. März 2014 (ordonnance n° 2014-326 du 12 mars 2014, art. 47) steht dem Rückgriff deswegen nicht entgegen. Zur Rechtslage vor dem Inkrafttreten der Verordnung etwa *Vallender/Heukamp*, InVo 2006, 1, 8; *Sonnenberger/Dammann* (Fn. 27), Rn. VIII 47; *Drukarczyk* (Fn. 464), 770.

sich der *commissaire à l'exécution du plan* sämtliche für seinen Aufgabenbereich nützlichen Unterlagen und Informationen zukommen lassen kann.[2145] Keinesfalls aber werden ihm insoweit Zwangsmittel gegenüber dem Schuldner an die Hand gegeben.[2146] Die einschlägigen Vorschriften definieren noch nicht einmal den Adressatenkreis entsprechender Begehren.[2147] Es wird angenommen, dass sie das Verhältnis des *commissaire à l'exécution du plan* zu den anderen Verfahrensorganen und insbesondere zum *juge-commissaire* betreffen.[2148]

Nach einer Bestimmung des Dekrets vom 27. Dezember 1985 war es Sache des Schuldners, jährlich einen Bericht über die Erfüllung seiner finanziellen Verpflichtungen innerhalb der vom Plan vorgegebenen Fristen abzugeben.[2149] Im Gesetzgebungsverfahren zu der Reform von 1994 entschloss sich der Senat dann für die Aufnahme einer Vorschrift in das Gesetz vom 25. Januar 1985, wonach der Schuldner dem *commissaire à l'exécution du plan* am Ende eines jeden Geschäftsjahres nach der Annahme des Plans Rechenschaft abzulegen gehabt hätte über dessen Umsetzung. Auch bei unterbliebener Erstattung eines entsprechenden Berichts seitens des Schuldners hätte das Gericht danach die Auflösung des Plans anordnen können sollen. Letztlich sind diese Änderungsvorschläge aber nicht Gesetz geworden.[2150] Vielmehr wurde die angesprochene Vorschrift des Dekrets vom 27. Dezember 1985 im Zuge der Reform von 1994 ersetzt durch eine Regelung, wonach der *commissaire à l'exécution du plan* einen jährlichen Bericht über die Erfüllung der Verpflichtungen des Schuldners erstellte.[2151] Eine

---

2145 C. com., artt. L. 626-25, al. 5 („Le commissaire à l'exécution du plan peut se faire communiquer tous les documents et informations utiles à sa mission"); 631-19-I, al. 1er; *Robbe-Grillet* (Fn. 50), 258, 355-357; *Medla* (Fn. 3), 241; *Houin-Bressand/Saint-Alary-Houin*, J.-Cl. Commercial, Fasc. 2238 (Februar 2017) n° 35. Zur Situation unter dem Gesetz vom 25. Januar 1985 loi n° 85-98 du 25 janvier 1985, art. 67, al. 3; C. com., art. L. 621-68, al. 3 i.d.F. der ordonnance n° 2000-912 du 18 septembre 2000; *Kremer* (Fn. 47), 211; *Schällig* (Fn. 27), 259; *Rossbach* (Fn. 7), 133.

2146 *Schällig* (Fn. 2145).

2147 S. die Nachweise oben Fn. 2145.

2148 *Derrida/Godé/Sortais* (Fn. 1879), n° 138; *Houin-Bressand/Saint-Alary-Houin* (Fn. 2145). Dies übersehen offenbar *Schällig* (Fn. 2145) und *Medla* (Fn. 2145).

2149 Décret n° 85-1388 du 27 décembre 1985, art. 103; *Derrida/Godé/Sortais* (Fn. 1879), n° 110; *Kremer* (Fn. 2145); *Couret/Larrieu/Macorig-Venier/Mascala/Monsèrié/Saint-Alary-Houin*, La réforme du droit des entreprises en difficulté (Paris 1995) n° 210.

2150 *Couret/Larrieu/Macorig-Venier/Mascala/Monsèrié/Saint-Alary-Houin* (Fn. 2149), n° 213.

2151 Décret n° 85-1388 du 27 décembre 1985, art. 103 i.d.F. des décret n° 94-910 du 21 octobre 1994; *Couret/Larrieu/Macorig-Venier/Mascala/Monsèrié/Saint-Alary-Houin* (Fn. 2149); *Karl-Heinz Weber/Hoffmann* (Fn. 6), 115; *Schällig* (Fn. 267), 194.

solche Anordnung findet sich sowohl für den *redressement judiciaire* als auch für die *procédure de sauvegarde* noch heute im Code de commerce.[2152]

Als Grund für die Auflösung ist gegenwärtig neben der Nichterfüllung der schuldnerischen Verpflichtungen innerhalb der im Plan fixierten Fristen der Eintritt der *cessation des paiements* vorgesehen. Die Ablehnung des Auflösungsgrundes der unterlassenen Berichterstattung durch den Schuldner zeugt von einer konsequenten Umsetzung des Grundsatzes der Trennung zwischen Mensch und Unternehmen.[2153]

In der Praxis lässt sich der *commissaire à l'exécution du plan* die für die Erstellung seines jährlichen Berichts relevanten Informationen vom Schuldner erteilen. Ergeben sich insoweit Schwierigkeiten, wird erwartet, dass Ersterer davon den Präsidenten des Gerichts in Kenntnis setzt.[2154] Ausdrücklich angeordnet ist eine solche Mitteilung im Gesetz für den Fall, dass der Plan nicht eingehalten wird.[2155]

G. *Faillite personnelle* und *interdiction de gérer*

Verschiedene Tatbestände der *faillite personnelle* und der *interdiction de gérer* sind von zentraler Bedeutung für die Frage nach schuldnerischen Aufklärungspflichten in den Unternehmensinsolvenzverfahren des französischen Rechts, die über die Einreichung des Eigenantrags und die geforderte Bereitstellung von Informationen mit demselben hinausgehen.[2156]

2152 C. com., artt. R. 626-43; R. 631-35, al. 1er; *Kindler/Nachmann(-Bauerreis)* (Fn. 26), Rn. 177 (2014); *Houin-Bressand/Saint Alary-Houin* (Fn. 2145), n° 26; vgl. auch *Robbe-Grillet* (Fn. 2145).

2153 S. zum Ganzen bereits oben § 4 A XI 2.

2154 *Le Corre* (Fn. 46), 521.31, 541.09 unter Umgehung einer Bezugnahme auf C. com., art. L. 626-25, al. 5. Zur Frage der Erfassung einer seitens des Schuldners dem *commissaire à l'exécution du plan* gegenüber verweigerten Mitwirkung bei der Sachverhaltsaufklärung von dem *faillite personnelle* Tatbestand der unterlassenen Kooperation mit den Verfahrensorganen s. noch unten § 4 G II 2 c), d).

2155 C. com., art. L. 626-25, al. 6; *Robbe-Grillet* (Fn. 50), 258; *Le Corre* (Fn. 46), n° 521.31; *Vinckel* (Fn. 1210), n° 31.

2156 Zu *faillite personnelle* und *interdiction de gérer* im Allgemeinen und ihrer Bedeutung für die Frage nach schuldnerischen Pflichten zur Sachverhaltsaufklärung durch die und mit der Stellung eines Eigenantrags s. bereits oben § 4 A VIII.

I. *Interdiction de gérer*

1. *Gläubigerliste und andere Auskünfte*

Eine *interdiction de gérer* kann speziell dann verhängt werden, wenn dem *administrateur* und dem *mandataire judiciaire* bzw. dem *liquidateur* die in den Bestimmungen des Code de commerce zu den *mesures conservatoires* geforderte Liste der Gläubiger und des Betrags der Schulden nicht in dem vorgesehenen Zeitrahmen übergeben wird.[2157] Dieser Tatbestand geht zurück auf die Reform von 1994.[2158] Er soll die Einhaltung der entsprechenden Pflicht sichern.[2159] Zuvor war von manchen kritisiert worden, dass die Verwalter ihrer Verletzung machtlos gegenüber gestanden hätten.[2160]

Ursprünglich war in dem *interdiction de gérer* Tatbestand, wie auch heute noch in den Bestimmungen zu den Sicherungsmaßnahmen, eine Frist von acht Tagen ab dem Eröffnungsurteil vorgesehen.[2161] Diese soll praktisch eine Verurteilung von jedem Schuldner oder Geschäftsleiter ermöglicht haben.[2162] Die *loi de sauvegarde* hat sie in der Folge auf einen Monat verlängert.[2163]

Gleichzeitig mit der Fristverlängerung wurde die Vorschrift auf weitere vom Schuldner erwartete Beiträge zur Sachverhaltsaufklärung erstreckt. Die *interdiction de gérer* kann auf ihrer Grundlage seither gegenüber den Verantwortlichen verhängt werden, die dem *mandataire judiciaire*, dem *administrateur* oder dem *liquidateur* die in dem auf das Eröffnungsurteil folgenden Monat nicht diejenigen

---

2157 C. com., artt. L. 653-8, al. 2; L. 622-6, al. 2; L. 631-14, al. 1er; L. 641-1-I, al. 1er; L. 641-4, al. 4; *Le Corre* (Fn. 46), n° 913.13; *Jacquemont/Vabres* (Fn. 23), nos 345, 1159; *Cerf-Hollender* (Fn. 272), n° 73. Zu dieser Liste s.o. § 4 D IV 2.

2158 C. com., art. L. 625-8, al. 2 i.d.F. der ordonnance n° 2000-912 du 18 septembre 2000; *Celestine/Felsner*, WM 1996, 425, 427; *Karl-Heinz Weber/Hoffmann* (Fn. 6), 93, 104; *Cerf-Hollender* (Fn. 2157).

2159 *Celestine/Felsner*, WM 1996, 425, 427; *de Roux* (Fn. 299), 221; *Saint-Alary-Houin* (Fn. 25), nos 763, 1482.

2160 *Derrida/Godé/Sortais* (Fn. 1879), n° 196; vgl. auch *Saint-Alary-Houin* (Fn. 25), n° 763. Zur Möglichkeit des Rückgriffs auf den Tatbestand der Eröffnungsantragsfristverletzung s. sogleich noch unten § 4 G I 3.

2161 C. com., art. L. 625-8, al. 2 i.d.F. der ordonnance n° 2000-912 du 18 septembre 2000; *Chaput*, JCP 1994, éd. E, I 3786, n° 103; *Karl-Heinz Weber/Hoffmann* (Fn. 2158); *Ripert/Roblot/Delebecque/Germain* (Fn. 15), n° 3011. Zu der Achttagefrist in den Bestimmungen zu den Sicherungsmaßnahmen s.o. § 4 D IV 2.

2162 *Pérochon* (Fn. 272), n° 1749 note 65.

2163 Loi n° 2005-845 du 26 juillet 2005, art. 138-I; C. com., art. L. 653-8, al. 2; *Le Corre* (Fn. 2157); *Pérochon* (Fn. 272), n° 1749; *Cerf-Hollender* (Fn. 2157).

Auskünfte geben, welche sie diesen nach Artikel L. 622-6 des Code de commerce zu erteilen haben.[2164] Zweifellos erfasst hiervon sind die Liste der laufenden Verträge und die Information über die anhängigen Verfahren, die dort neben der Gläubigerliste gefordert werden.[2165]

Nicht unumstritten ist die Frage, ob schon Auslassungen – zumindest vorsätzlicher Art – abgedeckt werden.[2166] Dagegen wird im Besonderen eine Argumentation mit der Rechtsprechung des Kassationshofs erwogen, wonach eine irreguläre Buchführung nicht unter den *faillite personnelle* Tatbestand der (vollständigen) Abwesenheit einer Buchführung des Gesetzes vom 25. Januar 1985 fallen sollte.[2167] Unter Berufung auf die Qualifizierung von *faillite personnelle* und *interdiction de gérer* als Sanktionen und den auch nach der Rechtsprechung abschließenden Charakter ist die Forderung nach einer allgemein strengen Auslegung ihrer Tatbestände im Schrifttum weit verbreitet.[2168]

Keine Einigkeit besteht offenbar auch darüber, ob die unterlassene Ergänzung des Inventars um die Angabe der einem Herausgabeanspruch ausgesetzten Vermögensgegenstände im Besitz des Schuldners von dem hier in Rede stehenden

---

2164 Loi n° 2005-845 du 26 juillet 2005, art. 138-I; C. com., art. L. 653-8, al. 2 („L'interdiction mentionnée au premier alinéa peut également être prononcée à l'encontre de toute personne mentionnée à l'article L. 653-1 qui [...] n'aura pas remis au mandataire judiciaire, à l'administrateur ou au liquidateur les renseignements qu'il est tenu de lui communiquer en application de l'article L. 622-6 dans le mois suivant le jugement d'ouverture [...]"); *Jacquemont/Vabres* (Fn. 23), n° 1159; *Saint-Alary-Houin* (Fn. 25), n°s 763, 1482; *Cerf-Hollender* (Fn. 2157).

2165 *Le Corre* (Fn. 2157); *Jacquemont/Vabres* (Fn. 23), n°s 345, 1159; *Cerf-Hollender* (Fn. 272), n° 74. Zu diesen Angaben s.o. § 4 D IV 2, E.

2166 Dafür, was die Gläubigerliste betrifft, offenbar CA Aix-en-Provence 15.11.2012, JurisData n° 2012-027839; *Vallansan*, RJ com. 2000, 50, 52.

2167 *Cerf-Hollender* (Fn. 2165) unter Berufung auf Cass. com. 8.12.1998, n° 96-21.015 zu loi n° 85-98 du 25 janvier 1985, artt. 188; 182-5°, die freilich gleichzeitig darauf hinweist, dass in den Fällen der Unvollständigkeit und willentlicher Falschangaben der unten – § 4 G II 2 – noch zu behandelnde *faillite personnelle* Tatbestand der unterlassenen Kooperation mit den Organen des Verfahrens erfüllt sein könnte. Zu dem Tatbestand der Abwesenheit einer Buchführung s.o. § 4 A VIII 2 sowie unten § 4 G II 1.

2168 *Legros*, Dr. sociétés 2004, comm. 25 (Anm. zu Cass. com. 13.5.2003, n° 99-11.969); *Vallansan/Cagnoli/Fin-Langer* (Fn. 1510), 486; *Pérochon* (Fn. 272), n° 1754; *Cerf-Hollender* (Fn. 272), n°s 33, 74; in diesem Sinne auch *Le Corre* (Fn. 46), n° 912.09. S. auch bereits oben § 4 A II 3 c) cc). Zur Einordnung von *faillite personnelle* und *interdiction de gérer* und dem abschließenden Charakter ihrer Tatbestände s.o. § 4 A VIII 7.

interdiction de gérer Tatbestand erfasst ist.[2169] Dieser Umstand mag der relativ komplizierten Ausgestaltung der Regelungen zum Verfahren bei dem Inventar und seiner Ergänzung geschuldet sein: Einerseits wird Letztere dem Schuldner in dem auch auf den *redressement* und die *liquidation judiciaire* anzuwendenden Artikel L. 622-6 des Code de commerce auferlegt und werden *administrateur* sowie *mandataire judiciaire* dort zu Empfängern des Inventars erklärt;[2170] die partie réglementaire des Code de commerce enthält die dahin gehende Präzisierung, dass der Ersteller das Inventar bei der Gerichtskanzlei einreicht und die Verwalter eine Kopie erhalten[2171].

Andererseits wird in Artikel L. 622-6 des Handelsgesetzbuchs nicht eine unmittelbare Kommunikation der ergänzenden Angaben vom Schuldner an die Verwalter angeordnet. Für die *procédure de sauvegarde* ist in der partie réglementaire des Code de commerce vorgesehen, dass er die Liste der mit einem Herausgabeanspruch behafteten Vermögensgegenstände dem Inventar als Anhang beifügt, wenn er dieses selbst erstellt. Ansonsten hat er sie in allen Unternehmensinsolvenzverfahren der zur Erstellung des Inventars berufenen Person zu übergeben.[2172]

Keinesfalls erstreckt sich der Anwendungsbereich des genannten *interdiction de gérer* Tatbestands auf die Verletzung anderer nicht in Artikel L. 622-6 des Handelsgesetzbuchs geregelter Aufklärungspflichten wie derjenigen zu den Arbeitnehmern, ihren Ansprüchen und den Niederlassungen des Schuldners.[2173] Dasselbe gilt für die Pflicht zur weiteren Ergänzung des Inventars um die mit Pfandrechten belasteten und um die zur Sicherung der Durchführung der zollamtlichen Überwachung in vorübergehender Verwahrung befindlichen Güter.[2174]

2169 Dafür *Delattre*, JCP 2012, éd. E, 1618; *Vallansan/Cagnoli/Fin-Langer* (Fn. 1510), 488 sowie offenbar *Zattara-Gros*, in: *Lucas/Lécuyer* (Fn. 1979), 455; *Roussel Galle* (Fn. 307), n° 848; *Pérochon* (Fn. 272), n° 1749. Dagegen offenbar *Le Corre* (Fn. 46), n° 913.13; *Cerf-Hollender* (Fn. 272), n° 74. S. zu dieser Ergänzung oben § 4 D IV 3 b).

2170 S.o. Fn. 2020, 2030. Im Verfahren der *liquidation judiciaire* übt der *liquidateur* insbesondere auch die dem *administrateur* und dem *mandataire judiciaire* in Artikel L. 622-6 übertragenen Aufgaben aus, C. com., art. L. 641-4, al. 4.

2171 S.o. § 4 D IV 3 a).

2172 S.o. § 4 D IV 3 b).

2173 *Chaput*, JCP 1995, éd. E, I 440, n° 25; vgl. auch Cass. com. 13.5.2003, Dr. sociétés 2004, comm. 25, note *Legros*.

2174 *Delattre*, JCP 2008, éd. E, 2334; *Pérochon* (Fn. 2169); *Cerf-Hollender* (Fn. 2169). Zu diesen Pflichten s.o. § 4 D IV 1, 3 b).

Die Verhängung der *interdiction de gérer* setzt nach dem Gesetzeswortlaut ausdrücklich die Bösgläubigkeit des Verantwortlichen voraus.[2175] Es wird ein Wissen um die Pflicht zur Erteilung der betroffenen Auskünfte und eine willentliche Nichterfüllung verlangt.[2176] Der Nachweis kann insbesondere über eine dahin gehende Aufforderung seitens der Verwalter bzw. einen Hinweis auf die Pflicht per eingeschriebenen Brief geführt werden.[2177] Auch wird die Unredlichkeit bejaht, wenn der Schuldner durch seine Passivität bestimmte Gläubiger aus dem Verfahren innewohnenden Abläufen herauszuhalten sucht.[2178]

Umgekehrt wird im Falle der unterlassenen Aushändigung der Gläubigerliste die Bösgläubigkeit verneint bei einem erst kurz vor der Verfahrenseröffnung bestellten Geschäftsführer, dem es wegen der bei seinem Amtsantritt fehlenden Buchführung der zuvor sich selbst überlassenen *SARL* unmöglich ist, eine erschöpfende Aufstellung zu fertigen[2179]. Dasselbe gilt, wenn die Pflicht zur Erteilung der in Artikel L. 622-6 des Code de commerce vorgeschriebenen Auskünfte deswegen nicht erfüllt wird, weil der Leiter der Schuldnerin, die ihre Aktivität zwei Jahre vorher eingestellt hat und keine Arbeitnehmer mehr beschäftigt, unter ernsten gesundheitlichen Problemen leidet.[2180]

Nicht erforderlich für den Ausspruch der *interdiction de gérer* ist es, dass das schuldnerische Fehlverhalten bei der Sachverhaltsaufklärung zur Erschöpfung der Aktivmasse beigetragen hat.[2181]

2. Unterrichtung der Gläubiger in Passivprozessen

Mit der Missachtung der Pflicht zur fristgerechten Unterrichtung der die Rechtsverfolgung betreibenden Gläubiger von der Eröffnung des Unternehmensinsolvenzverfahrens in den durch das Eröffnungsurteil unterbrochenen Passivprozessen hat die Verordnung vom 12. März 2014 einen neuen *interdiction*

2175 C. com., art. L. 653-8, al. 2 („[…] qui, de mauvaise foi, n'aura pas remis […]"); *Pérochon* (Fn. 2169); *Jacquemont/Vabres* (Fn. 23), n° 1159; *Saint-Alary-Houin* (Fn. 2164). Zum persönlichen Anwendungsbereich der *interdiction de gérer* s.o. § 4 A VIII 4.

2176 *Couret/Larrieu/Macorig-Venier/Mascala/Monsèrié/Saint-Alary-Houin* (Fn. 2149), n° 297.

2177 CA Rouen 12.2.2015, JurisData n° 2015-003688; *Delattre*, Rev. proc. coll. 2010-3, étude 15, n° 7.

2178 Zum Ganzen *Delattre*, JCP 2007, éd. E, 2401; *Cerf-Hollender* (Fn. 272), n° 75.

2179 *Jacquemont/Vabres* (Fn. 2175).

2180 Cass. com. 24.3.2015, n° 14-50.046.

2181 *Delattre*, JCP 2012, éd. E, 1618 m.N. aus der Rspr.

de gérer Tatbestand geschaffen. Dessen Verwirklichung setzt die wissentliche Verletzung der Pflicht voraus.[2182]

3. *Eröffnungsantragsfrist*

Wie bereits unter dem Gesetz vom 13. Juli 1967 konnte das Gericht unter dem Gesetz vom 25. Januar 1985 die *faillite personnelle* oder eine *interdiction de gérer* verhängen, wenn der Schuldner nicht innerhalb von fünfzehn Tagen ab dem Eintritt der *cessation des paiements* die Erklärung derselben einreichte.[2183] Weil die Frist kaum eingehalten wurde, konnten sie praktisch in fast jedem Verfahren nach dem Ermessen des Gerichts ausgesprochen werden.[2184] Da es bei der Ausübung des Ermessens hinsichtlich der Verhängung von *faillite personnelle* und *interdiction de gérer* berücksichtigen kann, inwieweit sich der Verantwortliche in dem Insolvenzverfahren kooperativ gezeigt hat,[2185] wird angenommen, dass sich dem Gericht damit faktisch ein Auffangtatbestand bot, über den es anderes Fehlverhalten als die Fristverletzung sanktionieren konnte[2186]. Mit der Vorschrift selbst wurde allerdings die rechtliche Missbilligung des tatbestandlichen Verhaltens zum Ausdruck gebracht.

Inzwischen hat der Gesetzgeber die Möglichkeiten zum Rückgriff auf diesen Tatbestand eingeschränkt. Die Reform von 2005 hat eine Verlängerung der Frist für den Antrag auf Eröffnung des *redressement* und der *liquidation judiciaire* auf fünfundvierzig Tage gebracht. Seit dem Inkrafttreten der *loi Macron* setzt schon

---

2182 S.o. § 4 E.

2183 S.o. § 4 A I 6 a), e) bb), II 1, VIII 1. Zur Anknüpfung des Tatbestands an das Unterlassen der Erklärung der *cessation des paiements* unter dem Gesetz vom 25. Januar 1985 s. loi n° 85-98 du 25 janvier 1985, art. 189, 5°; C. com., art. L. 625-5, 5° i.d.F. der ordonnance n° 2000-912 du 18 septembre 2000 („Avoir omis de faire, dans le délai de quinze jours, la déclaration de l'état de cessation des paiements").

2184 *Pétel*, JCP 1999, éd. G, I 139, n° 16 (Anm. zu Cass. com. 19.1.1999, Bull. civ. 1999 IV, n° 19); *Ripert/Roblot/Delebecque/Germain* (Fn. 15), n° 3306. Zur Rechtslage unter dem Gesetz vom 13. Juli 1967 *Toujas/Argenson*, JCP 1968, éd. G, I 2179, n° 259; *Alliot*, in: *Rodière* (Fn. 209), 391, 414.

2185 CA Paris 15.2.2000, Rev. proc. coll. 2000, 224, 226, note *Barret*; *Legros*, Dr. sociétés 2003, comm. 210 (Anm. zu CA Paris 7.3.2003, Juris-Data n° 2003-209611); *Le Corre* (Fn. 46), n° 911.11; *Jacquemont/Vabres* (Fn. 2175); vgl. auch CA Douai 18.12.2008, Dr. sociétés 2009, comm. 167, note *Legros*. Zur Einräumung dieses Ermessens s. bereits oben § 4 A VIII 5.

2186 *Pètel*, JCP 1997, éd. G, I 4029, n° 19 (Anm. zu Cass. com. 19.11.1996, Bull. civ. 1996 IV, n° 278); *Lienhard* (Fn. 1213), 489; *Le Corre* (Fn. 46), n° 912.18.

die Verwirklichung des Tatbestands das wissentliche Unterlassen der Antragstellung innerhalb der gesetzlichen Frist voraus.[2187]

Im Übrigen genügt die Verletzung der Frist schon seit dem Inkrafttreten der *loi de sauvegarde* nicht mehr für den Ausspruch der *faillite personnelle*.[2188] Und die Verhängung der *interdiction de gérer* zeitigt anders als diese nicht mehr den Ausschluss der in der *liquidation judiciaire* gewährten Restschuldbefreiung.[2189]

Der in dem Gesetzgebungsverfahren zu dem Gesetz vom 18. November 2016 erhobenen Forderung, das Tatbestandsmerkmal der Wissentlichkeit der unterlassenen Antragstellung bereits wieder zu streichen,[2190] ist der Gesetzgeber nicht gefolgt. Über die zuvor teilweise geäußerten Bedenken, dass der Tatbestand mit dieser Anforderung seine als unverzichtbar erachtete Auffangfunktion nicht mehr erfüllen könne, hat er sich damit hinweggesetzt. Mit Blick auf den präventiven Aspekt der *interdiction de gérer* war beanstandet worden, dass die Änderung durch die *loi Macron* den als unerlässlich bewerteten Ausschluss des redlichen, aber inkompetenten Geschäftsleiters unter Rückgriff auf die Überschreitung der Antragsfrist verhindere. Dem Verantwortlichen sei damit auch nicht gedient, weil so ein Anreiz für die Staatsanwaltschaft geschaffen werde, nach schwerwiegenderen, gar den Ausspruch der *faillite personnelle* oder die strafgerichtliche Verhängung einer *interdiction de gérer* rechtfertigenden Verfehlungen zu forschen.[2191] Im Übrigen stehe die Verschärfung der Anforderungen an die Verhängung der *interdiction de gérer* aus dem Grund der Fristverletzung im Widerspruch zu der vom Gesetzgeber angestrebten Förderung der Prävention und Antizipation[2192] – ein Argument, welches an dasjenige zur Auslegung des entsprechenden Überleitungstatbestands des Dekrets vom 20. Mai 1955 erinnert, wonach das Erfordernis eines über den schieren Ablauf der Frist für die Erklärung der *cessation des paiements* hinausgehenden schuldhaften Fehlverhaltens der Motivation des Schuldners zur rechtzeitigen Verfahrensinitiierung abträglich sein sollte[2193].

2187 Zum Ganzen oben § 4 A II 1, VIII 1.

2188 S.o. § 4 A VIII 1.

2189 S.o. § 4 A VIII 5.

2190 Projet de loi relatif à l'action de groupe et à l'organisation judiciaire, Doc. AN n° 3204, art. 50-VIII, 2°.

2191 *Delattre*, Rev. proc. coll. 2015-5, étude 19, n°s 2, 11. Zum Ausspruch von *faillite personnelle* und *interdiction de gérer* als Nebenstrafe s.o. § 4 A VII 5 a).

2192 *Rossi*, Rev. proc. coll. 2015-5, étude 15, n° 6.

2193 S.o. § 4 A I 5 h) bb).

II. *Faillite personnelle*

1. *Buchführung*

Die *faillite personnelle* kann das Gericht etwa bei bestimmten Verstößen des Verantwortlichen gegen buchführungsbezogene Pflichten verhängen.[2194] Von einer mangelnden Überlassung der Buchführung an die Insolvenzverwalter soll auf ihre Inexistenz oder ihren irregulären Charakter geschlossen werden können.[2195]

Per se genügte das Unterlassen der Aushändigung in Ermangelung eines entsprechenden Tatbestandes zumindest bis zum Inkrafttreten der *loi de sauvegarde* dagegen nicht für den Ausspruch der *faillite personnelle*.[2196] Flankierend wurde unter dem Gesetz vom 25. Januar 1985 damit argumentiert, dass Letztere an Verfehlungen vor der Eröffnung anknüpfte;[2197] in der Verhängung der *interdiction de gérer* aus dem auf die Novelle von 1994 zurückgehenden Grund der unterlassenen Kommunikation der Gläubigerliste sah man eine Ausnahmeerscheinung[2198].

Auch bis heute haben sich die gesetzlichen Grundlagen nicht so geändert, dass die unterlassene Aushändigung von Buchführungsunterlagen an die Verwalter stets notwendig die Realisierung eines der speziell an die buchführungsbezogenen Pflichten anknüpfenden Fälle der *faillite personnelle* bedeuten sollte.[2199] Zwar ist mit der unterlassenen Unterrichtung der Gläubiger in den durch das Eröffnungsurteil unterbrochenen Passivprozessen inzwischen ein neuer Fall der *interdiction de gérer* eingeführt worden, welcher eine Sanktionierung von

---

2194 S.o. § 4 A VIII 2 Fn. 1504. Für Beispiele aus der Praxis *Delattre*, Dr. sociétes 2012, étude 13, n°s 2, 5 f. Zum persönlichen Anwendungsbereich der *faillite personnelle* s.o. § 4 A VIII 4.

2195 Cass. com. 16.9.2014, no 13-10.514 = Rev. proc. coll. 2015-3, comm. 68, note *Martin-Serf*; CA Douai 6.6.2013, JCP 2013, éd. E, 1594, note *Delattre*; *Delattre*, Dr. sociétés 2012, étude 13, n° 4. Zur Rechtslage vor der Reform von 2005 Cass. com. 6.2.2001, n° 98-11.239; 3.12.2003, n° 01-01.863; *Soinne* (Fn. 382), n° 2636; *Le Corre* (Fn. 46), n°s 912.12, 912.19 jeweils m.N. aus der Rspr.; vgl. auch *Wallmann* (Fn. 262), 142 Fn. 701.

2196 Cass. com. 13.5.2003, Dr. sociétés 2004, comm. 25, note *Legros*; 3.12.2003, n° 02-14.060; 27.2.2007, Bull. civ. 2007 IV, n° 70 = JCP 2007, éd. E, 2401, note *Delattre* = Dr. sociétés 2007, comm. 133, note *Legros*; 22.9.2009, n° 08-14.885; *Le Corre* (Fn. 46), n° 912.12; vgl. auch *Andreas Stadler* (Fn. 182), 192 Fn. 1044.

2197 *Legros*, Dr. sociétés 2004, comm. 25 (Anm. zu Cass. com. 13.5.2003, n° 99-11.969); *Cerf-Hollender* (Fn. 272), n° 52. Zu dieser Anknüpfung s.o. § 4 A VIII 3.

2198 *Guyon* (Fn. 18), n° 1414; vgl. auch *Chaput*, JCP 1994, éd. E, I 3786, n° 103. Zu diesem Grund für die Verhängung der *interdiction de gérer* s.o. § 4 G I 1.

2199 CA Aix-en-Provence 15.11.2012, JurisData n° 2012-027839.

Fehlverhalten nach der Verfahrenseröffnung ermöglicht.[2200] Eine solche Möglichkeit bietet gerade auch der – sogleich noch zu behandelnde und im Zuge der Reform von 2005 geschaffene – *faillite personnelle* Tatbestand der unterlassenen Kooperation mit den Organen des Verfahrens.[2201] Doch soll hierin wiederum bloß eine Ausnahme von der Regel der Ausrichtung auf Handlungen bis zum Eröffnungsurteil bestehen.[2202] Tatsächlich wird der Tatbestand der unterlassenen Kooperation mit den Verfahrensorganen als Mittel zur Begegnung der verweigerten Vorlage von Buchführungsunterlagen verstanden.[2203]

Jedenfalls aber ergäbe sich eine rechtliche Missbilligung aus den speziell an die buchführungsbezogenen Pflichten anknüpfenden Fällen der *faillite personnelle* wiederum weniger für das Unterlassen, welches einen Rückschluss auf die Verletzung dieser Pflichten bis zur Verfahrenseröffnung erlaubt, als für das tatbestandliche Verhalten selbst.

2. Kooperation mit den Organen des Verfahrens

Die *faillite personnelle* kann auch dann ausgesprochen werden, wenn der Verantwortliche auf Schuldnerseite den ordnungsgemäßen Ablauf des Verfahrens behindert, indem er es willentlich unterlässt, mit dessen Organen zu kooperieren.[2204]

2200 S.o. § 4 G I 2.

2201 S.u. § 4 G II 2 a). Im Übrigen befreit die Eröffnung des *redressement* und der *liquidation judiciaire* auf einen Antrag von anderer Seite hin nicht von der schuldnerischen Pflicht zur Beantragung derselben, s.o. § 4 A II 3 c) ee). Zu einem weiteren, durch die Verordnung vom 12. März 2014 eingeführten Tatbestand der *faillite personnelle*, welcher an ein Fehlverhalten nach der Verfahrenseröffnung anknüpft s.u. § 4 G II 3.

2202 *Jacquemont/Vabres* (Fn. 23), n° 1156; *Martin-Serf*, Rev. proc. coll. 2015-3, comm. 68 (Anm. zu Cass. com. 16.9.2014, n° 13-10.514); *Cerf-Hollender* (Fn. 272), n°s 31, 45.

2203 *Le Corre* (Fn. 46), n° 912.19; *Jacquemont/Vabres* (Fn. 2202); *Saint-Alary-Houin* (Fn. 25), n° 1479. S. auch noch unten § 4 G II 2 d).

2204 C. com., art. L. 653-5: „Le tribunal peut prononcer la faillite personnelle de toute personne mentionnée à l'article L. 653-1 contre laquelle a été relevé l'un des faits ci-après: […] 5° Avoir, en s'abstenant volontairement de coopérer avec les organes de la procédure, fait obstacle à son bon déroulement; […]"; *Jaspers* (Fn. 1460), 494; *Kindler/Nachmann(-Bauerreis)* (Fn. 26), Rn. 235 (2014); vgl. auch *Hirte/Lanzius/Mock* (Fn. 1586). Zum persönlichen Anwendungsbereich der *faillite personnelle* s. wiederum bereits oben § 4 A VIII 4.

a) Historie, Ratio und Kritik

Dieser Tatbestand ist mit der *loi de sauvegarde* eingeführt worden.[2205] Damit wurde einer unter dem Gesetz vom 25. Januar 1985 laut gewordenen Forderung[2206] entsprochen. Zuvor war in der Literatur kritisiert worden, dass mit der Streichung der in dem Regelwerk von 1967 noch vorgesehenen Fälle des unredlichen oder grob fahrlässigen Verhaltens sowie der schwerwiegenden Verletzung der kaufmännischen Regeln und Gepflogenheiten im Zuge der Reform von 1985 der gerichtliche Handlungsspielraum unnötig eingeschränkt worden sei.[2207] Auch war auf die Lücke hingewiesen worden, welche die Abschaffung des Bankrotttatbestands des Nichterscheinens bei dem Syndiken durch das Gesetz vom 25. Januar 1985 hinterlassen hatte.[2208]

Einer im Vorfeld der Reform von 2005 erhobenen Forderung, schon in den einleitenden Vorschriften zu den Unternehmensinsolvenzverfahren eine allgemeine Pflicht zur Kooperation mit dessen Organen – etwa nach Art des § 97 InsO – zu normieren,[2209] ist man dagegen nicht gefolgt. Was die Art der Bewehrung der Pflicht betrifft, war dieser Vorschlag nicht über den Gesetz gewordenen Sanktionstatbestand hinausgegangen.[2210] Mit Blick auf dessen Einführung

2205 Loi n° 2005-845 du 26 juillet 2005, art. 136; *Jaspers* (Fn. 2204); *Le Corre* (Fn. 2203); *Saint-Alary-Houin* (Fn. 2203).

2206 *Guyon* (Fn. 18), n° 1409; *MEDEF* (Fn. 1597), 9, 21 f.

2207 *Guyon* (Fn. 2206). Zu diesen Fällen der *faillite personnelle* des Gesetzes vom 13. Juli 1967 und ihrer Streichung s.o. § 4 A I 6 e) aa), VIII 2. Zur Frage der Erfassung der vom Schuldner verweigerten Kooperation mit den Verwaltern und ihrer Behinderung durch denselben von diesen Fällen vgl. *Houin/Derrida(-Houin)* (Fn. 79), n° 2816, 2834 f.; *Argenson/Toujas/Dutheil* (Fn. 135), 675 f., 688.

2208 *Soinne* (Fn. 382), n° 1247. Zu diesem Fall des fakultativen einfachen Bankrotts und seiner Abschaffung s.o. § 4 D IV 5 a) bzw. A VII 1.

2209 *MEDEF* (Fn. 1597), 9 („Il est important que le débiteur soit tenu d'un devoir de collaboration avec les organes de la procédure"), 18 („Propositions de modifications de textes [...] Article 620-3: Le débiteur doit coopérer avec les organes de la procédure pour le bon déroulement de celle-ci [...]"). Es wird dort freilich nicht auf das deutsche Recht verwiesen.

2210 *MEDEF* (Fn. 1597), 9 („Le refus de coopération pourrait donner lieu à une sanction personnelle"), 21 f. („[Propositions de modifications de textes] Sanctions personnelles: [...] Article 625-2: [...] Peuvent entrainer l'une des interdictions à l'alinéa précédant, l'un des faits suivants: [...] 7° Avoir fait obstacle au bon déroulement de la procédure, en refusant de façon systématique de coopérer avec les organes de celle-ci").

mag die einleitende Proklamation einer solchen Pflicht überflüssig erschienen sein; die Ermächtigung zur Verhängung der *faillite personnelle* bringt die rechtliche Missbilligung des tatbestandsmäßigen Verhaltens klar zum Ausdruck und genügt so für die Begründung einer Pflicht[2211]. Allerdings fällt der persönliche Anwendungsbereich von *faillite personnelle* und *interdiction de gérer* enger aus als derjenige der Unternehmensinsolvenzverfahren als solchen mit der Folge, dass auch der hier in Rede stehende Tatbestand im Falle von bestimmten Unternehmen nicht greift.[2212]

Ungeachtet des eingeschränkten persönlichen Anwendungsbereichs zielt die Vorschrift nach dem Willen des Gesetzgebers tatsächlich ganz allgemein darauf ab, die Verantwortung der Leiter des schuldnerischen Unternehmens herauszustellen.[2213] Auf diese Weise soll ihnen eine „treue Zusammenarbeit" mit den Verfahrensorganen auferlegt werden.[2214] Sie sollen insbesondere zur Aufklärung der – namentlich für die Forderungsfeststellung, Beendigung von Arbeitsverhältnissen, die eventuelle Fortsetzung laufender Prozesse, die Einziehung von Forderungen und den Erhalt sowie die Realisierung des Schuldnervermögens im Allgemeinen – maßgeblichen Sachverhalte angehalten werden.[2215]

Teilweise ist der Tatbestand in der Literatur bereits mit Blick auf die vor seiner Einführung normierten Fälle der Verletzung der Eröffnungsantragsfrist und der buchführungsbezogenen Pflichten für eine fehlende praktische Relevanz kritisiert worden.[2216] Allerdings erscheint die Konstellation, dass diese Tatbestände nicht erfüllt sind und der Schuldner die Kooperation mit den Verfahrensorganen

2211 S.o. § 4 A VIII 7 sowie *Jeantin/Le Cannu* (Fn. 1177), n° 1331; *Cerf-Hollender* (Fn. 272), n° 45.

2212 S.o. § 4 A VIII 4.

2213 Projet de loi de sauvegarde des entreprises, Doc. AN n° 1596, Exposé des motifs, VIII C 2°; *Roussel Galle* (Fn. 307), n° 846.

2214 *Delattre*, JCP 2008, éd. E, 2334; *ders.*, Rev. proc. coll. 2010-3, étude 15, n°s 14-16; *Cerf-Hollender* (Fn. 2211).

2215 *Delattre*, Rev. proc. coll. 2010-3, étude 15, n° 14; *ders.*, JCP 2012, éd. E, 1618; *ders.*, JCP 2013, éd. E, 1594. In der Praxis ist die Sanktionierung auf der Grundlage dieses Tatbestands auch schon auf das Unterlassen von anderen als auf die Sachverhaltsaufklärung ausgerichteten Mitwirkungshandlungen gestützt worden, CA Caen 18.4.2013, JurisData n° 2013-015130; CA Rennes 7.1.2014, JurisData n° 2014-000083; CA Versailles 4.6.2015, JurisData n° 2015-015429.

2216 *Lienhard* (Fn. 2186); *Le Corre*, Droit et pratique des procédures collectives[7] (Paris 2013) n° 912.19.

verweigert, nicht von vornherein ausgeschlossen. Dies gilt für die Antragsfristverletzung heute mehr als vor der Reform von 2005, nachdem die gesetzlichen Anforderungen für die Sanktionierung aus diesem Grund seither verschärft worden sind.[2217] Und was die buchführungsbezogenen Tatbestände betrifft, ist es nicht undenkbar, dass der Schuldner einmal die Aushändigung der regulär geführten Bücher verweigert.[2218]

Zumindest aber wird mit dem neuen Tatbestand die rechtliche Missbilligung der unterlassenen Kooperation selbst und unmittelbar zum Ausdruck gebracht, sodass das Gericht zum Zwecke ihrer Sanktionierung nicht an ein Verhalten vor der Stellung des Eröffnungsantrags anzuknüpfen braucht. Im Übrigen konnte mit der Normierung dieses Tatbestands die Antragsfristverletzung zu einem Fall der *interdiction de gérer* herabgestuft werden,[2219] ohne die Möglichkeiten des Gerichts zu beschneiden, bei einer als hinreichend schwerwiegend erachteten Verweigerung der Mitwirkung die *faillite personnelle* zu verhängen.

Ein weiterer im Schrifttum geäußerter Kritikpunkt an dem hier in Rede stehenden Tatbestand besteht darin, dass dessen Wortlaut es an Klarheit vermissen lasse.[2220] Er wird als sehr allgemein gehalten oder weit gefasst beschrieben.[2221] Seine Auslegung ist nicht frei von Meinungsstreitigkeiten.[2222]

Ungeachtet der in der Literatur vorgebrachten Kritik wird die Verwirklichung des Tatbestands in der Praxis häufig geltend gemacht.[2223]

2217 S.o. § 4 G I 3.

2218 Vgl. Cass. com. 27.2.2007, Bull. civ. 2007 IV, n° 70; 30.6.2015, n° 13-23.026; CA Aix-en-Provence 15.11.2012, JurisData no 2012-027839; CA Caen 17.4.2014, JurisData n° 2014-010487 sowie oben § 4 G II 1.

2219 S.o. § 4 G I 3.

2220 *Roussel Galle* (Fn. 2213).

2221 *Lienhard* (Fn. 2186); *Jacquemont/Vabres* (Fn. 2202); *Martin-Serf*, Rev. proc. coll. 2015-3, comm. 68 (Anm. zu Cass. com. 16.9.2014, n° 13-10.514).

2222 S. sogleich § 4 G II 2 b)-f).

2223 *Delattre*, JCP 2013, éd. E, 1594; *Jacquemont/Vabres* (Fn. 2202); *Martin-Serf*, Rev. proc. coll. 2015-3, comm. 68 (Anm. zu Cass. com. 16.9.2014, n° 13-10.514). Als bedeutsam bewertet wird der Tatbestand auch bereits bei *Jeantin/Le Cannu* (Fn. 2211) und auch *Le Corre* (Fn. 46), n° 912.19 geht in inzwischen davon aus, dass der Tatbestand eine Sanktionierung erleichtere.

b) Verfahren

Erfasst wird von dem Tatbestand jedenfalls obstruktives Verhalten in den Fällen des *redressement* und der *liquidation judiciaire*.[2224] Die Frage, ob für die unterlassene Kooperation mit den Organen der *procédure de sauvegarde* etwas anderes gilt, erscheint zumindest auf den ersten Blick nicht unberechtigt, weil der Ausspruch der *faillite personnelle* die Eröffnung eines der an die *cessation des paiements* anknüpfenden Verfahren voraussetzt[2225]. Manche beschränken sich auf den Hinweis, dass die Verletzung der Pflicht zur Kooperation im Schutzverfahren nicht sanktioniert werden könne.[2226] Einige andere wollen ausdrücklich auch Verfehlungen in der *procédure de sauvegarde* abgedeckt sehen, die im Falle eines Übergangs zu dem Sanierungs- oder Liquidationsverfahren dann die Verhängung der *faillite personnelle* nach sich ziehen können sollen.[2227]

Abgedeckt werden von dem Tatbestand Handlungen nach der Verfahrenseröffnung.[2228] Die Frage, ob auch vorangegangenes Verhalten erfasst sein kann, erscheint nicht abschließend geklärt.[2229] Einerseits wird vertreten, dass das Ausbleiben in der der Verfahrenseröffnung vorausgehenden Verhandlung nicht als unterlassene Kooperation mit den Organen des Verfahrens in Betracht komme.[2230] Das Verfahren in diesem Sinne sei eben nur das eröffnete.[2231]

Andererseits hat das französische Justizministerium mit Blick auf die den Eigenantrag begleitende ehrenwörtliche Erklärung zu der Frage nach der Bestellung eines *mandataire ad hoc* oder einem Schlichtungsverfahren im Vorfeld der

---

2224 *Lienhard* (Fn. 2186); *Saint-Alary-Houin* (Fn. 25), n° 572; *Cerf-Hollender* (Fn. 272), n° 30.

2225 Zu dieser Voraussetzung s.o. § 4 A VIII 3.

2226 *Saint-Alary-Houin* (Fn. 2224); *Cerf-Hollender* (Fn. 2224).

2227 *Roussel Galle* (Fn. 2213); *Voinot* (Fn. 1509), n° 720; *Lienhard* (Fn. 2186); *Le Corre* (Fn. 2223). Gegen die Erfassung einer unterlassenen Kooperation in der *procédure de sauvegarde* aber wohl *Delattre*, Rev. proc. coll. 2011-2, alerte 8 („Le défaut de coopération de l'article L. 653-5, 5°, intervient en phase de redressement ou de liquidation judiciaires").

2228 *De Roux* (Fn. 299), 446; *Lienhard* (Fn. 2186); *Jacquemont/Vabres* (Fn. 2202).

2229 Vgl. *Delattre*, JCP 2011, éd. E, 1576 sowie einerseits CA Rennes 16.12.2014, JurisData n° 2014-033236 und andererseits *Delattre*, Rev. proc. coll. 2011-2, alerte 8; *dens.*, JCP 2013, éd. E, 1594; *Pérochon* (Fn. 272), n° 1736; *Cerf-Hollender* (Fn. 272), n° 31.

2230 CA Caen 17.4.2014, JurisData n° 2014-010487; *Delattre*, Rev. proc. coll. 2011-2, alerte 8; *ders.*, JCP 2011, éd. E, 1576; *ders.*, JCP 2013, éd. E, 1594; *Pérochon* (Fn. 2229); *Cerf-Hollender* (Fn. 2229). Zur Frage nach einer Pflicht zum Erscheinen in dieser Verhandlung s. bereits oben § 4 B.

2231 *Delattre*, JCP 2013, éd. E, 1594.

Antragstellung die Einschätzung geäußert, dass der Schuldner im Falle des Verheimlichens eines solchen Umstands Gefahr laufe, wegen eines Unterlassens der Kooperation mit den Verfahrensorganen mit der *faillite personnelle* belegt zu werden.[2232] Die entsprechenden Angaben sind von besonderer Bedeutung für das Verfahren vor der Eröffnungsentscheidung. Bei den Verhandlungen über die Verfahrenseröffnung ist die Anwesenheit der Staatsanwaltschaft obligatorisch, wenn der Schuldner in den vorangegangenen achtzehn Monaten in den Genuss eines *mandat ad hoc* oder eines Schlichtungsverfahrens gekommen ist. Und das Gericht kann sich in diesem Fall die Akten und Unterlagen hierzu vorlegen lassen.[2233]

Nicht unumstritten ist, ob sich mit dem in Rede stehenden Tatbestand eine Grundlage für die Sanktionierung einer unterlassenen Kooperation im Rahmen der Voruntersuchung bietet.[2234] Zwar sieht man in dem Schuldner schon lange eine Informationsquelle derselben.[2235] Auch ist bereits die Ableitung eines impliziten Geständnisses der ausweglosen Situation des Schuldners aus der Nichtbefolgung von Ladungen des *juge enquêteur* als zulässig erachtet worden.[2236] Doch wird heute teilweise durchaus angenommen, dass die einzige Folge einer Verweigerung der Mitwirkung bei der Sachverhaltsaufklärung in der Voruntersuchung seitens des Schuldners in der eventuellen Verfahrenseröffnung auf der Grundlage allein der in der Voruntersuchung erlangten Informationen bestehen könne.[2237]

2232 Circ. min. Justice du 18 avril 2006 relative à l'action du ministère public dans les procédures du Livre VI du code de commerce en conséquence de la loi de sauvegarde des entreprises, CIV 2006 - 08 D4/18-04-2006, BO min. Justice n° 102 (1er avril au 30 juin 2006), § 2.1; zust. *Roussel Galle* (Fn. 307), n° 320.

2233 S.o. § 4 A III 1 b) ee).

2234 Dafür CA Rennes 16.12.2014, JurisData n° 2014-033236; dagegen CA Douai 29.4.2010, Rev. proc. coll. 2011-2, alerte 8, m. zust. Anm. *Delattre*; *ders.*, JCP 2011, éd. E, 1576 m.w.N. zu dem Streitstand; *ders.*, JCP 2013, éd. E, 1594; *Pérochon* (Fn. 2229); *Cerf-Hollender* (Fn. 2229).

2235 *Deleau*, RTD com. 1949, 587, 595; *Delattre*, Rev. proc. coll. 2010-6, comm. 205.

2236 Cass. com. 11.1.1965, Bull. civ. 1965 IV, n° 28 = RTD com. 1965, 638, obs. *Houin*; *Jacquemont* (Fn. 950), n° 100. Freilich genügt die Verweigerung, sich der Voruntersuchung zu unterwerfen, nach einer jüngeren Entscheidung des Kassationshofs für sich genommen nicht für die Feststellung der *cessation des paiements*, Cass. com. 17.2.2009, n° 07-21.388. Zum französischen Verständnis von dem Geständnis als Beweismittel s.o. Fn. 564.

2237 *Delattre*, Rev. proc. coll. 2011-2, alerte 8; in diesem Sinne auch *Vallens*, Rev. proc. coll. 2009-5, étude 25, n° 11.

c) *Organe*

Der Begriff der Organe des Verfahrens wird in der partie législative des Code de commerce nicht abschließend definiert.[2238] Dort werden lediglich – in einem von dem hier in Rede stehenden Tatbestand losgelösten Zusammenhang – einmal der *administrateur* und der *mandataire judiciaire* als Organe bezeichnet.[2239]

Das Gesetz vom 25. Januar 1985 hatte unter der Überschrift „Les organes de la procédure" insbesondere noch die Ernennung des *juge-commissaire*, des *administrateur*, des *représentant des créanciers*, des *représentant des salariés*[2240] sowie von Sachverständigen auf Antrag des *administrateur* behandelt. Dasselbe gilt für die Kontrolleure, grundsätzliche Fragen zur Stellung des *juge-commissaire* und den Informationsaustausch mit der Staatsanwaltschaft.[2241] Es lag damit auf einer Linie mit seinen Vorgängern.[2242]

Nach der Kodifizierung durch die Verordnung vom 18. September 2000 und bis zu der Reform von 2005 wurde in der Überschrift zu den entsprechenden Bestimmungen der partie législative des Code de commerce zwischen den Organen des Verfahrens einerseits und den Kontrolleuren andererseits differenziert.[2243] In der partie réglementaire findet sich diese begriffliche Unterscheidung – für den *redressement* und die *liquidation judiciaire* genauso wie für

2238 *Cerf-Hollender* (Fn. 272), n° 46.

2239 C. com., art. L. 622-17-IV. Zur von dem hier in Rede stehenden *faillite personnelle* Tatbestand losgelösten Einordnung des *administrateur*, des *mandataire judiciare* und des *liquidateur* als Verfahrensorgane s. etwa *Geiger* (Fn. 3), 38, 40, 42; *Pascal Schütze* (Fn. 3), 56-58; *Kindler/Nachmann(-Bauerreis)* (Fn. 26), Rn. 112 f. (2014).

2240 Auch dieser wird losgelöst von dem hier in Rede stehenden *faillite personnelle* Tatbestand in der Literatur heute verbreitet als Verfahrensorgan bezeichnet, s. etwa *Jacquemont/Vabres* (Fn. 23), n°s 278, 286 f.; *Saint-Alary-Houin* (Fn. 25), n°s 504, 537 f.; *Martin-Serf* (Fn. 341), n° 114 sowie *Robbe-Grillet* (Fn. 50), 165, 177; *Medla* (Fn. 3), 187 f.; *Pascal Schütze* (Fn. 3), 56, 58.

2241 Zum Ganzen loi n° 85-98 du 25 janvier 1985, Titre Ier, Chapitre Ier, Section 1, Sous-section 2.

2242 C. com. 1807, Livre troisième, Titre premier, Chapitre IV („Des organes de la faillite et du règlement judiciaire"), Section I („Du juge-commissaire"); Section II („Des syndics et administrateurs au règlement judiciaire"); Section III („Des contrôleurs") i.d.F. der ordonnance n° 58-1299 du 23 décembre 1958; loi n° 67-563 du 13 juillet 1967, Titre Ier, Chapitre II („Les organes du règlement judiciaire et de la liquidation des biens").

2243 C. com., Livre VI, Titre II, Chapitre Ier, Section 1, Sous-section 1, Paragraphe 2 („Des organes de la procédure et des contrôleurs") i.d.F. der ordonnance n° 2000-912 du 18 septembre 2000.

die *procédure de sauvegarde* – zurückgehend auf das Dekret vom 28. Dezember 2005[2244] auch heute. Dort sind in den „von den Organen des Verfahrens und den Kontrolleuren" handelnden (Unter-)Abschnitten der Kapitel respektive des Abschnitts zur Verfahrenseröffnung Regelungen zu verschiedenen in den Verfahren in Erscheinung tretenden Akteuren enthalten.[2245] Namentlich werden dort neben der Bestellung und der Beendigung des Amtes der Kontrolleure[2246] etwa das Verfahren beim Austausch von Sachverständigen, des *administrateur* und des *mandataire judiciaire* bzw. *liquidateur*[2247] sowie die Information und Konsultation der Gläubiger durch Letztere[2248] behandelt. Dasselbe gilt für einen Bericht des *mandataire judiciaire* und des *administrateur* an den *juge-commissaire* und die Staatsanwaltschaft, welcher im Schutzverfahren innerhalb der ersten beiden Monate ab der Verfahrenseröffnung zum Gang des Verfahrens sowie der wirtschaftlichen und finanziellen Situation des Schuldners zu erstellen ist.[2249] Ferner enthalten die genannten (Unter-)Abschnitte Bestimmungen zur Beendigung des Amtes und zu den Entscheidungen des *juge-commissaire*[2250] – speziell auch über Beschwerden gegen Akte des *administrateur*, *mandataire judiciaire*,

2244 Décret n° 2005-1677 du 28 décembre 2005, Titre II, Chapitre Ier, Section 2; Titre III, Chapitre Ier, Section 2; Titre IV, Chapitre Ier, Section 3.

2245 C. com., Partie réglementaire, Livre VI, Titre II, Chapitre Ier, Section 2; Titre III, Chapitre Ier, Section 1, Sous-section 2; Titre IV, Chapitre Ier, Section 3.

2246 C. com., artt. R. 621-24 f.; R. 631-16; R. 641-11, al. 1er; R. 641-13.

2247 C. com., artt. R. 621-17 f.; R. 631-16; R. 641-11, al. 1er, 3; R. 641-12. Auch diese Sachverständigen werden in der Literatur heute losgelöst von dem hier in Rede stehenden *faillite personnelle* Tatbestand verbreitet als Verfahrensorgane bezeichnet, s. etwa *Roussel Galle* (Fn. 307), n°s 378 f., 401-403; *Le Corre* (Fn. 46), Livre 300, Titre 380; *Saint-Alary-Houin* (Fn. 25), n°s 504, 534 f. sowie *Medla* (Fn. 3), 178, 186 f.; *Pascal Schütze* (Fn. 3), 56, 61; dagegen *Cagnoli* (Fn. 1191), n°s 25 f., 28.

2248 C. com., artt. R. 621-19; R. 631-16; R. 641-11, al. 1er, 3.

2249 C. com., art. R. 621-20. Zu diesem Bericht *Le Corre* (Fn. 46), n° 371.21, der aber offenbar übersieht, dass die Anwendbarkeit dieser Regelung auf den *redressement judiciaire* bereits durch Artikel 59 des Dekrets vom 23. Dezember 2006 ausgeschlossen worden ist.

2250 C. com., artt. R. 621-21; R. 621-25; R. 631-16; R. 641-11, al. 1er, 2; R. 641-13. Auch die Bezeichnung des *juge-commissaire* als Verfahrensorgan ist in der Literatur heute losgelöst von dem hier in Rede stehenden *faillite personnelle* Tatbestand verbreitet, s. etwa *Jacquemont/Vabres* (Fn. 2240); *Saint-Alary-Houin* (Fn. 25), n°s 504-506; *Martin-Serf* (Fn. 2240) sowie *Geiger* (Fn. 3), 38 f.; *Pascal Schütze* (Fn. 3), 56; *Kindler/Nachmann(-Bauerreis)* (Fn. 26), Rn. 113 (2014); dagegen *Cagnoli* (Fn. 1191), n°s 25 f., 28.

liquidateur und des *commissaire à l'exécution du plan*[2251] sowie hinsichtlich der Bestellung und Vergütung eines *technicien*[2252].

Darüber hinaus findet sich in dem die *procédure de sauvegarde* betreffenden Abschnitt zu den Organen des Verfahrens und den Kontrolleuren ein Artikel zum Verfahren hinsichtlich der Überleitung in den *redressement judiciaire* bei nachträglicher Feststellung der *cessation des paiements* im Zeitpunkt des Eröffnungsurteils.[2253] In dieser Vorschrift wird insbesondere die Anhörung nicht nur des *mandataire judiciaire*, des *administrateur* und der Kontrolleure, sondern auch der Staatsanwaltschaft und der durch das Gericht berufenen Repräsentanten des Unternehmensausschusses respektive der Personalvertreter angeordnet.[2254] Dasselbe gilt für die Bekanntmachung der Überleitungsentscheidung gegenüber dem *administrateur*, dem *mandataire judiciaire*, der Staatsanwaltschaft und dem Departements- oder Regionaldirektor für öffentliche Finanzen der Departements am Sitz des Schuldners und seiner Hauptniederlassung.[2255]

Losgelöst von dem hier in Rede stehenden *faillite personnelle* Tatbestand wird der Kreis der als Verfahrensorgane verstandenen Akteure zumindest von manchen Vertretern des Schrifttums aber durchaus weiter gezogen. Dazu gerechnet

---

2251 C. com., artt. R. 621-21, al. 1er; R. 631-16; R. 641-11, al. 1er, 2.

2252 C. com., artt. R. 621-23; R. 631-16; R. 641-11, al. 1er. Zum Einsatz von *techniciens* in den Unternehmensinsolvenzverfahren s. C. com., artt. L. 621-9, al. 2; L. 631-9, al. 1er; L. 641-11, al. 1er sowie oben § 4 F I 2.

2253 C. com., artt. R. 621-26. Zu dieser Überleitung s.o. § 4 A II 3 c) aa).

2254 C. com., art. R. 621-26, al. 2. Zu diesen Arbeitnehmervertretern, welche bei *Saint-Alary-Houin* (Fn. 25), nos 504, 545 losgelöst von dem hier in Rede stehenden *faillite personnelle* Tatbestand zu den Organen des Verfahrens gerechnet werden, und ihrer Anhörung s.o. § 4 A III 1 b) dd). *Le Corre* (Fn. 46), no 391.09 behandelt unter der Überschrift der Verfahrensorgane auch die Rolle des *comité d'entreprise* und der *délégués du personnel* in den Unternehmensinsolvenzverfahren. Für deren Erfassung von diesem Begriff wohl auch *Robbe-Grillet* (Fn. 2240); dagegen *Derrida/Godé/Sortais* (Fn. 1879), no 132; *Cagnoli* (Fn. 2250).

2255 C. com., art. R. 621-26, al. 3, 4 i.V.m. art. L. 661-1-I, 4o bzw. art. R. 621-7. Auch die Staatsanwaltschaft wird losgelöst von dem hier in Rede stehenden *faillite personnelle* Tatbestand teilweise zu den Organen des Verfahrens gerechnet, *Hyest* (Fn. 299), 49; *Bénéjat*, Rev. proc. coll. 2010-5, étude 27, no 21; *Le Corre* (Fn. 46), no 340.11 sowie zur Rechtslage unter dem Dekret vom 20. Mai 1955 *Houin/Derrida*(*-Houin*) (Fn. 1008), Tit. 2, Ch. Ier, Sect. 5. Dies übersieht *Robbe-Grillet* (Fn. 50), 168. Gegen eine solche Einordnung *Cagnoli* (Fn. 2250).

werden teilweise etwa auch die Gläubigerausschüsse[2256] und ungeachtet der aufgezeigten Differenzierung in der partie réglementaire des Code de commerce selbst die Kontrolleure[2257].

Was nun den *faillite personnelle* Tatbestand der unterlassenen Kooperation betrifft, sieht man heute in Rechtsprechung und Literatur jedenfalls den *administrateur*, den *mandataire judiciaire* und den *liquidateur* erfasst von dem Begriff der Verfahrensorgane.[2258] Auch die vom Gericht zum Zwecke der Erstellung des Inventars berufenen Amts- oder Hilfspersonen werden durchaus als solche eingeordnet.[2259] Dasselbe gilt für den *commissaire à l'exécution du plan*[2260] und den im Liquidationsverfahren mit der öffentlichen Versteigerung der beweglichen Vermögensgegenstände betrauten Gerichtsvollzieher[2261]. Als tatbestandsmäßig

---

2256 *Jeantin/Le Cannu* (Fn. 1177), n°s 408, 424, 440, 898; *Dumont-Lefrand* (Fn. 2127), n°s 29-31 sowie *Robbe-Grillet* (Fn. 50), 165, 176; *Geiger* (Fn. 3), 38, 41; MünchKomm InsO^3(-*Niggemann*) (Fn. 23), Rn. 33.

2257 *Hyest* (Fn. 2255); *Jeantin/Le Cannu* (Fn. 1177), n°s 283, 424, 898; *Le Corre* (Fn. 46), n°s 42.71, 612.24, 612.32, nach dem die Behinderung der Kontrolleure freilich nicht von dem hier in Rede stehenden *faillite personnelle* Tatbestand erfasst sein soll, ebenda, n° 912.19; *Jacquemont/Vabres* (Fn. 23), n°s 286, 301; *Saint-Alary-Houin* (Fn. 25), n°s 504, 546 sowie *Robbe-Grillet* (Fn. 50), 165, 177; *Geiger* (Fn. 2256); MünchKomm InsO^3(-*Niggemann*) (Fn. 2256). Unberücksichtigt bleibt dies bei *Pascal Schütze* (Fn. 3), 60, Fn. 373. Gegen diese Einordnung freilich *Cagnoli* (Fn. 2250); *Roussel Galle* (Fn. 307), n° 378; *Amlon* (Fn. 317), n° 30 m.w.N. zu dem Streitstand.

2258 CA Caen 18.4.2013, JurisData n° 2013-015130; CA Paris 23.10.2014, JurisData n° 2014-025853; CA Angers 17.11.2015, JurisData n° 2015-027341; *Jeantin/Le Cannu* (Fn. 1177), n° 1331; *Le Corre* (Fn. 46), n° 912.19; *Cerf-Hollender* (Fn. 2238).

2259 CA Dijon 1.7.2008, JurisData n° 2008-369865; CA Paris 28.10.2008, JurisData n° 2008-371947; CA Toulouse 22.4.2009, JurisData n° 2009-377661; CA Rouen 4.7.2013, JurisData n° 2013-016175; CA Rennes 16.12.2014, JurisData n° 2014-033236; *Delattre*, Rev. proc. coll. 2010-3, étude 15, n° 18; *Cerf-Hollender* (Fn. 2238); losgelöst von dem Tatbestand findet sich die Bezeichnung als Organe des Verfahrens auch bei *Jeantin/Le Cannu* (Fn. 1177), n° 283; *Roussel Galle* (Fn. 307), n°s 378 f., 400, 402; *Jacquemont/Vabres* (Fn. 23), n°s 278, 286, 301; *Martin-Serf* (Fn. 341), n° 116. Nach Letzterer soll dagegen keine Sanktion vorgesehen sein für den Fall, dass der Schuldner nicht zur Inventarerstellung durch die berufene Person erscheint, *Martin-Serf* (Fn. 1271), n° 35.

2260 CA Saint-Denis de la Réunion 16.7.2014, JurisData n° 2014-023610. Losgelöst von dem hier in Rede stehenden *faillite personnelle* Tatbestand verstehen den *commissaire à l'exécution du plan* als Verfahrensorgan *Cagnoli* (Fn. 2250); *Lienhard* (Fn. 501), n° 83.42 und *Houin-Bressand/Saint-Alary-Houin* (Fn. 2145), n°s 1 f.

2261 CA Angers 17.11.2015, JurisData n° 2015-027341.

ist in der insoweit freilich nicht einheitlichen Rechtsprechung ferner bereits die unterlassene Kooperation mit einem in der Voruntersuchung zum Zweck der Sachverhaltsaufklärung hinzugezogenen Sachverständigen eingestuft worden.[2262] Zudem finden sich Entscheidungen, die auch das Gericht selbst dem Kreis der Organe des Verfahrens im Sinne des Tatbestands zurechnen.[2263]

d) Unterlassen der Kooperation

Der Begriff der Kooperation deckt gerade auch Akte der Sachverhaltsaufklärung ab. Hierzu zählt die Erteilung angeforderter Auskünfte wie etwa Bankdaten, Kontaktdaten von Kunden mit Zahlungsrückständen sowie Angaben zu Versicherungen, Arbeitsverhältnissen und Gläubigern.[2264]

Nicht zuletzt wird bei der Sanktionierung auf der Grundlage des hier in Rede stehenden Falls der *faillite personnelle* angeknüpft an die unterlassene Vorlage von Unterlagen speziell der Buchführung.[2265] Gleichsam kommt die Aushändigung von Schlüsseln zu den Geschäftsräumen an den *liquidateur* in Betracht.[2266] Weiter versteht man das Nichterscheinen zu Terminen, die unterlassene Kontaktaufnahme entgegen einer entsprechenden Aufforderung oder das Ausbleiben einer Reaktion auf schriftliche Korrespondenz als Erscheinungsformen der unterlassenen Kooperation mit den Verfahrensorganen.[2267] Aber auch das die

---

2262 CA Rennes 16.12.2014, JurisData n° 2014-033236. Zu dem Streit um die Erfassung einer unterlassenen Kooperation in der Voruntersuchung s. bereits oben § 4 G II 2 b).

2263 CA Toulouse 21.10.2008, JurisData n° 2008-373122; 22.4.2009, JurisData n° 2009-377661; CA Orléans 30.10.2008, JurisData n° 2008-376026. Die oben § 4 G II 2 b) erwähnte Einschätzung des französischen Justizministeriums geht in dieselbe Richtung. Losgelöst von dem Tatbestand wird das Gericht als Organ des Verfahrens bezeichnet bei *Hyest* (Fn. 299), 49 f. und *Le Corre* (Fn. 46), Livre 300, Titre 310, Chapitre 311 sowie *Robbe-Grillet* (Fn. 50), 166 und *Geiger* (Fn. 3), 38; dagegen *Cagnoli* (Fn. 2250).

2264 CA Lyon 23.3.2012, JurisData n° 2012-010984; CA Caen 18.4.2013, JurisData n° 2013-015130; CA Metz 11.6.2013, JurisData n° 2013-016776; CA Rouen 12.2.2015, JurisData n° 2015-003688.

2265 Cass. com. 30.6.2015, n° 13-23.026; CA Rouen 4.7.2013, JurisData n° 2013-016175; 12.12.2013, JurisData n° 2013-030611; 12.2.2015, JurisData n° 2015-003688; CA Rennes 7.1.2014, JurisData n° 2014-000083; *Delattre*, JCP 2007, éd. E, 2401; *Lienhard* (Fn. 2186). S. auch bereits oben § 4 G II 1 m.N. in Fn. 2203.

2266 CA Aix-en-Provence 27.6.2013, JurisData n° 2013-015255.

2267 CA Toulouse 22.4.2009, JurisData n° 2009-377661; CA Riom 12.12.2012, Rev. proc. coll. 2013-3, comm. 88, obs. *Martin-Serf*; CA Saint-Denis de la Réunion 16.7.2014, JurisData n° 2014-023610; CA Rennes 16.12.2014, JurisData n° 2014-033236; CA Douai 29.1.2015, JurisData n° 2015-002640; CA Amiens 15.10.2015, JurisData

Erreichbarkeit vereitelnde Verschweigen oder Verbergen der aktuellen Kontaktdaten soll in dieser Hinsicht relevant werden können.[2268] Ferner ist in Rechtsprechung und Literatur zumindest teilweise eine Neigung zu verzeichnen, das Beiseiteschaffen und das Verheimlichen von Aktiva nach der Verfahrenseröffnung unter den Begriff der unterlassenen Kooperation mit den Verfahrensorganen zu subsumieren.[2269]

Nicht unproblematisch ist das Verhältnis dieses Tatbestands der *faillite personnelle* zu dem *interdiction de gérer* Tatbestand der unterlassenen Bereitstellung der Gläubigerliste und der anderen den Verwaltern nach Artikel L. 622-6 des Code de commerce zu gewährenden Informationen. Teilweise wird dieser *interdiction de gérer* Tatbestand als Spezialgesetz verstanden, welches bei gleichzeitiger Verwirklichung durch dasselbe Verhalten Vorrang gegenüber dem *faillite personnelle* Tatbestand genieße.[2270] Ungeachtet dessen finden sich in Rechtsprechung und

---

n° 2015-023822; CA Angers 17.11.2015, JurisData n° 2015-027341; *Delattre*, Rev. proc. coll. 2010-3, étude 15, n°s 17 f.; *Le Corre* (Fn. 46), n° 912.19; *Cerf-Hollender* (Fn. 2238).

2268 CA Paris 7.6.2012, JurisData n° 2012-016034; CA Aix-en-Provence 15.11.2012, Rev. proc. coll. 2013-3, comm. 88, obs. *Martin-Serf*; CA Angers 17.11.2015, JurisData n° 2015-027341; *Delattre*, Rev. proc. coll. 2010-3, étude 15, n° 21; *Cerf-Hollender* (Fn. 2238).

2269 Für das Verheimlichen CA Angers 17.11.2015, JurisData n° 2015-027341, welche zur Begründung der Verwirklichung des Tatbestands der unterlassenen Kooperation zunächst auf das wiederholt vergebliche Erscheinen des mit der Verwertung der Aktiva betrauten Gerichtsvollziehers am Domizil des Schuldners, die unterlassene Mitteilung neuer Kontaktdaten und die wiederholte Absage von Terminen mit dem *mandataire judiciaire* und späteren *liquidateur* rekurriert, dann ausführt, dass sich der Entschluss des Schuldners, durch seine Passivität das von ihm nicht selbst beantragte Insolvenzverfahren und namentlich die Masseverwertung zu behindern, außerdem aus dem Versuch des Verheimlichens zweier zur Insolvenzmasse gehörender Fahrzeuge ergebe, bevor sie endlich entgegen der in Rechtsprechung und Literatur einhellig vertretenen Ansicht – s.o. § 4 A VIII 3 – auch die Verwirklichung des Tatbestands des Verheimlichens von Aktiva auf der Grundlage des Verhaltens nach der Verfahrenseröffnung bejaht; für das Beiseiteschaffen *Jacquemont/Vabres* (Fn. 23), n° 1156 („pourrait peut-être, avec quelque audace, permettre également de sanctionner, après requalification en abstention volontaire de collaborer, les détournements d'actif postérieurs à l'ouverture de la procédure"); dagegen aber wohl *Cerf-Hollender* (Fn. 272), n° 31.

2270 *Pérochon* (Fn. 2229); *Cerf-Hollender* (Fn. 272), n° 76. S. zu diesem *interdiction de gérer* Tatbestand oben § 4 G I 1. Das Appellationsgericht Lyon hat in einer Entscheidung vom 2. März 2012 den Standpunkt eingenommen, dass im Falle des schlichten Unterlassens der in Artikel L. 622-6 des Code de commerce vorgesehenen

Literatur Stimmen, welche es zulassen wollen, die unterlassene Kooperation mit den Verfahrensorganen mit der unterlassenen Bereitstellung der Gläubigerliste und der ihr gleichgestellten Informationen zu begründen.[2271] Der Ausspruch der *faillite personnelle* ist auch schon bei einer Behinderung des ordnungsgemäßen Ablaufs des Verfahrens durch Unterlassen der Kooperation mit seinen Organen in Gestalt eines dauerhaften Ausbleibens der Gläubigerliste als gerechtfertigt bewertet worden.[2272] Genauso ist bereits angenommen worden, dass das den ordnungsgemäßen Verfahrensablauf behindernde Unterlassen der Kooperation in einer Mischung aus einer Nichtleistung der in Artikel L. 622-6 des Code de commerce geforderten Angaben gegenüber den Verwaltern und einem Nichterscheinen zu Terminen mit dem Verwalter bestehen könne.[2273]

Soweit man sich im Randbereich des an diese Nichtleistung anknüpfenden *interdiction de gérer* Tatbestands[2274] gegen eine Erfassung des jeweiligen Verhaltens von dieser Vorschrift entscheidet, kann eine Sanktionierung auf der Grundlage des *faillite personelle* Tatbestands der unterlassenen Kooperation mit den Verfahrensorganen unabhängig davon denkbar sein, wie man die Frage nach dem Verhältnis der beiden Bestimmungen zueinander beantwortet. Dies gilt etwa für den Fall unvollständiger oder willentlich falscher Angaben gegenüber den Verwaltern im Sinne des Artikels L. 622-6 des Code commerce.[2275]

Auskunftserteilung in Ermangelung einer Verwirklichung des *faillite personnelle* Tatbestands der unterlassenen Kooperation mit den Verfahrensorganen nur die Verhängung einer *interdiction de gérer* in Betracht komme, CA Lyon 2.3.2012, JurisData n° 2012-003546.

2271 CA Lyon 17.2.2012, JurisData n° 2012-004188; CA Douai 29.1.2015, JurisData n° 2015-002640; CA Nancy 18.3.2015, JurisData n° 2015-017945; *Delattre*, JCP 2012, éd. E, 1618; *Jacquemont/Vabres* (Fn. 2269). Auch nach *Pérochon* (Fn. 2229) soll es nur unzulässig sein, die Verwirklichung dieses *faillite personnelle* Tatbestands e i n z i g auf die unterlassene Erteilung der in Artikel L. 622 6 des Code de commerce vorgesehenen Informationen zu stützen.

2272 Nach dem die vorgegebenen Fristen verletzt und eine Nachreichung weder bis zur erst- noch bis zur zweitinstanzlichen Entscheidung über die Verhängung der *faillite personnelle* erfolgt war, CA Nancy 18.3.2015, JurisData n° 2015-017945.

2273 CA Douai 29.1.2015, JurisData n° 2015-002640.

2274 Zu diesem Randbereich s. wiederum oben § 4 G I 1.

2275 CA Lyon 28.10.2011, JurisData n° 2011-027538; *Cerf-Hollender* (Fn. 272), n° 74. Dasselbe gilt hinsichtlich der Ergänzung des Inventars um die Angabe der einem Herausgabeanspruch ausgesetzten Vermögensgegenstände. Keinesfalls steht das Verhältnis der Vorschriften zueinander einer Sanktionierung über den *faillite personnelle* Tatbestand entgegen bei einem Fehlverhalten bei der Sachverhaltsaufklärung betreffend die mit Pfandrechten belasteten und die zur Sicherung der Durchführung der

Die geographische Entfernung des etwa im Ausland ansässigen Verantwortlichen schließt eine Sanktionierung nicht aus.[2276] Allerdings kann das Gericht bei der Bemessung des Zeitraums, innerhalb dessen die Mitwirkungshandlungen zu erbringen sind, die Distanz berücksichtigen.[2277] Der schlechte Gesundheitszustand des Verantwortlichen muss die Tatbestandsverwirklichung nicht exkludieren, kann aber im Einzelfall zur Ablehnung einer Verhängung der *faillite personnelle* oder einer *interdiction de gérer* durch das Gericht führen.[2278]

Keineswegs kann sich der Verantwortliche einer Sanktionierung nach seinem Belieben entziehen, indem er die geschuldete Kooperation delegiert. Er muss sich den Organen des Verfahrens zumindest auf Verlangen persönlich stellen.[2279]

e) *Behinderung des ordnungsgemäßen Verfahrensablaufs*

Mit seinem Fehlverhalten muss der Verantwortliche den ordnungsgemäßen Ablauf des Verfahrens behindern.[2280] Es wird gefordert, dass es schwer genug ausfällt[2281] und das Verfahren durchzieht[2282]. Einfache Versäumnisse[2283] oder eine nur punktuelle Behinderung[2284] sollen danach nicht genügen.

Als ausreichendes Resultat der unterlassenen Kooperation befunden worden ist in der Rechtsprechung etwa die Vereitelung des Forderungseinzugs durch den *liquidateur* sowie der Inventarerstellung zusammen mit der Anhäufung weiterer Verbindlichkeiten in der vorangehenden, sich dann als zwecklos erwiesenen

---

zollamtlichen Überwachung in vorübergehender Verwahrung befindlichen Güter sowie bezüglich der Arbeitnehmer, ihrer Ansprüche und der Niederlassungen nach Artikel R. 622-2 des Code de commerce, *Saint-Alary-Houin* (Fn. 25), n° 572.

2276 CA Aix-en-Provence 2.2.2012, JCP 2012, éd. E, 1618, note *Delattre*; *Le Corre* (Fn. 2267).

2277 CA Aix-en-Provence 13.10.2011, JurisData n° 2011-032223; *Delattre*, JCP 2012, éd. E, 1618.

2278 *Delattre*, Rev. proc. coll. 2010-3, étude 15, n° 20. Zum gerichtlichen Ermessen hinsichtlich der Verhängung s. bereits oben § 4 A VIII 1, 5 sowie *dens.*, ebenda, n°s 4, 8-11, 19.

2279 CA Grenoble 6.1.2011, JCP 2011, éd. E, 1576, note *Delattre*; CA Aix-en-Provence 2.2.2012, JCP 2012, éd. E, 1618, note *Delattre*; CA Rouen 12.12.2013, JurisData n° 2013-030611; *Delattre*, JCP 2013, éd. E, 1594; *Le Corre* (Fn. 2267).

2280 S. die Nachweise oben Fn. 2204 sowie Cass. com. 24.3.2015, n° 14-50.046, 311; CA Lyon 7.11.2013, JurisData n° 2013-028672; *Cerf-Hollender* (Fn. 272), n° 45.

2281 *Delattre*, JCP 2012, éd. E, 1618; *Lienhard* (Fn. 2186).

2282 *De Roux* (Fn. 2228); *Roussel Galle* (Fn. 307), n° 846.

2283 *Delattre*, Rev. proc. coll. 2010-3, étude 15, n° 4; *Lienhard* (Fn. 2186).

2284 *De Roux* (Fn. 2228); *Roussel Galle* (Fn. 2282).

Beobachtungsphase.[2285] Ferner genügt es, wenn in der Folge des Fehlverhaltens angemeldete Forderungen nicht bestritten werden können, überhaupt das Verfahren der Forderungsfeststellung nicht betrieben und das Inventar nicht erstellt werden kann.[2286] Dasselbe ist aber auch bereits schlicht für die verhinderte Masseverwertung als Konsequenz der verweigerten Mitwirkung angenommen worden[2287] sowie dann, wenn es der Verantwortliche entgegen diverser Aufforderungen unterlässt, dem *administrateur* im Falle von ausscheidenden Arbeitnehmern die Elemente, welche für die Erstellung der die Beendigung der Arbeitsverhältnisse betreffenden obligatorischen Dokumente benötigt werden, zu liefern.[2288]

f) Vorsatz

Der Verantwortliche muss die Kooperation mit den Verfahrensorganen willentlich unterlassen haben.[2289] Hieran soll es etwa im Falle des Nichterscheinens bei dem oder der unterlassenen Übermittlung von Unterlagen an den Verwalter fehlen, wenn der Zugang einer entsprechenden Aufforderung seitens desselben nicht nachgewiesen wird.[2290]

Die Verfahrensbehinderung braucht nach der Rechtsprechung des Kassationshofs für die Verwirklichung des Tatbestands nicht intendiert zu sein.[2291] Allerdings soll das Fehlen eines darauf gerichteten Willens auf der Rechtsfolgenseite die Wahl einer *interdiction de gérer* anstelle der *faillite personnelle* rechtfertigen.[2292]

2285 CA Rennes 16.12.2014, JurisData n° 2014-033236.

2286 CA Rouen 7.11.2013, JurisData n° 2013-027793.

2287 CA Aix-en-Provence 19.3.2009, JurisData n° 2009-012426; CA Angers 17.11.2015, JurisData n° 2015-027341; *Delattre*, Rev. proc. coll. 2010-3, étude 15, n° 18.

2288 CA Caen 18.4.2013, JurisData n° 2013-015130.

2289 S. die Nachweise oben Fn. 2204 sowie *Delattre*, JCP 2012, éd. E, 1618; *Cerf-Hollender* (Fn. 2280).

2290 CA Douai 6.6.2013, JCP 2013, éd. E, 1594, note *Delattre*; CA Rouen 12.2.2015, JurisData n° 2015-003688.

2291 Cass. com. 16.9.2014, n° 13-10.514; dagegen noch CA Caen 10.11.2010, JurisData n° 2010-024937; 17.4.2014, JurisData n° 2014-010487.

2292 CA Paris 2.7.2013, JurisData n° 2013-015774. Nach *Lienhard* (Fn. 2186) und *Cerf-Hollender* (Fn. 272), n° 76 bedarf es zur Rechtfertigung der Verhängung einer *faillite personnelle* auf der Grundlage des Tatbestands eines auf die Verfahrensbehinderung gerichteten Willens. Allgemein zur Möglichkeit einer Beschränkung auf die Verhängung einer *interdiction de gérer* in den Fällen der *faillite personnelle* s.o. § 4 A VIII 5.

3. Andere Tatbestände

Die Regel, wonach mit der *faillite personnelle* nur Fehlverhalten vor dem Eröffnungsurteil sanktioniert werden kann, gilt auch für die Tatbestände des Verheimlichens und des Beiseiteschaffens von Schuldnervermögen sowie der betrügerischen Erhöhung der Schulden.[2293] Für die Begründung einer Aufklärungspflicht im eröffneten Verfahren kommen sie damit nicht in Betracht.

Allerdings hat die Verordnung vom 12. März 2014 einen neuen Tatbestand gebracht, welcher an ein Fehlverhalten nach der Verfahrenseröffnung anknüpft. Das Gericht kann die *faillite personnelle* danach dann verhängen, wenn der Verantwortliche im Namen eines Gläubigers wissentlich eine inexistente Forderung anmeldet.[2294] Die Gläubiger können sich bei der Anmeldung ihrer Forderungen vertreten lassen.[2295] Die Verordnung vom 12. März 2014 hat die gesetzliche Vermutung eingeführt, dass der Schuldner, welcher eine Forderung zur Kenntnis des *mandataire judiciaire* respektive des *liquidateur* bringt, im Auftrag des Gläubigers handelt, solange dieser die Forderung nicht anmeldet.[2296] Der neue *faillite personnelle* Tatbestand soll nun verhindern, dass der Schuldner wissentlich fiktive Forderungen anmeldet.[2297]

H. Bankrott

I. Verheimlichen oder Beiseiteschaffen von Aktiva

Die Bankrotttatbestände des Verheimlichens und des Beiseiteschaffens von Schuldnervermögen können auch noch durch Verhalten nach dem

---

2293 S.o. § 4 A VIII 2, 3.

2294 C. com., art. L. 653-5: „Le tribunal peut prononcer la faillite personnelle de toute personne mentionnée à l'article L. 653-1 contre laquelle a été relevé l'un des faits ci-après: […] 7° Avoir déclaré sciemment, au nom d'un créancier, une créance supposée"; *Jacquemont/Vabres* (Fn. 2269); *Saint-Alary-Houin* (Fn. 25), n° 1479; *Cerf-Hollender* (Fn. 272), n° 34.

2295 C. com., artt. L. 622-24, al. 2; L. 631-14, al. 1er; L. 641-3, al. 4. Zu den Anforderungen an eine wirksame Vertretung *Medla* (Fn. 3), 219 f.; *Jacquemont/Vabres* (Fn. 23), nos 559-562; *Saint-Alary-Houin* (Fn. 25), nos 765, 783-787.

2296 C. com., artt. L. 622-24, al. 3 („Lorsque le débiteur a porté une créance à la connaissance du mandataire judiciaire, il est présumé avoir agi pour le compte du créancier tant que celui-ci n'a pas adressé la déclaration de créance prévue au premier alinéa"); L. 631-14, al. 1er; L. 641-3, al. 4; *Degenhardt*, NZI 2014, 433, 438; *Saint-Alary-Houin* (Fn. 25), nos 748, 768; MünchKomm InsO³(-*Niggemann*) (Fn. 23), Rn. 39.

2297 *Saint-Alary-Houin* (Fn. 25), n° 1479.

Eröffnungsurteil verwirklicht werden.[2298] Darin unterscheiden sie sich von den entsprechenden Fällen der *faillite personnelle*.[2299]

Kennzeichnend sowohl für das Beiseiteschaffen als auch für das Verheimlichen ist das Entziehen des Zugriffs auf Bestandteile des Schuldnervermögens.[2300] Nicht einheitlich wird die Frage danach beantwortet, zu wessen Nachteil es erfolgt. Teilweise wird in der Lehre auch nach der Reform von 1985 als geschütztes Rechtsgut lediglich das Gläubigervermögen genannt.[2301] Ebenso hat der Kassationshof die Gläubiger in seiner seither ergangenen Rechtsprechung als Geschädigte verstanden.[2302]

Unter Berufung auf die neue Ausrichtung der Unternehmensinsolvenzverfahren durch das Gesetz vom 25. Januar 1985 bzw. mit Blick auf die bereitstehenden Nebenstrafen wird im Schrifttum aber auch vertreten, dass es vielmehr um den Schutz des schuldnerischen Unternehmens als solchem und die Regulierung der jeweils ausgeübten Berufe gehe.[2303] Verbreitet ist heute die Ansicht, wonach die Gläubiger und das Unternehmen geschützt seien.[2304] Manche sprechen von einem Schaden „Dritter" neben demjenigen der Gläubiger als charakteristischer Folge der Tathandlung.[2305]

2298 Cass. crim. 7.12.1992, n° 91-83.937; 11.2.2009, n° 08-83.704; 24.3.2010, Bull. crim. 2010, n° 55; *Summ* (Fn. 281), 202; *Jacquemont/Vabres* (Fn. 23), n° 1169; *Cerf-Hollender* (Fn. 272), n° 31. Zum Bankrott im Allgemeinen und seiner Bedeutung für die Frage nach schuldnerischen Pflichten zur Sachverhaltsaufklärung über einen Eigenantrag bzw. dessen begleitende Unterlagen s. bereits oben § 4 A VII.

2299 S.o. § 4 A VIII 2, 3, G II 3.

2300 S.o. § 4 A VII 3.

2301 *Robert/Matsopoulou* (Fn. 1457).

2302 Cass. crim. 11.5.1995, Bull. crim. 1995, n° 172; 29.3.2000, Bull. crim. 2000, n° 141; vgl. auch *Bénéjat*, Rev. proc. coll. 2010-5, étude 27, n° 5.

2303 *Bénéjat*, Rev. proc. coll. 2010-5, étude 27, n°s 4, 16, 18, 20. *Saint-Alary-Houin* (Fn. 25), n°s 1423, 1498 spricht ausschließlich von einer „Verarmung des Unternehmens" als Folge der Tathandlung. Zu den Nebenstrafen s.o. § 4 A VII 5.

2304 *Sordino* (Fn. 587), n°s 335, 380, 408; *Cerf-Hollender* (Fn. 276), n° 8; *Pérochon* (Fn. 272), n° 1772 note 49. Nach *Véron* (Fn. 1458), zeichnet sich das Tatobjekt dadurch aus, dass es einen Teil oder die Gesamtheit des „Unternehmensvermögens" ausmache und den durchsetzbaren Forderungen hafte, und nach *Salomon*, Dr. sociétés 2009, comm. 193 (Anm. zu Cass. crim. 20.5.2009, n° 08-84.888) geht es bei der Variante des Beiseiteschaffens um Vermögensgegenstände eines Unternehmens in Schwierigkeiten, welche der Täter vor den Gläubigern zu verstecken sucht, um jegliche Rechtsverfolgung von deren Seite zu verhindern.

2305 *Salomon*, Dr. sociétés 2007, comm. 59 (Anm. zu Cass. crim. 8.11.2006, n° 06-80.717); *Cerf-Hollender* (Fn. 276), n° 62; *Jacquemont/Vabres* (Fn. 23), n°s 1169 f.

In dem Verheimlichen wird ein auf die Verhinderung der Kenntnisnahme gerichtetes Verhalten gesehen.[2306] Während nicht unumstritten ist, ob es auch in einem Tun bestehen kann,[2307] kommt jedenfalls eine unterlassene Erklärung, Offenbarung[2308] oder Aushändigung an die Organe des Verfahrens[2309] in Betracht. Der Geschäftsführer einer schuldnerischen *SARL* soll sich wegen Bankrotts in der Variante des Verheimlichens etwa strafbar machen, wenn er den *liquidateur* nicht über den von ihm trotz des Liquidationsverfahrens vorgenommenen Baustelleneinsatz von Material der Gesellschaft und die Reparatur eines werthaltigen Gegenstands nach der Einstellung der gesellschaftlichen Aktivität informiert.[2310]

Bei dem Beiseiteschaffen handelt es sich nach herrschender Meinung um ein Tun: Sie beschränkt es auf einen positiven Akt der Verfügung.[2311] In Betracht kommt etwa das Verbringen von Bestandteilen des Vermögens der schuldnerischen Gesellschaft in die eigene Wohnung oder das Unterstellen bei einem Dritten genauso wie die Veräußerung ohne Gegenleistung oder zu einem Spottpreis.[2312]

Freilich wird angenommen, dass die Abgrenzung des Beiseiteschaffens von der Variante des Verheimlichens nicht frei von Schwierigkeiten sei.[2313] Bejaht worden ist das Beiseiteschaffen vom Kassationshof etwa bereits für den Fall der unterlassenen Aushändigung der – die Anpassung, Modifizierung und Weiterentwicklung der Unternehmenssoftware erlaubenden – Quellcodes an den *liquidateur* und den Erwerber der Aktiva der Schuldnerin, dem diese im Rahmen des Liquidationsverfahrens zugesprochen worden sind.[2314] Auch weist man darauf

---

2306 *Sordino* (Fn. 587), n°s 347, 356; *Cerf-Hollender* (Fn. 276), n° 36. *Robert/Matsopoulou* (Fn. 1457) nehmen an, dass es in einem Unterschlagen (*soustraction*) bestehen könne und führen als Beispiele Fälle an, die sich durch eine solche Ausrichtung auszeichnen.

2307 Dafür *Véron* (Fn. 1458), n° 295; dagegen *Sordino* (Fn. 587), n° 356; *Cerf-Hollender* (Fn. 2306).

2308 *Véron* (Fn. 2307).

2309 Cass. crim. 11.2.2009, n° 08-83.704; *Cerf-Hollender* (Fn. 2306).

2310 CA Grenoble 13.12.1995, JurisData n° 1995-048393.

2311 Cass. crim. 24.4.1984, Bull. crim. 1984, n° 141; 12.1.2005, Dr. pén. 2005, comm. 92, obs. *Robert*; *Robert/Matsopoulou* (Fn. 1457); *Véron* (Fn. 1458), n° 294; *Vallansan/Cagnoli/Fin-Langer* (Fn. 1510), 496; *Cerf-Hollender* (Fn. 276), n° 29; a.A. *Sordino* (Fn. 587), n°s 351, 355 f.

2312 *Cerf-Hollender* (Fn. 276), n° 31.

2313 *Sordino* (Fn. 587), n° 356; *Cerf-Hollender* (Fn. 276), n° 37.

2314 Cass. crim. 26.11.1998, Bull. crim. 1998, n° 319. Für eine Subsumtion unter den Fall des Verheimlichens dagegen *Robert/Matsopoulou* (Fn. 1457); *Véron* (Fn. 1458), n° 295.

hin, dass das Tatobjekt des Verheimlichens durchaus ein zuvor beiseite geschaffter Vermögensbestandteil sein könne, wenn nicht gar stets ein solcher sei.[2315]

Und so kommt es vor, dass auch die Verwirklichung der Variante des Beiseiteschaffens einmal mit der mangelnden Sachverhaltsaufklärung durch den Schuldner in dem Unternehmensinsolvenzverfahren begründet wird: Bei einem Verkauf von Schuldnervermögen kann das Beiseiteschaffen etwa unter der Voraussetzung bejaht werden, dass den Gläubigern der Erlös verheimlicht wird.[2316] Dasselbe gilt, wenn nach Eintritt der *cessation des paiements* der Leiter der Schuldnerin im eröffneten Unternehmensinsolvenzverfahren den Großteil ihrer Immobilien verkauft und sich die Autorisierung durch das Gericht hierzu im Wege der Täuschung über den Wert der Kaufsache und seine über zwischengeschaltete Dritte vermittelte Leitung und Beteiligung an der Käuferin erschwindelt hat.[2317] Endlich wird vertreten, dass die trotz wiederholter Aufforderung unterlassene Kontaktaufnahme mit der zur Erstellung des Inventars berufenen Hilfsperson den Tatbestand des Beiseiteschaffens verwirklichen könne, wenn die Erstellung deshalb nicht erfolgen kann und die Verwertung der Aktiva durch die Verfahrensorgane so vereitelt wird.[2318]

II. Betrügerische Erhöhung der Schulden

Im Ergebnis geht es auch bei dem Bankrotttatbestand der betrügerischen Erhöhung der Schulden um eine Entziehung von Schuldnervermögen.[2319] Dabei wird die Frage nach der Schutzrichtung wiederum nicht einheitlich beantwortet.[2320]

Weil sich im Gesetz keine Enumeration der Mittel der fraudulösen Schulderhöhung mehr findet, kommt jegliches Verhalten in Betracht, welches zu diesem Ergebnis führt.[2321] Auch bei dieser Variante des Bankrotts kann es selbst

---

2315 *Sordino* (Fn. 2313); *Cerf-Hollender* (Fn. 2313).

2316 Cass. crim. 29.3.2000, Bull. crim. 2000, n° 141; *Vallansan/Cagnoli/Fin-Langer* (Fn. 1510), 495; *Cerf-Hollender* (Fn. 276), n° 31; *Jacquemont/Vabres* (Fn. 23), n° 1169.

2317 Cass. crim. 7.12.1992, n° 91-83.937; *Cerf-Hollender* (Fn. 276), n° 34.

2318 *Delattre*, Rev. proc. coll. 2010-3, étude 15, n° 18.

2319 *Sordino* (Fn. 587), n° 402; *Véron* (Fn. 1458), n° 296; *Cerf-Hollender* (Fn. 276), n° 46.

2320 S. *Bénéjat*, Rev. proc. coll. 2010-5, étude 27, n°s 4, 16, 18, 20 (Unternehmen und Berufsregulierung); *Saint-Alary-Houin* (Fn. 2303) (Unternehmen); *Robert/Matsopoulou* (Fn. 808), n° 342; *Jeantin/Le Cannu* (Fn. 1177), n° 1342 und *Vallansan/Cagnoli/Fin-Langer* (Fn. 1510), 496 (Gläubiger) sowie *Sordino* (Fn. 587), n°s 335, 402, 408 und *Cerf-Hollender* (Fn. 276), n°s 8, 45 f. (Unternehmen und Gläubiger).

2321 *Véron* (Fn. 2319); *Cerf-Hollender* (Fn. 276), n° 45; *Le Corre* (Fn. 46), n° 932.33. Zum Verzicht auf eine solche Aufzählung seit der Reform von 1985 s.o. § 4 A VII 1.

noch aus der Zeit nach der Stellung eines Eigenantrags stammen.[2322] Über spätere Falschangaben im Unternehmensinsolvenzverfahren wie die Aufnahme einer fiktiven Forderung in die Gläubigerliste nach Artikel L. 622-6 des Code de commerce sollte ein den Tatbestand verwirklichendes wahrheitswidriges Anerkenntnis zum Ausdruck gebracht werden können.[2323]

III. Verschwindenlassen von Buchführungsunterlagen

Der Kassationshof hat – bereits unter dem Gesetz vom 25. Januar 1985 – eine Bestrafung wegen Bankrotts in der Variante des Verschwindenlassens von Unterlagen der Buchführung zugelassen bei einer verzögerten oder verweigerten Aushändigung solcher, in ihrer Existenz nicht in Frage gestellter und lokalisierbarer Dokumente an den *représentant des créanciers* oder *liquidateur.*[2324] Diesen Standpunkt schreibt man dem Gericht über die Reform von 2005 hinaus zu;[2325] die Strafvorschrift selbst hat in dieser Hinsicht keine Änderung erfahren[2326].

Im Schrifttum wird eingewendet, dass sich diese Fälle nicht zur Deckung bringen ließen mit dem Begriff des Verschwindens.[2327] In seiner ursprünglichen Bedeutung soll er voraussetzen, dass die Unterlagen entweder nicht mehr existieren oder deswegen nicht mehr auffindbar sind, weil sie an einem unbekannten Ort versteckt worden sind,[2328] es soll bei dem Verschwindenlassen um eine Beseitigung gehen[2329].

Ferner argumentiert man mit dem Umstand, dass der Gesetzgeber die Notwendigkeit gesehen hat, mit dem *faillite personnelle* Tatbestand der unterlassenen

2322 Vgl. *Sordino* (Fn. 587), n° 406; *Cerf-Hollender* (Fn. 2298).

2323 Zur Realisierung des Tatbestands im Wege eines wahrheitswidrigen Anerkenntnisses einer Forderung s. bereits oben § 4 A VII 1. Zu dieser Gläubigerliste s.o. § 4 D IV 2.

2324 Cass. crim. 19.10.1992, n° 91-86.761; 19.1.2000, Bull. crim. 2000, n° 29; 25.2.2004, Bull. crim. 2004, n° 52.

2325 *Cerf-Hollender* (Fn. 276), n° 51; *Pérochon* (Fn. 272), n° 1772 note 59; *Jacquemont/Vabres* (Fn. 2316).

2326 S.o. Fn. 1437 sowie loi n° 85-98 du 25 janvier 1985, art. 197, 4°; C. com., art. L. 626-2, 4° i.d.F. der ordonnance n° 2000-912 du 18 septembre 2000 („Avoir […] fait disparaître des documents comptables de l'entreprise ou de la personne morale").

2327 *Mascala*, D. 2004, 3050; *Robert/Matsopoulou* (Fn. 808), n° 343; *Véron* (Fn. 1458), n° 298; *Le Corre* (Fn. 46), n° 932.35; *Saint-Alary-Houin* (Fn. 25), n° 1498.

2328 *Cerf-Hollender* (Fn. 2325).

2329 *Sordino* (Fn. 587), n° 481; *Véron* (Fn. 2327); *Cerf-Hollender* (Fn. 276), n° 50.

Kooperation mit den Verfahrensorganen ein Mittel zum Umgang mit der unterlassenen Aushändigung der Buchführungsunterlagen zu schaffen.[2330]

I. Ausschluss der Restschuldbefreiung

Aus den Bestimmungen zum Ausschluss der mit der *clôture pour insuffisance d'actif* verbundenen Restschuldbefreiung lässt sich auch eine rechtliche Missbilligung von Fehlverhalten des Schuldners bei der Sachverhaltsaufklärung nach der Stellung eines Eröffnungsantrags ableiten. Zum einen zeitigen der Ausspruch der *faillite personnelle* und die Verurteilung wegen Bankrotts diesen Ausschluss unabhängig vom Zeitpunkt der Verwirklichung der zugrunde liegenden Tatbestände.[2331]

Zum anderen kann ein Verhalten auch nach der Verfahrenseröffnung für die Bejahung einer die Wiederherstellung des Einzelverfolgungsrechts rechtfertigenden *fraude* genügen.[2332] In Betracht kommt etwa das Auslassen eines Gläubigers in der Gläubigerliste nach Artikel L. 622-6 des Code de commerce, soweit es von einem auf das Verheimlichen gerichteten Vorsatz getragen wird.[2333] Aber auch das Verheimlichen von Aktiva ist bereits als *fraude* in diesem Sinne gewertet worden.[2334]

2330 *Mascala*, D. 2004, 3050 f. Zu dieser Zielrichtung des genannten Tatbestands der *faillite personnelle de Roux* (Fn. 2228); *Lienhard* (Fn. 2186) sowie oben § 4 G II 1, 2 d).

2331 S.o. § 4 A IX 1. Zum Ausspruch der *faillite personnelle* und zur Verurteilung wegen Bankrotts als Folge eines Fehlverhaltens bei der Sachverhaltsaufklärung im Anschluss an die Stellung eines Eröffnungsantrags s.o. § 4 G II, H.

2332 *Delzant/Pascal Schütze* ZInsO 2008, 540, 546 f.; *Mehring*, ZInsO 2012, 1247, 1251 f.; *Le Corre* (Fn. 46), n° 592.66. Zu diesem Grund für den Ausschluss der Restschuldbefreiung s. bereits oben § 4 A IX 1.

2333 *Vallansan/Cagnoli/Fin-Langer* (Fn. 1510), 448; *Le Corre* (Fn. 2332); *Saint-Alary-Houin* (Fn. 25), n°s 763, 1379. S. dazu auch bereits oben § 4 A IX 1.

2334 CA Colmar 13.12.2011, BeckRS 2012, 03424 (Unterlassene Offenbarung eines zur Begründung einer Forderung des Schuldners gegen den Treugeber geeigneten und von Beginn an von einer „schädlichen Intention" getragenen Treuhandvertrages, der dem Schuldner ein Geschäft emöglichen sollte, ohne dass er als Begünstigter desselben erschien, gegenüber dem *liquidateur*).

Literaturverzeichnis

Ackmann, Hans-Peter, Schuldbefreiung durch Konkurs? – Eine rechtshistorische, rechtsvergleichende und rechtspolitische Untersuchung zur Reformbedürftigkeit des Rechts der freien Nachforderung (§ 164 Abs. 1 KO), Bielefeld 1983.

Adloff, Daniel, Vorlagepflichten und Beweisvereitelung im deutschen und französischen Zivilprozess, Tübingen 2007.

Ahrens, Walter, Rechte und Pflichten ausländischer Insolvenzverwalter im internationalen Insolvenzrecht, Berlin 2002.

Alliot, Renée, La faillite personnelle, in: *Rodière, René* (Hrsg.), Faillites – Liquidation des biens, règlement judiciaire, faillite personnelle, banqueroute (Paris 1970), 391-426.

Alliot, Renée, La faillite personnelle: RTD com. 1981, 201-231.

Amlon, Guy, Sauvegarde, redressement et liquidation judiciaires; Organes; Contrôleurs: J.-Cl. Commercial, Fasc. 2245, Stand Januar 2016.

Angermüller, Dieter, Die persönliche Haftung von Unternehmensleitern, insbesondere Leitern juristischer Personen, bei Insolvenz des Unternehmens nach dem französischen Insolvenzgesetz vom 13. Juli 1967, Frankfurt am Main u.a. 1986.

Argenson, Jacques/Toujas, Georges/Dutheil, Jean, Règlement judiciaire et faillite, 2. Auflage, Paris 1958.

Argenson, Jacques/Toujas, Georges/Dutheil, Jean, Règlement judiciaire et faillite, 3. Auflage, Paris 1963.

Argenson, Jacques/Toujas, Georges, Règlement judiciaire, liquidation des biens et faillite Traité et formulaire, 2 Bände, 4. Auflage, Paris 1973.

Argenson, Jacques/Toujas, Georges, Règlement judiciaire, liquidation des biens et faillite – Traité et formulaire, Supplément à la 4e édition à jour au 1er mars 1978, Paris 1978.

Arnold, Hans, Die französische Verordnung über die Sanierung bestimmter Unternehmen vom 23. 9. 1967: ZIP 1982, 793-805.

Arnold, Hans, Der deutsch-österreichische Konkurs- und Vergleichs-(Ausgleichs-)Vertrag vom 25. Mai 1979: KTS 1985, 385-411.

Arnold, Hans, Insolvenzrechtsreformen in Westeuropa: ZIP 1985, 321-333.

Balz, Manfred, Zur Reform des französischen Insolvenzrechts: ZIP 1983, 1153-1175.

Bartsch, Robert/Pollak, Rudolf/Buchegger, Walter, Österreichisches Insolvenzrecht – Kommentar, IV: §§ 96-139 östKO, 4. Auflage, Wien u.a. 2006.

Baur, Fritz/Stürner, Rolf, Zwangsvollstreckungs-, Konkurs- und Vergleichsrecht, II: Insolvenzrecht, 12. Auflage, Heidelberg 1990.

Baur, Fritz/Stürner, Rolf/Bruns, Alexander, Zwangsvollstreckungsrecht, 13. Auflage, Heidelberg 2006.

Beaubrun, Marcel, Liquidation judiciaire; Ouverture de la procédure: J.-Cl. Commercial, Fasc. 2700, Stand Mai 2013.

Bedarride, Jassuda, Traité des faillites & banqueroutes, 3 Bände, 4. Auflage, Paris/Aix 1862.

Bénéjat, Murielle, Faut-il sauver la banqueroute?: Rev. proc. coll. 2010-5, étude 27.

Blum, Robert, Die Schuldseite des einfachen und betrüglichen Bankrutts, Frankenthal 1907.

Böckenhoff, Johannes, Reform des französischen Insolvenzrechts: RIW 1994, 1053-1055.

Boistel, Alphonse, Précis du cours de droit commercial, Paris 1876.

Bolard, Georges (Hrsg.), Diligences des mandataires de justice et recommandations, IFPPC, 5. Auflage, 1999.

Borchardt, Oscar, Die geltenden Handelsgesetze des Erdballs gesammelt und in das Deutsche übertragen sowie mit Einleitung, Anmerkungen, Schlusswort und Generalregistern versehen, II: Die Handelsgesetzbücher von Columbien, Costa-Rica, dem Deutschen Reich, San Domingo, Ecuador, Frankreich, Griechenland, Guatemala und Haiti, Berlin 1884.

Bord, Gilbert, Règlement judiciaire et liquidation des biens, Paris 1969.

Bork, Reinhard, Einführung in das Insolvenzrecht, 8. Auflage, Tübingen 2017.

Bornier, Philippe, Conférences des ordonnances de Louis XIV. Roy de France et de Navarre, avec les anciennes ordonnances du royaume, le droit écrit et les arrests. Enrichies d'annotations et de décisions importantes, nouvelle édition, corrigée et augmentée, tant des Edits, Déclarations & Ordonnances, donné par Louis XV. en Interprétation de celles de Louis XIV que de plusieurs Reglemens pour la procedure du Conseil; & d'un grand nombre de Notes qui ne sont point dans les Editions précédentes, II, Paris 1755.

Boulay, J.-Ch./Viandier, A., Règlement judiciaire, liquidation des biens; Production, vérification, admission: J.-Cl. Commercial, Fasc. 1735, Stand Januar 1983.

Boulay-Paty, Pierre Sébastien, Traité des faillites et banqueroutes, suivi de la revendication et d'un essai sur la déconfiture et les sursis, nouvelle édition, mise en rapport avec la législation et la jurisprudence de Belgique, Brüssel 1834.

Boulay-Paty, Pierre Sébastien/Boileux, Jacques Marie, Traité des faillites et banqueroutes, suivi de quelques observations sur la déconfiture, 2 Bände, Paris 1854.

Bravard-Veyrières, Pierre, Manuel de droit commercial, 6. Auflage, Paris 1861.

Broicher, C. A./Grimm, F. F., Das Handelsgesetzbuch der Königlich Preußischen Rheinprovinzen, Köln 1835.

Bruschi, Marc, Procédure commercial, in: Rép. com., VI: Magasins collectifs de commerçants indépendants – Publicité fausse ou de nature à induire en erreur – Publicité comparative (Paris 1972 ff.), Stand Dezember 2013.

Bunge, Jürgen, Zivilprozess und Zwangsvollstreckung in Frankreich und Italien, Berlin 2008.

Cabrillac, Michel, Anm. zu Cass. com. 19.7.1988 (Bull. civ. 1988 IV, n° 252): JCP 1989, éd. E, II 15468, n° 2.

Cagnoli, Pierre, Lorsqu'une demande de sanction patrimoniale est formée à l'encontre de plusieurs dirigeants d'une société défaillante, le tribunal peut les entendre séparément: JCP 2000, éd. E, 996.

Cagnoli, Pierre, Essai d'analyse processuelle du droit des entreprises en difficulté, Paris 2002.

Cagnoli, Pierre, Abrogation de la saisine d'office: et ensuite?: Rev. proc. coll. 2016-1, dossier 7.

Campana, Marie-Jeanne, Règlement judiciaire, liquidation des biens; Conversion du règlement judiciaire en liquidation des biens: J.-Cl. Commercial, Anciens art. 437 à 614-26, Loi du 13 juillet 1967, Fasc. J, Stand Juni 1982.

Campana, Marie-Jeanne/Dizel, Martine/Barratin, Laurent-Philippe/Fernandez, Reine, Entreprises en difficulté – Redressement judiciaire (Conditions d'ouverture), in: Rép. com., IV: Effets de commerce – Entreprises du secteur public (Paris 1972 ff.), Stand Dezember 2013.

von Campe, Moritz, Insolvenzanfechtung in Deutschland und Frankreich – Das neue Sach- und Kollisionsrecht (InsO und Loi n° 85-98), Köln u.a. 1996.

Celestine, Patrick/Felsner, Marcus, Verbesserter Gläubigerschutz nach neuem französischem Insolvenzrecht: WM 1996, 425-434.

Cerati-Gauthier, Adeline, La liquidation judiciaire se mérite-t-elle?: JCP 2012, éd. E, 1509.

Cerf-Hollender, Agnès, Sauvegarde, redressement et liquidation judiciaires; Banqueroute et autres infractions: J.-Cl. Commercial, Fasc. 2930, Stand Oktober 2014.

Cerf-Hollender, Agnès, Cumul des sanctions professionnelles et pénales de faillite personnelle: une constitutionnalité partielle qui n'en est pas une!: JCP 2016, éd. E, 1632.

Cerf-Hollender, Agnès, Redressement et liquidation judiciaires; Sanctions professionnelles; Faillite personnelle et autres mesures d'interdiction: J.-Cl. Commercial, Fasc. 2910, Stand Februar 2017.

Chaput, Yves, Droit du redressement et de la liquidation judiciaires des entreprises, 2. Auflage, Paris 1990.

Chaput, Yves, La réforme de la prévention et du traitement des difficultés des entreprises: JCP 1994, éd. E, I 3786.

Chaput, Yves, Le décret n° 94-910 du 21 octobre 1994 relatif au droit des entreprises en difficulté: JCP 1995, éd. E, I 440.

Chaput, Yves, Anm. zu Cass. com. 19.1.1999 (Bull. civ. 1999 IV, n° 19): Dr. sociétés 1999, n° 37.

Chevallier, Jean-Yves, Les conditions d'ouverture des nouvelles procédures collectives, in: *Rodière, René* (Hrsg.), Faillites – Liquidation des biens, règlement judiciaire, faillite personnelle, banqueroute (Paris 1970), 57-87.

Clark, Leif, Triggering Criteria for Starting and Stopping Bankruptcy, US Legal Principles, in: *Peter, Henry/Jeandin, Nicolas/Kilborn, Jason* (Hrsg.), The Challenges of Insolvency Law Reform in the 21st Century – Facilitating Investment and Recovery to Enhance Economic Growth (Zürich u.a. 2006), 17-32.

Clift, Jenny, Choice of Law and the UNCITRAL Harmonization Process: 9 Brook. J. Corp. Fin. & Com. L. 20-47 (2014).

Couchez, Gérard/Lagarde, Xavier, Procédure civile, 16. Auflage, Paris 2011.

Couret, Alain/Larrieu, Jacques/Macorig-Venier, Francine/Mascala, Corinne/Monsèrié, Marie-Hélène/Saint-Alary-Houin, Corinne, La réforme du droit des entreprises en difficulté – Commentaire de la loi n° 94-475 du 10 juin 1994 relative à la prévention et au traitement des difficultés des entreprises et de son décret d'application n° 94-910 du 21 octobre 1994, Paris 1995.

von Dabelow, Christoph Christian, Das Französische Civilverfahren nach den Gesetzen und den besten französischen Schriftstellern systematisch bearbeitet und mit den nöthigen Formularen begleitet, Halle 1809.

Daigre, Jean Jacques, La production forcée de pièces dans le procès civil, Paris 1979.

Dammann, Reinhard, Das neue französische Insolvenzrecht: ZIP 1996, 300-304.

Dammann, Reinhard, Das neue französische Insolvenzrecht: RIW 2006, 16-23.

Dammann, Reinhard, Die Modernisierung des französischen Insolvenzrechts: RIW 2008, Heft 5, 1.

Dammann, Reinhard, Die Erfolgsrezepte französischer vorinsolvenzlicher Sanierungsverfahren: NZI 2009, 502-507.

Dammann, Reinhard/Undritz, Sven-Holger, Die Reform des französischen Insolvenzrechts im Vergleich zur InsO: NZI 2005, 198-205.

Degenhardt, Ernst, Das neue französische „beschleunigte finanzielle Sanierungsverfahren“ (Sauvegarde financière accélérée): NZI 2013, 830-836.

Degenhardt, Ernst, Die Reform des französischen Insolvenzrechts vom 12.3.2014: NZI 2014, 433-439.

Delaporte, Vincent, Règlement judiciaire, liquidation des biens; Conditions de forme; Compétence et saisine du tribunal: J.-Cl. Commercial, Fasc. 1645, Stand Juni 1982.

Delaporte, Vincent, Règlement judiciaire, liquidation des biens; Jugement de liquidation des biens ou de réglement judiciaire, Procédure devant le tribunal, Publicité, exécution et autorité du jugement: J.-Cl. Commercial, Fasc. 1655, Stand September 1982.

Delattre, Christophe, Avant la loi de sauvegarde, le défaut de remise de la comptabilité et le défaut de remise de la liste des créanciers ne constituaient pas des cas de faillite personnelle du dirigeant: JCP 2007, éd. E, 2401.

Delattre, Christophe, Un dirigeant qui ne peut régler les frais de greffe peut-il être sanctionné pour une déclaration de cessation des paiements tardive?: JCP 2008, éd. E, 1871.

Delattre, Christophe, Sanction de l'absence de coopération du dirigeant avec les organes de la procédure collective: JCP 2008, éd. E, 2334.

Delattre, Christophe, Le comportement du dirigeant en termes de coopération est un critère important dans le prononcé d'une sanction: Rev. proc. coll. 2010-3, étude 15.

Delattre, Christophe, Le respect du contradictoire dans le cadre d'une enquête préalable: Rev. proc. coll. 2010-6, comm. 205.

Delattre, Christophe, La condamnation pour défaut de coopération ne peut concerner que la période postérieure au jugement d'ouverture: Rev. proc. coll. 2011-2, alerte 8.

Delattre, Christophe, L'intervention utile du ministère public pour caractériser l'absence de coopération du dirigeant: JCP 2011, éd. E, 1576.

Delattre, Christophe, Mandat ad hoc ou conciliation antérieurs à une demande d'ouverture de procédure collective: Rev. proc. coll. 2011-6, comm. 167.

Delattre, Christophe, L'obligation de coopération du dirigeant ne peut être déléguée: JCP 2012, éd. E, 1618.

Delattre, Christophe, La crise économique peut-elle exonérer le dirigeant de ses responsabilités?: Rev. proc. coll. 2012-5, alerte 25.

Delattre, Christophe, Le chef d'entreprise face à ses obligations comptables dans la loi de sauvegarde: Dr. sociétés 2012, étude 13.

Delattre, Christophe, Enquête préalable: outil incontournable pour déjouer le mensonge du débiteur sur la réalité de sa situation financière: Rev. proc. coll. 2012-6, comm. 171.

Delattre, Christophe, Absence de recours à la prévention et faute de gestion: Rev. proc. coll. 2013-2, comm. 28.

Delattre, Christophe, L'incarcération du dirigeant peut-elle être une parade à l'absence de coopération?: JCP 2013, éd. E, 1594.

Delattre, Christophe, „Beau temps" pour le dirigeant incompétent!: Rev. proc. coll. 2015-5, étude 19.

Deleau, Jacques, La notion de cessation des paiements en jurisprudence: RTD com. 1949, 587-599.

Delebecque, Philippe, Redressement et liquidation judiciaires; Bilan économique et social, Projet de plan de redressement: J.-Cl. Commercial, Fasc. 2300, Stand März 2004.

Delmas-Marty, Mireille, Droit pénal des affaires, I: Les infractions, 2. Auflage, Paris 1981.

Delzant, Ellen/Ehret, Patrick, Die Reform des französischen Insolvenzrechts zum 15.2.2009: ZInsO 2009, 990-996.

Delzant, Ellen/Schütze, Pascal, Die Restschuldbefreiung für Privatpersonen in den französischen Departements Bas-Rhin, Haut-Rhin und Moselle im Rahmen einer Privatinsolvenz (faillite civile): ZInsO 2008, 540-547.

Demeyere, Dominique, Anm. zu Cass. com. 3.7.2012 (Bull. civ. 2012 IV, n° 146): Gaz. Pal. 2012, jur. 2694-2696.

Derrida, Fernand, Le droit de communication des créanciers dans la faillite et le règlement judiciaire: JCP 1958, éd. G, I 1460.

Derrida, Fernand, La réforme du règlement judiciaire et de la faillite – Etude de la loi no 67-563 du 13 juillet 1967 et du décret no 67-1120 du 20 décembre 1967, Paris 1969.

Derrida, Fernand, Anm. zu Cass. com. 14.6.1977 (JCP 1977, éd. G, IV 209): D. 1977, I.R. 404.

Derrida, Fernand, La notion de partie dans les décisions relatives au redressement et la liquidation judiciaires des entreprises: D. 1989, chron. 77-98.

Derrida, Fernand/Godé, Pierre/Sortais, Jean-Pierre, Redressement et liquidation judiciaires des entreprises – Cinq années d'application de la loi du 25 janvier 1985, 3. Auflage, Paris/Nizza 1991.

Desdevises, Yvon/Staes, Olivier, Demande en justice; Demande initiale: J.-Cl. Proc. civ., Fasc. 600-5, Stand September 2016.

Diekmann, Hans, Die Geschichte des französischen Bilanzrechts, Berlin 1991.

Diesbecq, Antoine, La sanction adéquate en droit des entreprises en difficulté: Cah. dr. entr. 2017-1, dossier 2.

Dölle, Hans, Konkurs, in: *Schlegelberger, Franz/Heinrici, Carl/Mügel, Oscar/Simons, Walter/Titze, Heinrich* (Hrsg.), Rechtsvergleichendes Handwörterbuch für das Zivil- und Handelsrecht des In- und Auslandes, V: Kommanditgesellschaft – Rechtsgeschäft (Berlin 1936), 71-194.

Droege Gagnier, Anja, „Lex Petroplus" – neue Sicherungsmaßnahmen in Sanierungsverfahren nach französischem Recht: NZI 2012, 449-453.

Droege Gagnier, Anja/Dust, Julian, Der Debt-to-Equity Swap in französischen Insolvenzverfahren – ein Rechtsvergleich: NZI 2014, 942-946.

Drukarczyk, Jochen, Zur Verknüpfung von präventiven Vorverfahren und Insolvenzverfahren i.e.S. – die französische Regelung: FS Jobst Wellensiek zum 80. Geburtstag (München 2011), 761-776.

Drygala, Tim, Zur Neuregelung der Tätigkeitsverbote für Geschäftsleiter von Kapitalgesellschaften: ZIP 2005, 423-431.

Dumont-Lefrand, Marie-Pierre, Sauvegarde et redressement judiciaire; Situation du débiteur: J.-Cl. Commercial, Fasc. 2325, Stand April 2014.

Dumont-Lefrand, Marie-Pierre, Sauvegarde, redressement et liquidation judiciaires; Organes; Comités de créanciers: J.-Cl. Commercial, Fasc. 2248, Stand Juli 2015.

Dumont-Lefrand, Marie-Pierre, Procédure de sauvegarde: J.-Cl. Commercial, Fasc. 2152, Stand Februar 2017.

Dupouy, Claude, Précis de droit commercial, II: Groupements commerciaux, procédures collectives, 2. Auflage, Paris 1978.

Dupouy, Claude, Précis de droit commercial, I: Commerçants, fonds de commerce, contrats commerciaux, effets de commerce, 2. Auflage, Paris 1981.

Eidenmüller, Horst, Strategische Insolvenz: Möglichkeiten, Grenzen, Rechtsvergleichung: ZIP 2014, 1197-1205.

Escarra, Jean, Cours de droit commercial, Nouvelle édition, Paris 1952.

Fabre, Alexandre, La chambre commerciale et l'„instrumentalisation" des procédures collectives: à propos de l'arrêt Sodimédical: JCP 2012, éd. G, 1073.

Fassbach, Burkhard, Die *cram down power* des amerikanischen Konkursgerichts im Reorganisationsverfahren nach Chapter 11 des Bankruptcy Code – Vorbild für das Obstruktionsverbot der deutschen Insolvenzordnung, Frankfurt am Main u.a. 1997.

Feeney, Joan N./Williamson, Michael G./Stepan, Michael J., Bankruptcy law manual, 2 Bände, 5. Auflage, 2015-2, Eagan 2015.

Ferid, Murad/Sonnenberger, Hans Jürgen, Das Französische Zivilrecht, I/1: Allgemeine Lehren des Französischen Zivilrechts: Einführung und Allgemeiner Teil des Zivilrechts, 6. Auflage, Heidelberg 1994.

Ferriell, Jeffrey T./Janger, Edward J., Understanding Bankruptcy, 3. Auflage, New Providence/San Francisco 2013.

Fin-Langer, Laurence, Sauvegarde, redressement et liquidation judiciaires; Organes; Représentant des salariés: J.-Cl. Commercial, Fasc. 2240, Stand Februar 2017.

Fix, Christian, Die fiducié-sûreté – Eine Untersuchung der französischen Sicherungstreuhand aus deutscher Sicht, Tübingen 2014.

Flessner, Axel, Sanierung und Reorganisation – Insolvenzverfahren für Großunternehmen in rechtsvergleichender und rechtspolitischer Untersuchung, Tübingen 1982.

Flessner, Axel, Insolvenzverfahren ohne Insolvenz?: KTS 2010, 127-147.

Forsblad, Kirsten, Restschuldbefreiung und Verbraucherinsolvenz im künftigen deutschen Insolvenzrecht, Frankfurt am Main u.a. 1997.

Fraimout, Jean-Jacques, Sauvegarde, redressement et liquidation judiciaires; Plan de cession; Effets (II): Exécution Inexécution: J.-Cl. Commercial, Fasc. 2760, Stand Juni 2012.

Fraimout, Jean-Jacques, Des plans plus attractifs pour les créanciers?: Rev. Proc. coll. 2014-2, dossier 19.

Fraimout, Jean-Jacques, Sauvegarde, redressement et liquidation judiciaires; Plan de cession; Conception et adoption: J.-Cl. Commercial, Fasc. 2730, Stand Februar 2017.

Fricero, Natalie, Anm. zu Cass. com. 30.6.2009 (Bull. civ. 2009 IV, n° 88): Gaz. Pal. 2009, jur. 2564-2565.

Fricero, Natalie, Procédure civile et droit des entreprises en difficulté, in: *Roussel Galle, Philippe* (Hrsg.), Entreprises en difficulté (Paris 2012), 433-467.

Friedrichs, Philipp Julian, Das Schutzschirmverfahren nach § 270b als Instrument zur nachhaltigen Stärkung der Eigenverwaltung, Diss. Bonn 2014.

Garçon, Emil/Rousselet, Marcel/Patin, Maurice/Ancel, Marc, Code pénal annoté, I: Art. 1 à 294, 2. Auflage, Paris 1952.

Geiger, Christoph, Insolvenz einer GmbH nach deutschem Recht und einer Société à responsabilité limité nach französischem Recht – Kompetenzverteilung zwischen Geschäftsführer und Insolvenzverwalter, Köln 2009.

Geldmacher, Christoph, Das präventive Sanierungsverfahren als Teil eines reformierten Insolvenz- und Sanierungsrechts in Deutschland, Köln 2012.

Gottwald, Peter (Hrsg.), Insolvenzrechts-Handbuch, 5. Auflage, München 2015.

Graf-Schlicker, Marie Luise, Vorwort: Kommissionsvorschlag für eine Richtlinie über präventive Restrukturierungsrahmen, die zweite Chance und Maßnahmen zur Steigerung der Effizienz von Insolvenzverfahren (COM(2016) 723 final): ZIP 2017, Beilage zu Heft 1, 3-4.

Grelon, Bernard, La loi de sauvegarde, prise à la lettre: à propos de l'arrêt Cœur Défense: Rev. Sociétés 2011, 404-415.

Gröniger, Eva-Maria, Das französische Insolvenzsystem nach der Reform von 1967 im Vergleich zum deutschen Recht, Bielefeld 1984.

Grosse, Karl Werner, Konkursstrafrecht nach deutschem, englischem und französischem Recht, Leipzig 1936.

Grynbaum, Luc, Preuve, in: Rép. com., VI: Magasins collectifs de commerçants indépendants – Publicité fausse ou de nature à induire en erreur – Publicité comparative (Paris 1972 ff.), Stand Dezember 2013.

Guinchard, Serge/Chainais, Cécile/Ferrand, Frédérique, Procédure civile – Droit interne et droit de l'Union européenne, 31. Auflage, Paris 2012.

Guyon, Yves Félix, Droit des affaires, II: Entreprises en difficultés; redressement judiciaire, faillite, 7. Auflage, Paris 1999.

Habscheid, Edgar J., Grenzüberschreitendes (internationales) Insolvenzrecht der Vereinigten Staaten von Amerika und der Bundesrepublik Deutschland – Systeme und Wechselwirkungen rechtsvergleichend auch zu anderen Rechtsordnungen, insbesondere der Schweiz, Berlin 1998.

Haehl, Jean-Philippe, Rapport de synthèse, in: *Honorat, Adrienne* (Hrsg.), La réforme du droit des entreprises en difficulté: les principales innovations du décret du 21 octobre 1994 (Sophia Antipolis 1995), 145-167.

Hager, Paul Sebastian, Der Bankrott durch Organe juristischer Personen – zugleich ein umfassender Beitrag zur historischen Entwicklung des Insolvenzstrafrechts, Holzkirchen/Obb. 2007.

Hamel, Joseph/Lagarde, Gaston, Traité de droit commercial, I, Paris 1954.

Hanisch, Hans, Rechtszuständigkeit der Konkursmasse – Die Wiederentdeckung selbständiger Rechtsbeziehungen der Konkursmasse in rechtsvergleichender Sicht, Frankfurt am Main 1973.

Harnik, Manuel, Der gerichtliche Ausgleich (Präventivkonkordat) nach den Gesetzen der verschiedenen Staaten Europas – mit Berücksichtigung verwandter Rechtsinstitute (samt vollständiger Wiedergabe aller einschlägigen Gesetzestexte), Wien u.a. 1928.

Harnik, Manuel, Präventivakkord, in: *Schlegelberger, Franz/Heinrici, Carl/Mügel, Oscar/Simons, Walter/Titze, Heinrich* (Hrsg.), Rechtsvergleichendes Handwörterbuch für das Zivil- und Handelsrecht des In- und Auslandes, V: Kommanditgesellschaft – Rechtsgeschäft (Berlin 1936), 635-669.

Haubold, Jens, Mitgliedstaatenbezug, Zuständigkeitserschleichung und Vermögensgerichtsstand im Internationalen Insolvenzrecht: IPRax 2003, 34-41.

Heese, Michael, Gläubigerinformation in der Insolvenz – Eine vergleichende Untersuchung des U.S.-amerikanischen und deutschen Rechts zur Verbesserung des Gläubigerschutzes im Insolvenzverfahren, Tübingen 2008.

Hellmann, Friedrich, Lehrbuch des deutschen Konkursrechts, Berlin 1907.

Hergenröder, Curt Wolfgang, Entschuldung durch Restschuldbefreiungstourismus?: DZWIR 2009, 309-322.

Hess, Burkhard, Study No. JAI/A3/2002/02 on making more efficient the enforcement of judicial decisions within the European Union: Transparency of a Debtor's Assets, Attachment of Bank Accounts, Provisional Enforcement and Protective Measures, 2004.

Heukamp, Anna, Verfahrensrechtliche Aspekte der Gläubigerautonomie im deutschen und französischen Insolvenzverfahren, Baden-Baden 2005.

Hirte, Heribert/Lanzius, Tim/Mock, Sebastian, Tätigkeitsverbote für Organmitglieder als Gläubigerschutzinstrument, in: *Lutter, Marcus* (Hrsg.), Das Kapital der Aktiengesellschaft in Europa (Berlin 2006), 301-341.

Hohloch, Gerhard, Sanierung durch „Sanierungsverfahren"?: ZGR 1982, 145-198.

Hohloch, Gerhard, Gläubigerpositionen in einem Sanierungsverfahren: ZIP 1982, 1029-1038.

Holthausen, Dagmar, Theorie und Praxis einer allgemeinen Rechtsmissbrauchsschranke für Prozessparteien – Eine rechtsvergleichende Untersuchung im deutschen und französischen zivilprozessualen Urteilsverfahren, Frankfurt am Main u.a. 2005.

Holzapfl, Carolin, Sachaufklärung und Zwangsvollstreckung in Europa, Baden-Baden 2009.

Honorat, Adrienne, Les innovations du décret du 20 mai 1955 relatif aux faillites et règlements judiciaires, Paris 1959.

Honorat, Adrienne, Anm. zu Cass. civ., sect. com. 4.1., 11.7.1960, 14.3.1961 (D. 1961, jur. 685): D. 1961, jur. 686-688.

Honorat, Adrienne, Liquidation des biens, règlement judiciaire; Clôture pour extinction du passif: J.-Cl. Commercial, Anciens art. 437 à 614-26, Loi du 13 juillet 1967, Fasc. J-30, Stand September 1980.

Honorat, Adrienne, Règlement judiciaire, liquidation des biens; Conditions de forme; Enquête préalable: J.-Cl. Commercial, Fasc. 1650, Stand Juni 1982.

Honorat, Adrienne, Règlement judiciaire, liquidation des biens; Suspension provisoire des poursuites et apurement collectif du passif: J.-Cl. Commercial, Anciens art. 437 à 614-26, Loi du 13 juillet 1967, Fasc. A, Stand Januar 1983.

Honorat, Adrienne, Règlement judiciaire, liquidation des biens; Banqueroutes et délits connexes: J.-Cl. Commercial, Anciens art. 437 à 614-26, Loi du 13 juillet 1967, Fasc. J-60, Stand Januar 1983.

Honorat, Adrienne, Anm. zu Cass. com. 25.3.1997 (Bull. civ. 1997 IV, n° 83): D. 1997, somm. comm. 311.

Houin, Roger, La réforme de la faillite et de la liquidation judiciaire: RTD com. 1955, 481-518.

Houin, Roger, Anm. zu Cass. civ., sect. com. 11.7.1955 (Gaz. Pal. 1955, 2, jur. 199): RTD com. 1955, 882.

Houin, Roger, Anm. zu T. civ. Briançon 5.7.1955 (D. 1955, jur. 630): RTD com. 1955, 882-883.

Houin, Roger, Anm. zu CA Alger 21.2.1956 (unveröffentlicht), RTD com. 1956, 320-321.

Houin, Roger, Anm. zu T. com. Montauban 25.1.1957 (JCP 1957, éd. G, II 10296, obs. *Toujas*): RTD com. 1957, 1007.

Houin, Roger, Réforme de la législation sur les banqueroutes et autres infractions en matière de faillite: RTD com. 1959, 1-18.

Houin, Roger, Anm. zu Cass. civ., sect. com. 21.5.1963 (Bull. civ. 1963 III, n° 243): RTD com. 1963, 889-890.

Houin, Roger, Anm. zu Cass. com. 15., 23.1.1968 (Bull. civ. 1968 IV, n°s 19, 36): RTD com. 1968, 1142-1443.

Houin, Roger, Anm. zu CA Amiens 4.7.1967 (Rev. Synd. Adm. jud., 1968, 87, note *Plaisant*): RTD com. 1968, 1143.

Houin, Roger/Derrida, Fernand, Faillite-règlement judiciaire, in: Rép. com., II: Facture – Warrant pétrolier, Paris 1957.

Houin, Roger/Derrida, Fernand, Faillite-règlement judiciaire, in: Rép. com., Mise à jour 1974, Paris 1974.

Houin-Bressand, Caroline/Saint-Alary-Houin, Corinne, Sauvegarde et redressement judiciaire; Organes; Commissaire à l'exécution du plan: J.-Cl. Commercial, Fasc. 2238, Februar 2017.

Huber, Stefan, Entwicklung transnationaler Modellregeln für Zivilverfahren – am Beispiel der Dokumentenvorlage, Tübingen 2008.

Hübler, Jana Julia, Aktuelles internationales und ausländisches Insolvenzrecht: NZI 2012, 645-650.

Hübler, Jana Julia, Aktuelles internationales und ausländisches Insolvenzrecht: NZI 2013, 124-128.

Huet, André, Banqueroute et délits annexes, in: *Rodière, René* (Hrsg.), Faillites – Liquidation des biens, règlement judiciaire, faillite personnelle, banqueroute (Paris 1970), 427-461.

Jacquemont, André, Règlement judiciaire, liquidation des biens; Conditions de fond; Cessation des paiements: J.-Cl. Commercial, Fasc. 1635, Stand Januar 1983.

Jacquemont, André, Redressement et liquidation judiciaires; Causes d'ouverture; Cessation des paiements: J.-Cl. Commercial, Fasc. 2155, Stand April 2014.

Jacquemont, André/Vabres, Régis, Droit des entreprises en difficulté, 9. Auflage, Paris 2015.

Jaeger, Ernst, Der Konkurs der Offenen Handelsgesellschaft, Freiburg im Breisgau und Leipzig 1897.

Jaeger, Ernst, Die Denkschrift über das gerichtliche Zwangsvergleichsverfahren ausserhalb des Konkurses: LZ 1907, Sp. 132-136.

Jaeger, Ernst, Kommentar zur Konkursordnung und den Einführungsgesetzen, II, 5. Auflage, Berlin 1914.

Jaeger, Ernst, Kommentar zur Konkursordnung und den Einführungsgesetzen, 6. und 7. Auflage, Berlin/Leipzig ab 1931.

Jaeger, Ernst, Konkursordnung mit Einführungsgesetzen, 8. Auflage, Berlin/New York ab 1958.

Jaeger, Ernst/Henckel, Wolfram/Gerhardt, Walter, Insolvenzordnung, II: §§ 56-102 InsO, Berlin 2007.

Jaspers, Philipp, Opportunistisches Verhalten in der Krise der Kapitalgesellschaft – Rechtsöknomik von action en comblement du passif, Insolvenzverschleppungshaftung und wrongful trading, Berlin 2014.

Jauffret, Camille, Règlement judiciaire, liquidation des biens; La faillite personnelle: J.-Cl. Commercial, Anciens art. 437 à 614-26, Loi du 13 juillet 1967, Fasc. C-20, Stand Juni 1982.

Jeantin, Michel/Darmstädter, Anne, Redressement et liquidation judiciaires; Généralités: J.-Cl. Commercial, Fasc. 2150, Stand Januar 1997.

Jeantin, Michel/Le Cannu, Paul, Droit commercial, Entreprises en difficulté, 7. Auflage, Paris 2007.

Jousse, Daniel, Nouveau commentaire sur l'ordonnance du commerce du mois de Mars 1673, Nouvelle Édition, corrigée et augmentée des Lois, Arrêts, Déclarations, Arrêtés et Proclamations sur le Commerce, depuis 1769 jusqu'en 1801, an IX de la République, Marseille 1802.

de Juglart, Michel/Ippolito, Benjamin, Droit commercial, III: Règlement judiciaire et liquidation des biens, Faillit personnelle, Suspension provisoire des poursuites, Paris 1973.

Julliot de la Morandière, Léon/Rodière, René/Houin, Roger, Droit commercial et droit fiscal des affaires, 3. Auflage, Paris 1965.

Graf von Kanitz, Friedrich, Bilanzkunde für Juristen, 3. Auflage, München 2014.

Kemper, Martin, Die U.S.-amerikanischen Erfahrungen mit "Chapter 11" – Ein Vergleich mit dem Insolvenzplan der neuen Insolvenzordnung, Frankfurt am Main u.a. 1996.

Kern, Kerstin, Ausschließliche Patentlizenzen im Europäischen Insolvenzrecht – Die Einordnung der ausschließlichen Patentlizenz unter die Europäische Insolvenzverordnung auf der Basis des französischen und deutschen Patent- und Insolvenzrechts, Frankfurt am Main 2014.

Kindler, Peter/Nachmann, Josef (Hrsg.), Handbuch Insolvenzrecht in Europa, München 2010 ff., Stand 2014.

Klauser, Alexander/Pogacar, Barbara, Der UNCITRAL Legislative Guide on Insolvency Law – Ein Denkanstoß auch für das österreichische Insolvenzrecht, in: *Konecny, Andreas*, (Hrsg.), Insolvenz-Forum 2005 – Vorträge anlässlich des 12. Insolvenz-Forums, Grundlsee im November 2005 (Wien 2006), 179-188.

Klein, Christian, Frankreichs Insolvenzrechtsreform setzt auf Vorbeugung: RIW 2006, 13-16.

Klein, Christian, Die Haftung der Geschäftsleitung in Frankreich: RIW 2010, 352-358.

Klein, Christian, Länderreport Frankreich: RIW 2014, 60-63.

Klöhn, Lars, Verlegung des Mittelpunkts der hauptsächlichen Interessen iSd Art. 3 Abs. 1 S. 1 EuInsVO vor Stellung des Insolvenzantrags: KTS 2006, 259-290.

Klopp, Onno, Aus deutscher Sicht interessierende Schwerpunkte der französischen Insolvenzrechtsreform: KTS 1988, 267-289.

Klopp, Onno, Restschuldbefreiung und Schuldenregulierung nach französischem und deutschem Recht: KTS 1992, 347-367.

Koch, Harald/Magnus, Ulrich/Winkler von Mohrenfels, Peter, IPR und Rechtsvergleichung – Ein Studien und Übungsbuch zum Internationalen Privat- und Zivilverfahrensrecht und zur Rechtsvergleichung, 4. Auflage, München 2010.

Kohler, Josef, Lehrbuch des Konkursrechts, Stuttgart 1891.

Köhler, Michael, Entschuldung und Rehabilitierung vermögensloser Personen im Verbraucherinsolvenzverfahren – Ein Vergleich der Verfahrensformen in Frankreich und Deutschland, Baden-Baden 2003.

Köstlin, Reinhold, Darstellung der Lehre vom strafbaren Bankerott, überhaupt und besonders nach der neueren deutschen Gesetzgebung: GA 1857, 721-744.

Kremer, Thomas, Unternehmenssanierung in Frankreich, Köln 1994.

Kupferberg, Christian A./Göcke, Doreen, Aktuelle Entwicklungen im französischen Handels- und Wirtschaftsrecht: RIW 2011, 337-351.

Lacour, Léon/Bouteron, Jacques, Précis de droit commercial, II: Effets de commerce. Opérations de banque. – Opérations de bourse. Faillite et liquidation judiciaire, 3. Auflage, Paris 1925.

Lang, Johannes, Die Aufklärungspflicht der Parteien des Zivilprozesses vor dem Hintergrund der europäischen Rechtsvereinheitlichung – Eine vergleichende Betrachtung des deutschen, englischen und französischen Zivilprozeßrechts sowie des „Storme-Entwurfs", Berlin 1999.

Larguier, Jean, Droit pénal des affaires, 6. Auflage, Paris 1983.

Laut, Thomas, Universalität und Sanierung im internationalen Insolvenzrecht, Berlin 1997.

Lauzainghein, Christian/Navarro, Jean-Louis/Nechelis, Dominique, Droit comptable, 3. Auflage, Paris 2004.

Lebel, Christine, Les mesures conservatoires dans l'ordonnance du 18 décembre 2008: Rev. proc. coll. 2009-1, dossier 6.

Lebel, Christine, EIRL: adaptation des règles gouvernant le déroulement de la procédure: Rev. proc. coll. 2011-2, dossier 19.

Lebel, Christine, Professions libérales et droit des entreprises en difficulté, in: *Roussel Galle, Philippe* (Hrsg.), Entreprises en difficulté (Paris 2012), 43-63.

Lecaroz, Jean, Anm. zu Cass. com. 3.7.2012 (Bull. civ. 2012 IV, n° 146): D. 2012, 2548-2550.

Le Corre, Pierre-Michel, La situation générale du débiteur et des créanciers dans l'avant-projet de réforme des entreprises en difficultés: Gaz. Pal. 2003, doctr. 3600-3627.

Le Corre, Pierre-Michel, Droit et pratique des procédures collectives, 8. Auflage, Paris 2014.

Le Corre, Pierre-Michel, Sauvegarde, redressement et liquidation judiciaires; Principaux délais intéressant les créanciers: J.-Cl. Commercial, Fasc. 2190, Stand November 2015.

Le Corre, Pierre-Michel, Liquidation judiciaire; Réalisation de l'actif; Réalisations immobilières en liquidation judiciaire: J.-Cl. Commercial, Fasc. 2707, Stand Februar 2017.

Legros, Jean-Pierre, Anm. zu CA Paris 7.3.2003 (Juris-Data n° 2003-209611): Dr. sociétés 2003, comm. 210.

Legros, Jean-Pierre, Anm. zu Cass. com. 13.5.2003 (n° 99-11.969): Dr. sociétés 2004, comm. 25.

Legros, Jean-Pierre, Anm. zu Cass. com. 10.5.2005 (RJDA 2005, n° 1025): Dr. sociétés 2005, comm. 174.

Legros, Jean-Pierre, Anm. zu Cass. com. 27.2.2007 (Bull. civ. 2007 IV, n° 70): Dr. sociétés 2007, comm. 133.

Legros, Jean-Pierre, Anm. zu Cass. com. 8.3.2011 (Bull. civ. 2011 IV, n° 33): Dr. sociétés 2011, comm. 160.

Legros, Jean-Pierre, Anm. zu Cass. com. 3.7.2012 (Bull. civ. 2012 IV, n° 146): Dr. sociétés 2012, comm. 189.

Legros, Jean-Pierre, Sauvegarde, redressement et liquidation judiciaires; Qualité du débiteur; Personne physique: J.-Cl. Commercial, Fasc. 2160, Stand Februar 2017.

Legros, Jean-Pierre, Sauvegarde, redressement et liquidation judiciaires; Sort des dirigeants: J.-Cl. Commercial, Fasc. 2392, Stand Februar 2017.

Leipold, Dieter, Wege zu einem funktionsfähigen internationalen Konkursrecht: FS Institut für Rechtsvergleichung der Waseda Universität, Tokyo 1988, 787-820.

Leipziger Kommentar Strafgesetzbuch, Heinrich Wilhelm Laufhütte u.a. (Hrsg.), IX/2: §§ 267-283d StGB, 12. Auflage, Berlin 2009.

Le Ninivin, Dominique/Strickler, Yves, Matière et procédures gracieuses: J.-Cl. Proc. civ., Fasc. 116, Stand Juli 2013.

Lienhard, Alain, Anm. zu Cass. com. 30.9.2008 (Bull. civ. 2008 IV, n° 164): D 2008, AJ 2500-2501.

Lienhard, Alain, Code des procédures collectives, 10. Auflage, Paris 2012.

Lienhard, Alain, Procédures collectives, 5. Auflage, Paris 2013.

Locré, Jean Guillaume, Esprit du Code de commerce, VI, Paris 1812.

Locré, Jean Guillaume, Esprit du Code de commerce, III, 2. Auflage, Paris 1829.

Lorho, Gérard, Casier judiciaire: J.-Cl. Proc. pén., Art. 768 à 781, Fasc. 20, Stand Februar 2015.

Lucas, François-Xavier, Anm. zu Cass. com. 8.3.2011 (Bull. civ. 2011 IV, n° 33): D. 2011, pan. 2069-2973.

Lucas, François-Xavier/Lécuyer, Hervé (Hrsg.), La réforme des procédures collectives – La loi de sauvegarde article par article, Paris 2006.

Lyon-Caen, Charles/Renault, Louis, Traité de droit commercial, VII: Des Faillites, Banqueroutes et Liquidations judiciaires, I, 2. Auflage, Paris 1897.

Lyon-Caen, Charles/Renault, Louis, Traité de droit commercial, VIII: Des Faillites, Banqueroutes et Liquidations judiciaires, II, 2. Auflage, Paris 1899.

Lyon-Caen, Charles/Renault, Louis, Traité de droit commercial, VII: Des Faillites, Banqueroutes et Liquidations judiciaires, I, 4. Auflage, Paris 1914.

Lyon-Caen, Charles/Renault, Louis, Traité de droit commercial, VIII: Des Faillites, Banqueroutes et Liquidations judiciaires, II, 4. Auflage, Paris 1916.

Lyon-Caen, Charles/Renault, Louis, Traité de droit commercial, I: Introduction, Histoire du droit commercial, Des actes de commerce, Des commerçants, Des tribunaux de commerce, Des conseils de prud'hommes, Des chambres de commerce, Des consuls, 5. Auflage, Paris 1921.

Macorig-Venier, Francine, Anm. zu CA Douai 29.11.2012 (BJE 2013, 74, obs. *Rubellin*): RTD com. 2013, 334-335.

Malapert, Eugène, Du régime de la liquidation judiciaire, de ses inconvénients et des avantages – De sa comparaison avec le Régime de la Faillite, Paris/Rennes 1892.

Mankowski, Peter/Müller, Michael F./Schmidt, Jessica, EuInsVO 2015, München 2016.

Maréchal, Jean-Yves, Peines correctionnelles applicables aux personnes physiques: J.-Cl. Pénal, Code, Art. 131-3 à 131-9, Fasc. 20, Stand November 2015.

Martin-Serf, Arlette, Sauvegarde, redressement et liquidation judiciaires des entreprises; Administration de la personne morale: J.-Cl. Commercial, Fasc. 2330, Stand Juli 2013.

Martin-Serf, Arlette, Sauvegarde, redressement et liquidation judiciaires; Mesures et actes conservatoires: J.-Cl. Commercial, Fasc. 2310, Stand Mai 2014.

Martin-Serf, Arlette, Anm. zu Cass. com. 16.9.2014 (n° 13-10.514): Rev. proc. coll. 2015-3, comm. 68.

Martin-Serf, Arlette, Fichier national des interdictions de gérer créé par la loi Warsmann II du 22 mars 2012: Rev. proc. coll. 2015-6, comm. 192.

Martin-Serf, Arlette, Interdiction de gérer. Loi Macron du 6 août 2015: Rev. proc. coll. 2015-6, comm. 193.

Martin-Serf, Arlette, Sauvegarde, redressement et liquidation judiciaires; Règles générales de compétence: J.-Cl. Commercial, Fasc. 2200, Stand Februar 2017.

Martin-Serf, Arlette, Sauvegarde, redressement et liquidation judiciaires; Règles générales de procédure: J.-Cl. Commercial, Fasc. 2203, Stand Februar 2017.

Mascala, Corinne, Le dérapage de l'interprétation jurisprudentielle en droit pénal des affaires: D. 2004, 3050-3052.

Mascala, Corinne/Salomon, Renaud, Regards sur les évolutions récentes des sanctions: Rev. proc. coll. 2013-1, dossier 11.

Matsopoulou, Haritini, Réflexions sur la faillite personnelle et l'interdiction de gérer: D. 2007, chron. 104-110.

Matsopoulou, Haritini, Le renouveau des mesures de sûretés: D. 2007, chron. 1607-1614.

Maugeret, A., Législation commerciale de l'Empire français, ou le Code de commerce commenté par M. Maugeret, II: Commerce intérieur, Paris 1808.

MEDEF, Encourager l'inititiative économique grace à une politique raisonée de la sanction en cas d'échec: La réforme des sanctions dans les procédures collectives, 2003.

Medla, Natalia Alexandra, Präventive Unternehmenssanierung im deutschen und im französischen Recht – Rechtsvergleichende Analyse unter Berücksichtigung der Reform des Code de Commerce durch das Gesetz vom 26. Juli 2005, Baden-Baden 2008.

Mehring, Thomas, Die Durchsetzung von Ansprüchen trotz Restschuldbefreiung nach englischem oder französischem Recht: ZInsO 2012, 1247-1253.

Menjucq, Michel, Affaire Coeur Défense: la Cour de cassation recadre la cour d'appel de Paris sur la notion de difficultés justifiant une sauvegarde: Rev. proc. coll. 2011-2, repère 2.

Meyer-Goßner, Lutz/Schmitt, Bertram, Strafprozessordnung, 59. Auflage, München 2016.

Meyer-Löwy, Bernd/Poertzgen, Christoph/Eckhoff, Lars, Einführung in das US-amerikanische Insolvenzrecht: ZInsO 2005, 735-740.

Minuth, Peter, Chapter 11 des U.S.-amerikanischen Bankruptcy Code: Mythos und Realität: FS Günter Greiner zum 70. Geburtstag am 19. März 2005 (Köln 2005), 245-256.

Mittermaier, Franz, Französische Handelsgesetzgebung vom Jahre 1889: ZHR 38, N.F. 23 (1891), 467-489.

Mock, Sebastian, Das künftige (harmonisierte) Insolvenzrecht – Entwurf einer Richtlinie zum Unternehmensinsolvenzrecht: NZI 2016, 977-982.

Monsèrié-Bon, Marie-Hélène, Entreprises en difficulté (Période d'observation), in: Rép. com., IV: Effets de commerce – Entreprises du secteur public (Paris 1972 ff.), Stand Oktober 2014.

Montéran, Thierry, Pour améliorer le droit des entreprises en difficulté, osons la réforme: Gaz. Pal. 2008, doctr. 62-72.

Münchener Kommentar zur Insolvenzordnung, Kirchhof, Hans-Peter u.a. (Hrsg.), III: §§ 270-359 InsO, Internationales Insolvenzrecht, Insolvenzsteuerrecht, 2. Auflage, München 2008.

Münchener Kommentar zur Insolvenzordnung, Kirchhof, Hans-Peter u.a. (Hrsg.), IV: EuInsVO 2000, Art. 102 und 102a EGInsO, EuInsVO 2015, Länderberichte, 3. Auflage, München 2016.

Neumann, Friedrich, Die Gläubigerautonomie in einem künftigen Insolvenzverfahren – Eine vergleichende Betrachtung, Bielefeld 1995.

Neumeyer, Karl, Historische und dogmatische Darstellung des strafbaren Bankerotts unter besonders eingehender Untersuchung der Schuldfrage, München 1891.

Niggemann, Friedrich/Gramling, Philippe, Neue Entwicklungen in Gesetzgebung und Rechtsprechung im französischen Wirtschaftsrecht: RIW 1995, 329-335.

Oberhammer, Paul, Verfassungsgesetzliche Schranken der Haft in zivilgerichtlichen Erkenntnis-, Exekutions- und Insolvenzverfahren: ÖJZ 1994, 265-274.

Pardessus, Jean Marie, Cours de droit commercial, IV, 4. Auflage, Paris 1831.

Pardessus, Jean Marie/de Rozière, Eugène, Droit commercial, III, 6. Auflage, Paris 1857.

Paternot, Philippa, Haftungsbeschränkungen für Einzelunternehmer in Deutschland und Frankreich, Baden-Baden 2014.

Paulus, Christoph G., Rechtsvergleichung im nationalen wie im internationalen Insolvenzrecht: Eine Erfolgsgeschichte: FS Reinhold Geimer zum 65. Geburtstag, München 2002, 795-809.

Pelletier, Hervé, Liquidation des biens, règlement judiciaire; La réhabilitation commerciale: J.-Cl. Commercial, Anciens art. 437 à 614-26, Loi du 13 juillet 1967, Fasc. K-10, Stand September 1976.

Pelletier, Hervé, Règlement judiciaire, liquidation des biens; Mesures conservatoires; Scellés, inventaire: J.-Cl. Commercial, Anciens art. 437 à 614-26, Loi du 13 juillet 1967, Fasc. D-15, Stand Juni 1982.

Percerou, Jean, Des faillites, banqueroutes et des liquidations judiciaires, II, in: *Thaller, Edmond-Eugène* (Hrsg.), Traité général théorique et pratique de droit commercial (Paris 1907 ff.), XVII, 1913.

Percerou, Jean/Dessertaux, Marc, Des faillites, banqueroutes et des liquidations judiciaires, 3 Bände, 2. Auflage, Paris 1935-1938.

Pernice, Christina, Die Insolvenzverschleppung durch das Geschäftsführungsorgan der kleinen Kapitalgesellschaft im deutschen, französischen und englischen Recht – Eine rechtsvergleichende Untersuchung zur Entwicklung eines europäischen Lösungsansatzes, Frankfurt am Main u.a. 2002.

Pérochon, Françoise, Entreprises en difficulté, 10. Auflage, Paris 2014.

Pérochon, Françoise/Bonhomme, Régine, Entreprises en difficulté, instruments de crédit et de paiement, 8. Auflage, Paris 2009.

Perrot, Roger, Présentation générale de la réforme: J.-Cl. Procédure civile, Fasc. 2010, Stand Juni 1996.

Perruchot, Isabelle/Salgado, Maria Beatriz, Sauvegarde, redressement et liquidation judiciaires; Organes; Administrateur judiciaire: fonctions: J.-Cl. Commercial, Fasc. 2226, Stand Februar 2017.

Pétel, Philippe, Anm. zu Cass. com. 19.11.1996 (Bull. civ. 1996 IV, n° 278): JCP 1997, éd. G, I 4029, n° 19.

Pétel, Philippe, Anm. zu Cass. com. 19.1.1999 (Bull. civ. 1999 IV, n° 19): JCP 1999, éd. G, I 139, n° 16.

Pétel, Philippe, Le nouveau droit des entreprises en difficulté: acte II: JCP 2009, éd. E, 1049.

Pétel, Philippe, Le nouveau droit des entreprises en difficulté; Loi n° 2005-845 du 26 juillet 2005 de sauvegarde des entreprises, Ordonnance n° 2008-1345 du 18 décembre 2008 portant réforme du droit des entreprises en difficulté: J.-Cl. Commercial, Fasc. 2151, Stand November 2010.

Pétel, Philippe, L'adaptation des procédures collectives à l'EIRL: JCP 2011, éd. E, 1071.

Pétel, Philippe, Anm. zu Cass. com. 3.7.2012 (Bull. civ. 2012 IV, n° 146): JCP 2012, éd. E, 1757, n° 1.

Petot-Fontaine, Michelle, Règlement judiciaire, liquidation des biens; Personnes morales de droit privé; Effets à l'égard des dirigeants; Sanctions professionnelles et pénales: J.-Cl. Commercial, Anciens art. 437 à 614-26, Loi du 13 juillet 1967, Fasc. L-14-2, Stand September 1982.

Piekenbrock, Andreas, Empfiehlt sich angesichts der Wirtschaftskrise die Einführung eines gesonderten Restrukturierungsverfahrens?: ZVglRWiss 108 (2009), 242-272.

Plaisdant, M., Der Konkurs im neuen französischen Recht: KTS 1959, 49-53.

du Pontavice, Emmanuel, La réforme de la faillite (Loi du 13 juillet 1967): JCP 1968, éd. G, I 2138.

Pradel, Jean, Droit pénal général, 19. Auflage, Paris 2012.

Pujol, Michael, Die Sanierung der Schuldnergesellschaft vor dem Hintergrund der gesellschaftsrechtlichen Neutralität des Insolvenzrechts nach deutschem und französischem Recht – Rechtsvergleichende Untersuchung zur Stellung der Gesellschafter in der Insolvenz und zur Abstimmung von gesellschaftsrechtlichen und insolvenzrechtlichen Maßnahmen bei der gerichtlichen Unternehmenssanierung, München 2007.

Puschner, Kaja, Konkurs und Europäische Menschenrechtskonvention, Wien 2000.

Reille, Florence, Anm. zu Cass. com. 30.6.2009 (n° 08-14.121): Gaz. Pal. 2009, jur. 3998-3999.

Renouard, Augustin-Charles, Traité des faillites et banqueroutes, 2 Bände, 3. Auflage, Paris 1857.

Ripert, Georges, Le régime démocratique et le droit civil moderne, 2. Auflage, Paris 1948.

Ripert, Georges, Traité élémentaire de droit commercial, 3. Auflage, Paris 1954.

Ripert, Georges, Banqueroute, in: Rép. com., I: Actes de commerce – Expositions, foires et salons, Paris 1956.

Ripert, Georges/Roblot, René, Traité élémentaire de droit commercial, II: Valeurs mobilières – Effets de commerce, Opérations de banque et de bourse, contrats commerciaux, liquidation des biens, suspension provisoire des poursuites, 9. Auflage, Paris 1981.

Ripert, Georges/Roblot, René/Delebecque, Philippe/Germain, Michel, Traité de droit commercial, II: Effets de commerce – Banque, Contrats commerciaux, Procédures collectives, 17. Auflage, Paris 2004.

Ripert, Georges/Roblot, René/Germain, Michel/Vogel, Louis, Traité de droit commercial, I, 1: Commerçants, Tribunaux de commerce, Fonds de commerce, Propriété industrielle, Concurrence (droits communautaire et français), 18. Auflage, Paris 2001.

Rives, Georges, Le choix entre les procédures, in: *Rodière, René* (Hrsg.), Faillites – Liquidation des biens, règlement judiciaire, faillite personnelle, banqueroute (Paris 1970), 89-119.

Robbe-Grillet, Alain, Planmäßige Sanierung nach französischem und nach deutschem Insolvenzrecht – Eine rechtsvergleichende Untersuchung unter Berücksichtigung der französischen Insolvenzrechtsreform von 2005, München 2007.

Robert, Jacques-Henri/Matsopoulou, Haritini, Traité de droit pénal des affaires, Paris 2004.

Robin, Jean, Banqueroute, in: Rép. pén., I: Abandon d'enfant – Cumul d'infractions, 2. Auflage (Paris 1967 ff.), Stand Januar 1970.

Roedig, Martina Katharina, Institutioneller Wettbewerb im europäischen Insolvenzrecht, Hamburg 2015.

Rogron, Joseph André, Code de commerce expliqué par ses motifs, par des exemples et par la jurisprudence, Avec la solution, *sous chaque article*, des difficultés, ains que des principales questions que présente le texte, et la définition de tous les termes de Droit; suivi d'un formulaire des actes de commerce, 5. Auflage, Paris 1836.

Rogron, Joseph André, Code de commerce expliqué par ses motifs, par des exemples et par la jurisprudence, Avec la solution, *sous chaque article*, des difficultés, ainsi que des principales questions que présente le texte, et la définition de tous les termes de Droit; suivi d'un Formulaire des actes de commerce, 6. Auflage, Paris 1841.

Rogue, Jurisprudence consulaire, et instruction des négociants, I, Angers/Paris 1773.

Rolland, Blandine, Environnement et droit des entreprises en difficulté, in: *Roussel Galle, Philippe* (Hrsg.), Entreprises en difficulté (Paris 2012), 681-711.

Rolland, Blandine, Adoption des suites de la loi Macron: ouverture des procédures collectives aux huissiers de justice et commissaires-priseurs judiciaires: Procédures 2016-7, comm. 234.

Rolland, Blandine, Environnement et procédures collectives: J.-Cl. Commercial, Fasc. 3250, Stand Juni 2013.

Rosenberg, Leo/Schwab, Karl Heinz/Gottwald, Peter, Zivilprozessrecht, 17. Auflage, München 2010.

Rossbach, Oliver, Europäische Insolvenzverwalter in Deutschland, Köln u.a. 2006.

Rossi, Patrick, Dispositions de la loi Macron concernant les livres VI et VIII du Code de commerce: Rev. proc. coll. 2015-5, étude 15.

Roussel Galle, Philippe, Réforme du droit des entreprises en difficulté – De la théorie à la pratique, 2. Auflage, Paris 2007.

Roussel Galle, Philippe, De quelques modifications du décret du 28 décembre 2005 pris en application de la loi de sauvegarde des entreprises, par le décret du 23 décembre 2006: JCP 2007, éd. E, 48.

Roussel Galle, Philippe, Le dirigeant de société et le „nouveau" droit des entreprises en difficulté issu de la réforme du 18 décembre 2008: Rev. Sociétés 2009, 249-272.

Roussel Galle, Philippe, Une ordonnance du 26 septembre 2014 complète l'ordonnance du 12 mars 2014!: Rev. proc. coll. 2014-5, alerte 20.

Roussel Galle, Philippe, De la DNI à l'insaisissabilité légale: Rev. proc. coll. 2015-4, repère 4.

Roussel Galle, Philippe, Stop aux modifications du droit des entreprises en difficulté!: Rev. proc. coll. 2015-6, repère 6.

Roussel Galle, Philippe, L'articulation des sanctions civiles et pénales: complexité et constitutionnalité…: Rev. proc. coll. 2016-6, alerte 34.

Roussel Galle, Philippe, Tourbillon législatif: Rev. proc. coll. 2016-6, repère 6.

Roussel Galle, Philippe/Bonneau, Marie-France, Adaptation du traitement des difficultés des entreprises par la loi de modernisation de la justice du XXIe siècle: Rev. proc. coll. 2016-6, étude 21.

Ruben de Couder, Joseph, Dictionnaire de droit commercial industriel et maritime, IV: F – J, 3. Auflage, Paris 1879.

Rückert, Sabrina, Die Einführung der obligatorischen Buchführung – Eine rechtshistorische Untersuchung über die Anfänge und die Entwicklung des Bilanzrechts in Frankreich und Deutschland, Berlin 2009.

du Rusquec, Emmanuel/Défossez, Michel, Mesures conservatoires; Dispositions communes: J.-Cl. Voies d'exécution, Fasc. 501, Stand Oktober 2016.

Saint-Alary-Houin, Corinne, Droit des entreprises en difficulté, 4. Auflage, Paris 2001.

Saint-Alary-Houin, Corinne, L'ouverture de la procédure de sauvegarde: Rev. proc. coll. 2008-2, dossier 3.

Saint-Alary-Houin, Corinne, Droit des entreprises en difficulté, 9. Auflage, Paris 2014.

Saint-Alary-Houin, Corinne/Houin-Bressand, Caroline, Sauvegarde et redressement judiciaire; Plan de redressement: J.-Cl. Commercial, Fasc. 2630, Stand April 2016.

Saintourens, Bernard, Anm. zu Cass. com. 3.7.2012 (Bull. civ. 2012 IV, n° 146): Rev. proc. coll. 2013-1, comm. 6.

Salomon, Renaud, Anm. zu Cass. Crim. 8.11.2006 (n° 06-80.717): Dr. sociétés 2007, comm. 59.

Salomon, Renaud, Anm. zu Cass. crim., 20.5.2009 (n° 08-84.888): Dr. sociétés 2009, comm. 193.

Salomon, Renaud, Anm. zu Cons. const. 29.9.2016 (déc. n° 2016-573 QPC, JO n° 229 du 1 octobre 2016, texte n° 58): Dr. sociétés 2017, comm. 15.

Sander, Éric, Faillite civile: Sauvegarde, redressement et liquidation judiciaires civils: J.-Cl. Alsace-Moselle, Fasc. 647, Stand Oktober 2011.

Schällig, Hagen, Insolvenzverwaltung in Deutschland und Frankreich, Aachen 2004.

Schilling, Maximilian, Die „principes directeurs" des französischen Zivilprozesses, Berlin 2002.

Schmidt, Georg, Der strafbare Bankbruch in historisch-dogmatischer Entwickelung mit besonderer Berücksichtigung der Schuldfrage, München 1893.

Schmidt, Karsten (Hrsg.), Insolvenzordnung, 19. Auflage, München 2016.

Schmidt-Busemann, Wilfried, Entstehung und Bedeutung der Vorschriften über Handelsbücher, Göttingen 1977.

Scholastique, Estelle, L'irrecevabilité des tierces oppositions de créanciers dans la procédure de sauvegarde „Eurotunnel": JCP 2008, éd. E, 1087.

Schulte, Johannes, Die europäische Restschuldbefreiung – Zu den rechtsvergleichenden und kollisionsrechtlichen Aspekten der Restschuldbefreiung im europäischen Insolvenzrecht, Berlin u.a. 2001.

Schütze, Pascal, Gesetz zum Erhalt von Unternehmen vom 26. Juli 2005 – Insolvenzvorbeugung in Frankreich – Ansatz auch für das deutsche Insolvenzrecht? Rechtsvergleichender Länderbericht unter Berücksichtigung der Verordnung vom 18. Dezember 2008 und seinem Anwendungsdekret vom 12. Februar 2009, Frankfurt am Main u.a. 2010.

Segonds, Marc, Faux: J.-Cl. Pénal, Code, Art. 441-1 à 441-12, Fasc. 20, Stand März 2017.

Seibel, Vanessa, Der Geschäftsführer in der Insolvenz der Gesellschaft – Eine rechtsvergleichende und rechtsökonomische Betrachtung von GmbH und LLC, Frankfurt am Main u.a. 2012.

Seuffert, Lothar, Deutsches Konkursprozeßrecht, in: *Binding, Karl* (Hrsg.), Systematisches Handbuch der Deutschen Rechtswissenschaft (Leipzig 1885 ff.), Neunte Abteilung, dritter Teil, 1899.

Sirey, Jean Baptiste/Gilbert, Pierre, Les codes annotés de Sirey contenant toute la jurisprudence des arrêts et la doctrine des auteurs, II: Code de procédure civile et Code de commerce, Édition entièrement refondue, 8e tirage, Paris 1873.

Soinne, Bernard, L'intervention du ministère public dans les procédures collectives de redressement et de liquidation: D. 1983, chron. 11-20.

Soinne, Bernard, Les modalités de constatation et de réalisation des actifs mobiliers: Rev. proc. coll. 1988-1, 1-16.

Soinne, Bernard, Traité des procédures collectives, 2. Auflage, Paris 1995.

Soinne, Bernard, Anm. zu Cass. com. 19.1.1999 (Bull. civ. 1999 IV, n° 19): D. aff. 2002, somm. 203.

Sonnenberger, Hans Jürgen, Französisches Handels- und Wirtschaftsrecht, Heidelberg 1975.

Sonnenberger, Hans Jürgen, Französisches Handels- und Wirtschaftsrecht, 2. Auflage, Heidelberg 1991.

Sonnenberger, Hans Jürgen/Autexier, Christian, Einführung in das französische Recht, 3. Auflage, Heidelberg 2000.

Sonnenberger, Hans Jürgen/Classen, Claus Dieter (Hrsg.), Einführung in das französische Recht, 4. Auflage, Frankfurt am Main 2012.

Sonnenberger, Hans Jürgen/Dammann, Reinhard, Französisches Handels- und Wirtschaftsrecht, 3. Auflage, Frankfurt am Main 2008.

Sordino, Marie-Christine, Le délit de banqueroute - Contribution à un droit pénal des procédures collectives, Paris 1996.

Spickerhoff, Kai, Aus- und Absonderung in der Insolvenz nach deutschem und französischem Recht, Frankfurt am Main u.a. 2005.

Stadler, Andreas, Managerhaftung in der Insolvenz - Die französische action en comblement du passif gemäß Artikel L. 651-2 Code de Commerce 2006 im Vergleich zur deutschen Organpersonenhaftung, Baden-Baden 2008.

Städtler, Hans Jörg, Grundpfandrechte in der Insolvenz - Eine rechtsvergleichende Untersuchung der Effektivität von Grundpfandrechten in der Insolvenz des Schuldners in Deutschland und Frankreich, Tübingen 1998.

Stahmer, Kerstin, Verzinsliches Darlehen in der Insolvenz - Eine rechtsvergleichende Darstellung des deutschen, französischen und englischen Rechts, Hamburg 2002.

Stein, Friedrich/Jonas, Martin, Kommentar zur Zivilprozessordnung IV: §§ 253-327 ZPO, 22. Auflage, Tübingen 2008.

Stürner, Rolf, Die Aufklärungspflicht der Parteien im Zivilprozeß, Tübingen 1976.

Summ, Cornelia, Anerkennung ausländischer Konkurse in der Bundesrepublik Deutschland - Eine Darstellung am Beispiel englischer, italienischer und französischer Insolvenzverfahren, Berlin 1992.

Szkramkiewicz, Romuald, Histoire du droit des affaires, Paris 1989.

Tagliarino-Vignal, Nancy, Sauvegarde, redressement et liquidation judiciaires; Situation des salariés: J.-Cl. Commercial, Fasc. 2430, Stand März 2015.

Teboul, Georges, La bonne foi et les procédures collectives: Gaz. Pal. 2009, doctr. 909-914.

Thaller, Edmond-Eugène/Percerou, Jean, Traité élémentaire de droit commercial à l'exclusion du droit maritime, 7. Auflage, Paris 1925.

Theus Simoni, Maria Fabiana, Englische, walisische und französische Konkursverwalter in der Schweiz, Zürich 1997.

Touffait, Adolphe/Herzog, J.-B., L'ordonnance no 58-1299 du 23 décembre 1958 sur les banqueroutes et autres infractions en matière de faillite: JCP 1959, éd. G, I 1473.

Toujas, Georges, Anm. zu T. com. Montauban 25.1.1957: JCP 1957, éd. G, II 10296.

Toujas, Georges, Liquidation des biens, règlement judiciaire; Concordat; Formation, notions générales: J.-Cl. Commercial, Anciens art. 437 à 614-26, Loi du 13 juillet 1967, Fasc. I-10, Stand Juni 1980.

Toujas, Georges, Liquidation des biens, règlement judiciaire; Destruction du concordat; Annulation, résolution: J.-Cl. Commercial, Anciens art. 437 à 614-26, Loi du 13 juillet 1967, Fasc. I-60, Stand Juni 1980.

Toujas, Georges, Règlement judiciaire, liquidation des biens; Concordat; Formation; Assemblée concordataire: J.-Cl. Commercial, Anciens art. 437 à 614-26, Loi du 13 juillet 1967, Fasc. I-30, Stand September 1980.

Toujas, Georges, Règlement judiciaire, liquidation des biens; Concordat; Homologation: J.-Cl. Commercial, Anciens art. 437 à 614-26, Loi du 13 juillet 1967, Fasc. I-40, Stand März 1982.

Toujas, Georges/Argenson, Jaques, Procédure permettant le redressement économique et financier de certaines entreprises (Commentaire de l'ordonnance du 23 septembre 1967): JCP 1968, éd. G, I 2130.

Toujas, Georges/Argenson, Jaques, La réforme de la faillite: JCP 1968, éd. G, I 2179.

Traichel, Christian, Die Reform des französischen Zwangsvollstreckungsrechts (loi n° 91-650 vom 9. Juli 1991; décret n° 92-755 vom 31. Juli 1992) – Eine rechtsvergleichende Untersuchung, Bielefeld 1995.

Tribunal de commerce de Nice/Honorat, Adrienne, Des effets à l'égard du débiteur et des créanciers privilégiés et chirographaires de la suspension provisoire des poursuites au cours de ses deux phases: Rev. jur. com. 1978, 1-13.

Ulrich, Stephan/Poertzgen, Christoph/Pröm, Catherine, Einführung in das französische Insolvenzrecht: ZInsO 2006, 64-69.

UNCITRAL, Legislative Guide on Insolvency Law, New York 2005.

Urbain-Paleani, Isabelle, Das Kapital der Aktiengesellschaft in Frankreich, in: *Lutter, Marcus* (Hrsg.), Das Kapital der Aktiengesellschaft in Europa (Berlin 2006), 575-611.

Vallansan, Jocelyne, Le créancier oublié: RJ com. 2000, 50-56.

Vallansan, Jocelyne, Liquidation judiciaire; Ouverture de la procédure: J.-Cl. Commercial, Fasc. 2700, Stand April 2016.

Vallansan, Jocelyne, Liquidation judiciaire; Clôture de la procédure: J.-Cl. Commercial, Fasc. 2770, Stand Februar 2017.

Vallansan, Jocelyne, Liquidation judiciaire; Conséquences de l'ouverture de la procédure; Régime, Administration de l'entreprise, Liquidation judiciaire simplifiée: J.-Cl. Commercial, Fasc. 2702, Stand Februar 2017.

Vallansan, Jocelyne, Prévention et traitement des difficultés des entreprises; Ordonnance n° 2014-326 du 12 mars 2014 portant réforme de la prévention des difficultés des entreprises et des procédures collectives; Présentation: J.-Cl. Commercial, Fasc. 1705, Stand Februar 2017.

Vallansan, Jocelyne, Sauvegarde, redressement et liquidation judiciaires; Situation des créanciers; Arrêt des poursuites individuelles: J.-Cl. Commercial, Fasc. 2355, Stand Februar 2017.

Vallansan, Jocelyne, Sauvegarde, redressement et liquidation judiciaires; Situation des créanciers; Déclaration et admission des créances: J.-Cl. Commercial, Fasc. 2352, Stand Februar 2017.

Vallansan, Jocelyne/Cagnoli, Pierre/Fin-Langer, Laurence, Difficultés des entreprises: Commentaire article par article du Livre VI du Code de commerce, 6. Auflage, Paris 2012.

Vallender, Heinz/Heukamp, Anna, Die Reform des französischen Unternehmensinsolvenzrechts oder: Rette sich, wer kann!: InVo 2006, 1-9.

Vallender, Heinz/Heukamp, Anna, Alte Ziele und neue Verfahren: Die Reform des französischen Unternehmensinsolvenzrechts: EuZW 2006, 193.

Vallens, Jean-Luc, Droit de la faillite et droits de l'homme: RTD com. 1997, 567-590.

Vallens, Jean-Luc, Procédure civile et procédures collectives: Mélanges en l'honneur d'Adrienne Honorat, Paris 2000, 245-253.

Vallens, Jean-Luc, Anm. zu CA Caen 7.2.2002 (JurisData n° 2002-174055): RTD com. 2002, 377-378.

Vallens, Jean-Luc, Le guide législatif de la CNUDCI sur le droit de l'insolvabilité: vers l'harmonisation du droit de la faillite?: D. 2004, chron. 2420-2428.

Vallens, Jean-Luc, Anm. zu Cass. com. 10.1.2006 (n° 03-14.923): RTD com. 2006, 484-485.

Vallens, Jean-Luc, Anm. zu CA Paris 2.10.2007 (JurisData n° 2007-350699): RTD com. 2008, 188-189.

Vallens, Jean-Luc, La preuve de la cessation des paiements: Rev. proc. coll. 2009-5, étude 25.

Vallens, Jean-Luc, Alsace-Moselle; Faillite civile; Sauvegarde, redressement et liquidation judiciaires: J.-Cl. Commercial, Fasc. 3115, Stand Januar 2016.

Verdot, René, La mission du curateur dans la procédure de suspension provisoire des poursuites: JCP 1972, éd. C I, II 10425.

Véron, Michel, Droit pénal des affaires, 7. Auflage, Paris 2007.

Vinckel, François, Droit de l'exécution; Présentation générale: J.-Cl. Procédure civile, Fasc. 2010, Stand März 2017.

Vinckel, François, Sauvegarde et redressement judiciaire; Plan de sauvegarde: exécution: J.-Cl. Commercial, Fasc. 2610, Stand Februar 2017.

Vinckel, François, Sauvegarde et redressement judiciaire; Plan de sauvegarde: formation: J.-Cl. Commercial, Fasc. 2600, Stand Februar 2017.

Voinot, Denis, La nouvelle procédure de sauvegarde: Gaz. Pal. 2005, doctr. 2943-2955.

Voinot, Denis, Droit économique des entreprises en difficulté, Paris 2007.

Wach, Adolf, Der Bankerutt und die verwandten Delikte (Abschnitt 24 des II. Teiles des RStrGB), in: *Birkmeyer, Karl/van Calker, Fritz/Frank, Reinhard/von Hippel, Robert/Kahl, Wilhelm/von Lilienthal, Karl/von Liszt, Franz/Wach, Adolf* (Hrsg.), Vergleichende Darstellung des deutschen und ausländischen Strafrechts – Vorarbeiten zur deutschen Strafrechtsreform, Besonderer Teil, VIII: Bankerutt, Untreue, Wucher und Ausbeutung, Verletzung fremder Geheimnisse, Jagd- und Fischereivergehen (Berlin 1906), 1-103.

Wahl, Albert, Précis théorique et pratique de droit commercial, Paris 1922.

Waldmann, Tobias, Annexverfahren im Europäischen Insolvenzrecht, Frankfurt am Main 2015.

Wallmann, Carsten, Verantwortlichkeit für fehlerhafte Unternehmensleitung als Instrument des Gläubigerschutzes in Frankreich – Eine rechtsvergleichende Untersuchung, Baden-Baden 2008.

Weber, Friedrich, Fragen der Gestaltung des Konkursverfahrens in rechtspolitischer und rechtsvergleichender Sicht: KTS 1959, 80-88.

Weber, Karl-Heinz/Hoffmann, Thomas, Das französische Insolvenzrecht, 3. Auflage, Bielefeld 1996.

Werth, Franceska, Der Ausgleich der Gläubiger- und Schuldnerinteressen im französischen und deutschen Zwangsvollstreckungsrecht, Frankfurt am Main u.a. 1997.

Wieczorek, Bernhard/Schütze, Rolf A., Zivilprozeßordnung und Nebengesetze – Großkommentar, IV: §§ 253-299a ZPO, 4. Auflage, Berlin/Boston 2013.

Wiederkehr, Georges, De la distinction entre décision contentieuse et décision gracieuse: Justices 1996-4, 266-274.

Wiesbauer, Bruno, Der österreichisch-deutsche Konkursvertrag aus österreichischer Sicht: ZIP 1982, 1285-1292.

Zachariä von Lingenthal, Karl Salomo/Crome, Carl, Handbuch des Französischen Civilrechts, 4 Bände, 8. Auflage, Freiburg im Breisgau 1894/1895.

Zahn, Philipp Johannes, Geschäftsleiterhaftung und Gläubigerschutz bei Kapitalgesellschaften in Frankreich – Eine rechtsvergleichende Untersuchung, Frankfurt am Main 1986.

Zierau, Britta, Die Stellung der Gläubiger im französischen Sanierungsverfahren im Hinblick auf die Entwicklung des deutschen Insolvenzrechts, Heidelberg 1991.

Zimmermann, Klaus, Die Haftung von Geschäftsführern und Gesellschaftern bei Insolvenz der GmbH in Frankreich, München 1971.

www.ingramcontent.com/pod-product-compliance
Ingram Content Group UK Ltd.
Pitfield, Milton Keynes, MK11 3LW, UK
UKHW021828290926
8980IPUK00004B/324

9 783631 775486